U0516989

经时济世
继往开来
贺教育部
重大攻关项目
成果出版

季羡林
时年九十有八

教育部哲学社會科学研究重大課題攻關項目

可持续发展的中国新型农村社会养老保险制度研究

STUDY ON THE SUSTAINABLE DEVELOPMENT OF CHINA'S NEW RURAL SOCIAL OLD-AGE INSURANCE SYSTEM

邓大松 等著

经济科学出版社
Economic Science Press

图书在版编目（CIP）数据

可持续发展的中国新型农村社会养老保险制度研究/
邓大松著．—北京：经济科学出版社，2014.8
教育部哲学社会科学研究重大课题攻关项目
ISBN 978－7－5141－4852－7

Ⅰ.①可…　Ⅱ.①邓…　Ⅲ.①农村－社会养老保险－养老保险制度－研究－中国　Ⅳ.①F842.67

中国版本图书馆 CIP 数据核字（2014）第 163567 号

责任编辑：刘　瑾
责任校对：刘　昕
责任印制：邱　天

可持续发展的中国新型农村社会养老保险制度研究
邓大松　等著
经济科学出版社出版、发行　新华书店经销
社址：北京市海淀区阜成路甲 28 号　邮编：100142
总编部电话：010－88191217　发行部电话：010－88191522
网址：www.esp.com.cn
电子邮件：esp@esp.com.cn
天猫网店：经济科学出版社旗舰店
网址：http://jjkxcbs.tmall.com
北京季蜂印刷有限公司印装
787×1092　16 开　36.25 印张　700000 字
2014 年 11 月第 1 版　2014 年 11 月第 1 次印刷
ISBN 978－7－5141－4852－7　定价：90.00 元
（图书出现印装问题，本社负责调换。电话：010－88191502）

课题组主要成员

首席专家　邓大松

课题组成员　薛惠元　胡宏伟　何　晖　杨　东　董明媛　张微娜　王翠琴　仙蜜花　李玉娇　孙曼娇

编审委员会成员

总　序

哲学社会科学是人们认识世界、改造世界的重要工具，是推动历史发展和社会进步的重要力量。哲学社会科学的研究能力和成果，是综合国力的重要组成部分，哲学社会科学的发展水平，体现着一个国家和民族的思维能力、精神状态和文明素质。一个民族要屹立于世界民族之林，不能没有哲学社会科学的熏陶和滋养；一个国家要在国际综合国力竞争中赢得优势，不能没有包括哲学社会科学在内的“软实力”的强大和支撑。

近年来，党和国家高度重视哲学社会科学的繁荣发展。江泽民同志多次强调哲学社会科学在建设中国特色社会主义事业中的重要作用，提出哲学社会科学与自然科学“四个同样重要”、“五个高度重视”、“两个不可替代”等重要思想论断。党的十六大以来，以胡锦涛同志为总书记的党中央始终坚持把哲学社会科学放在十分重要的战略位置，就繁荣发展哲学社会科学作出了一系列重大部署，采取了一系列重大举措。2004 年，中共中央下发《关于进一步繁荣发展哲学社会科学的意见》，明确了新世纪繁荣发展哲学社会科学的指导方针、总体目标和主要任务。党的十七大报告明确指出：“繁荣发展哲学社会科学，推进学科体系、学术观点、科研方法创新，鼓励哲学社会科学界为党和人民事业发挥思想库作用，推动我国哲学社会科学优秀成果和优秀人才走向世界。”这是党中央在新的历史时期、新的历史阶段为全面建设小康社会，加快推进社会主义现代化建设，实现中华民族伟大复兴提出的重大战略目标和任务，为进一步繁荣发展哲学社会科学指明了方向，提供了根本保证和强大动力。

高校是我国哲学社会科学事业的主力军。改革开放以来，在党中央的坚强领导下，高校哲学社会科学抓住前所未有的发展机遇，紧紧围绕党和国家工作大局，坚持正确的政治方向，贯彻“双百”方针，以发展为主题，以改革为动力，以理论创新为主导，以方法创新为突破口，发扬理论联系实际学风，弘扬求真务实精神，立足创新、提高质量，高校哲学社会科学事业实现了跨越式发展，呈现空前繁荣的发展局面。广大高校哲学社会科学工作者以饱满的热情积极参与马克思主义理论研究和建设工程，大力推进具有中国特色、中国风格、中国气派的哲学社会科学学科体系和教材体系建设，为推进马克思主义中国化，推动理论创新，服务党和国家的政策决策，为弘扬优秀传统文化，培育民族精神，为培养社会主义合格建设者和可靠接班人，作出了不可磨灭的重要贡献。

自2003年始，教育部正式启动了哲学社会科学研究重大课题攻关项目计划。这是教育部促进高校哲学社会科学繁荣发展的一项重大举措，也是教育部实施“高校哲学社会科学繁荣计划”的一项重要内容。重大攻关项目采取招投标的组织方式，按照“公平竞争，择优立项，严格管理，铸造精品”的要求进行，每年评审立项约40个项目，每个项目资助30万~80万元。项目研究实行首席专家负责制，鼓励跨学科、跨学校、跨地区的联合研究，鼓励吸收国内外专家共同参加课题组研究工作。几年来，重大攻关项目以解决国家经济建设和社会发展过程中具有前瞻性、战略性、全局性的重大理论和实际问题为主攻方向，以提升为党和政府咨询决策服务能力和推动哲学社会科学发展为战略目标，集合高校优秀研究团队和顶尖人才，团结协作，联合攻关，产出了一批标志性研究成果，壮大了科研人才队伍，有效提升了高校哲学社会科学整体实力。国务委员刘延东同志为此作出重要批示，指出重大攻关项目有效调动了各方面的积极性，产生了一批重要成果，影响广泛，成效显著；要总结经验，再接再厉，紧密服务国家需求，更好地优化资源，突出重点，多出精品，多出人才，为经济社会发展作出新的贡献。这个重要批示，既充分肯定了重大攻关项目取得的优异成绩，又对重大攻关项目提出了明确的指导意见和殷切希望。

作为教育部社科研究项目的重中之重，我们始终秉持以管理创新服务学术创新的理念，坚持科学管理、民主管理、依法管理，切实增强服务意识，不断创新管理模式，健全管理制度，加强对重大攻关项目的选题遴选、评审立项、组织开题、中期检查到最终成果鉴定的全过程管理，逐渐探索并形成一套成熟的、符合学术研究规律的管理办法，努力将重大攻关项目打造成学术精品工程。我们将项目最终成果汇编成“教育部哲学社会科学研究重大课题攻关项目成果文库”统一组织出版。经济科学出版社倾全社之力，精心组织编辑力量，努力铸造出版精品。国学大师季羡林先生欣然题词：“经时济世　继往开来——贺教育部重大攻关项目成果出版”；欧阳中石先生题写了“教育部哲学社会科学研究重大课题攻关项目”的书名，充分体现了他们对繁荣发展高校哲学社会科学的深切勉励和由衷期望。

创新是哲学社会科学研究的灵魂，是推动高校哲学社会科学研究不断深化的不竭动力。我们正处在一个伟大的时代，建设有中国特色的哲学社会科学是历史的呼唤，时代的强音，是推进中国特色社会主义事业的迫切要求。我们要不断增强使命感和责任感，立足新实践，适应新要求，始终坚持以马克思主义为指导，深入贯彻落实科学发展观，以构建具有中国特色社会主义哲学社会科学为己任，振奋精神，开拓进取，以改革创新精神，大力推进高校哲学社会科学繁荣发展，为全面建设小康社会，构建社会主义和谐社会，促进社会主义文化大发展大繁荣贡献更大的力量。

教育部社会科学司

前　言

中国的农村社会养老保险制度于20世纪80年代开始探索，并于1992年由民政部颁布《县级农村社会养老保险基本方案（试行）》，开始了农村社会养老保险制度的实践，但是推行的结果并不尽如人意。其主要原因是制度没有吸引力、参保人员逐渐减少，并且在执行的过程中又出现了基金流失等问题。1999年《国务院批转整顿保险业工作小组〈保险业整顿与改革方案〉的通知》（国发〔1999〕14号）提出，"目前我国农村尚不具备普遍实行社会保险的条件。对民政系统原来开展的'农村社会养老保险'，要进行清理整顿，停止接受新业务，区别情况，妥善处理，有条件的可以逐步将其过渡为商业保险"。此后，农村社会养老保险制度一度陷入停滞。2002年11月中共十六大报告提出"在有条件的地方探索建立农村社会养老保险制度"，此后，农村社会养老保险工作进入了一个探索创新的新阶段。由于中国经济发展水平地区差异巨大，这一时期农村社会养老保险的探索主要是在东部沿海地区进行，经济落后地区大多未探索，农村社会养老保险的覆盖范围依然有限，并且探索地区的农村社会养老保险具体方案千差万别，呈现出多样化的状态。

为了尽快解决农村居民老有所养的问题，中共"十七大"报告提出"加快建立覆盖城乡居民的社会保障体系"、"探索建立农村养老保险制度"；中共十七届三中全会报告也提出"贯彻广覆盖、保基本、多层次、可持续原则，加快健全农村社会保障体系"，"按照个人缴费、集体补助、政府补贴相结合的要求，建立新型农村社会养老保险制度"。

根据中共十七大和十七届三中全会精神，中国于2009年9月1日颁布《国务院关于开展新型农村社会养老保险试点的指导意见》（国发〔2009〕32号），这标志着中国农村社会养老保险制度建设进入了一个崭新时期，这在中国社会保障发展史上具有里程碑的意义。引用人力资源和社会保障部尹蔚民部长的话来说，就是“这在中国几千年的历史上，是开天辟地的大事”。

新型农村社会养老保险（以下简称新农保）制度自试点以来运行良好。从试点地区了解的情况看，农民群众热情拥护，参保积极；地方干部反映，新农保政策清晰明确，方便易行。全国人大常委会2009年对农村社会保障制度建设进行监督检查，对国务院出台新农保试点指导意见，在全国开展新农保试点给予积极评价。许多专家学者和媒体人士对新农保政策也给予较高评价。从新农保制度的试点推进情况来看，2009年新农保制度覆盖全国10%的县（市、区、旗），之后为了让农民尽快享受到新农保制度的好处，国家加快了新农保试点推进的速度，2010年全国总的试点覆盖范围扩大到全国23%的县，2011年扩大到60%的县，2012年7月1日新农保制度全覆盖工作全面启动，也就是说，在不到三年的时间里新农保制度实现了全覆盖，这比国发〔2009〕32号文件预期的“2020年实现全覆盖”的目标提前了八年。截至2012年年底，国家城乡居民社会养老保险（包含新农保和城镇居民社会养老保险）参保人数48 370万人，其中实际领取待遇人数13 075万人，基金累计结存2 302亿元。2014年2月21日，国务院发布《关于建立统一的城乡居民基本养老保险制度的意见》（国发〔2014〕8号），提出“将新农保和城镇居民社会养老保险两项制度合并实施，在全国范围内建立统一的城乡居民基本养老保险”，并提出在“十二五”期末实现此目标，从此以后，“新农保”的概念会逐渐淡出历史舞台，被“城乡居民基本养老保险”这一名词所代替。总体来看，自新农保制度试点以来，覆盖范围不断扩大，参保人数不断增加，经办管理体制不断健全，基金征缴、管理和发放各环节逐步规范化。

在看到新农保制度建设取得成绩的同时，也要看到新农保制度在试点和推广过程中还存在一些问题，如新农保基础养老金保障水平偏低，保障基本生活的功能有限；政策体系和参保缴费激励机制有待完善，中青年农民参保积极性不高；基层经办服务能力总体不足，不能很好地满足参保人员参保登记、缴费、查询、领取养老金等方面的需求；基金管理层次比较低，监管难度大，保值增值风险大；部分地区地方财政补助新农保的压力较大等。这对新农保制度的可持续性带来了挑战。

国发〔2009〕32号文件提出，新农保试点的基本原则是“保基本、广覆盖、有弹性、可持续”，可见，在制度设计之初国家就将新农保制度的“可持续”考虑了进来，这与党的十八大报告中提出的“要坚持全覆盖、保基本、多层次、可持续方针，以增强公平性、适应流动性、保证可持续性为重点，全面建成覆盖城乡居民的社会保障体系”以及党的十八届三中全会提出的“建立更加公平可持续的社会保障制度”的要求如出一辙。可见，完善新农保相关政策制度，实现新农保制度的可持续发展，是保障亿万农民老有所养的需要，同时也是贯彻落实党的“十八大”、“十八届三中全会”精神的基本要求。

本书的名称为“可持续发展的中国新型农村社会养老保险制度研究”，系2009年教育部哲学社会科学研究重大课题攻关项目“新型农村社会养老保险制度研究”（项目批准号：09JZD0027）的最终研究成果。以项目为支撑，课题组做了大量的调研：2009年12月，赴河南省南阳市西峡县、淅川县、社旗县，对新农保试点初期的基本情况进行了解；2010年7~8月，课题组驱车跑完了湖北省首批13个新农保试点县和河南省南阳市的两个新农保试点县，获取了大量的新农保试点一手数据；2011年7月课题组赴湖北省仙桃市、团风县、宜都市开展新农保社会实验，评估新农保试点的政策实施效果；2012年7月课题组赴江苏省盱眙县、洪泽县和浙江省平湖市调研东部地区新农保的实施情况，以便与中西部地区作对比。本课题的实地调研数据已经部分地反映在了本书之中。

另外，本项目研究的四年也是新农保制度发展最快的四年，2009年7月课题组在撰写项目《投标评审书》的时候，新农保制度尚未定型；2009年11月项目立项的时候，国发〔2009〕32号文件已经颁布，新农保制度模式确立，并已经开始试点推广；2013年10月项目正式结项的时候，新农保早已实现了制度的全覆盖。由于新农保制度的快速发展，项目《投标评审书》中的部分内容已经与实际情况不符，为此课题组依据最新的发展形势对项目的研究内容做了适当的调整，最终形成了该最终研究成果。

本书注重定量分析与定性分析相结合、理论分析与实证分析相结合、实地调研与政策研究相结合、微观分析与宏观顶层设计相结合。具体来说，主要采用了以下研究方法：(1) 实地调研法。例如，利用2011年、2012年在湖北、江苏、浙江的问卷调查数据，研究新农保的农民缴费能力、缴费意愿及其影响因素；利用2010年湖北省首批新农保试点县调研数据，研究新农保县级财政支持能力的可持续性；利用与政府相关部门人员访谈获取到的数据和资料，研究新农保的经办管理体制等。(2) 保险精算技术和人口预测方法。例如，本书运用保险精算技术构建出新农保供给替代率精算模型、新农保个人账户基金收支平衡精算模型（含个体法模型和整体法模型），对新农保的供给替代率水平、基金的收支平衡情况进行了测算；利用生命表编制技术和人口普查数据编制出农村国民生命表，并预测出2010～2054年的农村人口总量数据及其结构数据，为新农保财政支持能力测算以及基金平衡的测算提供了数据支持。(3) 计量经济学方法。例如，利用扩展线性支出系统模型（ELES模型）来测算中国农村居民基本生活消费支出，进而计算新农保的需求替代率；利用时间序列模型、线性回归模型，预测出未来农民人均纯收入、农民人均生活消费支出、GDP、财政收入等数据；利用二元Logit模型研究新农保农民缴费意愿的影响因素等。(4) 比较分析法。例如，本书通过历史与现实对比、传统制度模式与现行政策对比，全面回顾和综合评估了中国的农村社会养老保险制度；通过国外农村社会养老保险制度的比较，探寻国外农村社会养老保险制度建设的经验，为中国新农保制度的完善提供借鉴。(5) 政策仿真法。例如，本书对2010～2053年中国新农保的财政支持能力做出了仿真测算；对2010～2054年的新农保个人账户基金收支平衡情况进行了仿真模拟和预测。

本书共分为十章，分别围绕新农保可持续发展的基础理论、国外农村社会养老保险制度的比较与借鉴、中国农村社会养老保险的历史演进、中国新农保制度的可持续性评估及发展趋势等展开论述，具体技术路线图如图0-1所示：

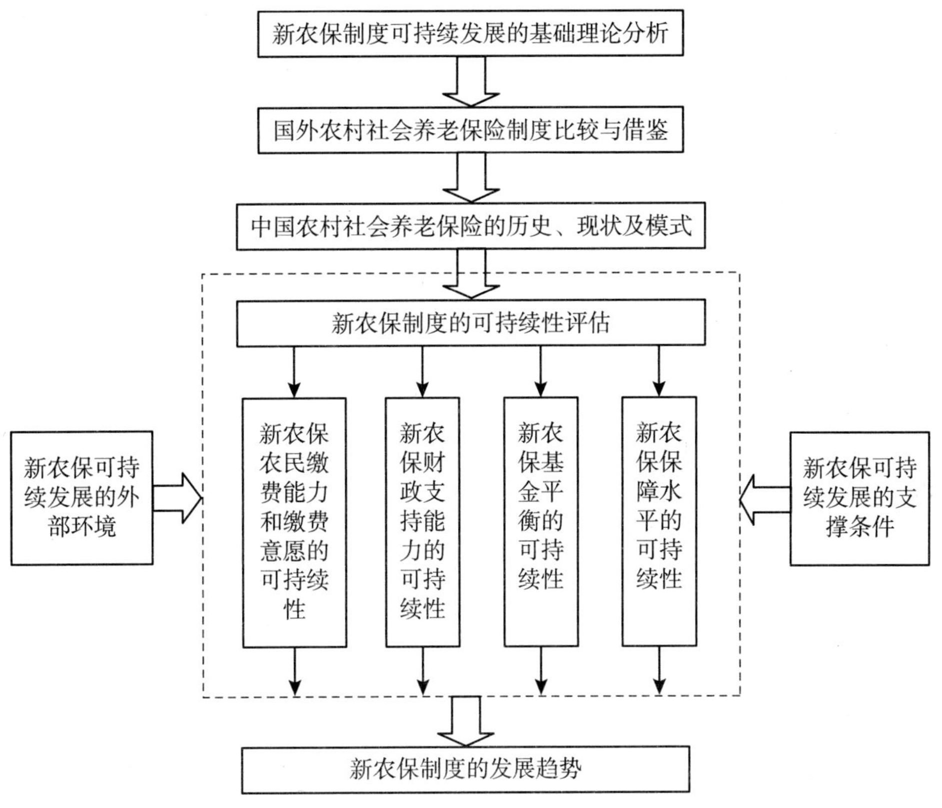

图0-1　本书技术路线图

本书的写作思路与框架由邓大松教授拟定，薛惠元负责稿件收集和全书的统稿，全书最终由邓大松教授修改审定。本书的写作分工如下：前言、摘要，邓大松；第一章，何晖、孙曼娇、王辛梓；第二章，杨东、许晓丹；第三章，薛惠元、李玉娇、仙蜜花、蔡晓秀；第四章，薛惠元；第五章，薛惠元；第六章，薛惠元；第七章，薛惠元、仙蜜花；第八章，胡宏伟；第九章，董明媛、胡英兰；第十章，张微娜、薛惠元、王翠琴。

需要特别指出的是，虽然武汉大学的刘昌平教授、孟颖颖副教授，人力资源和社会保障部农村社会保险司副司长卢海元研究员，河南省南阳市农村社会养老保险管理处樊雅理主任，以及武汉大学社会保障研究中心的张晓巍、刘远风、吴振华、蔡霞、殷宝明、黄清峰、刘国磊、赵奕钧、罗皓天、叶璐等博士研究生没有参与本书的撰写，但是他们在本项目的阶段性研究成果撰写以及课题的实地调研等方面做了大量的工作，在此一一表示感谢！

另外，课题组在实地调研过程中，得到了河南省南阳市人社局、湖北省政协、湖北省财政厅、江苏省淮安市人社局、浙江省平湖市人社局等相关部门领导同志的大力支持和帮助，在此表示衷心的感谢！

受作者水平和时间所限，本书中的疏漏和不当之处在所难免，欢迎各位专家和广大读者批评、赐教。

摘 要

2009 年 9 月 1 日新农保开始试点，2012 年 7 月 1 日新农保制度全覆盖工作全面启动，比国发〔2009〕32 号文件预期的 2020 年实现全覆盖的目标提前了八年。总体来看，自试点以来，新农保制度的覆盖范围不断扩大，参保人数不断增加，经办管理体制不断健全，基金征缴、管理和发放各环节逐步规范化。但也要看到新农保制度还存在着一些问题，如基础养老金标准偏低；中青年农民参保积极性不高；基层经办服务能力总体不足；基金管理层次比较低；部分地区地方财政补助的压力较大等。这给新农保制度的可持续发展带来了挑战。完善相关政策制度，实现新农保制度的可持续发展，是保障亿万农民老有所养的需要，同时也是贯彻落实党的十八大提出的“保证可持续性”和十八届三中全会提出的“建立更加公平可持续的社会保障制度”的具体要求。因此，研究新农保制度的可持续发展问题具有重要的理论价值和现实意义。

本书主要采用了实地调研法、保险精算技术和人口预测方法、计量经济学方法、比较分析法和政策仿真法等研究方法，分别围绕新农保可持续发展的基础理论、国外农村社会养老保险制度的比较与借鉴、中国农村社会养老保险的历史演进、中国新农保制度的可持续性评估及发展趋势等展开具体的论述。具体来说，本书共分为十章。

第一章“新型农村社会养老保险可持续发展的基础理论分析”。本章首先对新农保制度可持续发展的相关概念进行界定，进而阐述新农保制度的理论基础，并对新农保与可持续发展的相关性做出了分析。

第二章“国外农村社会养老保险制度比较与借鉴”。本章介绍了国外农村社会养老保险制度建立的背景与条件，进而对国外农村社会养老保险制度模式进行分类比较，归纳出国外农村社会养老保险制度建设的特点和发展趋势，并总结出国外农村社会养老保险对中国的经验借鉴。

第三章“中国农村社会养老保险的历史、现状及模式”。本章以时间为主线，梳理了中国古代和近代的养老保障思想及其实践，回顾了中国农村社会养老保险的发展历程，对老农保制度进行了评价和反思，并对新农保制度建立的背景、制度的实施现状、实施中的问题，以及经办模式等进行了阐述。

第四章“新型农村社会养老保险农民缴费能力和缴费意愿的可持续性”。本章首先选取农民个人最大缴费能力和新农保个人缴费率作为评估指标，分别从短期静态和长期动态两个维度来评估新农保的个人缴费能力；其后，本章先从理论方面分析了新农保缴费意愿的可持续性，然后基于实地调研数据，对新农保农民缴费意愿及其影响因素做出实证分析。

第五章“新型农村社会养老保险财政支持能力的可持续性”。本章选择中央财政对新农保年补助数额占中央财政收入的比重、地方财政对新农保年补助数额占地方财政收入的比重两个指标，分别从短期静态和长期动态两个维度，来评估新农保财政支持能力的可持续性。

第六章“新型农村社会养老保险基金收支平衡的可持续性”。本章分别运用个体法和整体法构建出新农保个人账户基金收支平衡精算模型，通过人口预测、基本参数设定，来模拟预测新农保个人账户基金的收支平衡情况。

第七章“新型农村社会养老保险保障水平的可持续性”。本章选择替代率指标来衡量新农保的保障水平，通过测算和比较新农保供给替代率和需求替代率，对新农保保障水平做出了评估；随后，本章研究了新农保基础养老金的调整机制，包括调整时机、调整幅度、调整方案设计及其检验等，并确定出基础养老金调整的可行方案。

第八章“新型农村社会养老保险可持续发展的外部环境”。本章主要分析新农保可持续发展的经济环境、社会环境、法律与政治环境等外部环境。

第九章“新型农村社会养老保险可持续发展的支撑条件”。本章分别从技术支撑、人才支撑、管理支撑和社会支撑等方面阐述新农保可持续发展的支撑条件。

第十章“新型农村养老保险制度的发展趋势”。本章认为未来新农保制度的发展趋势为：实现新农保制度与其他养老保障政策制度的有效衔接，不断提高新农保的统筹层次，建立多支柱的农村养老保障体系，最终建立城乡统一的社会养老保险制度。

Abstract

Chinese government started to launch new rural social old-age insurance system pilot project on September 1, 2009 and started full coverage work on July 1, 2012, which is eight years ahead of the time that Guo Fa [2009] No. 32 document expected to achieve full coverage in 2020. Overall, since launching the pilot project, the coverage of new rural social old-age insurance system has been expanding, the number of the insured has been increasing, the management system has been improving, and fund collection, management and distribution have been becoming normalized. But we should see that new rural social old-age insurance system still has some problems. For example, the basic pension standard is too low to ensure farmers' basic livelihood; the insurance payment incentives need to be improved and young farmers' insurance initiative is not high; the handling service capabilities in grassroots are poor, and can't satisfy the insured with the needs of payment, query and receiving pension; the level of fund management is relatively low, resulting in the fund supervision is difficult and the risk of increasing the value of the fund is high; in some areas local governments have heavy pressure on financial subsidies; and so on. These bring challenges to the sustainability of new rural social old-age insurance system. Improving relevant policies and systems to achieve the sustainable development of new rural social old-age insurance system is the need to realize a sense of security for hundreds of millions of farmers, and meanwhile is the specific requirement of implementing "to ensure sustainability" which was proposed by the 18th CCP National Congress and "to establish a more equitable and sustainable social security system" which was proposed by the Third Plenary Session of the 18th CCP. Therefore, the study on the issues of the sustainability of new rural social old-age insurance system has important theoretical value and practical significance.

This study mainly adopts such methods as field survey method, actuarial techniques and population forecasting method, econometric method, comparative analysis method and policy simulation method, and starts detailed discussions on thoretical basis of new rural social old-age insurance' sustainability, comparison and reference from foreign rural social old-age insurance system, the history of rural old-age insurance system in China, the assessment on the sustainability and the future development trend of new rural social old-age insurance system and so on. Specifically, this study includes ten chapters.

Chapter 1 is "the basic theory analysis on the sustainable development of new rural social old-age insurance system". Firstly, this chapter defines relevant concepts of new rural social old-age insurance's sustainable development. Secondly, this chapter states theoretical basis of new rural social old-age insurance. Finally, this chapter analyses correlation between new rural social old-age insurance and sustainable development.

Chapter 2 is "comparison and reference from foreign rural social old-age insurance system". Firstly, this chapter introduces the background and conditions of foreign rural social old-age insurance system's establishment. Then it makes classification comparisons of foreign rural social old-age insurance system, and sums up the characteristics and trends of foreign rural social old-age insurance system. At last, this chapter raises the experience reference for China from foreign rural social old-age insurance system.

Chapter 3 is "history, current situation and modes of rural social old-age insurance in China". This chapter taking time as main line, presents old-age security's thoughts and practices in ancient and modern China, and reviews the development process of rural social old-age insurance in China. Then it makes evaluation and introspection on the old rural social old-age insurance system in China. At last, this chapter states the background, system status and problems, management models of new rural social old-age insurance system.

Chapter 4 is "the sustainability of farmers' payment ability and payment willingness to new rural social old-age insurance". Firstly, this chapter selects two assessment indicators—the largest payment capacity of individual and individual contribution rate of new rural social old-age insurance, and assesses the individual payment ability of new rural social old-age insurance respectively from short-term static and long-term dynamic dimensions. Thereafter, this chapter analyzes the sustainability of farmers' payment willingness to new rural social old-age insurance from the theoretical perspective, and then based on field survey data it makes empirical analysis on the farmers' payment willingness and influence factors.

Chapter 5 is "the sustainability of new rural social old-age insurance's financial supporting capability". This chapter selects two assessment indicators—the proportion of annual central finance's new rural social old-age insurance subsidy to the annual central fiscal revenue and the proportion of annual local finance's new rural social old-age insurance subsidy to the annual local fiscal revenue, and assesses the sustainability of new rural social old-age insurance's financial supporting capability respectively from short-term static and long-term dynamic dimensions.

Chapter 6 is "the sustainability of new rural social old-age insurance's fund balance". This chapter builds fund balance actuarial models by using the individual method and the overall method. Then this chapter simulates and forecasts the income and expenditure of new rural social old-age insurance's personal accounts by forecasting population and setting basic parameters.

Chapter 7 is "the sustainability of new rural social old-age insurance's security level". This chapter selects replacement rate indicator to measure the security level of new rural social old-age insurance and evaluates new rural social old-age insurance's security level by calculating and comparing supply replacement rates and demand replacement rates. Then this chapter studies basic pension adjustment mechanism of new rural social old-age insurance, including adjustment time, adjustment scope, adjustment programs and tests and so on. At last, this chapter determines feasible programs of basic pension adjustment.

Chapter 8 is "the external environment for the sustainable development of new rural social old-age insurance". This chapter mainly analyses the economic environment, social environment, political and legal environment for the sustainable development of new rural social old-age insurance system.

Chapter 9 is "the supporting conditions for the sustainable development of new rural social old-age insurance". This chapter states supporting conditions for the sustainable development of new rural social old-age insurance from following aspects: technical support, personnel support, management support and social support.

Chapter 10 is "the development trends of new rural social old-age insurance system". This chapter considers that the development trends of new rural social old-age insurance system in the future are as follows: to achieve effective connection between new rural social old-age insurance and other old-age security policies and systems, to improve the overall level of new rural social old-age insurance, to establish multi-pillar rural old-age insurance system and to establish a unified urban and rural social old-age insurance system in the end.

目录

Contents

Contents

第一章

新型农村社会养老保险可持续发展的基础理论分析

第一节 新农保可持续发展的相关概念界定

一、新农保的相关概念

（一）家庭养老、社会养老与自我养老

1. 家庭养老

家庭养老在广义上来讲，是指“在家养老”与“子女养老”的结合。这一定义是费孝通先生在《乡土中国》中最先提出来的，糅合老年人口安度晚年的地点场所和养老资源提供者两方面内容而成。“在家养老”相对于“院舍养老”或“机构养老”，说明老人是在自己或子女家中生活，而非在集中提供生活照料的公共性社会养老机构（如养老院、看护所、托老所等）中生活；“子女养老”相对于“非子女养老”，是指养老资源主要由子女提供，而后者主要包括社会养老保险、社会救助、集体（社区）赡养等形式。

从更精确、更细微的角度来看，对家庭养老的定义又有几种不同的理解。首

先是“亲情说”。张文范、郑玮斌、张友琴等学者认为，“家庭养老就是亲情养老”，即以血缘亲情为基础的养老模式。第二类观点是“家庭说”。穆光宗、翟圣明、谭克俭等人认为，“家庭养老就是家庭及其成员支持的养老”，将赡养责任的承担者确定为家庭及其成员，并将之明确界定为子女、老伴或其他亲属。《中华人民共和国老年人权益保障法》也明确规定，“赡养人是指老年人的子女以及其他依法负有赡养义务的人”。第三类观点是“方式说”。洪国栋、台恩普等人认为，“家庭养老是一种养老方式或运作形式”，“养老是一个体系，家庭养老是养老体系的表层框架，是养老模式所决定的养老机制的实际运作形式。”中国人民大学人口研究所的姚远则认为，“这三种定义没有原则的差别，只是角度不同”。他继而指出，家庭养老这一概念拥有自己的基本特征。“无论如何界定家庭养老，都不可能脱离开这些基本特征，也不可能改变这些特征。例如，血缘亲情、家庭成员、养老责任，等等”，并从较为宏观的文化模式的角度提出，家庭养老是“家庭养老模式和家庭养老行为的总称”①。

在综合考量以上诸家观点的基础上，本书从社会保障的角度出发对家庭养老的概念界定为：以血缘道义为核心，以家庭亲眷为基础，由子女或其他亲属承担赡养责任，以实现对老年人口的经济保障、生活照料和精神慰藉的养老方式与制度。

家庭养老是从强调“反哺”和“孝义”的东方文化中孕育而生的。与西方近代以来更注重社会养老的传统不同，东方文化尤其是中国儒家文化，自古以来就极为看重家庭亲族的传承和孝道精神的弘扬。早在春秋时期，孔子便在《论语》中提出“父母在，不远游，游必有方”（《论语·里仁篇》）、“事父母，能竭其力”（《论语·学而篇》）、“父母之年，不可不知也”（《论语·里仁篇》）等论述，教导人们尽心竭力，侍奉双亲，养老、尊老、敬老。由此可见，家庭养老在中国是有着悠久的历史渊源和文化渊源的。经过数千年的积淀，这种孝道文化和赡养父母的责任意识已经深刻地融入国人的观念当中，并自然而然地使家庭养老成为人们考虑年老生活时的首要选择，这一倾向在农村地区表现得尤为明显，突出体现在仍然盛行的“养儿防老”之说上。

除了历史文化的长期熏陶和培养，中国延续数千年的小农经济和君主专制制度也是家庭养老这一传统的育成机制和重要支撑。自给自足的小农经济客观上要求实现家庭生产耕作的连续性，保证劳动者的稳定供给和代代相承，因而对家庭养老这一模式提出了客观需求。在被束缚于土地的同时，小农经济也为家庭养老提供了相应的土地保障和经济基础。封建君主专制制度则从政治上对家庭养老模

① 姚远：《中国家庭养老研究》，中国人口出版社2001年版，第48~58页。

式做出了明确的肯定，历代君王将相，无不以忠孝仁义自居，从汉代起，更将"孝廉"直接作为选拔官员的标准之一。而君臣、父子关系之间的相似性，也要求统治者强化这样一种从血缘亲缘衍生而来的养育报答行为，作为忠君爱国的起点和依据。

时至今日，传统的家庭养老又因时代的发展而有了新的变化和表现方式。由于生产生活方式的多样性、人们经济行为和活动空间的地域扩展、家庭结构的变迁以及社会公共服务主体的涌现，家庭养老已经不再拘泥于父母子女共同生活、由子女或亲属亲自照料老人这一限制性情境之中，而发展出诸多不同的形式。如农村地区普遍出现的"一家两户"的形式。所谓"一家两户"是指家在农村的父母与儿子，同进一个大门，同住一所院子，共用一口水井，甚至共用一套农具及厕所，却分灶吃饭，经济独立，列为两户。这种模式的基本框架是，"生活自理、生产互助、经济补给、精神互慰、重病医护、逝后送终。"① 而子女与父母同居一地，却并不生活在一起，老人日常生活请护工或保姆照看，子女时时前去探望问候的情况在城市中亦不鲜见。20 世纪后半期以来，随着社区组织和社区服务的作用越来越得到重视，学者们总结并提出一个新的更具操作性的养老模式——社区服务支持下的居家养老，即老人生活在自己家里和自己熟悉的社区里，而服务照料则靠社区服务机构提供非营利的公共服务来解决，取家庭养老和社会化养老之长，同时试图避免这两种养老模式之短。这些仍应当被归入家庭养老的范畴之中，因为这些养老行为模式的最终支持力仍是来源于子女或亲属，虽然有外人或社会支持的介入，但其家庭养老的本质是不曾改变的。

家庭养老长期以来发挥着联结核心家庭成员关系、促进家庭内部情感交流、实现代际经济转移支付、降低社会养老成本等重要作用，时至今日仍是中国广大农村地区最基础最根本的养老支持机制。在社会养老日渐兴起并迅速发展的同时，我们不应当简单地忽视家庭养老的作用，而应将其视为社会养老保障的重要补充和配合机制，将两者结合起来，根据中国的实情，发挥其最大效用。

2. 社会养老

社会养老是一个与家庭养老相对应的概念。广义的社会养老是指由家庭以外的主体，如国家（政府）、企业（单位）、社区（街道、居委会）等提供的社会性帮助，即由社会提供经济供养、生活照料和精神赡养的养老制度。相应地，从责任和义务的角度而言，社会养老指的是赡养老人的义务和责任最终来自于社会②。制度实施层面的社会养老特指社会养老保障制度，包括社会基本养老保

① 姚远：《中国家庭养老研究》，中国人口出版社 2001 年版，第 48～62 页。

② 高和荣：《家庭养老概念再探析》，载《西北人口》2002 年第 4 期，第 45～47 页。

险、企业补充养老保险、老年社会福利、社会养老救助等。狭义的社会养老则指各类公立或公益性养老机构提供的集中性养老服务。

社会养老思想在中国同样有着悠久的历史渊源。社会养老的理念在中国传统观念中萌芽很早，而且一直处于发展演化的过程中。中国最早的关于社会养老的文字记载见于《礼记》中有关虞舜时代生活状况的描述："有虞氏养国老于上庠，养庶老于下庠"，即是将富有生产经验和生活常识的老人集中起来，根据他们的地位以及所具有的经验分别由集体供养，并且给予不同待遇的方式。这无疑是中国古代社会养老的雏形①。又如"夏后氏养国老于东序，养庶老于西序；殷人养国老于右学，养庶老于左学；周人养国老于东胶，养庶老于虞庠"。

进入封建社会后，统治者逐渐形成了一套较为完整的社会养老政策与措施，具体包括以下四种：（1）设立官方养老机构，对无法依靠家庭养老的老人给予特殊照顾。宋神宗时期，颁布诏令："凡鳏、寡、孤、独、癃老、疾废、贫乏不能自存应居养者，以户绝屋居之；无，则居以官屋，以户绝财产充其费，不限月。依乞丐法给米豆；不足，则给以常平息钱。崇宁初，蔡京当国，置居养院、安济坊。给常平米，厚至数倍"。明太祖朱元璋时期，"初，太祖设养济院收无告者，月给粮。设漏泽园葬贫民。天下府州县立义冢。又行养老之政，民年八十以上赐爵"。（2）统治者给予年老者抚恤和赏赐。如汉文帝时期："年八十已上，赐米人月一石，肉二十斤，酒五斗。其九十已上，又赐帛人二匹，絮三斤。"明朝时，朱元璋曾下令："六月甲辰，诏有司存问高年。贫民年八十以上，月给米五斗，酒三斗，肉五斤；九十以上，岁加帛一匹，絮一斤；有田产者罢给米"。（3）免除年老者税赋。后周武帝时，颁布律令"男女三岁已下为黄，十岁已下为小，十七已下为中，十八已上为丁。丁从课役。六十为老，乃免。"南陈武帝时，"鳏寡孤独不能自存者人谷五斛。逋租宿债，皆勿复收"。（4）完善官员的退休养老制度。从西汉起，致仕官员可以得到一定数量的"退休金"，宋朝之后，则演变为一项固定的国家制度。

这些传统社会养老理念与实践虽然因其覆盖范围的有限和政策措施的非系统性、非稳定性而囿于狭隘，但在古代家庭养老之外仍发挥着积极的作用，并为近代中国的社会养老事业发展奠定了思想基础，形成了"老有所养，病有所医，死有所葬"的社会养老最终追求。

从目前中国社会养老发展情况来看，社会养老并不受重视和推崇。究其原因，首先，在于传统孝道伦理文化对于家庭养老的强调和重视，一方面降低了对

① 葛晓萍、李澍卿、袁丙澍：《中国传统社会养老观的变迁》，载《河北学刊》2008年第1期，第125～128页。

社会养老的需求，另一方面又增加了人们对社会养老的顾虑。人们通常会将把老人送入养老院等行为视为不孝，老年人也大多不愿进入这类养老机构生活，纵然在那里可以得到更加妥善的照料。其次，在于中国城镇社会养老机构发展都普遍落后，资金匮乏、设施陈旧、人员不足是常态，较少的高级养老场所则多为私人所设，花费高昂，一般居民很难承担。广大农村地区更是缺乏正式而专业的社会养老机构，由于思想意识较为保守，农村地区的老人较之城镇老人更加排斥进入此类场所安度晚年。此外，中国公共服务主体发展迟缓、公益性社会组织行动力不足等也阻碍了社会养老事业的进展。

因此，目前中国社会养老的重心始终在社会保障这一层面。20 世纪 80 年代以来，中国大力发展城乡社会保障体系，经过三十年的探索，逐步形成了城乡分置的社会养老保障体系，在城镇有国家公务人员退休制度、企业职工养老保险制度、城镇居民养老保险制度以及社会救助制度构成社会养老保障的基本框架，在农村则主要依靠新农保、五保供养制度和农村低保等保障老年人口的生活。这一体系目前来看仍然相当不完善，存在众多需要改革和修整的地方，如制度的公平与效率、覆盖范围的完整与严密等；从长远来看，如何统一城乡社会养老保障制度则成为学者与政府讨论的焦点。

3. 自我养老

自我养老又称个人养老，是指赡养老人的义务和责任主要来自于自己。就养老资金来源方面而言，所谓自我养老，是指既不靠子女和亲属（或无从依靠），又没有离退休金的社会保障，而主要靠储蓄或劳动收入或其他收入（如租金、股金）来维持生计的养老模式（朱劲松，2009）。自我养老是较少为人们提起的一种养老方式，不仅因为这种方式与中国传统观念提倡的家庭养老有所出入，也因为自我养老对经济、社会以至于文化的影响都较难估计，因此并不算普遍盛行的养老方式。但实际上依靠个人储蓄或其他收入维持日常生活的老年人口绝对不在少数。2008 年 12 月 1 日，《静寞夕阳：中国农村留守老人》调查结果显示，农村男性老人在 70 岁时，仍有 70% 在从事各种主副经营活动；女性老人在 65 岁时仍有一半以上在从事各种经营活动；在中国农村，老人与子女住在一起的比例高达 88.7%，而收入来源和生活料理依靠老人自己的比例分别是 50.7% 和 82.2%①。老年人的社会价值与经济价值，是自我养老模式长久存在的现实基础。此外，老龄化的严峻形势，使得一部分老年人口也不得不实施自我养老。农村自我养老的形式除了个人储蓄、个人购买商业保险外，土地养老也是相当重要

① 岳红娟、阙祥才：《农村养老保障的现状及对策思考》，载《内蒙古农业大学学报》2010 年第 5 期，第 262 ~ 265 页。

的一个方面。

自我养老模式有其存在的内部价值，即要实现自我养老，就要求有能力的老年人在退休后继续从事一定的劳动，而适度的劳动不仅有利于老年人的身心健康，更能够充分发挥老年人的潜在社会价值和经济价值。此外，自我养老模式也有助于减轻独生子女一代日益沉重的养老负担，并帮助人们树立起良好的理财意识和储蓄习惯，为个人一生的长远消费活动做出理性选择。

（二）农村社会养老保险与农村商业养老保险

1. 农村社会养老保险

社会养老保险又称公共养老金制度、公共年金制度，是国家立法强制征集社会保险费（税），并形成养老社会保险基金，当劳动者退休后支付其退休金，以保证其基本生活需要的社会保障制度（李珍，2007）。这一制度通过代际再分配和富人向穷人的再分配来实现对老年人口的基本生活保障。国际通行的社会养老保障体系主要包括强制性、普遍性的国民养老保险和与职业相关联的养老保险。

广义的农村社会养老保险是中国在农村地区实施的各项社会养老制度的总称，主要包括新老农村社会养老保险制度、村镇干部养老保险制度、农村五保户供养制度、水库移民养老保险制度、失地农民养老保险制度等。本书中所论及的农村社会养老保险，特指新、老农村社会养老保险制度（简称新农保、老农保）。

中国政府从 20 世纪 80 年代中期就开始了建立农村社会养老保险制度的探索，1986 年在一些经济较发达地区开展农村社会养老保险试点工作，以 1992 年颁布实行《县级农村养老保险基本方案》为标志，确定了以县为基本单位的农村社会养老保险基本原则，农村社会养老保险制度（老农保）开始建立，随即这项制度在中国农村逐步推行开来。到 1998 年为止，这项制度在农村地区取得了一定效果，但是问题重重，从 1999 年开始整顿改革，停止了新业务的开办。2003 年开始，经济发达地区开始试点探索新型农村社会养老保险制度，2009 年国务院颁布《关于开展新型农村社会养老保险试点的指导意见》（国发〔2009〕32 号），正式将新农保制度的试点推广列入日程，决定在 2020 年之前实现制度的全覆盖。

2. 农村商业养老保险

商业养老保险是以获得养老金为主要目的的长期人身险，它是年金保险的一种特殊形式，又称为退休金保险，是社会养老保险的补充。作为保险人的保险公司与投保人采取自愿签订合同的形式，以被保险人的生命为保险标的，以生存或死亡为保险事故，当保险事故发生时，保险人按保险合同给付约定金额的一种人身保险（董克用，2000）。商业保险与社会保险属于两类不同性质的保险，在保险性质、资金来源、保险程度、保险责任、经办主体及经营原则等诸方面有着明显的差异，非强制性和非互济性，是商业养老保险与社会养老保险的最大区别。

商业养老保险和社会养老保险，虽然有着诸多差异，但它们都是以人们的生命和身体为保险对象，都是为了解决社会成员因生、老、病、死、伤残、失业等造成的困难，提供生活经济保障的需要，在保障和改善人民生活、促进经济发展和维护社会稳定等方面都有着同样的作用，两者在保障对象和保障功能方面是相同的。商业养老保险与社会养老保险既有相互竞争、此起彼伏的一面，又有相互补充、相互促进的一面，不能简单地用一者去替代另一者，而应当从两者相辅相成的特性入手，求同存异，引导它们共同为城乡居民的养老事业做出贡献。从西方国家的实践经验来看，商业养老保险凭借自身优势和特点无不在建立本国多支柱的养老保险体系中发挥着举足轻重的作用，这也对中国有一定的借鉴作用。

农村商业养老保险的发展受限于农民自身经济能力和较为传统保守的思想意识，不如城市商业养老保险近年来扩张迅速，比较常见于东部经济较发达地区的农村地区或近郊地区，据最近的一次调查显示，农村地区商业养老保险实际投保率为2%左右①。商业养老保险自身的市场定位和产品设计特性，也在相当程度上阻碍了农村地区居民投保。但农村地区巨大的潜在商业养老需求一旦释放，如何引导使之与现有的农村社会养老保险制度相适应又将成为一个突出而显著的问题。

（三）老农保与新农保

1. 老农保

老农保是一个专有名词，特指中国从1986年开始试点，1992年正式推广，1999年停止新业务，进行整顿规范的农村社会养老保险制度。老农保的发展主要经历了如下三个阶段：

（1）试点期（1986～1991年）。

20世纪80年代以来，由于家庭联产承包制的推广和农村集体经济的削弱，新中国成立以来在农村地区普遍推行的集体养老方式被逐渐废弃，一些地区开始自己摸索农村社会养老保险的实践。1986年，民政部和国务院有关部委在江苏省沙洲县召开了“全国农村基层社会保障工作座谈会”，会议根据中国农村的实际情况决定因地制宜地开展农村社会保障工作，一些经济较发达的地区成为首批

① 胡豹、张丽梅：《农村商业养老保险问题研究》，载《中国乡镇企业会计》2008年第11期，第8～9页。

试点地区。

试点地区农村社会养老保险的主要做法是资金的筹集、管理和养老金的发放都由乡镇完成，所以资金来源受集体经济影响仍然很大。另外，养老金计发标准不严格，基金在乡镇管理，安全性也较差。

（2）推广期（1992～1998年）。

1991年民政部制定了《县级农村社会养老保险基本方案（试行）》（以下简称《基本方案》），并自1992年1月起在全国公布实施。《基本方案》确定以县为单位开展农村社会养老保险。截至1997年年底，全国已有30个省（市、自治区）、2008个县、32 600个乡镇开展这项工作，8 200多万农村人口参加保险，基金积累140多亿元①。

（3）停滞期（1999～2002年）。

1998年政府机构改革，农村社会养老保险由民政部门移交给劳动和社会保障部。这个阶段由于多种因素的影响，全国大部分地区农村社会养老保险工作出现了参保人数下降、基金运行难度加大等困难，一些地区农村社会养老保险工作甚至陷入停顿状态。官方对这项工作的态度也发生了动摇。1999年7月，国务院指出目前中国农村尚不具备普遍实行社会养老保险的条件，决定对已有的业务实行清理整顿，停止接受新业务，有条件的地区应逐步向商业保险过渡。

老农保在资金筹集上坚持"以个人交纳为主，集体补助为辅，国家给予政策扶持"的原则。个人缴纳要占一定比例；集体补助主要从乡镇企业利润和集体积累中支付；国家予以政策扶持，主要是通过对乡镇企业支付集体补助予以税前列支体现。月缴费标准设2元、4元、6元、8元、10元、12元、14元、16元、18元、20元十个档次，供不同的地区以及乡镇、村、企业和投保人选择。

由于老农保在制度和理念设计上存在着固有缺陷，在实践过程中出现了众多问题：强调个人自保，国家没有直接的财政投入，使老农保缺乏社会养老保险制度所应有的共济性和社会性，出现"保小不保老、保富不保贫"的现象，其本质更接近于家庭养老和自我养老；以县乡为单位组织实施，统筹层次过低，增加了制度的不稳定性，降低了基金运营的安全性；基金管理方式落后，保值增值困难；保障水平过低，管理失范，农民获得的实际收益低于投保时的承诺，导致农民对这一制度的信心逐渐丧失。因此总体而言，老农保的实施是不成功的。

2. 新农保

新农保是相对于老农保而言的，是"新型农村社会养老保险"的简称。在

---

① 石宏伟：《关于我国农村社会养老保险的思考》，载《中国农业大学学报（社会科学版）》2002年第3期，第27～31页。

总结老农保实践经验和教训的基础上，政府部门与专家学者都提出了较完整的改革与发展新型农村社会养老保障制度的构想与方案，并通过地方试点、逐步推广的方式投入实践当中。

（1）改革探索期（2003～2008年）。

2002年11月，党的十六大明确提出，在有条件地方探索建立农村社会养老保险制度。2003年开始，北京、江苏、陕西、山东等地的500多个县（市、区、旗）自行开展了有政府财政补贴的新农保试点，并逐渐形成了宝鸡模式、通江模式、青岛模式、中山模式、嘉兴模式、北京模式等多种各具特色、各有侧重的新农保制度模式。

（2）试点推广期（2009年至今）。

2008年10月，党的十七届三中全会通过的《中共中央关于推进农村改革发展若干重大问题的决定》指出，“贯彻广覆盖、保基本、多层次、可持续原则，加快健全农村社会保障体系。按照个人缴费、集体补助、政府补贴相结合的要求，建立新型农村社会养老保险制度”。

2009年9月，国务院下发《关于开展新型农村社会养老保险试点的指导意见》（国发〔2009〕32号），指出，“2009年试点覆盖面为全国10%的县（市、区、旗），以后逐步扩大试点，在全国普遍实施，2020年之前基本实现对农村适龄居民的全覆盖”。自此，新农保制度进入试点和推广时期。

3. 新、老农保的比较

新、老农保的区别主要体现在筹资方式和支付结构两个方面。

从筹资方式上看，老农保强调个人自我储蓄，虽然提出了集体补助，但并未落到实处，只有一些集体经济较发达的农村地区尚能出资为参保农民提供一定数量的补贴，大部分村集体并无经济能力提供补助。“国家予以政策支持”的规定更将政府的责任虚化，未加以实质性的约束，使政府对这一制度的应负之责旁落，为老农保的最终失败埋下伏笔。与之相对，新农保的实施办法中明确规定，“个人缴费、集体补助、政府补贴相结合”，将筹资渠道明确为三个来源，中央财政和地方财政承担对参保人“入口”和“出口”的补贴，强化政府的责任意识，也显示了政府将新农保长期、持久地开展下去的决心。

从支付结构上看，老农保仅设立个人账户，实行完全的基金积累制，不仅缺乏社会养老保险所应有的互助共济性，也增加了基金运营的风险。不切实际的过高的预期收益，在遭遇宏观经济波动后，必然难以实现，从而破坏了参保者对这一制度的信心。而新农保的支付分成两部分：基础养老金和个人账户养老金，基础养老金的每月每人55元（2009年标准），由国家财政保证支付，这意味着中国农民60岁以后都将享受到国家普惠式的养老金。参保人在满足领取条件之后，不仅能获取个人账户中积累的资金，也可享受国家财政补贴，使新农保在互济性和制度稳定性方面都有了显著提高。

二、可持续发展的相关概念

（一）经济增长与经济发展

增长是一个模糊而不确定的概念，意指增加、提高，如知识增长、经济增长、技术增长等，其内涵多偏重于数量方面的增加，但这种数量方面的增加其结果并不一定是良性的，或者说是发展的。经济增长通常是指在一个较长的时间跨度上，一个国家人均产出（或人均收入）水平的持续增加。世界各国都以国民生产总值（GNP）或国内生产总值（GDP）作为经济计量尺度，用以度量一国产出的既有物品和劳务的数量。一国经济增长的快慢，也以此为计量标准。①

发展则有两重含义，一者亦有扩大、增加的意思，二者说明事物由小到大、由简单到复杂、由低级到高级的变化，这就不单单指数量方面的增加，更强调全面的、质量上和本质上的提升与改善。因此，经济发展所包含的意义超过了单纯的经济增长，更意味着经济、社会、文化等整体素质的提升。一个国家摆脱贫困落后状态，走向经济和社会生活现代化的过程即称为经济发展。

（二）可持续发展的概念

在可持续发展概念的产生和发展过程中，国际上有三个时间点是必须提及的，这就是1972年的联合国人类环境会议、1987年世界环境与发展委员会向联合国提交的《我们共同的未来》调查报告以及1992年的联合国环境与发展大会②。

1972年联合国人类环境会议，首次在国际舞台上对工业革命以来人类社会盲目追求经济增长和技术进步的行为进行了反思，指出当前人类发展模式的不可持续性和对自然资源、生态环境的严重破坏作用，提出发展内涵的拓展和重新解读，并发布了《人类环境宣言》，阐明了与会国和国际组织所取得的七点共同看法和二十六项原则，以鼓舞和指导世界各国人民保护和改善人类环境。

可持续发展的概念于1987年《我们共同的未来》报告中正式提出："可持续发展是既满足当代人的需要，又不对后代人满足其需要的能力构成危害的发

① 张理智：《论"经济净福利增长"："第四产业"与经济增长的重新定义》，载《青海社会科学》2004年第5期，第39～43、38页。

② 谭宇：《略论可持续发展的公平观》，载《云南社会科学》2005年第4期，第34～36、43页。

展。它包括两个重要概念：‘需要’的概念，尤其是世界上贫困人民的基本需要，应将此放在特别优先的地位来考虑；‘限制’概念，技术状况和社会组织对环境满足眼前和将来需要的能力施加的限制。”

1992年联合国环境与发展大会会议讨论并通过了《里约热内卢环境与发展宣言》（又称《地球宪章》，规定了国际环境与发展的27项基本原则）、《21世纪议程》（确定了21世纪的39项战略计划）和《关于森林问题的原则声明》，并签署了旨在防治地球变暖的联合国《气候变化框架公约》和旨在制止动植物濒危和灭绝的联合国《生物多样化公约》两个国际性公约。这次会议的最大的具有积极意义的成果，就在于确立了“可持续发展”的科学发展观，是在人类环境保护与持续发展进程上迈出的重要的一步。时任中国总理李鹏也参加了这次会议，并进行了广泛的高层接触。此后，从20世纪90年代中期起，中国开始探索自己的可持续发展之路。

联合国前秘书长安南2002年9月在约翰内斯堡世界可持续发展首脑会议（WSSD）发言中强调，“在地方、国家和国际各个层次上有效的可持续发展制度构架，是全面执行21世纪议程的关键。”2003年，中国政府明确提出了坚持以人为本，树立全面协调可持续的发展观，促进经济、社会和人的全面发展。在全球首次以国家名义提出和树立了一种科学的发展观，将对可持续发展的认识提升到更为全面和深刻的新的层次，也开启了国际认识和实践可持续发展的新阶段。

（三）可持续发展的原则

1. 公平性原则

可持续发展的首要目标就是实现公平，公平性原则是可持续发展最重要最根本的原则，也是持续性原则和共同性原则的前提和保证。从指向的范围上分，公平性原则主要包括时间上的公平和空间上的公平两个方面；从公平的连续性上分，公平性原则主要包括机会公平、过程公平和结果公平三个阶段。

时间上的公平（又称纵向公平），是指发展理念和模式必须保证长期而稳定的公平性，不能寅吃卯粮，损害后代人应享有的资源和权利。主要包括代际之间的公平性和代际内的公平性。空间上的公平（又称横向公平）则指在同一时期内，各国、各地区获得发展的权利和机会是公平的。

机会公平是指各代人、各地区的人都有平等分享资源、获得发展的公平机会，各方主体处于同一起跑线上；过程公平是指在发展过程中，各方主体必须遵守共同的规则，而不能肆意破坏规则，损人利己；结果公平是在保证机会公平和过程公平的前提下所尽可能实现的最后的公平，但并非绝对平均主义。

公平的观念古已有之，但绝非一成不变。从古代社会最朴素的公平观“均贫富”、“天下大同”到人民公社时期的“大锅饭”、“绝对平均”，再到日益丰富、完善和全面的公平概念，经济社会的发展也推动了人们对公平这一理念更加深入的理解。事实上，即使在现代不同时期，由于经济、政治、科学水平的差异，公平观也是不同的。如计划经济时期分配上的绝对“平均主义”曾被我们视为十分公平的分配原则，可是随着经济体制的变革，在市场经济体制下这种“平均主义”被认为是“最不公平的公平”，而实行按劳分配和按要素分配却成了“最公平的不公平”。对公平的重视是人类社会进步发展的源动力之一，但过度地强调公平，尤其是结果公平则很可能陷入狭隘的平均主义陷阱之中，破坏发展的可持续性，为此，必须审慎地对待公平，尤其必须妥善处理好公平与效率之间的关系。

2. 持续性原则

持续性原则，是指资源和生态系统的永续利用是人类可持续发展的前提条件，因此人类的经济和社会发展必须维持在资源与环境的承载能力范围之内，保证生态系统有较强的生产和恢复能力，进而保证发展的持续性。

3. 共同性原则

共同性原则，是指世界各国因为各自在历史、文化背景以及经济基础等方面的不同，在可持续发展的进程中采取的措施和步骤也是不同的。但可持续发展作为全球发展的总目标所体现的公平性原则和持续性原则是共同的，世界各国政府必须采取共同行动，任何国家都没有无限制发展的特权和自由。

4. 阶跃性原则

可持续发展的阶跃性原则是指可持续发展的实现是一个长期过程，也是随着时间不断提高其本质的阶段性发展路径，一蹴而就的盲目冒进是不可取的，必须遵循发展的自然规律循序而行。

如果按照这几项原则去做了，就意味着这个国家向所有的人提供了实现美好生活愿望的机会，这个社会不但在经济发展上是高效的，而且也实现了社会整体综合水平的可持续发展，既满足了当代人的需求又满足了未来各代人的需求。那么人类与自然之间，人与人之间就能保持一种互惠共生的关系，就能使人们赖以生存的社会达到“各美其美，美人之美，美美与共，天下大同。”

三、制度可持续发展的概念、条件及重要性

（一）制度可持续发展的概念界定

本书认为，“制度是约束和规范个人行为的规则”①。主要包括三个方面的内

① 齐超：《制度含义及其本质之我见》，http://www.studa.net/jingjililun/090614/14475917.html。

容：第一，制度是一项规章，有一定的强制性；第二，制度是对人类行为的一种约束手段；第三，制度不是一成不变的，制度是随着社会的变迁而变化的。

根据前文“可持续发展”的概念，我们认为“制度的可持续发展”是指在借鉴可持续发展理念的基础上推行的制度，在公平和效率原则的基础上，充分利用社会各方面的资源，设计既满足当代群体的利益，又不损坏下一代群体利益的制度。

（二）实现制度可持续发展的重要条件

1. 外部条件

（1）安全的法制与政策环境。

这是一项制度运行的重要的政治环境。法律具有权威性和强制性，一项制度一旦以法律的形式表现出来，任何人或组织都必须严格按照法律的相关规定遵守和执行。政策表明政府对制度的重视，以政策的形式规定某项制度的施行，客观上提高了制度的管理层次，减少了制度运行的障碍，是制度实现可持续发展的重要因素。如《国务院关于开展新型农村社会养老保险试点的指导意见》（国发〔2009〕32号）规定：“年满16周岁（不含在校学生）、未参加城镇职工基本养老保险的农村居民，可以在户籍地自愿参加新农保”，并规定“2009年试点覆盖面为全国10%的县（市、区、旗），以后逐步扩大试点，在全国普遍实施，2020年之前基本实现对农村适龄居民的全覆盖”。为此，从2009年起，地方政府根据中央的指示，在各地实际发展状况的基础上，纷纷进行了新农保制度的试点，这对于保证新农保制度正常运行，保证制度的可持续发展发挥了重要的作用。

（2）适当的国民经济发展水平。

经济实力是保证一项制度正常运行的物质基础，经济实力雄厚与否在很大程度上决定了制度实施成功与否。近年来，中国国民经济发展水平不断上升，国家财政收入不断增加，这为中国实行新型农村社会养老保险制度提供了一定的经济基础。首先，国家财政收入的增多表明政府可支配的财富增多，政府可以提供的养老保障服务不断增多，这对于满足农村居民的养老保障服务需求有重要的作用；其次，国家经济的持续、快速、健康发展有利于农村居民收入的提高，这为其缴纳一定的养老保险费、参加新农保制度、享受养老保障服务提供了经济物质基础；最后，国民经济的快速发展可以增加政府的财政补贴力度，有利于将更多的农村居民纳入新农保制度中来。总之，经济基础决定上层建筑，一项制度的推行必须以本国或本地区的经济发展水平为基础。

（3）社会各界力量的支持。

一项制度实施的成功与否，在很大程度上取决于社会力量的参与和支持。制度的施行必须以维护实施对象的合法权益为主要目的。此外，要注重非政府组织发挥的作用。如中国新农保制度是政府为了维护农村居民的养老保障权益，保证农民“老有所依”所推行的一项政策，其成功与否在很大程度上取决于农民参保的热情。为此，政府应当积极宣传新农保制度，增加农民对这项制度的信任，以推动新农保制度的可持续发展。另外，非政府组织在新农保制度的运行过程中发挥了重要的作用，如他们对新农保制度进行广泛的宣传；在全社会范围内筹集资金，尤其是对一些低收入群体提供一定的经济援助①，对于保证农村居民年老后的生活作出了重要的贡献。

总而言之，一项制度的正常运行离不开社会各界的支持和认同，在积极环境中推行的制度更容易被接受。

2. 制度内部机制的构建

（1）合理的制度设计。

主要是指制度的设计要考虑制度的系统性。一方面，制度的设计应当考虑到制度本身运行机制的系统性，这是保证制度正常运行的重要前提条件。如建立健全的新农保制度，应当考虑到制度的各个方面，制度的覆盖范围、保险金待遇发放标准、筹资方式、基金的运营和管理等，保证新农保制度构成的系统性。

另一方面，制度的设计还应当考虑到与现存制度的衔接、转续等问题，使各种社会制度能够发挥各自的优势，实现社会资源的最优化配置，发挥制度本身的最大作用。如果这项制度与现存制度存在一定程度的冲突，制度的实行可能会造成社会环境的不稳定，违背改革的初衷；若这项制度与现有制度存在重叠的问题，则可能会导致资源的过度分割和浪费，不利于实现资源的最优化配置。

总之，一项制度的出台必须要实现制度的系统性建设，保证制度运行有一个比较完备的、可持续发展的内部结构，并注重其与外界环境和其他各项社会保障制度的联系，以实现制度的健康、可持续发展。

（2）完善的管理体制。

管理体系是否合理、完善决定着制度运行的效率。为了保证制度的正常运转，建立统一、完善、合理的管理体制是必需的。

首先，为了提高制度运行的效率，应当建立一个统一的管理部门。若管理机构过于分散，可能会导致政出多门的现象，这可能会增加不同部门之间的矛盾，增加制度运行的成本，不利于制度的协调和统一管理。

其次，有效的监督机制是提高制度产出质量的重要途径。监督可以分为制度

① 国发〔2009〕32 文件明确提出，“鼓励其他经济组织、社会公益组织、个人为参保人缴费提供资助”。

内监督和制度外监督。这里的制度内监督主要是指部门内部进行的监督，如不同部门之间、同一部门内部成员之间进行的监督；制度外监督主要包括参与者监督、新闻媒体监督和其他社会力量的监督。

再次，为了提高制度实施主体的积极性，制度设计应当建立健全的激励机制，以维护其基本利益，提高其工作的热情。

最后，采用现代化的管理手段进行管理。这主要是指制度的设计者、实施者和监督者采用现代化的管理手段和工具，推进制度的可持续发展。

除此之外，为了提高制度在社会上的普及度，政府应当采用各种宣传方式，增加居民对制度的了解，为制度的正常运行打下群众基础。另外，制度的构建和实施需要依靠拥有专业技能和知识的人才，这就要求政府应当加大对教育的投入，丰富公民的知识结构，提高其技能水平，为制度的可持续发展提供高质量的人才。

总之，实现制度的正常运行需要考虑到制度运行的外部环境，同时，也要考虑到制度体系本身运行机制所需的各种环境，将外部环境和体制自身设计结合起来建立的制度，其实现可持续发展才有可能性。

（三）实现制度可持续发展的重要性

首先，制度的可持续发展是实现制度目标的重要保证，也就是说，一项制度目标的实现必然是以其顺利推行为基础的；其次，可持续发展的制度是根据国家的政治、经济和社会现状推行和实施的，符合实事求是的原则；最后，一项可持续发展的制度反映了社会资源的最优化配置，制度的实施能够提高社会运行的效率。

四、新农保制度可持续发展的概念及重要性

（一）新农保制度可持续发展的概念界定

新农保制度的可持续发展指的是借鉴可持续发展的理念来推行新农保制度，使得新农保制度在公平和效率原则的基础上，充分利用社会各方面的资源，其制度设计和制度运行，既能满足当代农村居民的养老需求，又不损害后代人的养老需求。

为了维持新农保制度本身的可持续发展，应当努力做到以下几点：第一，新农保制度的可持续发展需要坚实的新农保基金支持系统，为此，应当提高基金管

理机构的管理水平，加强对其的监督，同时，创建一个良好的投资环境，以期实现新农保基金的保值增值；第二，新农保制度的可持续发展在客观上要求制度运行的社会环境是安全的，为此，就要正确处理新农保制度与其他相关制度的转移和接续问题，尽量避免不同制度间的冲突，否则，这对维护新农保制度的可持续发展是极为不利的；第三，为了实现新农保制度的可持续发展，应当注重发挥社会各界的力量，发挥其他制度和社会组织对新农保制度的补充作用，为新农保制度的可持续发展提供良好的外部支持环境。

（二）实现新农保制度可持续发展的重要性

1. 可持续发展的新农保制度是实现社会公平的重要途径

城镇职工基本养老保险明确规定：劳动者按照一定的缴费标准和缴费年限缴纳养老保险费，当其达到法定的退休年龄时，其有资格按时、足额领取养老保险金，这是保障其老年生活的重要途径。

农民作为劳动者的一个重要组成部分，他们拥有与城镇居民相同的养老保障权益。农民在年轻时，为国家和社会的发展做出了贡献，当其年老后，他们理应享受到政府提供的各种养老保障服务，以保障其老年生活。为此，建立新农保制度成为必然要求，这对于维护农民这一弱势群体的养老保障权益，享受国民待遇，实现社会公平有重要的意义。

2. 可持续发展的新农保制度是实现城乡统筹发展的重要途径

近年来，政府先后推行了新型农村合作医疗制度、农村医疗救助制度、农村最低生活保障制度，这是政府为实现医疗保障和最低生活保障制度的城乡统筹作出的重大改革。建立可持续发展的新农保制度也是建立城乡统一的养老保险制度的重要步骤。这是政府当前改革养老保险制度的重要任务。

实现城乡养老保险制度的统筹发展，有利于促进劳动力的自由流动，有利于实现人力资源的最优化配置，有利于提高市场经济运行的活力和效率，有利于实现经济的可持续发展。

3. 可持续发展的新农保制度是应对农村人口老龄化的重要途径

随着人口老龄化进程的不断推进，农村老年人的数量不断增多，并且呈现出日益增多的趋势，农村居民的养老问题成为社会关注的焦点。

在工业化、城镇化进程的推进下，一部分农村青年人涌入城市，剩下老年人留在农村，对传统的“养儿防老”观念提出了挑战。另外，一般而言，农民的收入水平相对较低，其年轻时期的储蓄甚至不能满足其年老后的最低生活水平。这就需要探索一种新型的养老保障方式来维护老年人的养老保障权益。

新农保制度采取个人缴纳、集体补贴和政府财政补贴相结合的方式，当其达到"退休年龄"后，每月按时足额领取养老金的制度，它对于维护农民年老后的生活发挥着重要的保障作用。一方面，实行个人、集体、国家三方付费的方式，这在一定程度上减轻了农民的缴费负担，提高了农民参保的积极性，扩大了新农保制度的覆盖范围，这就意味着农村中大部分农民能够享受到新农保待遇；另一方面，在新农保制度的实施过程中，新农保制度运行资金来源多元化，是新农保制度实现可持续发展的重要前提，也是农民享受较高水平的养老保障服务的前提和基础。

总之，新农保制度将广大的农民群体纳入了农村养老保障体系中来，同时，较为充足的资金为农民享受较高水平的养老待遇提供了经济前提。也就是说，实现新农保的可持续发展对解决农村居民的养老问题，保障农民年老后的基本生活水平发挥着重要的作用。

第二节　新农保制度的理论基础

社会保障所涉及的理论内容相当广泛，农村社会养老保险制度作为农村社会保障体系的重要组成部分，也必须以一定的理论基础为依据。从学科性质上可以分为政治学理论基础、经济学理论基础以及社会学理论基础。

一、政治学理论基础

（一）马克思主义社会保险理论

马克思虽然没有提出明确的社会保障理论，但马克思与恩格斯在揭示资本主义经济发展规律的同时，也对社会保障理论进行了研究。马克思主义经典作家的社会保障思想主要体现在社会产品的分配理论和再生产理论中。

1. 社会产品的分配理论

马克思主义经典作家在社会产品分配原理基础上，阐述了建立社会保障的必要性，并明确了社会保障基金的筹集过程和筹集渠道。马克思认为社会保障基金是社会总产品的一种扣除，最终都来源于社会剩余劳动所创造的剩余产品或剩余价值。

马克思认为在社会财富的分配上要实现真正的公平。马克思认为在社会总产品进行按劳分配满足个人消费需求之前，必须事先经过公共分配的调整，即扣除一部分产品用于再分配以实现社会公共福利。马克思在《哥达纲领批判》中阐述了社会总产品分配“六项扣除”理论，指出：“如果我们把‘劳动所得’这个用语首先理解为劳动的产品，那么集体的劳动所得就是社会总产品。现在从它里面应该扣除……第三，用来应付不幸事故、自然灾害等的后备基金或保险基金”。[①]“剩下的总产品中的其他部分是用来作为消费资料的。把这部分进行个人分配之前，还得从里面扣除：第一，和生产没有直接关系的一般管理费用……第二，用来满足共同需要的部分，如学校、报建设施等……第三，为丧失劳动能力的人等设立的基金，总之，就是现在属于所谓官办济贫事业的部分。”[②]“六项扣除”理论论述了社会主义社会建立社会保险制度的必要性，指出社会保险基金是对社会总产品的一种扣除，是剩余劳动所创造的剩余产品的一部分。这一思想为社会主义国家建立适应社会主义市场经济要求的社会保障制度提供了重要的理论依据。

马克思这“六项扣除”实质上是对国民财富进行分配与再分配的过程。马克思将社会产品进行了两次扣除，分别来满足生产正常进行的需要和社会稳定的需要，同时这种扣除必须在维持了人们的最低生活水平和社会简单再生产之后还有剩余的条件下，才能进行。同时，马克思也指出：“至于扣除的标准应当根据现有的资源和力量确定，一部分也可以根据概率来确定。如果是根据公平原则进行计算，这些扣除是不可能计算出来的。”[③]

马克思在《资本论》中也曾指出过建立社会保障制度的必要性，他认为：“可变资本在再生产过程中，从物质方面来看，在固定资本的再生产过程中，固定资本总是会遭受到各种意外的损失。因此，利润的一部分，即剩余价值的一部分，必须充当社会保障基金。”[④] 在《反杜林论》中，恩格斯也做了相关论述，他指出：“劳动产品超过维持费用而形成的剩余，以及生产基金与后备基金从这种剩余中形成的积累，过去和现在都是一切社会的、政治的、智力的继续发展的基础。”[⑤] 从这些论述中我们可以看出，马克思主义经典作家指出了社会保障制度在分散个人风险，维持社会稳定方面所发挥的重要作用，因此社会主义社会建立社会保障后备基金是很有必要的。

2. 社会再生产的“两种生产”理论

在《家庭、私有制和国家的起源》一书的序言中，恩格斯明确地表达了“两种生产”的理论。他提到，“根据唯物主义的观点，历史中的决定性因素，

① 《马克思恩格斯选集（第三卷）》，人民出版社 1995 年版，第 302 页。
②③ 《马克思恩格斯选集（第三卷）》，人民出版社 1995 年版，第 303 页。
④ 马克思：《资本论（第三卷）》，人民出版社 2004 年版，第 976 页。
⑤ 《马克思恩格斯选集（第三卷）》，人民出版社 1995 年版，第 538 页。

归根结底是直接生活的生产和再生产。但是，生产本身又有两种。一方面是生活资料即食物、衣服、住房以及为此所必需的生产工具的生产；另一方面是人类自身的生产，即种的繁衍。”马克思认为这两种生产是互为条件，相互渗透并且是相互作用的。物质资料的生产为人类的生存和发展提供物质基础，而人类自身的生产也会反作用于物质资料的生产，只有两者相互协调与适应，才能促进社会生产力的不断发展。

进一步地，为了整个生产过程的延续，社会再生产过程也必须包含两个方面：一方面物质资料再生产是社会再生产的重要内容；另一方面劳动力再生产是社会再生产的必要条件。马克思在《资本论》中指出：“我们把劳动力或劳动能力，理解为人的身体即活的人体中存在的、每当人生产某种使用价值时就运用的体力和智力的总和。”① 从中我们可以看出劳动力再生产包括劳动者的体力再生产和智力再生产。“劳动力的价值包含在再生产工人或延续工人阶级所必须的商品的价值。”② 也就意味着劳动者通过对必须的生活资料的消费来恢复其劳动力价值。一般来说，劳动者可以通过提供资本或劳动从市场上获得个人消费品，但在资本主义生产方式下，由于其私有化的本质，资本家为了获取尽可能多的剩余价值，残酷的剥削和压榨工人。致使劳动者得到的工资往往难以满足其基本的生活需要，劳动力价值得不到恢复。这时就需要通过另一种渠道——社会保障来维持劳动者的正常生活，实现劳动力的再生产。根据马克思的观点，劳动力价值包括维持劳动者自身所必须的生活资料价值、劳动者抚养家属所必须的生活资料价值以及劳动者接受教育、培训等支付的费用三个方面。同时劳动力的再生产还包括代际延续问题，这就使养老保障的供给成为必要。

3. 列宁的社会主义保障思想

列宁时期，欧洲各国已经不同程度地实施了一系列社会保障制度。列宁结合苏联社会主义建设的实际需要，在马克思社会主义保险理论的基础上，提出了社会主义社会建立社会保障的重要性及应遵循的基本原则，并以此为指导建立了世界上第一个社会主义国家。

列宁指出，欧洲各国举办的社会保险是资产阶级为了维护其统治，缓解阶级矛盾所做出的必然选择，并对由雇主和雇员分担保费这一规定进行了严厉的抨击。列宁认为：“雇佣工人领取的属于自己工资那部分财富，非常的少，这些工资只能满足工人最迫切的生活需要。所以，工人不可能从自己工资中拿出部分钱储蓄，满足在伤残、疾病、丧失劳动力能力时和由于资本主义生存方式必然造成

① 《马克思恩格斯选集（第一卷）》，人民出版社 1975 年版，第 190 页。
② 《马克思恩格斯选集（第一卷）》，人民出版社 1975 年版，第 295 页。

的失业时的需要。资本主义社会对工人实行的保险，只是资本主义发展进程中的一种改革。"[①] 因此列宁得出结论："国家保险是最好的工人保险形式"，并且强调"一切雇佣劳动者和家属都要保险"，"一切保险费用都要由企业和国家负担"。据此，列宁提出了建立无产阶级国家保险所应遵循的四项基本原则："（一）工人在下列一切场合（伤残、疾病、年老、残废；女工怀孕和生育；养育者死后所遗寡妇和孤儿的抚恤）丧失劳动能力，或因失业失掉工资时国家保险都要给工人以保障；（二）保险要包括一切雇佣劳动者及其家属；（三）对一切被保险者都要按照补助全部工资的原则给予补助，同时一切保险费都由企业主和国家负担；（四）各种保险都由统一的保险组织办理，这种组织应按区域和被保险者完全自理的原则建立。"[②]

列宁的国家保险理论相比与马克思的社会保险理论更加具体，并成为苏联在十月革命胜利后建立社会主义国家保险制度的理论来源和依据。这种国家保险制度，虽然在宗旨上和西方的社会保险制度是相同的，但形式上却迥然不同。差异最为明显的是在保费的筹集方面，在列宁的理论中，保险费由企业和国家承担，完全免除了个人的责任；同时在给付标准方面，按照个人的工资全额发放等，这些差异无疑都是与社会主义的国家性质相联系的。

马克思主义经典作家有关社会保障理论的相关阐述，不仅揭示了社会保障在社会稳定和劳动力的补偿与恢复方面的不可替代的功能，更明确指出了社会保险基金的筹集渠道——来源于剩余价值的一部分。新农保制度的建立和实施是马克思主义社会保险理论与中国实际相结合的又一具体实践。

（二）公共服务均等化理念

公共服务均等化理念并不是一个独立的理论，而是源于均等化思想和公共服务的相关理论。均等化思想最早产生于西方，公共服务均等化理念则是当代公平正义理论在公共服务领域的具体实践；西方有关公共服务的理论处于不断发展和完善的过程中，公共服务均等化理念更多的是建立在公共产品和公共选择理论的基础上，通过财政均等化的视角来研究。

1. 思想渊源——公平正义理论

公平正义理论作为公共服务均等化理念的思想渊源，最早可以追溯到古希腊罗马时期，柏拉图在《理想国》中提出"正义就是善"，古罗马时期则主要是从法律的角度阐释正义的含义，即"法就是公平正义"。

---

① 《列宁全集第 21 卷》，人民出版社 1990 年版，第 154～155 页。
② 《列宁全集第 21 卷》，人民出版社 1990 年版，第 155 页。

文艺复兴时期，空想社会主义学说产生。以托马斯·莫尔和托马索·康帕内拉为代表的早期空想社会主义者分别在其著作《乌托邦》和《太阳城》中创造性地描绘出了一个没有压迫与对立、社会分配公平的理想社会蓝图。18 世纪法国的摩莱里在《自然法则》一书中提出以公有制为基础的社会制度是理性的制度。以圣西门、傅立叶和欧文为代表的晚期空想社会主义者在对资本主义制度进行无情揭露和尖锐抨击的基础上，对社会分配的模式提出了新的思考，主张“按劳分配”甚至实现“按需分配”。空想社会主义学说将社会不平等看成是产生社会矛盾的根源之所在，而其所倡导的公平、协调、正义和道德则是解决社会矛盾与缺陷的根本路径，这也是现代社会保障产生的最基本、最深刻的思想基础，同时也成为现代社会保障所追求的核心价值和核心理念。

随后，以边沁、庇古等为代表的功利主义者，则主张从效用的方面衡量社会正义，确保“最大多数人的最大幸福”，即容许以牺牲少数人的利益为代价来换取大多数人的利益。

20 世纪 60 年代和 70 年代，著名的政治哲学家约翰·罗尔斯提出了“作为社会公平的正义”理论。在著作《正义论》中罗尔斯提出两大正义原则，即平等自由原则和差别原则（Difference principle）。第一原则强调尊重个人的权利和自由，即每个人对于所有人拥有的最广泛的基本自由体系相容的类似自由体系都应拥有一种平等的权利；第二原则提出社会和经济的不平等应这样安排：使它们在与正义的储存原则一致的情况下，适合于最少受惠者的最大利益，并且依系于在机会公平、平等的条件下职务和地位向所有人开放①（约翰，1988）。也就是说不仅要重视“机会的公平”，也要满足“结果的公平”，使“最不利者获得最大利益”。与此相对应，罗尔斯又提出了两个优先规则——自由的优先性和正义对效率和福利的优先性，将博爱的思想融入其中。同时，罗尔斯还将“基本善”（Primary goods）作为平等评价的标准，基本善“是那些被假定为一个理性的人无论他想要别的什么都需要的东西”，包括“权利和自由、机会和权力、收入和财富、自尊的善”② 等。罗尔斯所追求的是一种实质上的平等和实质性的正义。

在罗尔斯的基础上，德沃金提出了“平等待遇”和“资源平等说”，即在政治领域强调平等尊重和平等关怀，在利益分配领域要考虑个人的天性和意志。

经济学家阿玛蒂亚·森在肯定了罗尔斯重视“基本善”的分配的同时，又指出由于个体的差异，占有等量的“基本善”或“资源”未必就会意味着享有相同的自由。由此，他提出了能力平等说。这里的“能力”代表一种实质自由，

①② ［美］约翰·罗尔斯，何怀宏等译：《正义论》，中国社会科学出版社 1988 年版，第 302、25、92～93、30、396、88～89、47、74、4 页。

这种自由意味着个体所真正能实现的各种可能的自由的程度。这种能力的扩大与提高不再仅仅是个人的事情，而是政府的责任，政府应该通过教育、医疗、提供更多的经济机会等各种途径来不断提升人类的这种能力。这也意味着公平正义不再局限于政治领域，而被广泛应用于经济、社会领域，尤其是教育、医疗等对人类能力提升有重要影响的公共服务领域。

农村社会养老保险是农村社会保障体系的中坚力量，是农民应该公平享有的基本权利和义务，公平正义理论是农村社会养老保险制度建立和完善的思想基础，同时也是实现制度效率的前提。虽然在养老保险领域实行完全的平均主义是不现实的，同时也是不公平的，但在新农保的制度建设中，要坚持以普惠制为原则，体现机会均等与公平正义的要求。

2. 理论基础——公共服务与公共产品理论

西方学者关于公共服务理论的研究大多是建立在公共产品理论的基础之上，而在服务均等化方面一般是从财政均等化的角度进行探讨。

经过一个多世纪的发展与完善，公共产品理论已经成为当代西方财政理论的核心部分。其雏形产生于以大卫·休谟和亚当·斯密为代表的古典经济学时期。大卫·休谟在《人性论》一书中提出的“搭便车”现象，亚当·斯密在《国富论》中对政府职能的深入阐释，都肯定了即便在“自由放任”的经济模式下，作为“守夜人”的政府也应该提供最低限度的公共服务。随后出现的“瓦格纳法则”和“林达尔均衡”理论则将微观经济学的研究思路与方法引入了公共经济领域。萨缪尔森在《公共支出的纯粹理论》（1954）和《公共支出图解》（1955）两篇文章中首次对公共产品与私人产品的界限做了明确的划分，并给出了公共产品的严格定义，即将其描述为“每一个人对这种产品的消费并不减少任何他人也对这种产品的消费”。随后出现的以布坎南为代表的公共选择学派，将政治决策与经济理论结合起来，运用经济学的工具和方法，研究非市场的集体决策过程。重视政府的决策过程和机制，期望通过完善政府结构来提高公共服务的供给效率。新公共管理理论的代表之一文森特·奥斯特罗姆进一步主张打破政府对公共服务供给的垄断，将市场机制引入公共服务领域，奥克森则列举了连接供应和生产的主要方式。在此基础上，此后的新公共服务理论在强调民主权和服务理念的同时，主张通过政府、私人和非营利机构的合作治理，以公民的需求为核心，提高公共服务供给的效率和质量，促进公共服务分配的公平。

国外学者对于公共服务均等化的具体研究主要体现在财政均等化方面。如布坎南（1950）在兼顾效率与公平原则下，提出财政政策应致力于使每一个处于平等地位的人都得到平等的财政对待，通过地区间财政转移支付实现财政均衡。萨瓦斯（1978）从定性的角度提出判断公共服务提供公平性的原则，即效果公平原则（Equal Payment）、支出公平原则（Equal Output）、投入公平原则（Equal Input）和需求满意程度公平原则（Equal Satisfaction of Demand）。沙安文（2005、2006）总结了世界范围内财政转移支付的主要做法，并从制度经济学的视角对评估均等化转移支付的制度安排进行了分析和评价，同时指出了发展中国家由于缺乏明确的均衡标准而产生的“转移支付依赖症”。Monisilan（2006）则认为，政府提供公共服务和财政转移支付的层面越高，其所获得的支持力度就越大。除此意外，加拿大、德国、澳大利亚等各国学者通过对本国公共服务提供的研究，也纷纷验证了财政转移支付制度对公共服务均等化的促进作用。综上所述，可以看出，西方国家主要是从推进财政均等化角度，通过财政转移支付的方式，实现公共服务的均等化提供。

公共服务作为公共产品的范畴，包括基本公共服务和一般公共服务。所谓基本公共服务（Basic Public Service）是指与民生密切相关的纯公共服务。[①] 基本公共均等化就是要让全体社会成员都可以享受到水平相当的基本公共服务，以保障每一个社会成员最基本的生存权和发展权，从而实现社会的公平正义。2005年，中国政府在“十一五”规划中首次明确突出了“公共服务均等化”的目标，这一目标主要针对的是社会成员最关心、最迫切的公共服务，主要包括公共卫生和基本医疗、基本社会保障、义务教育、公共服务就业等方面。显而易见，农村社会保障包括农村社会养老保险都属于基本公共服务。近年来，政府大力推进新农村建设，新型农村合作医疗全覆盖的目标基本实现，农村社会保障体系的建设取得了一定的成绩，但这些是远远不够的，尤其是随着城镇职工基本养老保险制度的建立和完善，城镇社会养老保障体系已基本形成。相比之下，农村居民的社会养老保障方面仍留有大量空白，城乡差距进一步拉大。因此，在社会养老服务的提供方面，政府具有不可推卸的责任，以普惠制为原则，以政府为主导，为农民提供社会养老保障服务，使广大农民公平地享受到与城市居民同样的社会养老服务，缩小城乡差距，这是实现公共服务均等化的具体体现。

（三）民生理论

民生是社会发展的主题，民生思想是中国特色社会主义理论的重要组成部分。中国共产党在长期的执政建设过程中，结合马克思主义的民生思想，在总结实践经验的基础上，形成了具有中国特色的社会主义民生理论。

“民生”一词最早见于《左传·宣公十二年》，即“民生在勤，勤则不匮”。

① 卢海元：《和谐社会的基石：中国特色新型社会养老保险制度》，群众出版社2009年版，第81页。

民生就是指人民的基本生计。民生的概念有广义和狭义之分，狭义的民生主要存在于社会建设层面，是指“民众的基本生存和生活状态，以及民众的基本发展机会、基本发展能力和基本权益保护的状况等”。[①] 而广义上的民生则涵盖了经济、政治、文化以及社会等各个领域。与此相对应，民生问题就是指与人民的生存和发展相关的物质文化生活等方面的利益需求问题。具体来说，民生问题可以分为两个层面：一是人民的基本生存问题；二是较高层次的发展问题。

民生问题是社会建设的出发点，也是社会和谐的基石。作为社会关注的焦点，民生问题是个动态的概念，但其核心是不变的，即“民生问题的核心是人的全面发展，包括人的各种正当权益受到尊重和保护，治国理政要突出以人为本”[②]。坚持以人为本，就是要按照全面协调可持续的发展要求，关注民生，改善民生，满足人民生存、生活和发展的需要，保障人民的各项权益，提高人民的生活质量。社会建设是改善民生的重点，立足中国国情，与人民生活密切相关的教育、就业、收入分配、社会保障、医疗卫生和社会安定等方面是民生建设的重点。

社会保障事业关系着人民的生存和发展，影响着经济的增长、国家的稳定和社会的和谐。社会保障体系不仅涉及民生问题中较低的生存层次（社会保险、最低生活保障等），也影响着较高的发展层次（社会福利等），因此，健全社会保障体系是改善民生工作的重中之重。

农村社会养老保障体系的缺失，使占中国人口绝大多数的农民被排斥在社会养老保障体系之外，这不仅使部分农民的生存受到威胁，发展要求得不到满足，同时更严重影响了社会主义和谐社会的建设。因此，需要在民生理论的指导下，逐步健全覆盖全体国民的社会保障体系。

（四）制度伦理理论

从概念的构成可以看出，制度伦理是由制度和伦理两个范畴组合而成的一个复合概念。制度是指以法律、规范、习惯为核心，依一定的程序由社会性组织来颁布和实施的一整套规范体系和社会运行机制的总和[③]；伦理一词源于古希腊语“ethos”，可以被定义为人的社会关系的应然价值[④]。但对于制度伦理的定义，学术界尚未达成一致的意见，总体来说，主要有三种观点：制度中心说、伦理中心说以及双向互动说。

---

① 吴忠民：《改善民生的战略意义》，载《光明日报》2008 年 9 月 2 日，第 9 版。
② 郑功成：《科学发展与共享和谐——民生视角下的和谐社会》，人民出版社 2006 年版，第 121 页。
③ 倪愫襄：《制度伦理研究》，人民出版社 2008 年版，第 5 页。
④ 倪愫襄：《制度伦理研究》，人民出版社 2008 年版，第 9 页。

"制度中心说"以"制度"为中心，认为制度伦理就是一种制度化的道德规范和原则，强调制度建设的重要性，即通过制度化实现伦理道德建设。"伦理中心说"以"伦理"为中心，将伦理道德作为参照系，突出制度本身的伦理性和道德性，认为制度伦理是指制度蕴含的伦理价值、道德原则，即对制度进行的伦理评价。"双向互动说"实质上是前两种说法的调和，即"制度伦理是人们从制度系统中汲取的道德观念和伦理意识与人们把一定社会伦理原则和道德要求提升、规定为制度，即制度伦理化和伦理制度化两个方面双向互动的有机统一"①。

以上三种观点分别从不同的角度定义了制度伦理，主要区别就在于其设定了不同的参照系。相同点是，三种观点都将制度伦理看作是"制度"和"伦理"的二元组合。从伦理学的角度来看，制度伦理包括根本性的制度伦理、体制性的制度伦理和具体性的制度伦理三个层面。因此，一个社会的制度伦理既包括这三种层面的制度所具有的内在伦理蕴含与外在伦理效应的有机统一，也包括这三种层面的制度设计伦理与制度运行伦理②的有机统一。③

简单来说，制度伦理化就是将生活中最根本、最重要的道德原则披上了法律的外衣，从而维护社会生活的正常秩序，保障大多数人的基本权利。公平与正义是衡量社会制度伦理价值的基本评价尺度，也是社会制度建设的重要任务。同时，符合正义原则的制度安排，通常都具有良好的运行效率。因此，在社会制度的构建过程中必须以公平正义为基本价值取向，首先保证制度层面的公平，进一步实现社会公平。

一直以来，中国的经济发展战略都是以工业化为重点，资源配置和政策扶持向重工业和城市倾斜严重，甚至一度通过农业和农民反哺工业，以牺牲农业的发展和农民利益为代价换取工业和城市的发展，这必然会导致国民收入分配的不公平。同时，中国实行的城乡分离的二元社会经济结构，也使得农民难以分享经济发展的成果，尤其是在农村公共产品提供方面，农民无法与城市居民享受到同等的国民待遇，进一步加剧了城乡之间的差别。显而易见，正是由于农村相关制度安排严重违背了公平正义的伦理要求，才导致城市和农村不均衡发展状态的日益加剧，长此以往不仅会阻碍农村的发展，更会影响到整个社会的和谐稳定。可见，农村问题的根源就在于制度安排与公平正义原则的背离。在农村政策调整的过程中，必须遵循公平正义的原则，做出合理、科学的制度安排。

---

① 龚天平：《论制度伦理的内涵及其意义》，载《宁夏大学学报（哲学社会科学版）》1999 年第 3 期，第 23 ~ 27 页。

② 彭定光：《制度运行伦理：制度伦理的一个重要方面》，载《清华大学学报（哲学社会科学版）》2004 年第 1 期，第 27 ~ 31 页。

③ 李仁武：《制度伦理研究：探寻公共道德理性的生成路径》，人民日报出版社 2009 年版，第 5 页。

农村社会养老保障体系的缺位，是前一阶段中国农村所面临的最基本问题之一，推行农村社会养老保险制度，解决农民的养老问题，不仅是社会公平的要求，也是实现社会效率的前提保证。在制度设计和创新的过程中，必须坚持公平正义的价值取向，注意制度安排的科学性、合理性，给农民带来实质的自由和平等。

二、经济学理论基础

（一）福利经济学理论

福利经济学可以称为当代西方社会保障经济理论的开端。福利经济学是从福利的观点对经济体系的运行进行评价的经济学[①]，从各种可能的社会经济状态中选择出从社会角度来看是最佳的状态。福利经济学诞生于20世纪20年代的英国，以阿瑟·塞西尔·庇古（Arthur Cecil Pigou）的《福利经济学》的出版为标志，庇古也因此被西方经济学界称为“福利经济学之父”。福利经济学是资本主义经济内部矛盾与日益严重的阶级矛盾激化的产物，并以边沁的功利主义理论为哲学基础。

福利经济学的发展大致可以分为两个阶段：以庇古的为代表的旧福利经济学以及以帕累托最优化原理为基础的新福利经济学。

1. 旧福利经济学思想

庇古是旧福利经济学时期的主要代表，他认为福利经济学是“研究增进世界的或某一国家的经济福利的主要影响”[②]。他的福利经济学说主要可以分为两个部分：一是以边际效用学说为基础提出福利的概念，并将主观的福利概念同国民收入相联系；二是研究影响社会经济福利的重要因素——国民收入的增加、分配与变动。

首先，庇古的福利经济学说是建立在边际效用价值学说的基础之上的，认为“福利”是一种意识形态，可以解释为个人所获得的效用或者满足，这种满足是多方面的，因此福利有广义和狭义之分。广义的福利，是指个人所获得的效用或满足的总和，包括对财物的占有、对知识等的拥有以及对情感等的实现，即社会福利；狭义的福利，则是指全部福利中那部分能够直接或间接以货币计量的福利，即经济福利。福利经济学研究的主要对象是经济福利，经济福利作为社会福

① 厉以宁、吴易风、李懿：《西方福利经济学述评》，商务印书馆1984年版，第1页。

② ［英］庇古：《福利经济学》，麦克米伦出版公司1932年版，第733页。

利的一部分，对社会福利会产生决定性的影响，因此，能够影响经济福利的那些因素同样也会影响到社会福利。庇古用国民收入来表示全社会的经济福利，他认为经济因素对国家经济福利的影响不是直接的，而是通过经济福利的客观对应物——国民收入的形成和使用来实现的。因为经济学家将经济福利定义为可以直接或间接地与货币量杆（the measuring-rod of money）联系起来的那部分总福利，因此国民收入就是可以用货币衡量的那部分社会客观收入，二者是对等的。进一步，福利是用效用或满足程度来表示的，因此可以用单位商品的价格和价格变动来计算效用的大小和变动，并且用效用的大小和变动来表示个人福利的增减。这样通过商品的购买和价格的计量，国民收入就变成了主观满足的“客观对应物”，也就是将主观的福利论过渡到用国民收入来计算福利。

其次，庇古提出：“在很大程度上，影响经济福利的是：第一，国民收入的大小；第二，国民收入在社会成员中的分配情况①。”庇古将国民收入的数量和国民收入的分配作为检验社会经济福利的标志，这也是其增加社会经济福利的各种措施的出发点。

具体来说，一方面国民收入水平决定着社会经济福利的大小，“对于一个人的实际收入的任何增加，都会使满足增大”②，也就意味着国民收入越多，社会经济福利水平越高。国民收入的增加主要是通过社会生产资源的优化配置来实现的。只有在边际社会纯产值与边际私人纯产值相等时，资源的配置才会达到最佳状态，然而在一般情况下，两者往往是不相等的。庇古认为在自由竞争的前提下，资源是能够实现最优配置的，社会经济福利可以达到极大值。但现实往往并不乐观，这就需要国家通过财政和税收等经济手段进行调节，推行社会福利政策，使得各个部门的边际社会纯产值彼此相等，社会生产资源实现最优配置，实现社会经济福利极大化。

另一方面，增大社会经济福利，还必须实现国民收入分配的均等化。庇古认为“转移富人的货币收入给穷人会使满足增大”③，也就是他的财产转移论。根据边际效用递减规律，同等数量的货币带给每个人的效用是不同的，富人的边际效用要小于穷人的货币边际效用。因此，当富人的一部分货币收入转移给穷人时，富人减少的效用小于穷人增加的效用，从总体上看，社会总效用是增加的。为了实现收入的均等化，庇古主张由政府进行收入转移，即向富人征税（如征收累进所得税和遗产税等），再用来补贴穷人（如养老金、免费教育、失业补贴和社会救济等）。

---

① ［英］庇古：《福利经济学》，麦克米伦出版公司1932年版，第123页。

②③ ［英］庇古：《福利经济学的几个方面》，载《美国经济评论》1951年6月号，第293页。

2. 新福利经济学思想

新福利经济学产生于20世纪30年代垄断资本主义时期。新福利经济学以效用序数论和帕累托最优理论为基础，采用无差异曲线分析方法，形成了希克斯、卡尔多、霍推林等人的补偿原则论和柏格森、萨缪尔森等人的社会福利函数论。

（1）序数效用理论和帕累托最优状态。

根据序数效用理论，效用或满足程度是不能相加的，甚至一个人所获得的效用总量也是无法获知的，这就意味着不能用基数数词来表示效用数值的大小，只能用序数数词来表示效用的高低。因此，新福利经济学家认为，个人所谓的获得最大的满足，实质上不是指获得最大的满足总量，而是指达到了最高的满足水平。即个人福利的好坏是用无差异曲线的高低来衡量的。个人的福利总量无法计算，社会的福利总量也必然无从获得，这也就意味着对庇古理论中关于收入再分配内容的否定。

新福利经济学家根据帕累托最优状态理论和序数效用理论提出了新的福利命题：一是个人是他本人的福利的最好判断者；二是社会福利取决于组成社会的所有成员的福利；三是如果至少有一个人的境况变好，同时没有使任何一个人的境况变坏，那么整个社会的境况就算变好了。在这三个命题的基础上，新福利经济学家将帕累托最优状态作为实现社会福利最大化的出发点。他们认为当整个社会交换的最优条件和生产的最优条件同时得到满足时，即整个社会的交换和生产都是最有效率的，达到最优状态时，也就意味着整个社会达到了最优的状态，实现了社会的最大福利。

（2）补偿原则理论。

根据序数效用论和帕累托式的交换和生产的最优条件，新福利经济学家提出了补偿原则问题。当一项经济政策变动时，一部分人的状况会变好，另一部分人的状况则会变差，如果收益增加的这部分效用和受损减少的这部分效用是无法比较的，那么社会总效用的变化也就无法衡量，就意味着社会总福利的变动情况无法知晓。为了绕过这一难题，新福利经济学家提出了补偿原则理论，最早正式提出这一理论的是美国经济学家霍推林，随后经过希克斯、卡尔多等人的补充和完善，形成了最终的补偿原则理论。

根据帕累托最优理论，只有在一部分社会成员的福利增加的同时不会造成其他成员的经济状况的恶化的情况下，社会总福利才会增加。补偿原则论者认为，任何一项社会政策或社会变革的实施，都会使社会成员的经济状况发生变化，一部分人受益，必然会有一部分人受损，而无法实现帕累托最优状态。这种状况下，就有必要通过税收或价格政策对利益受损者进行补偿，通过受益者实际增加的利益与受损者减少的损失相比较，得出社会总福利的真实变动情况。所以，补偿原则的实质就是受益者对利益受损者的一种补偿。

（3）社会福利函数理论。

社会福利函数（Social Welfare Function）的概念由柏格森（Abram Bergson）首次提出，经过萨缪尔森（Paul A. Samuelson）的完善形成了一般性的社会福利函数，因此社会福利函数也被称为柏格森—萨缪尔森社会福利函数。社会福利函数理论的实质是要用一定的道德标准来解决收入分配问题。米商认为："本质上社会福利是社会中各个人所购买的货物和所提供的生产要素以及任何其他有关变量的函数。"① 这句话说，将社会福利看作是个人福利的总和，用效用水平来表示个人的福利，那么社会福利函数就是社会所有个人的效用水平的函数②。

包含 n 个社会成员的社会福利函数的表达式可以表述为：$W = W(U_1, U_2, \cdots, U_n)$，其中 W 表示社会福利，$U_1$ 表示第一个人的效用水平，U_2 表示第二个人的效用水平，依此类推，U_n 表示第 n 个人的效用水平。

个人效用水平可以看成消费产品、提供要素等变量的函数，即 $U = (Q, L)$。其中 Q 表示个人对需要的消费品的数量，L 表示所提供的劳务的数量。

根据帕累托最优理论，社会福利最大化的实现条件是生产的最优条件和交换的最优条件同时得到满足。社会福利函数论者认为，当社会中的任何一个工厂因生产要素的变化而提高了生产效率，或者任何一个成员因消费品的增加而增加了自己的满足程度，同时又没有造成其他厂商生产效率的降低以及其他成员满足程度的减少，那么这种情况下就可以说整个社会的福利增加了。当福利增加到不再增加的时候，也就意味着社会福利达到了最大值。

柏格森—萨缪尔森社会福利函数是一种一般化的福利函数，适用于任何福利函数，却不能用来确定任何特定的函数。原因在于，既然社会福利是个人福利的函数，那么要使社会福利最大化，首先就要使个人福利最大化，而个人福利最大化就意味着在实现个人自由选择的前提下，还要考虑到个人的收入分配问题。因此，改善社会福利不仅要关注资源配置效率的影响，还要考虑收入分配的情况，因为"在任意收入分配状况下都可以实现资源的最佳配置"③。要注意的是新福利经济学家强调的是"合理"的分配，这不同于旧福利经济学时期所倡导的均等化分配。

（4）福利经济学的新发展。

1951 年 K. J. 阿罗在《社会选择与个人价值》一书中提出了著名的"阿罗定

---

① ［美］米商：《福利经济概览：1939～1959》，第 204 页。

② ［美］柏格森：《社会主义经济学》，载埃利斯编：《当代经济学概览（第 1 卷）》，1963 年，第 417 页。

③ 王桂胜：《福利经济学》，中国劳动社会保障出版社 2007 年版，第 5 页。

理”（Arrows Theorem），阿罗定理认为满足所有社会成员的社会福利函数是不可能存在的。这是因为，根据社会福利函数理论，社会福利函数必须在已知所有社会成员的个人偏好次序的情况下，根据个人的偏好次序得到整个社会的偏好次序，然后从社会偏好次序中确定社会的最大福利。但是在现实社会中，在满足一系列约束条件的前提下，在任何情况下都希望从社会中所有个人的偏好次序推导出整个社会的偏好次序是不可能的。“阿罗不可能定理”严重质疑了新福利经济学家的观点，一度使福利经济学陷入停滞状态。

阿玛蒂亚·森的“非福利主义研究”和“社会选择理论”的发展使福利经济学从徘徊走向了新的发展。阿玛蒂亚·森的研究结果揭示了导致阿罗不可能性定理产生的原因，即阿罗不可能性定理只适用于投票式的集体选择规则，该规则无法揭示出有关人际间效用比较的信息，而阿罗定义的社会福利函数实际上排除了其他类型的集体选择规则，因而才会产生不可能性的结果。[①] 以序数效用理论为分析方法的新福利经济学，其对社会福利排序的前提是掌握全部的社会信息，众所周知这只是一种理想的状态，因此在缺乏有效信息的情况下，单纯依靠序数效用分析方法是无法进行社会排序的。反之，在坚持福利主义的前提下，基数效用可以提供充分有效信息进行人际间效用比较，从而获得一定的社会排序。[②] 因此，福利经济学出现了向效用主义和基数效用理论回归的趋势。

（二）公共产品和公共选择理论

1. 公共产品理论

公共产品理论是西方经济学的一个基本概念，它从公共产品、私人产品和混合产品的定义出发，研究在物品的提供方面政府和市场是如何分工的。

（1）公共产品的概念及分类。

萨缪尔森将公共产品（Public Goods）描述为这样一种产品：每一个人对这种产品的消费并不减少任何其他人也对这种产品的消费[③]。中国学者通常将其定义为“由政府（公共部门）所生产和提供的，用于满足全体社会成员共同需求的产品和劳务。”[④]

理论上一般将非排他性（non-excludability）和非竞争性（non-rivalness）作为判断一种产品或劳务属性的标准。具体来说，非排他性是指一旦某种公共产品

① 姚明霞：《福利经济学》，经济日报出版社2005年版，第131页。

② 王桂胜：《福利经济学》，中国劳动社会保障出版社2007年版，第6页。

③ PAULAS. *The pure theory of public expenditure. The Review of Economics and Statistics*, 1954, 36, (4), P. 387.

④ 樊勇明、杜莉：《公共经济学（第二版）》，复旦大学出版社2009年版，第47页。

被提供，不会排除任何人对该产品的消费。若要排除那些不愿为公共产品付费的个人，或是在技术上是行不通的，或是成本昂贵到不可接受。非竞争性是指任何一个消费者对公共产品的消费都不会影响到其他人对该产品的消费数量。非竞争性包含两方面的含义：一是产品的边际生产成本为零，即当增加一个消费者时，供给者的生产边际成本是零；二是产品的边际拥挤成本为零，即每个消费者对该产品的消费都不会影响到其他人的消费数量和质量。

一般来说，根据这两个标准可以将产品或劳务分为三个层次——纯公共产品、准公共产品和私人产品。其中，纯公共产品是指具有严格的非排他性和非竞争性的产品，如国防、灯塔等；私人产品是既存在排他性，又具有竞争性的一类产品；准公共产品是指在一定程度上具有非排他性或非竞争性的产品或劳务，介于纯公共产品和私人产品之间。现实社会中，纯粹的公共产品是非常稀少的，准公共产品则大量存在。

准公共产品还可以再细分为拥挤型准公共产品和俱乐部型准公共产品。拥挤型准公共产品在消费上具有非排他性，但当消费者的数量累积到一定程度上便产生了竞争性，经典的例子是不收费但拥挤的桥梁或公路。所谓俱乐部型准公共产品是指可以通过收费而将部分不愿付费的消费者排除在该产品的消费之外的一类产品。在交费的消费者范围之内，该产品的消费仍然是非竞争性的，如收费但不拥挤的公路。

农村社会养老保险作为农村社会养老保障体系的重要组成部分，是一种准公共产品。从性质上看，农村社会养老保险具有消费上的局部非竞争性和非排他性，同时在收益上又具有一定程度的排他性。首先，非竞争性要求公共产品的边际社会成本为零，即边际生产成本和边际拥挤成本都为零，当参加新农保的人数在一定规模之内时，基于国家财政预算的支持以及养老保险基金的正常运行，任何一名农村老年人的消费都不会影响到其他老年人对新农保的消费，但当参保人数超过这一限定规模后，边际成本就会增加，为了满足新增加的老年人，政府的开支就要相应增加，因此农村社会养老保险的非竞争性是有限的。其次，任何农村居民只要其未参加城镇职工基本养老保险或城镇居民基本养老保险，就有去参加新农保的权利，这是消费上非排他性的表现。再次，新农保引入了个人责任，以个人缴费为前提，因此，在收益上具有排他性。

（2）公共产品的供给。

公共产品的非竞争性表明社会上对该类产品的需求是普遍存在的，但是由于非排他性的存在，“免费搭车问题”的产生是不可避免的。个人的付费与否都不会影响他对该产品的消费，那么自然就不会倾向于自愿付费，因此仅仅依靠市场是无法实现公共产品的有效供给。这种情况下，由政府或公共部门来生产和提供公共产品就成了必然的选择。

公共产品的有效供给是产品的供给和需求相平衡的一种状态，也就是产品的社会边际成本要等于社会边际收益。对于如何实现公共产品供给的帕累托最优状态，瑞典经济学家艾略克·林达尔（Erik Lindahl）提出了一个经典的公共产品供给模型——“林达尔均衡”（Lindahl Equilibrium）模型。

林达尔均衡提出，如果每一个社会成员都按照其所获得的公共产品或服务的边际效益的大小，来捐献自己应当分担的公共产品或服务的费用，那么公共产品或服务的供给量就会达到最优水平。林达尔均衡实质上是通过个人对公共产品的供给水平以及他们之间的成本分配进行讨价还价，使总成本在全体消费者之间分摊，并尽量使每一个消费者面临的价格都符合其对公共产品的真实偏好，使得消费者愿意支付的价格恰好等于公共产品的总成本，即总收入等于总成本，此时形成的价格即为均衡价格，称为林达尔均衡价格。

林达尔均衡也存在一定的缺陷，如“免费搭车”现象的不可避免和公共产品的过度供给。原因就在于，现实社会中，没有人愿意如实说出自己真实的收益以及愿意分担的成本水平，也就导致无法准确了解到每个人的偏好和其真实的经济状况。

2. 公共选择理论

公共选择（Public Choice）理论是当代西方经济学的一个重要分支，是一种经济学和政治学交叉融合而产生的理论。公共选择理论运用经济学的逻辑和方法，来分析政治问题或集体选择问题，其分析思路是“作出与一般经济学相同的行为假设，通常把偏好显示过程描述为类似于市场，提出与传统价格理论相似的问题”。[①] 因此，公共选择理论又被称为新政治经济学（New Political Economy）或政治学的经济学（Economics of Politics）。

（1）公共选择理论的方法论。

公共选择学派的代表人物布坎南认为，“公共选择是政治上的观点，它从经济学家的工具和方法大量应用于集体或非市场决策而产生”[②]。换句话说就是运用现代经济学的逻辑和分析方法来分析解决政府的选择决策行为。公共选择理论的研究方法主要包括以下三个方面：

第一，“经济人”的假定。公共选择理论将经济学中“理性经济人”的假定移植到了政治学的领域，作为其理论出发点。“经济人”假设是指，“人是关心个人利益的，是理性的，并且是效用最大化的追逐者。”也就意味着人既是自利

① ［美］缪勒，杨春学等译：《公共选择理论》，中国社会科学出版社1999年版，第245页。

② ［美］布坎南，吴良键、桑伍、曾获译：《自由、市场和国家》，北京经济学院出版社1988年版，第23页。

的，又是理性的。经济活动中的每一个人都只受个人利益的驱使，并根据成本—利益的分析，作出最符合自身利益的选择。

公共选择理论中的“经济人”假设是指，政治家、官员以及选民等作为公共选择的参与者，同经济活动中的个人并没有本质上的区别，他们也是理性的、自利的，在选择过程中，同样会用最小的成本作出最有利于自己的决策。布坎南从两个方面对政治领域的“经济人”假设作出了论述：一、“个人的行为天生要使效用最大化，一直到受到他们遇到抑制为止”；二、“只要有适当的法律与制度构架，个人追逐他们自己利益的行动可以无意识地产生有利于整个‘社会’利益的结果”。[①] 一般来说，政治市场上存在着三种“经济人”：选民、政治家和官僚。公共选择理论通过引入“经济人”的假设，将市场中的交易分析应用到了政治领域，将政治过程看作是利益在政治市场上的交换。

第二，个人主义的方法论。传统的政治理论坚持集体主义的分析方法，将集体看作是一个不可分割的整体，个人只不过是其中的有机组成部分，集体利益独立并凌驾于个人利益之上。与之相反，经济理论中采用的是个人主义的研究方法，即将个人当作是基本的分析单位，个体行为的集合构成了集体行为。

有别于传统的政治学理论，公共选择理论将社会选择看成是个人选择的集合，认为个人有目的的行动和选择才是社会选择的起因。同经济活动一样，个人也是政治活动的主体，个人以谋求自身利益的最大化为动机，根据自己的偏好，作出最终的决策和选择，并是其结果的最终承担者。个人选择按照一定的规则集合而成为集体选择。

第三，政治学与经济学的“交易”性质。公共选择学派认为，经济学的基本命题是“交换”，而不是“选择”。交换即不同经济个体之间的交换，在交易过程中，双方通过博弈，使交易最终达到“帕累托最优”的状态。公共选择学派将政治过程同样看作是一种交易过程，只不过交易的对象是公共产品。政治市场中，作为交易人的政治家和投票者，以自身利益最大化为动机，通过自愿的交易形成其所需要的政治过程的结构。国家要保证个人选择的自由，就必须制定一定的规则，使个人对自身利益的追求既不会受到他人行为的影响，也不会影响他人的利益的追求。

（2）公共选择理论的内容。

一般来说，集体行动和偏好加总是公共选择的两大基本问题，二者都取决于一定的规则。因此，公共选择理论的最终目的就是寻找一种规则，使得个人以追

---

① ［美］布坎南，吴良键、桑伍、曾获译：《自由、市场和国家》，北京经济学院出版社 1988 年版，第 19 页。

逐自身利益最大化为动机，进行自由选择时，不仅不会损害甚至增加社会福利。

公共选择理论以公共产品理论为基础。正是由于公共产品的特殊属性，决定了它的生产和提供都必须由政府或公共部门才能实现。对于如何实现政府对公共产品的最优提供，公共选择学派主张在民主政治体制下，通过投票的方式得出最终的结果。"民主——即以正式投票作出并推行集体选择的过程——是具有一定规模，具有不同个性的人们所必需的一种制度。"① 因此，政治决策在某种程度上可以看成是选民投票交易的结果。但值得注意的是，选民的投票是由其偏好决定的，交易过程中，出于自身利益的考虑，参与投票的选民很可能隐瞒其真实的信息偏好或做出虚假陈述，即投票过程实质上被选民所操纵。这种情况下，自然无法实现公共产品的有效供给，这也是政府失灵的表现之一。在资本主义社会，既存在市场失灵，也存在政府失灵。因为根据公共选择理论的假设，政治活动中作出决策的人与经济活动中的个体没有本质区别，他们同样是个人效用最大化的追求者。无论是选民，政治家还是政府官僚，都会出于自身利益的考虑，企图操纵投票，这样的结果就是资源配置的扭曲以及低效率。政府失灵的区域往往是市场可以充分发挥作用的区域，因此在公共产品的供给上，要将政府和市场结合起来，才能保证供给的效率与公平。

社会保障作为最基本的公共产品，在保证以政府为主导的供给模式的前提下，也要充分考虑市场的作用，通过市场化，实现有效供给。因此，对于新农保制度，要从公共选择理论的角度出发，寻找一种政府与市场相结合，既实现公平又保证效率的供给模式。

（三）公共财政理论

公共财政（Public Finance）理论最早可以追溯到自由资本主义经济时期，是建立在市场经济体制基础上的一种财政模式。

公共财政是指以国家（政府）为主体，集中一部分社会资源，用于为市场提供公共产品和服务，来满足社会公共需要的一种分配活动或经济行为。公共财政主要着眼于满足社会的公共需要，弥补"市场失灵"的缺陷，并以此来界定政府的职能范围，构建政府的收支活动模式或财政运行机制模式。具体而言，公共财政理论包括财政支出理论、财政收入理论、财政政策体系和财政体制建设等内容。

公共财政是与市场经济相适应的一种财政体制，二者相互制约，相互促进。一定时期内，相对于人类的需求，自然资源、劳动力、资本等社会资源的供给是

① ［美］穆勒：《公共选择》，商务印书馆 1992 年版，第 18 页。

有限的，即社会资源是稀缺的。因此，只有实现资源的最优配置，才能利用有限的社会资源最大程度地满足社会需要。在市场经济条件下，市场在资源配置中发挥基础性作用。市场通过价格机制、竞争机制，引导企业和个人的行为，调节市场的供给和需求，实现资源的合理配置。然而市场不是万能的，它不能解决资源配置过程中的所有问题，在有些领域市场机制不能或者无法有效的发挥作用，不能实现资源的最优配置，即所谓的“市场失灵”。为了弥补市场的缺陷，就需要政府的介入和干预，通过公共财政的资源配置功能进行宏观调控。因此，从某种意义上说，市场失灵是政府介入经济活动领域的必要和合理的逻辑起点。政府干预经济是为了弥补市场的失灵和缺陷，这也规定了政府所能涉及的领域必须而且只能是市场不能或无法有效发挥作用的领域，如公共产品的有效供给、外部效用的存在、自然垄断问题、收入的公平分配以及熨平经济波动等方面。

政府并不能完全消除市场失灵现象，政府的有限理性导致了政府干预行为的局限性，即政府失灵问题。公共选择学派将“理性经济人”的假设引入政治领域，认为政治活动过程中的个体同市场中的个体没有本质上的区别，都是理性的，自利的，以追求自身利益最大化为目的。政治家和官僚机构在政策的制定和执行的过程中，为了自身利益和预期的最大化必然会进行博弈与妥协，导致寻租现象的产生，致使公共决策出现失误。因此，在政府干预经济活动的过程中，必须要正确评估政府的政策效果，尽可能的减少决策的失误，既要防止“缺位”，也要避免“越位”。

政府对经济活动的干预是通过财政收入和财政支出来实现的。从目前的情况来看，社会保障支出是各国政府财政转移性支出的重要组成部分，而且所占比重越来越大。社会保障作为一种社会稳定机制，政府成为其分配主体是必然的选择。也只有在政府主导下，对国民收入进行分配才能为社会保障提供充足的物质资源。因此，农村社会养老保险作为最基本的农村公共产品，在其提供过程中，必须充分发挥政府财政的作用，通过合理的转移性支付，满足农民基本的生活需求，促进收入分配的公平化、合理化，使农民可以共享社会经济的发展成果。

（四）生命周期假说理论

美国经济学家弗朗克·莫迪利安尼（Franco Modigliani）将跨时期消费问题引入古典经济学中，提出了生命周期假说理论（Life - Cycle Hypothesis）。这一假说主要阐述了消费与个人生命周期阶段之间的关系。

莫迪利安尼认为，一个典型的理性消费者所追求的最终目的是实现其生命周期效用的最大化，其预算约束条件是生命周期内收入与消费的合理配置。因此，理性的消费者会在其整个生命期内，均匀地支配其收入，使消费水平在一生内实现一定程度的平滑（Consumption Smoothing）。为了实现这一目标，消费者必须综合考虑其现期收入、预期收入、预期开支、工作时间以及退休时间等诸多因素，合理地安排其现在的消费和储蓄。

根据生命周期假说，一个典型的劳动者在年轻和年老阶段，生产能力低，收入较低；中年阶段生产能力较高，收入也较高。因此，劳动者为了在其年老退休后也能维持一定或相当的消费水平，必须对劳动期间的收入进行合理的储蓄与分配，即在收入较高时提取一部分进行储蓄，满足年老时的生活所需。

生命周期假说是基于个人对预期收入和消费的确定把握，以及对消费行为做出理性选择的假设，但事实却远非如此乐观。个人预期的不确定性和消费的有限理性，都会导致个人“短时的挥霍”行为，这种现象在个人收入较高的青壮年时期表现得尤为突出，这必然会影响到老年时期的自我养老水平。此时，政府的责任被凸显出来，政府可以通过父爱式的行动，采取恰当的鼓励和约束机制，强制或者鼓励居民进行长期储蓄，并保证他们的储蓄水平维持在一个适当的水平。

由政府为主导，为农民提供社会养老保险服务，可以帮助农民在不同年龄段实现共济，同时在农村社会养老保险制度中引入个人责任，鼓励农民在其整个生命期内对收入和消费做出合理的规划，有利于实现农民个人、家庭以及整个社会的福利均衡与稳定。

（五）制度变迁理论

制度变迁（Institutional Change Theories）是指“制度创立、变更及随着时间变化而被打破的方式”①。任何社会中的制度都不是一成不变的，而要随着社会环境的变化做出相应的调整。制度也可以被看成是一种稀缺的公共品，当制度稳定时，也就意味着制度的供给与需求实现了均衡，在此均衡状态下，现存制度安排的任何改变都不会给经济中的任何主体带来额外的收入。当制度的供给难以满足需求，即制度出现失衡时，经济中的主体希望获得的“潜在利润”在现存制度结构安排中已难以实现，此时就要实行制度变迁。这种“潜在利润”就是“外部利润”②，美国经济学家道格拉斯·诺斯将其看作是制度变迁的诱因，或者说主体对自身利益最大化的追逐是制度变迁的原动力。制度的变迁往往是从其中某一种制度安排开始的，在变迁过程中向其他安排逐渐延伸，因此制度的变迁是取决于现存的制度结构的，这就形成了“路径依赖”（path dependence）。

---

① ［美］诺斯：《经济史中的结构与变迁》，上海人民出版社 1994 年版，第 209 页。

② ［美］诺斯：《制度、契约与组织——从新制度经济学角度的透视》，经济科学出版社 2003 年版，第 83 页。

随着中国农村社会经济的发展，农村经济结构和社会环境在不断变化，现存的以家庭保障为主的传统养老模式已难以满足农村中不同利益主体的养老需求，农村养老制度的供给明显出现不足，新的养老保障体系的出现成为必然的趋势。

依据制度变迁中制度主体的差异可以将制度变迁分为四种类型：渐进式制度变迁与激进式制度变迁、诱致性制度变迁与强制性制度变迁[①]。渐进式制度变迁中，过程相对平稳，没有引起较大的社会震荡，新旧制度间轨迹平滑，衔接较好。激进式制度变迁则是在短期内，不顾及各方利益关系的协调，采取果断措施进行制度的创新与变革的一种方式，因此也被称为"休克式疗法"。诱致性制度变迁是指由"初级行为团体"在谋求自身利益最大化时所进行的自发性行动引起的制度变迁。相对应地，强制性制度变迁则依赖于国家和政府的强制性推进。

从中国农村社会养老保险事业的发展历程和现状来看，渐进式和强制性的变迁方式更为合适。因此，新农保制度的构建，要求不仅要从农村的现实出发，还要以政府为主导，在不断调整与完善的过程中，通过对农村各利益主体的补偿与扶持，实现帕累托改进。

（六）贫困恶性循环理论

美国经济学家拉格纳·纳克斯 1953 年提出了"贫困恶性循环理论"。纳克斯认为，资本的积累是经济发展或增长的重要因素，然而对于贫穷落后的国家来说，贫困既是它资本积累效率低下的原因，也是其结果。这些国家的经济中存在着若干相互联系、相互作用的贫困恶性循环，资本形成不足是贫困恶性循环的中心环节，并从资本的供给和需求量方面论述了贫困恶性循环的形成过程。[②]

贫穷的恶性循环系统包括两个子循环——供给的子循环和需求的子循环。从供给方面来看，贫穷国家的居民平均收入水平低，他们必须将大部分收入用于满足生活的需要，也就意味着用于储蓄的部分很少甚至为零，储蓄率低导致投资率低，并导致资本形成不足，从而难以扩大生产规模，提高生产效率，难以实现经济的增长，国民收入也只能维持在较低的水平，从而形成了供给方面的子循环系统，如图 1－1 所示。

① 彭德林：《新制度经济学》，湖北人民出版社 2002 年版，第 113 页。

② ［美］R. 讷克斯，谨斋译：《不发达国家的资本形成问题》，商务印书馆 1966 年版，第 6～123 页。

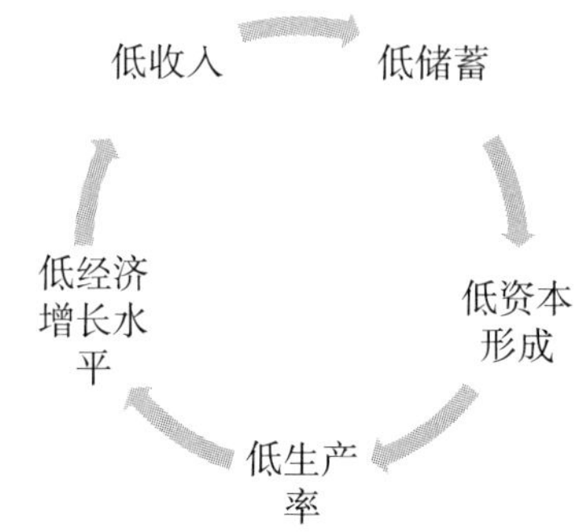

图 1－1　供给的恶性子循环系统

从需求方面来看，贫穷国家的居民平均收入水平低，购买力低，也必然导致生产规模、生产效率和产出都只能在低水平上徘徊，进而带来经济增长的困境和国民收入水平的低下，需求的恶性子循环系统形成，如图 1－2 所示。

图 1－2　需求的恶性子循环系统

根据上面的分析和图示可以清晰地看出，两个子循环系统的相对起点都是较低水平的国民收入，也就意味着“穷国之所以穷，就是因为它们穷”。

周而复始又形成了：“低收入——低投资引诱——低资本形成——低生产率——低收入”这样一个恶性的子循环。这两方面的恶性循环构成一个死圈，难以打破。

反观中国农村，相比城市，农村公共产品和服务的提供严重不足，且生存环境恶劣，农民受教育机会少且质量差，这些都影响到农民竞争力的提高和农村经济社会的发展。显然，中国农村不可避免的陷入了贫困的恶性循环中。为了瓦解恶性循环的链条，就必须在农村建立完善的社会保障体系，保证公共产品和服务供给的公正性。为了使农村摆脱贫困的境遇，要以政府为主导，通过改革农村社会保险制度，对国民收入进行再分配，改善农民的医疗、养老状况，提高农村人口的综合素质，使农村社会实现可持续发展的良性循环。

三、社会学理论基础

（一）马斯洛需求层次理论

马斯洛的需求层次理论（Hierarchy theory of needs），也称为“基本需求层次理论”，是行为科学的理论之一，是由美国心理学家亚伯拉罕·马斯洛最早提出的。马斯洛在1943年和1954年发表的《人类的动机理论》和《动机和人格》等著作中对这一理论作了系统的阐述。

马斯洛的需求层次理论有两个基本的出发点，一是人人都有需要，某层次的需要得到满足后另一层次需要的重要性才会显现出来；二是在多种需要都未获得满足的情况下，首先要满足最迫切的需要，当该需要得到满足后，后面需要的激励作用才能显现出来。一般来说，人类的行为普遍存在一定目的和动机，动机的产生以需要为基础，所以需要是人的行为的根本动力。当人类某一层次的需要获得相对满足后，这一层次需要所产生的激励力量就会大大减弱，同时更高层次的需要就会凸显，人们是对这一更高层次需要的追求就会形成新的动力，促使新的行为的产生。

根据需求层次论，人类的需求可以分为五个层次，即（1）生理的需求——衣、食、住、行、性；（2）安全的需求——人身安全、健康保护等自我防范意识；（3）情感和归属的需求（又称为社交的需求）——友谊、爱情以及隶属关系的需求；（4）尊重的需求——受尊重、被认可和地位的承认；（5）自我实现的需求——理想的实现、能力的发挥。这五个层次的需求像阶梯一样从低到高排列，并按照层次逐级递升。

通常来说，这五种需求可以分为两大类：生理性的需求和社会性的需求。其中生理性的需求包括生理的需要、安全的需要和社交的需要，都是人类生存所必须满足的需要，因此是较低一级的需要；尊重的需要和自我实现的需要属于较高一级的社会性的需要，旨在满足人类的发展和社会生活的需要。同一时期，多种需要是可以并存的，但每一时期总会有一种需要占据主导地位，其他需要处于从属地位。各层次的需要不是独立存在的，而是相互依赖和重叠，高层次的需要得到发展后，低层次的需要仍然存在，相同的，低层次的需要未得到充分满足时，高层次的需要也是仍然存在的，只不过它们的激励作用不那么明显。

按照马斯洛的观点，对安全的需要包括自身安全保障、生活稳定、职业保障、未来生活的保障和经济保障等。由此可以看出，出于对安全感的追求，社会保障方面的需求是人们安全上的一种需要。从目前中国农村的发展状况来看，整体上说，农民的温饱问题基本得到解决，这也就意味着农民第一层次的生理需求已经获得满足。自然而然地，第二层次对安全的需求将上升到支配地位，对农民的行为起决定性作用。农村社会养老保险制度的建立无疑是满足农民这一需要的重要途径之一。同时，鉴于需求是否得到满足所可能产生的正负情绪，政策得当、机制规范、制度健全的养老保障体系对于获得农民的信任，提高农民的参保率具有重要意义。因此，马斯洛的需求层次理论是新农保制度建立的理论基础之一，并为其发展与完善提供了理论依据。

（二）结构功能理论

结构功能主义是第二次世界大战以后美国出现的重要的社会学流派之一，是一种高度宏观的社会学理论。美国社会学家帕森斯在《社会行动的结构》（1937）、《社会系统》（1951）、《现代社会的结构》（1960）、《行动理论与人类状况》（1978）等著作中，将结构功能主义发展成为在美国社会学界居于主导地位的社会学理论。帕森斯从研究社会行为的模式入手，分析社会系统中的模式变量，最终过渡到对结构和功能的分析，重点描述社会系统与社会功能及结构的关系。

在帕森斯的结构功能理论中，结构是指任何现存社会都具有的基本制度模式；功能是指制度模式之间发生的保证社会系统生存的关系。帕森斯认为，某个系统的存在首先需要满足一些基本的功能，这些功能是通过系统的内部结构得到满足的，系统中的每个组成部分都具有独特的功能。也可以理解为，这些拥有不同功能的组成部分是整个系统存在的先决条件。但只满足这些远远不够的，为了保证整个系统的正常运行，还必须从整体上了解系统中各组成部分是如何相互联系的，各部分的功能又是如何相互影响的。

在帕森斯的理论中，有四项需求（功能）是任何系统都必须满足的，即适应（Adaptation）、目标实现（Goal attainment）、整合（Integration）和潜调节（Latency）。每个系统又都可以划分为四个子系统：生理系统、人格系统、文化系统和社会系统。帕森斯将各子系统之间的关系定义为边界关系。系统的稳定运行与否，不仅取决于它是否具备满足一般功能需求的子系统，而且还取决于这些子系统之间是否存在曾跨越边界的对流式交换关系。所谓对流式交换关系是指，如果一个子系统的输出恰恰满足了其他子系统的需求，与此同时它本身的需要又通过来自其他子系统的输入得到满足，那就意味着它与其他子系统之间存在着对流式交换的边界关系。

社会保障制度因其所具有的独特的、不能被其他制度所取代的功能，而成为社会系统中不可缺少的组成部分，这恰恰为其存在的合理性提供了理论基础。同时，社会保障制度与其他子系统间的边界关系也会对整个社会系统的稳定产生深远影响。同样的，在农村社会系统中，随着土地保障和家庭保障功能的日益减弱，农村社会养老保障制度所具有的社会养老保障功能日益突出，且越来越不能为其他制度所取代。而农村社会养老保障制度与农村的基本经济制度、农村医疗保障制度以及农村最低生活保障制度等其他制度间的“对流与交换”也是保证整个农村社会系统有机运行的条件。所以新农保制度的存在不仅是合理的，而且是必要的。

（三）经济社会学理论

经济社会学（Economic Sociology）是一门具有交叉性质的社会科学，最早起源于100多年前的欧洲。经济社会学就是把各种经济现象和经济制度纳入社会之中并综合运用社会结构、社会网络、社会文化以及社会组织等理论和方法加以研究的社会学分支学科。[①] 整个社会系统是由政治、经济、文化、社会以及其他要素的有机组合而形成的，各要素之间不是孤立的，而是相互联系、相互影响的。经济体系的变革会影响到社会成员的行为选择以及社会团结，社会政策的反应又会反过来作用于经济体系本身。经济社会学就是这样一门致力于“耦合经济学和社会学”[②] 的社会科学。

经济社会学的研究方法主要包括三个方面：一是以社会学网络分析方法为基础整合社会结构视角；二是以理性选择分析方法为基础整合经济人假设视角；三是以社会构建分析方法为基础整合结构二重性视角。[③]

具体来说，网络分析侧重于关注隐藏在行动背后的各种结构性因素，也就是强调对各种社会网络关系的研究。通过研究，构建适应经济社会发展要求的社会网络，并发挥其对社会资源的整合与配置作用。新经济社会学的代表格兰诺维特和斯威德伯格将新经济社会学理论的核心观点概括为三点：（1）经济行动是社会行动的一种特定类型；（2）经济行动具有社会性的定位；（3）经济制度是一种社会性的建构。为了弥补传统经济学和社会学方法论的不足，即社会化不足和过度社会化，新经济社会学家引入了社会关系网络（social relational network）和社会资本（social capital）两种分析工具，从社会结构或社会关系网络的视角研究经济行动。借用“嵌入理论”，来阐明行动者的经济行动与其所处的社会结构的关系，即行动者是“嵌入于具体的、当下的社会关系体系中并做出符合自己

---

① 高和荣：《经济社会学》，高等教育出版社2008年版，第6页。
② 高和荣：《经济社会学》，高等教育出版社2008年版，第22页。
③ 高和荣：《经济社会学》，高等教育出版社2008年版，第37~40页。

目的的行动选择”。即在分析人的经济行为时必须关注非经济因素的影响特别是社会结构的影响。

经济社会学中的理性选择是指那种使行动者个人或集体收益或效用最大化的行为选择。不同于传统经济学中的理性选择理论，经济社会学中的理性选择所要解释的是社会系统的行为，而不是个体的行为，但对社会系统行为的解释则要依赖个体行为的解释，换句话说，也就是要从个体行为的微观层面上升到社会系统行为的宏观层面，也就是通常所说的微观与宏观之间的连接问题。[①] 这种理性选择理论是建立在三点假设的基础之上的：首先，系统中的行动者是自身最大经济、社会效益的追求者；其次，在特定的社会结构与社会网络中行动者不同的选择都是理性的；[②] 最后，行动者的选择会有不同的偏好顺序、偏好组合以及偏好传递，这会导致不同的理性选择结果。因此，经济社会学中的理性选择以微观的个体行为的研究为起点，着重考察个体行为的动机和背景，用系统中不同个体的行为来解释整个系统的行动，并且这些行为都是建立在合理性基础上的有目的性的行为。

社会构建分析方法吸收了社会学中的组织理论和文化理论，将对经济行为的研究与其所处的特定的组织、制度结构以及文化背景联系起来。根据安东尼·吉登斯（Giddens，A.）的“结构与功能二重性”理论，行动者的经济行为不是独立于其所处的社会结构之外的，而是要受到社会结构中的组织、制度以及文化等因素的制约；同时，经济行为也会反过来影响社会结构的建构。正如吉登斯所说，“社会经济系统的结构性特征，既是其不断组织的实践的条件，又是这些实践的结果。结构并不是外在于个人的，……它既有制约性同时又赋予行动者以主动性”。社会构建分析方法就是要以网络构型为核心，将经济、社会、政治以及文化等各种因素都囊括在社会网络的构建中，扩展经济社会学方法论的适用范围，克服了单向度的结构功能主义方法论的局限性。

社会保障问题是经济社会学的重要研究领域之一。社会保障制度被称为社会发展的“安全网”、经济发展的“减震器”，也就意味着对社会保障的研究不能单纯的采用经济学或社会学的视角。不同的社会系统对社会保障的需求是有差异的，同时相异的社会保障制度也会对其所依托的社会系统和社会结构产生影响。农村社会养老保险制度的缺失无疑会对农村社会系统产生影响，进而会影响到整个社会系统的稳定。所以为了实现全民共享经济社会的发展成果，改善社会经济发展失衡的状态，建立农村社会养老保障体系是实现社会公平、均衡与和谐的必

① 高和荣：《经济社会学》，高等教育出版社 2008 年版，第 88 页。

② ［英］赫伯特·西蒙：《管理行为：管理组织决策过程的研究》，经济出版社 1988 年版，第 20～21 页。

然。在研究农村养老保险制度的具体构建时，要注意到农村家庭结构的变化、社会流动的程度、思想观念的转变以及土地问题等各方面的影响。

第三节 新农保与可持续发展相关性分析

科学的可持续发展，关注的不仅仅是自然资源的约束问题，对于经济社会发展严重不平衡，由于社会矛盾而导致的发展中断更应该要给予相当的关注。制度的可持续发展是国家整体可持续发展战略中最核心的部分，也是最稳定、最关乎成败的部分。作为国家基本制度之一的社会保障，作为社会保障制度主体部分的新型农村社会养老保险制度，因其同时联结了社会保障与农村、农民两大基本民生问题而显得至关重要，新农保制度的可持续发展问题也因此成为中国可持续发展战略必须从理论与实践两个方面予以重视和关注的问题。

公平与效率始终是经济发展、社会进步、个体成长，首先应当面对和处理的问题。过度的不恰当的公平显然会妨碍发展，但有效公平的不足，同样会降低发展的效率与可持续性。因此，适度的公平始终是处理公平与效率之间关系问题的首要原则。从相反的方面而言，长期以来，在国人的观念里，对效率的强调和重视似乎显得理所当然，因而更易出现对公平的忽视，片面的增长观就是这一错误理念的最佳印证，其后果则是中国日益严重的生态、环境、资源以及社会危机。本节将从新农保制度的公平性与效率性两个方面分析这一制度可持续发展的基本内涵与理念。公平性，是实现其可持续发展的前提和基础；效率性，是实现其可持续发展的保证和动力，二者相辅相成，缺一不可。

一、新农保的公平性与可持续发展

作为中国社会保障制度主体之一的新农保制度，从设计之初，就是以实现城乡公平、代际公平、群体公平和区域公平为目的的。公平，不仅是体现国家正义、社会正义的最重要标尺，也是一项制度得以稳定运行和持续发展最核心的要素。

（一）人的公平：农民与其他群体

随着中国市场经济的发展，改革开放的浪潮席卷了经济社会的各个角落，但这一浪潮并没有给予所有人同等的机会和发展的先机条件。作为以比较落后的生产方式进行农业耕作的农民，因户籍制度和本身知识技能水平的限制，而被远远甩在大踏步前进的社会主流阶层之后，几乎没有分享到改革开放和社会发展带来的利益和好处，这对农民群体而言是非常不公平的。国家以农业补工业、偏重工业的发展战略和对农村地区的诸多限制性政策约束，在无形当中也减缓了农村居民谋求自身身份转换和生活质量改善的进程。党和政府已经认识到这一问题，并从20世纪90年代末期开始着手解决，颁布一系列促进农业、农村和农民发展的政策措施，力图为被忽视的农民阶层提供相应的补偿。

新农保是在中国城乡差距明显、二元经济格局短期内难以改变的前提下，依据现实国情而在农村地区实行的社会养老保险制度，其保障对象和目标人群是农村居民。也就是说，新农保的直接制度主体和受益主体就是农村居民。这种针对性和特殊性使新农保制度能够较好地考虑农民阶层的特殊需要，并针对这些需要，制定拟合度较高的实施办法。从这一角度来说，新农保的首要目标，就是实现农民群体在获得社会保障权益方面的机会公平。

在保证农民群体与社会其他阶层一样，拥有参与社会保障的公平权利的前提下，新农保还应当尽可能地保证农民群体所享有社会保障权利的无差异性，或者说较少差异性。从福利经济学的角度来讲，一个社会的资源总量是一定的，社会保障资源也是如此。这一概念主要包括社会保障基金、社会保障经办管理机构及人员和宽泛意义上的社会保障领域的研究者与实践者。如何分配有限的社会保障资源，是决定社会保障制度公平性显著与否的重要衡量尺度。从当前新农保的实践经验来看，从中央到地方，各级政府都已经意识到农民阶层在社会保障尤其是社会保险领域的不公正待遇，并着力加以弥补。

此外，对于随着经济社会的变化发展而逐渐从典型的农民阶层分化出来的特殊群体，如农民工群体、被征地农民群体以及其他非典型农民[①]子群体，他们的社会保障需求，也应当被加以区别研究和对待。

只有实现了农民阶层在参与社会保障机会、获取社会保障资源等方面的公平，才能充分发挥新农保在保障农村居民年老生活、安定社会、促进经济发展的重要作用，并同时增强新农保可持续发展的几率与可能。

（二）城乡公平

农民和其他群体的分化，直观地反映在地域分布上，就是城乡差距的日益扩

① “非典型农民”已经离开土地，迈开了融入城市的脚步，或下海经商，或在工厂做工，或依靠出租物业和集体分红过活，同样奔波在快速城市化的道路上，但他们的生存方式和心理习惯却又明显区别于城市居民。

大。这种差异在古今中外任何时期都是存在的，也是不可避免的，但当这种差距扩大到难以容忍的地步时，就必须深刻反省其中思想根源和指导方针的偏误。

中国城镇社会保障体系建立和改革的时间早、跨度长，投入的资源也多，至今已建立起一个较为完整而规范的运作体制，为6亿多城镇人口提供了从养老、医疗、失业、工伤到生育、低保、医疗救助、社会福利等一整套社会服务与援助。与之相比，7亿农村人口所享有的社会保障体系却是极为不健全和低水平的。城乡社会保障体系的差距主要体现在：

1. 农村社会保障体系残缺，保障不全面。农村地区自新中国成立以来，因为实行生产队制，在相当长的一段时间内都是依靠村集体对老弱病残者进行供养，如“五保供养”制度等。但在家庭联产承包制实施之后，村集体经济几乎已经名存实亡，除了特困户由国家社会救助资金统一供养以外，很难再为村中生活困难或临时陷入困境的居民提供保障和救助。因此在20世纪70年代末到90年代之间，广大农村地区基本处于自我保障或土地保障之中，几乎没有得到任何来自国家和社会的社会保障资源。20世纪90年代开始，国家实行老农保政策，但由于缺少国家财政支持和收入再分配性质，因此本质上只能算作自保性的商业保险，未能实现社会保障应有的调剂贫富、互助共济作用。新型农村合作医疗和新型农村社会养老保险能否真正扭转这一城乡区别，实现农村居民的应保尽保，是这两项制度能否持续、稳定发展的先决条件和基础。

2. 农村社会保障经办管理体制不健全。中国基层社会保障管理机构的设置一般只到县一级为止，乡和村一级管理机构通常处于兼任或代任状态，没有管理社会保障事务的专门机构和专业人员，这就为基层社会保障事务的经办和管理增加了困难。应合理评估县以下各级单位设立新农保经办机构的必要性和可行性，根据现实情况因地制宜，做出最合理最有效的设置和安排，健全农村社会保障经办管理体制。

3. 农村社会保障制度与城镇社会保障制度接续困难。在城乡二元经济格局、两套管理体制的大环境下，要实现农村社会保障制度与城市社会保障制度的转移接续，甚至最终建立城乡统一的社会保障制度并不是短期内就能实现的目标，制度的惯性也非一朝之力就能改变。但这并不意味着我们要在错误的老道路上越走越远。只顾眼前而忽略长远的制度设计必然违背了可持续发展的持续性原则，也是难以持久运行下去的。为此，在新农保投入实践之初，就应当为今后城乡社会养老保险的转续和统一留出余地，做好可能的制度安排。个人账户与基础养老金的财政补助、缴费年限和基金统筹层次等具体制度设计应从宏观着手，做长远考虑。

需要警醒的是，新农保是为缩小城乡差别而实行，但制度设计方面的理念偏差和实际运行中的人为失误，则反而可能加重这种差别，导致制度失败，老农保就是现实的例证。为实现新农保的可持续发展，应当审慎地对待新农保中的每一项制度设计，确保其符合社会保险的内在要求和应有之义。

（三）代际公平

代际公平本义是指当代人和后代人在利用自然资源、满足自身利益、谋求生存与发展上权利均等，引申到社会保障领域则指当代人和后代人在享有社会保障资源和承担社会保障责任两方面的公平与均等。社会养老保险的一个重要理论基础就是生命周期理论和交叠世代理论，即涉及代际公平的问题。由于社会养老保险处理的是参保人一生当中的收入分配问题，包含为期数十年的缴费期和养老金领取期，是五大险种中涉及代际公平问题最显著最突出的社会保险，其中的隐形债务问题、基金运营和投资问题、缴费结构和支付结构问题等不一而足，都或多或少地掺杂着对于代际公平的理解和判定。

以隐形债务的承担为例，按照原来的设计，政府原意是将本应该由政府和当代人承担的隐性债务交给以后的参与者去消化和承担，这种不公平的做法严重扭曲了代际转移和代际再分配，在实践上也被证明是行不通的，虽然政府迫于压力渐渐通过减持国有股，增加社会保障的财政投入等手段承担起隐性债务的责任，但是对于代际公平的认识仍然处于空白状态，长此以往的话，将会严重影响到社会保障的可持续发展。

此外，老农保的“个人缴费、集体补助、政策支持”原则也凸显了代际不公的问题。集体经济的补助作用微乎其微，政府政策支持也未能发挥明显作用，老农保等同于农民个人的储蓄账户，如此一来失去了社会养老保险的应有之义。由于老农保的参保对象年龄限定为20～59岁，60岁以上的老人被排除在保险范围之外，然而最需要得到保障的人恰恰以这些老人为主体。

（四）贫富差距问题

中国在经济飞跃的同时，也陷入了收入分配不均、贫富差距进一步扩大的怪圈之中。2011年中国的基尼系数已经接近0.5，早在2000年就突破了0.4的警戒线，这样的发展趋势如不遏制很可能给中国的经济与社会发展带来不可想象的严重后果。社会保障作为天然的收入调节机制和社会稳定机制，也应当为此发挥一定作用。

社会保障对于贫富差距的调节作用主要是通过它本身固有的转移支付功能来体现的。当今世界绝大多数国家，都是通过强制性的社会保障税（费）来获取社会保障资金收入的，所采用的税制也经历了从比例税（费）制到累进税（费）

制的演变。累进税（费）制所强调的高收入多缴、低收入少缴或免缴，正是从征缴这一环节上，对国民收入进行了再分配。国家对社会保障资源的使用和分配，也相应地更加倾向于生活贫困的人，因为归根结底，社会保障正是国家为陷入困境的国民所提供的基本生活保障。社会保障这一转移支付功能不仅能够有效地缓解因贫富分化而日益紧张的社会氛围，也能够增进社会总福利，实现和谐发展。

从社会保障的分类上看，最高层次的社会福利具有普遍性，一般针对所有国民而言；最低层次的社会救助则具有显著的区别性，专门救助生活在社会底层、难以依靠自身力量维持基本生活的人群；而社会保险情况略为复杂，应依据不同险种分别加以讨论。社会保险的主体养老保险，根据基金结余和运营结构的不同，可分为现收现付制、基金积累制和部分积累制三种。现收现付制强调当年缴纳的费用用于当年养老金的发放，因此直接实现社会资金由富者向贫者、由年轻人向年老者的转移，其转移支付功能最为显著；基金积累制则通过个人账户的设置实现生命周期内的个人收入平滑过程，缺乏社会共济性，转移支付功能最弱；部分积累制通过一部分资金建立个人账户、一部分资金进入社会统筹的模式，也具有一定的转移支付功能。

就新农保而言，中国目前实行的支付结构是“基础养老金 + 个人账户”的模式，基础养老金部分由国家财政直接承担，具有一定的转移支付性质，但相对较弱。因此，需要探索并完善新农保的基金运作体系和支付结构，疏通新农保转移流动社会资源的渠道，并进而实现防止农村地区相对贫富分化的目标。

（五）区域公平

中国经济发展的不均衡不仅表现在城乡发展的巨大差异上，也体现在东中西部地区经济发展水平的三级层次差别上。东部地区人口密集，交通便利，自然资源丰富，经济发展起步早、速度快；中部地区相对东部来说，区位优势不明显，但农业发达，水陆皆通，改革开放以来发展速度后来居上；西部则地处偏远，土壤贫瘠，人口稀少，虽然有着较为丰富的水力和自然资源，但开发力度尚显不足，属于最贫困的地区。这种区域差别严重妨碍了中国的均衡化发展战略，也不利于统筹全国地区经济的协调共进。

社会保障属于国家的基本经济和社会政策，应从宏观格局出发，考虑它对各个地区的共同影响。从制度构成本身而言，如果过于碎片化和分散化，则容易成为相互之间转移流动的阻碍，也增加了制度整合的成本和风险；从制度欲实现的目标而言，统一、规范而完整的制度体系更能实现规模效应，也更易于组织管理和实施。因此，社会保障制度也应当尽力实现统一化和系统化，避免过度的分散和差异。

新农保在2002～2008年的各地摸索试点阶段，就出现了众多形式不一、各有侧重的实践模式，比较典型的有四川通江模式、中山模式、北京模式、宝鸡模式、东莞模式、青岛模式等。这些模式一方面是根据当地的实际状况建立，相对贴合了当地农民的实际需要，但另一方面也为日后新农保制度的全国统一以及与城镇社会养老保险制度的接续埋下了隐患。为此，2009年，国务院下发了《关于开展新型农村社会养老保险试点的指导意见》（国发〔2009〕32号），对新农保制度的基本内容做出明确规定，同年颁布的《社会保险法》中，也写明了有关新农保的概况和实施要点。随着新农保在全国更大范围内的推广，统一的制度结构和体系是必须首先予以保证和确认的，在这一基础上，再适当给予各地一定的权限结合现实对制度进行调整，方能保证新农保制度的持续、稳定和有效发展。

二、新农保的效率性与可持续发展

制度从本质上讲，就是在多人社会中用来协调人们之间的合作与竞争关系，以降低交易成本，实现合作剩余的一系列规则或管束人们的一种行为规范。[①] 阿兰·斯密德认为，所谓好的制度或有效率的制度需要四个构成要素，即：（1）效率；（2）自由；（3）民主与全体一致性；（4）交易成本最小化。[②] 保证新农保制度的效率性既是实现新农保制度可持续发展的前提，又是其可持续发展的题中之意和重要目标。以下从新农保制度的宏观效率、微观效率及激励机制三个方面分别进行探讨。

（一）新农保制度的宏观效率

新农保制度的宏观效率是指新农保作为中国社会保障制度的重要组成部分、作为一项完整的制度整体，能否有效实现保障农民基本养老需要这一制度目标，并与社会保障制度体系中的其他制度相互配合，相互补充，形成较好的制度耦合结构。

1. 普适性效率

制度的普适性是指处于该项制度下的人或组织同该制度的适应程度。[③] 新农

① 杨绍政：《制度、制度效率和制度变迁》，载《贵州大学学报（社会科学版）》2011年第5期，第41～46页。

② 卢现祥：《论制度的正义》，载《江汉论坛》2009年第8期，第5～12页。

③ 袁庆明：《制度效率的决定与制度效率递减》，载《湖南大学学报（社会科学版）》2003年第1期，第40～43页。

保作为在中国农村地区实施的基本社会养老保险制度，应当以经济条件和社会环境为基础，尽可能使这一制度设计，既能最大程度地满足农村居民的现实养老需求，又不违背特定经济发展阶段的客观限制，实现内外兼合的普适性效率。

由于适应性效率纯属一种主观感受上的经验范围，客观上难以进行数量描述，因而除了在该制度约束下的行为主体能够直接体验到适应性效率外，外部观察者通常无法直接把握。就新农保制度的普适性效率而言，可以从农民养老需求满足程度、基层经办组织运行管理效率等方面进行考察。

2. 协调性效率

制度的协调性是指制度体系内各项制度的协调与耦合程度。制度耦合是一种制度结构系统高度有序、各种制度安排之间协调一致的状态，冲突与制度真空则是制度结构中存在大量矛盾和漏洞的状态。当制度结构中存在制度冲突和制度真空时，制度结构的整体绩赦就会被削弱。①

新农保制度的协调性效率主要体现在新农保与城镇职工基本养老保险制度的转移接续以及与农村地区其他社会保险、社会救助制度的协调统一这两个方面。随着中国二元经济体制的逐渐松动，农村地区与城镇地区的分野进一步缩小，城乡经济、文化、人口交流的增加，新农保与城镇职工基本养老保险、被征地农民社会养老保险制度的转移接续问题成为新农保可持续发展所需要突破的重点问题之一。就农村地区社会保障体系构建而言，新农保与农村最低生活保障制度、社会优抚、农村五保供养等相关政策制度的相互配合与衔接也是其协调性效率的构成要件。

3. 动态性效率

制度的动态性效率是指制度容量的大小，即制度随环境变化的承受能力。一项有生命力、可持续发展的制度应当具有一定的制度弹性和制度容量，能够随着政治、经济、文化环境的发展而在一定范围内做出相应的调整和变动。制度的动态性效率是其可持续发展的基础与保证。

新农保制度的动态性效率突出表现在制度设计的合理架构之上。首先，供款方面的现收现付制与基金积累制、给付方面的既定供款制和既定收益制、运营方面的个人账户制与统筹账户制，这些社会养老保险的基本构成要件必须加以合理选择与搭配，以符合未来长远发展对新农保的要求。其次，在经办机构及基金运营方面的设置，也应当具有前瞻眼光，为城乡社保制度的最终整合留有余地。最后，新农保的动态效率还体现在新农保缴费标准和基础养老金水平的动态调整方面。

---

① 袁庆明：《论制度的效率及其决定》，载《江苏社会科学》2002 年第 4 期，第 34 ~ 38 页。

（二）新农保制度的微观效率

新农保制度的微观效率主要体现在养老保险制度本身的运行效率和其在对经济的促进作用上，即运行效率与社会效率两个方面。[①] 运行效率的判断标准是看它是否有健全的制度和统一的标准，而社会效率的判断标准则是看它能否促进社会经济的发展。以下从新农保制度的筹资模式、保障体系、偿付能力、基金运营和经办管理五个方面进行微观效率分析。

1. 筹资模式

社会保障资金尤其是养老保险基金的筹资模式是决定社会保险成败的关键所在，也是决定社会保险模式和可持续发展道路的重要因素之一。选择采取何种基金筹资模式，将通过基金运营的效率影响社会保险的财务可持续性，并进而对社会保险制度的整体发展产生决定性的影响。

20 世纪 70 年代，西方国家普遍出现的“滞涨”和逐渐加速的人口老龄化，使现收现付制度遭受了严重的危机。资本主义国家经济发展速度减缓，原有的福利型养老保险计划已经成为巨大负担，由此开始了养老金计划的改革，即由政府直接管理的公共养老会计划的筹资方式从现收现付制向基金制转轨，目的是通过增加养老金计划的积累来解决其长期融资问题，以缓解越来越多的公共养老金开支给经济增长造成的阻碍。中国城镇职工基本养老保险筹资模式由现收现付制向基金积累制的转变也体现了这一过程。

就新农保而言，它的基本制度设计中基础养老金部分是现收现付制，个人账户部分是基金积累制。参保人的个人账户能否实现资金的保值增值，是新农保财政可持续性的重要衡量标准。

2. 保障体系

西方养老金计划改革的另一个重要方向是，一些国家的政府开始设法从负担越来越重的养老保障中抽身，尽可能地缩小直接由财政收入偿付的公共养老金计划，逐步建立一个由国家、企业和个人各自负责的多支柱养老保险体系。政府通过税收强制融资，以保障公民的最低生活标准；企业通过补充养老保险，有调控的规定缴费制进行融资，以个人储蓄计划或职业年金计划的形式，达到储蓄和共同保险的目的；而个人多余的资金以储蓄的形式进行融资，从而为退休积累一定的养老金。

人口老龄化的必然趋势使政府承担社会养老支出的负担越来越重，财政上的难以为继是社会养老保险陷入危机的直接原因，也是威胁社会养老保险长久稳定

① 刘喆：《中美两国养老保险制度效率比较》，载《中国经贸导刊》2011 年第 14 期，第 34～35 页。

发展的重要限制因素。为此，应当坚持多支柱的养老保险制度，在政府提供的基础养老金之上，提倡发展企业年金和个人储蓄性养老保险。

中国新农保参照城镇社会养老保险体制，以个人账户为主体，采用基金制进行积累，兼以政府财政补贴，按满足条件的受益人数提供相同数额的基础养老金，既符合个人责任原则，又体现了国家对新农保所承担的责任，只是在国家责任与个人责任的划分上，尚需更准确的区分和定义。此外，新农保试点指导意见中也指出，在有条件的地区，村集体经济可为新农保提供一定补助，乡镇企业或个人也可为参保人代缴保费，这些方面虽然难以弥补农村地区企业年金的缺失，但在目前情况下，却或许是唯一可行之路。

3. 偿付能力

社会保障的偿付能力多指养老保险基金的偿付能力，具体意义指养老保险制度可供支配的总资产（经济内容表现为养老保险基金）在一定积累模式下对未来养老金的给付能力，表现形式就是养老保险基金资产与负债之间的财务关系，即养老保险基金资产应随时满足应付债务的需求，简单来讲即指社会养老保险基金对退休人员的养老金支付能力，它的经济内容表现为社会保障经办机构所拥有的社会保障基金总额，一般由社会保险税（费）收入、国家预算拨款和投资盈利之和来表示（殷俊，2007）。社会保障制度可持续发展的关键是维持适度的社会保障偿付能力，它不仅是社会保障经济功能的体现，而且也是社会总效用最大化的要求。社会保障的偿付能力过低，说明现行社会保障制度缺乏经济基础，而过高的偿付能力则表明有大量的社会资源处在闲置和浪费的状态，只有保持适度的偿付能力才能实现社会总效用的最大化。

影响社会保障偿付能力的主要因素有经济发展水平、通货膨胀、利率水平、人口结构、人口预期寿命、社会保险缴费率、社会保险基金积累模式等。其中经济发展水平、人口结构等一些社会和经济因素对社会保障制度起着“硬”约束的作用。特别是中国人口老龄化进程的加快、人口预期寿命的增长对社会保障偿付能力的影响是非常显著的，为了适应社会经济发展水平、保持社会保障制度的可持续发展，调整现行社会保障制度非常必要。近年来，中国政府为了提高社会保障偿付能力，推出了“国有股减持”和变现部分国有资产来补充社会保障基金的措施，通过降低社会保障“隐性债务”来提高社会保障偿付能力，是实现中国社会保障制度可持续发展一项行之有效的方法。

目前，严重削弱了社会保障偿付能力的主要因素，就是社会保障制度转轨过程中产生的“隐性债务”。如果不解决好这个问题，将使社会保障基金的自我积累的能力丧失，并使中国社会保障制度重新回到原来的“现收现付”积累模式。

新农保目前正处于启动阶段，这一时期的养老金偿付负担不算太重，但对于参保时已满60岁的农村居民，则因为缺乏个人账户的积累，只能领取每月的基础养老金，无形中损害了他们的应得利益。随着参保人数的增加和中国老龄化趋势的加重，未来新农保必然经历偿付能力方面的严峻考验，为此，要实现新农保的可持续发展，必须将这一制度未来的偿付能力做出细致而严密的测算和估计。

4. 基金运营

据统计，1987～1996年连续10年的时间里，有4年的基本养老保险基金各期存款利率低于同期通货膨胀率；而自1996年5月至2002年2月，中国人民银行连续7次下调存贷款利率。2007年央行为改变银行存款负利率的现状虽然进行了六次加息，但随着通货膨胀的加剧，基本养老保险基金仍会由于存款利率低于通货膨胀率而使得其基金收益率呈现负增长。此外，养老保险基金还存在筹资机制不健全、基金的隐形挪用和成本偏高等问题，这对本来脆弱的偿付能力无疑是雪上加霜。

通过养老保险基金的投资可以大幅度提高养老保险基金的收益。养老基金在现收现付制下，养老金回报率很低，部分国家的养老金不但没有增值，反而贬值。而在基金制下，世界银行公布的结果显示，养老保险基金投资回报率要比现收现付制度高很多。基金制的主要特点是养老保险基金通过私营公司的管理进入国际或国内资本市场，以最大限度地获取回报为目的。作为20世纪末"拉美模式"的先导，智利对原有的德国型养老保险制度进行大刀阔斧的改革，首先进行了养老金私有化改革，然后交由私人养老金管理公司进行投资和管理，结果证明颇有成效。

由于统筹层次过低，新农保基金的运营管理与保值增值成为各界关注的焦点。目前各地试点以县级统筹为主，基金统筹层次低，不仅大大降低了运营安全性和收益，也难以实现更大范围内资金的统筹互济与管理。因此，应当逐步实现新农保的省级统筹以致全国统筹，增强基金运营的可持续性。

5. 经办管理

新农保的经办管理机制是否健全、经办管理人员配制是否合理是在现实操作层面上关乎这一制度持续、稳定发展的重要决定因素。新农保经办管理机构作为制度的直接载体和实施主体，是决定新农保成败的重要因素之一，也是最应该严格控制并进而推动新农保稳步发展的环节。

由于新农保的实施区域主要在中国广大的农村地区，住户分散、地域偏远、人员不足等问题较之城镇职工和城镇居民更为突出，新农保基层实践的规范性和系统性也因而显得尤为重要。从目前的实践来看，新农保经办管理方面的问题主要有以下几个方面：（1）机构设置不规范，人员编制不清晰，专业队伍建设落后；（2）管理制度建设缓慢，信息化、电子化、系统化程度较低；（3）经办能力建设不足，行政成本偏高；（4）社会化管理服务程度低，组织实施效率不高；（5）职能定位偏差，忽视统计分析和宣传动员工作。

为此，要实现新农保的可持续发展，应分别从这些方面对新农保经办管理体制予以发展和完善：（1）规范基层经办机构和人员设置，培养新农保专业人才队伍。（2）保证政府财政投入，改进管理方法，加强信息化建设。（3）加强经办能力建设，提高工作效率，降低行政成本。（4）发挥农村基层志愿组织和村组成员积极性，提高社会化管理服务水平。（5）提高业务统计分析水平，加强宣传教育力度。（6）将社会保险组织管理模式从政府集权管理发展为多元自治管理。（7）结合当地实践，探索新型经办管理方式。

（三）新农保制度的激励机制与效率

养老保险由于涉及较长时间段的供款与运营，如何吸引目标群体参保并保持较高程度的供款率成为养老保险制度持续发展所首先需要解决的问题。处理好保险与激励的关系对整个国民经济的发展起着很大的作用，也是衡量一国的养老保险制度有效性的标准。一般来说，国家提供的养老保险待遇越高，保险系数也就越高，而对被保险人的激励作用就越小，从而降低了保险效率；反之，其保险程度越低，效率就越高[①]。因此，在新农保相关制度的设计中应充分考虑保险与激励的作用，从参与激励与缴费激励两个方面建立有效的激励机制，增强新农保制度整体的效率性。

1. 参与激励

国际通行的惯例是基本养老保险制度由国家强制推行，但依据目前中国对于新农保实施方案的规定，参保行为由农村居民按照自愿性原则进行。作为政府主导建立的保障基本农村老年人口基本生活的保险制度，新农保因其所具有的低门槛、高权威性而对农民具有较强的吸引力。尤其在农村地区普遍缺少商业养老保险和个人储蓄率偏低的情况下，参与新农保更是成为农民养老的首要选择。

随着国家对农村社会保障制度的重视和发展，强制性在农村地区推行新农保不无可能，但提升参保率的根本措施在于增强制度的吸引力，将保障农村居民老年基本生活的功能彻底发挥出来，对于农村地区目标人口的参与激励也随之增强。

2. 缴费激励

从目前各地新农保的实施状况看，农民参保热情很高，但缴费档次普遍比较

---

① 张倩：《典型国家公务员养老保险模式比较及其启示——以保险与激励（效率）的关系为主线》，载《武汉理工大学学报（社会科学版）》2010 年第 4 期，第 555 ~ 557 页。

低，多数参保人选择以最低档次缴费参保。这种状况一方面与农村地区经济发展较为落后、人均收入水平较低有关，另一方面也与农村人口重储蓄、轻保险的传统观念和对新农保制度可靠性的怀疑心态相连。

要实现新农保制度的缴费激励，首先应当将个人账户中累积资金的透明化、规范化运作落到实处，使农村地区参保人看到适当提高缴费的益处。调整不同缴费档次间的收益率，增加较高缴费档次以及长期缴费的正向激励效应，也有助于提高新农保参保人员的缴费动力。此外，加强农村地区新农保制度的宣传和教育，普及有关养老保险的基础知识，则可以转变农村居民的思想观念，形成内部激励。

第二章

国外农村社会养老保险制度比较与借鉴

从19世纪末开始，社会养老保险制度作为社会保险的核心制度之一开始在欧洲国家起源并逐步发展起来。作为一种重要的公共政策工具，社会养老保险制度对于现代大工业生产方式下的政治、经济、人口结构的变化所造成的个人养老风险，起到了很好的调解和缓和作用。自从德国率先以法律形式建立现代意义上的社会养老保险制度以来，以其为重要核心的现代社会保障制度已经走过了100多年不断发展、不断完善的历程。在西方发达资本主义国家，养老保险制度在第二次世界大战后不断扩大其覆盖对象，乃至惠及乡村居民。

第一节　国外农村社会养老保险制度建立的背景与条件

一、农村社会养老保险制度建立的经济发展水平条件

从国外社会保障制度的发展历程来看，有一个共同的特点就是社会保障制度从工业延伸到农业，从城市延展到乡村，一般都经历了漫长的过程。[①] 而作为社

① 杨翠迎、庹国柱：《建立农民社会养老年金保险计划的经济社会条件的实证分析》，载《中国农村观察》1997年第5期，第55~59页。

会保障制度的核心之一，社会养老保险自然也遵循这一规律。现代社会保障制度诞生的基础条件是现代大工业生产方式的广泛应用，大工业生产方式一方面将劳动力与资本剥离而产生了无产阶级与资产阶级的对立，另一方面又创造了大量的剩余价值，为建立社会保障制度实现再分配创造了物质条件。资本主义大工业生产方式首先也是必然发源和长期存在于资本和人口集中的城市区域，因此与其相伴而生的社会保障制度，当然包括社会养老保险制度也首先产生并发展于城市区域。这一点可以从对表 2-1 的观察得到印证。也就是说，农村社会养老保险的建立滞后于城市社会养老保险是现代资本主义经济发展规律作用下的一种普遍现象。

表 2-1　　部分国家建立农村社会养老保险的时间与经济发展水平

国家	建立社会养老保险制度的时间			农民养老保险建立时的人均 GDP（美元）
	城市	农村	时差（年）	
德国	1 889	1 957	68	1 345*
日本	1 941	1 971	30	3 802**
丹麦	1 891	1 977	86	10 958***
芬兰	1 937	1 977	40	7 132***
美国	1 935	1 990	55	21 696
加拿大	1 927	1 990	63	21 842
韩国	1 973	1 994	21	6 740
波兰	1 927	1 977	50	1 822
斯里兰卡	1 958	1 987	29	369

注：* 表示 1960 年数据；** 表示 1970 年数据；*** 表示 1978 年数据；日本农村社会养老保险制度的建立时间为其建立农业者年金的时间。

资料来源：吕学静：《社会保障国际比较》，首都经济贸易大学出版社 2007 年版，第 277 页。

对于表 2-1 的进一步分析可以找到另一个显著的特点，大多数国家在建立农村养老保险的时候，人均 GDP 水平都很高：日本，3 802 美元（1971）；美国，21 696 美元（1990）；丹麦，12 958 美元（1977）；加拿大，21 842 美元（1990）；按照制度建立当年的美元汇率来算，这些国家均已步入了发达国家的行列。① 德国农村养老保险计划是最早的（1957），尽管它的人均 GDP 只是 1 345 美元，可是按照 1957 年的美元汇率来说，这也已经算是相当高的经济发展

① 米红、杨翠迎：《农村社会养老保障制度基础理论框架研究》，光明日报出版社 2008 年版，第 23 页。

水平了。由此可以看出，经济发展水平是影响各国建立农村社会养老保险制度的重要因素。当然，个别例外也是存在的，波兰在 1977 年建立农村养老保险时的人均 GDP 只有 1 822 美元，尤其是斯里兰卡在 1987 年建立制度时人均 GDP 才 369 美元。仅就当时的经济发展程度标准来判断，这两个国家无论如何不能算是发达国家，相反，斯里兰卡在 20 世纪 80 年代末的世界上是个标准意义上的穷国。基于以上的分析可以看出，较高的整体经济发展水平对于农村社会养老保险的建立是决定性，但却不是唯一的。这其中，应该存在一些复杂的个体特征因素，而这些个别现象的存在应该能够在不同角度的学术领域中找到答案。

二、农村社会养老保险制度建立的农业部门份额及人口条件

现代资本主义大工业生产方式对城市经济发展推动明显，然而却对农村经济的发展产生了巨大的压力。一方面，在西方发达资本主义国家，经过大规模的工业化和城市化后，伴随着大量农村劳动力向城镇迁移，农业生产部门开始呈现出劳动力短缺、生产效率难以提高、增产增收难度加大等困境。而且，在工业化的初期阶段，相对有限的农业部门剩余不是投入农业部门的再生产中，而是通过价格手段被集中用于建立工业化经济，这一状况造成了农业部门经济发展的困境。另一方面，发展经济学意义上的人口陷阱理论指出，农业人口的高增长会影响农业剩余的增加，从而进一步加大农业经济的发展困难。马尔萨斯认为，其解决办法是，限制人口增长和提高劳动生产率。然而，短期内大力提高农业劳动生产率需要相关科学技术的快速进步和资本的集中投入，而这又恰恰是农村相对于城市所欠缺的。因而，留给决策者更简单快捷的方法就是限制农村人口的出生率，从而限制农村人口增长。

从农村人口的角度来说，农业部门经济发展的困境形成的人口城市迁移幅度增加减少了它现有的劳动力供给；为规避人口陷阱而出台的人口出生率限制策略减少了它的未来劳动力供给；而由于整体经济发展带来的居民生活水平的平均提高，医疗卫生保健技术的推广所形成的人口死亡率下降又会增加非劳动力人口。以上特点恰好形成了一种农村人口困境：非劳动力相对劳动力人口比例显著上升，这也就是社会保险意义上的抚养比上升的问题（米红、杨翠迎，2008）。而农村人口困境下的农业人口抚养比上升问题会造成农业劳动力数量的相对减少，又会反过来损害农村经济的发展。

从以上分析不难看出，农业经济发展困境和农业人口困境相互作用的恶性循环是现实存在的。这一切的根源在于工业化初，中期阶段城市大工业部门对于农业部门的“剥削”——对于农业剩余资本和劳动力资源的大量占有。因此，解

决问题的关键还在于以适当的时机（一般工业化发展的中高级阶段）来进行工业对于农业的"反哺"，其中一个重要的方式是建立农村社会养老保险制度。这一制度的建立，一方面可以用类似城市的现代社会政策安排来解决土地，家庭养老已经无法充分解决的个人现代农村养老问题，从而增加农业部门的吸引力以限制劳动力向城市的转移；另一方面，城市工业化经过初，中期的发展，已经产生了可观的积累，除了用于自身再发展的扣除以外，还有大量结余可以发挥养老保障城乡互济的功能来向农村进行转移支付，这样可以为农村预留更多的剩余来发展自身经济。而在现实当中，工业经济对于农业经济"反哺"是的确存在的。建立农村社会养老保险是其主要的方式之一。建立这样一种公共政策的时间节点有着明显的特征：农业部门产值占 GDP 的份额很低同时农业部门中的劳动力占整个国家的份额也很低。这一点在表 2 - 2 可以得到印证：大部分国家建立农村社会养老保险时农业部门产值对 GDP 的贡献已经相当低，一般位于 10% 以下，尤其是在发达资本主义国家，如日本和美国，建立农村社会养老保险制度时，农业部门产值占 GDP 的份额分别为 6.0% 和 2.0% 。同时，农业部门中的劳动力占整个国家的份额也很低，丹麦是一个传统的农业大国，然而在 1997 年建立农村社会养老保险制度时，丹麦农业部门劳动力结构份额已下降到 8.2% 。

表 2 - 2　　部分国家建立农村社会养老保险制度时农业部门的份额

国家	时间	产值（GDP 结构份额）（%）	劳动力结构份额（%）
德国	1957	5.7*	13.7*
日本	1971	6.0	14.7
美国	1990	2.0	—
丹麦	1977	6.9**	8.2**
芬兰	1977	10.8***	13.3***
波兰	1977	14.5***	—
韩国	1994	8.0****	—

注：* 表示 1960 年数据；** 表示 1976 年数据；*** 表示 1978 年数据；**** 表示 1992 年数据；日本农村社会养老保险制度的建立时间为其建立农业者年金的时间。

资料来源：杨翠迎：《中国农村社会保障制度研究》，北京：中国农业出版社 2003 年版，第 68 页。

农业生产部门是国民经济体系的基础。因此，农业经济和人口困境的存在不仅影响到农业部门自身的发展，也必然损害国民经济体系的基础。所以，建立农业养老保险，以工业"反哺"农业，这是世界各国解决现代农业部门发展困境的手段之一。换句话说，农业部门经济发展困境和人口困境相互作用推动了现代农村社会养老保险制度的建立。

三、农村社会养老保险建立的政治经济学背景

众所周知，制度性的社会养老保险发源于欧洲，并且在整个资本主义国家得到快速的推广。很多国家，例如，英国、美国、瑞典、新加坡等国家现在建立了城乡统一的养老保险制度。换句话说，这些国家的农村社会养老保险就是存在于国家统一的社会养老保险制度中的一个"影子"制度。另一方面，在德国、日本、巴西这样的国家中，不难发现成形的甚至是单独存在的农村社会养老保险制度。这些现象只从经济或人口学的角度似乎并不能非常准确的解释。因为，无论是从纯经济学的角度来说，英国和德国的整体经济发展水平显然相差不大，甚至德国的发展水平还要略高一点。另一方面，两国农村经济和农村区域的人口比例方面也有很多的相似性。那么，是何种原因导致了两个国家对于农村社会养老保险截然不同的制度安排方式呢？也许，换个视角来观察这种差别可以得到更好的解释，也就是要从存在于这些国家的政治经济因素中找到合适的答案。

当代欧洲政治经济学理论认为，现代福利制度的出现通常是来源于一种去商品化的趋势推动：当服务被视为一种权利，并且一个人可以不必依赖市场就能维持生活。在实践中，去商品化的基本定义必须包括公民在自认为必要的时候，能够自由地选择退出工作，而不会丧失工作、收入或一般福利。如果说，去商品化是一种社会保障的重要杠杆或者指标的话，当代社会保障制度或者说福利国家制度可以被分为三类：

第一类是"自由的"福利国家。这种类型的国家，以资力审查式的救助、有限的普遍性转移或有限的社会保险计划为主导。在这个模式中，社会福利改革的进步受限于自由工作的伦理标准：对福利的限制相当于选择福利而不工作的边际倾向。换句话说，人们的福利给付主要对于人们在遭遇市场淘汰后的救助和补充。显而易见，这种模式的去商品化效果最小。典型的国家是美国。

第二类为法团（state corporatist）主义福利国家。这种类型的国家，自由主义的对于市场效率与商品化的痴迷受到一定程度的抑制。主要考虑的是如何维护地位差异，以凸显权利意义上的阶层不同。同时，国家作为主体，随时准备取代市场而成为福利的提供者而不是等待市场失灵以后扮演最后的救火队员。因而，这种模式的去商品化效果适中。典型的国家是德国、日本。

第三类为"社会民主"的福利国家。这种类型的国家，社会民主是社会改革背后的主导力量。社会民主论者否定国家与市场之间以及工人阶级与中产阶级之间的二元分化。福利水平的追求是在最高层面的平等，而不是其他制度上的最

低需要层次的平等。在这一福利国家体制下，市场被排挤，所有的社会阶层都纳入一个普遍的保险体系之中，而福利则是根据设定的收入而累进，每个人都是受益者，每个人都是依赖者，每个人都觉得有义务为其支付。一定情况下，这套程式可以转化为高度去商品化和普遍性方案的混合，典型的国家是瑞典。

结合以上理论和世界各国农村社会养老保险的现状可以得到以下分析：

首先，美国作为世界综合经济实力最强的国家，同时又是“自由的”福利国家的典型，它可以在不伤及市场优先原则的前提下，选择有限的普遍性转移是很自然的。因而，这也可以一定程度上解释美国选择城乡一体的社会养老保险的原因。另外，作为同样的“自由的”福利国家，巴西在自由市场原则下却无足够的经济实力来支持哪怕是有限的普遍性福利转移。因而，它选择了资力审查式的救助福利方式来充当对于农村区域提供的社会养老保险职能。

其次，以普遍主义贝弗里奇福利国家理念为指导的英国在福利安排上似乎应该更倾向于“社会民主”的福利国家模式。然而，20 世纪 80 年代英国保守党政府的新古典主义（neo-classics）的自由市场经济改革使得英国不但在宏观的经济政策方面向美国靠拢。而且，社会福利政策也受到了很多市场中心主义的影响。当然，普遍性根本原则还是得到了保留，只是相对于典型的“社会民主”模式的瑞典来说，英国虽然也采取了城乡一体的社会养老保险，然而，保障范围和水平却是要低一些。而作为曾经的英国殖民地国家——新加坡，社会福利建设方面更是深受英国的普遍主义影响，建立了城乡一体的综合社会保障体系。

最后，德国以及深受其影响的日本显然选择了法团主义的福利模式，为了维护和尊重权利意义上的阶层和地位的差异选择了建立相对独立的农村社会养老保险体系。

第二节　国外农村社会养老保险制度模式比较

一、国外农村社会养老保险制度模式的分类

现代社会养老保险制度本质上是城市工业经济的产物，伴随着国家的整体工业化发展，它们又不可避免的在乡村区域得以延续。然而，由于乡村农业经济的个体属性和不规范就业的现实，国家的经济发展程度不同、社会人文状况不同、国情因素不同，城市社会养老保险在向乡村延续的过程中，必然会产生不同的变

体。尽管如此，有一点共性是需要指出的：国家整体工业化发展的世界经济发展趋势，迫使乡村区域必须和城市一起面对工业化所带来的传统农业经济所无法解决的农业人口养老问题。解决手段在形式上虽然千差万别，可是，手段的内涵和目的却是一致的，即以国家为责任主体，在农业经济的基础上建立体现工业化的社会养老保险制度。因而，农村社会养老保险制度和城市社会养老保险制度没有本质上的区别，而只是在结构形式上更适应农业经济和农村社会的需要。所以，城乡社会养老保险制度具有很强的兼容性，只是由于作为主要依托的农业经济相对城市经济普遍较低的发展水平决定了，农村社会养老保险制度常常区别于城市养老而单独存在。当然，一些经济发达国家，如美国、英国等，由于它们很早完成了国家的整体工业化进程，城乡经济发展水平没有多少差别。因而，它们的社会养老保障没有城市和乡村的区别，全国拥有统一的制度，只是在统一制度框架内根据不同的从业特点给予细节上的调整。这一方面，为了研究的整体性和一致性，本书尝试从统一的体制内将关于农业从业者的制度安排单列出来，作为该国的农业养老保险制度模式进行介绍和分析。

综上所述，城乡社会养老保险制度本质上一致性的特点，决定了在研究农村社会养老保险模式时通常可以借用研究城市社会养老保险的方法。换句话说，就是可以用相对成熟的学术经验去对世界各国多样性的农村社会养老保险模式进行辨别和分类。世界各国社会养老保险就形式而言有着很大的差异，这种差异主要体现在养老保险的制度覆盖主体和制度指标状况上。制度覆盖主体是个相对宏观的概念。它可以是不同的国家、不同的经济部门、城市区域和乡村区域等。因而，依据本书的宗旨在宏观上已经确定了所要研究的制度覆盖主体：即世界不同国家的农村区域。因而，所要研究的内容就是，农村社会养老保险模式。另外，相对微观的制度指标可以体现在很多方面，如养老金相对于退休前收入的比率（收入替代率）、养老保险资金来源方式、养老保险财务运行方式、养老金给付条件以及养老保险基金筹资方式等。微观指标在本章中的意义主要在于可以提供好的选项来搭建一个逻辑可靠的平台，从而有利于对主体进行细分、比较和分析。本章从微观的角度，即上述的制度指标中的养老保险资金来源方式，具体而言就是依据“个人是否对制度进行缴费”来分类，进而来研究世界各国的农村社会养老保险模式。按照这一分类标准，可以将各国农村社会养老保险制度分类为：

第一类为非缴费模式。代表国家为美国、英国、瑞典、巴西（美国、英国、瑞典均以开征社会保险税等税收形式而非社会保险缴费的方式来作为养老保险资金的主要来源的，因而本书将其也纳入非缴费模式中）。其中，非缴费模式按照参保资格条件又可划分为普遍保障型非缴费模式和资力审查型非缴费模式。普遍保障型非缴费模式一般以纳税为标志的社会保障意义上的国民身份作为资格条件，代表国家为美国、英国、瑞典；资力审查型非缴费模式一般以个人或家庭收入状况调查结果作为资格条件，代表国家为巴西。

第二类为缴费模式。代表国家为德国、日本。

二、国外不同模式农村社会养老保险制度的主要内容

（一）普遍保障型非缴费模式：美国、英国、瑞典

普遍保障型非缴费模式的代表性国家为美国、英国、瑞典，下面分别介绍美国、英国、瑞典的农村社会养老保险制度。

1. 美国的农村社会养老保险制度

美国的农村结构基本上以大面积的农场和牧场为主。因此，美国的农民可简单分为农场主和农场工人两类。美国农业人口 500 多万，只占总人口的 2% 左右。然而由于农业高科技的普遍运用和国家雄厚的财政支持，美国农业产出不但养活了 3 亿美国人，而且使美国成为世界最大的农产品出口国。美国的农民家庭，特别是农场主家庭平均收入水平超过全国平均家庭收入水平。因而，不同于发展中国家，美国的城乡经济发展基本在一个水平上。

尽管美国是一个典型的“自由的”福利国家，然而作为世界第一大经济体，美国具备足够的能力在不伤及市场优先原则下建立一套城乡统一的基本养老保险制度。同时，由于美国城乡经济水平的一致性和农业人口占总人口的极低比例，美国农村社会养老保险被涵盖于国家综合社会保障项目 OASDI（老年、遗嘱、残障保险）当中。这一点上，美国的农业与其说是一个单独的经济门类，不如说是整体工业经济里的一个特殊行业。在这个行业里，农场主就是雇主，农场工人就是雇员。他们与城市工业企业中的雇主、雇员一道受到同样制度的覆盖。因而，美国农村社会养老保险也就是 OASDI 对于农业从业人员的具体制度安排。

从农村社会养老保险的角度上来说，OASDI 的资金来源于对农场主和工人课征的社会保障税、社会保障信托基金的投资收益和联邦政府的补贴。社会保障税对于农场主和工人的课征方式有一定差别：农场主及从事合作经营的家庭成员通常被作为自营业者，由农场主本人代表来直接向相关部门上报自己的收入情况并缴纳相应的社会保障税；而对于农场工人课征的社会保障税是通过农场主来代缴的，农场主直接在工人的工资中扣除一部分，连同自己应为工人上缴的部分社会保障税一起缴纳。另外，如果农场主与农场工人之间没有直接的雇佣关系，而是存在一个中间的承包人，那么农场工人的社会保障税代缴视农场主和承包人之

间的协议来确定责任主体。就社会保障税本身而言，工业从业人员和农业从业人员是一致的，他们都有共同的纳税基数最高限额，为106 800美元（2009），每年这一上限都会有一定幅度上调；他们都有相同的养老保险税率安排，12.4%税率针对农业/工业工人（其中6.2%税率由农业/工业工人自己承担，6.2%税率由农场主/工业雇主承担）。农场主自身的社会保障税责任是以自雇业者身份承担全部的12.4%的养老保险税率。

OASDI的养老保险给付采取现收现付的方式。为了平衡通货膨胀和人口老龄化对于现收现付体制可持续性的不良影响，美国对于以支定收的现收现付制核心原则进行了一定修改：将社会保障税率设定在高于实际给付金额的水平。这样做的好处在于，对于现收现付体制加入了积累的因素，增加了现有体制抵御通货膨胀和人口老龄化所造成的未来给付压力的能力。另外，美国OASDI的养老保险给付针对全体国民，当然也包括农业人员，开始享受的年龄为65岁，并在2027年调整为67岁。[①]

以上可以看出，美国福利国家理念、极高的整体经济水平、城乡经济水平一致性和农业人口的小比率性决定了其农村社会养老保险是融合于国家的整体社会保障制度中的。因而，对它的介绍也就是对于美国国家社会养老体制的介绍：它覆盖全体农业从业人员，采用非缴费制，以社会保障税为主要资金来源，进行高于实际需要的社会保障税率的现收现付的方式运作。

2. 英国的农村社会养老保险制度

英国是一个较之美国城市化程度更高的国家。而且，英国的农业人口占经济活动总人口的比例更低，仅为1.8%。[②] 农村的结构组成是现代化的大农场，并且英国的农村人口也有农场主和农场雇工的区别。

事实上，英国的农村社会养老保险和美国的情况类似，也是有机融合于国家的整体社会保障制度安排当中的。然而，作为贝弗利奇福利国家理念的发起国，英国在社会养老保险领域却有着与美国不同的福利国家理念——社会民主理念。因此，作为发达的资本主义国家，英国有能力也有意愿建立一个普及城乡的非缴费制的养老保险体系。而这一体系就是英国的国家养老金计划。

英国国家养老金计划历经多次修订后，形成了现在的两层式结构：国家基本养老金（Basic State Pension，BSP）和国家第二养老金（State Second Pension，S2P），二者均以纳税为参保资格条件。国家基本养老金BSP是一种针对全体纳税者的定额给付计划，一般每周95英镑。而国家第二养老金的特点在于其发放

① 刘晓梅：《中国农村社会养老保险理论与实务研究》，科学出版社2010年版，第103页。
② 欧阳林：《英国和瑞士农业考察印象》，载《重庆经济》2006年第12期，第28~31页。

标准与个人收入水平紧密相关，是一种收入关联计划，其给付参照职业生涯中收入最好的20年里平均工资的25%。而英国的农村社会养老保险就涵盖于这一两层式结构之中。国家基本养老金计划BSP对于个体经营者，包括农场主和有一定收入的雇员、农场雇工都有强制参保的要求，如果参保者收入低，纳税不足，仍可享有最低养老金（每人每周70～100英镑），实际上这也是BSP计划的最低给付标准。另外，国家第二养老金S2P只对雇员，包括农场雇工有强制参保的要求。对于收不能达到国家规定的最低收入标准的农业从业人员，政府提供最低收入保障制度来使之达到最低收入线，当然，这在很大程度上已经是社会救助的范畴了。

英国国家养老金的资金来源主要依靠政府统一征收的工薪税（社会保障税）。工薪税汇聚而形成国民保险基金NIC（同时包括失业给付和工伤给付）以供国家基本养老金BSP和国家第二养老金S2P进行现收现付制运作，基金不足部分由财政在预算中安排支出解决。另外，国民保险基金NIC将参保人划分为雇员和自由职业者两大类。因而，从NIC的角度上来说，农场主算作自由职业者，而农场工人算作雇员。

缴费方面，农场主作为自由职业者，年收入低于4 345英镑部分不纳税，年收入4 345～4 895英镑之间，每周缴纳2.10英镑税，如果年收入在4 895～32 760英镑之间，则两者差额的8%需纳税；农场工人作为雇员的社会保障缴税分为两个部分：自缴周薪94.01～630英镑部分的11.0%的税，农场主为农场工人缴纳其周薪94.01英镑超出部分的12.8%的税。

给付条件和待遇水平上，英国的农业群体也与国家整体纳税国民一道接受统一的安排。首先，男性退休年龄为65岁，女性为60岁，截止到2020年，女性也将被调整至65岁。其次，养老金发放水平上，国家基本养老金BSP和国家第二养老金S2P参照不同的标准：BSP计划有“资格年”的要求，也即有效纳税年数与获准免纳税年数的和不得低于男性49年、女性44年，同时，纳税年收入不得低于4 262英镑。个人如果满足以上“资格年”标准，可享受每周95英镑全额BSP养老金，不足“资格年”数按比例扣减。另外，S2P作为一种收入关联计划，它的发放标准参照个人的年收入水平、纳税数额和纳税期限。原则上，纳税数额越高，纳税期限越长，则发放标准越高；同时，规定不同的收入区间，在收入区间内，无论收入高低，养老金一律参照收入高限发放。①

综上所述，作为一个发达的资本主义国家，英国和美国一样，拥有城乡统一的社会养老保险制度。也就是说，英国的农村社会养老保险也是融合于国家统一

① 刘晓梅：《中国农村社会养老保险理论与实务研究》，科学出版社2010年版，第88～89页。

的养老保障制度中的，拥有普遍覆盖性，并以国民纳税为参保资格条件的非缴费制养老保险计划。与美国单一社会养老保险制度安排不同的是，英国是一种两层式结构，分别是国家基本养老金 BSP 和国家第二养老金 S2P，同时两国也有着不同的福利理念。

3. 瑞典的农村社会养老保险制度

作为北欧的发达资本主义国家，瑞典拥有先进的农业经济。农业以畜牧饲养业为主，粮食和畜产品自给有余。大部分农产品用于国内市场消费。2002 年，农、林、牧、渔从业者约 9.1 万人，占总就业人数的 2.2%，产值约占国民生产总值的 2.0%。瑞典农村区域的最基本劳动单元主要是家庭农场。农场的经营活动也是由农场主及家庭成员和少量的农业雇工来完成。

发达的整体经济，较城市工业经济低得多的农业人口和农业经济比例，使得瑞典和美国、英国一样，具备建立城乡一体化社会保障制度的条件。而贝弗里奇报告中普遍、统一的福利思想在瑞典得到了较之英国更为彻底的发扬，这也就是瑞典相对于英国而言，成为更具有典型意义的社会民主福利体制国家。因而，瑞典的农村社会养老保障也隐含于国家统一的养老计划之中。

瑞典现行统一的社会养老保险是国家公共基础养老金计划。它包括两个部分：最低保证养老金（国民年金）和收入关联养老金（名义账户制），二者具有一定的关联性，并且实际上均采取现收现付制。最低保证养老金针对全国范围内没有任何收入来源或是收入较低的人群；收入关联养老金（名义账户制）面向有一定收入的人群：收入参考下限为年物价基准额的 42.3%，上限为年收入基准额的 8.07 倍，符合上述条件的人群强制参保。从覆盖人群可以看出，瑞典的国家公共基础养老金计划几乎涵盖所有的人群，无论其是否拥有收入。因此，就瑞典的农村区域而言，作为其农村社会养老保险的国家公共基础养老金计划几乎延伸到每一个人，无论其是否拥有收入。

资金来源方面，最低保证养老金的资金完全来自国家的一般税收。收入关联养老金（名义账户制）主要来自于雇员、雇主所缴纳的工薪税（社会保障税）以及政府的财政补贴。工薪税总税率为工资总额的 18.5%，雇主与雇员各承担 9.25% 的比例。自雇业者承担全部的 18.5%。在农村区域，农业雇工个人与农场主各承担 9.25%，农场主为个人承担全部 18.5% 的税率。需要补充的是，瑞典的名义账户制实际上是一种记账式的部分积累制：用于积累的部分仅占工薪税收入的 14%，而主要的 86% 工薪税收入用于现收现付，所谓的账户只是用于最终计发养老金的核算依据。

瑞典农村区域的国家公共基础养老金（即农村社会养老保险）待遇给付方面遵循三项原则：（1）最低保证养老金和收入关联养老金关联给付；（2）最低

保证养老金和收入关联养老金弹性给付；（3）收入关联养老金名义积累式给付。第一项原则意味着：当个人的收入关联养老金的收入低于某一下限标准时，国家负责采取最低保证养老金给付等方式使其总体养老金收入达到这一个标准；当个人的收入关联养老金的收入高于某一上限标准时，国家不再给予最低保证养老金；当个人的收入关联养老金的收入介于上述收入上限标准与下限标准之间时，随着收入增加，最低养老金给付递减。弹性给付原则体现在最低保证养老金上，要求个人必须在65岁及以上，而且从25岁以后在瑞典居住满40年才有资格领取全额保证养老金，如果不满40年，按每年1/40的比例递减；在收入关联养老金方面，个人从61岁起可以申请单独从积累账户中领取养老金，也可以申请与现收现付账户合并领取养老金。名义积累式给付主要在于，收入关联养老金的给付总额取决于四个因素的合计：计入个人账户的名义积累、名义积累的投资增值、名义积累转成退休年金的计算公式、退休给付指数化的公式等。

以上可见，秉承贝弗里奇报告的普遍福利精神，作为社会民主的福利国家类型，瑞典和英国都给予农村区域以普遍的非缴费制全国统一的养老保险制度。当然，从农业群体的角度来说，也可以称之为农村社会养老保险。不同性在于，瑞典较之英国将普遍性精神运用得更为彻底：它以源自国家一般税收收入的最低保证养老金来不仅覆盖低收入人群，甚至延伸到无收入者。这种模式下，个人承担的责任较少，国家承担着重要的责任，在保障公平的同时也给国家带来了比较沉重的负担。而英国只是用最低收入保障制度来对于无收入者进行救助。另外，最低保证养老金和收入关联养老金关联给付；最低保证养老金和收入关联养老金弹性给付；收入关联养老金名义积累式给付使得瑞典较之英国和美国在制度覆盖范围、覆盖水平和制度建设上都更广、更高、更有特色。

4. 美国、英国、瑞典农村养老保险制度的共同点

在英国、美国、瑞典的养老保险制度中，国家都承担重要角色。在制度建设、财政投入上国家都承担了重要责任。三个国家的农村养老保险制度都和国家的养老保险制度有机地融合一体，农业和城市、农业和非农业部门之间采取的是共同的社会保险制度。这和国家的经济基础较好、有能力建设统一的制度有着密切的关系。瑞典作为典型的福利国家，对农村的老年人口也有很好的保障。统一的体系、比较完善的制度有助于提高透明度，也利于政策执行。

（二）资力审查型非缴费模式：巴西

资力审查型非缴费模式的代表性国家为巴西，下面对巴西的农村社会养老保险制度作出介绍。

巴西是农业大国，2007年农村人口约为3 540万，占全国人口的23%，其中，农业劳动力1 150万人（2007），约占劳动力总人数的22%。[①] 农业是巴西经济的重要支柱之一，近年来农业总产值占GDP的23%左右。[②] 巴西农业早在20世纪80年代就完成了现代化，现在的生产单位是农场。巴西的农民是由农场主和农场工人组成。另外，城镇化程度比很多发展中国家要高，然而与欧美发达资本主义国家相比，仍有很大差距。

总体而言，巴西也是属于“自由的”福利国家类型。它努力尝试建立全国统一的城乡养老保险体系，然而整体经济相对于美国大幅度的落后，使得它缺乏必要的能力在不伤及市场优先原则下建立一套城乡统一的基本养老保险制度。因而，作为妥协，它选择了以一种相对低廉的、非缴费型的、社会救助的方式全面覆盖城乡区域，而这种方式在较低程度上充当了农村基本养老保险的职能。当然，巴西也有正式意义上的农村社会养老保险，然而，与非缴费的社会救助年金相比，它的作用几乎可以忽略不计，这方面从以下的数据可以看出：2001年巴西农村地区社会救助与社会保险的给付支出比例分别为97.5%和2.5%，给付人数所占比例分别为98.4%和1.6%，[③] 目前，巴西非缴费型社会救助年金的老年领取人数占国家总退休养老金领取人数的比例达到44.1%，[④] 农村地区更是普遍依靠社会救助年金计划作为老年人维持生活收入的主要来源。因而，对于巴西的非缴费型农村社会养老保险的介绍也就是对于非缴费资力审查型社会救助年金的介绍。

1971年，巴西军政府颁布第11号补充法，制定了“救助农村劳动者计划”，将农村劳动者纳入社会保险体系中。1974年，政府再次颁布法令，规定“无论农民是否缴纳过社会保险金，政府每月都会发给相当于最低工资一定比例的生活费”。至此，政府承担主要责任的非缴费型农村养老金计划得以确立和实施。[⑤] 其最初形式为月度寿险年金计划（RMV计划），最初，主要针对无法维持基本生活的残疾人及70岁以上老年人实行的统一额度的救助计划。领取资格审查条件为领取人在就业期间最低12个月的社会保障缴费记录，给付标准一般为法定最低工资的一半。后来，该计划进一步发展。覆盖人群调整为65岁以上的老、残、寡人口为保障对象，主要资金来源是政府的税收收入和国债收入，以及农产品初

---

① 白维军：《巴西农村养老金计划及其对中国的启示》，载《经济问题探索》2010年第7期，第165～169页。

② 徐清照：《巴西农村社会保障制度建设及其对中国的启示》，载《世界农业》2009年第9期，第41～43页。

③ 林义：《农村社会保障的国际化比较及启示研究》，中国劳动社会保障出版社2006年版，第94页。

④ 林义：《农村社会保障的国际化比较及启示研究》，中国劳动社会保障出版社2006年版，第107页。

⑤ 白维军：《巴西农村养老金计划及其对中国的启示》，载《经济问题探索》2010年第7期，第165～169页。

次买卖价格2.1%的缴费和城镇雇主缴纳的3%的工薪附加税，进行资格审查的统一给付。巴西农村非缴费型农村养老金计划被称为“特殊的养老保险”政策，其实质就是为农民提供保证最低生活水平的社会救助型养老金。

1992年巴西新的《社会救助法》通过后，确定并建立起社会救助年金计划（BPC计划）以替代原先的月度寿险年金计划（RMV计划），农村男性/女性领取养老金的年龄由以前的65/60岁降至60/55岁，并将养老金的领取人由户主扩大到配偶。提高养老金资金来源水平，农产品初次买卖价格缴费比例提高到2.2%，养老金给付提升至与法定最低工资水平持平，同时规定每两年对救助发放进行一次重新评估，以锁定真正需要帮助的群体，提供最优化的救助服务。从1995年12月到2001年8月，巴西的社会救助计划得到了长足发展，救助的领取人数年度增长率达到26%，为超过200万人口提供基本生活补助。[①]

巴西农村社会养老保险的最大亮点在于它所建立起的由政府主导的非缴费型“零支柱”模式，这一模式的定位来源于巴西“自由的”福利国家类型和发展中国家的经济总体发展水平的综合作用。它在一定程度上保障了农民退休后的基本生活，同时也不会显著地影响巴西的整体市场经济的发展。然而，农村年金计划的法律稳定性、日益扩大的资金缺口以及社会救助年金与社会养老保险的合理定位等，仍将是困扰巴西农村养老保障的重要问题。

这种非缴费性的社会救助年金在拉美国家建立的比较普遍，社会救助年金的经济来源主要来源于各国的一般税收收入。拉美国家采用这种模式和本国的社会经济发展水平、产业结构和社会状况有着密切关系。这种模式对农村老年居民有一定的保障作用，通过严格的资格界定和筛选程序能够较好地瞄准目标人群。非缴费制实质上是一种社会救助，参保者没有履行缴费的义务，依靠政府的行为实现对老年人口、农村人口的收入再分配。

（三）缴费模式：德国、日本

缴费模式的代表性国家为德国、日本，下面分别对德国、日本的农村社会养老保险制度作出介绍。

1. 德国的农村社会养老保险制度

德国经济高度发达，是欧洲第一大经济实体，也是欧洲人口最多的国家。德国农业人口占总人口的2.4%，农业产值占GDP的1%，农民年人均纯收入3万

① 林义：《农村社会保障的国际化比较及启示研究》，中国劳动社会保障出版社2006年版，第106页。

欧元左右。[①] 因而，农业经济占国民经济极小的份额。尽管德国农业在整体国民经济中的比例很小，然而，出于对人民食品安全的广泛关注，确保社会稳定，保障农产品能自给自足和农业的可持续发展，德国政府从20世纪50年代就开始加强对农业的保护，不仅加大了农业科技的投入以提高劳动生产率，同时也出台了一系列公共政策保护和支持农业从业群体。其中，农村社会养老保险制度的建立就是其中重要的政策之一。

作为法团主义福利国家的代表之一，德国社会保障制度的建立并不追求大一统的局面，而是尊重现有的社会阶层的固有秩序来为它们分别建立各自的制度。因而，尽管德国有着和美国、英国、瑞典等国家相似的、发达的整体经济水平，它却为它的农业从业者安排了单独的养老保障体系。

德国农村地区以中、小家庭农场为主。根据农村社会保障法，德国农民的概念主要是指这些农业企业的所有者农场主及其共同劳动的家属。农场主的农业企业包括所有的农业和林业企业主，他们经营的企业需超过老年保障金库当年确定的最低规模，在联邦范围大约为4公顷。另外，倘若配偶双方没有持久地分居，那么农场主的配偶也被视作农场主。夫妻双方参加农村养老保险必须说明夫妻双方中的哪一方作为企业主的配偶参加保险，或者夫妻双方以共同劳作的方式来参加农村养老保险。共同劳作的家属则是指在农业企业中专职从业的直至第三级的血亲、直至第二级的姻亲和一个农场主或者其配偶的养子（女）。必须指出的是，在农业企业中被雇的雇员不属于农村养老保险的范畴，而是属于普通的工人或职员法定养老保险的范畴。职员法定养老保险是联邦政府的一种强制险。所有雇员、培训人员、部分个体经营者、教师、艺术家、服役人员、非商业护理人员、领取救济人员和残疾人都必须参加法定养老保险。但是官员和月收入少于400欧元的低收入者则不需要参加保险。

德国农村养老保险制度实行现收现付制，资金来源上属于完全缴费制，所需资金通过投保人也就是农场主缴纳的保险费和联邦资金——联邦政府的补贴来筹集，农村养老保险强调的是个人义务，保费不足的部分才由政府予以补助，国家只起辅助作用。保险费数额是以法律形式确定的，一个农场主即使经营着多个农业企业，也只缴纳一份保险费，且所有农场主的缴费数额是相同的，与企业的大小以及经营结果无关。每一个共同劳作的家属若未依法或根据申请被免除保险义务，也有缴纳保险费的义务，保险费由他所在企业的农场主承担，保险费为该农场主保险费的一半，该农场主在特定情况下也可申请用于共同劳作家属保险费的

① 《欧盟、德国农业政策和农业预算管理》，载财政部农业司网站，http：//www.mof.gov.cn/preview/nongyesi/zhengfuxinxi/tszs/200806/t20080623_47833.html。

补贴。

养老金的给付形式主要是现金给付，此外，在出现特定风险时也可以给予实物给付，例如，在面临或出现丧失劳动能力的情况时，可以获得康复性措施，这些措施的目的在于避免劳动能力的丧失或改善和恢复劳动能力。如果由于接受康复服务、丧失劳动能力、处于孕期或母婴保护期或死亡，使得企业的正常运营无法维持，那么农村养老保险机构也可以提供经营帮工和家政帮工。农村养老保险最低投保年限一般为15年，获取丧失劳动能力养老金的最低投保年限则为5年。养老金的计算公式为：养老金基值乘以级数即等于月养老金。养老金基值原则上是根据前一年一名未婚投保人基于40年投保年限所测得的养老金值（标准养老金）再除以40计算而得，并在每年7月1日定期调整一次，调整的幅度与普通养老保险的养老金基值的调整幅度等同。若谁早于法定退休年龄（男65岁，女60岁）领取养老金，则领取的养老金在整个领取养老金的时间里均要打折（在60岁前退休，每提前一个月养老金打折0.2%，满62岁起，每提前一个月养老金打折0.3%，两者之中，打折0.23%）。

作为西方发达的资本主义国家，德国并没有采取和英、美、瑞典等国相似的城乡统一的养老保险制度。而是采取了一套独立的缴费制的体系来覆盖农村地区的农民（农场主和他们共同劳作的家属）。实际操作中德国农村养老保险中的养老金给付是以农场主移交农业企业为先决条件的，农民首先要交出土地经营权，才有资格获得农村养老保险金。这一政策导致农业的经营者平均年龄逐渐降低，缴纳保费的人减少，支付增加，收支难以平衡。政府也曾考虑过将农村养老保障体制并入普通养老保障体制，但最终还是坚持维护独立的农村养老保障体制，但降低养老金的领取水平。

这种多元化的养老保险制度安排能够更多的从它的福利国家的政治经济学理念中找到答案：法团主义福利模式——以对于社会阶层固有秩序的尊重作为农村社会养老保险制度建设的指导。

2. 日本的农村社会养老保险制度

作为世界第三大经济体的日本，整体经济发展水平很高。因而，和其他发达的资本主义国家一样，农业在日本经济中的比重很小。1992年，“大农业”（农林水产业）产值占国内生产总值的2.5%左右，“小农业”（农牧业）只占1.6%。而且这一比例在很长时间内也没有大的变化。[①] 2007年，日本的农业就业人口312万，约占日本总人口的3%。在这312万农业人口中，真正在农业一

---

① 《日本农业概况》，载农业科教信息网，http://www.stee.agri.gov.cn/zcqzl/hwxx/t20040223_169291.htm。

线耕作的仅为224万人。[①] 与欧美发达的资本主义国家，如英国、美国相比，日本农业以小规模经营为主，主要是经营3公顷以下的农户。

虽然日本的整体经济发展水平、农业经济占国民经济的比重以及农业人口占整体人口的比重方面的特点和英国、美国有很多相似性，然而它对于农业社会养老保险的制度安排却走了一条和德国类似的法团主义道路，即为农业劳动者单独建立了一套制度体系。因而，现在日本的农村社会养老保险主要是由一套相对独立的双层结构（三个主要的制度）组成，包括国民年金制度、农业者年金制度和国民年金基金制度。

国民年金制度具有全民覆盖性，居住在日本国内的20~60岁的人都要参加，包括自营业者、农业人员、学生，公司职员、公务员、私立学校教职员，职员、公务员、教职员的抚养配偶、家庭主妇三种。虽然它建立的初衷只是为了覆盖以农民和自营业者为主的群体，但是从1985年以后，这套制度被改造为全体国民共同参加的基础年金制度，具有强制性。国民年金制度是作为农业基础养老金的第一层。另外，作为第二层两个制度之一的农业者年金制度制定于1970年，它建立的目的一方面是为了提高农业就业者的年金水平，另一方面，也有加快农地经营转移和实现农业经营年轻化目的。由于农业者年金制度是唯一仅为农民而设立的社会养老保险制度，所以它的建立常常被作为日本农村社会养老保险的开端。另外一个制度是国民年金基金制度。这项制度的建立是由于国民年金制度的全国推广使得原本有着优厚的厚生年金和共济年金覆盖的企业雇用者和公务人员的年金水平相对于农民和自营业者差别更加悬殊。因而，为了缩小这一差距，日本政府又为农民和自营业者建立了一个制度。另外，被豁免缴纳国民年金保险费和已申请加入农业者年金者，不得再申请加入国民年金基金制度，已加入者，中途不得退出。

由于国民年金制度属于基础养老金制度，所以农民的参保有强制性要求，而第二层的农业者年金制度和国民年金基金制度是建立在自愿基础上的。三者都是采取现收现付方式运作的缴费式养老金。

资金来源方面，国民年金制度由国库负担和个人缴费共同组成。从1986年4月起，政府财政负担总费用的1/3；至2009年度之前，升至1/2。农民个人缴费采取定额制：2007年度为14 100日元，直到2017年每年度将上调280日元（2004年度价格），上限为16 900日元（2004年度价格）。因收入少而无力缴费者经过申请批准后，可以免缴保费。免缴保费分为四种：全额免缴、免缴3/4、

① 《日本农业的新特点及其借鉴意义——中国新闻代表团访问日本考察报告》，载新华网，http://news.xinhuanet.com/zgjx/2008-04/22/content_8026899.htm。

免缴 1/2、免缴 1/4。免缴期可以作为老年基础年金的领取资格期，但是免缴期的养老金会根据免缴比例有所减少。农业者年金制度的资金来源也是由国库负担总费用的 1/3，农民每月缴纳定额保费 750 日元。国民年金基金制度的资金来源主要由农民个人缴纳的“附加保险费”组成。

日本农村养老保险中的养老金给付也是由三项制度的给付组成的。很大程度上，已享受农业者年金和国民年金给付的农民将不享有国民年金基金的给付。国民年金给付的主要形式是老龄基础年金：年满 65 岁，缴费期、免缴期、累加期相加满 25 年以上，可享受全额给付。领取人可以选择提前到 60 岁或是推迟到 70 岁。如果是提前领取，每提前一个月扣除 0.5% 的养老金给付，如果是推迟领取，每推迟一个月增加 0.7% 的养老金给付。农业者年金的给付包括经营转移年金、农民老龄年金、离农年金和死亡补贴。正常情况下，农业者年金的加入者分阶段享受转移年金、农民老龄年金的给付。也就是说，当缴费满 20 年并在 60 ~ 65 岁之间已经完成了土地所有权转移的农民可以在 60 岁就开始享受转移年金的支付，如果缴费满 25 年，享受全额转移年金每月 2 万日元，如果年龄达到 65 岁，就可以同时享受农民老龄年金的给付。特殊情况下，如果农民 65 岁以前没有完成土地所有权转移，但是缴费期满 25 年，65 岁以后可获得单独的农民老龄年金给付：每月 4 500 日元。另外，年满 55 岁以上或经营面积在 0.5 公顷以下的农民离农时可获得一次性离农年金，费用由国库全额负担。国民年金基金的支付分为有期和无期两种，标准金额可自主选择，同时享受税收优惠。国民年金基金的主要支付形式是附加养老金，法定支付年龄为 65 周岁。

日本的农村社会养老保险制度为农业劳动者建立了一套独立的社会养老保险体系。从宏观养老保障的角度上来说，日本和德国的农村养老保障体现了相同的福利理念——国家法团主义，针对不同的阶层建立不同的制度。在农村社会养老保险这一层面，日本以它的双层、三制度体系表明，它具有一种较德国更为复杂和细致的国家法团主义制度安排。

3. 德国和日本农村社会养老保险制度的共同点

首先，德国和日本的社会养老保险是一种不完全保障。德国的农村社会养老保险有意识地没有被设置为充分保障，因为农民拥有土地的买卖权，可以通过土地为自己获得一定的养老保障，因而政府提供的社会保险只是起到一定的补偿作用。农民可以通过发达的商业保险系统为自己投保，提高保障水平。日本的社会养老保险的第一层，即国民年金是强制性的年金，保障的是农业人员的基本生活水平。更多的保障可以通过第二层的国民年金基金和农业者年金制度获得。

其次，两国的社会保险制度和农用地经营权的关系密切。德国农村养老金的给付是以“离地”为先决条件，农业人员要想获得养老金，农场主首先要交出土地的经营权，移交农业企业。这样的直接结果是使农业从业人员的平均年龄快速下降，同时土地流转，促进规模经营。日本的离农政策和补偿水平，与政策导向有着密切关系。在初期为了加强城市化和工业化的进程，对农民离农有着比较优厚的政策和补偿；在农业人口老龄化趋势加强之后，取消了权益转让金，鼓励农民留在农村。国家通过调整社会保障政策进而影响了土地的使用和社会的发展。

此外，德国和日本的社会保险制度都依靠政府补贴。资金来源上，德国实行现收现付制，联邦政府的补贴大概占到2/3。如果农民养老保险的保费和其他收入不能平衡养老金开支，差额也由政府津贴补足。日本的农村社会养老保险，大概有1/3是有国库负担。总而言之，两国都依赖于国家财政对养老金的大力扶持。

第三节　国外农村社会养老保险制度建设的特点和趋势

工业革命以来，欧美工业化国家相继成为老年型国家。21世纪初，发展中国家人口老龄化问题也显现出来。2002年在全世界6.6亿左右的老年人口中，发展中地区老年人口占62.55%，[①]“银色浪潮”已开始席卷全球。据联合国有关机构预测，2050年年底老年人口将增至20亿人，而发展中国家的老年人口将增加4倍。[②] 在未来的50年中，以发展中国家的加速老龄化且未富先老的状况，与发达国家的渐进老龄化且先富后老的状况相比，前者将同时面临人口老化问题和最严峻的资源挑战。人口老龄化必然带来养老保障问题。随着工业化和城市化的不断深入发展，大规模的人口迁移使人口不断向城市聚集，从而导致农村人口不断萎缩。同时，为了适应农村经济发展而采取的人口出生限制政策越发加剧了农村人口的快速老龄化趋势。因而，和城市相比，广大农村地区所面临的养老保障形势更加严峻，老龄化程度甚至超过了城市，这在发展中国家表现得尤为突出。因此，在了解世界各国农村社会养老保险制度本身的基础上，进一步分析和总结其特点和趋势，对于发展中国家，尤其是中国这样的发展中大国有着重要的借鉴意义。

---

① 徐勤：《2002年世界人口老龄化动态》，载中国人口信息网，http：//old. cpwf. org. cn/yjwx/yjwx_detail. asp？ id =3618。

② 董之鹰：《21世纪的社会老年学学科走向》，载《社会科学管理与评论》2004年第1期，第65～71页。

一、农村社会养老保险制度构建的政府主导性

社会保障制度从诞生之日起就肩负起增进国民福利福祉的重任，其所涉及的社会群体范围之广、收支规模之大以及庞大的制度结构和管理体系是任何一家企业或社会组织所不能承受的。同时，国际社会保障协会顾问詹金斯（Jenkins, Michel）曾指出："最难解决的问题就是非工薪职员群体的社会保障问题，在此之前农村的农业从业人员以及其他非正规行业的劳动者不能得到社会保障的有效保护事例有很多，尤其是发展中国家"。[①] 可见，农村社会养老保险的发展离不开政府的支持。不仅如此，从公共财政的角度来看，在农村养老保障体系中，属于纯公共品的包括社会救济、社会福利、优抚安置、农村最低生活保障制度等，属于准公共品范围的主要指农民社会养老保险。[②] 准公共品的内在属性决定了完全通过市场方式是不能解决农民的养老保障问题的，政府必须在其中发挥重要作用。另外，人口迁移不仅带来了农村老年抚养比的升高，还削弱了家庭保障和土地保障在农村养老保障体系中的传统地位。农村人口萎缩以及老龄化的发展态势，决定了政府对农村社会养老保障必须承担更大的责任。最后，从世界范围内农业部门与工业部门的发展路径来看，尤其是在西方发达资本主义国家，其工业化的快速发展无一不是以牺牲广大农民的利益和牺牲农业为代价的，农业部门在为工业部门发展提供充足的原材料时却使自己的发展陷入了困境。作为最早建立起农村社会养老保险的国家，联邦德国 1957 年的农业部门产值在 GDP 中的份额仅为 5.17%，农业劳动力占劳动力总数的比重为 13.7%。[③] 然而农业部门在国民经济体系中的基础地位和巨大的外部收益所产生的效益外溢性决定了其必须长期存在并平稳发展。同时，从农民对社会的贡献角度出发，以及现实收入水平的制约所带来的缴费能力的不足，都决定了政府必须在农村社会养老保险制度建设中承担主导的责任。

政府在农村社会养老保险制度建设中的主导责任主要体现在制度构建、政策的制定和实施方面。制度构建方面，新制度经济学认为，影响经济增长的因素很多，其中制度是决定经济增长的一个不可或缺的因素，并且还是最根本性的因素。[④] 政府主导下的农村社会养老保险制度建设，就是为了更好地适应现代资本主义市场经济的发展。而制度构建中最直接的体现就是，颁布农村社会养老保险

---

① Jenkins, Michel. *Extending social security protection to the entire population: Problems and Issues. International Social Security Review*, 1993, 46, (2).

② 吕学静：《社会保障国际比较》，首都经济贸易大学出版社 2007 年版，第 287 页。

③ 杨翠迎：《中国农村社会保障制度研究》，中国农业出版社 2003 年版，第 68 页。

④ 张敬一、赵新亚：《农村养老保障政策研究》，上海交通大学出版社 2007 年版，第 30 页。

制度相关法律。1959 年，日本政府颁布了《国民年金法》，将被排除在工薪阶层之外的农民开始纳入国民养老金计划中。1970 年政府制定了《农业劳动者年金基金法》，并于 1971 年正式开始实施，最终建立起了完善的农村社会养老保险制度，在该法颁布的 10 年之内又经历了 6 次修改。德国政府在 1957 年颁布了《农村老年救济法》，开始建立农村社会养老保险制度，并于 1964 年对《农村老年救济法》进行了修订和颁布相关实施条例，在 1975 年又颁布了《农民老年年金保险法》，对农村社会养老保险做了进一步的规范和改进，而 1995 年颁布实施的《农业社会改革法》则对农民老年保障制度进行了大幅度的修改。1936 年美国颁布《社会保障法》建立 OASDI 制度，并逐步涵盖农村地区。英国也在贝弗里奇原则下通过立法建立了城乡统一的国家养老金计划。可见，政府在农村社会养老保险制度建设中所行使的制度构建和颁布法律的职责是不可替代的，这对于制度的后期平稳运行起到了基础性作用。

在政策制定和实施方面，作为公共管理的主体，政府在社会政策的制定和实施上的作用也是不可替代的。而社会保障制度作为公共管理的一部分，更少不了政府的责任。随着社会保障制度在政府公共服务职能中的地位不断增强，政府的作用也愈加重要。与城市社会保障制度建立时所表现出来的“自下而上”的发展路径不同，农村社会保障制度的建立遵循的是“自上而下”的路径，即由政府根据现实发展需要在农村推行社会保障制度。这一特征也决定了农村社会养老保险制度的建立和完善与城市相比更依赖于政府的参与。事实上，从国外经验来看，在实行农村社会养老保险制度的国家，政府几乎参与了政策制定和实施的所有环节。政策的发布、管理机构和人员的匹配、资金的征缴、养老保险待遇的发放等都是政府发挥作用的重要环节。

因此，无论是非缴费制的美国、英国、瑞典、巴西，还是缴费制的日本、德国、新加坡等，政府都是农村社会养老保险制度构建的主导者。

二、农村社会养老保险资金来源的多渠道化

由于农业本身属于弱质性行业以及农民现实收入水平不高，因此建立农村社会养老保险制度必须依靠政府的财政补贴支持。正如温克勒（Winkler）在研究欧盟国家农民养老金的财务状况时所说的，“没有一个社会保障机构仅依靠所缴费用来承担农民养老金的支出，他们都需要依赖政府补助和其他方式来补贴”。[①]

① 庹国柱、朱俊生：《国外农民社会养老保险制度的发展及其启示》，载《人口与经济》2004 年第 4 期，第 60～66 页。

从国外的经验来看，各国政府都对农村社会养老保险进行了大规模的补贴。即使是在缴费体制的日本的农村社会养老保险体系中，政府也有明确的财政补贴责任。在第一部农村养老保险法律《国民年金法》中规定，对于农民所享受的国民养老金，日本政府财政补贴占到1/3；而在其属于农村养老保险第二层次的农业者年金制度中，也对财政补助进行了相应的规定，其比例依据参保者的年龄和参保年限而规定不同的补助标准，如经营权转让金额50%来自国库补助金。[①]不仅如此，从2004年开始，日本政府通过年金课税制度改革进一步提高了国家财政对国民年金的负担比例和控制个人缴费快速增长。日本政府规定：从2004年开始增收年金税，从2005年开始增收个人所得税，从2007年开始增收消费税，通过征税的方式来扩大国家财政的收入，到2009年使国库负担基础养老金的比例从1/3逐步上升到1/2，同时控制国民年金的个人缴费过快增长，从2005年4月开始在13 300日元的基础上每年增加280日元，至2017年固定在16 900日元（2004年价格）。[②] 1996年德国农民养老保险总支出为60亿马克，其中农民缴纳的保险费收入为18亿马克，联邦政府补贴了42亿马克，财政补贴占到总保险费的70%。[③] 在非缴费制的巴西，主要资金来源是政府的税收收入和国债收入，以及对于农产品初次销售价格的征税和城镇雇主缴纳的一定比例的工薪附加税（城乡社会保障转移支付）；在韩国和波兰的农村社会养老保险中，政府财政的补贴比例都达到了2/3。在加拿大农场主社会养老保险计划的个人收入稳定账户（the Net Income Stabilization Account，NISA）中，规定由政府在最高限额内按照计划参与者的供款等额配套补贴资金。事实上，没有政府的财政补贴，农村社会养老保险制度是难以为继的。因此，无论采取缴费制还是非缴费制，农村社会养老保险制度资金来源的趋势表明：农村社会养老保险资金的来源不可能完全来自于缴费，除了缴费之外，国家财政补贴、各种形式的税收来源和城乡社会保障转移支付等多渠道筹资方式才是解决农村社会养老保险制度资金来源的主要途径。

三、农村社会养老保险管理体制的社会化

传统意义上，社会保障管理主要采取政府集中管理模式。然而，在农村社会养老保险领域，社会化管理趋势却越来越明显。在政府集中管理模式中，政府直

---

① 许文兴：《农村社会保障》，中国农业出版社2006年版，第108页。

② 李长远：《日本农村养老保险制度的解读及启示》，载《重庆工商大学学报》2007年第4期，第105～108页。

③ 刘翠霄：《德国社会保障制度》，载《环球法律评论》2001年第4期，第423～434页。

接参与管理的各个环节，全面负责具体政策的实施，在整个管理流程中都具有直接而强有力地约束力和监控力；而管理体制的社会化体现了世界农村养老保险管理体制的主要发展方向。社会化管理中，政府负责政策指导和进行监督，实际中的各项具体管理职能则交给社会组织、外部竞争性机构。

各国在对农村社会养老保险制度的行政管理模式的选择上与各自的整体经济发展水平、福利制度模式以及本国社会组织的发达程度密切相关。一般采取法团主义福利制度缴费模式农村养老保险的发达资本主义国家，由于国家经济实力雄厚，社会组织发达，因而往往行政管理上的社会化程度很高。社会自治组织在社会保障的管理中充当了重要的角色，如德国、日本。在德国，农村社会养老保险的管理机构是农村养老保险机构总联合会（GLA），该机构是自治组织，不隶属于政府部门，农民每7年选出一批地方代表并由他们组成养老保险制度管理的常务大会，管理所有农村地方团体的委员会主席由所有代表共同选出，中央管理机构承担着全国范围内的保费征收、协调管理等职责，推广经验、提供政策建立等。[①] 总联合会的理事会中也有联邦政府部分（如联邦劳动和社会保障部和联邦消费者保护、食品和农业部）的代表参加，但是他们只有发言权而没有表决权。[②] 在日本，国家和地方自治体的作用很大，地方自治体是社会保障法律与制度的承受者和执行者。[③] 日本农村社会养老保险业务主要交给日本农协（JA）办理，日本农协全称为“日本农业协同组合”，其不仅是一个经济上的法人实体，也是连接政府与农民、城市与乡村、农业与工业的中介组织。[④] 此外，有的国家还设立了专门的负责审理社会保障纠纷的法院，如德国的社会法院。

具有社会民主福利制度非缴费模式农村养老保险的发达资本主义国家、“自由的”非缴费模式农村养老保险的发达国家或发展中国家一般倾向于采取政府管理模式，但是具体国家之间又有所区别，不同国家根据本国社会组织的发达程度以及中央政府和地方政府权责的划分，管理模式逐渐由集权化向分权化转变。瑞典开始于20世纪80年代的社会保障地方化改革以及引入有限的竞争机制和进行适度的私营化，都对中央政府集权管理起到了一定的削弱作用。另外，瑞典也为处理社会保障的争议设立了“公共保险法院”和“公共保险最高法院”等。加拿大的农村社会养老保险由全国农场主社会养老计划管理委员会管理和监督，该委员会由10~14名委员组成，其中6~10名是不同的作物生产者和不同地区

---

① 吕学静：《社会保障国际比较》，首都经济贸易大学出版社2007年版，第281页。

② 张敬一、赵新亚：《农村养老保障政策研究》，上海交通大学出版社2007年版，第60页。

③ 郑秉文、方定友、史寒冰：《当代东亚国家、地区社会保障制度》，法律出版社2002年版，第114~115页。

④ 尹丽辉：《日本农协（7）与政府的关系及其发挥的作用》，载《湖南农业》2005年第12期，第6页。

的农业生产者，另4名（包括主席）由联邦政府提名，委员会所有成员都由政府任命，享有平等的投票权。[①] 从各国的管理经验看，尽管政府管理模式有利于政策的迅速实施和推广，有利于保障参保人的利益和体现社会的公平，但政府直接参与管理，容易导致管理机构臃肿，加大制度内耗，降低管理效率，另外服务质量难尽人意；社会化管理有利于实现民主、科学的管理，建立较为完善的监督体系使得政府责任小、负担轻，管理简便灵活，管理效率较高，但该方式需要较高的社会环境条件，包括法制健全、社会自治组织发达等。

四、农村社会养老保险基金投资运营模式的多样性

当前，从管理机构的角度上来看，养老基金运营的模式主要分为三种：政府直接运营模式、分散竞争型运营模式和外部基金会托管模式。

政府直接运营模式，即政府直接作为一个主体的身份，或成立专门的部门或建立投资公司进行养老基金运营。缴费制的日本农村社会养老保险中的农民国民年金保险由厚生省社会保险厅管理，而养老基金则存放在大藏省资金运用部，基金的投资运营不经过金融市场，而是依据国家的政策导向进行，主要进行长期运营，成为财政投融资的重要来源。[②] 此外，新加坡的中央公积金（CPF）也属于政府直接运营，其执行机构是由政府、雇主、雇员和专家组成的具有政府公共管理机构性质的中央公积金局。中央公积金按照政府的投资计划进行投资营运并接受社会公众的监督。

缴费制的智利是实行分散竞争型基金管理模式的代表国家。分散竞争模式的核心是养老基金完全交给外部竞争性私营机构进行具体的投资运营，严格遵循市场化原则，政府只负责监管和进行最低收益率担保。在智利的农村社会养老保险中，政府按照对待城市工人一样的做法，建立完全基金积累制的个人账户制度，并交由养老保险基金管理公司（AFPS）进行管理，考虑到农民缴费能力有限，政府对贫困人群进行缴费补贴，同时承担个人账户最低收益率担保责任。

从政府公共部门职责的角度上看，外部基金会托管模式介于政府直接运营模式和分散竞争型模式之间，政府部门负责养老保险资金的筹集，而基金的投资运营则通过相关协议交给外部基金管理机构实施。非缴费制的瑞典的辅助养老金制度在该模式上的特点比较鲜明。2000年，正式开始实施的瑞典养老保险体系中

---

① 庹国柱、朱俊生：《国外农民社会养老保险制度的发展及其启示》，载《人口与经济》2004年第4期，第60~66页。

② 许文兴：《农村社会保障》，中国农业出版社2006年版，第136~137页。

的辅助养老金计划由新成立的辅助养老金局（PPM）管理，辅助养老金局对国民保险委员会和金融监管局负责，将由国家税务局征收的参保者供款，负责记录所有的个人账户情况，包括记录供款、投资收益、资金划转等，同时辅助养老金局通过与基金公司签订合同将自己管理的养老基金交给基金公司投资运营。①

三种基金运营模式都是根据各国自身的养老保险制度的特点建立起来的，各有其利弊：政府直接运营模式的优点是基金由国家统一调配，能最大限度地服务于国民经济的发展，同时安全性也有保证，其缺点就是基金投资运营缺少竞争机制，收益率不高，同时容易受政治因素的影响；分散竞争式模式能够积极有效的调动市场的力量，进入竞争机制，获得较高的投资回报率，同时还能促进资本市场的发展，但是其相对高昂的营销费用和管理成本也影响了收益水平的稳定性；外部基金会托管模式减小了政府的责任，将基金投资的专业性职能交由专门的基金公司，但其过多的投资限制和协议的滞后性将影响基金投资市场化优势的进一步发挥，其养老基金的安全性也介于其他两种基金运营模式之间。

第四节　国外农村社会养老保险制度对中国的借鉴

由于经济发展和各国国情的差异，不同的国家采取了不同的农村社会养老保险制度模式，每种模式都有自己的优劣。中国应借鉴国外的成功经验，走出一条符合中国现实国情的农村社会养老保险道路。

一、建立健全符合中国国情的农村社会养老保险制度

各个国家的养老保险模式千差万别，具体选择何种模式，要基于该国的经济发展水平、人口状况和社会条件。因此，没有统一的、最优的社会养老保险模式。争论的焦点在于全国使用统一的一个制度还是针对不同部门单列一个制度。

在英国、美国和瑞典，农村养老保险制度和全国的社会保险制度统一，没有单独划分。这和这几个国家的经济发展历程和水平有关，英、美由于经济基础较好，农业从业人员相当于农业工人和城镇工人的养老保险体系有机融合。瑞典作为高福利国家的典范，对农民的保障基本上“从摇篮到坟墓”。同时，这三个国家的社会养老保险采取的都是现收现付制；缴费上，参保者还是承担了部分义

① 周志凯：《瑞典辅助养老金制度及运作分析》，载《宏观经济管理》2005 年第 8 期，第 57～58 页。

务，只不过采取税收等其他形式，国家承担起了重要责任，这得益于该国比较坚实的经济基础。以巴西为代表的一些拉美国家，居民完全没有缴费的义务，支出由国家税收承担，实质上是一种社会救助。通过资历审查，对符合条件的对象发放养老金。这种模式下，巴西作为"自由的"福利国家，作为发展中国家，在国内经济条件并不发达的情况下，选择了这种制度模式。它比较有效地保障了农民退休后的基本生活，这对于产业结构、经济水平类似的中国，具有重要参考意义，但要解决日益扩大的资金缺口以及社会救助年金和社会养老保险定位模糊等问题。德国和日本为本国的农业从业者安排了单独的养老保障体系。参保者履行缴费义务，国家在财政上给予大力支持，使被保对象在退休之后的生活得到保障。同时，两国的养老保险主要在于保障基本生活，居民要想获得较高水平的保障，可以自愿参加其他社会或商业保险。

中国的农村社会养老保险模式要基于中国特有的政治、经济、文化和人口的背景。在上述介绍的国家中，日本的情况和中国具有很大的相似性。首先，日本的农业产业在市场处于弱势地位，不具有竞争优势，需要得到国家政策的保护；其次，日本具有鲜明的小农特色，由于平原面积狭小，日本人均耕地面积有限；最后，大多数农民在务农的同时还兼有其他职业。① 这种背景下，日本的农村社会养老保险制度对于中国具有重要的参考价值。考虑到中国的实际情况，中国的农村养老保险制度应该区别于社会救助型的养老保险模式，参保的个人应该要承担缴费责任，同时国家要在财政、法律制度上给予大力支持。目前的经济水平决定了，在农村只能提供低水平、广覆盖的养老保险制度。通过社会保险制度保障农村居民退休后的基本生活水平不降低，同时鼓励有能力、有意愿的居民通过商业保险提高自己的保障水平。

就目前的经济水平，可以针对农村居民单列一个保障系统，首先由最基础的低层次的社会养老保险制度保底，吸纳所有的农民参保，保障农民的基本生计；在此基础上，应该有保障力度更高一点的、不同层次的、补充性质的社会养老保险可供农民选择参加。

第一，基本养老保险保障老年农民的基本生活，补充性质的养老保险体现地区差异。基本养老保险具有强制性，全国可以采取同样的制度，给农民一个最基本的低层次的生活保障，也保证了制度的统一性。由于存在地区间的差别，也不可能建立统一的高水平的保障制度。对于补充性质的养老保险，则可以由各地区基于该地的情况，参考该地的最低生活保障线和最低工资等标准，确定一个合理

---

① 刘慧明：《日本农村社会保障制度及其对中国的启示》，载《市场周刊·研究版》2005 年第 9 期，第 70～71、69 页。

的缴费和给付水平。

第二，中国难以仿效美国，采取全国统一的养老保险模式。一方面，中国的经济水平同美国还存在较大差距，难以提供高水平的保障；另一方面，美国的农业从业者基本还是雇员的身份，只不过是从事的是一个特殊的行业，保障是基于雇佣关系的存在；而中国的农业不同于美国，没有机器化大规模生产，农业劳动者也基本不存在雇佣关系，农民依靠土地自给自足，也没有大量的剩余产品。如果采取类似美国的养老保险模式，难以给予农民或灵活就业者这类没有稳定雇佣关系的群体切实的保障。

第三，这种模式下改革的幅度较小，容易过渡。目前国内的养老保险制度众多，要想统一有很大难度。对农村单列一个系统，但又有多个层次可以选择，可以和城镇职工养老保险在某些方面共通。诸如，最低层次的保障可以做到全民覆盖，甚至统一，在此基础上，农民或居民可以按照自己的经济水平选择自己能力范围之内、适合自己的养老保险。这在对当前制度没有做出大变动的情况下，既保证了制度的统一，又使制度具有一定的灵活性。

二、建立多支柱的农村社会养老保障体系

多支柱的养老保险制度是社会保险制度的发展趋势，国际经验表明，只有多层次的保障，才能有效抵御老年风险。诸如英国、瑞典、澳大利亚、波兰等越来越多的国家采取了由第一支柱和第二支柱构成的混合制度模式（第一支柱指通过给付确定型或名义固定缴费确定养老待遇的社会保险；第二支柱是由完全积累的固定缴费制度提供）。各国城镇社会养老保险制度改革中运用的多层次、多支柱思路，目前也开始运用于农村养老保险改革中。德国、法国、日本都有相应措施鼓励农场主自愿购买补充养老保险，弥补社会养老保险的不足。

德国采取优惠政策鼓励农场主购买商业保险，实现由社会保险、终老财产、自我保障“三根支柱”组成的多层次性的养老保障制度。法国农业工薪人员的养老保险由强制性的基础养老保险和补充养老保险，以及自愿性质的自愿储蓄制度三个方面构成。日本农民除了参加基本的强制性的“国民养老金”以外，还可以自愿参加“国民养老金基金制度”、“农业者年金制度”等。

结合中国实际情况，应该发扬家庭、社区、社会的养老功能，分清各主体之间的责任大小，实现包括家庭养老保障、社区养老保障、社会保险、商业保险、土地保障在内的多支柱保障。国外的农民拥有土地，可以通过买卖土地获得充分的收入，为自己的老年保障获得充足的货币。而中国农民只拥有土地的经营权，虽然在年老失去劳动能力后可以通过转包土地的方式获取一定的收入，但由于土

地流转收入较低，保障的能力有限。另外，中国地区差异大，受到经济发展水平、农民参保意识等客观条件的限制，建立统一的、高水平的农村社会养老保险制度是很难实现的。社会养老保险，作为第一支柱的养老金制度，对于农民应该只起到较低水平的基础保障作用。因此，建立多支柱的保障体系是可能并且必要的。

因此，应该推动第二、第三支柱的发展，充分利用土地、家庭、社区等的养老功能。现在国内第二、第三支柱的养老保险制度还有很大发展空间。中国历来具有家庭养老的传统，结合当下的形势，可以促进居家养老、社区养老的发展，这样一方面可以缓解老人在养老问题上的经济压力，更重要的是，可以给予老人更加全面的照料，如护理、精神照料等。

三、政府应承担起应有的责任

政府在社会保障制度中承担着重要的责任。宫晓霞（2006）的研究表明在德、法、日三国中，政府的主持或主导对农村社会养老保险持续运行起着关键作用。政府的责任主要体现在确立法律和财政支持两大方面，从立法、实施、资金支持到监管贯彻始终。

1. 提供立法支持

通过法律制度将社会保障确定下来，可以保证其有效执行，同时降低运行成本。通过社会保障立法可以保证养老保险的制度性、规范性和统一性，如德国于1951年颁布《农民养老保障法》，开始着手建立单独的农村养老保障制度。1957年颁布《农民老年援助法》，主要是针对农场主这一特定群体的农村养老保障。1995年又颁布《农业社会改革法》。《农民老年援助法》和《农业社会改革法》都具有强制性，规定所有农民都必须参加养老保险，是一种法定强制保险。日本1947年制定了《农业合作组织法》，1959年颁布《国民养老金法》，1970年颁布《农民养老保险基金法》。这样的法律保证了在实际操作中有法可依、有章可循。

目前，中国农村社会养老保险的法律制度还很不完善。目前仅有《社会保险法》以及一些行政法规和部门规章，在农村社会养老保险领域，还没有一部专门的法律。不同于有的国家立法先行，然后再施行，中国社会保障领域的实践领先于法律规定，各地在没有统一条款规定的情况下，对农村社会养老保险已经有了不同模式的尝试，这也说明社会保障法律还有很大的完善空间。2011年7月开始实行的《社会保险法》中对农村社会养老保险规定，“建立和完善新型农村社会养老保险制度，新型农村社会养老保险实行个人缴费、集体补助和政府补贴相结合。新型农村社会养老保险待遇由基础养老金和个人账户养老金组成。参加新型农村社会养老保险的农村居民，符合国家规定条件的，按月领取新型农村社会养老保险待遇”。这基本是原则性的规定，对具体的制度、管理办法的规定还比较缺乏。中国应当颁布专门的《农村社会养老保险法》，对农村的社会养老保险相关事项作出具体规定。

2. 提供财政保障

德、法、日三国对农村社会保险给予了财政支持。在德国，联邦政府的补贴主要有以支定补、差额补贴和保费津贴三种方式。日本的厚生年金基金来源中，国家财政负担占1/3，当参保对象收入低下、需要生活保护时，可由本人提出申请，经审查后可以免缴保险费；国民养老保险基金享受国家税收的优惠；农民养老保险基金中一部分是可以享受国家财政补贴的特别保费。在法国，农业社会互助金来自制度外的资金支持约占基金的3/4，其中国家支持部分接近1/2。①

中国也应该提供稳定的财力支持保障农村社会保障的发展，从而提高农民的收入水平，保障其生活需要。近年来，中国财政用于社会保障的投入稳定在2%的水平，同发达国家还存在一定的差距。今后一段时间内，中国应该稳步提升财政用于社会保障的投入，并且加大对农村社会养老保险的支持力度。

四、加强农村社会养老保险的社会化管理

社会化管理是世界农村社会养老保险管理体制的主要发展方向。社会化管理中，由社会组织、外部竞争性机构承担各项具体管理职能。政府承担政策指导和监督的职责。相对于政府直接管理，社会化管理可以减轻政府的负担，同时提高管理的效率。

在德国、日本等国的社会保障管理中，社会自治组织都充当了重要的角色。德国的农村养老保险机构总联合会、日本的农协都是不隶属于政府部门的自治组织。他们执行社会保障政策，负责社会保障的管理。

日本农协以建造更加美好的社区为目的，在生产和生活中，本着互相帮助的精神，将组合团体的农家紧紧地联系在一起的协同组织。农民协会除对协会成员的农业经营、生产技术和生活方面进行指导、建议以外，还进行生产、生活资料的共同购入，农产品共同销售，农业生产、生活设施共同设置和利用。以农协为基础，为老年人提供的服务主要体现在三个方面：一是共济事业，即保险。本着相互扶助的精神，农协的保险以特定人群为对象。原则上只与农协成员签订保险合同，吸纳保金。农协再与农协共济联合会进行再保险。根据再保险合同，农协

① 揭新华：《国内外农村社会保险的比较研究》，载《上饶师专学报》1997年第4期，第14～21页。

共济联承担全部保险责任。开展了保险事业和厚生事业。2002 年农协共济联《共济年鉴》显示，2002 年参加农协人寿保险的人数达 1 810 万人，约占日本人口的 1/8，为日本各大保险公司之最。二是以医疗服务为主的厚生事业，农协小组的厚生事业除医疗外，还涉及疾病预防、老年人福利事业、护理师培训等。三是老年人福利，培训家庭服务员。一方面提供健康老年人的生活充实活动，另一方面给有护理需要的老年人生活支援。除老年人的日常生活之外，还涉及如物品代理服务（搬运服务、服侍、购物代理、院子修理、除雪等）；心理服务（传声、辨物、聊天、健康咨询等）；地域服务（小型服务、对轻农活的支援、对旅游的支援、短剧、召开手工艺交流会议）；地域活动服务（捕猎、节日庆典、运动会、娱乐、赏花等）；进修讲座（饮食起居、痴呆防止、康复、KTV 等）等其他诸多方面的服务。

中国具有家庭养老的传统，但随着城镇化的步伐加快，传统农村的生存模式和家庭结构都发生了变化，过去的家庭养老已经难以适应如今的情况。同中国类似，家庭养老在日本具有悠久的社会文化根源。战后工业化和城市化的日益发展及劳动力流动加大，家庭结构和观念都发生很大变化，家庭规模缩小，家庭结构趋于简单化，人口迅速老化，使家庭的养老功能随之弱化。随着日本家庭规模由大到小，养老功能由多到少，单纯地依靠传统的家庭来赡养老人已经不太现实，使社会养老提上议事日程。因此，日本在战后建立的养老保障模式和管理办法对如今的中国有重要的参考意义。

对于中国而言，农村的形态类似于一个典型的社区，可以利用目前农村的组织结构，构建农村社区的养老保障模式。以村为基本单位，依靠村民委员会等自治组织，提供老年社会服务。随着中国城市化进程的加快，大量的农村家庭子女涌入城市打工，农村老年人在经济困难以外，出现生活照料困难、精神寂寞空虚等问题。依赖现有的村级自治组织，可以吸纳志愿者，为老人提供日常护理、上门服务、心理服务，或组织如讲座、体检、趣味比赛等形式多样的社区活动，这样可以丰富老人的退休生活，在提供物质保障以外，提供更加全面的照料。且在目前的环境下可行性较高，实施起来比较容易。将家庭养老向社会化转变，这与农村社会发展的方向也是一致的。同时，将本来没有约束的家庭赡养义务变为一种社会的制度约束，可以促进老年保障的落实，给予老年人稳定可靠的生活保障。

五、加强农村社会养老保险基金的投资运营

社会养老保险基金的来源有参保者缴费、政府补贴等。英国、美国、瑞典等

发达国家的农民和农场主存在雇佣关系，形式上同城市的缴费模式类似，采取类似于工薪税的模式，由雇员、雇主和政府三方共同承担。巴西的社会养老保险基金基本来自于税收收入和国债收入，其中包括城市雇主缴纳的工薪附加税。德国、日本等国则是由农民或农场主直接缴费同政府补贴相结合的形式。

就各国养老基金的投资运营经验来看，欧盟和日本基本由政府来负责投资运营问题；而智利交由私营机构竞争经营，国家只负责立法和监督，将养老金市场和资本市场有机结合。在智利模式下，养老基金投资的回报率较高，1981～1999年投资的实际回报率平均达到11.3%。[①]

对于中国而言，社会保险基金来源包括参保者，也包括政府补贴。首先，中国难以提供社会救助型的养老保险，社会保险的性质要求农民在享有保障权利的同时，承担缴费的义务，农民是农村社会保险体系中重要的参与主体。另一方面，中国农业的发展水平低，农业在市场中的地位弱，农民的负担能力有限，难以承受全部的缴费义务，需要扶持，需要得到国家政策的保护。因此，基金来源既要有农民的缴费，也要有政府的补贴。同时，不同于城镇职工，难以用个人工资的比例来量化缴费的水平，中国农业目前规模化、集成化程度较低，农产品没有规模化生产，农民也不存在雇佣关系。农民很难像城镇职工一样每月按工资比例缴纳费用。各地可以结合自身的实际经济发展水平，设置由低到高的不同档次的缴费标准，农民按照自己的能力和意愿参保。

参考国外的经验以及中国全国社会保障基金、企业年金基金运营的经验，中国农村社会养老保险基金要在确保安全性的前提下，适当拓宽投资渠道，提高收益率，保证基金的保值增值。目前，中国的新型农村社会养老保险基金主要是存银行和买国债，收益率低，在当前高通货膨胀率的背景下，存在基金贬值的风险。新农保基金的投资范围应包括对国家重点项目、基础项目的投资，多余的部分用于资本市场投资。在养老金的投资中，需要特别的关注和支持农业项目。因为在工业化、城镇化的背景下，农村的发展受到极大的压制，为城镇化做出了牺牲。当经济发展到一定水平时，就需要工业对农业进行“反哺”，发挥城乡的互济功能，通过向农村进行转移支付来缩小日益扩大的城乡差距。因此，在养老基金运营管理时，应当充分发挥资本的作用，以农村、农业为重点投资对象，重点投资农业项目，辅助农村基础建设，给农民以支持，有针对性的提高农业的发展水平。在确保农民养老保险基金保值增值的同时，促进农村经济的发展。

① 陈正光、胡永国：《智利和新加坡养老个人账户的比较分析》，载《华中科技大学学报（社会科学版）》2003年第6期，第26～30页。

第三章

中国农村社会养老保险的历史、现状及模式

第一节　中国古代的养老保障思想及其实践

一、古代养老保障思想产生的基础

据史料记载，早在原始社会末期，中国就出现了养老敬老的风气。在氏族部落中，对老年人的赡养照顾被看作是集体的责任和义务。在这一阶段，养老只是一种社会风气，并没有完整的思想理论支撑和制度约束。随着生产力的发展，人类的历史进入阶级社会，文化思想上百家争鸣的同时也为养老保障思想的产生奠定了理论基础。

（一）敬老

尊敬老人作为中国传统文化价值的重要组成部分，千百年来不断被传承和发扬。老年人曾在社会的进步中贡献自己的劳动和智慧并抚养教育了下一代，即便因年龄的增长而使其劳动力水平陷入衰退，但这一群体的经验和智慧同样弥足珍贵。因此，尊敬老年人，不仅是出于对弱者的保护以彰显社会的公平，也是对劳动力的新老更替的自然规律的遵循。在原始社会，人们会推举德高望重的长者作

为氏族的首领；统治者对老年人的尊重也同样被看作施行“仁政”的表现，孟子在《梁惠王上》中就提出“五十者可以衣帛矣，七十者可以食肉矣”，如此便可以“王天下”，并提出使老者“衣帛食肉”、“使民养生丧死无憾”方是保民的重要条件。

社会的敬老行为在《礼记》中体现的最为全面，包含了老年人的吃穿用度和日常礼仪。在吃的方面《礼记·王制》规定“五十异，六十宿肉，七十贰膳、八十常珍，九十饮食不离寝，膳饮从于可也”；在穿的方面，“七十非帛不暖，八十非人不暖，九十虽得人不暖矣”。在礼仪方面，也有与老年人打交道的严格规定，以彰显老年人的地位和晚辈对老年人的敬重。如与老人一起走路，“父之齿随行，兄之齿雁行，朋友不相逾”；走路时遇到长者，要“趋而近，正立拱手，先生与之言则应，不与之言则趋而退”；同长者一起吃饭时，要“上客起”，如果是五个人一起用餐，则“长者必异席”；若“侍坐于先生，先生问焉，终则对”，并且必须“请业则起，请益则起”。如此种种的敬老尊老的礼仪在中国古代的典籍中不胜枚举，这些礼仪制度共同形成了古代社会的尊老风气和敬老传统，并为养老保障制度的逐渐形成创造了良好的社会氛围。

（二）孝老

所谓“百善孝为先”，孝文化作为支撑中国古代民间养老和家庭养老的重要思想基础，经过从古至今的丰富和完善，已经形成了完备而成体系的孝道文化思想。

孝最集中的体现在儒家思想的“仁”中，在儒家看来，孝为仁之本，是伦理道德的核心。孔子提出“孝悌也者，其为仁之本也”，即把孝的根源看作是实践仁的起点和根本，敬爱父母是“仁者爱人”的具体体现，要落实仁的原则也必须从孝开始。论述孝道的最全面的古代著作当属《孝经》，《孝经》中提出“夫孝，天之经也，地之义也，民之行也”，“天地之性人为贵，人之行，莫大于孝”，以此确定了孝在社会准则中的至高无上的地位。与此同时，孝经也将孝行扩展到了德行，提出“爱亲者，不敢恶于人，敬亲者，不敢慢于人”，从而将“孝”延伸到“广敬”和“博爱”，这也是儒家“仁”的根本体现。孟子则在此基础上进一步发挥，把这种存在于家庭和本性之中的孝悌观念推广到整个社会，提出“老吾老以及人之老，幼吾幼以及人之幼”的广义的孝道思想（《孟子·梁惠王上》）。同时，孟子在《孟子·尽心上》中进一步阐述了这一观点，他提倡“天下有善养老，则仁人以为己归矣”，孟子把“养老”和“有善”联系起来并加以推崇，以此也奠定了孝道、孝行以及孝文化在中国传统道德文化中的地位。

行至汉代，随着“罢黜百家，独尊儒术”确立了儒家文化在政治统治中的正统地位，儒家文化中的孝也得到了进一步的发扬，并上升到了国家的层面。如汉代的《汉仪注》中就记载“民满十五至五十六出赋钱，人百二十为一算”，即从法律层面确定了对老年人的优待。除了免税之外，之后的历朝历代也相继制定了诸多优待老年人的律令，如《唐律》中把老年人按年龄分为三个等级，并按照不同的等级对其刑罚进行不同程度的减免，如七十至七十九岁犯流放罪以下的，可以缴铜赎免，八十至八十九岁犯死罪的须由皇上决断给予宽大处理，九十岁以上的犯死罪，即可免刑。此举也为后代对老年人刑罚的优免做出了典范。

（三）养老

养老可以说是对“敬老”和“孝老”思想的进一步践行，因为无论是从道德文化的角度，还是获取老年人经验智慧的角度，只有把“敬老”、“孝老”的理念转化成具体的“养老”的行动，这些观念的初衷才能够达成。

从统治者的角度出发，统治者希望社会处于“君臣、父子”、尊卑分明的状态，以维持良好的社会秩序。而守孝养老则使国民难有“反心”。如《礼记·乡饮酒义》中提到“民知尊老养老，然后乃能入孝悌。民入孝悌，出尊长养老，而后成教，成教然后国可安矣”，由此可见，“尊老养老”是社会安定的重要条件。在具体的行动中，统治者也要首先做出表率。由于天子不可能直接供养全天下老年人，因此天子“养老”就被定义为，“人君养老有四种：一是养三老五更；二是子孙为国难而死，王养死者父祖；三是养致仕之老；四是引户校年养庶老之老。”此四种养老可以看作是国家养老制度，因此四者均是以国家财政的支出来完成的。但在具体的实践中又分为了“国老”和“庶老”之养。如“有虞氏养国老于上庠，养庶老于下庠。夏后氏养国老于东序，养庶老于西序。殷人养国老于右学，养庶老于左学。周人养国老于东胶，养庶老于虞庠，虞庠在国之西郊。”按照礼记的注释，这里的“上庠”、“东序”、“右学”、“东胶”都相当于当时一国的“大学”，而“下庠”、“西序”、“左学”、“虞庠”则相当于一国的“小学”，由此可见，天子“养老”除了以此为天下人做出表率之外，更多的是期望，“国老”和“庶老”中博学和健康的担当起教育下一代的任务。这种集中供养老年人的方式并不是简单的“养老”，而是由国家出资聘请老年人进行教育工作。

除了“三老五更”因能够为国家贡献才智而得到天子集中供养，国家还对“子孙为国难死者”负担赡养义务，即与今天所说的“烈士”类同。在《周礼》中设置了“稾人”、“酒正”专门负责供养因国难而失去后嗣的官员，“若飨耆老孤子、士庶子，共其食”、“飨耆老孤子，皆共其酒”。“遗人”以“门关之委积以养老孤”、“以其财养死政之老及其孤”，及国家会为此专门划拨财政费用供养这些孤寡老人。

中国古代的“尊老”、“孝老”、“养老”思想作为古代养老保障的理论基础是紧密联系、相辅相成的，这些思想和国家统一行为既为中国古代养老保障制度的形成奠定了基础，也为结合中国国情建立和完善中国现代养老保障制度提供了参考。

二、中国古代养老保障的具体实践

虽然中国自古以来就有深厚的孝道文化，但对老年人的保障上却鲜有国家主导，多是仅凭文化道德的规范，实行家庭养老，国家在此基础上通过宣传和制定规范来加以引导，并在某种程度上对民间养老进行资助。

（一）减赋役

据《礼记·王制》记载：“凡三王养老皆引年。八十者，一子不从政；九十者，其家不从政。”即通过免除家中徭役的方式保证“老有所养”。《管子·入国》中也载：“所谓老老者，凡国、都皆有掌老，年七十以上，一子无征，三月有馈肉；八十以上，二子无征，月有馈肉；九十以上，尽家无征，日有酒肉。死。上共棺椁。劝子弟：精膳食，问所欲，求所嗜。”这与《礼记·王制》所载几乎一致，表明通过减轻百姓赋役负担的方式来扶持百姓养老自周朝开始就纳入了国家制度。

至汉代，据《盐铁论》记载，在一场儒家子弟与桑弘羊的论战中，“贤良文学”（指儒家子弟）指责时政曰：“五十以上曰艾老，杖于家，不从力役。所以扶不足而息高年也。箱饮酒之礼，耆老异馔，所以优耆耄而明養老也。故老者非肉不饱，非帛不暖，非杖不行。今五十以上至六十与子孙服挽输，并给繇役，非养老之意也。”桑弘羊的财政政策因六十岁还要服徭役，被指为“不养老”的罪证而受到了攻击。由此可见，在汉代，家中有八十岁和九十岁的老人，其子可以免除赋税、徭役。

至唐宋年间，这种免除徭役以养老的举措则更为具体。据《文献通考》记载：“其天下百姓，丈夫七十五以上，妇人七十以上宜各给中男一人充待。仍任自拣择。至八十岁以上依常式处分。余并如开元礼。”这一制度第一次单独把老年妇女列为享有一人免役待遇的条件。明朝以后，关于免除赋役养老正式上升到一国法律的层面，如《大明会典》规定：“民年七十以上者，许一丁侍养，免其杂泛差役。”《大清律例》中也有类似规定：“军民年七十以上者许一丁侍养免其杂派差役。”

由此可见，历朝统治者对“庶民”的老年人采取的是“家庭养老”的方式，国家则通过免除其税赋的方式为家庭养老提供起码的人员和财力保障。

（二）赐钱物

中国古代对老年人赏赐钱物多为君主个人意志决定的，通常出现在登基、庆寿等大赦时刻，如汉武帝元狩元年（公元前122年）诏曰：“皇帝使谒者赐县三老、孝者帛，人无匹；乡三老、弟者、力田帛，人三匹；年九十以上及鳏寡孤独帛，人两匹，絮三斤；八十以上米，人三石。”又如唐肃宗在继位时大赦天下，提出：“天下耆寿各赐物五段，侍老版授太守、县令有差，各赐物五段。”此外，相对于其他朝代，唐朝在给老年人赏赐粟米和布帛方面更加普遍化。

到明朝的时候，这种赐钱物式的民间养老已上升为国家律令，如《大明会典》规定：“贫民年八十以上，月给米五斗，酒三斗，肉五斤；九十以上，岁加帛一匹，絮一斤；有田者罢给米”，这就使得这种“养老”方式更加常态化。清朝在延续了明朝的赐钱物制度的同时，还从制度上给予老年人更多的制度保障，如清朝《户部则例》中就规定：“耆民年至九十以上，地方官不时存问，其或鳏寡无子及子孙贫不能养赡者，督抚以至州县公同设法恤养，或奏闻动用钱粮，令沾实惠。若地方官籍端侵扣，查参严究。”

（三）授官爵

授予老年人一定的官爵一方面可以提高老人的社会地位，另一方面也可以借此提供一定的生活保障，因此是古代民间养老的另一重要措施。东汉和帝永元八年，“立皇后，赐天下男子爵，人二级；三老、孝悌、力田人三级；民无名数及流民欲各占一级。”其中三老和孝悌的赐爵高于普通百姓，是一种尊老养老的举措。三国两晋南北朝时期，授官爵成为统治者资助平民养老的重要方式。如北魏孝文帝太和十七年（公元493年）诏：“洛、怀、并、肆所过四州之民，百年以上假县令，九十以上赐爵三级，八十以上赐爵二级，七十以上赐爵一级；鳏寡孤独不能自存者，粟人五斛，帛两匹。”此后，这种赐爵与赐物一起，成为统治者尊老养老的经常性举措。至隋唐时，官爵的授予则更加具体，并随官爵附上俸禄。如唐高宗在“改元宏道大赦诏”中提出：“老人年百岁以上者，版授下州刺史，妇人版授郡君。九十以上者版授上州司马，妇人版授县君。八十以上者版授县令，并妇人并节级量赐粟帛。”此时，老年妇女也可以从赐官爵中获得封号，可见唐朝时期真正的将“版授封号”变成一种“养老”制度。

总之，“赐官爵”让老年人享受官员的礼遇和俸禄，从某种程度上是国家在负责老年人的生活保障，可以看作一种“国家养老”，但由于这一做法并不普遍和持续，因此在历朝历代中时有中断和改变。并且，因为赐官爵有较严格的年龄限制，多要求八十及以上者方能享受这一待遇，而受古代人们平均寿命较短的限制，实际上能受到这一制度恩惠的老年人并不多。

（四）官员养老之致仕制度

针对中国古代官员的相对完善的退休养老制度由来已久。根据史籍记载，官员养老（致仕）制度，最早见于距今三千多年前的商王朝前期。“致仕”是对中国古代官员离开官位但享受国家俸禄的国家养老制度的称呼。商初明相伊尹，年七十，“告老致政事于君，欲归私邑以自安”（《尚书·太甲下》）。伊尹致仕后，商王赏赐的官邸“私邑”没有被收回，而是“退休”养老的基业，虽然这种君王的恩惠没有形成规范的制度，但可以看作是中国古代“致仕”制度开始的标志。春秋战国时期，致仕制度得到进一步的贯彻。但这一阶段多体现为官员达到一定年龄后“告老还乡”，而没有就国家如何负担起这些官员的老年生活做进一步阐释。如《礼记·王制》记载：“五十而爵，六十不亲学，七十致政”；《尚书·大传》也云：“大夫七十而致仕，老于乡里”。但由于奴隶社会时期试行的分封制的“世代公卿”制度，即使“致仕”，官员也有自己的侯爵和封地，不需要国家财政为此负担，因此，需要国家为致仕官员提供养老保障的致仕制度真正开始于汉朝中期“废分封”之后。

1. 致仕条件

官员“致仕”，并由国家对其养老提供保障，一方面是统治者尊老敬老、尊重人才的表现，另一方面也是吸纳贤者、新老更替、提高行政效率的需要。因此对于官员“致仕”、享受国家养老，历朝历代都有明确的条件限制和规定。

首先在年龄上，《礼记·曲礼》记载：“大夫七十而致事”，《白虎通义》也云：“臣年七十悬车致仕”，由此可见，“七十”是古代比较普遍的致仕年龄，因为“七十阳道极，耳目不聪，跂踦之属”。“七十”也因此作为一种约定俗成的致仕年龄而延续下去，据《资治通鉴》记载梁武帝普通四年就曾下诏：“见在朝官，依令七十合解者，本官半实禄，以终其身”；唐朝法令《通典》中则明确规定：“诸职事官七十听致仕”。虽然七十岁已经成为古代官员公认的退休年龄，但在具体的执行中依然会有一些变通。如唐太宗时以长孙无忌为首的二十四功臣“乞骸骨”，其中真正符合条件获准的只有六人，原因主要为部分官员未到致仕年龄就病卒于任上，也有部分是因为虽未到致仕年龄，但已经昏暗不通政事，所以提前致仕。到明清时期，官员致仕的年龄则有了更加明显的变通，如明太祖朱元璋就曾提出“郡县官员五十以上者，虽练达政事，而精力既衰，宜令有司选民间俊秀年二十五以上、资性明敏、有学识才干者辟赴中书，与年老者参用之。

十年以后，老者休致，而少者已熟于事，如此者官员不乏，而官使得人”（《明史》）。而后朱元璋又下令：“文武官六十以上者，皆听致仕”，且“命内外指挥、千、百户镇抚凡年五十以上者许以子孙代职”（《明实录·太祖实录》）。清朝则基本沿用了明朝的致仕制度，并对武官有了更加明确的规定，即武官的致仕年龄：副将为六十岁，参将五十四岁，游击五十一岁，都司、守备四十八岁，千总、把总四十五岁。

其次是官阶。古代官员众多，等级森严，并不是所有的官员都可享受国家养老，而是要达到一定官阶以后致仕才有资格获得国家提供的养老保障。据《汉书》记载自汉平帝元年开始“天下吏比两千石以上年老致仕者，参分故禄，以一与之，终其身”，也就是说只有致仕前俸禄达到两千石以上官阶的官员才能够享受到国家的养老保障。隋朝则规定“其官至七品以上者，量给廪，以终厥身”（《隋书》），七品以下的退休官员则只是“赐帛”归家。宋朝的时候基本取消了官员致仕的官阶限制，但到清朝以后则又根据官衔是否世袭对致仕后能否享有俸禄加以区分，如“致仕之官有世袭者照品给俸，无世袭之官，年至六十致仕者，仍给半俸，未及六十岁，因疾辞仕者，不准给。”

最后，身体状况也是考量官员致仕的重要因素。在中国古代，受生活及医疗条件的限制，多数人在未到七十岁致仕的年龄就病卒于岗位上，因此，对于部分年事已高、身体状况较差者，国君会允许其提前致仕。如元德宗就曾规定，“官员年老不堪仕宦者，于应得资品，加散官、遥授职事，令致仕”。明宣宗也曾颁布诏令，“文武官，年未及七十，老疾不能任事者，皆令冠带致仕”。

2. 致仕待遇

“致仕”用现代的话讲就是退休，但退休后享受怎样的待遇在不同的历史时期则有显著的区别，但总体看来主要有给予俸禄、赐予钱物、加官晋爵这三种形式。

第一，俸禄养老。致仕后发给俸禄是中国古代致仕制度的最主要和普遍的形式，领取俸禄，保障官员退休后的基本生活，也是实行国家养老的直接体现。汉朝中期以前，官员致仕之后可以领取多少俸禄并没有明确的规定，直至汉平帝时期提出“天下吏比两千石以上年老致仕者，参分故禄，以一与之，终其身”，即取其在位期间俸禄的三分之一作为“退休养老金”，此后汉代多遵循此制。唐朝初年则规定，五品以上官吏致仕可享半禄，并终其余年；五品以下致仕后只享受四年半禄，之后就停止。这一制度在唐天宝年间做出更改，唐玄宗下诏令，“五品下致仕官，并终其余年，仍永为常式。”在历朝历代经济比较发达的时期，致仕官的待遇也会随之有较大提高，如宋仁宗景佑三年（公元 1036 年）就曾发文要求文武官吏年满七十岁的要申请致仕，朝廷将给予全禄的优待。明清时期的俸禄养老则比较严格和规范，如明宪宗就曾下诏，“诏在京文职，以礼致仕者，五品以上，年及七十，进散官一阶，其中廉贫不能自存，众所共知者，有撕岁给米四石”。官员致仕后有可能廉贫不能自存，可见明朝的致仕养老的俸禄仅能维持基本生活。清朝对于致仕官俸禄的发放相对更加明晰化，将诸多特殊情况考虑在内。如康熙五年曾下旨，“年老解任官员，共历任几年及效力情由，俱着明白开列，应否给与半俸，请旨具奏”，可见官员致仕后的俸禄要由皇帝根据其为任期间的政绩来具体裁定。

第二，补充养老。赐予钱物和加官晋爵都可看作是官员致仕制度的补充养老形式。由于二者都与君王个人意志和当时国家经济状况紧密关联，因此并不具有普遍性。其中赏赐钱物又可划分为三种不同的情况：其一，对没有致仕俸禄的官员的赏赐，如隋朝时期，对于七品以下的致仕官员“赐帛”归家；其二，对功臣施加的恩惠，如唐天宝七年下诏，“其京文武官，见在京及致仕陪位官、诸方通表使及月蕃官等，一品赐物一百匹，二品、三品八十匹，四品、五品五十匹，六品、七品三十匹，八品、九品二十段”，这一赐物形式已经是比较规范的补充养老待遇；其三，对待遇微薄者，赐物补充，这一点在明朝较为突出，如洪武二十四年（公元1391年）七月赐致仕长史文原吉白金二锭、楮币百锭、文绮帛三十匹，同年十二月赐致仕指挥姚德等四十余人麦三千余石。

第三，加官晋爵。加官晋爵作为补充养老的一种则有虚实之分，一种是一种荣誉，是皇恩浩荡的表现，并不代表待遇享受上的提升。魏晋时期就在官职中专门设立了“光禄大夫”、“太中大夫”、“谏议大夫”用以致仕官员进阶官衔，“诸公告老，皆拜此位”；另一种则是在提高官位的同时也获得更高的待遇致仕加官制度，如宋朝规定，“凡文武官致仕者，皆转一官”，并按资历升迁俸禄。

（五）刑律优免和法律保障

在古代，对老年人的刑罚都相对宽容，实行刑律优免，主要体现在量刑准则上。即在同样的犯罪行为面前，老年人的刑罚相对较轻，针对年龄较大的老年人甚至可以免去处罚。汉惠帝在位时期颁布诏令，“民年七十犯法不加肉刑”。即年满七十岁的老年人犯法后，可以免去身体上的刑罚。汉宣帝时期，规定“民年八十以上，若非犯有诬告、杀伤人之罪，他罪皆不纠”。即年满八十岁以上的老年人，除了犯诬告和杀人罪，其他的犯罪行为均不追究。汉成帝时期的政策更加宽松，下诏年满七十岁的老年人，只有亲手杀人才被追究责任，其余皆可赦免。根据中国历史上较完备的法典《唐律疏议》，“年七十以上、七十九以下，犯流罪以下，收赎；年八十以上、八十九以下，犯谋反、大逆、杀人罪，当处死者，需要禀奏皇帝裁决。犯其他罪则不究；年九十以上，无论犯何罪均赦免不纠”。[①] 在宋朝，刑律也是如此规定。在明朝，如果犯死罪老年人年满七十，则可将刑罚改为流放充军。

此外，为促进尊老敬老的良好社会风气，国家规定对辱老者克以重刑，在法律上提供保障。《汉书 · 文帝纪》中记载：“有司请令县道，年八十以上，赐米人月一石，肉二十斤，酒五斗。其九十以上，又赐帛人二匹，絮三斤。赐物及当察鬻米者，长吏阅视，承若慰致。……二千石遣都吏循行，不称者督之。刑者及有罪耐以上不用此令”。[②] 从这条诏令中可以看出，对于不同年龄老年人所赐之物的数目不同，要派专人进行发放，并明确具体的责任人，强调两千石遣都吏进行督察，违反这一国定则要追究责任和获罚。汉武帝时期，专门制定受鬻法，即贪污老年人相关救济财物的人员，要受惩处；情节过于严重，则会受凌迟之刑。

（六）提倡社会养老敬老

国家为提升老年人的社会地位，倡导尊老敬老的社会价值观，对于孝顺父母者在官员录用上给予优待。在唐朝以前，官员的任用主要是通过乡举里选，如“察举制”和“九品中正制”。其中，孝廉一直是考核的重要内容之一。汉武帝元年，倡导各郡将“举孝廉”作为官员任用的标准。这充分说明国家重视并推崇“孝”文化，将“孝”作为官员人员的必备素质。唐高祖时期设立童子科，规定“凡童子科，十岁以下能通一经及《孝经》、《论语》卷颂文十，通者予官”可以看出，国家重视在幼童时期尊老敬老意识的培养和“孝”文化的宣传。

此外，国家还注重对无子女供养老年人的救济和照顾，实行由社会部分承担的公养公助制度。自汉代开始，国家对于家庭无法承担养老责任的老年人和贫困患病的老年人实行救济和帮扶。这种公养公助的食物和资金来源主要是乡里和家族筹划的公产、祠产、义田、义仓等。另外，一些富裕的名门还置办祠田和族产等周济无依的老人。对于国家来说，通过设立居养机构保障老年人的生活。南朝梁武帝颁布诏令在京都建“孤老院”，以保证“孤幼不归，华发不匮”。隋唐时期，也建立了相似的养老机构“悲田养病坊”，实现“国家矜孤恤贫、敬老养病，至于安庇，各有司存”的目的。宋朝时期，在京都设有福田院，各地方设有居养安济院等。《元史 · 刑法制二 · 户婚》记载：“诸鳏寡孤独、老弱病残、穷而无告者，于济养院收养”。[③] 明朝设有“惠民药局、棲流所”等机构保障老

① 苏保忠：《中国农村养老问题研究》，清华大学出版社 2009 年版，第 48 页。

② 张敬一、赵新亚：《中国农村养老保障政策研究》，上海交通大学出版社 2007 年版，第 82 页。

③ 苏保忠：《中国农村养老问题研究》，清华大学出版社 2009 年版，第 46 页。

年人的生活。在清代，社会扶助组织成立了“普济堂”，救助困苦无依的老年人。

（七）在家庭养老中提倡“孝”文化，重视礼仪制度

在中国古代，统治者为维护社会安定和自身的政治统治，采取了一些养老敬老方面的优抚和救济政策。但是，仍以传统的家庭养老为主，子女的赡养在老年人的保障中具有重要作用。

古代老年人的养老保障中，占主导的思想观念是“尽孝”。“孝”文化在老年人的赡养和保障中具有重要作用。“孝”的初始意思是“善事父母”，即通过自身的行为竭力奉养和照顾父母来实现。《尔雅》中说：“善父母者为孝”。《说文解字》中关于孝的解释是“孝，善事父母者，从老省，从子，子承老也”。可以看出，“孝”字是由“老”和“子”的象形文字组成，是用“子”来承托“老”，充分说明子女对老人的赡养是一种必须承担的义务和责任。在古代，“孝”通常是养老敬老的同义指代。孟子说：“世俗所谓不孝者五，惰其四肢，不顾父母之养，一不孝也；博弈饮酒，不顾父母之养，二不孝也；好货财私妻子，不顾父母之养，三不孝也；从耳目之欲，以父母为戳，四不孝也；好勇斗狠，以危及父母，五不孝也。”① 从五种不孝行为中可以看出，三项是与父母奉养有关。

在民间，“孝”文化在家庭奉养过程中推行的主要做法是厚待和尊重父母，行敬老之礼等。根据《礼记·王制》中的记载，“五十异粮。六十宿肉。七十贰膳。八十常珍。九十饮食不离寝，膳饮从于游可也”。意思是说年满五十岁的老人饮食应优于壮年，可以吃细粮；年满六十者，要常备肉食；年满七十者，膳食应不能缺少，常贮备另一份膳食；年满八十者，要经常吃珍稀和美味食品；年满九十者，要在寝室经常储备事物，保证其外出时也能得到不间断供应。可以看出，在家庭养老中对不同年龄段老年人饮食的要求也存在差异。《礼记·王制》中还对老年人衣着方面待遇进行阐述：“七十非帛不暖，八十非人不暖，九十虽得人不暖矣。”这充分说明古代对老年人的尊崇和生活照料上的特殊要求。

自古中国是礼仪之邦，尊老敬老是一种传统美德，行敬老之礼，尊崇老年人成为中国古代养老制度的思想渊源之一。“乡饮酒礼”是从先秦时期就沿袭下来的一种民间敬老仪式。“乡饮酒礼”顾名思义是指乡人聚会时所行的饮酒之礼，不在于饮酒，而重在行礼。据《新唐书·礼乐志》记载：“唐太宗时期，州贡明经、秀才、进士以及旌表孝悌均需行乡饮酒礼。季冬之月，行正齿位则由县令为

① 张敬一、赵新亚：《中国农村养老保障政策研究》，上海交通大学出版社 2007 年版，第 83 ~84 页。

主人，乡之老人年六十以上有德者为宾，次为介，次为三宾，众宾与之行乡饮酒礼。”[①] 唐玄宗时期，规定清明节前一日为寒食节，并倡导清明节子女要去父母和祖父母坟前扫墓和祭拜等，这充分显示了尊老敬老观念的盛行。明朝时期，乡饮酒礼更加得到重视，提出要“叙长幼，论贤良，别奸顽，异罪人”。“其坐席间，高年有德者居于上，高年淳笃者并之，以次席齿而列”。可以看出，这一时期乡饮酒礼中不论身份如何，都要尊崇长幼次序和德行就座，充分体现了敬老观念。这一礼俗直至清朝光绪年间才被废止。

家庭养老观念与传统的父权主义思想密切相关，这使得家庭的养老功能得到中分发挥。加之老年人在传统社会的生产和生活中扮演重要角色，掌握较多的生产和生活经验，对家庭的财产和人身具有较大的支配权，使得老年人在古代农业社会受到重视和尊敬，家庭养老成为当时社会主流价值观，对于老年人生活保障具有重要作用。

第二节　中国近代养老保障

一、晚清时期的养老保障思想与实践

中国近代时期的养老保障可以划分为晚清时期和民国时期两个阶段，其中晚清阶段主要还是延续了清朝前期的养老保障制度，与此同时，由于受到西方文化的不断冲击，加之晚清时期社会不断动荡，因此在养老制度上也做出了很多顺应时代潮流的调整。

晚清时期养老保障实践的表现之一就是更大程度上宣传孝道，彰表孝子节妇，以此来收服百姓心理，维持其统治稳定，如在咸丰、同治年间，凡是出现孝子、悌弟的突出事迹，“一经大吏报闻，朝上疏，夕表闾矣”，此外，据《顺天府志》记载，仅光绪年间，全国表彰和记录的节烈孝女就达4 880个；表现之二则是对老人的保障越来越依靠家庭养老，受清朝晚期国家财力的限制，已少有针对高龄老人的全国性的优待，相反，则对家庭养老十分重视，《大清律令》中载明：“凡子孙违犯祖父母、父母教令及奉养有缺失者，杖一百”，但因为清朝晚期百姓多贫苦，时有出现子女无力赡养老人的情况，因此清律中又增加一条

① 苏保忠：《中国农村养老问题研究》，清华大学出版社2009年版，第48页。

“子贫不能营生养赡父者，因致自缢死，子依过失杀父率，杖一百，流放三千里”，即便如此，由于统治者对封建思想的愚忠愚孝，加之时局内忧外患，清朝晚期的养老保障并没有随着历史的变迁而进步。

二、民国时期的养老保障思想与实践

民国时期的养老保障思想主要以孙中山的“三民主义”理论为基础，结合希望国家的社会保障实践，构造出了“以民为本”社会保障的框架，但由于受到军阀混战、外敌入侵以及国共内战等因素的影响，孙中山的社会保障制度并没有得到完全的贯彻落实，但其思想的前瞻性已然为中国近代养老保障的探索和实践指明了方向。

（一）民国时社会救济养老思想的特点

孙中山先生是将中国传统的养老敬老的思想观念与西方社会的社会福利思想相结合。在其考察欧美各国的社会保障政策后提出了“谋国者，无论美、英、德、法必有四大主主旨：以为国民谋饭吃；二为国民谋穿衣；三为国民谋居室；四为国民谋走路”，“我们要解决的民生问题，不但是要把四种需要弄到很便宜，并且要全国的人民都能享受。所以我们要实行民生主义创造一个新世界，就要人家对于四种需要，都不可短少。”孙中山的这种民生主义思想在当时虽然具有以帝国的空想主义色彩，但是可以看出，其倡导国家养老，满足老年人的吃、穿、住、行等需要。

清末民国时期，随着西方思想观念的渗透和传入，有识之士逐渐意识到现代社会中人民和政府之间的重要联系。“人民之于国家，休戚相关，患难与共，其与救济事业，自当视为政府对于人民应尽责任”。可以看出这一时期的思想中已经开始将兴办社会救济事业作为政府的职能之一，强调政府对于民众的责任意识。孙中山曾指出：“新世界国家，与以前国家不同，通常国家仅能保民，而不能教民养民……今日所报改造新世界之希望，则非徒保民而已，举凡教民养民，亦当引为国家之责任。”① 说明孙中山先生将传统社会与现代社会进行比较，认为现代社会国家对国民的奉养和思想教化具有责任。《“中华民国”训政时期约法》第三十四条、第四十条、第四十一条中对农民工人、妇女儿童以及老弱病残者的救济和扶养也做出了明确规定。

可以看出，民国时期的社会救济思想与传统社会有所不同。一是将传统的怜

① 张敬一、赵新亚：《中国农村养老保障政策研究》，上海交通大学出版社2007年版，第87页。

民、救民的恩赐思想转变为国家责任，并将社会救济事业作为国家职能之一，以通过社会政策增进社国民福利为目标。这一点与当今社会福利国家的养老保障有一定的相通之处。二是民国的社会救济思想是西方先进观念与传统文化的结合。虽然这一时期较先进的思想主要来自西方的政治和社会理念，但是也应见到，这也是中国传统文化基础上的变革。孙中山认为：孔子描绘的大同世界就是天下为公，使鳏寡孤独的弱者得到扶持，做到老有所养，壮有所营，幼有所教，《书经》中提到"先生子惠困穷，民服阙命，罔有不性"。即对于贫困劳苦的人，要以父母对待子女的心去救济和帮扶，这样才算保证政治稳定。这都说明传统文化对于民国时期救济思想的作用和影响。总的来说，这一时期的社会救济养老思想摆脱了传统意义上的施舍和救助，更强调社会救济的国家责任，追求社会公平和进步。

（二）民国时期养老保障的具体实践

在1949年以前的民国时期，仍以传统的家庭养老为主，这是由当时的生产力水平决定的，与自给自足的小农经济相适应。在这一时期，由于西方先进政治观念的输入，一些有识之士已经逐渐意识到传统的社会救济已经不能满足人们的需要，开始进行社会救济养老保障方面的探索。这一时期政权交替频繁，不同执政者关于养老方面的社会政策也存在差异。下面将结合影响较大的北洋军阀政府、南京国民政府和革命根据地政府的相关政策对民国时期至新中国成立前的养老保障实践进行介绍。

1. 成立专门农村养老组织机构①

（1）北洋军阀政府时期。

1912年8月8日，北洋军阀政府颁布了《内务部官制》，其中规定了将对贫苦人民的救济、赈恤、优抚安置、慈善等工作交由内务部和卫生司进行管理。1912年12月22日，政府又对相关规定进行了修正，根据《修正各部官制通则》介绍，将民政司改为民治司，并将卫生司的管理的相关事务并入警政司，这时，将全国各省对于贫困人员的赈灾、救济以及慈善等方面的工作交由各省政务厅下设的内务科负责和监督。

（2）南京国民政府时期。

1924年1月，国民党在其召开第一次全国代表大会中《宣言》中，指出，"养老之制，育儿之制，周恤废疾者之制，普及教育之制，有相辅而行之性质者，皆当努力以求其实现。"这说明国民党对国民养老、教育等民生问题的关注

① 这一部分主要参考苏保忠：《中国农村养老问题研究》，清华大学出版社2009年版，第49~50页。

和重视。南京国民政府成立后，规定由行政院下设的内政部民政司负责灾民救济和相关的慈善事务。1928 年，还先后成立了直鲁赈灾委员会、豫陕甘赈灾委员会以及两粤赈灾委员会。1929 年年初，成立了直属于行政院的赈灾委员会，负责全国救济和赈灾事务。1930 年，将其更名为赈务委员会。在抗战时期，南京国民政府成立了由国民党中央执行委员会直接负责的社会部，其中的社会福利司管理社会保险相关工作、劳动人员的生活境况以及弱者的救济、赈恤等。抗日战争胜利后，国民党做出了进一步规定，农工和儿童福利、社会经济、就业以及劳工问题等统交由社会福利司负责，并且在之前成立的社会部下设社会保险局，办理社会保险的相关业务。至此，专门的社会保险和社会福利机构已经成立，表明中国传统的社会救济下的养老制度已经逐渐发生转变。

（3）革命根据地政府时期。

革命根据地政府时期的养老保障机构大多交由与民政部门负责。1930 年 9 月，根据《修正闽西苏维埃政权组织法》规定，在该地区的执行委员会下设“社会保障委员会”，负责养老保障等相关的工作。1931 年 11 月，《中华苏维埃共和国宪法草案》中，将全国的民政方面事务交由隶属于中央执行委员会的内务人民委员会负责管理，同时在地方设立相应的民政机构，负责当地的社会保障相关事务。1932 年，《内务部的暂行组织纲要》规定，在内务人民委员部下设社会保证局、卫生管理局，作为社会保机构。1933 年年底，在各地方劳动部、粮食部下设社会保证科等有关机构，负责受灾群众的救济、牺牲和伤残军人及家属的抚恤以及粮食救济等事务。至此，苏区的社会保障建设工作逐渐正规化。抗战时期，各边区也设立相应的社会保障机构，但是由于战时状况、地理条件等限制，未实现统一。国内革命战争时期，随着解放区的扩大和胜利，社会保障机构不断健全，为新中国社会保障相关工作的开展奠定了基础。

2. 以法律形式对社会救济养老保障做出明确规定[①]

民国时期，由于国家的工业发展相对缓慢，现代意义上的社会养老保障制度的建立和发展相对困难。虽然这一时期以社会福利和社会保险形式的养老保障工作已经萌芽，但是仍以传统的赈灾、恤贫、养老、抚幼等救济形式为主。但是也存在进步之处，以法律的形式对社会救济养老保障做出明确规定，对于养老保障事业的发展具有重要意义。

北洋军阀政府统治时期，由于政权交替频繁，时局相对混乱，社会救济事业主要体现在消极救灾和对流动人口的管理上，成效并不显著。南京国民政府时

① 该部分主要参考张敬一、赵新亚：《中国农村养老保障政策研究》，上海交通大学出版社 2007 年版，第 86 页；苏保忠：《中国农村养老问题研究》，清华大学出版社 2009 年版，第 51 ~ 52 页。

期，为了维护社会安定和自身统治，制定了《管理地方各级私立慈善团体机关规则》、《监督慈善团体法》以及《修正各地方救济院规则》等相关的法律法规，在很大程度上促进了社会救济事业的发展。抗日战争时期，又颁布了《非常时期救济难民办法大纲》，规定成立非常时期难民委员会，专门负责这一时期的难民救济和管理等事务。1943年1月，南京国民政府颁布了中国历史上首部《社会救济法》，其中规定："年在60岁以上精力衰耗者，因贫穷而无力生活者，得依本法予以救济。"《社会救济法》中指出年满60岁以上精力衰竭的老年人可以入住安老院，并享受食物、衣服等生活必需品以及医疗方面的照顾，充分体现了人道主义情怀和政府责任。抗战结束，国民党又制定了《战后复原计划草案》，规定将60岁以上的贫弱者护送回原籍，并予以生活必需品；对于无人赡养的老年人由各地方安老所收留。

革命根据地政府时期，对社会救济工作十分重视。1931年12月，中华苏维埃共和国第一次全国代表大会通过的《土地法》规定，"老弱病残以及孤寡，自己不能劳动，而且没有家属可依靠的人，应由苏维埃政府实行社会救济。"抗战时期，陕甘宁边区政府先后出台了《陕甘宁边区优待难民和贫民的决定》、《陕甘宁边区政府优待移民的实施办法》等，逐步完善社会救济的相关政策。但是受到当时经济和战争条件的限制，主要以生产自救和对残弱病孤者的救济为主。

3. 进行社会保险的政策实践

民国时期，由于受到西方政治观念的影响，政府的责任意识增强，中国的社会保障制度开始由逐渐由传统的社会救济向社会福利和社会保险相混合的类型过渡。这一时期，开始了社会保险政策的实践。南京国民政府时期的社会保险种类相对较多，代表性的包括20世纪30年代上海租界人力车夫互助保险、20世纪40年代川北盐工保险和人寿保险。[①] 1936年5月，上海人力车夫互助总会保险委员会为全体人力车夫会员办理保险，具体办法是每人每月缴纳保费1.5元，由保管委员会划拨3万元的保险给付金。当参保成员因死亡或者残疾无法正常生活时，最高给付金额是40元，相对较轻的是20元。

同样，苏区政府和解放区政府也进行过社会保险的政策实践。1913年12月，出台了中华苏维埃共和国《劳动法》、1941年8月颁布了《晋西北矿厂劳动暂行条例》，1948年12月颁布了《东北公营企业战时暂行劳动保险条例》，这些都是中国共产党对于社会保险政策的积极探索，对于新中国成立后社会保险制度的完善具有重要借鉴意义。

① 李琼：《20世纪40年代川北盐场盐工保险述论》，载《民国档案》2006年第4期，第102～107页。

第三节　中国当代农村社会养老保险的发展

新中国成立以后，党和国家为了保障农民的基本生活，维护农村社会稳定和农业生产正常进行，根据农村实际情况，在自然就业基础上，实施了许多属于社会保障方面的政策措施，如社会救济、“五保户”制度、合作医疗制度。但在1986年之前，农村社会养老保险制度建设还是一个空白，农民养老靠家庭（子女）、土地和集体。自新中国成立以来，中国农村社会养老保障制度的发展历程大体经历了五个发展阶段，即依靠家庭、土地、农村集体养老阶段（1949～1986年）、民政部主管的老农保阶段（1986～1998年）、农村社会养老保险的整顿规范阶段（1998～2002年）、新农保的探索阶段（2002～2008年）和新农保的试点推广阶段（2009年至今）。

一、依靠家庭、土地和集体养老的阶段（1949～1985年）

新中国成立以来，党和政府一直很重视农村的养老保障工作，致力于社会救济和优抚安置方面的建设。但是由于刚刚经历抗日战争和解放战争，国家的经济还未完全恢复，经济实力有限，还不足以完全投入民生事业。因此，这一时期农村仍以传统的家庭养老保障方式为主。随着经济的复苏和经济所有制形式的变革，农村的养老方式也在逐渐发生变化，大体经历了家庭养老为主、低水平的集体保障、集体养老功能弱化和回归家庭养老等几个阶段。

（一）家庭养老为主、集体养老初步形成阶段（1949～1957年）

新中国成立之初，党和政府致力于社会救济事业和老年人的优抚安置，以维护社会的稳定团结。这一时期，仍会以传统的家庭养老为主要方式，但是集体养老制度已经出现萌芽。1949年通过的《中国人民政治协商会议共同纲领》和1954年颁布的《中华人民共和国宪法》均对老年人的保障问题作出指示，规定：“劳动者年老、疾病或者丧失劳动能力的时候，有获得物质帮助的权利，国家举办社会保险、社会救济和群众卫生事业，并且逐步扩大这些设施，以保证劳动者享受这种权利。”1950年政务院批准，内务部制定了《革命烈士家属革命军人家属优待暂行条例》等四个优抚安置工作的法规，统一了评烈、评残条件，统一了军属优待办法，统一了各类优待抚恤标准。与此同时，各地也积极完善优抚安置制度，制定合理的标准，这对于农村老年人的生活和养老保障具有积极意义。

1956 年 6 月 30 日，第一届全国人民代表大会第三次会议通过了《高级农业生产合作社示范章程》，对农村社会保险和福利待遇，尤其是五保供养工作做出了明确的政策安排，规定："农业合作社对于缺乏劳动能力或完全丧失劳动能力、生活没有依靠的老、幼、孤、残疾社员，在生产生活上给以适当的安排和照顾，保住他们的吃穿和柴火的供应，保证年幼的受到教育和年老的死后安葬"。这一政策是农村"五保"供养制度的萌芽和雏形，并随着农业合作社和人民公社的逐渐形成，在农村普遍实行，成为农村养老保障制度建设的具有重要内容。这一时期，虽然仍以传统的家庭养老为主。但由于农村中高级农业社这一组织的出现，为农村集体养老制度的形成奠定了基础。

（二）家庭养老功能削弱、集体养老作用凸显阶段（1958～1965 年）

到 1956 年年底，全民所有制和劳动群众集体所有制两种公有制形式已经在国民经济中占主导地位。随着中国所有制形式的变革，计划经济管理体制逐渐形成。为适应这一体制，农村的生产方式也发生了变化。1958 年 4 月，中共中央颁布了《关于小型的农业合作社适当地合并为大社的意见》，标志着中国农村进入人民公社时期。这一阶段，家庭的养老功能逐渐被削弱，集体对养老保障的作用凸显，农村集体养老制度得到进一步发展和巩固。

1960 年 4 月，国家颁布了《1956～1967 年全国农业发展纲要》，规定农村中生活无依无靠、无劳动能力、无经济来源的孤寡老人和残疾人及孤儿女，农村集体组织要给予"保吃、保穿、保住、保医及保葬"，即"五保供养"制度。五保供养制度的具体措施主要包括四个方面：一是针对由劳动能力的五保对象，对其工作进行适当安排，如养猪、放羊等力所能及的生产劳动，以保证其基本的生活水平；二是对于丧失劳动能力的五保对象，按全社、生产队每人平均劳动日数予以补助，使其获得与其他社员同等的分配；三是在全社、队生产分配以前，应根据五保的内容即吃、穿、住、医、葬直接分配现金和食物；四是安排专门人员对生活不能自理老弱病残人员进行照顾。

1961 年，中共中央通过了《农村人民公社工作条例修正草案》，其中对农村社会保险费和社会福利事业费用解决办法做出了明确规定，作为基本核算单位的生产队，每年可以从分配的总收入中，扣留 3%～5% 的公益金，用作社会保险和集体福利事业准备金，对于老弱病残的社员进行救助。1962 年内务部财政部联合发布了《抚恤、救济事业费管理使用办法》，对农村救济费的使用进行说明，在很大程度上促进了农村救济工作的开展。1963 年，中共中央、国务院颁布了《关于生产救灾的决定》，明确了救灾的指导方针、生产资料所有制以及分配问题等，对于灾区老年人的生活保障具有重要作用。

此外，20世纪60~70年代，许多大队和公社建成了敬老院、福利院等，保障老年人的基本生活。至此，传统的家庭养老功能遭到很大程度的削弱，集体养老制度得到进一步发展。

（三）集体养老为主的阶段（1966~1977年）

1966年，“文化大革命”开始，这一阶段由受到“左倾”思想路线的影响中国的养老制度并未得到进步和发展，农村的五保供养制度也遭到很大程度上的破坏。由于很多地方处于无政府状态，农村的五保工作一度中断，许多干部和领导对老年人的生活境况听之任之，对于老年人的生活保障带来极大的消极影响。

但总体来讲，尽管这一时期中国农村集体养老制度遭到一定程度的破坏，但在曲折中有所发展。一方面，这一时期还是向传统的社会救济、社会福利和优抚安置的“大锅饭”靠拢，虽然保障水平不高，老年人享受的生活待遇有限，但是仍以集体养老的观念为主；另一方面，以保障农村居民就医为目标的农村合作医疗制度逐步建立并发展。20世纪50年代中期，随着农业合作化运动的开展，农村合作医疗制度逐步建立，并在全国农村范围内进一步扩大，如山西、湖北、江西、广东、福建等。1968年年底，湖北省长阳县乐园公社实行了农村合作医疗的试点，其经验得到了国家领导的肯定，并倡导在全国范围内推广。到1977年，实行农村合作医疗制度的生产大队已经达到91.6%。农村合作医疗制度对于保障老年人的健康状况具有积极意义。虽然这一制度涉及的部分是农村居民的健康和医疗，但是可也以看作是农村集体养老制度的发展。

（四）集体养老功能弱化、回归家庭养老阶段（1978~1985年）

随着党的十一届三中全会的召开，确立了以经济建设为中心的工作重点，标志着中国进入改革开放和社会主义现代化建设的新时期，由计划经济向市场经济转变。在农村中，开始推行家庭联产承包责任制。随着家庭联产承包责任制的全面推行，传统的农村集体养老制度失去了赖以生存的经济基础，已经不能适应发展的需要。农村的养老方式又重新回归于家庭养老。

另外，“文化大革命”结束后，全国的经济进入恢复和发展时期，中国农村的各项社会保障也开始逐步调整和改革。1978年3月5日，党的五届全国人大一次会议宣布成立国家民政部。1978年12月党的十一届三中全会上通过了《农村人民公社条例试行（试行草案）》，第一次将农村养老作为重要议题提出。其中，《农村人民公社条例试行（试行草案）》第四十七条规定：“对有条件的基本核算单位，主要是经济比较发达的地区和可以实行养老金制度。”据统计，1980

年全国已有7、8个省市约20万农村居民参加养老退休办法；1982年，全国有11个省3 457个生产队实行了养老金制度，约有42万农民领取了退休金，每人每月可得到10～15元；截至1984年，全国参加养老退休制度的农民已达到80万左右。[①] 这是中国最早的农村退休养老的政策实践，它对于建立现代意义的农村社会养老保险制度奠定了基础。

二、民政部主管的老农保阶段（1986～1998年）

（一）老农保的探索与发展过程

中国的农村社会养老保险是从1986年开始探索，1991年进行试点，逐步建立起来的。1986年，民政部根据国家“七五”计划（1986～1990年）关于“抓紧研究建立农村社会保险制度，并根据各地经济发展情况，进行试点，逐步实行”的要求，开始在江苏省张家港市等经济发达地区进行农村社会养老保险工作探索。1991年6月，《国务院关于企业职工养老保险改革的决定》（国发〔1991〕33号）明确要求民政部负责农村（含乡镇企业）养老保险改革。同年，国务院有关领导批示，同意民政部开始选择20个有条件的县进行农村社会养老保险试点。为了完成这项任务，民政部成立了“农村社会养老保险办公室”，于1991年5月选择山东烟台市的牟平、龙口、招远县（市）和威海市的荣成、乳山县（市）作为农村社会养老保险试点县。

在总结试点县经验教训和几经征求有关方面意见的基础上，民政部于1992年1月印发了《县级农村社会养老保险基本方案（试行）》（民办发〔1992〕2号，以下简称《基本方案》），同时要求各地结合实际，进一步组织试点。1992年12月，民政部在张家港市召开会议，总结各地试点经验，要求在有条件的地方逐步推开。

1995年10月，《国务院办公厅转发民政部关于进一步做好农村社会养老保险工作的意见》（国办发〔1995〕51号）指出：“在农村群众温饱问题已基本解决、基层组织比较健全的地区，逐步建立农村社会养老保险制度，是建立健全农村社会保障体系的重要措施，对于深化农村改革、保障农民利益、解除农民后顾之忧和落实计划生育基本国策、促进农村经济发展和社会稳定，都具有深远意义。各级政府要切实加强领导，高度重视对农村养老保险基金的管理和监督，积

① 黄佳豪：《建国60年来农村养老保险制度的历史探索》，载《理论导刊》2009年第10期，第65～67页。

极稳妥地推进这项工作。”为此，民政部先后下发了《加强农村社会养老保险基金风险管理的通知》和《县级农村社会养老保险管理规程（试行）》等一系列规范性文件。

1997 年 11 月，民政部在山东烟台召开农保管理工作现场经验交流会。至此，全国有 26 个省政府相继颁布了开展农保工作的地方性法规和文件，将这项事业纳入政府工作的重要内容；全国 2 900 多个县中已有 2 123 个县引进了此项制度，8 200 万农民参加保险（参保率为 9.47%），农保制度的覆盖范围和参保人数都达到了阶段性的顶峰。①

（二）老农保的基本内容

依据《县级农村社会养老保险基本方案（试行）》（民办发〔1992〕2 号）和《国务院办公厅转发民政部关于进一步做好农村社会养老保险工作的意见》（国办发〔1995〕51 号）这两个文件，老农保的基本内容如下：

1. 老农保的指导思想和基本原则

《基本方案》规定：要从中国农村的实际出发，以保障老年人基本生活为目的；坚持资金个人交纳为主，集体补助为辅，国家予以政策扶持；坚持自助为主、互济为辅；坚持社会养老保险与家庭养老相结合；坚持农村务农、务工、经商等各类人员社会养老保险制度一体化的方向。

2. 保险对象和领取年龄

《基本方案》规定，保险对象是市城镇户口、不由国家供应商品粮的农村人口，包括村办和乡镇企业职工、私营企业、个体户、民办教师、乡镇招聘干部及职工、外出务工人员等。交纳保险年龄不分性别、职业为 20～60 周岁，领取养老保险金的年龄一般在 60 周岁以后。

3. 筹资模式

实行基金积累式个人账户制。方案为每一个参保农民建立个人账户，个人交费和集体补助（含国家让利），全部计入个人账户，个人账户属于个人所有。个人账户实行基金积累，根据一定的记账利率进行计息。

4. 基金筹集

在基金筹集上，实行以“个人缴纳为主，集体补助为辅，国家予以政策扶持”的三方负担原则，集体补助主要从乡镇企业利润和集体积累中支付，国家政策扶持主要是通过对乡镇企业支付集体补助予以税前列支体现。养老保险月缴费标准设 2～20 元共十个档次供参保农民自由选择。交费标准范围的选择以及按

① 卢海元：《新农保：一路走来》，载《中国社会保障》2009 年第 9 期，第 12～13 页。

月交费还是按年交费，均由县（市）政府决定。

5. 养老金计发办法

农民达到一定年龄（一般是60周岁）时，可以领取养老金，养老金数额根据其个人账户积累额和平均预期寿命来确定。投保人领取养老金，保证期为10年。领取养老金不足10年身亡者，保证期内的养老金余额可以继承；无继承人或指定受益人者，按农村社会养老保险管理机构的有关规定支付丧葬费用。领取养老金超过10年的长寿者，支付养老金直至身亡为止。

6. 基金管理

个人和集体缴费形成农村社会养老保险基金。基金以县为单位统一管理。保值增值主要是购买国家财政发行的高利率债券和存入银行，不直接用于投资。

7. 实施机构和经费

由县级政府发布建立农村社会养老保险制度，组建管理机构，专门负责农村社会养老保险政策制定、统筹规划、组织实施、监督检查。县（市）成立的事业性质农村社会养老保险机构，地方财政可一次性拨给开办费，逐步过渡到全部费用由管理服务费支出。管理服务费按当年收取保险费总额的3%提取并分级使用。

（三）对老农保的评价

1. 老农保的社会评价

民政部曾于1995年组织过《基本方案》的论证。当时，主流的意见尤其是政府主管部门对该方案持肯定的态度。国家民政部组织的《基本方案》专家组对传统农保制度的评价意见是：既符合中国国情和农村实际，又符合世界潮流；符合保险精算原则，技术上先进；充分体现经济学效率原则；在组织管理上具有一定的优越性；是社会保险领域内的一项创新；是应付即将到来的人口老龄化挑战，具有前瞻性的政策措施和制度安排。① 2001年，亚洲开发银行也指出："很少有确凿的证据能够支持对民政部方案的批评意见，尽管现行养老金试点项目是一个有局限的设计，类似于一种组织化的储蓄，但是它是一个可行的方案"。②刘翠霄认为，《基本方案》从中国农村人口多、底子薄、各地发展不平衡的国情出发，是一个适合中国农村经济发展水平，能够促进农村经济发展和社会稳定，极具中国特色的社会主义初级阶段的农村社会养老保险。③ 史伯年认为，《基本

---

① 中华人民共和国民政部农村社会保险司：《农村社会养老保险基本方案论证报告》，民政部，1995年12月。

② 亚洲开发银行小型技术援助项目（PRC－3607）：《中国农村老年保障：从土改中的土地到全球化时的养老金》，2001年。

③ 刘翠霄：《中国农民的社会保障问题》，载《法学研究》2001年第6期，第67～83页。

方案》的出台和推行，使中国农村养老保险从无到有，初步形成了具有中国特色的社会养老保险制度体系。[①]

实际上，对于《基本方案》确定的农村养老计划是否属于社会保险一直存在争论。[②] 民政部门坚持认为，老农保与人寿保险、个人储蓄在性质上是完全不同的，主要区别为：一是老农保由政府组织实施，是基本的社会保障制度；人寿保险由保险企业经办，是一种商业行为。二是个人交费虽是主要部分，但还有集体补助和基金增值。三是国家对个人交费和集体补助免征税收，对基金增值予以政策扶持。四是个人不能随意支取或用作偿还各种债务和抵押，只能用于晚年生活保障，对个人行为有约束性。[③]

尽管农村社会养老保险计划以"个人缴纳为主，集体补助为辅，国家予以政策扶持"为筹资原则，但实际情况却是"大部分地区农民参加养老保险缺乏集体补贴"，且"政府并没有投入资金"，"实行完全的个人积累制"。[④] 多方面的调查表明，绝大多数参保农民的保费，都基本是或完全是由农民自己缴纳的，这背离了社会保障的根本特征。[⑤] 故有学者指出，其"问题的症结在于中国的这种完全由农民自己缴费的保险已经不再具备社会保险的含义，它已经就是商业保险了"。[⑥]

姑且不谈老农保是否属于"社会保险"还是"商业保险"，不得不承认的是老农保在制度设计和实际运行过程中存在许多问题。

2. 老农保在制度设计和实际运行中存在的问题

(1) 政府财政责任缺位。

就绝大多数社会养老保险计划而言，政府不承担一定的财政责任是很难想象的，就连颇有争议的智利私有化养老金模式，政府还承担了最低投资收益率担保、最低养老金给付担保等责任，保证受益人的退休金不低于某一约定水平。[⑦] 但是，民政部《基本方案》虽然在资金筹集上规定"国家予以政策扶持"，但在实际执行过程中，国家政策扶持并未体现出来，甚至连管理费也要从农民缴纳的保险金中提取。另外，一方面中国政府财政给城镇企业职工基本养老保险、机关

---

① 史伯年：《中国社会养老保险制度研究》，经济管理出版社1999年版，第75～76页。

② 刘子兰：《中国农村养老社会保险制度反思与重构》，载《管理世界》2003年第8期，第46～56、80、153～154页。

③ 张朴：《关于农村社会养老保险有关理论和政策总问题的思考》，载《农村社会养老保险基本方案论证报告》，1995年12月。

④ 中国社会科学院"农村社会保障制度研究"课题组：《积极稳妥地推进农村社会养老保险》，载《人民论坛》2000年第6期，第8～10页。

⑤ 刘书鹤：《农村社会保障的若干问题》，载《人口研究》2001年第10期，第35～42页。

⑥ 王国军：《中国城乡社会保障制度衔接初探》，载《战略与管理》2000年第2期，第33～44页。

⑦ 刘子兰：《养老金制度和养老基金管理》，经济科学出版社2005年版，第114页。

事业单位养老保险投入了大量的资金，另一方面却对农村社会养老保险如此吝啬，这于情于理都说不过去。生存权是公民的基本人权，农村居民和城市居民都是中华人民共和国的公民，应该享有同等的生存权保障。政府承担农民的部分养老责任是农民作为一个国家公民权利的体现，更是社会保险的本质要求。

（2）实行个人账户积累，缺乏互济性。

老农保制度在实际运行过程中，一方面由于绝大多数农村地区集体经济落后，乡镇企业不发达，集体无力补助，另一方面国家也没有给予任何的财政补助，致使老农保沦为了完全的个人积累制，即参保农民个人缴费为自己养老，目的是个人的跨时收入再分配，不具备代际和代内收入再分配功能，无法体现社会保险的本质特征。这也同时导致广大农民对老农保的参保积极性不高。

（3）保障水平低。

下面构建出老农保个人账户精算模型，[①] 以对老农保的保障水平做出测算和分析。

前提假设：第一，假定老农保的集体补助为0；第二，假定参保农民采取按年缴费的方式，在年初按照自己所选择的缴费标准向个人账户供款且缴费不中断；第三，假定在目标期间老农保的缴费标准不做调整。

模型构建：以 C 表示老农保的年缴费标准，ρ 表示老农保管理费提取比例，a 表示参保农民开始缴费年龄，b 表示参保农民开始领取养老金年龄，Ir 为个人账户养老保险基金积累的年计息利率，P 表示老农保养老金的月领取数额，m 表示参保农民平均预期余命，r 表示养老金给付期间的年利率，构建出老农保个人账户基金精算模型，具体如图 3－1 所示。

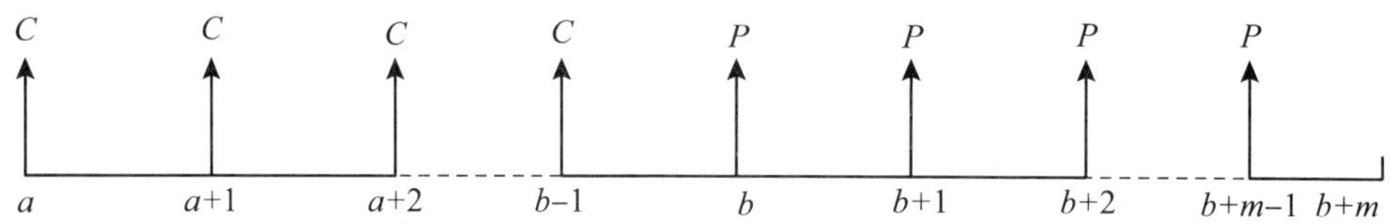

图 3－1　新农保个人账户基金精算模型

参保农民开始领取养老金时其个人账户的基金积累总额为：

$$M = C(1-\rho)\sum_{i=1}^{b-a}(1+Ir)^{i} \qquad (3.1\text{式})$$

参保农民各年领取的养老金在开始领取时的总额现值为：

① 刘昌平、谢婷：《传统农村社会养老保险制度评估与反思》，载《经济体制改革》2009 年第 4 期，第 97 ~ 101 页。

$$N = 12P\sum_{j=0}^{m-1}\frac{1}{(1+r)^j} \quad (3.2式)$$

根据保险精算平衡原理，可知

$$M = N \quad (3.3式)$$

联立（3.1式）、（3.2式）和（3.3式），可以求得老农保养老金的月领取数额P为：

$$P = \frac{C(1-\rho)\sum_{i=1}^{b-a}(1+Ir)^i}{12\sum_{j=0}^{m-1}\frac{1}{(1+r)^j}} \quad (3.4式)$$

设A为个人账户养老金计发系数，则

$$A = \frac{1}{12\sum_{j=0}^{m-1}\frac{1}{(1+r)^j}} \quad (3.5式)$$

参数假设：假定开始缴费的年龄a为20岁、25岁、30岁、35岁、40岁、45岁，领取年龄b为60岁，年缴费标准C取值24~240元10个档次，个人账户养老基金积累的年计息利率Ir和养老金给付期间的年利率r都为8.8%，[①] 管理费提取比例ρ为3%。另根据《关于印发〈农村社会养老保险养老金计发办法〉（试行）的通知》（民办函〔1994〕22号）的规定，60岁开始领取养老金的计发系数A=0.008631526（r=8.8%），代入（3.5式）计算出参保农民平均预期余命m=18年。

实证结果及分析：将相关参数代入3.4式可以计算出选择不同缴费档次、不同缴费年限的农民在年满60岁时每月领取的养老金标准，具体如表3-1所示。

表3-1　不同缴费档次和缴费年限下农民养老金月标准（$Ir=r=8.8\%$）

缴费时的年龄	缴费年限	月缴费标准（元）									
		2	4	6	8	10	12	14	16	18	20
20	40	70.0	140.0	210.1	280.1	350.1	420.1	490.1	560.2	630.2	700.2
25	35	45.1	90.1	135.2	180.3	225.4	270.4	315.5	360.6	405.7	450.7
30	30	28.7	57.4	86.1	114.8	143.6	172.3	201.0	229.7	258.4	287.1
35	25	18.0	36.0	53.9	71.9	89.9	107.9	125.8	143.8	161.8	179.8
40	20	10.9	21.9	32.8	43.7	54.7	65.6	76.6	87.5	98.4	109.4

① 根据《关于印发〈农村社会养老保险养老金计发办法〉（试行）的通知》（民办函〔1994〕22号）及相关文件的规定，农村社会养老保险增值要求，农保基金计息利率1991年1月起为年复利8.8%，1993年7月~1997年12月为年复利12%，1998年1月为年复利6.8%。这里假定年利率为8.8%保持不变。

续表

缴费时的年龄	缴费年限	月缴费标准（元）									
		2	4	6	8	10	12	14	16	18	20
45	15	6.3	12.6	19.0	25.3	31.6	37.9	44.2	50.6	56.9	63.2
50	10	3.3	6.6	9.9	13.2	16.5	19.7	23.0	26.3	29.6	32.9

注：当 $Ir = r = 8.8\%$，$m = 18$ 年时，$A = 0.008631526$。

从表 3－1 中可以看到，按照老农保制度实施时民政部向农民承诺的 8.8% 的利率计算，一个 45 岁参保的农民，若选取 2 元/月的缴费标准，在连续缴费 15 年达到 60 岁后，每月领取的养老金仅为 6.3 元；若选取 20 元/月的缴费标准，在连续缴费 15 年达到 60 岁后，每月领取的养老金为 63.2 元。而一个 20 岁参保的农民，若选取 2 元/月的缴费标准，在连续缴费 40 年达到 60 岁后，每月可以领取 70.0 元养老金；若选取 2 元/月的缴费标准，在连续缴费 40 年达到 60 岁后，每月可以领取 700.2 元养老金。

实际的情况是，在老农保制度实施初期，农村社会经济发展水平普遍偏低的情况下，大多数农民要么不参加农保制度，要么“被迫”选择较低档次的缴费标准。根据中国社会科学院《农村社会保障制度研究》课题组调查，1998 年老农保制度向 59.8 万参保农民发放了养老保险金，月均养老金为 3.5 元。[①] 如此低的待遇水平无法保障农民的基本生活需要。

表 3－1 是按照当时民政部向农民承诺的 8.8% 的复利计算的。《关于印发〈农村社会养老保险养老金计发办法〉（试行）的通知》（民办函〔1994〕22 号）要求个人账户基金的积累分段计息。1998 年以后随着银行利率的持续下调，基金分段计息的年复利由原来的 6.8% 调整为 5%，1999 年 7 月 1 日起，进一步调整为 2.5%。可见，如果按照分段计息办法，表 3－1 中的养老金给付水平还会大幅度的降低。

表 3－2 和表 3－3 给出了年利率为 5% 和 3% 时不同缴费档次和缴费年限下农民养老金月标准，可以看到当年利率为 5% 时，一个 20 岁的农民，若选择 2 元/月的缴费标准，在缴费 40 年达到 60 岁后，每月领取的养老金仅为 20.0 元；一个 45 岁的农民，若选择 2 元/月的缴费标准，在缴费 15 年达到 60 岁后，每月领取的养老金仅为 3.6 元。当年利率下降为 3% 时，以上两位农民每月领取的养老金下降至 10.6 元和 2.6 元。在物价水平不断上升的情况下，如此低的养老金水平无法满足农民的基本生活需要，无法起到养老的作用。

① 中国社会科学院“农村社会保障制度研究”课题组：《积极稳妥地推进农村社会养老保险》，载《人民论坛》2000 年第 6 期，第 8～10 页。

表 3-2　不同缴费档次和缴费年限下农民养老金月标准（$Ir = r = 5\%$）

缴费时的年龄	缴费年限	月缴费档次（元）									
		2	4	6	8	10	12	14	16	18	20
20	40	20.0	40.1	60.1	80.2	100.2	120.3	140.3	160.4	180.4	200.5
25	35	15.0	30.0	45.0	60.0	74.9	89.9	104.9	119.9	134.9	149.9
30	30	11.0	22.1	33.1	44.1	55.1	66.2	77.2	88.2	99.2	110.3
35	25	7.9	15.8	23.8	31.7	39.6	47.5	55.4	63.4	71.3	79.2
40	20	5.5	11.0	16.5	22.0	27.4	32.9	38.4	43.9	49.4	54.9
45	15	3.6	7.2	10.7	14.3	17.9	21.5	25.1	28.6	32.2	35.8
50	10	2.1	4.2	6.3	8.3	10.4	12.5	14.6	16.7	18.8	20.9

注：当 $Ir = r = 5\%$，$m = 18$ 年时，$A = 0.006789383$。

表 3-3　不同缴费档次和缴费年限下农民养老金月标准（$Ir = r = 3\%$）

缴费时的年龄	缴费年限	月缴费档次（元）									
		2	4	6	8	10	12	14	16	18	20
20	40	10.6	21.3	31.9	42.5	53.2	63.8	74.5	85.1	95.7	106.4
25	35	8.5	17.1	25.6	34.1	42.6	51.2	59.7	68.2	76.8	85.3
30	30	6.7	13.4	20.1	26.8	33.6	40.3	47.0	53.7	60.4	67.1
35	25	5.1	10.3	15.4	20.6	25.7	30.9	36.0	41.1	46.3	51.4
40	20	3.8	7.6	11.4	15.2	19.0	22.7	26.5	30.3	34.1	37.9
45	15	2.6	5.2	7.9	10.5	13.1	15.7	18.4	21.0	23.6	26.2
50	10	1.6	3.2	4.9	6.5	8.1	9.7	11.3	12.9	14.6	16.2

注：当 $Ir = r = 3\%$，$m = 18$ 年时，$A = 0.005882581$。

（4）基金保值增值难，且基金流失严重。

按《基本方案》的规定，"基金以县为单位统一管理，保值增值主要是购买国家财政发行的高利率债券和存入银行，不直接用于投资。"由于实行的是以县级为统筹管理单位，缺乏专门的人才和技术，农保部门一般选择的是存银行。当时，由于通货紧缩的影响，中国的银行利率持续下降，1996 年 5 月 1 日起中国人民银行连续 8 次降息，2002 年 2 月 21 日第 8 次降息后，一年期存款利率下降至 1.98%，成为新中国成立以来的最低点。银行利率的不断下调，再加上通货膨胀等因素的影响，老农保基金要保值已相当困难，更不用说增值。从表 3-4 中可以看到，1991～2008 年间中国一年期银行存款平均实际利率只有 0.09（扣除通货膨胀因素）。

表3-4　中国一年期银行存款利率与农村通货膨胀率的比较　单位：%

年份	一年期银行存款利率	农村通货膨胀率	实际利率	年份	一年期银行存款利率	农村通货膨胀率	实际利率
1991	7.89	2.3	5.59	2001	2.25	0.8	1.45
1992	7.56	4.7	2.86	2002	2.02	-0.4	2.42
1993	9.43	13.7	-4.27	2003	1.98	1.6	0.38
1994	10.98	23.4	-12.42	2004	2.03	4.8	-2.77
1995	10.98	17.5	-6.52	2005	2.25	2.2	0.05
1996	9.17	7.9	1.27	2006	2.35	1.5	0.85
1997	7.13	2.5	4.63	2007	3.20	5.4	-2.20
1998	5.03	-1.0	6.03	2008	3.93	6.5	-2.57
1999	2.92	-1.5	4.42	平均	5.19	5.10	0.09
2000	2.25	-0.1	2.35				

资料来源：一年期银行存款利率来源于中国人民银行网站，其中一年期银行存款利率在一年内发生多次调整的，根据实际天数进行加权平均；农村通货膨胀率根据《中国统计年鉴（2010）》中的农村居民消费价格指数计算而成；实际利率=一年期银行存款利率-通货膨胀率。

另外，在银行利率不断下调的情形下，为了实现老农保基金的收支平衡，国家原先承诺的养老保险基金的计息利率只好下调。由计划开始推行时的8.8%，调至6.8%，再调至5%，1999年7月1日之后调至2.5%，[①] 造成投保人的实际收益明显低于按原先高利率计算出的养老金，使农民对老农保的信心大打折扣。

由于老农保基金管理缺乏法律保障，不仅难以保证保值、增值，而且各地挤占、挪用和非法占用农保基金的现象时有发生，有的将农保基金借给企业周转使用，有的用来搞投资、炒股票、盖办公大楼，更有甚者利用职权贪污挥霍，致使农民的保命钱大量流失，严重影响了基金的正常运转。一项在江苏省的调查表明，调查涉及的7个城市，已经流失的资金占基金总额的35%，基金流失由地方政府挪用、农保机构挪用、违规投资和违规使用等。[②] 基金流失的另一种表现是管理费用，一些地方老农保的管理费用占到实收保费的30%以上。基金的安

① 根据民办函〔1994〕22号、民险函〔1997〕225号、劳社部函〔1998〕131号、劳社部函〔1999〕183号的规定，农保基金计息利率1991年1月1日起为年复利8.8%，1993年7月1日起年复利12%，1998年1月1日起为年复利6.8%，1998年7月1日起为年复利5%；1999年7月1日起为年复利2.5%。

② 刘晓梅：《中国农村社会养老保险理论与实务研究》，科学出版社2010年版，第146页。

全得不到保障，一方面给基金的发放工作留下了隐患，另一方面也严重影响了农民对老农保的信任以及参保的积极性。

（5）法律效力低，缺乏稳定性。

从法律效力层面来看，《基本方案》是一个法律效力较低的部门规章。根据《中华人民共和国立法法》，地方性法规有可能在适用性上优于《基本方案》。《基本方案》并不是一个可以在全国范围内普遍得到适用的法律规范，不具备在全国统一实施和强制实行的条件。[①] 另外，《基本方案》只是对一些重大的内容作了统一规定，制度规定不够具体、政策实施的弹性较大，如对具体实施中有关这一政策的建立、撤销、保险金的筹集、运用以及养老金的发放由地方政府部门来制定，在具体执行中多数带有某些行政长官的意愿，不是农民与政府的一种持久性契约，具有很大的不稳定性。再者，中国中央政府对农村社会养老保险的态度也时常发生动摇，导致本身就心存疑虑的农民不愿意参保，这也是缺乏法律保障的结果。[②]

（6）参保率低，且存在“保小不保老、保富不保贫”等现象。

老农保的参保率低、覆盖面狭窄，存在着参保人员年龄和地区结构上的不均衡。在老农保开展高峰期的1997年年底，全国共有31个省（自治区、直辖市）的2 000多个县开展农村社会养老保险，参保人数8 000多万人，同期全国20岁以上的农村人口（即应参保人数）59 108万人，[③] 经测算发现，老农保参保率只有13.5%。同时，老农保还存在“保小不保老、保富不保贫”等现象。《基本方案》规定参保年龄为20～60周岁，这一规定将老农保制度实施时已年满60周岁的老人排除在外。从参加老农保的人员结构来看，也主要以中青年人群为主，真正该参保的老年人却未享受到应有的权利。另外，按《基本方案》的规定，参保农民应该在年满20周岁后参保，但在山东省的胶南、聊城、莱州、平阴等县（市）实行农保制度情况的调查发现：19岁及以下人口参保者约占全部参保人口的60%以上，少数村、镇达到90%，这其中又以0～10岁年龄组更为突出，约占全部参保人口的70%左右。[④] 此外，由于老农保采用自愿性原则，鼓励具备投保条件的农户参加社会养老保险。因此，当时老农保基本是在经济发达的农村地区开展，参加老农保基本都是比较富裕的农民，并未覆盖到经济落后的农村地区

---

① 刘昌平、谢婷：《传统农村社会养老保险制度评估与反思》，载《经济体制改革》2009年第4期，第97～101页。

② 刘晓梅：《中国农村社会养老保险理论与实务研究》，科学出版社2010年版，第144页。

③ 查阅《中国统计年鉴1998》，可得到农村人口数86 637万人，利用线性插值法近似计算出全国20岁以上的人口数为68.225%，据此计算出全国20岁以上的农村人口数59 108万人。

④ 万克德：《农村社会养老保险在执行中亟待规范的几个问题》，载《市场与人口分析》1999年第6期，第46～47、35页。

和无力投保的贫困农民，因而出现了“嫌贫爱富”、“保富不保贫”的现象。

（7）制度执行成本较高，农保机构行政费用不足。

首先，基层农保机构属于经济独立核算、自收自支的事业单位，根据民政部的有关规定，农保机构可以从其管理的农保基金中提取3%的管理费。由于1996年以来银行利率的持续下调，农民参保积极性不高，参保人数的不断下降，基层农保机构所能提取的管理费越来越少，常常是入不敷出。其次，老农保制度推行需要培训人员，需要出资宣传，但3%的管理费太少，地方政府的财政补助支出也很少，无法去做相应的培训和宣传工作，导致老农保制度非但没有普及反而萎缩。

三、农村社会养老保险的整顿规范阶段（1999～2002年）

1998年国务院机构改革，将农村社会养老保险管理职能划入劳动和社会保障部，实行社会保险的统一管理。

1999年7月，《国务院批转整顿保险业工作小组〈保险业整顿与改革方案〉的通知》（国发〔1999〕14号）提出：“目前我国农村尚不具备普遍实行社会保险的条件。对民政系统原来开展的‘农村社会养老保险’，要进行清理整顿，停止接受新业务，区别情况，妥善处理，有条件的可以逐步将其过渡为商业保险。”

劳动和社会保障部高度重视农村社会养老保险整顿规范工作，广泛调查研究，充分听取各地意见和建议，于1999年12月向国务院上报了《关于整顿规范农村社会养老保险有关问题的请示》和《整顿和规范农村社会养老保险工作方案》。

2001年5月劳动和社会保障部又下发《关于开展农村养老保险基金调查摸底的通知》。根据各地调查摸底的数据汇总，截至2000年年底，积累农保基金198.58亿元，其中存银行、买国债和财政管理占基金总额的80.1%；非银行金融机构存款等占11.3%；其他投资占8.6%。可正常收回本息的占基金总额的92.9%，收回本息有困难的占6.4%，已确定不能收回的占0.7%。[①]

根据温家宝总理关于“整顿规范农村社会养老保险，要从实际出发，充分考虑各地农村经济、社会发展的差异”的指示，劳动和社会保障部对农保整顿规范进行了分类指导，2002年10月14日向国务院呈送《关于整顿规范农村养老保险进展情况的报告》。报告阐明了农村社会养老保险整顿规范既要考虑目前中国尚不具备普遍实行农保的条件这一总体判断，也要考虑这项工作已经开展了

① 卢海元：《新农保：一路走来》，载《中国社会保障》2009年第9期，第12～13页。

十多年，参保人数和基金积累达到了一定规模，上百万农民开始领取养老金，如果简单停办或退保可能引发农村社会的不稳定这一实际情况；提出农村社会养老保险工作要坚持在有条件的地区逐步实施；同时研究探索适合农民工、失地农民、小城镇农转非人员特点的养老保险办法。

从总体上看，经过十多年的实践和试点，农村社会养老保险工作对保障农民老年基本生活，维护农村社会稳定，促进农村改革和经济发展发挥着日益重要的作用。但在建立农保制度的初期，也存在制度不够完善，管理不够规范等突出问题。20 世纪 90 年代后，由于绝大多数地区农村集体经济逐渐基本瓦解，国家对农村养老保险制度也没有给予政策和资金扶持，加上制度设计和运行的高利率等环境条件都发生了重大而深刻的变化，20 世纪 80 年代设计的农村养老保险制度继续存在发展的基础在绝大多数地区已经不复存在。在国务院对农村社会养老保险工作做出停止接受新业务和进行整顿规范的决定后，绝大多数中西部地区农村社会养老保险工作处于停滞和等待状态。

四、新农保的探索与创建阶段（2003 ~2008 年）

（一）新农保的探索与发展过程

2002 年 11 月党的十六大明确提出“在有条件的地方探索建立农村社会养老保险制度”。此后，农村社会养老保险工作进入一个创新发展的新阶段。2003 年 11 月，国务院副总理回良玉做出重要批示：建立全国农村社会保障体系是十分必要的德政之举，又是件十分重大而又相当繁杂的工作。当前应支持有条件的地方积极探索。温家宝总理批示：可在有条件的地方积极探索，注意总结经验。农村社会养老保险工作在总结了整顿规范的经验后，制度建设经历了两次大的创新和转型：

一是从农村养老保险制度向个人缴费、集体补助、政府补贴相结合的新型农村社会养老保险制度的转型。按照党的十六大“在有条件的地方探索建立农村养老保险制度”的要求，北京大兴、怀柔等区县开始探索建立个人缴费、集体补助、政府补贴相结合的新型农村社会养老保险制度。截至 2009 年 9 月，全国已有近 500 个县（市、区、旗）正在积极探索建立与农村经济发展水平相适应，与其他保障措施相配套的新型农村社会养老保险制度。[1]

二是按照党的十七大关于加快建立覆盖城乡居民社会保障体系的要求，探索

---

① 卢海元：《新农保：一路走来》，载《中国社会保障》2009 年第 9 期，第 12 ~ 13 页。

建立具有覆盖城乡居民功能的，基础养老金与个人账户相结合，个人缴费、集体补助、政府补贴相结合的城乡居民养老保险制度。从2008年1月1日起，北京市率先启动基础养老金与个人账户相结合的城乡居民养老保险制度试点工作，在不到两年的时间内，已有90%以上的城乡居民参加了该制度，基本实现了制度的城乡统一和全覆盖。

（二）典型试点地区新农保模式

这一时期，各地在新农保的试点和探索过程中，形成了许多具有典型特色的制度模式，如青岛模式、四川通江模式、嘉兴模式、北京模式、陕西宝鸡模式等。

1. 青岛模式：全覆盖、多层次、多元筹资

从2003年下半年起，青岛市开始探索建立新农保制度，并首先在经济比较发达的城阳区试点成功；2004年，青岛市出台了《关于建立农村社会养老保险制度的意见》（青政发〔2004〕41号），其后在黄岛、崂山等地相继建立了新农保制度；2005年，青岛市下发《关于推进各市被征地农民基本养老保险工作的意见》（青政发〔2005〕119号），提出尽快将各市被征地农民纳入新农保参保范围，其后即墨、胶州、胶南、平度、莱西五县级市全面启动新农保工作。

青岛模式的具体制度设计为：（1）参保对象为具有本市农业户口、年满18周岁及以上的人员（除在校学生和已参加城镇职工基本养老保险的人员外）；（2）养老保险费按年或按季缴纳，缴费基数为各区（市）上年度农民人均纯收入，参保人员个人缴费比例，各区（市）可划分若干档次，由参保个人自主选择；（3）养老保险费由个人、村集体和区（市）、街道（镇）财政共同承担，村集体补助比例各区（市）可根据当地实际，确定补助的下限标准，区（市）、街道（镇）财政应根据负担能力，对农村基本养老保险分别给予适当补助，所需资金从本级财政收入和土地收益中列支；（4）实行社会统筹与个人账户相结合的制度模式，个人缴费和村集体补助费全部记入个人账户，用于支付个人账户养老金，区（市）、街道（镇）财政补助资金用于建立统筹基金；（5）养老金的领取条件为男年满60周岁、女年满55周岁，且个人按规定累计缴费满180个月；（6）养老待遇包括个人账户养老金和基础养老金两部分，其中个人账户养老金月标准为个人账户累计结存额除以120，基础养老金月标准各区（市）政府根据各区（市）、街道（镇）财政补助社会统筹基金的比例测算确定，基础养老金由社会统筹基金支付；（7）对新老农保的制度衔接、新农保与职保的制度衔接、跨地区流动养老保险关系的转移问题做出了规定。

从政策规定中可以看到青岛模式的特点为：（1）全覆盖。“凡具有本市农业户口、年满18周岁及以上人员，除在校学生和已参加城镇职工社会基本养老保险的人员外，均可参加当地农村社会基本养老保险。”可见其覆盖范围非常广泛。另外，截至参保基准日，男年满60周岁、女年满55周岁及以上人员，在一次性补缴（补助）规定年限的养老保险费后，亦可按月领取养老金。（2）多元筹资机制。青岛市规定个人、村集体、区（市）、街道（镇）四方主体共同筹集基金，各地在青政发〔2004〕41号文件的基础上，都明确了各地缴费和补助的比例。其中，从各地新农保政策法规来看，个人缴费比例最低的为6%，最高的达到18%；集体补助补助比例在2%～12%之间，市、镇财政补助低为4%，高的达到10%。（3）分步骤、分层次、有差别。青岛市根据不同地区经济发展水平的差距，坚持分类指导、分步推进的原则。在2003年城阳区新农保试点成功的基础上，2004年在城阳、黄岛、崂山三个经济比较发达的近郊区推开，2005年起即墨、胶州、胶南、平度、莱西五个次发达的县级市从被征地农民入手推行新农保制度；各地区根据自身的经济发展情况在缴费和待遇发放标准的设计上都有着一定的差别。①

2. 通江模式：重点突破“五大类”人群、粮食换保障、保险证质押贷款

2005年8月，通江县被劳动和社会保障部列入中日政府合作项目“中国农村社会养老保险制度创新与规范管理”试点县，制定颁布了《通江县农村社会养老保险制度创新与规范管理试点工作实施方案（试行）》，并于2006年1月正式启动试点。

通江县农村社会养老保险的制度设计为：（1）参保对象为本县行政区域内年龄为0～59周岁的农村户籍人员，重点围绕被征地农民，进城务工经商农民，农村村组干部，农村计划生育家庭户，农村专业大户、乡村医生、小城镇农转非人员以及暂不具备参加城镇职工基本养老保险的乡镇企业职工五大类人群，并设计了被征地农民养老保险、进城务工经商农民养老保险、村组干部养老保险和种粮农民养老保险，其中种粮农民养老保险作为制度设计的重点和难点。（2）以最低年缴费标准（相当于当地农村年最低生活保障标准的25%）作为缴费基数，上不限额，缴纳方式可以按月、按年连续缴费，也可以采取不定期缴费（间断性缴纳）或一次性大额趸缴的方式。（3）被征地农民养老保险制度所需资金从县人民政府批准提高的安置补助费和用于被征地农户的土地补偿费中按一定比例列支和抵交，两项费用尚不足以支付的，由县人民政府从国有土地有偿使用收入或财政资金中解决。（4）对连续任职三年以上的在岗村“三职”干部，县财政按每

① 刘昌平、殷宝明、谢婷：《中国新型农村社会养老保险制度研究》，中国社会科学出版社2008年版，第44～47页。

人每年 100 元的标准补助，资金用于参加农村社会养老保险。（5）被征地农民其一次性社会养老保险补助费用由国家、集体、个人共同筹集，具体筹集标准为：县政府从每年的征地调节资金中安排 30%、农村集体经济组织从每年的征地补偿金中安排不低于 40% 用于参加农村社会养老保险。个人从征地安置补助费中抵缴的部分按照农保缴费标准自愿选择入保金额。（6）县农保局为参保人员建立养老保险个人账户，个人缴费、集体补助及政府的补贴部分按比例一并计入个人账户，县人民政府在每年的财政预算中按上年年末养老保险基金累计总额的 2.5% 纳入县财政预算，其中 2% 纳入个人账户，0.5% 纳入农保专项调剂金管理。（7）实行保底弹性的计发办法，其月领取标准 = 个人账户积累总额 × 1/160，可以提前领取养老金，提前期限最多不超过 5 年，每提前一年减发 1.5% 的养老金，鼓励推迟领取，每推迟一年增发 1.5% 的养老金，被保险人领取养老金，保证期为 10 年。

通江模式的特点为：（1）通过"粮食换保障"的方式解决种粮农民参保资金匮乏的问题。即通过宣传引导，在农民自愿的前提下，从每年的售粮收入和其他收入中拿出适当资金缴纳保险费，逐步建立农民参保补贴制度。（2）探索建立了农村社会养老保险证质押贷款新机制，即被保险人在缴费期间因特殊原因急需资金的，可以用养老保险缴费的保险证在所在地金融机构申请保险证质押贷款。贷款金额和期限由金融机构按被保险人缴费的保险证的积累余额确定。到期不偿还贷款的，金融机构可依法办理退保手续，收回贷款本息。

除此以外，通江模式还在其他方面进行了机制创新，如规范管理机制，创新管理模式，全面推行"乡镇征收基金，农保机构经办业务，基金中心核算，财政管理基金，银行专户储存，审计定期监管，社会化发放，制度化管理"的运作模式。①

3. 嘉兴模式：统筹城乡，个人缴费账户、补贴账户、统筹账户相结合

2007 年 9 月，嘉兴市人民政府发布了《关于印发嘉兴市城乡居民社会养老保险暂行办法的通知》（嘉政发〔2007〕71 号），决定从 2007 年 10 月 1 日起实施城乡居民社会养老保险（以下简称"城乡居保"），实现了城乡居民社会养老保险的一体化。这一政策使嘉兴成为全国第一个实现社会养老保险全覆盖的地级市。

嘉兴市城乡居保的制度设计为：（1）覆盖对象为本市行政区域内，年满 16 周岁至 60 周岁，符合参加职工基本养老保险或现有各类社会养老保障对象之外的城乡居民（不含在校学生）。（2）实行统一制度，分级管理，以市本级、县

---

① 刘昌平、殷宝明、谢婷：《中国新型农村社会养老保险制度研究》，中国社会科学出版社 2008 年版，第 55 页。

（市）为统筹范围。(3) 采取按年缴费方式，缴费基数分别为嘉兴市上上年度全市农村居民人均纯收入、城镇居民人均可支配收入或两者之和平均数，个人缴费比例为8%（今后逐步提高到10%），农村居民可任选其中一个基数缴费，城镇居民可选择后两个中的一个基数缴费。(4) 统筹地财政分别按当期缴费基数（农村居民统一以全市农村居民人均纯收入为基数）的5%给予补贴，其中3%用于建立参保人员补贴账户，2%用于建立城乡居保统筹基金，市本级由市、区两级财政分别按2.5%的比例承担；各县（市）由县（市）、镇（乡、街道）两级财政分别承担。(5) 对45~60周岁符合奖励扶助条件的农村部分计划生育户夫妇，将到龄奖励扶助改为即期投入，在其参保缴费期间按全市农村居民人均纯收入为基数给予3%的参保特殊补贴，并记入补贴账户，有困难的可相应抵减个人缴费额度。(6) 在本办法实施后的三年内，有条件的社区（村）集体经济组织，每年可给予参保缴费人员适当比例的补助，并计入个人缴费账户。(7) 养老金领取条件为参保人员年满60周岁且缴费满15年，养老金月标准为养老保险个人缴费账户与补贴账户储存额本息之和的1/156，鼓励延期领取养老保险待遇，延期时间最长不超过5年。(8) 建立养老保险待遇适时调整机制，所需资金在统筹基金中列支，统筹基金不足支付时，由统筹地区财政补充。(9) 本办法实施前已年满70周岁（含），符合规定条件的高龄老人，实行养老基本生活补助，所需资金在在统筹基金中列支。

从制度设计中可以看到，嘉兴模式的最大特点为城乡居民社会养老保险的一体化。另外，其实行的个人缴费账户、补贴账户、统筹账户相结合的制度模式以及独特的养老金计发办法（养老金月标准 = 个人缴费账户和补贴账户储存额本息之和/156），可以说是一个重大的创新。

4. 北京模式：基础养老金 + 个人账户

2008年1月1日，北京市开始实施《北京市新型农村社会养老保险试行办法》（京政发〔2007〕34号），这一制度创新走出了一条建立全市城乡统一的新型农村社会养老保险制度建设之路。

北京市新农保具体的制度设计为：(1) 实行基础养老金和个人账户相结合的制度模式，采取个人缴费、集体补助、财政补贴相结合的筹资方式；(2) 参保对象为具有本市农业户籍，男16~59岁、女16~54岁的人员；(3) 按年缴费，最低缴费标准为本区（县）上一年度农村居民人均纯收入的10%，农村集体经济组织对参保人员的具体补助数额根据自身条件确定；(4) 建立个人账户，计入个人缴费和集体补助；(5) 最低缴费年限为15年，待遇领取年龄为男60岁、女55岁；(6) 养老保险待遇由基础养老金和个人账户养老金两部分组成，其中个人账户养老金月领取标准为个人账户存储额除以国家规定的城镇基本养老保险个人账户养老金计发月数，基础养老金标准全市统一为每人每月280元，所需资金由市、区（县）财政共同筹集，分别列入市、区（县）财政预算并建立基础养老金的正常调整机制；（7）基金纳入区（县）财政专户，以区（县）为单位核算和管理；（8）规定了新农保与老农保、城镇基本养老保险的衔接办法。

北京模式的最大特点在于实行了基础养老金+个人账户的制度模式，并且由财政补"出口"，这种制度模式也成为了国发〔2009〕32号文件中全国统一的新农保制度模式的蓝本。此外，其对新农保与老农保、新农保与城镇基本养老保险的衔接办法也做出了规定，这对于国发〔2009〕32号文件的出台以及当前新农保制度的完善都具有重要的借鉴意义。

5. 宝鸡模式：个人账户+财政两头补

2007年宝鸡市被劳动和社会保障部、陕西省人民政府确定为全国新农保联系城市、陕西省新农保试点城市，同年6月政府审定通过了《宝鸡市新型农村社会养老保险试行办法》（宝政发〔2007〕36号），并于2007年7月1日开始实施，确定2007~2008年为试点示范阶段，率先在太白、麟游县和全市50个新农村建设重点村进行试点，2009年开始在全市推广，届时全市参保人数将达到100万人，农村80%以上的人口将参加新农保，市、县（区）财政投入将达到1亿元，在全国率先实现真正意义上养老保险城乡全覆盖。①

宝鸡市新农保的制度设计为：（1）参保对象为具有本市行政区域内农业户籍，年满18周岁以上、且未参加被征地农民社会养老保险的农村居民；（2）实行个人缴费、集体补助、财政补贴相结合的筹资模式，建立新农保个人账户；（3）年缴费标准（含财政补贴和集体补助），现阶段按2006年度本县（区）农民人均纯收入10%~30%缴纳，随着经济发展和农民人均纯收入增长可适时调整；（4）养老保险费可以按月、按季或者按年缴纳，也可以一次性缴纳，参保缴费起始日年满60周岁以上人员不缴纳养老保险费，本人家庭成员按规定参保并正常缴费者，可享受养老待遇；（5）市、县（区）财政对参保人员养老保险费给予适当补贴，补贴标准为市财政每人每年15元，县（区）财政每人每年不低于15元；（6）完全丧失劳动能力的农村贫困残疾人参加新农保，养老保险费由市、县（区）财政按各承担一半的原则全额补助；（7）村（组）集体补助的数额，根据自身经济条件确定，提倡和鼓励机关、团体和社会各界对农村特困群众参加新农保给予扶持和资助；（8）待遇领取年龄男女统一为60岁，养老保险待遇由个人账户养老金和养老补贴两部分组成，其中个人账户养老金月领取标准=个

① 《宝鸡市近日出台〈宝鸡市新型农村社会养老保险试行办法〉》，载新华网，http://www.sn.xinhuanet.com/misc/2007-08/17/content_10897460.htm。

人账户积累总额/139，农村老年农民养老补贴标准为：60周岁以上每人每月60元，由市、县（区）财政各承担50%，根据当年实际需要分别列入市、县（区）财政预算；（9）基金积累应按照国家有关规定存入国有商业银行和认购国家债券，确保基金安全和保值增值，只能用于支付参保人员年老时的养老金，任何单位和个人均不得擅自改变其性质和用途。

从宝鸡模式中可以看到，宝鸡模式比北京模式更接近于国发〔2009〕32号文件，可以这么说当前在全国推广的新农保模式就是宝鸡模式。宝鸡模式虽然实行的是老年补贴+个人账户的模式，其实说白了就是基础养老金+个人账户的模式；另外，宝鸡模式中的财政“两头补”、“捆绑式缴费[①]”、政府给贫困残疾人代缴养老保险费、补入口的标准（每人每年不少于30元）等都被中央采纳，并写入国发〔2009〕32号文件中。可见，宝鸡模式的试点为国家新农保的创建以及在全国推广积累了经验。

五、新农保的试点推广阶段（2009年至今）

2009年，新农保全国试点的步伐加快。2009年3月，“今年在10%的县（市、区、旗）开展新农保试点”写进了政府工作报告；2009年6月，国务院常务会议审议并原则通过新农保指导意见；2009年8月18日，全国新型农村社会养老保险试点工作会议召开，新农保征程迈出重要一步。以2009年9月1日《国务院关于开展新型农村社会养老保险试点的指导意见》（国发〔2009〕32号）的发布为标志，中国新农保进入试点和推广阶段。

新农保是党中央、国务院做出的继取消农业税、农业直补、新农合、农村低保等政策之后的又一项重大惠农政策，是国家朝着促进社会公平、破除城乡二元结构、逐步实现基本公共服务均等化的一个重大步骤，这对加快完善覆盖城乡居民的社会保障体系、应对国际金融危机、扩大国内消费需求、推动和谐社会建设和国家的长治久安具有重大意义。引用人力资源和社会保障部部长尹蔚民的话来说，“农民自古以来是养儿防老，是土地保障，现在国家的公共财政要给农民养老钱。这在中国几千年的历史上，是开天辟地的大事”。[②]

国发〔2009〕32号文件提出：“2009年在全国选择10%的县（市、区、旗，以下统称为县）开展新型农村社会养老保险试点，以后逐步扩大试点，全国普

---

① 即参保缴费起始日年满60周岁以上人员不缴纳养老保险费，本人家庭成员按规定参保并正常缴费者，可享受养老待遇。

② 中央电视台《新闻1+1》，2010年1月7日。

遍实施，2020年之前基本实现对农村适龄居民的全覆盖。”

2010年4月9日，人力资源和社会保障部发布《关于2010年扩大新型农村社会养老保险试点的通知》（人社部发〔2010〕27号），提出2010年扩大新农保试点实行重点扩面与普遍扩面相结合，全国总的试点覆盖范围扩大到23%左右。

2011年3月，国务院政府工作报告中明确提出，2011年将新农保试点范围扩大到全国40%的县；同年3月，国务院发布《国民经济和社会发展第十二个五年规划纲要》，明确提出“十二五”期间“实现新农保制度全覆盖”。

2011年6月20日，温家宝总理在全国城镇居民社会养老保险试点工作部署暨新型农村社会养老保险试点经验交流会议上要求，2011年新农保制度试点覆盖面要达到60%，在本届政府任期内（2012年年底）基本实现新农保制度全覆盖。

2012年7月1日，新农保全覆盖工作正式启动，尚未开展试点的地区全部纳入新农保制度的覆盖范围。至此，新农保实现了“制度全覆盖”，并进一步向“人员全覆盖”迈进。

第四节　中国新型农村社会养老保险制度的实施

一、新农保的实施背景

（一）老农保实施的遗留问题

1986年，为适应农村经济社会发展，中国在一些地方开展农村社会养老保险试点工作；1992年，民政部颁发《县级农村社会养老保险基本方案（试行）》（民办发〔1992〕2号），标志中国农村社会养老保险制度（“老农保”）开始建立，确定了以县为单位开展农村社会养老保险的方针。老农保方案坚持从中国农村人口多、底子薄、各地发展不平衡的国情出发，对于促进农村经济发展和维护农村社会稳定起到了一定的积极作用，而且产生了积极的社会经济影响。但是老农保无法适应社会经济发展的需要，遗留下许多问题。

1. 老农保被清理整顿后，农村社会养老保险制度建设处于缺失状态

由于缺乏政府财政和集体补助的支持，农民参保的积极性持续走低。1999

年国务院决定对老农保清理整顿，并停止接受新业务，2000 年年末参保人数迅速降至 6 172 万人。老农保迈入了漫长的后续时期：对老人依旧保留支付义务，但也不再接纳新人。从 1999～2008 年的相关数据可以看出：1999～2004 农村参保人数呈下降趋势，2005 年以后虽然有所回升，但没有上升到制度初建立时的规模。

表 3－5　　1999～2008 年农村社会养老保险发展情况

年份	参保人数（万人）	达到领取待遇年龄参保人数（万人）	基金支出（亿元）	累计结余（亿元）
1999	6 460.79	89.77	—	—
2000	6 172.341	97.81	—	—
2001	5 995.1	108.1	—	—
2002	5 481	—	—	233
2003	5 428	198	15	259.1
2004	5 378	205	—	285
2005	5 442	302	—	310
2006	5 375	355	37	354
2007	5 171	392	40	412
2008	5 595	512	56.8	499

注：“—”表示没有查到相关的数据。

资料来源：《2007 年、2008 年度人力资源和社会保障事业发展统计公报》和《中国劳动和社会保障年鉴 2003～2008》，《中国劳动年鉴 2000～2002》。

2. 老农保被整顿清理以及低保障水平，造成农民对政府政策的不信任

老农保设置 2 元、4 元、6 元、8 元、10 元、12 元、14 元、16 元、18 元、20 元十个缴费档次，供不同的地区以及乡镇、村、企业和投保人选择。由于农村的经济发展水平低，农民可支配的收入少，大多数农民只有两种选择：不参加农村社会养老保险或者选择档次较低的缴费标准。按民政部《农村社会养老保险交费领取计算表》计算，农民缴费 10 年后，每月可以领取养老金 4.7 元，15 年后每月可以领取 9.9 元。若再考虑管理费和银行利率下调或通货膨胀等因素，农民领取的钱可能会更少。这点钱对农民养老来说，所起到的保障作用也只能是杯水车薪。[①] 此外，国务院发文停止了老农保后，此后全国范围内一直处于清理状态。未被清理的地区部分农民每月只能领到 3.5 元养老金甚至更少，这根本无

① 陶纪坤：《“旧农保”与“新农保”方案对比研究》，载《兰州学刊》2010 年第 6 期，第 90～94 页。

法保障农民的基本生活，参保不如自保，极大地挫伤了农民参保的积极性，对农村社会造成很坏的影响，造成农民对政府政策的不信任。

3. 基金管理混乱，部分地区老农保基金流失

由于缺乏专业人才和严格的管理制度，加之机构的设置不健全，便出现了很多漏洞，其中最严重的是养老保险基金管理上的问题。在中国的农村，大多数地方的养老保险基金是由当地的民政部门独立管理的，征缴、管理和使用三权集于一身，缺乏有效的监督和控制。而地方的民政部门又由当地政府管理，难以摆脱地方政府的行政干预。由于投资失误或被挤占、挪用、贪污、挥霍、部分地区老农保基金流失严重，使农民的养老钱失去了保障。

4. 老农保制度模式与实施方案阻碍了城乡社会养老保险关系转续

中国城镇基本养老保险制度采取现收现付制与基金积累相结合的混合制度，每位参保职工都拥有包括社会统筹账户和个人账户的两类养老金，而农村社会养老保险制度采取完全基金积累制个人账户模式，城乡社会养老保险制度模式存在明显差异，难以实现城乡社会养老保险关系顺利转移与接续，阻碍了农村劳动力在城乡之间的流动。[①] 此外，全国各地基本上都采取了适合本地具体实施方案的农村社会养老保险政策，而且农村社会养老保险工作发展程度也存在差异，不利于参保农民养老保险关系在不同农村地区之间的转移与接续。

（二）新农保建立的社会经济发展背景

2009 年 9 月，国务院出台了《关于开展新型农村社会养老保险试点的指导意见》（国发〔2009〕32 号），规定从 2009 年起开展新农保试点，标志着中国农村社会养老保险制度建设进入了一个新的发展时期。新农保的出现和发展是有一定的社会经济背景的。

1. 快速发展的国民经济为新农保的开展提供了强大的经济支撑

近些年中国经济发展迅速，“十一五”时期，中国国内生产总值居世界的位次从 2005 年的第五位上升到 2010 年的第二位，成为仅次于美国的第二大经济实体。据世界银行计算，2009 年中国人均国民收入达到 3 650 美元，比 2005 年增加 1.1 倍，居民生活水平不断提高，恩格尔系数持续下降，居住条件得到改善。[②] 2011 年公共财政收入达到 103 740 亿元，全国农村居民人均纯收入 6 977 元。[③] 经济的发展和人民收入的增加为新农保的建立奠定了经济基础。与此同

① 刘昌平、殷宝明、谢婷：《中国新型农村社会养老保险制度研究》，中国社会科学出版社 2008 年版，第 34 页。

② 资料来源：《中国城市年鉴 2011》。

③ 资料来源：《2011 年国民经济和社会发展统计公报》。

时，城乡居民收入进一步拉大，2000～2009 年的相关数据显示，中国城乡居民收入的绝对差距呈现不断加大的趋势（见图 3－2），这不利于社会稳定和发展。

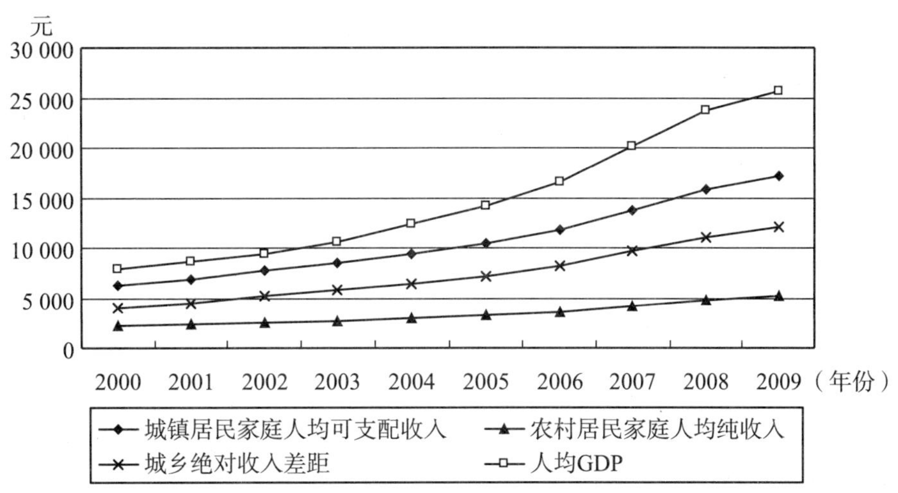

图 3－2　2000～2009 年中国城乡居民收入状况

资料来源：根据《中国统计年鉴 2012》整理得到。

2. 随着工业化和城镇化的发展，农村人口数量和人口结构发生巨大变化

中国现行的二元经济结构的转变加速了农村剩余劳动力向城市转移的速度。据统计，目前中国大约有 1.2～1.5 亿农村青壮年劳动力在城市务工。这一方面提高了中国的城市化水平（2011 年年末，中国城市化水平已达到 51.3%），另一方面导致农村的老龄化问题日益严重。国家统计局 2010 年 2 月 25 日发布的《2007 年国民经济和社会发展统计公报》数据显示，2009 年年末，全国总人口为 133 474 万人，其中农村人口总数为 71 288 万人，占总人数的 53.4%；60 周岁以上的老年人口总数为 16 714 万人，比重为 12.5%[①]；2011 年年末，全国总人口为 134 735 万人，其中农村人口总数为 65 656 万人，占总人数的 48.7%；60 周岁以上的老年人口总数为 18 499 万人，比重为 13.7%，65 周岁以上的总人口为 12 288 万人，占总人口的 9.1%。[②] 根据联合国制订的标准，一个国家 65 周岁以上的老人在总人口中所占的比例超过 7%，或者 60 周岁以上的人口超过 10%，便被称为"老年型国家"，由此可以看出中国已经进入老龄化社会，其中农村的老龄化问题更加严重，迫切需要建立农村社会养老保险制度。

---

① 曹信邦：《新型农村社会养老保险制度构建——基于政府责任的视角》，经济科学出版社 2012 年版，第 3 页。

② 《2011 年国民经济和社会发展统计公报》，国家统计局网站，2012 年 2 月 22 日。

表 3-6　　1990 年、2000 年、2010 年中国人口结构

年份	总人口（万人）	城市人口数（万人）	城市人口比重（%）	农村人口数（万人）	农村人口比重（%）	65 周岁以上人口（万人）	65 周岁以上人口所占比重（%）
1990	114 333	30 195	26.41	84 138	73.59	6 368	5.6
2000	126 583	30 195	36.22	80 837	63.78	8 821	7.0
2010	134 091	66 978	49.95	67 113	50.05	11 894	8.9

资料来源：1990 年、2000 年、2010 年人口普查数据。

3. 传统的养老保障模式受到冲击

目前中国农村主要依靠土地、家庭和自我保障来应对家庭成员的养老风险。由于城市化进程的加快，政府不断征用农村集体所有制的土地，迫使失地农民的数量增加，土地养老保障的功能不断弱化。随着计划生育政策的贯彻执行，家庭结构日趋小型化，农村家庭 4-2-1 结构已经形成，而且部分农村青壮年一味追求自我价值而日益淡化了传统家庭观念美德，逐渐失去对老年人的经济支持，使老年人的家庭保障受到前所未有的观念冲击和挑战。由于大多数农民收入水平相对比较低，个人积累的储蓄较少，他们无法保障自己的老年生活。

在以上经济社会背景以及国际金融危机、城乡统筹不断推进的多重背景下，中国政府在不断总结各地经验的基础上创建了新农保制度，并于 2009 年开始在全国试点推广。

（三）新农保制度实施的必要性和意义

新农保制度的启动是十分必要的。首先，中国农村老龄化程度越来越严重，根据预测，21 世纪中叶中国农村和城镇 65 周岁及其以上老人比例分别为 26% 和 22%，农村是城镇的 1.2 倍；农村与城镇的老年抚养比分别为 0.46 和 0.35，农村高出城镇 31.4%，[①] 严重的老龄化已成为亟待解决的问题。新农保制度的建立能够极大地提高农村老年人的经济自立能力，从而提高他们的生活质量、增强对生活的信心。其次，随着工业化和城市化的加快，农村剩余劳动力不断涌向城市，家庭结构的小型化以及人们思想观念的变化，都使得传统的养老方式面临挑战，在这种情况下，建立以政府为主导的农村社会养老保险制度有利于减轻子女的负担，在相当程度上避免了因经济利益引发的家庭矛盾，从而有利于形成敬老爱幼的风气与和谐的家庭关系。再次，近些年来，中国城乡居民收入都在不断增

① 曾毅：《中国人口老龄化的“二高三大”特征及对策探讨》，载《人口与经济》2001 年第 5 期，第 3~9、72 页。

加，但是差距并没有缩小，绝对差距还在不断扩大，城乡居民收入的绝对差从2006年的8 172.5元增加到2010年的13 190.4元，相对差距（城乡居民收入比）一直维持在3.3左右。[①] 因此建立新农保制度也是缩小城乡差距、创造并维护社会公平的需要。最后，新农保的建立能够缓解一些农村集体组织财政紧张的困境，使他们能够集中有限财力更好地为老年人服务，从而形成文明的乡村风气与和谐的邻里、干群关系，有利于建设社会主义新农村。

建立新农保制度是深入贯彻落实科学发展观、加快建设覆盖城乡居民社会保障体系的重大决策，是应对国际金融危机、扩大国内消费需求的重大举措，是逐步缩小城乡差距、改变城乡二元结构、推进基本公共服务均等化的重要基础性工程，是实现广大农村居民老有所养、促进家庭和谐、增加农民收入的重大惠民政策。同时对改善农民心理预期、促进消费、拉动内需也具有重要的意义。

二、新农保的发展现状

（一）新农保制度的基本内容

国发〔2009〕32号文件对新农保的基本原则、任务目标、覆盖范围、筹资方式、养老金待遇、基金管理、经办服务、制度衔接等做出了详细的规定。2010年10月新颁布的《社会保险法》中对新农保也有专门的条款，其内容与国发〔2009〕32号文件基本一致。现将新农保制度的基本内容总结如下，具体如表3-7所示。

表3-7　　　　新农保制度的基本内容

基本原则	保基本、广覆盖、有弹性、可持续
任务目标	2020年之前基本实现对农村适龄居民的全覆盖
参保对象	年满16周岁（不含在校学生）、未参加城镇职工基本养老保险的农村居民，实行自愿参保
筹资方式	实行个人缴费、集体补助、政府补贴相结合
个人缴费	个人的缴费标准目前设为每年100元、200元、300元、400元、500元5个档次，地方可以根据实际情况增设缴费档次，由参保人自主选择档次缴费，多缴多得；国家依据农村居民人均纯收入增长等情况适时调整缴费档次

① 资料来源：《中国城市年鉴2011》。

续表

集体补助	有条件的村集体应当对参保人缴费给予补助，补助标准由村民委员会召开村民会议民主确定；鼓励其他经济组织、社会公益组织、个人为参保人缴费提供资助
政府补贴	中央政府补贴（出口补）：按每人每月55元的标准，对基础养老金部分给予补贴；对中西部地区给予55元的全额补助，对东部地区补助标准为55乘以50%。地方政府补贴（进口补+出口补）：（1）缴费环节进口补，每人每年不低于30元；按照"多缴多补"原则，对选择较高档次标准缴费的，给予适当鼓励；为重度残疾人等缴费困难群体代缴部分或全部最低标准的养老保险费。（2）基础养老金领取环节出口补，东部地区承担全国标准基础养老金的50%；根据当地实际情况提高基础养老金标准；为鼓励长期缴费，对缴费超过一定年限的，适当加发基础养老金
个人账户	个人缴费，集体补助、地方政府补贴，全部记入个人账户；个人账户储存额目前每年参考中国人民银行公布的金融机构人民币一年期存款利率计息；参保人死亡，个人账户的资金余额除政府补贴外，可以依法继承；政府补贴余额用于继续支付其他参保人的养老金
养老金待遇	实行基础养老金和个人账户养老金相结合
基础养老金	中央确定的最低标准基础养老金为55元/人×月，由政府全额支付；地方政府可以根据实际情况提高基础养老金标准，对于长期缴费的农村居民，可适当加发基础养老金，提高和加发部分的资金由地方政府支出
个人账户养老金	月计发标准为个人账户全部储存额除以139
养老金待遇领取条件	年满60周岁、未享受城镇职工基本养老保险待遇的农村有户籍的老年人
"老人"（≥60岁）	不用缴费，可以按月领取基础养老金，但其符合参保条件的子女应当参保缴费
"中人"（46~59岁）	应按年缴费，也允许补缴，累计缴费不超过15年
"新人"（≤45岁）	应按年缴费，累计缴费不少于15年
待遇调整	国家根据经济发展和物价变动等情况，适时调整全国新农保基础养老金的最低标准
基金管理	基金纳入社会保障基金财政专户，实行收支两条线管理，单独记账、核算，按有关规定实现保值增值。试点阶段，新农保基金暂实行县级管理，随着试点扩大和推开，逐步提高管理层次；有条件的地方也可直接实行省级管理。新农保工作经费纳入同级财政预算，不得从新农保基金中开支。建立健全新农保基金财务会计制度

续表

基金监督	机构和村民委员会每年对村内参保人缴费和待遇领取资格进行公示，接受群众监各级人力资源社会保障部门、财政、监察、审计部门按各自职责实施监督，确保基金安全
制度衔接	与老农保的衔接：凡年满60周岁且已领取老农保养老金的参保人，可直接享受新农保基础养老金；对已参加老农保、未满60周岁且没有领取养老金的参保人，应将老农保个人账户资金并入新农保个人账户，按新农保的缴费标准继续缴费。新农保与其他制度的衔接，由相关部门研究制定

注：根据《国务院关于开展新型农村社会养老保险试点的指导意见》（国发〔2009〕32号）整理。

（二）新农保制度的特点

从表3－7中可以看出，新农保制度具有以下几个特点：（1）在基本原则上，坚持“保基本、广覆盖、有弹性、可持续”。从农村实际出发，低水平起步，体现收入再分配和互助共济功能，对参保居民实行属地管理，更加突出了政府的责任；（2）实行个人缴费、集体补助、政府补贴相结合的筹资方式，其中财政补助政策是新农保和老农保的最大区别；（3）养老金待遇由基础养老金和个人账户养老金构成，其中基础养老金全部由政府财政来支付；（4）自愿性与强制性相结合。新农保实行自愿参保，但“老人”要领取养老金，“其符合参保条件的子女应当参保缴费”，这里含有隐蔽的强制性；（5）给付办法明确。男、女的养老金领取年龄统一为60周岁，具有一定的前瞻性，并且按照建立新农保制度时的参保年龄，将农村居民分为“老人”、“中人”和“新人”，分别执行不同的给付办法；（6）充分考虑到了一些动态因素，如国家依据农村居民人均纯收入增长等情况适时调整缴费档次，国家根据经济发展和物价变动等情况适时调整全国新农保基础养老金的最低标准等；（7）基金监督和经办管理更加科学。指导意见规定新农保基金纳入社会保障基金财政专户，实行收支两条线管理，单独记账、核算，按有关规定实现保值增值，有利于保证基金的安全和保值增值。

（三）新农保试点工作的实施状况

新农保政策的出台，受到了广大农民的欢迎。试点以来，新农保覆盖范围不断扩大，参保人数和实际领取养老金待遇人数不断增加，基金收支、个人缴费稳步增长，较好地保证了农村居民的生活。

表3－8　　　　新农保2009～2011年的发展状况

年份	参加新农保县（市、区旗）（个）	试点参保人数（万人）	实际领取待遇人数（万人）	新农保基金收入（亿元）	个人缴费（亿元）	基金支出（亿元）	基金累计结余（亿元）
2009	320	8 691	1 556	—	—	76	681
2010	838	10 277	2 863	453	225	200	423
2011	1 914	32 643	8 525	1 070	415	588	1 199

注："—"表示没有找到相关的数据。

数据来源：《2009～2011年年度人力资源和社会保障事业发展统计公报》。

（四）"新农保"的发展成就

"新农保"试点工作虽然只是刚刚起步，但是新农保制度的建立却产生了重大的影响。

1. "新农保"提高了公共服务均等化水平，惠及7亿多农民

从目前的试点地区来看，广大农民和社会各界都认为这是一项重大的惠民工程，是执政为民和把改革发展成果惠及农民的具体体现，是继农村家庭联产承包责任制之后力度最大、广大农民得实惠最多的又一伟大举措。从"交皇粮"到"吃皇粮"的转变，不仅让农民对未来过上幸福有尊严的生活充满了希望，而且让农民真正开始获得了相对公平的国民待遇，对促进社会和谐稳定、完善社会主义制度具有不可估量的现实意义。①

2. 加快了建立覆盖城乡居民养老保险制度的步伐

新农保的建立促进了农村社会保障领导机构、工作人员队伍建设，相关机构的部门职能和工作职责更加明确，管理服务更加到位，管理水平得到提高，这有利于城乡社会保障制度的对接，缩小了城乡社会保障水平的差距。而且新农保试点加快了养老保险制度的城乡一体化，如北京、上海、天津、重庆四个直辖市和浙江等省及成都、厦门、郑州、宝鸡等城市在全国率先建立了覆盖城乡居民的养老保险制度，推进了城乡居民养老保险制度的统一，为建立全国统一、城乡统一的养老保险制度奠定了基础。②

3. 新农保为现行农村中的养老保险制度整合提供了平台

目前中国农村中养老制度有新农保、部分旧农保、被征地农民养老保险、农民工养老保险、五保供养制度、计划生育家庭养老保险、村干部养老保险、民办

①② 卢海元：《我国新型农村社会养老保险制度试点问题研究》，载《毛泽东邓小平理论研究》2010年第6期，第1～8、85页。

教师养老保险等，养老制度多但不成体系。新农保建立将为这些制度的整合提供条件和平台，有利于农村统一的养老保障制度的建立。

三、新农保制度设计和试点推行中存在的问题

（一）新农保财政补贴机制存在问题

现行新农保制度的财政负担和分担结构是以东、中、西部为划分基础的。中央财政负担东部地区 50% 基础养老金，负担中西部地区 100% 基础养老金；个人账户的补贴由地方财政全额负担。这种财政分担方式存在很大问题。

1. 中央财政投入力度不大，难以满足农民基本的养老需求

笔者根据当前基础养老金标准 55 元/人 × 月，以及中央财政对东部地区全额补贴、对中西部地区补贴 50% 的规定，假定新农保制度实现全覆盖，然后基于 2009 年人口、财政等方面的数据进行了静态测算，发现中央财政对新农保的补贴数额为 546. 8446 亿元，而 2009 年中国中央财政收入为 35 915. 716 亿元，据此可计算出中央财政对新农保年补助数额占中央财政收入的比重为 1. 52% 。[①] 从彼时的物价水平和基本养老保险的需求来看，中央政府的财政投入无法保障农民的基本生活。

2. 地方政府对新农保的投入不均衡

中国地域辽阔，各地经济发展水平和地方政府的财力差异大。在取消农业税后，地方财政能力严重削弱，除试点地区和少数相对富裕的地区对养老保险基金账户能够提供足额的财政补贴外，其他各地和各级财政的投入相当有限，无法完成区域平衡发展的农村社会养老保险发展战略。[②] 此外，中国县域经济水平的差异十分突出，东部富裕的县级财政能很轻松的应对缴费问题，而财政吃紧的县域对新农保的财政负担能力明显不足，会加重这些贫困县的财政压力，不利于新农保覆盖面的扩大以及制度的有效推进。

3. 地方各级政府间新农保财政补助责任不明确

虽然中央政府和省级政府间对新农保财政投入责任的划分十分明确，但是对于省以下各级政府间的财政补贴分担没有做出具体的规定，因而省以下地方政府

---

① 薛惠元：《对我国新型农村社会养老保险制度的反思》，载《当代经济管理》2012 年第 2 期，第 32 ~ 38 页。

② 苑梅：《我国农村社会养老保险制度研究》，东北财经大学出版社 2011 年版，第 70 页。

间新农保财政支出责任的划分在各地有不同模式。[①] 长期以来，中国地方政府间财政支出责任不太明确，出现了各级政府的财权和事权不相匹配的状况，新农保的实施也会遇到这一问题。

4. 中央政府对新农保的补贴仅按东中西部地域来划分并不公平

现行新农保制度的财政负担和分担结构是以东、中、西部为划分基础的。在补贴标准上没有将人均地方财政收入、各地农村人口占全国农村人口的比重、各地财政对新农保的年补贴数额占地方财政收入的比重、居民生活水平、人口流动情况等十分重要的量化指标进行综合考虑，而这些指标能反映政府对新农保补贴的额度和比重。

（二）新农保基金管理存在的问题

国发〔2009〕32 号文件规定，“建立健全新农保基金财务会计制度。基金纳入社会保障基金财政专户，实行收支两条线管理，单独记账、核算，按有关规定实现保值增值。试点阶段，新农保基金暂实行县级管理，随着试点扩大和推开，逐步提高管理层次；有条件的地方也可直接实行省级管理。新农保工作经费纳入同级财政预算，不得从新农保基金中开支。”在基金管理方面，新农保比老农保更加科学，但仍然存在一些问题。

1. 基金管理层次低，管理体制存在缺陷

目前中国新农保基金主要是县级管理。在这种情况下，县级单位掌握了新农保基金的收、支、管的权力，基金处于属地分散管理的状态，难以进行多样化投资，无法保证基金的安全。其次，分散管理导致各地基金规模较小，各方面受到限制，使农村社会养老保险基金管理水平较低。事实上，新农保基金在全国被分割成很多独立的管理单位，这种较低的养老保险统筹层次导致政策“碎片化”，抗风险能力差，不利于人员流动。由于新农保还处在试点阶段，基本上沿用老农保制度，如县级统筹、专款专用、收支两条线的管理等。但是收支两条线的管理也只实现了基金收缴和发放的分离，“基金纳入社会保障基金财政专户”，基金的管理权依然在财政部门手中，没有完全独立出来。[②] 管理体制不健全，导致基金流失和损耗。

2. 基金保值增值效果不明显

新农保基金投资渠道单一，只能依赖银行存款或购买国债，在遭遇利率下

---

① 李冬妍：《“新农保”制度：现状评析与政策建议》，载《南京大学学报》（哲学·人文科学·社会科学版）2011 年第 1 期，第 30～39 页。

② 张思锋、王立剑：《新型农村社会养老保险制度试点研究——基于三省六市的调查》，人民出版社 2011 年版，第 288 页。

降、通货膨胀等因素影响下必定出现负增长。① 新农保规定个人账户储存额目前每年参考中国人民银行公布的金融机构人民币一年期存款利率计息，如果银行利率持续走低，必将给基金保值增值带来巨大压力。而如果采取多样化经营，不成熟的资本市场和监管手段也不也能保证基金的安全。

3. 新农保基金监管方面存在问题

首先，目前关于中国农村社会养老保险监管的统一法规还没有完全建立起来，这使得无论是制度的建立、运行，还是养老基金的收取、投资管理与支付，缺乏应有的严肃性、规范性和统一性。其次，缺乏专门的监管机构。绝大多数地区都没有成立专门的监管机构，这些地区在推行新农保的过程中，主要依赖于地方政府的行政指令，个别成立了专门监管部门的地区，也由于地方政府对其的监管活动存在较大干预，甚至一些监管活动是在政府部门的直接管理下完成的，而降低监管质量，也不利于维持新农保基金的稳定性；最后，缺少专门的监管人员，总体素质都不高的行政、审计以及社会三个监管环节的从业人员必然会降低中国养老基金监管的科学性、准确性和合理性。由于缺乏严密、系统的制度设计，新农保的很多政策缺乏前瞻性和连续性，执行起来困难重重，而且制度定性不明，体制尚未完全理顺。迄今为止，各地试验新农保多种多样，有社会保险型、自我储蓄型、还有的与商业保险相混同，一些地方新旧农保相并存，使这一制度显得较为混乱。②

4. 没有建立完善的个人账户

部分地区养老保险档案已按市乡两级建档、存储和管理，但一直没有建立个人缴费记录卡，也未实行微机化管理，致使个人账户利息不能分隔到位，不能一目了然地反映投保人自投保以来的保费缴纳总额和其他情况，给投保人缴费查询、办理养老金领取及退保手续带来一定的难度。③

（三）新农保在实际推行中面临的问题

1. 16～44 岁的中青年农民参保积极性不高

一是年轻农民本身在要求缴费的年龄（16 周岁）尚未安定，有些没有工作；二是他们离领取养老金的时间遥遥无期，其间保费的保值增值如何，还很难确定。毕竟老农保的前车之鉴——月领几元钱甚至几毛钱，今天看来依然触目惊

---

① 马亮：《反思“新农保”推进工作中的若干问题——以南通为例》，载《理论前沿》2009 年第 21 期，第 37～38 页。

② 方昌勤：《关于新农保实施的困境与思考》，载《现代商业》2012 年第 6 期，第 174～175 页。

③ 惠恩才：《我国农村社会养老保险基金管理与运营研究》，载《农业经济问题》2011 年第 7 期，第 23～30 页。

心。三是部分中青年农民担心参加新农保后，如果再进入城镇企业工作，还能不能再参加职工养老保险，或者说他们已经交的保费是否白交。因此这项惠民政策遭遇到了中青年农民参保积极性不高的尴尬。

2. 信息化建设落后，手工记账出错率高

不少地方经办工作还以手工操作为主，经办成本高、效率低。目前全国没有统一的系统软件和网络建设规划。一些地方为解燃眉之急，开发了过渡性应用软件，但在系统结构、业务模块、数据接口、指标体系等方面均存在不同程度的差异。另外，各地的新农保经办管理模式不统一，操作流程差别较大，增加了管理成本和难度。①

3. 参保农民外出打工居多，联系困难，难以参保和信息采集

一方面，农村参保人员大部分都是举家在外打工者，这一群体由于其流动性较强，加上基层劳动保障事务所人手严重不足，使得政策宣传、信息送达都成问题，成为新农保参保部分的“真空”地带。另一方面，这些外出打工者常年在外，联系困难，使新农保的相关经办工作如信息采集（图像采集、指纹采集等）、身份确认、保费缴纳等都比较困难，在一定程度上阻碍了新农保的顺利推进。

4. 部分地区强制推行新农保

新农保实行自愿参保，但“老人”要领取养老金，“其符合参保条件的子女应当参保缴费”，这里含有隐蔽的强制性。这种捆绑政策会造成部分子女与父母的矛盾会加大、农村资金净流出、逆淘汰现象等问题。新农保争取在2020年之前基本实现对所有农村适龄居民的全覆盖，为此部分地方政府追求提高新农保的参保率，变相强制农民参保，造成了恶劣影响。搞“一刀切”，盲目要求所有农民都参加到新农保中来并不符合中国的实际，不仅会损害农民参保的积极性，甚至会使农民产生不满和抵触情绪，最终影响新农保试点范围的扩大进程。

第五节　中国新型农村社会养老保险的经办模式

2009年9月，在国务院出台《关于开展新型农村社会养老保险试点的指导意见》后，试点地区地方政府根据国务院的指导原则，结合当地的实际，开始了新农保的经办管理服务和实地运作。在具体的实施过程中，根据新农保的经办

① 刘晓梅：《中国农村社会养老保险理论与实务研究》，科学出版社2010年版，第175页。

管理特色，形成了典型的“德阳模式”、“广东模式”、“东台模式”“罗山模式”等。下面将对这些典型的经办管理模式进行具体的介绍。

一、政府为主导的经办模式

全国绝大部分地区的新农保经办模式都是以政府为主导的，这里仅以北京模式、罗山模式和通江模式为例来加以介绍。

（一）北京模式——城乡统筹的管理创新模式

中国的农村养老保障制度自20世纪80年代以来，经历了老农保的探索与稳步发展、老农保的整顿规范、新农保的探索与创建、新农保的试点推广四个主要的阶段。北京市的农村养老保险制度的发展也同样如此。从1991年开始试点到2005年，北京市的农村养老保险制度建设取得了重大的发展。2005年年底，北京市下发了《北京市农村养老保险制度建设的指导意见》，对农村养老保险制度的缴费和待遇发放办法进行了调整，改变了过去“个人缴费为主、集体补助为辅、国家政策扶持”的筹资方式，确立了“个人缴费、集体补助和政府补贴”的模式，对于明确政府责任和统筹城乡养老保险也具有重要意义。但是，由于农民个人的缴费标准较高，造成制度运行的成效并不明显。2007年12月29日，北京市出台了《北京市新型农村社会养老保险试行办法》，于2008年1月1日起开始实行，确立了个人账户与基础养老金相结合的制度模式。在资金的筹集上实行个人缴费、集体补助、政府补贴相结合的方式，按年缴费，最低价标准是上一年度农民纯收入的10%，以上部分可以自己根据实际的缴费能力进行选择。基础养老金由地方政府即市、区（县）共同筹集。2008年，北京市下发了《北京市城乡居民养老保险办法》，从城乡一体化的理念进行制度设计，在其积极努力下，在全国率先建立了城乡统筹的农村养老保障制度。北京市的新农保试点较早，并且具有明显的特点，对于2009年9月1日国务院下发《关于开展新型农村社会养老保险试点的指导意见》中的全国新农保试点工作的开展提供了宝贵的经验和重要的借鉴。目前，北京的新农保工作仍在有序地进行，并且进行了适当的改革，作为政府经办、城乡统筹管理的创新模式，对于各地的实践具有一定的指导意义。下面将对北京市目前实施模式的进行介绍。

在覆盖范围上，具有北京市农村户籍，男年满45周岁，女年满40周岁，都必须参保。如果推迟参保，达到领取退休金的年龄则会顺延领取。养老金的待遇标准在达到法定退休年龄后按月计发。

在基金的筹集方式上，采用基础养老金和个人账户相结合的方式。个人账户主要是个人缴纳的养老保险费以及利息，集体补助以及集体或者其他补助收入等。基础养老金主要是政府的统一补贴，国家的补助标准是每人每月 280 元。个人的缴费的最低标准是北京市各区县上年度农村居民人均纯收入的 9%，最高标准是北京市上一年度城镇居民人均可支配收入的 30%。个人缴纳保费要满 15 年。

待遇发放标准，个人领取的养老金包括个人账户 15 年均缴纳保费中总额除以一个系数（男，139；女 170）得到每月可领取的金额，再加上国家每月发放的基础养老金 280 元，具体流程如图 3－3 所示。

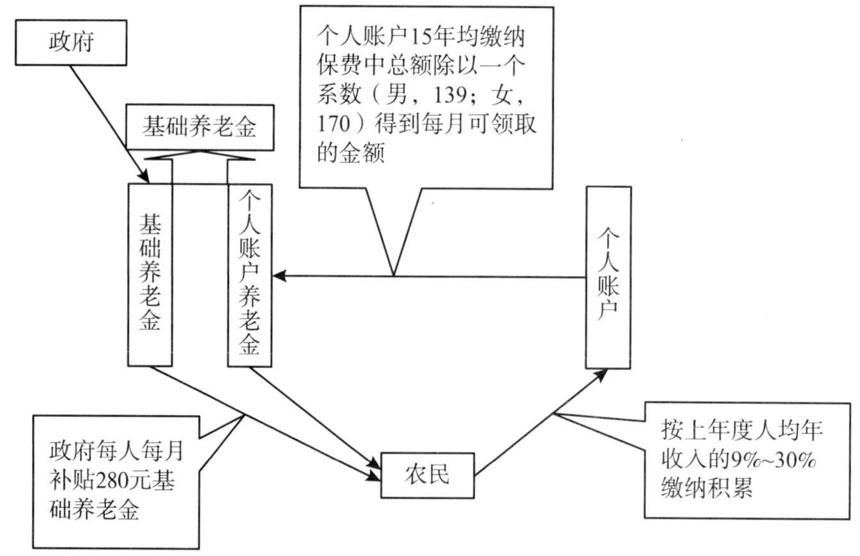

图 3－3　北京市新农保资金筹集与待遇发放流程

在制度的衔接上，对于户口转为城市的农村居民，将其之前缴纳的社会保险费进行折算，转化为城市基本养老保险基金，并为其建立个人账户；对于已经参加城镇基本养老保险的农民工群体，将其缴纳的保费划入地方所属的新农保经办机构，并建立其个人账户，按新农保的待遇标准进行发放；对于 60 周岁以上，未缴纳新农保的老年群体，国家发放每月 200 元的基础养老金，对于这部分老年群体的保障金由市、区（县）自行筹集。对于过去加入农村养老保险的个人，将其个人账户关系转入城乡居民养老保险账户，统一进行管理。

此外，从 2009 年起开始实施的《北京市城乡居民养老保险办法》规定，凡具有北京市户籍，年满 16 周岁，男未满 60 周岁，女未满 55 周岁，未被纳入行政事业单位编制管理或者不符合参加该市基本养老保险的城乡居民，其保障模式和筹资模式与新农保模式相同，但是在缴费标准和城乡衔接上略有调整。[①]

由北京模式的主要内容可以看出，其主要具有三个特征：

第一，明确政府的主导责任。北京市的新型农村养老保险制度中规定，资金筹集由个人缴费、集体补助和政府补贴三部分构成。基础养老金的发放主要由市、区（县）两级政府进行，也可以适当提高待遇标准。对于未享有社会保障的60岁以上老人，每月每人发放200元的福利金也主要由市、区（县）两级进行投入。充分体现了政府在农村养老保障中的主导责任，有利于新农保资金来源的稳定，提高农民参保的积极性。

第二，建立个人缴费激励机制。北京模式中规定个人要缴纳15年的保费，并对缴费标准进行了适当的调整，由原来的最低标准北京市各区县上年度农村居民人均纯收入的10%变为9%，在很多很大程度上减轻了农民的缴费负担，也有利于个人账户的有效积累。加之国家每人每月发放280元的基础养老金，对于农民参加新农保也起到了正向的激励作用。

第三，城乡一体化的制度设计理念。在北京模式中，首先将失地农民和农民工群体纳入了城镇养老保险体系中，并对城市农村居民养老险制度的衔接做了较为明确的规定。对于私企员工和北京市户籍的农民工群体，可以同时缴纳职工社保和新农保，二者之间无冲突，并且可以衔接。这说明北京市在不断推进新农保的过程中，也统一了城乡标准，在全国率先建立了城乡一体化的养老保险制度，对于全国统筹城乡基本养老保险也具有重要意义。

（二）罗山模式——贫困县农民的养老创新模式

罗山县，隶属于河南省信阳市，是位于豫南大别山区的一个省级贫困县。2009年5月11日，罗山县开始启动新农保试点工作，到7月30日，全县的289个村已经全部完成了参保任务；到达2010年年底，全县73万人口，参保农民总数达39.36万人，适龄参保农民参保率达91.2%，其中，60周岁以上参保农民5.9万人，已为符合条件的参保老人发放4 180万元。[②] 可以看出，罗山县的新农保实践成效显著。2009年7月26日，人力资源和社会保障部部长尹蔚民在部门事务会议中认可了罗山县新农保工作的开展，并称其为“罗山模式”。罗山县作为省级的贫困县，在新农保的探索中结合当地实际，大胆探索，走出了一条创新道路，对于全国贫困地区新农保工作的开展提供了重要的借鉴。下面将对罗山

① 王德文、侯慧丽：《新型农村养老保障制度改革——北京模式的探索意义及其适用条件》，载《社会保障研究》2010年第1期，第40～50页。

② 胡焕旭：《新农保“罗山模式”的实践和启示》，载《中国商界》2011年第11期，第329～330页。

模式进行介绍。

2009年年初，罗山县社保局成立了专题的调研组深入农村，对该县农村的人员构成、经济收入、生活水平以及基本需求等方面进行了调查，通过发放问卷、入户调查的方法掌握了该县的基本情况，对于新农保工作的开展做好了铺垫。在此基础上，罗山县的领导在参保对象、保障水平、缴费比例等方面进行了规定。参保对象是该地区具有农村户籍的居民；待遇发放是每人每月养老金不低于100元；缴费原则是坚持权利和义务相统一，参保人员必须缴费，缴费档次分为上一年度农民人均纯收入的6%和8%两个标准；此外，为了确保缴费来源的多渠道化，减轻农民的参保负担，建立了社会捐赠和集体补助制度，并且实行家庭和全村相结合的联动机制，确保该村农民都能参保。

2009年5月8日，罗山县出台了《罗山县新型农村合作养老保险办法（试行）》，正式开展了新农保的试点工作，具体内容体现在以下六个方面：

一是保基本。目标是保证每位参保老人的待遇不低于当地贫困线水平，满足最基本的生活需求。确定每人每月70元的养老金待遇标准，60周岁以上的老人按6%的标准进行缴费，达15年，可每月领取101.3元；按8%的标准缴费达15年，每月可领取111.8元。对于70周岁以上的参保老人，政府另外补贴10元，保证其基本生活。

二是广覆盖。规定16周岁以上的农村居民均可参保（在校学生除外），充分体现了参保群体的广泛性，将参保政策惠及更多人群，有利于新农保政策的持续推进。

三是能承受。主要体现在两个方面：第一是农民能承受。缴费档次分为6%和8%，农民可以根据自身的缴费能力自由选择，在很大程度上减轻农民的缴费负担。第二是地方财政能承受。县级财政对养老金待遇进行补贴，将上一年财政一般预算收入的3%投入基础养老金，不过度增加地方政府的财政压力，也在很大程度上为新农保提供更多支持。

四是好操作。主要表现在新农保政策易于农民理解，农民缴费和领取方式便利、快捷，新农保基金管理效率较高。农民每年缴纳一次保费，到该县乡镇信用社的任一网点直接缴纳即可。同样领取也可以持银行卡，到河南省内农村信用社的任一网点领取。新农保基金实行收支两条线管理，由社保部门负责基金的筹集，财政部门负责基金的管理，银行进行发放，在很大程度上确保了基金运行的安全和有效。

五是可持续。罗山县的新农保政策规定，以家庭为参保单位，符合参保标准的家庭成员必须参保。同时以行政村为参保单位，参保人数达60%方可进入新农保的制度体系。这大大提高了参保率，也有利于增强基金的安全性和抗风险的能力。

六是易衔接。罗山县的新农保采用个人账户与社会统筹相结合筹资方式，个人、集体和政府共同承担农村养老保障的责任，并且与社会救助、土地保障等政策相配套执行，与国家政策相衔接，同时缴费水平较低，充分考虑了当地的经济实力，有利于政策的稳定性和可持续性。

罗山县新农保政策在具体推行过程中，结合当地的实际情况，采用了分层次、有步骤的方法，起到了积极的效果，也呈现一些特点，主要包括：

第一，政府主导，制定科学方案。罗山县政府在新农保工作的开展中发挥了主导作用，通过前期组织全县的实地调研，全面地掌握了该县的基本情况和目前农民的生存现状和养老需求，并在此基础上制定了较为科学的政策推行方案，大大提高了新农保政策的科学和有效性。加之，县领导主抓，各级领导相互配合，在很大程度上促进了政策的执行。

第二，典型示范，重点帮扶。在罗山县新农保工作开展的起步阶段，采取典型示范、重点帮扶的方法推进工作的开展。先是在每个乡镇选取 2 ~3 个基础条件好的村进行示范，采取以点带面的方式层层推进。然后县级领导每人负责指导一个示范村的新农保工作开展，同时乡镇以及村级干部亲自到村组织帮助实施，对于新农保的整体推进起到了重要作用，有利于及时解决工作中的问题，示范带动，提高各村参保的积极性。

第三，多元化的宣传方式。罗山县在新农保政策的实施过程中采取多元化的宣传手段，深入开展了“个十百千万”的活动。“个”是指一个主题。即围绕建立新型农村养老保险这一主题进行宣传；“十”是指组织十名工作完成较好的村支部书记进行经验介绍；“百”是指组织一百个县级直属的单位对行政村进行帮扶；“千”是指组织一千名该县的领导干部各联系一到两个村民组；“万”是指组织发动一万名公务员来到基层，深入农户进行政策的宣传。这种层层推进、多元化方式对于新农保政策的理解和宣传具有重要作用；将县级领导、政府公职人员和村干部等与农村居民联系在一起，大大提高了农民的参保热情，为新农保的顺利开展奠定了基础，也为全国一些贫困地区工作推进提供了参考和借鉴。

（三）通江模式——“三权分离”、突重点、低缴费、广覆盖的创新模式

与中国农村养老保险制度的发展历程相类似，四川省巴中市通江县的农村养老保险制度也经历了不断改革探索的过程。1995 年，通江县启动了农村社会养老保险的试点工作，但是由于农民的缴费能力不足，成效并不大，此后也一直处于停滞的状态。2005 年，通江县被列为中日政府合作项目“中国农村社会养老

保险制度创新与规范管理”试点县，制定颁布了《通江县农村社会养老保险制度创新与规范管理试点工作实施方案》。2006年，通江县的新农保工作正式启动，经过不断探索，建立了“粮食换保障”、“农村社会养老保险证质押贷款”等机制，取得了较好的成效。2009年，国务院《关于开展新型农村社会养老保险试点的指导意见》出台后，通江县又被列为全省试点县之一，继续进行新农保模式的探索，并形成了公开透明、覆盖广泛、突出重点、关系转移方便的创新机制。截至2012年5月，通江县新农保参加人数达24.2万人，征缴基金累计达3 267.6万元，领取养老金人数达9.2万人，累计发放养老金共计11 890.3万元。① 下面将对2009年后通江县的新农保实施模式进行介绍。

2009年12月，在《国务院关于开展新型农村社会养老保险试点的指导意见》、《四川省新型农村社会养老保险试点实施办法》等政策的指导下，通江县制定了《通江县新型农村社会养老保险实施办法》。其中确定了参保对象、缴费和政府补贴标准、待遇发放以及一些重点人群参保条件等。首先，将年满16周岁未满60周岁、且未参加城镇基本养老保险的农村户籍居民纳入参保范围。其次，根据中央政策划分的100~500元的5个缴费档次，省级政府每一缴费档次均补贴20元，县级财政分别补贴10元、10元、15元、20元、25元，具体如表3-9所示。在养老金给付上，年满60周岁、符合领取条件的老年群体可以按月领取基础养老金，并且其符合参保条件的子女也必须参保；未满60周岁参保人员的养老金由个人账户养老金和基础养老金构成。即为每月的基础养老金55元+个人账户养老金/139。对于年满60周岁，重大伤残者或鳏寡孤独者则不需缴费，直接领取55元基础养老金。

表3-9　　通江县新农保制度政府补贴与个人缴费标准　　单位：元

缴费档次	省级财政补贴	县级财政补贴	个人账户合计
100	20	10	130
200	20	10	230
300	20	15	335
400	20	20	440
500	20	25	545

资料来源：根据《通江县新型农村社会养老保险实施办法（试行）》（载通江县人力资源和社会保障局网站 http://www.sctjrsj.gov.cn/Article/yasf/201109/82.html）整理得到。

① 袁军仁：《县人社局：助推新型农村社会养老保险》，http://www.tjxzf.gov.cn/News_view.asp?ID=41261.

在通江县新农保的具体经办和实施过程中，结合当地实际，进行了探索和创新，形成了以下特征：

第一，管理上，“三权分离”，公开透明。通江县新农保的管理模式是“三权分离”，即由乡镇统一征收保费，由农保局经办相关业务，基金管理中心核算资金，财政专户进行管理，社会化发放，按年审计监督。这种将新农保基金的筹集、管理和发放相分离的方法在很大程度上提高了基金的安全性，对于防止基金流失和合理发放具有重要作用。但是，也在很大程度上增加了管理和运行成本。

第二，覆盖面广，突出重点。通江县在新农保的实施过程中，注重对当地实际进行调查，将之前参保率较低的农民工群体、农转非人员以及乡镇企业职工等人群纳入保障范围，确立了农村村组干部、进城务工农民、农村独生子女、农转非人员，以及乡镇企业员工五类重点人群进行突破，保障其基本的养老需求。

第三，政府强化责任，降低缴费门槛。通江县的新农保政策中规定，60周岁以上符合养老金领取条件的老人可以不用缴纳个人账户部分，直接领取养老金。并且对于农村中重大伤残的老人地方政府为其缴费，每人每月领取55元基础养老金。对于未满60周岁的参保人员，可以根据自身的经济能力进行选择缴费档次，充分体现了新农保政策的惠民性。通江县每年财政补贴超过700万元，充分体现了政府在新农保政策中的主导作用，同时降低了缴费标准，极大提高了农民的参保积极性。

第四，运作规范，关系转移灵活。通江县在推进新农保的过程中制定了《通江县新型农村社会养老保险业务操作流程》等规章制度，确保业务操作的规范、快捷和高效。并且为每一个参保人员和养老金的领取人员建立个人档案，由专人进行管理，保证了运作过程的规范化。此外，通江模式对新农保因出国、死亡、户籍和身份变动等原因个人账户的转移、衔接等做了明确的规定和说明，有利于新农保工作的持续开展，建立统筹城乡的养老保险制度。

二、社会经办的管理创新模式

国家新农保试点三年以来，部分地区积极探索和尝试社会经办新农保，并出现了一些创新模式。其中，代表性的有“政府购买商业保险公司经办服务的德阳模式”、“邮储银行经办新农保业务的广东模式”和“外包信用联社四不出村服务的东台模式”，下面加以介绍。

（一）德阳模式——政府购买商业保险公司经办服务

自2009年9月，国务院出台《关于开展新型农村社会养老保险试点的意见》，四川省积极响应国家的政策，制定了《四川省新型农村社会养老保险试点实施办法》。同年12月，国务院批准了四川省21个县（市、区）成为新型农村社会养老保险的首批试点县。其中，德阳市旌阳区作为首批试点之一，全区包括11个乡镇和30多万的居民，开始了这项庞大而复杂的工作。在前期工作中，德阳市社保局从成本和管理角度进行评估，需要投入经费至少600多万元，需要新增经办人员120余人。由于受国际金融危机的影响，国家财政面临一定的困难，无力投入过多的资金，加之汶川地震后的重建工作正在进行，德阳市政府面临资金上的缺乏和经办人员不足的问题。并且上级政府要求新农保的参保率要达到80%，从时间评估上看至少需要两年的时间。面对这种困境，旌阳区社保局考虑到之前经办职工补充医疗保险和养老保险时引入了商业保险公司的参与，取得了不错的成效。2010年3月11日，旌阳区政府就“村级就业和社会保障公共服务”公开招标，中国人寿保险有限公司德阳分公司以358万元中标，4月9日，双方正式签订协议，探索出了商业保险公司经办新农保服务的创新之路，这种做法被称为“德阳模式”。

德阳政府所采购的经办服务主要包括三个方面：一是收集和检查新农保参保人员的登记、上报缴费、待遇发放申请、关系的转移与接续等材料是否齐全，并录入上报材料的基础信息；二是对于新农保的政策进行解释和宣传，并通过实地调查等手段对申请参保者的基础信息和参保资格进行采集和核实。并且向参保者发放相关的材料，提醒参保人员缴费等；三是对年满60周岁，未享受城镇基本养老保险的农村户籍的居民，可按月领取基础养老金的人员及其子女的参保情况进行公示，同时告知每一年度所有参保人员的缴费情况。根据双方协议规定，人寿保险公司德阳分公司只负责新农保的具体经办，不进行新农保资金的管理、运营工作，不承担基金运行中的盈亏，政府支付其相应的服务费用，其服务内容和质量同样也要接受政府的监督和评估。

在具体的操作中，人寿保险德阳分公司进行了总体的规划。从本乡本村职业学校或者高中以上学历、平均年龄在24岁左右的青年中选取了180名组建了村级公共服务的协理员队伍，并对其进行政策、具体业务操作、规范流程等培训。将全区划分为六片，并挑选六名公司的业务骨干成为每一个片区的经理，每一片区经理负责管理20个左右行政村的协理员，协理员主要进行驻村服务，入户对村民进行服务和宣传。再从180名协理员中挑选17名主管，主要负责对镇和村两级的委员会进行沟通，并帮助片区经理对协理员业务进行考核和监督。这种专业化团队的经办、运作方式不仅在政策宣传上具有系统性，在实际业务操作上也呈现规范、高效和体系性的特点。截至2011年2月，全区参保人数已达16.15万人，成果显著，同时也为其他试点地区的新农保经办模式探索提供给了重要经验和借鉴。具体流程如图 3-4 所示。

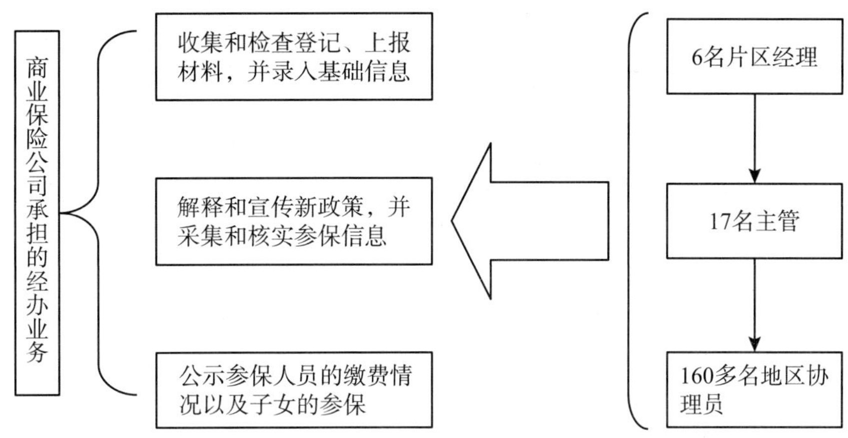

图 3-4 “德阳模式”中商业保险公司参与业务经办的操作

“德阳模式”从本地实际出发，充分利用商业保险公司的经办优势，通过政府购买服务的方式探索出了社会保险与商业保险相结合的创新道路。具体体现了以下特点：

第一，政府招标采购。2010 年 3 月 11 日，德阳市旌阳区政府采购中心就“村级就业和社会保障公共服务”进行公开招标，由人寿保险公司德阳分公司中标，负责提供新农保的经办服务。这种经办方式在新农保的经办方式上是一种重大创新。以政府为主导，通过招标采购村级公共服务的方式，对于降低经办和管理成本，提高服务质量和专业化程度具有重要作用，也极大地减轻了地方政府的财政负担，是政府职能转变的典型尝试。

第二，经办过程保险公司不承担盈亏。在人寿保险德阳分公司的具体经办过程中，根据双方签订的协议，只提供新农保业务的经办服务，不负责新农保基金的管理和运营，具体的资金管理由人寿保险公司指定的银行机构承担。由于新农保当时还处于试点阶段，其利润空间具有很大的不确定性，而人寿保险公司是以营利为目标的商业保险公司，不承担新农保基金的管理，一方面可以防止商业保险公司运作过程中的资金风险，另一方面也有利于商业保险公司发挥专业优势，减轻其资金运营的压力，集中提供经办服务，确保模式的持续性。

第三，市场机制引入社会保险。随着政府职能的转变，在公共产品和服务的供给中，适当引入市场机制，不仅可以提高公共产品的供给效率，也有利于减轻政府的负担。社会保险的传统供给模式是政府主导。德阳模式在新农保的服务提供中引入了市场机制，通过招标采购的方式向农村居民提供经办服务，不仅在很大程度上减轻了县（市、区）及政府经办人员不足、缺乏资金支持的压力，也有利于资源的优化配置，运用商业保险公司的专业化优势，为农民能提供更专业、规范化的服务，同时降低了管理成本，推动了新农保工作的开展。

（二）广东模式——邮储银行经办新农保业务

新农保是政府在继取消农业税、建立新型农村合作医疗制度后的又一惠民政策。自 2009 年，中央出台新农保的指导性政策后，全国各地纷纷开展试点工作，结合地方的实际开始探索。但是从推进情况来看，由于县级以下的乡村受到经办人员和管理手段等方面的限制，经办能力上稍显不足。广东省在新农保经办上取得了突破，与邮储银行广东省分行合作，通过利用其信息和服务、管理上的优势，以“一站式服务”解决了政府机构经办人员不足、资金投入较少等方面的问题，探索出了“管理上提、服务下沉、省级统筹、社银合作”的创新模式，被称为“广东模式”，对于降低管理和运行成本，提高经办效率，具有重要意义。下面将对广东模式进行具体介绍。

第一，邮储银行发挥网点优势，经办业务，与政府责任相分离。广东省政府创新了新农保服务的供给方式，交由本省的邮储银行负责新农保的具体业务经办，包括新农保参保人员的身份信息核对、参保资料登记、录入，参保人员保费的缴纳以及养老金的代发等服务，不仅提高了经办效率，也在很大程度上减轻了各级政府在资金和人员上的投入。第二，整合了新农保的业务经办流程，提供“一站式”服务。新农保政策的理解和参保流程的复杂程度对于农民的参保积极性有重大影响。繁琐、庞杂的流程和手续对于文化程度偏低的农村居民来说，是一种负担，加之其参保意愿不强，造成整体参保率偏低。广东省通过与邮储银行合作，实行一站式服务，参保人员只需在银行的窗口，则能完成所有的参保手续，大大简化了参保和经办流程，为参保人员提供了便捷、高效的服务。第三，集中优势资源，优化服务渠道。虽然邮储银行在广东省各乡镇的覆盖面已达到 90% 以上，但要经办几百万参保群体的业务仍存在一定困难。邮储银行采取批量化业务处理的方式，通过前台分散处理和后台集中处理相结合、固定服务与流动上门服务相结合、分区域和分批次相结合的方式进行。第四，发挥银行的信息优势，加强对基金的管理。通过发挥银行的内部控制机制，在参保人员缴费后，将个人的账户信息和资金情况统一反映到信息系统中，很大程度上保证了基金的安全性。

广东模式通过“社银合作”建立了新农保服务的长效机制，对于新农保工作的开展和推进、统筹城乡基本养老保险具有重要意义。在其具体的经办和管理过程中体现了一些优势特点，主要包括以下几个方面：

第一，通过“一站式”服务，降低了管理成本，提高了经办效率。在广东省，参保人员可以通过只填一张表在银行窗口就可以完成参保手续的办理，保费的缴纳和养老金的领取也是通过银行窗口进行。这种一站式的服务模式在很大程度上改变了政府经办社保服务各部门分割，流程繁琐、复杂的局面，极大地提高了服务效率，也减轻了政府经办人员的压力，降低了运行成本。

第二，整合商业银行资源，提高了服务的专业性。邮储银行在乡镇、村一级网点的覆盖范围较广，并且具备信息化方面的优势。广东省在新农保工作的开展过程中通过银行的参与，利用其信息管理方面的资源优势，对参保信息进行了系统化的管理，规范了服务流程，提高了服务的专业性。

第三，借助银行的网络信息优势，加强了基金的监管，有利于城乡统筹。在邮储银行的参与、合作下，广东省新农保能够利用借助其账户系统对所有参保人员的基本情况、缴费信息等进行监测和管理，基本实现了省一级的统筹。这对于广东省的城乡基本养老保险统筹具有重要意义。

（三）东台模式——外包信用联社“四不出村”服务

东台市是江苏省盐城市下辖的一个县级市，位于江苏沿海中部，是中国县域经济百强县。[①] 在国务院出台新农保政策实施试点的相关政策后，东台市结合当地实际，积极探索，通过与信用联社合作，打造出了“15 分钟的社会保障服务圈”，使东台市 30 多万农民，在不出村的情况下可以实现新农保登记、缴纳和领取等业务的办理，极大地为参保人员提供了方便，提高了农民参保的积极性。这种新农保服务经办和管理创新模式被称之为“东台模式”。下面将对东台模式进行具体的介绍。

“东台模式”在经办管理服务上，实现新农保的登记、缴纳和领取、待遇查询“四不出村”。东台市新农保经办机构将经办服务外包给信用联社，信用联社从当地农村的实际出发，为了减轻农民因缴费和取款等需要往返城市和农村之间的距离和经济上的负担，开发了一种新农保业务在电话机上的结算工具——“便民宝”，通过在各村设置便民服务店（一般是商店、超市等），使得参保人员不出村即可实现登记、缴费、待遇发放、权益查询的业务办理。

首先，在养老金领取上，经办机构通过本市的信用联社实行社会化发放。信用联社通过给每位参保人员办理储蓄卡，定期足额将养老金打到储蓄卡上来实现。信用联社同时也为各村便民服务点的负责人办理个人信用卡，在参保人员领取养老金时，将个人的储蓄卡和便民点负责人的信用卡同时插到“便民宝”上

① 向春华：《“四不出村”：东台新农保的贴身服务——探访进村系列之一》，载《中国社会保障》2012 年第 7 期，第 8～10 页。

即可。实际上是信用联社将参保人员的养老金转到便民店负责人的信用卡上，负责人再通过“便民宝”为其支付现金，最后信用联社根据信用卡的记录与便民点进行结算。其次，在保费的缴纳上，也可以通过“便民宝”完成。在缴纳保费时，同样将储蓄卡和信用卡插到“便民宝”，参保人将保费交给便民点负责人，负责人再将同等的保费从自己信用卡转到参保人的储蓄卡上，信用联社通过扣除储蓄卡上的保费到新农保经办的财政专户即可完成。最后，在新农保的登记和待遇查询上，东台市通过建立镇村级的信息终端，登录“江苏省新型农村社会养老保险系统”实现。2011 年，东台市在新农保信息系统的建设上投入设备经费 400 多万元，建立了镇村级的信息终端，包括计算机、传真机、电话机等，覆盖全市各村，并且与省级新农保中心联网，向参保人员提供登记、信息查询等方面的服务。具体流程如图 3 - 5 所示。

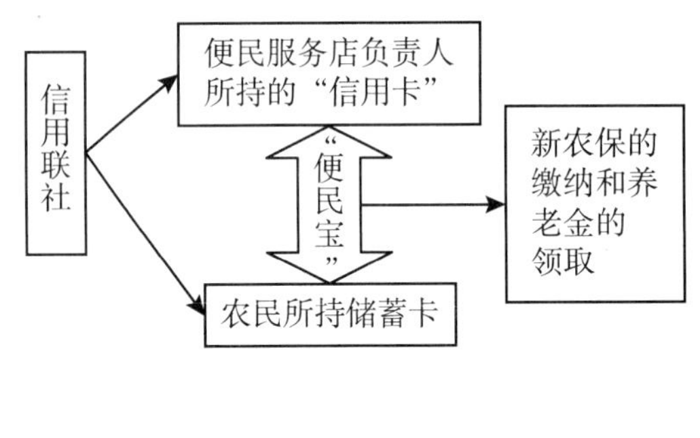

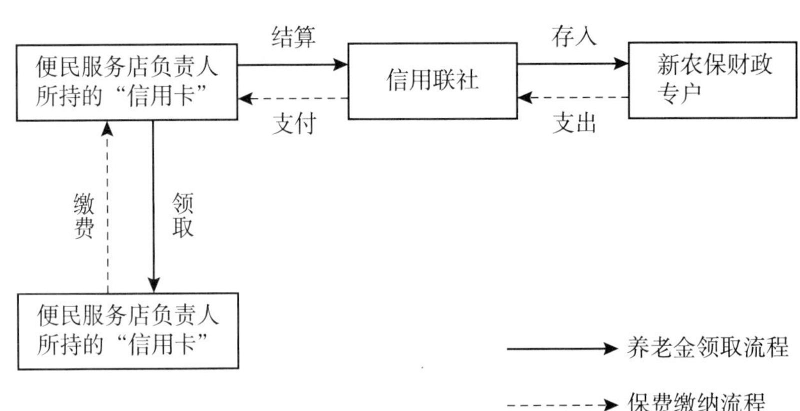

图 3 - 5　“东台模式”中“便民宝”服务的具体流程

工作人员通过登录江苏省新型农村社会养老保险系统，录入参保人员的相关信息，再经省级新农保中心审核，生成了确定性的数据。参保人员在需要时可以通过村级工作人员登录系统查询，极大地提高了经办效率，也确保了信息的安全性。

东台模式通过服务创新和技术创新为农村参保居民提供了“管家式”的服务，在经办过程中体现了以下特点：

第一，利用信用联社的专业化优势，进行了服务模式的创新。东台市新农保经办机构与当地信用联社合作，在全市各村设置便民点，开发并利用一种新型结算工具——“便民宝”，通过便民点负责人信用卡的转账等功能，实现农村参保人员在不出村的情况下完成保费的缴纳、发放以及信息的登记和查询。这种模式从当地实际出发，充分考虑农民参保、领取保费中面临的问题，进行了服务上的创新，极大地提高了新农保的参保率。

第二，充分调动了村民的参与的积极性。东台模式在具体经办操作中，通过与当地农民相配合，利用其熟悉地域和风俗的优势，极大地推动了新农保工作的开展。主要体现在两个方面：一是便民点的设置。便民服务点设置在农村的商店和超市等地，并且信用联社规定，每支取和缴纳一人次保费，向便民点支付固定的劳务费，并通过年底考核给予其一定奖励。这不仅充分利用了便民点熟悉村民的信息优势，也确保了参保人员养老金领取的安全性。二是在村级工作的人员配置上，以村居委会工作人员为主，作为新农保工作的协理员，进行宣传和推动。不仅调动了村级组织的积极性，也有利于工作的开展。

第三，建立信息系统，与省级农保中心接轨。东台市新农保经办中心通过在全市各村建立信息终端，通过各村工作人员登录江苏省新农保信息系统，进行参保人员信息的录入，在经过市级或省级农保中心的审核，完成参保。这不仅实现与省级新农保中心相接轨，也促进了参保过程的规范化和信息化。

三、新农保经办模式的比较与思考

（一）试点地区新农保经办模式的比较总结

从试点地区进行新农保模式的探索来看，大多结合实际进行了经办和管理方式上的创新，取得了一定的成效，对其总结如下：

1. 在经办和管理模式上，政府主导和社会经办各有千秋

对于政府主导的经办模式来说，主要是政府通过制定相关政策，成立专门机构负责新农保的资金筹集、待遇发放以及新农保基金的管理，这对于扩大新农保的政策覆盖面、提高参保人员的待遇上具有重要作用，也能确保新农保制度运行的稳定性。但是，在某些地区由于县级经办机构的人员和经费不足，实施效果并不明显，反而会增加地方财政的负担。而对于社会化经办的模式来说，地方政府可以利用商业保险公司等机构的专业化优势为参保人员提供更规范、便捷的服务，降低管理和运行成本，但是由于政府补贴较少，可能会在一定程度上损害企业的积极性，加之企业存在一定的信誉压力，不利于模式的持续推进。

2. 在社会经办的管理模式上，商业保险公司、邮储银行和信用联社各有优势

关于新农保资金管理，对于政府购买商业保险公司服务的德阳模式来说，通过与其签订合同，制定相关操作流程，商业保险公司负责新农保的政策宣传和具体经办，不负责资金的管理，有利于降低新农保资金的风险，确保资金的安全性。而东台模式和广东模式通过利用银行系统的信息网络优势，通过银行收取新农保缴费，再转账至财政专户的方式进行，方便了资金的管理，但是却存在一定的资金风险。关于养老金的领取，东台模式通过与当地信用联社合作，在各村安装“便民宝”，提供不出村即可领取养老金的服务，在一定程度上解决了参保人员因知识水平不足、距离较远等因素领取养老金的困难，但是也增加了当地政府的财政负担。而广东模式和德阳模式在结算工具投入上稍显不足。在政策宣传上，德阳模式和东台模式都充分调动村民积极性，利用其熟悉当地实际的优势，通过划分区域宣传，效果较好。

（二）对新农保经办模式的进一步思考

各地在新农保的模式探索过程中，取得了突出的成果，但也存在一些问题，对新农保工作的继续推进提供了宝贵的经验。各地在开展新农保的工作中要注意以下几点：

第一，充分考虑当地实际，制定科学方案。在进行新农保的试点推进工作中，各地应充分结合当地的资源优势，在全面掌握当地的实际情况下，制定科学合理的试点方案。如罗山模式，就是在深入实地调查，把握本县人员结构的情况下，开展新农保的试点工作，取得了积极的成效。因此，当地政府或新农保经办机构应利用当地资源，从影响农民参保意愿的因素出发，制定更切合实际、科学合理的方案，提高新农保工作的有效性。

第二，有效整合农村社会服务资源，调动农民参积极性。农村是新农保工作开展的重要平台，农民是工作的主要对象，要保证新农保工作的顺利开展，离不开村民的支持。因此，在新农保进行试点工作时，要注重充分调动农村居民的积极性，利用其熟悉本村实际、情感联系紧密的优势开展。如德阳模式和东台模式，都是通过招聘当地村民或本村大学生村干部作为地区协理员，进行新农保政策的宣传、解读以及具体业务的操作，不仅调动了当地村民参保的积极性，也在一定程度上促进了就业。

第三，适当引入市场机制，创新管理和经办方式。从各地的模式探索中可以发现，很多地区在新农保的具体经办过程中引入了市场机制，充分利用了商业保险公司或者涉农银行等在信息网络、业务经办上的优势，大大提高了新农保经办的专业化水平。如德阳模式，政府购买商业保险公司的经办服务，商业保险公司负责新农保的宣传和登记、缴费等业务。各地在探索和推进中，也可以充分考虑这一点，通过市场机制，采取社会化的经办方式，降低政府的管理成本，提高经办效率。

第四章

新型农村社会养老保险农民缴费能力和缴费意愿的可持续性

第一节　新农保农民缴费能力的可持续性分析

2009年9月1日，国务院出台《关于开展新型农村社会养老保险试点的指导意见》（国发〔2009〕32号），中国新农保开始试点。依据国发〔2009〕32号文件的规定，新农保的筹资机制为：个人缴费 + 集体补助 + 政府补贴。个人、集体和政府各方筹资主体筹资能力的可持续性，关系到新农保制度的可持续发展。纵观已有的研究，学术界主要关注政府（财政）和集体的筹资能力，而对农民个人缴费能力的研究非常少。在已有的研究中，主要是利用新农保个人缴费标准占农民人均纯收入比重这一指标，从短期静态视角来分析全国或某一地区的新农保农民缴费能力，如薛惠元、张德明（2010）对全国和各省（自治区、直辖市）农民个人缴费数额占农民人均纯收入的比重进行了测算和分析；[①] 付小鹏等（2011）对重庆市15个试点区县农民个人缴费数额占农民人均纯收入的比重

① 薛惠元、张德明：《新型农村社会养老保险筹资机制探析》，载《现代经济探讨》2010年第2期，第56～60页。

进行了测算和分析；[①] 杜茂华（2010）以重庆市涪陵区为例，分析了农民个人的缴费负担。[②] 总起来看，研究还不够系统、深入。本节拟从短期静态和长期动态两个维度对新农保农民缴费能力进行全面深入分析，以期对中国正在试点的新农保制度有所借鉴。

一、新农保农民缴费能力指标的选取

国发〔2009〕32号文件规定："缴费标准目前设为每年100元、200元、300元、400元、500元5个档次，地方可以根据实际情况增设缴费档次。参保人自主选择档次缴费，多缴多得。国家依据农村居民人均纯收入增长等情况适时调整缴费档次。"可见，目前新农保采用的是定额缴费制，并给地方增设缴费档次的权力。定额缴费制的优点是缴费数额是整数，便于农民的理解和养老保险费的征收；其缺点是确定若干档次作为缴费标准，缺乏调整缴费水平的自动机制。[③] 为了弥补这一缺点，国发〔2009〕32号文件提出国家依据农民人均纯收入增长等情况适时调整缴费档次。因此，对新农保农民缴费能力做出分析，应该从短期静态和长期动态两个视角来加以分析。

农民在现在或未来有没有能力承担新农保缴费，需要选取一定的指标来评估。本章选择农民个人最大缴费能力与新农保个人缴费率之差来评估，若该指标大于0说明农民个人有能力承担新农保缴费，若该指标小于0说明农民个人没有能力承担新农保缴费。其中，农民个人最大缴费能力 =（农民人均纯收入 - 农民人均生活消费支出）/农民人均纯收入；新农保个人缴费率 = 农民的缴费数额/农民人均纯收入。另外，在短期静态分析中，还可以从农民人均纯收入低于最低缴费标准的户数比重、农民人均纯收入低于最低缴费标准加贫困线标准的户数比重等方面来评估农民的缴费能力。

二、新农保农民缴费能力评估——基于短期静态的视角

这一部分我们将基于短期静态的视角，对新农保农民的缴费能力做出评估。

---

① 付小鹏，黄柯，梁平：《重庆市新农保基金筹集主体筹资能力的测算与分析——基于2009年15个试点区县的数据》，载《安徽农业科学》2011年第23期，第14458～14461页。

② 杜茂华：《新型农村养老保险资金筹集风险探析——以重庆市涪陵区为例》，载《人民论坛（学术前沿）》2010年第2期，第84～85页。

③ 邓大松，薛惠元：《新型农村社会养老保险替代率精算模型及其实证分析》，载《经济管理》2010年第5期，第164～171页。

为了全面系统地评估新农保的个人缴费能力，下面将从全国和省级、典型试点县、农户三个层面来加以分析。从全国和省级层面、试点县层面来评估新农保农民的缴费能力时，由于2009年是新农保试点的起始年份，我们将采用2009年农民人均纯收入、农民人均生活消费支出、收入分组等方面的数据来做出分析；从农户层面来评估新农保农民的缴费能力时，我们将采用本课题组的实地调研数据做出分析。

（一）基于全国和省级层面的农民缴费能力评估①

1. 新农保个人缴费率与农民个人最大缴费能力的测算与比较

个人缴费率，即参保农民的个人缴费数额占当年农民人均纯收入的比重。根据国发〔2009〕32号文件规定，目前新农保个人缴费标准设为每年100～500元共5个档次，地方政府还可以根据当地的实际需要增设缴费档次，农民根据自身情况自主选择缴费档次。下面将新农保个人缴费数额（这里仅考虑100～500元5个档次，不考虑地方根据实际需要增设的缴费档次）与2009年农民人均纯收入做一下比较，测算出2009年全国及各地区的新农保个人缴费率。具体如表4－1所示。

表4－1　　2009年全国及各地区新农保个人缴费率的测算

地区	农民人均纯收入（元）	个人最低缴费率（%）	个人最高缴费率（%）
全国	5 153.17	1.94	9.70
北京	11 668.59	0.86	4.29
天津	8 687.56	1.15	5.76
河北	5 149.67	1.94	9.71
山西	4 244.10	2.36	11.78
内蒙古	4 937.80	2.03	10.13
辽宁	5 958.00	1.68	8.39
吉林	5 265.91	1.90	9.50
黑龙江	5 206.76	1.92	9.60
上海	12 482.94	0.80	4.01
江苏	8 003.54	1.25	6.25

① 该部分参考了本项目的阶段性研究成果，详见薛惠元：《新农保个人筹资能力可持续性分析》，载《西南民族大学学报（人文社会科学版）》2012年第2期，第100～106页。

续表

地区	农民人均纯收入（元）	个人最低缴费率（%）	个人最高缴费率（%）
浙江	10 007.31	1.00	5.00
安徽	4 504.32	2.22	11.10
福建	6 680.18	1.50	7.48
江西	5 075.01	1.97	9.85
山东	6 118.77	1.63	8.17
河南	4 806.95	2.08	10.40
湖北	5 035.26	1.99	9.93
湖南	4 909.04	2.04	10.19
广东	6 906.93	1.45	7.24
广西	3 980.44	2.51	12.56
海南	4 744.36	2.11	10.54
重庆	4 478.35	2.23	11.16
四川	4 462.05	2.24	11.21
贵州	3 005.41	3.33	16.64
云南	3 369.34	2.97	14.84
西藏	3 531.72	2.83	14.16
陕西	3 437.55	2.91	14.55
甘肃	2 980.10	3.36	16.78
青海	3 346.15	2.99	14.94
宁夏	4 048.33	2.47	12.35
新疆	3 883.10	2.58	12.88

注：个人最低缴费率=最低档个人缴费标准（100元/年）/农民人均纯收入；个人最高缴费率=最高档个人缴费标准（500元/年）/农民人均纯收入。

资料来源：根据《中国统计年鉴（2010）》相关数据整理计算而成。

由表4-1可以看到，2009年全国农民人均纯收入为5 153.17元，最低档（100元/年）和最高档（500元/年）个人缴费标准占2009年全国农民人均纯收入的比重分别为1.94%和9.70%，即2009年全国新农保的个人缴费率在1.94%～9.70%之间。

分地区来看，2009年农民人均纯收入最高的为上海（12 482.94元），若选择最低档次100元/年缴费，个人缴费率为0.80%；若选择最高档次500元/年缴费，个人缴费率为4.01%。2009年农民人均纯收入最低的为甘肃（2 980.1

元），按最低档缴费标准 100 元/年计算，个人缴费率为 3.36%；按最高档缴费标准 500 元/年计算，个人缴费率达到 16.78%。

以上我们计算出了 2009 年全国及各地区新农保的农民个人最低缴费率和最高缴费率，农民个人可以负担得起吗？这不能凭主观臆测，需要测算农民的个人缴费能力。这里我们定义新的指标农民个人最大缴费能力，其公式为：

$$M = \frac{INCOP - CONSP}{INCOP} \times 100\% \quad (4.1\ 式)$$

其中，M 表示农民个人最大缴费能力，一般用百分比表示，$INCOP$ 表示农民人均纯收入，$CONSP$ 表示农民人均生活消费支出。根据国家统计年鉴上的资料，农民生活消费支出构成包括了衣着、食品、居住、医疗保健、家庭设备用品及服务、文教娱乐用品及服务、交通通信、其他商品及服务等八大类，从支出的构成来看基本属于农民当前对生活各方面的需要。$INCOP - CONSP$ 表示农民人均可支配余额，它表示农民每年的纯收入中进行基本生活支出后的余额。理论上分析，农民的纯收入可以分为两部分：一部分用于当期的消费，另一部分用于储蓄（用作未来的消费），而中国的新农保制度也是一种储蓄（其目标是保障农民未来的基本生活需要），根据生命周期理论，二者有相通之处。因此，以当期消费后的全部余额作为最大缴费数额除以当期农民人均纯收入得到的比例，可以在很大程度上反映农民的缴费能力。据此，我们根据 2009 年农民人均纯收入、农民人均生活消费支出数据，测算出 2009 年全国及各地区的农民个人最大缴费能力，具体如表 4-2 所示。

表 4-2　　2009 年全国及各地区农民个人最大缴费能力的测算

地区	农民人均纯收入（元）	农民人均生活消费支出（元）	农民人均可支配余额（元）	农民个人最大缴费能力（%）
全国	5 153.17	3 993.45	1 159.72	22.50
北京	11 668.59	8 897.59	2 771.00	23.75
天津	8 687.56	4 273.15	4 414.41	50.81
河北	5 149.67	3 349.74	1 799.93	34.95
山西	4 244.10	3 304.76	939.34	22.13
内蒙古	4 937.80	3 968.42	969.38	19.63
辽宁	5 958.00	4 254.03	1 703.97	28.60
吉林	5 265.91	3 902.90	1 363.01	25.88

续表

地区	农民人均纯收入（元）	农民人均生活消费支出（元）	农民人均可支配余额（元）	农民个人最大缴费能力（%）
黑龙江	5 206.76	4 241.27	965.49	18.54
上海	12 482.94	9 804.37	2 678.57	21.46
江苏	8 003.54	5 804.45	2 199.09	27.48
浙江	10 007.31	7 731.70	2 275.61	22.74
安徽	4 504.32	3 655.02	849.30	18.86
福建	6 680.18	5 015.72	1 664.46	24.92
江西	5 075.01	3 532.66	1 542.35	30.39
山东	6 118.77	4 417.18	1 701.59	27.81
河南	4 806.95	3 388.47	1 418.48	29.51
湖北	5 035.26	3 725.24	1 310.02	26.02
湖南	4 909.04	4 020.87	888.17	18.09
广东	6 906.93	5 019.81	1 887.12	27.32
广西	3 980.44	3 231.14	749.30	18.82
海南	4 744.36	3 088.56	1 655.80	34.90
重庆	4 478.35	3 142.14	1 336.21	29.84
四川	4 462.05	4 141.40	320.65	7.19
贵州	3 005.41	2 421.95	583.46	19.41
云南	3 369.34	2 924.85	444.49	13.19
西藏	3 531.72	2 399.47	1 132.25	32.06
陕西	3 437.55	3 349.23	88.32	2.57
甘肃	2 980.10	2 766.45	213.65	7.17
青海	3 346.15	3 209.41	136.74	4.09
宁夏	4 048.33	3 347.94	700.39	17.30
新疆	3 883.10	2 950.63	932.47	24.01

资料来源：根据《中国统计年鉴（2010）》相关数据整理计算而成。

为了便于进行清晰直观的比较，我们将表 4－1 和表 4－2 中的部分数据提取出来绘制成折线图，具体如图 4－1 所示。

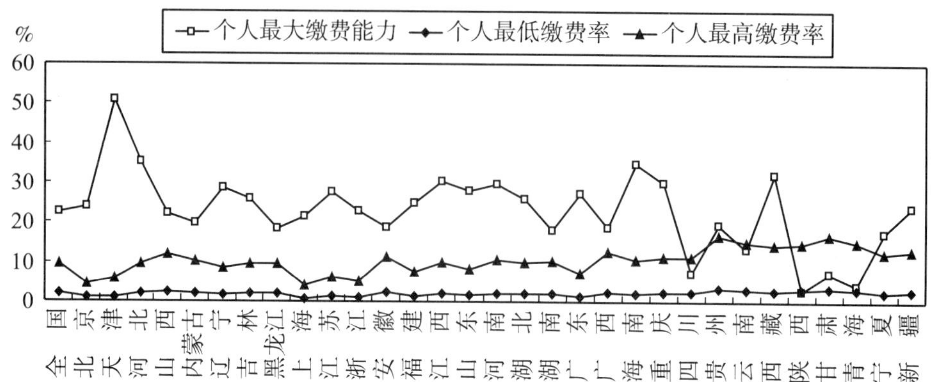

图 4-1　2009 年全国及各地区新农保个人缴费率与农民个人最大缴费能力的比较

资料来源：根据表 4-1 和表 4-2 中的相关数据绘制而成。

从图 4-1 我们可以看到，2009 年全国农民个人最大缴费能力（22.50%）均高于个人的最低缴费率（1.94%）和最高缴费率（9.70%）。由此可见，从全国来看，新农保的个人缴费率较低，农民完全可以负担得起。也就是说，从全国的角度来看，农民具备新农保的缴费能力。

分地区来看，2009 年中国绝大多数省份农民的个人最大缴费能力均在最低缴费率和最高缴费率之上，只有少数几个省份农民的个人最大缴费能力低于最低缴费率或最高缴费率。个人最大缴费能力低于最低缴费率的省份仅有一个，为陕西省，其个人最大缴费能力（2.57%）低于最低缴费率（2.91%）0.34 个百分点，说明有一部分农民负担不起新农保的个人最低缴费标准。除陕西省外，个人最大缴费能力低于最高缴费率的省份有 4 个，分别是四川、云南、甘肃、青海，其个人最大缴费能力低于最高缴费率的比例分别为 4.02%、1.65%、9.61% 和 10.86%，说明这五个省份的农民不适宜选择最高档次的缴费标准。可见，从省际来看，除陕西省外，中国其他省份的农民个人都具备新农保的缴费能力；对于四川、云南、甘肃、青海等地区的农民而言，适宜选择较低档次的缴费标准；对于其他地区的农民而言，适宜选择较高甚至是最高档次的缴费标准。

2. 各收入阶层新农保个人缴费率与农民个人最大缴费能力的比较

按照收入五等分进行分类，可以将农户分为低收入户、中低收入户、中等收入户、中高收入户、高收入户。根据《中国统计年鉴（2010）》，可以得到各收入阶层的农民人均纯收入、农民人均生活消费支出，据此可以计算出各收入阶层的个人最低缴费率、个人最高缴费率和农民个人最大缴费能力，具体如表 4-3 和图 4-2 所示。

表 4－3　2009 年各收入阶层农民个人缴费率和个人最大缴费能力测算

收入阶层	农民人均纯收入（元）	农民人均生活消费支出（元）	个人最低缴费率（%）	个人最高缴费率（%）	个人最大缴费能力（%）
低收入户	1 549.30	2 354.92	6.45	32.27	－52.00
中低收入户	3 110.10	2 870.95	3.22	16.08	7.69
中等收入户	4 502.08	3 546.04	2.22	11.11	21.24
中高收入户	6 467.56	4 591.81	1.55	7.73	29.00
高收入户	12 319.05	7 485.71	0.81	4.06	39.23

资料来源：根据《中国统计年鉴（2010）》相关数据整理计算而成。

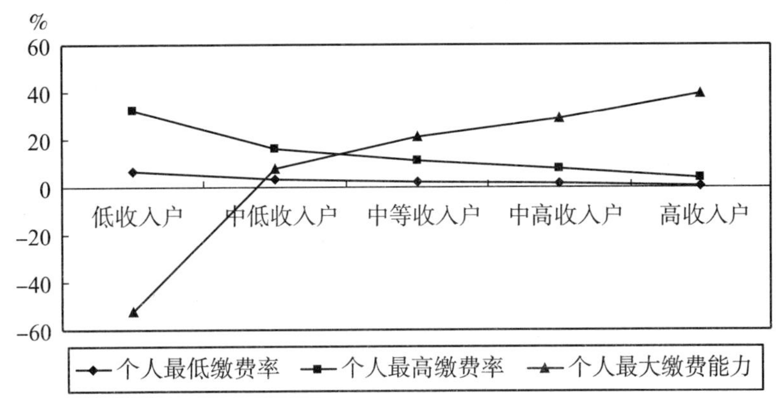

图 4－2　2009 年各收入阶层农民个人缴费率和个人最大缴费能力比较

资料来源：根据表 4－3 的数据绘制而成。

从表 4－3 和图 4－2 中我们可以看到，处于收入最低的 20% 的低收入户，其个人最大缴费能力为－52%，这说明低收入户的农民人均纯收入低于农民人均生活消费支出，农民人均可支配余额为负值。这就是说，对于低收入户而言，其收入都不足以维持其基本的生活消费支出，若再要让其承担每年 100～500 元的新农保个人缴费，有点勉为其难。可见，对于低收入户来说，基本上没有缴费能力。

对于中低收入户而言，个人最大缴费能力为 7.69%，介于个人最低缴费率 3.22% 和个人最高缴费率 16.08% 之间。这说明对于中低收入户来说，具备了新农保的缴费能力，但是只能选择较低档次的缴费标准。

对于中等收入户、中高收入户、高收入户而言，其个人缴费能力均远高于新农保的个人最高缴费率，高出比例分别达到了 10.13%、21.27%、35.18%。这说明对中等收入户、中高收入户和高收入户来说，完全可以负担得起新农保的个人缴费。

3. 按农民人均纯收入分组的户数比重与个人筹资能力分析

2009 年，国家统计局抽取了全国 68 000 多个样本农户进行了调查,[①] 按农民人均纯收入分组的户数占调查户的比重具体如表 4 -4 所示。

表 4 -4　　2009 年按农民人均纯收入分组的户数占调查户的比重

收入分组（元）	比重（%）	累积百分比（%）	收入分组（元）	比重（%）	累积百分比（%）
100 以下	0.72	0.72	1 300 ~ 1 500	1.83	7.43
100 ~ 200	0.11	0.83	1 500 ~ 1 700	2.18	9.61
200 ~ 300	0.14	0.97	1 700 ~ 2 000	3.69	13.3
300 ~ 400	0.14	1.11	2 000 ~ 2 500	7.14	20.44
400 ~ 500	0.21	1.32	2 500 ~ 3 000	7.74	28.18
500 ~ 600	0.23	1.55	3 000 ~ 3 500	7.77	35.95
600 ~ 800	0.66	2.21	3 500 ~ 4 000	7.35	43.3
800 ~ 1 000	1.08	3.29	4 000 ~ 4 500	6.93	50.23
1 000 ~ 1 200	1.49	4.78	4 500 ~ 5 000	5.97	56.2
1 200 ~ 1 300	0.82	5.60	5 000 以上	43.80	100

资料来源：根据《中国统计年鉴（2010）》整理得到。

从表 4 -4 中我们可以看到，人均纯收入在 100 元以下的户数占调查户的比重为 0.72%，这说明有 0.72% 的农户完全负担不起新农保的个人缴费（新农保个人最低缴费标准为 100 元/年）。

2009 年中国贫困线标准为 1 196 元，同时考虑到新农保的最低缴费标准 100 元/人 × 年，农民人均纯收入在 1 300 元以下的农户缴费就存在困难。根据表 4 -4 的数据，农民人均纯收入在 1 300 元以下的户数占调查户的比重为 5.60%，这说明有 5.60% 的农户负担不起新农保的个人缴费。

（二）基于试点县层面的农民缴费能力评估

这里我们选取江苏省（东部地区）、湖北省（中部地区）、广西壮族自治区（西部地区）的首批新农保试点县作为研究对象，来评估不同经济发展水平地区农民的缴费能力。

① 此处的抽样调查数据来源于《中国统计年鉴（2010）》。

1. 江苏省首批新农保试点县农民缴费能力评估

江苏省首批国家新农保试点总共13个，分别是洪泽县、射阳县、灌南县、海安县、姜堰市、仪征市、高淳县、常熟市、无锡市锡山区、泗阳县、睢宁县、丹阳市、常州市武进区。2009年12月29日，江苏省人民政府发布《江苏省人民政府关于印发江苏省新型农村社会养老保险制度实施办法的通知》（苏政发〔2009〕155号），国家新农保试点正式开始。其后，各新农保试点县根据江苏省的政策文件纷纷出台了具体的新农保实施办法①。

各试点县的新农保个人缴费档次具体如表4-5所示。查阅《江苏统计年鉴2010》，可以获取江苏省首批新农保试点县2009年农民人均纯收入、农民人均生活消费支出的数据，进而可以计算出2009年江苏省首批试点县新农保个人缴费率、农民个人最大缴费能力等数据，具体如表4-5所示。

表4-5　2009年江苏省首批试点县新农保个人缴费率与农民个人最大缴费能力的测算

地区	缴费档次（元/人×年）	农民人均纯收入（元）	农民人均生活消费支出（元）	个人最低缴费率（%）	个人最高缴费率（%）	个人最大缴费能力（%）
高淳县	360（2009年标准）	9 881	7 370	3.64	3.64	25.41
睢宁县	200、400、600	6 077	4 079	3.29	9.87	32.88
常熟市	720、1 200、1 800	12 985	9 822	5.54	13.86	24.36
海安县	基准档：100、300、600；标准档：800、1 000、1 200；高档：1 600～2 800	8 310	6 072	1.20	33.69	26.93
灌南县	100～500、600	5 386	4 140	1.86	11.14	23.13
洪泽县	100～500、600、800、1 000	6 918	4 013	1.45	14.46	41.99
射阳县	100～500、600、1 200、1 800	7 642	4 242	1.31	23.55	44.49

① 在国发〔2009〕32号文件出台之前，江苏省很多地区都已经开展了地方新农保试点，在国发〔2009〕32号文件出台之后，江苏省首批国家新农保试点县都根据国家和省里的文件出台了新的《新农保实施办法》。

续表

地区	缴费档次（元/人×年）	农民人均纯收入（元）	农民人均生活消费支出（元）	个人最低缴费率（%）	个人最高缴费率（%）	个人最大缴费能力（%）
仪征市	100～300、600、700、800	8 007	6 067	1.25	9.99	24.23
丹阳市	100～500、600	10 058	8 057	0.99	5.97	19.89
姜堰市	550～3 300	8 003	5 831	6.87	41.23	27.14
泗阳县	100～500、600	6 050	4 101	1.65	9.92	32.21

注：由于锡山区和武进区属于市本级的区，统计年鉴中没有将其单独列出，这里不予考虑。

资料来源：根据江苏省首批新农保试点县的具体实施办法以及《江苏统计年鉴2010》的相关数据整理计算而成。

为了便于进行清晰直观的比较，我们将表4－5中的部分数据提取出来绘制成折线图，具体如图4－3所示。

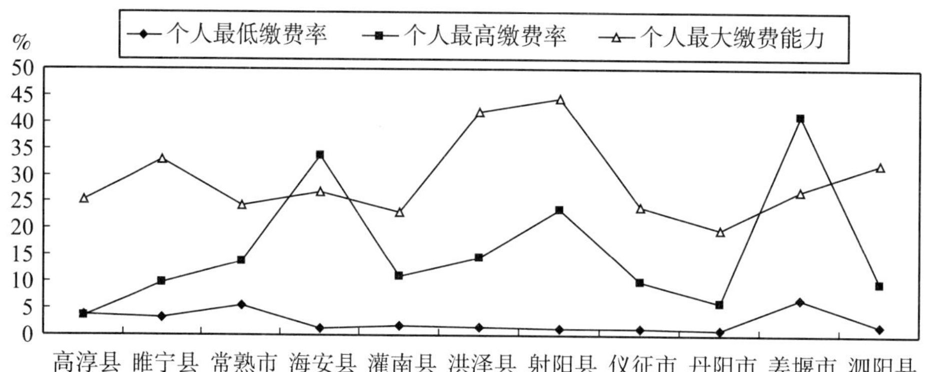

图4－3　2009年江苏省首批试点县新农保个人缴费率与农民个人最大缴费能力的比较

资料来源：根据表4－5的数据绘制而成。

从图4－3中可以看到，江苏省11个首批新农保试点县农民个人最大缴费能力都超过了新农保个人最低缴费率。可见，从江苏省首批新农保试点县来看，新农保的个人最低缴费率很低（均低于城镇职工基本养老保险的个人缴费率8%），农民完全可以负担得起。也就是说，农民具备新农保的缴费能力。另外，除了海安县和姜堰市，其他试点县的农民个人最大缴费能力均高于个人最高缴费率。而海安县、姜堰市的农民个人最大缴费能力低于个人最高缴费率的原因在于，其最高缴费标准过高（海安县为2 800元、姜堰市为3 300元），因此，这两个试点县的大部分农民不具备按最高档次缴费的能力。

可见，从江苏省首批新农保试点县来看，农民具备了新农保的缴费能力；另外，大部分试点县的农民具备了按最高档次缴费的能力；但是，由于个别试点县（海安县、姜堰市）的最高缴费档次定得过高，其大部分农民不具备按最高档次缴费的能力。

2. 湖北省首批新农保试点县农民缴费能力评估

2009年9月国务院颁布国发〔2009〕32号文件后，湖北省赤壁市、石首市、武汉市黄陂区、宜都市、南漳县、团风县、黄石市西塞山区、安陆市、鄂州市梁子湖区、来凤县、竹溪县、钟祥市、随州市曾都区等13个试点县（市、区，简称“试点县”）被纳入国家首批新农保试点。2009年12月28日，湖北省人民政府发布《湖北省人民政府关于开展新型农村社会养老保险试点工作的实施意见》（鄂政发〔2009〕64号），新农保试点工作正式启动，其后，各新农保试点县纷纷出台了具体的新农保实施办法。

依据各试点县的新农保实施办法，可以得到各试点县的新农保个人缴费档次，具体如表4－6所示。查阅《湖北统计年鉴2010》的数据，可以获取湖北省首批试点县2009年农民人均纯收入、农民人均生活消费支出的数据，进而可以计算出2009年湖北省首批试点县新农保个人缴费率、农民个人最大缴费能力等数据，具体如表4－6所示。

表4－6　2009年湖北省首批试点县新农保个人缴费率与农民个人最大缴费能力的测算

地区	缴费档次（元/人×年）	农民人均纯收入（元）	农民人均生活消费支出（元）	个人最低缴费率（%）	个人最高缴费率（%）	个人最大缴费能力（%）
黄陂区	100～500、600、800、1 000、1 200	6 753	4 023	1.48	17.77	40.43
竹溪县	100～500	3 072	2 880	3.26	16.28	6.25
宜都市	100～500、600、1 200	6 516	1 838	1.53	18.42	71.79
南漳县	100～500	5 011	4 476	2.00	9.98	10.68
梁子湖区	100～500、600、800、1 000	4 779	2 624	2.09	20.92	45.09
钟祥市	100～500、800、1 000、1 200	6 032	4 840	1.66	19.89	19.76

续表

地区	缴费档次（元/人×年）	农民人均纯收入（元）	农民人均生活消费支出（元）	个人最低缴费率（%）	个人最高缴费率（%）	个人最大缴费能力（%）
安陆市	100～500、600、700、800、900、1 000	5 031	3 787	1.99	19.88	24.72
石首市	100～500、600、800、1 000	5 453	4 173	1.83	18.34	23.47
团风县	100～500	3 287	2 768	3.04	15.21	15.79
赤壁市	100～500	6 120	3 898	1.63	8.17	36.31
曾都区	100～500	5 662	3 839	1.77	8.83	32.20
来凤县	100～500	2 798	2 521	3.57	17.87	9.90

注：由于西塞山区属于市本级区，统计年鉴中没有将其单独列出，这里不予考虑。

资料来源：根据湖北省首批新农保试点县的具体实施办法以及《湖北统计年鉴 2010》的相关数据整理计算而成。

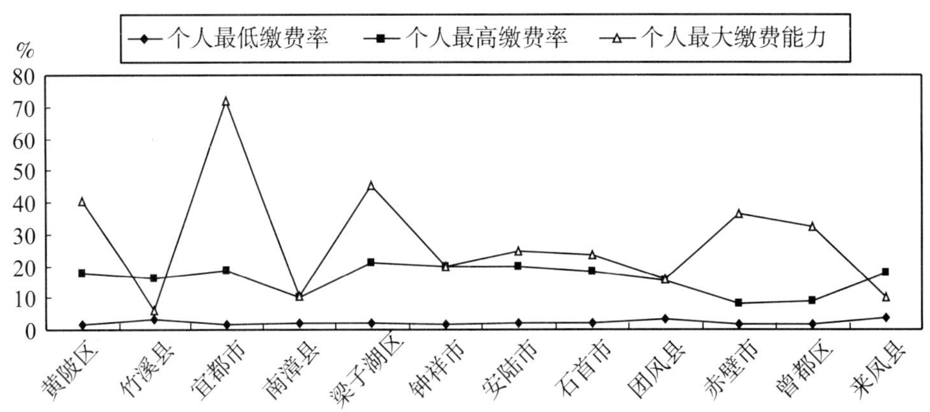

图 4-4　2009 年湖北省首批试点县新农保个人缴费率与农民个人最大缴费能力的比较

资料来源：根据表 4-6 的数据绘制而成。

从图 4-4 中可以看到，湖北省 12 个首批新农保试点县农民个人最大缴费能力都超过了新农保个人最低缴费率。可见，从湖北省首批新农保试点县来看，新农保的个人最低缴费率很低（均低于城镇企业职工基本养老保险的个人缴费率 8%），农民完全可以负担得起。也就是说，农民具备新农保的缴费能力。

另外，除了竹溪县、钟祥市、来凤县农民个人最大缴费能力低于个人最高缴费率以外，其他的试点县的农民个人最大缴费能力均高于个人最高缴费率。钟祥市农民个人最大缴费能力低于个人最高缴费率的原因在于，其最高缴费标准较高（为 1 200 元）；竹溪县、来凤县的经济发展水平落后，农民人均纯收入较低，只能负担得起较低甚至最低档次的缴费标准。

可见，从湖北省首批新农保试点县来看，对于经济发达的试点县来说（如宜都市、黄区、梁子湖区），农民不仅具备了新农保的缴费能力，还可以选择较高档次甚至是最高档次的缴费标准；而对于经济贫困的试点县来说（如竹溪县和来凤县），农民只能选择较低甚至最低档次的缴费标准。

3. 广西壮族自治区首批新农保试点县农民缴费能力评估

2009 年 11 月 11 日，国务院新农保试点工作领导小组批准广西壮族自治区第一批新农保试点县，分别是：武鸣县、柳江县、兴安县、苍梧县、北海市银海区、东兴市、钦州市钦北区、贵港市港北区、玉林市玉州区、田阳县、贺州市八步区、天峨县、武宣县、凭祥市。这 14 个试点县于 2010 年 1 月正式启动新农保试点。

查阅各试点县的新农保实施方案，可以得到新农保个人缴费档次数据；查阅《广西统计年鉴 2010》的数据，可以获取广西首批试点县 2009 年农民人均纯收入、农民人均生活消费支出的数据。进而可以计算出 2009 年广西首批试点县新农保个人缴费率、农民个人最大缴费能力等数据，具体如表 4 - 7 所示。

表 4 - 7　　2009 年广西首批试点县新农保个人缴费率与农民个人最大缴费能力的测算

地区	缴费档次（元/人 × 年）	农民人均纯收入（元）	农民人均生活消费支出（元）	个人最低缴费率（%）	个人最高缴费率（%）	个人最大缴费能力（%）
武鸣县	100 ~ 500、600、800、1 000	5 358. 8	3 605. 9	1. 87	18. 66	32. 71
柳江县	100 ~ 500	5 358. 5	3 584. 2	1. 87	9. 33	33. 11
兴安县	100 ~ 500	5 774. 4	4 889. 0	1. 73	8. 66	15. 33
苍梧县	100 ~ 500	3 989. 6	2 377. 0	2. 51	12. 53	40. 42
银海区	100 ~ 500	4 692. 6	2 976. 5	2. 13	10. 66	36. 57
东兴市	100 ~ 500、600、800、1 000	5 883. 0	3 513. 9	1. 70	17. 00	40. 27
钦北区	100 ~ 500	4 907. 4	2 945. 7	2. 04	10. 19	39. 97

续表

地区	缴费档次（元/人×年）	农民人均纯收入（元）	农民人均生活消费支出（元）	个人最低缴费率（%）	个人最高缴费率（%）	个人最大缴费能力（%）
港北区	100～500	4 868.0	2 512.0	2.05	10.27	48.40
玉州区	100～500、600、700、800、900、1 000	5 396.1	4 427.8	1.85	18.53	17.94
田阳县	100～500	3 579.1	3 617.2	2.79	13.97	-1.06
八步区	100～500	4 098.2	3 402.0	2.44	12.20	16.99
天峨县	100～500	3 395.5	3 111.5	2.95	14.73	8.36
武宣县	100～500	3 946.4	2 532.5	2.53	12.67	35.83
凭祥市	100～500	3 800.3	2 281.3	2.63	13.16	39.97

注：武宣县的新农保个人缴费档次为“100～500元……，不设缴费上限”，这里暂按500元作为其最高缴费档次。

资料来源：根据广西壮族自治区首批新农保试点县的具体实施办法以及《广西统计年鉴2010》的相关数据整理计算而成。

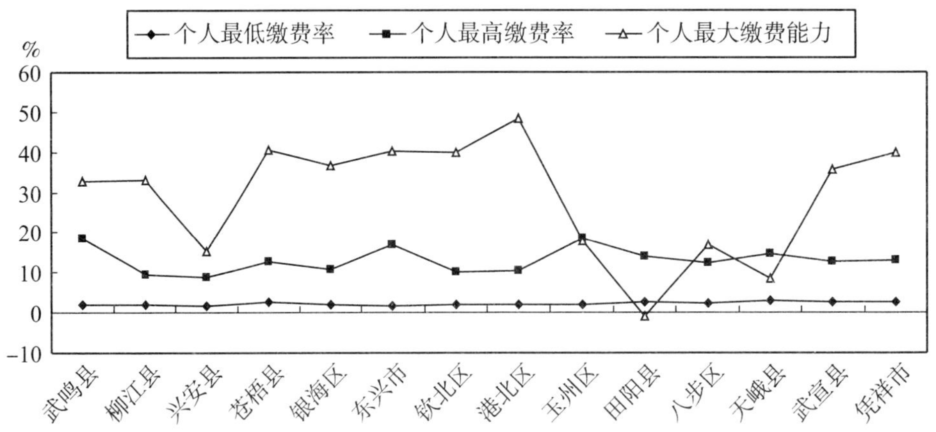

图4-5　2009年广西首批试点县新农保个人缴费率与农民个人最大缴费能力的比较

资料来源：根据表4-7的数据绘制而成。

从图4-5中可以看到，除田阳县外，农民个人最大缴费能力都超过了新农保个人最低缴费率，说明绝大多数农民具备了新农保的缴费能力；对于田阳县来说，有相当一部分农民负担不起新农保的最低缴费标准。另外，对于玉州区和天峨县来说，农民的个人最大缴费能力低于最高缴费率，究其原因在于玉州区最高缴费标准较高（为1 000元），而天峨县经济发展落后，农民人均纯收入水平低，因此这两个县的农民不适宜选择最高档次的缴费标准。除田阳县、玉州区和天峨县外，其他试点县的农民个人最大缴费能力均高于最高缴费率，这说明这些试点县的农民具备了按照最高缴费标准缴费的能力。

可见，从广西首批新农保试点县来看，绝大部分试点县的农民不仅具备了新农保的缴费能力，还可以选择较高（天峨县、玉州区）甚至最高档次的缴费标准。个别贫困县（田阳县）由于经济发展水平落后，农民人均纯收入水平低，有相当一部分农民负担不起新农保的最低缴费标准。

（三）基于农户层面的农民缴费能力分析

农民有没有缴费能力，最有发言权便是农民自己。下面利用教育部哲学社会科学研究重大课题攻关项目“新型农村社会养老保险制度研究”课题组，分别于2011年7月对湖北省团风县、宜都市以及2012年7月对江苏省盱眙县、洪泽县、浙江省平湖市的农户进行问卷调查的数据，来分析农民的缴费能力。

1. 基于2011年湖北省新农保调研数据的农民缴费能力分析

课题组于2011年7月对湖北省团风县和宜都市的新农保试点情况进行了实地调研。团风县和宜都市皆为湖北省首批新农保试点县市，试点开始的时间为2010年1月，是典型的中部地区农业县市，2010年团风县和宜都市的农民人纯收入分别为7 721元和3 617元。课题组在团风县共调查了17个村，收回269份农户有效问卷，在宜都市调查了10个村，共获得336份农户有效问卷。在自然村的抽取上均选取有代表性的村，然后由乡镇干部或相关工作人员带抽样员及调查员进村，找到主要村干部获取该村常住户主名单，即为每个村的样本框。再按等距法对样本框中的调查对象进行抽样，每村抽取40户，最后获得有效问卷605份。另外，根据调研时农保部门提供的数据，截至2011年7月，宜都市和团风县的新农保参保分别达到90.66%和96.3%。

团风县2011年新农保的缴费档次共有100～500元五个档次，宜都市2011年的新农保档次共有100～500元、600元、1 200元7个档次。调查中发现，有一半的农民（49.9%）选择的是最低缴费档次（100元），有28.8%的人选择的是300元档次，有8.9%的人选择的是200元的档次，7.1%的人选择的是500元档次，有0.7%的人选择的是400元档次，剩下的选择其他档次的为4.6%。当问及“您选择缴费档次时主要考虑的因素”时，有81.0%的农民选择是“自身的经济状况”。可以说，农民的缴费档次基本能反映出农民的经济状况。

当问及“您和您的家庭新农保缴费是否有困难”时，有1.7%的人回答“很困难”，有14.3%回答“有点困难”，有42.9%的人回答“基本可以承受”，有

24.1%的人回答“比较轻松”，有17.0%的人回答“非常轻松”。可见，大部分农民（84.0%）有能力参加新农保，只有一少部分农民（16.0%）对于新农保缴费有困难。

进一步分析，当问及“您参加新农保的缴费来源”时，有81.7%回答是自己出的，有16.3%的人回答是子女出的，有1.3%的人回答是政府或村里出的，只有0.6%的人回答借的。可见，大部分农民（81.7%）能够自己缴得起新农保，在自己无力缴费时还可以向子女寻求帮助或者向他人借款的形式加以解决。

2. 基于2012年江浙新农保调研数据的农民缴费能力分析

课题组于2012年7月对江苏省盱眙县、洪泽县、浙江省平湖市的新农保[①]试点和推行情况进行了实地调研。盱眙县和洪泽县地处苏北，经济发展水平在江苏省属于中等偏下，2010年农民人均纯收入分别为7 382元和7 943元，盱眙县（自行开展试点）和洪泽县自2010年1月起开始新农保试点。平湖市处于长三角地区，经济发展水平很高，2010年农民人均纯收入达到14 293元，其早于2007年就实行了城乡居民社会养老保险制度，在国家出台新农保政策文件之后，其对城乡居民社会养老保险做了部分修改。2012年盱眙县新农保的缴费档次为100～1 200元共12个档次；洪泽县的缴费档次设100～300元、500元、800元、1 000元、1 200元、1 400元、1 600元、1 800元、2 000元、2200元共12个档次，但2012年洪泽县统一要求农民缴纳200元档次；平湖市2012年新农保缴费标准分别为1 100元、1 640元、2 180元。本次调研在盱眙县、洪泽县和平湖市分别调查了144户、307户、96户，收回有效问卷547份。

调研中发现，盱眙县有76.8%的农民选择的是100元或200元的档次，洪泽县所有处于缴费阶段的农民都选择的是200元档次，平湖市64.6%的农民选择的低档（1 100元）、12.5%的农民选择的中档（1 640元），22.9%的农民选择的高档（2 180元），具体如表4－8所示。

表4－8　　盱眙县、洪泽县、平湖市农民选择缴费档次情况

盱眙县	缴费档次	100元	200元	300元	400元	500元	800元	1 000元	1 200元
	比例（%）	13.5	66.7	3.3	0.9	1.6	0.2	3.7	0.7
洪泽县	缴费档次	统一要求缴纳200元							
	比例（%）	100							

① 2012年7月，课题组对盱眙县、洪泽县、平湖市调研时，其新农保和城镇居民社会养老保险已经合并实施，并统称为城乡居民社会养老保险。由于我们的调查对象仅为参加城乡居民社会养老保险的农民，因此这里继续采用新农保的概念。

续表

平湖市	缴费档次	1 100 元	1 640 元	2 180 元
	比例（%）	64.6	12.5	22.9

资料来源：根据课题组于 2012 年 7 月对盱眙县、洪泽县、平湖市的新农保实地调研数据整理。

调查中发现，“您或您的家庭参加新农保缴费是否有困难”时，有 31.9% 的人选择“基本可以接受”，32.4% 的人选择“比较轻松”，23.4% 的人选择“非常轻松”，只有 12.3% 的人选择有点困难或很困难。也就是说，大部分（87.7%）农民还是有新农保的缴费能力的。

进一步分析发现，农民参加新农保的缴费来源，有 87.4% 是自己出的，有 7.7% 是子女出的，有 2.4% 是政府出的，有 0.2% 是村集体出的，仅有 1.6% 的农民是借的。可见，大部分农民可以自己交得起新农保。

三、新农保农民缴费能力评估——基于长期动态的视角①

上文根据统计年鉴中 2009 年的数据以及课题组的实地调研数据，基于短期静态的视角，对新农保的个人筹资能力做出了分析，下面我们预测出 2010 ~ 2053 年（2009 年一个 16 周岁参保的年轻人在 2053 年刚好达到 60 周岁）新农保个人缴费率以及农民个人最大缴费能力，从长期动态的角度对全国层面的新农保个人缴费能力做出分析。

（一）2010 ~ 2053 年新农保个人缴费率的预测

2009 年为中国新农保制度试点的起始年份，个人缴费标准设为每年 100 元、200 元、300 元、400 元、500 元 5 个档次，以 2009 年农民人均纯收入作为缴费基数，新农保个人最低缴费率为 1.94%，最高缴费率为 9.70%（见表 4 - 1）。

国发〔2009〕32 号文件规定：“国家依据农村居民人均纯收入增长等情况适时调整缴费档次。”这里我们假定国家依据农民人均纯收入增长情况每年调整一次缴费档次，调整的幅度等于农民人均纯收入增长率。此时，新农保的个人缴费率将不变，保持在 1.94% ~ 9.70% 的水平。用公式可以表示为：

---

① 该部分参考了本项目的阶段性研究成果，详见薛惠元：《新农保个人筹资能力可持续性分析》，载《西南民族大学学报（人文社会科学版）》2012 年第 2 期，第 100 ~ 106 页。

$$c_0 = \frac{C_0}{Y_0} \tag{4.2 式}$$

其中，c_0 表示 2009 年新农保个人缴费率，C_0 表示 2009 年新农保个人缴费标准，Y_0 表示 2009 年农民人均纯收入。

$$c_t = \frac{C_0 \prod_{i=1}^{t-2009}(1+g_i)}{Y_0 \prod_{i=1}^{t-2009}(1+g_i)} = \frac{C_0}{Y_0} \tag{4.3 式}$$

其中，c_t 表示 t 年的新农保个人缴费率，g_i 表示 i 年的农民人均纯收入增长率。

由（4.2 式）和（4.3 式）可得 $c_t = c_0$，即未来的新农保个人缴费率将等于 2009 年的新农保个人缴费率。

（二）2010 ~ 2053 年中国农民人均纯收入预测

查阅历年中国统计年鉴，可以得到 1978 ~ 2009 年中国农民人均纯收入的数据，具体如图 4 - 6 所示。

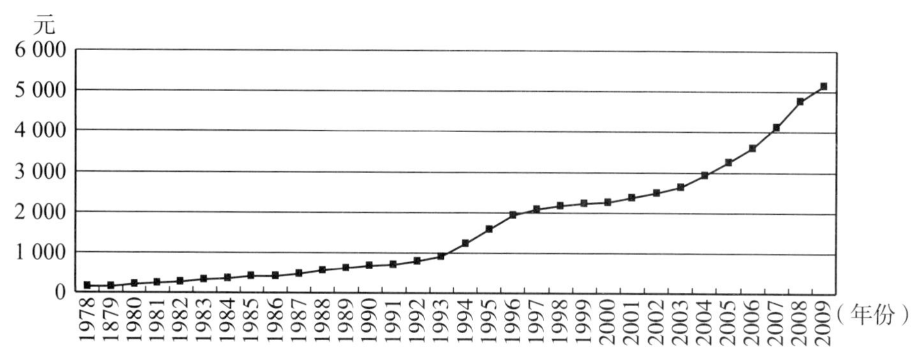

图 4 - 6　1978 ~ 2009 年中国农民人均纯收入

资料来源：根据《中国统计年鉴（2010）》的相关数据绘制而成。

下面将根据 1978 ~ 2009 年中国农民人均纯收入的数据，利用 *ARMA* 时间序列模型和 Eviews 软件，预测出 2010 ~ 2053 年农民人均纯收入。其基本过程如下：

1. 对 1978 ~ 2009 年中国农民人均纯收入（用英文字母 INCOP 表示）的数据做平稳性检验。这里选取单位根检验中的 ADF 检验。由图 4 - 6 可以观察到，1978 ~ 2009 年中国农民人均纯收入具有明显的上升趋势，因此，在 ADF 检验时选择“含有常数项和时间趋势项”，检验结果显示，没有拒绝原假设，存在单位根，即 *INCOP* 序列是非平稳的。对 *INCOP* 序列做一阶差分，然后对 $\Delta INCOP$ 进

行 *ADF* 检验，检验结果显示，没有拒绝原假设，存在单位根，即 $\Delta INCOP$ 序列是非平稳的。再对 $\Delta INCOP$ 序列做差分，然后对 $\Delta^2 INCOP$ 序列进行 *ADF* 检验，检验结果显示，拒绝原假设，接受不存在单位根的结论，即 $\Delta^2 INCOP$ 序列是平稳的。因此，可以确定 *INCOP* 序列是二阶单整序列，即 $INCOP \sim I(2)$。

2. 进行时间序列模型的识别。$\Delta^2 INCOP$ 序列的自相关函数、偏自相关函数与 Q 统计量值如图 4－7 所示。在 5% 的显著性水平下，通过 Q 统计量容易验证 $\Delta^2 INCOP$ 序列本身就接近一个白噪声（零均值同方差的独立分布序列），因此，考虑采用 MA（0）模型：

$$\Delta^2 INCOP_t = \varepsilon_t$$

Autocorrelation	Partial Correlation		AC	PAC	Q-Stat	Prob
		1	0.170	0.170	0.9553	0.328
		2	−0.211	−0.247	2.4871	0.288
		3	−0.032	0.060	2.5236	0.471
		4	−0.122	−0.198	3.0741	0.546
		5	−0.290	−0.246	6.2993	0.278
		6	−0.015	0.023	6.3078	0.390
		7	−0.075	−0.259	6.5449	0.478
		8	−0.085	−0.056	6.8598	0.552
		9	−0.061	−0.250	7.0298	0.634
		10	−0.101	−0.276	7.5229	0.675
		11	0.100	0.017	8.0270	0.711
		12	0.276	−0.018	12.093	0.438
		13	0.143	0.038	13.254	0.428
		14	0.060	−0.010	13.467	0.490
		15	−0.133	−0.289	14.601	0.481
		16	−0.079	0.083	15.033	0.522

图 4－7　$\Delta^2 INCOP$ 序列的自相关函数、偏自相关函数与 Q 统计量值

3. 对时间序列模型进行估计和检验。对 MA（0）模型进行估计，具体如表 4－9 所示。得到回归结果为：

$$\Delta^2 INCOP_t = 12.198 + \varepsilon_t$$

其展开式为：

$$\begin{aligned}\Delta^2 INCOP_t &= \Delta INCOP_t - \Delta INCOP_{t-1} \\ &= (INCOP_t - INCOP_{t-1}) - (INCOP_{t-1} - INCOP_{t-2}) \\ &= INCOP_t - 2INCOP_{t-1} + INCOP_{t-2} \\ &= 12.198 + \varepsilon_t\end{aligned}$$

即　$INCOP_t = 2INCOP_{t-1} - INCOP_{t-2} + 12.198 + \varepsilon_t$　（4.4 式）

表 4－9　　$\Delta^2 INCOP$ 序列的 ARMA 模型估计结果

	Coefficient	Std. Error	t－Statistic	Prob.
C	12.19833	15.99786	0.762498	0.4519
R-squared	0.000000	Mean dependent var		12.19833
Adjusted R-squared	0.000000	S. D. dependent var		87.62388
S. E. of regression	87.62388	Akaike info criterion		11.81675
Sum squared resid	222 660.4	Schwarz criterion		11.86346
Log likelihood	－176.2512	Hannan－Quinn criter		11.83169
Durbin－Watson stat	1.401493			

资料来源：本章测算得到。

分析回归方程残差序列的相关图和 Q 统计量，发现回归方程的残差序列是一个白噪声序列，不存在序列相关。因此，回归方程通过检验。

4. 利用时间序列模型进行外推预测。利用（4.4 式）可以做外推预测，由于 ε_t 是预测期的随机干扰项，未知，可假设为 0，于是 t 期的预测式变为：

$$INCOP_t = 2INCOP_{t-1} - INCOP_{t-2} + 12.198 \quad (4.5 式)$$

依据（4.5 式），可以预测出 2010～2053 年各年的农民人均纯收入，结果如表 4－10 所示。

表 4－10　　2010～2053 年中国农民人均纯收入预测　　单位：元

年份	农民人均纯收入（元）	增长率（%）	年份	农民人均纯收入（元）	增长率（%）
2010	5 557.92	7.85	2022	11 366.34	5.10
2011	5 974.86	7.50	2023	11 929.66	4.96
2012	6 404.01	7.18	2024	12 505.18	4.82
2013	6 845.35	6.89	2025	13 092.90	4.70
2014	7 298.89	6.63	2026	13 692.81	4.58
2015	7 764.63	6.38	2027	14 304.93	4.47
2016	8 242.56	6.16	2028	14 929.24	4.36
2017	8 732.70	5.95	2029	15 565.75	4.26
2018	9 235.03	5.75	2030	16 214.46	4.17
2019	9 749.56	5.57	2031	16 875.36	4.08
2020	10 276.29	5.40	2032	17 548.47	3.99
2021	10 815.21	5.24	2033	18 233.77	3.91

续表

年份	农民人均纯收入（元）	增长率（%）	年份	农民人均纯收入（元）	增长率（%）
2034	18 931.27	3.83	2044	26 577.16	3.18
2035	19 640.97	3.75	2045	27 408.84	3.13
2036	20 362.86	3.68	2046	28 252.71	3.08
2037	21 096.96	3.61	2047	29 108.79	3.03
2038	21 843.25	3.54	2048	29 977.06	2.98
2039	22 601.74	3.47	2049	30 857.53	2.94
2040	23 372.43	3.41	2050	31 750.20	2.89
2041	24 155.31	3.35	2051	32 655.06	2.85
2042	24 950.40	3.29	2052	33 572.13	2.81
2043	25 757.68	3.24	2053	34 501.39	2.77

资料来源：本章测算得到。

（三）中国农民人均生活消费支出模型的建立

查阅历年中国统计年鉴，可以得到1978～2009年中国农民人均生活消费支出的数据。根据宏观经济学的相关理论，消费与收入之间存在一定的定量关系。一般来说，收入增加，消费也会随之增加。这里我们基于1978～2009年的时间数列数据，对农民人均生活消费支出和农民人均纯收入做回归分析，拟建立如下一元线性回归模型：

$$CONSP = C + \beta \cdot INCOP + \mu$$

采用Eviews软件对数据进行回归分析，回归分析结果如下：

$$CONSP = 29.109 + 0.760 \cdot INCOP \quad (4.6\text{式})$$

$$S.E. = (15.286) \qquad (0.0071)$$

$$t = (1.904) \qquad (106.854)$$

$$R^2 = 0.9974,\ F = 11\,417.86,\ D.W. = 0.4410$$

从回归估计的结果看，可决系数 $R^2 = 0.9974$，表明模型在整体上拟合得非常好。并且从斜率项的值来看，$0 < 0.760 < 1$，符合经济理论中边际消费倾向在0～1之间的绝对收入假说。

（四）2010～2053年中国农民个人最大缴费能力的测算

农民个人最大缴费能力的测算公式为 $M = \dfrac{INCOP - CONSP}{INCOP}$，根据上面的回归

模型知 $CONSP = 29.109 + 0.760INCOP$，因此联立方程，可以得到

$$M = 0.24 - \frac{29.109}{INCOP} \quad (4.7 式)$$

根据（4.7 式）和表 4 - 10 中的数据，可以测算出 2010 ~ 2053 年农民个人最大缴费能力，具体如表 4 - 11 所示。由表中数据可以看出，2010 ~ 2053 年中国农民个人最大缴费能力在 23.48% ~ 23.92% 之间。

表 4 - 11　　2010 ~ 2053 年中国农民个人最大缴费能力　　单位：%

年份	个人最大缴费能力	年份	个人最大缴费能力	年份	个人最大缴费能力
2010	23.48	2025	23.78	2040	23.88
2011	23.51	2026	23.79	2041	23.88
2012	23.55	2027	23.80	2042	23.88
2013	23.57	2028	23.81	2043	23.89
2014	23.60	2029	23.81	2044	23.89
2015	23.63	2030	23.82	2045	23.89
2016	23.65	2031	23.83	2046	23.90
2017	23.67	2032	23.83	2047	23.90
2018	23.68	2033	23.84	2048	23.90
2019	23.70	2034	23.85	2049	23.91
2020	23.72	2035	23.85	2050	23.91
2021	23.73	2036	23.86	2051	23.91
2022	23.74	2037	23.86	2052	23.91
2023	23.76	2038	23.87	2053	23.92
2024	23.77	2039	23.87		

资料来源：本章测算得到。

（五）2010 ~ 2053 年新农保个人缴费率与农民个人最大缴费能力的比较

2010 ~ 2053 年新农保个人缴费率在 1.94% ~ 9.70% 之间，而农民个人的最大缴费能力在 23.48% ~ 23.92% 之间，个人缴费率远远低于个人最大缴费能力。因此，可以做出结论：从全国来看，2010 ~ 2053 年中国农民个人完全具备新农保的缴费能力。

四、影响农民缴费能力的因素分析

在前文分析新农保的缴费能力时，我们主要选取了农民最大缴费能力和缴费率指标，其中农民最大缴费能力 =（农民人均纯收入 – 农民人均生活消费支出）/农民人均生活消费支出。根据国家统计年鉴上的资料，农民生活消费支出构成包括了衣着、食品、居住、医疗保健、家庭设备用品及服务、文教娱乐用品及服务、交通通信、其他商品及服务八大类，从支出的构成来看基本属于农民当前对生活各方面的需要，其需求具有一定的刚性，不容易降低；另外，当前新农保的个人缴费标准非常低（仅为 100 元，占 2009 年农民人均纯收入的比重仅为 1.94%）。因此，综合来看，影响农民缴费能力的主要因素便是农民的收入水平，即农民人均纯收入。

另外，根据课题组 2011 年对湖北省团风县和宜都市的调研数据，将“您或您的家庭新农保缴费是否有困难”与农民家庭人均纯收入做相关分析。“您和您的家庭新农保缴费是否有困难”的选项赋值为：很困难 – 1，有点困难 – 2，基本可以接受 – 3，比较轻松 – 4，非常轻松 – 5。另外，这里的“农民家庭人均纯收入”计算方法与统计年鉴上的略有差别，农民家庭人均纯收入 =（去年家庭总收入 – 农业生产资料支出）/家庭常住人数口①。具体相关分析的计算结果如表 4 – 12 所示。结果发现“您或您的家庭新农保缴费是否有困难”与农民家庭人均纯收入之间的 Pearson 相关系数为 0.236，并通过了显著性检验（显著性水平为 0.01），这说明农民缴费的轻松困难程度与农民家庭人均纯收入之间存在弱的正相关，即农民家庭人均纯收入越高，农民缴费越轻松；反之，农民家庭人均纯收入越低，农民缴费越困难。

表 4 – 12　农民新农保缴费的轻松困难程度与农民家庭人均纯收入的相关分析

		您或您的家庭新农保缴费是否有困难	农民家庭人均纯收入
您或您的家庭新农保缴费是否有困难	Pearson 相关性	1	0.236
	显著性（双侧）		0.000
	N	482	408

① 在统计年鉴上，农民家庭纯收入 = 总收入 – 家庭经营费用支出 – 税费支出 – 生产性固定资产折旧 – 赠送农村内部亲友。

续表

		您或您的家庭新农保缴费是否有困难	农民家庭人均纯收入
农民家庭人均纯收入	Pearson 相关性	0.236	1
	显著性（双侧）	0.000	
	N	408	596

资料来源：根据课题组于 2011 年 7 月对湖北省团风县、宜都市新农保实地调研数据计算得出。

五、研究结论与政策建议

（一）基本研究结论

本节选择农民个人最大缴费能力和新农保个人缴费率作为个人筹资能力的评估指标，分别从短期静态和长期动态两个视角对新农保个人缴费能力做出了分析。

通过短期静态分析，发现：（1）基于 2009 年的数据，从全国和省级层面来分析，得到以下结论：从全国来看，农民个人具备新农保的缴费能力；从省级层面来看，除陕西省外，中国其他省份的农民都具备新农保的缴费能力；从收入阶层来看，处于收入最低的 20% 的低收入户，基本上没有缴费能力；从按农民人均纯收入分组的户数比重来看，中国大约有 5.60% 的农户负担不起新农保的个人缴费。（2）基于 2009 年的数据，选取东中西部代表性省份（江苏省、湖北省、广西壮族自治区）的首批新农保试点县来分析不同经济发展水平地区农民的缴费能力，发现：对于经济发达的试点县来说，农民不仅具备了新农保的缴费能力，还可以选择较高档次甚至是最高档次的缴费标准；而对于经济落后的试点县来说，农民只能选择较低甚至最低档次的缴费标准；对于中西部个别贫困县来说，有相当一部分农民负担不起新农保的最低缴费标准。（3）基于课题组的实地调研数据从农户层面来分析农民的缴费能力，发现：大部分农民（2011 年湖北省调研数据为 84.0%；2012 年江浙调研数据为 87.7%）有能力参加新农保，只有一少部分农民（2011 年湖北省调研数据为 16.0%；2012 年江浙调研数据为 12.3%）对于新农保缴费有困难。

通过长期动态分析发现：从全国来看，只要农民的收入能实现持续增长，2010 ~ 2053 年农民完全有能力承担新农保的缴费。

可见，从全国总体水平上来看，农民个人基本上都具备新农保的筹资能力，但贫困地区以及贫困家庭的农村居民无法承担新农保缴费。

另外，通过分析发现：影响新农保缴费能力的主要因素是农民的收入水平，即农民人均纯收入。

（二）政策建议

根据以上分析的结果，笔者对如何实现新农保个人缴费能力的可持续性提出以下政策建议。

1. 出台相关政策，明确界定“缴费困难群体”的范围

国发〔2009〕32 号文件规定：“对农村重度残疾人等缴费困难群体，地方政府为其代缴部分或全部最低标准的养老保险费。”可见，国家已经考虑到了缴费困难群体。但是从各地新农保的试点来看，基本上把缴费困难群体限定为“农村重度残疾人”（残疾等级为 1～2 级），即仅仅对农村重度残疾人代缴养老保险费，将其他缴费困难群体排除在外。以湖北省为例，在首批 13 个新农保试点县中，无一例外，都是将缴费困难群体限定为残疾等级为 1～2 级的农村重度残疾人。这明显是对政策的误读，对其他缴费困难群体而言也有失公平。因此，建议国家人保部门尽快出台政策，明确界定“缴费困难群体”的范围。笔者认为，缴费困难群体应该指的是“个人最大缴费能力低于最低缴费标准（或缴费率）的所有农村贫困居民”。例如，享受农村低保人员、五保户、重点优抚对象等缴费困难群体，也应当由当地人民政府为其代缴部分或全部最低标准的养老保险费。

有人可能会说，新农保和农村低保都是为了保障基本生活，为了同一目的应该只享受一种国家补贴，低保户已经享受到了低保，再由国家代缴养老保险费，这不属于重复享受吗？其实不然。建立农村低保的初衷，就是为了保障家庭年人均纯收入低于当地最低生活保障标准的农村居民的生活，处于参保年龄段（16～59 岁）的低保户，参加了新农保后非但不能立马领取到养老金，而且还可能对其产生一定的经济负担，使其生活困难。因此，为低保户代缴部分或全部最低标准的养老保险费是合情合理的。目前，已有部分新农保试点地区为低保户代缴了养老保险费，如海南陵水县、内蒙古武川县、浙江临海县等。

2. 采取各种措施，努力提高农民的收入水平

新农保的个人最大缴费能力 $M=\frac{INCOP-CONSP}{INCOP}=1-\frac{CONSP}{INCOP}$。可见，提高农民个人最大缴费能力的方法有两种：第一，降低农民人均生活消费支出；第二，提高农民人均纯收入。在一定时期内，人均生活水平的降低是有限度的，因此，提高农民个人最大缴费能力的最好的办法就是提高农民人均纯收入。因此，笔者建议采取各种措施，千方百计地提高农民的收入水平。具体的政策建议有：确保农产品需求稳定增长，努力扩大出口和农产品加工业；加大农村科技、教育、卫生投入，提高农民素质；促进土地合理流转，加快城镇化进程；加快推进农村劳动力转移；增加对农村基础设施的投入，改善农民生产和生活条件；增加农村信贷资金，使农民能够真正得到金融服务；加大财政转移支付力度，完善农村社会保障等。

3. 加大扶贫开发的力度，努力减少贫困人口

个体贫困往往和区域贫困联系在一起，例如中国西部贫困地区，同时也是个体贫困聚集的地区。为降低个人筹资风险，笔者建议加大扶贫开发的力度，努力减少贫困人口。目前，中国扶贫开发的形势依然严峻：首先，贫困人口数量依然较多。2011 年贫困线提高到 2 300 元后，贫困人口增加到 12 238 万人，占农村总人口的比重为 13.4%[①]；其次，区域发展差距依然较大。尽管中西部地区的发展速度超过了东部地区，但绝对差距仍在拉大；再次，集中连片和特殊类型地区的贫困程度依然很深。有些革命老区、民族地区、边境地区和特困地区的贫困发生率超过了 10%，比全国平均水平高 6 个百分点以上[②]；最后，制约贫困地区发展的深层次矛盾依然存在。

借鉴各地扶贫开发的经验，笔者提出以下建议：第一，在扶贫开发对象上，由过去的国家级贫困县转向全部低收入人口；第二，在扶贫开发目标上，由解决温饱为主转向增加收入、脱贫致富；第三，在扶贫开发方法途径上，由单村独户、分散单一实施扶贫开发项目转向连片开发、综合治理、区域推进，着力解决集中连片和特殊类型贫困地区发展问题；第四，在扶贫开发制度上，由开发式扶贫转向开发式扶贫与低保式扶贫并举。

第二节　新农保农民缴费意愿的可持续性分析[③]

从上文的分析中可知，全国绝大多数农民客观上都具备了新农保的缴费能力，由于新农保是自愿参保的，因此，他们能否参加到新农保制度中来主要取决于他们的主观意愿。受传统观念的影响和生存环境的限制，农民更重视眼前利

① 根据《2011 年国民经济和社会发展统计公报》中的相关数据计算得出。

② 李韶辉：《我国将调整完善国家扶贫战略》，载《中国改革报》2010 年 6 月 7 日，第 001 版。

③ 本节参考了本项目的阶段性研究成果，详见薛惠元：《新型农村社会养老保险农民缴费意愿的可持续性分析》，载《西北人口》2014 年第 2 期，第 85～91、97 页。

益，尤其是16~44岁的中青年农民对长期性养老保险的兴趣和热情普遍很低，对新农保制度能否维持长期缴费意愿有很大不确定性，即使参保，也有中途断保的可能①。因此，研究新农保农民缴费意愿的可持续性问题具有重要的现实意义。本节将首先从理论方面分析新农保缴费意愿的可持续性，然后基于课题组的实地调研数据，对新农保农民缴费意愿及其影响因素做出实证分析。

一、农民缴费意愿可持续性的理论分析

（一）新农保制度的优越性分析

拥有财政补助政策是新农保与仅靠农民自我储蓄积累的老农保的最大区别，也是新农保制度的最大特点和最有吸引力的地方。根据国发〔2009〕32号文件的相关规定，新农保的财政补助包括中央财政补助和地方财政补助两部分。

1. 中央财政补助

中央财政主要负责“补出口”，即在新农保养老金待遇给付环节给予财政补助。国发〔2009〕32号文件规定，“政府对符合领取条件的参保人全额支付新农保基础养老金，其中中央财政对中西部地区按中央确定的基础养老金标准给予全额补助，对东部地区给予50%的补助”，“中央确定的基础养老金标准为每人每月55元”。

2. 地方财政补助

地方财政补助分为“补入口”和“补出口”两部分。（1）“补入口”，即在农民参保缴费环节给予财政补贴。国发〔2009〕32号文件规定：“地方政府应当对参保人缴费给予补贴，补贴标准不低于每人每年30元；对选择较高档次标准缴费的，可给予适当鼓励，具体标准和办法由省（区、市）人民政府确定；对农村重度残疾人等缴费困难群体，地方政府为其代缴部分或全部最低标准的养老保险费。”（2）“补出口”。对中央确定的最低标准基础养老金部分，东部地区需要负担50%的补助资金，中西部地区因中央财政全额补助则无需再安排补助资金。另外，国发〔2009〕32号文件还规定：“地方政府可以根据实际情况提高基础养老金标准，对于长期缴费的农村居民，可适当加发基础养老金，提高和加发部分的资金由地方政府支出。”政府财政对新农保的补贴情况如表4-13所示。

① 邓大松、薛惠元：《新型农村社会养老保险制度推行中的难点分析——兼析个人、集体和政府的筹资能力》，载《经济体制改革》2010年第1期，第86~92页。

表 4－13　　　　新农保财政补助政策

环节	补助对象		中央财政	地方财政
缴费环节（入口）	参保农民养老保险个人账户	普通缴费群体	不补	补助（≥30 元/人·年）
		选择较高档次标准缴费的群体	不补	补助（≥30 元/人·年＋适当补助）
		缴费困难群体	不补	补助（≥30 元/人·年＋100 元/人·年的部分或全部）
给付环节（出口）	最低标准基础养老金（55 元/人·月）	中西部地区	补助 100%	不补
		东部地区	补助 50%	补助 50%
	提高和加发部分的基础养老金		不补	补助 100%

资料来源：根据国发〔2009〕32 号文件整理而成。

可见，由于政府补贴的存在，使得农民参加新农保成为一项赚钱的“投资项目”，精于算账的农民是不会随便放弃这“赚钱”的机会的。

（二）从养老金净转入额看农民缴费意愿的可持续性

下面引入“养老金净转入额”指标，来分析农民参加新农保的好处。所谓“养老金净转入额”，是指测算时点某一人群的养老金待遇领取现值与养老保险缴费现值之差。这里我们采用静态测算，不考虑利息因素，因此，养老金净转入额是指参保农民领取的养老金待遇总额与缴费总额之差。

下面选取湖北省竹溪县为例，竹溪县为湖北省首批新农保试点县，其新农保启动的时间为 2010 年 1 月。根据其试点试行办法（溪政办发〔2010〕14 号）的规定，新农保缴费档次设为 100～500 元五档，政府缴费补贴为 30 元（省财政负担 20 元，县财政负担 10 元），缴费实行“多缴多补”的政策：按 200 元缴费，县财政增补 5 元；按 300 元缴费，县财政增补 10 元；按 400 元缴费，县财政增补 15 元；按 500 元缴费，县财政增补 20 元。另外，对于重度残疾人（残疾等级为 1～2 级）等缴费困难群体，按最低缴费标准全额代缴。基础养老金标准为 55 元/人·月，此外，还实行“长缴多补”政策：参保人缴费年限满 15 年以上的，每增加一年，月基础养老金增发 2 元。

我们以 16 周岁开始参保的农民为例，对其不同缴费标准下的农民养老金净转入额做出静态测算（假定缴费标准、政府补贴政策、基础养老金水平不做调整，不考虑利息因素，平均余命为新农保个人账户养老金的平均计发月数 139 个月），具体如表 4－14 所示。

表 4 - 14　不同缴费标准下农民养老金净转入额的静态测算

个人缴费			政府补贴		60 周岁后每月享受待遇			投入产出	
年缴费标准	缴费年限	个人缴费总额（元）	政府年缴费补贴（元）	政府缴费补贴总额（元）	个人账户养老金月标准（元）	月基础养老金（元）	月基本养老金（元）	投资回收期（月）	平均余命下的养老金净转入额（元）
100	44	4 400	30	1 320	41.15	113	154.15	28.5	17 027
200	44	8 800	35	1 540	74.39	113	187.39	47.0	17 247
300	44	13 200	40	1 760	107.63	113	220.63	59.8	17 467
400	44	17 600	45	1 980	140.86	113	253.86	69.3	17 687
500	44	22 000	50	2 200	174.10	113	287.10	76.6	17 907
缴费困难群体	44	0	130	5 720	41.15	113	154.15	0	21 427

注：个人账户养老金月标准 =（个人缴费总额 + 政府缴费补贴总额）/139；平均余命为 139 个月。

资料来源：根据竹溪县的新农保试点办法（溪政办发〔2010〕14 号）测算得到。

从表 4 - 14 中可以看到，参加新农保是一项纯赚钱的事情，16 周岁参保、缴费 44 年的一般缴费群体，养老金的净转入额在 17 000 元以上；若存在“多缴多补”，随着缴费档次的提高，养老金的净转入额随之提高，缴费标准每提高一个档次，养老金的净转入额提高 220 元。另外，对于重度残疾人等缴费困难群体，由县政府给代缴最低标准养老保险费，其养老金的净转入额更是达到了 21 427 元。可见，对农民而言，新农保是一项纯赚钱的制度，一个农民若不是“傻子”，肯定是愿意参加新农保的。

进一步分析发现，农民选择的缴费标准越低，就能够越快收回成本。如一个缴费 44 年的农民，若选择 100 元的缴费档次，年满 60 周岁后，只用 29 个月就可以把当初的所有缴费收回，此后领取的所有养老金都可以说是白赚的；若选择 500 元的缴费档次，年满 60 周岁后，要用 77 月才能收回先前的所有缴费。在调研中发现很多农民都钟情于“100 元的缴费档次”，这固然有农民收入水平低的原因，但“为了尽快收回成本（先前的缴费）”不能不说是其重要的原因。此现象在没有“多缴多补”政策的情况下尤甚，因为此时养老金的净转入额不受缴费档次高低的影响。

下面仅以 100 元的缴费档次为例，分析不同缴费年限下农民养老金净转入额。从表 4 - 15 中可以看到，农民缴费年限越长，政府缴费补贴数额就越多，年满 60 周岁后农民每月领取的基础养老金就越多（“长缴多补”），进而农民的养老金净转入额就越多。对于缴费在15年以上的农民来说，农民每多缴一年，养老金的净转入额增加308元。进一步分析发现，对于“新人”（新农保制度实施时，距领取年龄超过15岁的）来说，农民收回所有缴费的时间都很短，最长的29个月，最短22个月；对于“中人”（新农保制度实施时，距领取年龄不足15周岁的）来说，农民最短2个月、最长21个月即可收回所有的缴费；而对于“老人”（新农保制度实施时，已年满60岁的）来说，只要已参保即可“赚钱”（受益）。

表4-15　　不同缴费年限下农民养老金净转入额的静态测算

参保时年龄	缴费年限	个人缴费总额（元）	政府缴费补贴总额（元）	个人账户养老金月标准（元）	月基础养老金（元）	月基本养老金（元）	投资回收期（月）	平均余命下的养老金净转入额（元）
16	44	4 400	1320	41.15	113	154.15	28.5	17 027
20	40	4 000	1 200	37.41	105	142.41	28.1	15 795
25	35	3 500	1 050	32.73	95	127.73	27.4	14 255
30	30	3 000	900	28.06	85	113.06	26.5	12 715
35	25	2 500	750	23.38	75	98.38	25.4	11 175
40	20	2 000	600	18.71	65	83.71	23.9	9 635
45	15	1 500	450	14.03	55	69.03	21.7	8 095
46	14	1 400	420	13.09	55	68.09	20.6	8 065
50	10	1 000	300	9.35	55	64.35	15.5	7 945
55	5	500	150	4.68	55	59.68	8.4	7 795
59	1	100	30	0.94	55	55.94	1.8	7 675
≥60	0	0	0	0	55	55	0	7 645

注：个人账户养老金月标准=（个人缴费总额+政府缴费补贴总额）/139；平均余命为139个月。

资料来源：根据竹溪县的新农保试点办法（溪政办发〔2010〕14号）测算得到。

根据以上分析可以看到，新农保是一项纯赚钱受益的制度，并且缴费时间越长，养老金的净转入额就越多。农民都是“经济人”，从投入—产出的角度来考虑，农民肯定是愿意参保，并坚持长期参保的。根据课题组2010年的实地调研数据[①]，截至2010年7月，竹溪县新农保综合参保率达到87%；2011年竹溪县新农保覆盖率达到96%。

① 2010年7月，课题组对湖北省黄陂区、南漳县、竹溪县、宜都市、来凤县、河南省社旗县、淅川县进行了新农保专题调研，参保率数据为调研时当地农保部门所提供。

（三）从缴费的机会成本看农民缴费意愿的可持续性

农民愿不愿意参保，还要受到缴费的机会成本①的影响，即这一部分钱不用于新农保缴费，而用于投资或储蓄，若收益高于新农保，他们就不会参保；否则就会参加新农保。下面构建出新农保缴费意愿测算模型，对农民是否愿意参加新农保的问题做出测算。

1. 新农保缴费意愿测算模型

（1）前提假设。

按照国发〔2009〕32号文件的相关规定，做出以下假设：

第一，假定一个“标准人”，即2009年开始参加新农保的16岁的“新人”，他在2053年达到60岁，缴费年限为44年。将净转入额的测算时点假定为开始领取养老金年份，即2053年。

第二，假定参保农民在每年年初按照自己所选择的缴费标准向个人账户供款，缴费标准所处的档次不变②并且缴费不中断，缴费档次在农民缴费期间国家不做调整。

第三，不考虑集体补助的数额；假定政府缴费补贴在参保农民缴费的同时记入参保农民的个人账户，测算期间政府缴费补贴的标准不做调整。

第四，不考虑参保人未达到领取年龄提前死亡的特殊情形③。

第五，假定参保农民达到领取年龄后，在每年的年初按年领取养老金。

第六，假定全国新农保基础养老金的最低标准在未来不做调整。

（2）基本测算模型。

根据新农保政策规定和以上假设条件，我们设 a 为开始缴费年龄，b 为开始领取养老金年龄，以 C 表示参保农民的年缴费标准，以 T 表示政府对参保农民的年缴费补贴标准，以 Ir 表示新农保个人账户的年收益率。则参保农民开始领取养老金时（即年满60周岁时）个人账户的基金积累总额 M 为：

$$M = (C + T)\sum_{i=1}^{b-a}(1 + Ir)^{i} \qquad (4.8\text{式})$$

以 P_1 表示参保农民每年领取的基础养老金，以 m 表示个人账户计发年数，r 表示贴现率，则参保农民每年领取的基础养老金在开始领取年份的现值 N 为：

---

① 在经济学中，机会成本是指为了得到某种东西而所要放弃另一些东西的最大价值。

② 缴费档次一共分为5挡，例如某个农民若选择最低档次作为缴费标准，一生中均选择最低档次缴费。

③ 未达到领取年龄就提前死亡的参保人，根据国发〔2009〕32号文件的规定，其个人账户中的政府补贴不允许继承，在没有集体补助的情况下，其养老金的净转入额为0。

$$N = \sum_{j=0}^{m-1} \frac{P_1}{(1+r)^j} \qquad (4.9\text{式})$$

基本养老金包括基础养老金和个人账户养老金两部分。因此，参保农民每年领取的基本养老金在开始领取年份的总额现值 TP 为：

$$\begin{aligned} TP &= M + N \\ &= (C + T)\sum_{i=1}^{b-a}(1 + Ir)^i + \sum_{j=0}^{m-1}\frac{P_1}{(1+r)^j} \end{aligned} \qquad (4.10\text{式})$$

考虑农民参加新农保的机会成本，假定农民的缴费不用于参加新农保，而是用来投资，假定年投资收益率为 R，此时这笔原本用于投保的资金在农民开始领取养老金时的积累总额，即机会成本 Q 为：

$$Q = C\sum_{k=1}^{b-a}(1 + R)^k \qquad (4.11\text{式})$$

很显然，农民是否愿意参加新农保取决于 TP 与 Q 的值，若 $TP > Q$，农民就愿意参加新农保；若 $TP < Q$，没有农民愿意参加新农保；若 $TP = Q$，农民参加新农保和进行其他投资的效果是一样的，其参加新农保的积极性肯定也不会太高。因此，要想把农民吸引到新农保制度中来，并坚持长期参保，必须要求 $TP > Q$。

此外，令 $TP = Q$，还可以求出农民放弃参加新农保而去投资的收益率 R 的临界值。

2. 参数假设

（1）开始缴费年龄、领取年龄与个人账户计发年数。

由于我们采用“标准人”进行分析，此时 $a = 16$，$b = 60$。根据国发〔2009〕32号的规定，个人账户养老金的月计发标准为个人账户全部储存额除以139，因此我们得出预计的参保农民个人账户养老金平均计发年数 $m = 139/12 \approx 11.58$。

（2）缴费标准、政府补贴标准。

当前缴费标准设为100~500元五个档次，这里仅取100元档次，即 $C = 100$ 元。假定政府对参保农民的年缴费补贴标准 T 为30元（这里不考虑地方政府对选择较高档次标准缴费的“适当鼓励”及其对农村缴费困难群体代缴的养老保险费）。

（3）基础养老金标准。

目前中央基础养老金标准为55元/人·月。这里同时考虑“长缴多补”政策，假定参保人缴费年限满15年以上的，每增加1年，月基础养老金增发2元，此时参保农民每年领取的基础养老金 $P_1 = 113 \times 12 = 1\ 356$ 元。

（4）个人账户收益率与贴现率。

目前中国新农保基金的投资渠道主要是存银行，新农保个人账户储存额每年参考中国人民银行公布的金融机构人民币一年期存款利率计息。由于改革开放三十年中国经济高速发展以及财政政策、货币政策的作用，中国的法定存款利率进行过若干次调整，特别是1997年中国经济“软着陆”之前，金融机构一直实行较高的法定存款利率，因此以历年平均年利率作为参数显然不具代表性（见表4-16）。按照成熟的经济实践，金融机构法定存款利率一般不超过5%，基于中国经济趋于成熟的考虑，将新农保个人账户收益率假定为3%，贴现率也采用一年期银行存款利率为3%。

表4-16　　中国历年金融机构人民币一年期存款基准利率

调整时间	利率（%）	调整时间	利率（%）	调整时间	利率（%）	调整时间	利率（%）
1990.04.15	10.08	1998.07.01	4.77	2007.08.22	3.60	2011.02.09	3.00
1990.08.21	8.64	1998.12.07	3.78	2007.09.15	3.87	2011.04.06	3.25
1991.04.21	7.56	1999.06.10	2.25	2007.12.21	4.14	2011.07.07	3.5
1993.05.15	9.18	2002.02.21	1.98	2008.10.09	3.87	2012.06.08	3.25
1993.07.11	10.98	2004.10.29	2.25	2008.10.30	3.60	2012.07.06	3.00
1996.05.01	9.18	2006.08.19	2.52	2008.11.27	2.52	平均*	4.56
1996.08.23	7.47	2007.03.18	2.79	2008.12.23	2.25	平均**	3.05
1997.10.23	5.67	2007.05.19	3.06	2010.10.20	2.5		
1998.03.25	5.22	2007.07.21	3.33	2010.12.26	2.75		

注：*表示1990.04.15以来的算术平均值；**表示2002.02.21以来的算术平均值。

资料来源：根据中国人民银行网站公布的数据整理计算得到。

（5）用于其他方面投资的收益率。

每年100元的缴费，无法进行大的项目投资。考虑到农民的知识文化水平比较低，其资金的投资渠道主要还是存银行，从表4-16中可以看到中国的银行利率水平比较低。这里选择最乐观投资结果，假定即年投资收益率$R=5\%$。

3. 测算结果及分析

将基本参数假设代入（4.10式）和（4.11式），可以计算出该“标准人”每年领取的基本养老金在开始领取年份的总额现值$TP=24\ 478$元，机会成本$Q=14\ 199$元。由于$TP>Q$，由此可见，参加新农保获利更多，一个理性的农民肯定会选择新农保的。

进一步分析，令$TP=Q$，可求出农民放弃参加新农保的临界投资收益率R（当然这也是新农保的内部收益率），经计算结果为$R=6.97\%$。也就是说，农民的缴费资金只有年均投资收益率超过6.97%时，农民才愿意放弃新农保去投资。考虑到农民的知识水平比较低、当前银行的低利率水平以及资本市场的不完善等因素，可以说当前的投资项目很难达到这一收益率。因此，出于稳健以及获利等方面的考虑，农民还是会认为参加新农保更划算。

另外，在上面的测算中我们假定全国新农保基础养老金的最低标准在未来不做调整，这相当于低估了"标准人"每年领取的基础养老金数额，进而 TP 被低估了。另外，缴费标准在 44 年间不做调整也不太现实。因此，下面对模型做出修正，进而重新对农民的缴费意愿做出测算。

4. 模型修正情况下的再测算

修正的前提假设：(1) 国家依据全国农民人均纯收入增长率每年调整一次缴费档次；(2) 假定国家根据经济发展和物价变动等情况每年调整一次全国新农保基础养老金的最低标准。其他的假定条件不变。

用 g 表示农民人均纯收入增长率，以 f 表示全国新农保基础养老金调整系数，P_0 表示起始年份（2009 年）的基础养老金，ΔP 表示每年加发的基础养老金。此时参保农民每年领取的基本养老金在开始领取年份的总额现值 TP 以及机会成本 Q 为：

$$TP = C\sum_{i=1}^{b-a}(1+g)^{b-a-i}(1+Ir)^{i} + T\sum_{j=1}^{b-a}(1+Ir)^{j} + P_0(1+f)^{b-a}\sum_{k=0}^{m-1}\left(\frac{1+f}{1+r}\right)^{k} + \sum_{l=0}^{m-1}\frac{\Delta P}{(1+r)^{l}} \qquad (4.12 式)$$

$$Q = C\sum_{i=1}^{b-a}(1+g)^{b-a-i}(1+R)^{i} \qquad (4.13 式)$$

根据《中国统计年鉴（2010）》的数据，2009 年全国农民人均纯收入 Y_0 为 5 153 元，1978 年全国农民人均纯收入为 134 元，因此，自改革开放以来全国农民人均纯收入的平均增长率 $= \sqrt[31]{5\ 153/134} - 1 \approx 12.5\%$。显然，这个数据并不符合未来的发展可能。考虑到人民生活水平与经济发展水平相一致的原则，这里直接以经济增长率为农民人均纯收入增长率。根据高盛全球首席经济学家吉姆·奥尼尔预测，2010 年中国 GDP 增长率将达 11.9%①，2011～2020 年中国每年平均 GDP 增长率在 7.7% 左右，2021～2030 年为 5.5%，2031～2040 年为 4.3%，2041～2050 年为 3.5%②。据此，假定 2010～2053 年中国农民人均纯收入增长率为 5%。

国发〔2009〕32 号文件规定："国家根据经济发展和物价变动等情况，适时

① 根据《2010 年国民经济和社会发展统计公报》的数据，2010 年中国 GDP 达到 397 983 亿元，按可比价格计算，比上年增长 10.3%。

② 游芸芸：《高盛全球首席经济学家吉姆·奥尼尔：2027 年中国将成为最大经济体》，载《证券时报》2009 年 11 月 3 日，第 A006 版。

调整全国新农保基础养老金的最低标准。”根据物价变动情况来调整，是为了保证农村老年居民的基础养老金相对水平不降低；根据经济发展情况来调整，是为了让农村老年居民分享到经济发展成果。可见，新农保最低标准基础养老金调整系数应等于物价上涨率 + 经济增长率的一定比例。从表 4 - 17 中可以看到，1990 ~ 2009 年中国农村年平均通货膨胀率为 4.8%。显然，这一数据并不符合未来的发展可能，随着中国经济增长速度放缓、经济秩序的完善和国家宏观调控的能力增强，发生高通货膨胀的可能性不断降低。有学者认为，虽然中国经济自 2000 年以来一直处于低通货膨胀状态（年平均只有 2.2%），但当前和以后仍面临相当大的通货膨胀压力，中国未来的通货膨胀水平应在 -1% ~7% 之间波动①。综合考虑以上各种因素，我们假定 2010 ~ 2053 年中国农村年平均通货膨胀率为 2.5%。经济增长率仍采用吉姆·奥尼尔的预测数据，假定为 5%，另假定农村老年居民分享经济发展成果的比例为 30%，则基础养老金调整系数 $f = 2.5\% + 5\% \times 30\% = 4\%$

表 4 - 17　　中国历年农村通货膨胀率　　单位：%

年份	农村通货膨胀率	年份	农村通货膨胀率	年份	农村通货膨胀率
1990	4.5	1998	-1.0	2006	1.5
1991	2.3	1999	-1.5	2007	5.4
1992	4.7	2000	-0.1	2008	6.5
1993	13.7	2001	0.8	2009	-0.3
1994	23.4	2002	-0.4	平均*	4.8
1995	17.5	2003	1.6	平均**	2.2
1996	7.9	2004	4.8		
1997	2.5	2005	2.2		

注：* 为 1990 ~ 2009 年农村年平均通货膨胀率；** 为 2000 ~ 2009 年农村年平均通货膨胀率。

资料来源：根据《中国统计年鉴（2010）》整理计算得出。

另外，根据前文的假定可知 $P_0 = 660$ 元，$\Delta P = 696$ 元，其他的参数假设与前文相同。

将相关参数值带入 4.12 式和 4.13 式，可以计算出“标准人”每年领取的基本养老金在开始领取年份的总额现值 $TP = 79\ 823$ 元，机会成本 $Q = 37\ 651$ 元。

---

① 周渭兵：《我国养老金记账利率制度的风险精算分析和再设计》，载《数量经济技术经济研究》2007 年第 12 期，第 91 ~ 97 页。

可见，$TP > Q$，即新农保要明显优于其他投资项目，一个理性的农民肯定还是愿意选择新农保的。

令 $TP = Q$，求得农民放弃参加新农保的临界投资收益率（同时也是新农保的内部收益率）$R = 8.22\%$。这里的临界投资收益率要高于模型修正前的 6.97%，其主要原因在于先前的最低标准基础养老金采用的是静态测算（假定基础养老金最低标准不作调整），此处已经根据经济发展和物价水平因素做出调整，因此更为合理。可见，农民的缴费资金只有年均投资收益率超过 8.22% 时，农民才愿意放弃新农保去投资。而这一投资收益率在当前来说，是很难达到的。因此，基于安全性、稳健性和收益性等方面的考虑，农民还是会选择参加新农保的。

二、农民缴费意愿及其影响因素的实证分析

（一）文献综述及评析

在国发〔2009〕32 号文件颁布不久，很多学者及时跟进，根据自己的实地调研数据对农民的缴费意愿及其影响因素做出了研究，并得出不同的研究结论。如刘善槐等（2011）基于吉林省 5 000 农户的调研数据分析发现，年轻农民的参保率偏低，不愿意参加新农保的农民平均年龄为 41.3 岁，愿意参加新农保的农民平均年龄为 48.7 岁[①]。

张朝华（2010）对广东两个新农保试点县 378 个农户的样本数据进行分析，通过建立多元回归模型进行计量分析，发现：农户户主受教育的年限越长、农户家庭纯收入越高，农户参保的意愿就越强；农户家庭的人口数与土地面积越多、农户的年龄越大、农户户主的务农年限越长、非农收入所占的比重越高，农户参保的意愿就越弱[②]。

林淑周（2010）基于福州市大洋镇 80 个农户的调研数据，通过 *Logistic* 回归考察影响农民参与新农保的因素，发现除了经济收入外，农民的其他个体特征对农民参保意愿和行为的影响并不显著，与中等收入水平的农民相比，收入较低以及收入较高的农民都更不愿意参保；赞同“养儿防老”、“土地保障”的农民更

---

① 刘善槐、邬志辉、何圣财：《新型农村社会养老保险试点状况及对策——基于吉林省 5 000 农户的调查研究》，载《调研世界》2011 年第 2 期，第 30 ~ 33 页。

② 张朝华：《农户参加新农保的意愿及其影响因素——基于广东珠海斗门、茂名茂南的调查》，载《农业技术经济》2010 年第 6 期，第 4 ~ 10 页。

不愿意参保；农民对制度规定的认同度以及农民对政府的信任度对农民参与新农保行为有正向的影响①。

王媛（2011）利用对全国20个省68个村1 942户的问卷调查数据，通过构建Logit回归模型对农民参保影响因素进行实证分析，结果发现：参保意愿受到农民从事职业的显著影响并呈正相关，与农民自身的性别、年龄、子女数等变量呈负相关，此外，农户所处地理区域对参保意愿也产生了显著影响②。

郝金磊（2011）基于甘肃省临洮县、陇西县的442份样本数据，利用*Logistic*模型对西部地区农民参与新农保的意愿及影响因素进行了分析，发现：西部地区农民对新农保有较强的参与意愿；年龄、健康状况、个人年收入、家庭劳动力数、家庭男孩数、家庭女孩数、家庭承包土地数及是否了解新农保等变量对农民参保意愿影响显著；性别、婚姻状况、文化程度、从事职业、家庭人口数等变量对农民参保意愿并无显著影响③。

田北海等（2011）基于2010年在鲁、冀、皖、黔四省的484份调查数据，对农民参与新农保的意愿进行研究，发现大部分农民愿意参与新农保；收入主要源于务农、劳动能力低、子女定期给钱用、子女未读过大学、认知程度较高、未来预期乐观的农民参保意愿更强④。

赵珂巍等（2012）对甘肃首榆中县60个农户的调查数据采用*Logistic*模型进行分析，结果发现农户年龄、文化程度、子女个数、年人均收入以及对新农保政策的了解程度，对农民参加新农保意愿影响显著；而性别、婚姻状况、如何看待子女赡养、农户类别、选择何种方式养老以及对“捆绑政策”的看法，对农民参加新农保意愿的影响不显著⑤。

黄瑞芹等（2012）基于中西部民族地区369个农户问卷调查数据，利用*Logistic*回归模型对民族地区农户是否愿意参加新农保的影响因素进行了分析，发现年龄、教育程度、所在区域和预期养老方式等变量对农户参保意愿有显著影响，民族、性别、对新农保政策的了解程度以及一系列家庭特征变量对农户参保

---

① 林淑周：《农民参与新型农村社会养老保险意愿研究——基于福州市大洋镇的调查》，载《东南学术》2010年第4期，第74~80页。

② 王媛：《“新农保”参保影响因素分析——基于农户调查的Logit回归模型》，载《农村经济》2011年第7期，第85~88页。

③ 郝金磊、贾金荣：《西部地区农民新农保参与意愿研究》，载《西北人口》2011年第2期，第107~118页。

④ 田北海、丁镇：《农民参与新型农村社会养老保险的意愿研究》，载《甘肃行政学院学报》2011年第3期，第50~59页。

⑤ 赵珂巍、韩建民：《农村养老参保意愿及影响因素分析——以甘肃省榆中县为例》，载《西北农林科技大学学报（社会科学版）》2012年第3期，第18~27页。

意愿没有显著影响①。

从已有的研究文献来看，基本都是以试点地区的农民作为研究对象。笔者在各地调研中发现，试点地区新农保的推进速度非常快，参保率在试点推行当年就可以达到70%以上②，在推行1~2年后基本就实现了人群全覆盖。而大部分学者都不是在试点初期进行的新农保调研，而是在新农保试点推行1~2年、基本实现人群全覆盖后去做的调研。这种研究方法具有很大的局限性，因为绝大多数农民都已经参保了，你再去问农民"你是否愿意参加新农保"，已经没有任何意义。因为新农保是自愿参保的，参保的农民就可以视其具有缴费意愿③。另外，已有研究基本都是研究的参保意愿，而非缴费意愿，参保意愿的调研对象是16以上的所有适龄农村居民，而缴费意愿的调查对象仅为16~59岁的农民，二者之间还是有较大区别④。为了克服以上问题，笔者选取在调研中（2011年7月）尚未开展试点、但不久后（2011年10月）就开始试点的湖北省仙桃市为研究对象，来探讨新农保的农民缴费意愿及其影响因素。

（二）农民缴费意愿及影响因素分析——以湖北省仙桃市为例

1. 数据来源

课题组于2011年7月对湖北省尚未开展新农保试点的仙桃市进行了专题调研，了解试点前夕（仙桃市于2011年10月开始新农保试点）农民的养老需求及缴费意愿等情况。本次调研对仙桃市胡场镇、郭河镇、张沟镇3个镇共21个村的农户进行了入户问卷调查，共发放440份问卷，回收率为100%。由于60岁以上的老人不用缴费即可直接领取基础养老金（其符合条件的子女应当参保缴费），因此在分析缴费意愿时需要剔除60岁以上老人的样本数据，经过筛选后，得到16~59岁农民的样本数据共290份，该样本全部为有效样本。

2. 研究假设及变量描述

根据现有关于新农保农民参保意愿及其影响因素的研究文献，这里假设农民个人特征、家庭特征、对新农保政策的认知程度及预期等因素会影响农民的缴费

① 黄瑞芹、谢冰：《民族地区新型农村养老保险参保意愿及其影响因素分析——基于中西部民族地区农户的调查》，载《中南民族大学学报（人文社会科学版）》2012年第3期，第132~136页。

② 以湖北省首批新农保试点县为例，截至2010年6月底，南漳县新农保综合参保率达到96%，竹溪县达到87%，武汉市黄陂区16~59岁农民参保率为82%、60岁以上参保率为100%，宜都市为73%，来凤县为69%。

③ 课题组在各地调研中发现，在新农保推进的过程中，为提高参保率，部分地方政府采取了行政推动的办法，一级一级下达指标，但未发现强制农民参保的现象。

④ 60岁以上的农民只用办理参保登记手续，不用缴费即可领取基础养老金（其符合参保条件的子女必须参保）。

意愿。故因变量与自变量设置如下：

（1）因变量：农民是否愿意参加“新农保”。该变量是一个二分变量，这里将愿意参加新农保的因变量取值设为“1”，将不愿参加新农保的变量取值设为“0”，在调查的16～59岁人群中，有210人表示愿意参加新农保，占总人数的72.4%，只有80人表示不愿意参加新农保，占总人数的27.6%。

（2）自变量：个人特征主要有年龄、性别、文化程度、婚姻状况、政治面貌、是否担任村干部、健康状况、担心自己年老生活的程度；家庭特征主要有家庭人口数、家庭总收入、家庭耕地面积；对新农保政策的认知及预期包括对新农保政策是否了解、对农村社会养老保险的发展前景是否看好这两个变量。相关的变量定义具体如表4－18所示。

表4－18　　新农保农民缴费意愿影响因素及变量定义

影响因素	变量解释与赋值
个人特征	年龄：定距变量平均年龄为44.48岁
	性别：虚拟变量男性（59%）=1，女性（41%）=0
	文化程度：视同定距变量文盲（7.6%）=1，小学（25.6%）=2，初中（50.5%）=3，高中（13.5%）=4，大学及以上（2.8%）=5
	婚姻状况：虚拟变量已婚（90.7%）=1，未婚（9.3%）=0
	政治面貌：虚拟变量（参照值：群众，87.5%），民主党派（0.0%），共青团员（4.9%），中共党员（7.3%）
	是否担任村干部：虚拟变量是（3.8%）=1，否（96.2%）=0
	健康状况：视同定距变量很好（35.5%）=1，比较好（29.7%）=2，一般（23.8%）=3，比较糟（7.9%）=4，很糟糕（1.4%）=5
	担心自己年老生活的程度：视同定距变量很担心（17.2%）=4，有点担心（22.4%）=3，比较放心（14.1%）=2，很放心（10.0%）=1
家庭特征	家庭人口数：定距变量均值为4.25
	家庭年收入：定距变量均值为34 488.44
	耕地面积：定距变量均值为4.81
政策认知及预期	是否了解新农保政策：虚拟变量是（16.2%）=1，否（83.8%）=0
	对农村社会养老保险的发展前景是否看好：视同定距变量很看好（24.1%）=5，较看好（31.4%）=4，一般（35.2%）=3，较不看好（7.6%）=2，很不看好（1.7%）=1

资料来源：根据课题组于2011年7月对湖北省仙桃市的新农保实地调研数据计算得出。

3. 二元 *Logit* 模型构建与结果分析

因为因变量是个二分变量，本章构建一个二项 *Logit* 回归模型，对新农保农民缴费意愿的影响因素进行计量分析。*Logit* 是概率单位模型，可以分析具有不同特征的农民选择缴费或不缴费的概率，分析什么样的农民新农保缴费意愿更强，*Logit* 模型的具体形式如下：

$$Logit(P) = b_0 + b_1x_1 + \cdots + b_nx_n \qquad (4.14 式)$$

根据 *Logit* 变换的定义，有：

$$Logit(P) = In\frac{P}{1-P} \qquad (4.15 式)$$

P/(1 - P) 称为发生比（odds），即某时间出现的概率与不出现的概率之比，这里指的是农民愿意参加新农保缴费与不愿意参加新农保缴费的发生比。

将（4.15 式）代入（4.14 式）可得：

$$P = \frac{e^{b_0+b_1x_1+\cdots+b_nx_n}}{1+e^{b_0+b_1x_1+\cdots+b_nx_n}} \qquad (4.16 式)$$

由于模型中使用了 *Logit* 模型变换，各自变量的偏回归系数 $b_i(i=1, \cdots, n)$ 表示的是自变量 x_i 每改变一个单位，农民愿意参加新农保缴费与不愿意参加新农保缴费的发生比（odds）的自然对数值的改变量。e^{b_i} 为发生比率（odds ratio，即 OR 值），表示的是自变量 x_i 每变化一个单位，农民愿意参加新农保缴费的发生概率与不愿意参加新农保缴费的发生概率的比值，是变化前的相应比值的倍数。

笔者运用“Forward：Conditional”方法，将自变量纳入模型进行回归分析，回归分析结果显示，只有性别、对新农保政策是否了解、担心老年生活程度最终进入模型，模型的卡方值为 29.754，显著性水平为 0.000，通过显著性检验，该模型的预测正确率为 78.5%，预测效果较为理想，具体见表 4 - 19 所示。

表 4 - 19　　农民参加新农保意愿的二元 *Logit* 回归模型结果

变量	回归系数	标准差	Wals	df	Sig.	Exp（B）
性别	-1.520	0.477	10.161	1	0.001	0.219
是否了解新农保政策	1.979	0.786	6.340	1	0.012	7.235
担心老年生活的程度	0.723	0.206	12.334	1	0.000	2.060
常量	0.257	0.572	0.202	1	0.653	1.293
模型卡方检验	$\chi^2 = 29.754$　df = 3　p = 0.000					
模型拟合优度	-2 log likelihood = 151.735；Nagelkerke $R^2 = 0.241$					
预测正确率	78.5%					

资料来源：根据课题组于 2011 年 7 月对湖北省仙桃市的新农保实地调研数据计算得出。

回归系数的检验结果表明，最后纳入模型中的三个变量均通过显著性检验，农民新农保的缴费意愿主要受性别、对新农保政策的了解程度及对自己未来老年生活的担心程度这三个因素的影响。农民新农保缴费意愿的最终回归方程为：

$$Logit(P) = 0.257 - 1.520.sex + 1.979.policy + 0.723.worry \quad (4.17\text{式})$$

其中，*sex* 代表“性别”，*policy* 代表“是否了解新农保政策”，*worry* 代表“对老年生活的担心程度”。

根据回归方程，新农保缴费意愿的具体影响因素及影响程度如下：

第一，“农民的性别”变量回归系数为 -1.520，OR 值为 0.219，说明性别对农民缴费意愿有显著的影响，男性相对于女性而言，其参保意愿较低，只为女性的 21.9%，女性参保的积极性更高，说明女性更希望通过政府提供的新农保政策来保障自己未来的老年生活。

第二，“是否了解新农保政策”变量的回归系数为 1.979，OR 值为 7.235，说明是否了解新农保政策会对农民的缴费意愿有较强的影响，与不了解新农保政策的人相比，了解该政策的农民其参保缴费意愿会增加 6.235 倍。故对于还未实行新农保政策的地区，政府应通过加大宣传力度来吸引更多的农民参保。

第三，“对自己未来老年生活担心的程度”也会影响农民的缴费意愿，该变量视为定距变量，与参保意愿呈正相关，即对未来老年生活越担心，其参保缴费的意愿就越强。回归系数为 0.723，OR 值为 2.060，这说明对未来老年生活的担心程度每上升一个档次，其参保缴费的意愿增加 1.060 倍。

三、研究结论与政策建议

（一）基本研究结论

拥有财政补助政策是新农保与仅靠农民自我储蓄积累的老农保的最大区别，也是新农保制度的最大特点和最有吸引力的地方。选取“养老金净转入额”指标来分析农民缴费意愿的可持续性，以湖北省竹溪县为例，通过静态测算发现，新农保是一项纯受益赚钱的制度（一个 16 岁参保、连续缴费 44 年的农民，若选取 100 元的缴费档次，其在平均余命下的养老金净转入额达到 17 027 元）；并且缴费年限越长，养老金的净转入额就越多（一个 45 岁参保、连续缴费 15 年的农民，若选取 100 元的缴费档次，其在平均余命下的养老金净转入额仅为 8 095 元）。农民都是“经济人”，从投入—产出的角度来考虑，农民肯定是愿意参保，并坚持长期参保的。

从参保缴费的机会成本来研究农民缴费意愿的可持续性，通过构建农民缴费意愿测算模型，发现一个16参保、连续缴费44年的“标准人”，其每年领取的基本养老金的总额现值要大大高于其机会成本，也就是新农保明显要优于其他的投资项目；另外，新农保的内部收益率达到了8.22%，考虑到农民的知识水平比较低、当前银行的低利率水平以及资本市场的不完善等因素，可以说当前的投资项目很难达到这一收益率。因此，出于安全性、稳健性和收益性等方面的考虑，一个理性的农民是不会随便放弃参加新农保的。由此可见，农民的缴费意愿从长期来看是可持续的。

运用课题组2011年对湖北省仙桃市的实地调研数据，对农民缴费意愿及影响因素进行分析发现：有72.4%的农民有缴费意愿；性别对农民缴费意愿有显著的影响，男性相对于女性，其参保意愿较低；另外，“是否了解新农保政策”、“对自己未来老年生活担心的程度”对农民的缴费意愿有较强的影响，对新农保政策越了解、对未来老年生活越担心，其参保缴费的意愿就越强。

（二）实现农民缴费意愿可持续性的政策建议

1. 加大新农保的宣传力度，实现政府政务公开

从前文的分析中我们知道，全国绝大多数农民客观上都具备了参加新农保的能力，他们能否参加到新农保中来主要取决于他们的主观参保意愿。新农保制度是一项重大惠民政策，但在现实中很多农民还是存有顾虑：一是担心新农保制度未来有变，政府养老靠不住；二是担心新农保基金不安全，会被政府或贪官挪用；三是认为缴费养老不划算。因此，要想吸纳农民参与到新农保中来，首先应解决农民的顾虑。要想打消农民的顾虑，首要的问题便是宣传。因此，笔者建议目前要加大新农保的宣传力度：（1）宣传的方式除包括电视、广播、网络、报纸、墙报、传单之外，尤其要发挥村级农保协管员的作用；（2）通过宣传要让农民明白，新农保是政府举办的一项重大惠农政策，不是商业性的保险，由国家财政做后盾，绝对安全可靠；（3）要采用算账对比的办法让农民清楚地认识到新农保制度能给自己带来实惠，必要时可以把不同缴费档次、不同缴费年限下的新农保待遇水平测算表做出来[①]，然后放大挂到宣传栏上，让农民清清楚楚、一目了然的知道，自己的缴费未来能领取多少养老金；（4）实行以发促宣传、以发促缴。及时将基础养老金发放到符合领取条件的农民手里，一方面可以让农民

① 课题组于2010年7月在河南省淅川县调研时发现，其新农保经办大厅的墙上以及宣传册上都有《淅川县新农保缴费及待遇明细表》，对新农保的待遇水平做了静态测算，不同缴费档次、不同缴费年限下的新农保待遇水平清清楚楚、一目了然，起到了很好的宣传效果。

真贴地感受到新农保不是空头支票，而是实实在在的“钱”，另一方面也使得领取到基础养老金的老年农民成为新农保的“免费宣传员”，这样可以带动周围的农民参保；(5) 实行政务公开，加大社会监督力度。农保部门每年应向公众披露新农保基金的收支情况、财政补贴到位发放情况、投资收益情况以及举报电话等信息，接受广大农民的监督，让农民做到心里有数，并对新农保基金放心。

2. 落实好“长缴多补”政策

由于新农保不具有强制性，最低缴费年限为15年，可能会出现有些农民缴费满15年就不愿再缴的现象。此时，应通过政策加以引导，尤其是“长缴多补”政策。调研中发现，还有多地区尚未出台“长缴多补”政策，以湖北省首批13个新农保试点县为例，2010年7月出台了“长缴多补”政策的县有8个[①]，其“长缴多补”政策的内容几乎全部为“参保人缴费年限满15年以上的，每增加一年，月基础养老金增加2元”；另外，还有5个县尚未出台“长缴多补”政策[②]。据此，笔者建议各个县（市、区、旗）要尽快出台“长缴多补”政策；另外，为了在更大程度上激励农民长期缴费，不应仅对缴费15年以上的部分加发基础养老金，15年以内的部分也应该加发，因此，这里建议采取累进制的补助办法，具体可借鉴浙江省的做法：缴费5年以下的参保人，其月缴费年限养老金（相当于每月加发的基础养老金）按1元/年计发；缴费6年以上、10年以下的参保人，其月缴费年限养老金从第6年起按2元/年计发；缴费年限11年以上、15年以下的参保人，其月缴费年限养老金从第11年起按3元/年计发；缴费16年及以上的参保人员，其月缴费年限养老金从第16年起按5元/年计发。当然，这个累进制的“长缴多补”方案并不是长期不变的，应随着经济发展不断提高“加发基础养老金”的标准。

3. 加强新农保的行政推动，适时改为强制参保

从前面的分析中得知，中青年农民的参保积极性不高，究其原因在于其认为“养老还是很遥远的事情，等到40岁再参保缴费也不迟”。由此可以看到农民的“短视性”，为了解决此问题，应加强行政推动。在实地调研中发现，很多地区都把“新农保参保率”作为政府业绩考核的重要指标。笔者在江苏淮安调研时，一位人社局局长讲到，“本地的新农保参保率主要靠行政推动，一级一级向下分指标，协保员（由村干部兼任，一般是村会计）这一级是最基层的新农保的推动者，比如说协保员第一次去农民家收保费，他不愿意交，第二次去了还是不愿意交，等第三次去的时候都不好意思了，也就交了。”也就是说，一项政策要想

---

① 分别是石首市、竹溪县、安陆市、钟祥市、梁子湖区、赤壁市、曾都区、来凤县。

② 分别是黄陂区、西塞山区、南漳县、宜都市、团风县。

推行下去，行政推动很重要。另外，笔者认为，新农保属于社会保险，而社会保险的本质特性便是强制性，新农保制度在全国普遍推开并深入人心之后，建议将新农保改为强制参保。这一方面可以将新农保这项好政策广泛地推行下去；另一方面还可以克服中青年农民的短视行为，实现农民参保缴费的可持续性。

第五章

新型农村社会养老保险财政支持能力的可持续性

第一节 研究背景

2009 年 9 月 1 日，国务院发布《国务院关于开展新型农村社会养老保险试点的指导意见》（国发〔2009〕32 号），自此，中国农村社会养老保险制度建设进入了一个崭新的时期。根据国发〔2009〕32 号文件的规定，新农保制度有两大特点：第一，实行个人缴费、集体补助和政府补贴相结合的筹资方式，地方财政对农民缴费进行补贴，补贴标准不低于每人每年 30 元；第二，实行基础养老金和个人账户养老金相结合的养老金待遇，基础养老金由财政全额支付，2009 年中央确定的最低标准基础养老金为每人每月 55 元。可见，是否有财政补贴机制是新农保与老农保的最大区别，财政补贴能否及时到位，或者说财政支持能力能否可持续，是新农保制度可持续发展的关键。因此，研究新农保的财政支持能力问题具有重要的现实意义。

一、文献综述

关于新农保财政支持能力的测算，学术界已对其做出了初步研究，如邓大松、薛惠元（2010）在国发〔2009〕32号文件刚颁布不久，就构建出新农保财政补助数额计算公式，并基于2008年人口、财政等方面的数据对新农保财政补助数额做出测算，经测算发现中央财政对新农保的年补贴数额占中央财政收入的比重为1.64%，地方财政年最低补贴数额占地方财政收入的比重，全国为0.86%，东部地区为0.84%，中西部地区为0.88%，负担较重的有河北（2.84%）、海南（2.03%）、西藏（1.79%）、山东（1.67%）、贵州（1.55%）等[①]；此后，李冬妍（2011）对2009年中央和地方财政对新农保的补贴数额做出测算[②]；石玉梅、张敏（2011）对新疆新农保试点县的财政补助能力进行了测算[③]；刘晓梅（2011）对辽宁省各地市地方财政对新农保的补助额度及其占财政收入的比重进行了测算[④]。总体来看，以上研究均是从静态的角度对新农保财政补助能力做出测算，而不是站在"可持续"的视角上动态地研究新农保的财政支持能力，没有考虑到新农保制度全覆盖的渐进过程和人口、财政以及基础养老金等的动态变化，而且在测算财政支持能力的时候没有考虑到"为农村重度残疾人代缴养老保险费"这一重要的因素。学术界中，从动态的角度来研究新农保财政支持能力的文献非常少，经过中国知网搜索发现仅有两篇文献，其中程杰（2011年）基于2013年、2015年、2020年实现全覆盖的三种方案对新农保财政负担做出了测算[⑤]，但遗憾的是其在测算中将基础养老金按照55元/人·月来对待，没有考虑到"国家根据经济发展和物价变动等情况，适时调整全国新农保基础养老金最低标准"这一动态因素；封进、郭瑜（2011）通过模拟2010~2050年农村人口的数量和结构对新农保财政补贴数额做出了测算[⑥]，但遗憾的是其模拟地方财政支持能力时仅模拟了地方财政对缴费环节的补贴，未考虑到东部地区地方财政应该负担的基础养老金部分。可以说，当前学术界从动态的角度来研究新农保财政支持能力方面还不够深入、完善。为了全面分析新农保财政支持能力的可持续性，本章将从短期静态和长期动态两个维度对这一问题进行深入分析。

---

① 邓大松、薛惠元：《新农保财政补助数额的测算与分析》，载《江西财经大学学报》2010年第2期，第38~42页。

② 李冬妍：《"新农保"制度：现状评析与政策建议》，载《南京大学学报（哲学·人文科学·社会科学版）》2011年第1期，第30~39页。

③ 石玉梅、张敏：《新农保制度下地方政府财政补贴政策效应研究——以新疆新农保试点县为例》，载《农业经济问题》2011年第10期，第50~55、111页。

④ 刘晓梅：《我国新型农村社会养老保险制度及试点分析》，载《农业经济问题》2011年第4期，第55~61页。

⑤ 程杰：《新型农村社会养老保险制度的财政负担测算——兼论"十二五"期间实现全覆盖的可行性》，载《社会保障研究》2011年第1期，第57~66页。

⑥ 封进、郭瑜：《新型农村社会养老保险制度的财政支持能力》，载《重庆社会科学》2011年第7期，第50~58页。

二、新农保财政补助政策的主要内容

为了支持新农保制度的建立，中央和地方政府加大了财政投入力度，对新农保既“补入口”，又“补出口”。所谓“补入口”，就是在农民参保缴费环节给予财政补助；所谓“补出口”，就是在新农保养老金待遇给付环节给予财政补助。

（一）中央财政补助政策

中央财政主要负责“补出口”。国发〔2009〕32号文件规定，“政府对符合领取条件的参保人全额支付新农保基础养老金，其中，中央财政对中西部地区按中央确定的基础养老金标准给予全额补助，对东部地区给予50%的补助①”，“中央确定的基础养老金标准为每人每月55元”。中央确定的基础养老金标准我们称为最低标准基础养老金。从文件中可以看出，最低标准基础养老金为660元/人·年，在中西部地区，中央财政全额补助，在东部地区中央财政每人每年补助330元。

（二）地方财政补助政策

地方财政补助政策主要分“补入口”和“补出口”两部分（见表5-1）：

表5-1　新农保财政补助政策

环节	缴费环节（入口）			给付环节（出口）		
补助对象	新农保个人账户			最低标准基础养老金		提高和加发部分的基础养老金
	普通缴费群体	选择较高档次标准缴费的群体	缴费困难群体	东部地区	中西部地区	
中央财政	不补	不补	不补	补助50%	补助100%	不补
地方财政	补贴（≥30元/人·年）	补贴（≥30元/人·年+适当鼓励）	补贴（≥30元/人·年+100元/人·年的部分或全部）	补助50%	不补	补助100%

资料来源：根据国发〔2009〕32号文件整理而成。

① 根据国家政策规定，目前我国东部地区包括北京、天津、河北、辽宁、上海、江苏、浙江、福建、山东、广东和海南11个省级行政区；中部地区包括山西、吉林、黑龙江、安徽、江西、河南、湖北、湖南8个省级行政区；西部地区包括四川、重庆、贵州、云南、西藏、陕西、甘肃、青海、宁夏、新疆、广西、内蒙古12个省级行政区。

1. "补入口"。为激励农村居民参保缴费，根据国发〔2009〕32号文件规定，地方政府对个人缴费给予补贴。具体讲，主要有三项政策：第一，对农村居民个人缴费补贴标准不低于每人每年30元，具体是否高于30元，高多少，由地方人民政府根据自身情况确定；第二，为鼓励参保农村居民多缴费，地方财政按照"多缴多补"的原则，对选择较高档次标准缴费的，给予适当鼓励，具体标准和办法由省（区、市）人民政府确定；第三，对农村重度残疾人等缴费困难群体，地方政府为其代缴部分或全部最低标准的养老保险费。地方政府对参保人的缴费补贴全部进入农民养老保险个人账户，作为将来计发个人账户养老金的基数。

2. "补出口"。具体有三种情况：第一，对中央确定的最低标准基础养老金（55元/人·月）部分，东部地区需要负担50%的补助资金，中西部地区因中央财政全额补助则无须再安排补助资金；第二，鉴于各地经济发展水平、消费水平等存在差异，地方政府可以根据实际情况提高基础养老金标准；第三，为鼓励参保农村居民长期缴费，对缴费超过一定年限的，地方政府可适当加发基础养老金，具体政策由地方人民政府确定。

三、新农保财政支持能力评估指标的选取

评估财政有没有能力支持新农保，一个重要的指标便是本级财政对新农保的年补助数额占本级财政收入的比重。据此，本章选择中央财政对新农保的年补助数额占中央财政收入的比重、地方财政对新农保的年补助数额占地方财政收入的比重两个指标来评估新农保财政支持能力的可持续性。

第二节　新农保财政支持能力评估
——基于短期静态的视角[①]

由于2009年是新农保制度试点的起始年份，因此，这里基于2009年人口、财政等方面的数据，分别测算出覆盖率为100%时中央财政和地方财政对新农保的年补助数额及其占中央财政、地方财政收入的比重，进而对新农保的财政支持

① 本节的部分内容参考了本项目的阶段性研究成果，详见邓大松、薛惠元：《新农保财政补助数额的测算与分析——基于2008年的数据》，载《江西财经大学学报》2010年第2期，第38~42页。

能力做出测算和评估。

一、新农保中央财政支持能力的测算与评估

依据国发〔2009〕32号文件，我们可以得到以下基本前提条件：（1）目前中央确定的最低标准基础养老金为55元/人·月；（2）对于最低标准基础养老金，中央财政对东部地区给予50%的补助，对中西部地区给予全额补助；（3）领取养老金的条件为：年满60岁、未享受城镇职工基本养老保险待遇、有农村户籍；（4）对于新农保制度实施时已年满60周岁的“老人”，不用缴费即可按月领取基础养老金，但其符合参保条件的子女应当参保缴费。

根据以上基本条件我们做出以下假定：（1）假定新农保制度在2009年年底实现对农村适龄居民的全覆盖，此时“老人”符合参保条件的子女都已参保，所有“老人”都有资格按月领取基础养老金；（2）已经享受城镇职工基本养老保险待遇的农村有户籍的老年人数目非常少，这里我们不予考虑。

下面将测算一下，在新农保制度“实现对农村适龄居民全覆盖”的情况下中央财政对新农保的年补助数额。2009年年末中国各地区的农村人口数和60周岁及以上的农村人口数如表5－2所示。根据国发〔2009〕32号文件规定以及前文的基本假定，中央财政对东部地区基础养老金的年补助数额＝$\sum$东部各地60周岁及以上的农村人口数×55×50%×12，通过计算得出为108.6602亿元；中央财政对中西部地区基础养老金的年补贴数额＝$\sum$中西部各地60周岁及以上的农村人口数×55×12，通过计算得出为438.1844亿元；进而可以计算出中央财政对新农保的年补贴数额为546.8446亿元（见表5－2）。

表5－2　　中央财政对新农保年补助数额的测算

地区	年末农村人口数（万人）	年末60周岁及以上的农村人口数（万人）	中央财政年补助数额（亿元）
东部	22 709	3 292.73	108.6602
北京	263	38.17	1.2597
上海	219	31.75	1.0479
天津	270	39.16	1.2923
河北	4 009	581.31	19.1831
辽宁	1 712	248.31	8.1942
江苏	3 430	497.34	16.4121

续表

地区	年末农村人口数（万人）	年末60岁及以上的农村人口数（万人）	中央财政年补助数额（亿元）
浙江	2 181	316.21	10.4350
福建	1 763	255.59	8.4346
山东	4 894	709.67	23.4190
广东	3 528	511.49	16.8791
海南	440	63.74	2.1033
中西部	45 787	6 639.16	438.1844
山西	1 851	268.41	17.7152
内蒙古	1 129	163.66	10.8015
吉林	1 279	185.43	12.2383
黑龙江	1 703	246.87	16.2936
安徽	3 550	514.73	33.9721
江西	2 518	365.16	24.1006
河南	5 910	856.95	56.5587
湖北	3 089	447.88	29.5598
湖南	3 639	527.60	34.8215
广西	2 952	428.10	28.2549
重庆	1 384	200.69	13.2453
四川	5 017	727.52	48.0166
贵州	2 663	386.10	25.4828
云南	3 017	437.44	28.8714
西藏	221	32.05	2.1150
陕西	2 131	309.02	20.3954
甘肃	1 775	257.37	16.9866
青海	324	46.95	3.0987
宁夏	337	48.87	3.2251
新疆	1 299	188.36	12.4314
全国	68 496	9 931.89	546.8446

注：由于无法直接获取2009年年末60周岁及以上的农村人口数，这里只能进行近似计算，2009年年末全国60周岁及以上的人口占到14.5%，由于全国各地区人口年龄结构相差不大，故2009年年末各地区60周岁及以上的农村人口数近似等于各地区农村人口数乘以14.5%。

资料来源：根据《中国统计年鉴（2010）》相关数据整理计算而成。

如表5－3所示，2009年中国中央财政收入为35 915.716亿元，据此可计算出中央财政对新农保年补助数额占中央财政收入的比重为1.52%。由于2009年中国中央财政收入占总财政收入的比重高达52.4%，而中央财政支出占总财政支出的比重仅为20.0%。可以说是1.52%这一比例非常小，中央财政完全可以负担得起。

因此，可以得出结论：从短期静态来看，中央财政完全有能力承担新农保的财政补助。

表5－3　　2009年国家财政收支结构

项目	中央		地方		全国（亿元）
	数额（亿元）	比重（%）	数额（亿元）	比重（%）	
财政收入	35 915.71	52.4	32 602.59	47.6	68 518.30
财政支出	15 255.79	20.0	61 044.14	80.0	76 299.93

注：表中的地方财政收入指的是地方一般预算收入。

资料来源：根据《中国统计年鉴（2010）》整理而成。

二、新农保地方财政支持能力的测算与评估

根据国发〔2009〕32号文件的相关规定，我们做出以下基本假定：（1）由于地方政府“对选择较高档次标准缴费的适当鼓励”以及“提高和加发部分基础养老金”的补贴属于选择性规定，鼓不鼓励、提不提高或加不加发，完全由地方政府说了算，只要地方政府政策制定合理，这一部分补贴一般不会存在财政无法负担、到时无法兑现的风险，也就是说这一部分补贴基本不会产生财政风险，因此，这里我们不予考虑；（2）对于地方政府缴费补贴，按照最低补贴标准即30元/人·年来测算；（3）对于缴费困难群体，这里仅考虑农村重度残疾人，从各地新农保的实践来看，对农村重度残疾人几乎全部采取的是代缴全部最低标准养老保险费（100元/人·年）的做法，因此这里按照100元/人·年来测算；（4）基础养老金标准为55元/人·月（忽略了提高和加发部分的基础养老金），东部地区地方财政需要补助50%，中西部地区无须补贴；（5）16周岁及以上的在校学生不在新农保的参保范围之列，但由于在校学生的数量很难把握，这里基于风险最大化的原则忽略在校学生做粗略计算，即假定16～59岁的农村居民均为新农保的覆盖对象。

下面我们将测算一下，在新农保制度“实现对农村适龄居民全覆盖”的情况下，地方财政对新农保的年补助数额。

根据《2006年第二次全国残疾人抽样调查主要数据公报》，可以获取2006年4月1日零时的残疾人口数据。其中，从残疾人口的年龄构成来看，全国残疾人口中15~59岁的人口占42.10%，利用线性插值法可以计算出16~59岁的残疾人口占全国残疾人口的比重为41.16%；从残疾人口的城乡分布来看，全国残疾人口中农村残疾人口占75.04%；从残疾人口的残疾等级构成来看，全国残疾人口中，残疾等级为一、二级的重度残疾人占29.62%；各地区残疾人口占本地区总人口的比重见表5-4。据此，可以推算出2006年4月1日零时各地区16~59岁农村重度残疾人口占本地区总人口的比重=各地区残疾人口占本地区总人口的比重×41.16%×75.04%×29.62%。

我们假定各地区16~59岁农村重度残疾人口占本地区总人口的比重保持不变，根据2009年年底各地区的总人口数，可以大体推算出2009年年底各地区16~59岁农村重度残疾人口数，结果如表5-4所示。

表5-4　　2009年底各地区16~59岁农村重度残疾人口数推算

地区	残疾人口占本地区总人口的比重（%）	16~59岁农村重度残疾人口占本地区总人口的比重（%）	年末人口数（万人）	年末16~59岁农村重度残疾人口数（万人）
东部	—	—	52 762	299.14
上海	5.29	0.4840	1 921	9.30
北京	6.49	0.5937	1 755	10.42
天津	5.47	0.5004	1 228.16	6.15
广东	5.86	0.5361	9 638	51.67
浙江	6.36	0.5818	5 180	30.14
江苏	6.40	0.5855	7 725	45.23
辽宁	5.31	0.4858	4 319	20.98
福建	6.25	0.5718	3 627	20.74
山东	6.15	0.5626	9 470.3	53.28
海南	5.95	0.5443	864.07	4.70
河北	7.23	0.6614	7 034.4	46.53
中西部	—	—	78 899	477.84
内蒙古	6.39	0.5846	2 422	14.16
重庆	6.05	0.5535	2 859	15.82
山西	6.04	0.5526	3 427	18.94

续表

地区	残疾人口占本地区总人口的比重（%）	16~59岁农村重度残疾人口占本地区总人口的比重（%）	年末人口数（万人）	年末16~59岁农村重度残疾人口数（万人）
吉林	7.03	0.6431	2 740	17.62
黑龙江	5.72	0.5233	3 826	20.02
陕西	6.69	0.6120	3 772	23.09
宁夏	6.83	0.6248	625	3.91
新疆	5.31	0.4858	2 159	10.49
青海	5.54	0.5068	557	2.82
湖北	6.64	0.6075	5 720	34.75
安徽	5.85	0.5352	6 131	32.81
四川	7.57	0.6925	8 185	56.68
湖南	6.46	0.5910	4 571	27.01
云南	6.44	0.5892	6 406	37.74
江西	6.39	0.5846	4 432	25.91
广西	7.23	0.6614	4 856	32.12
河南	7.20	0.6587	9 487	62.49
甘肃	7.20	0.6587	2 635	17.36
贵州	6.40	0.5855	3 798	22.24
西藏	7.00	0.6404	290	1.86
全国	—	—	131 661	776.98

注：表中东部、中西部和全国16~59岁农村重度残疾人口数由各地区的数据加总而成。

资料来源：根据《2006年第二次全国残疾人抽样调查主要数据公报》和《中国统计年鉴(2010)》相关数据整理计算而成。

2009年年末中国各地区16~59岁农村人口数、60周岁及以上的农村人口数如表5-5所示。根据国发〔2009〕32号文件规定以及前文的基本假定，在新农保制度“实现对农村适龄居民全覆盖”的情况下，东部地区地方财政年补助数额 = $\sum$ 东部各地16~59岁农村人口数 ×30 + $\sum$ 东部各地16~59岁农村重度残疾人口数 ×100 + $\sum$ 东部各地60周岁及以上的农村人口数 ×55 ×50% ×12；中西部地区地方财政年补助数额 = $\sum$ 中西部各地16~59岁农村人口数 ×30 + $\sum$ 中西部各地16~59岁农村重度残疾人口数 ×100。据此可以计算出全国各地区地方财政对新农保的年补助数额，进一步可以计算出地方财政对新农保的年补助数额占地方财政收入的比重，具体如表5-5所示。

表5－5　　地方财政对新农保年补助数额及占地方财政收入比重测算

地区	年末16～59岁农村人口数（万人）	年末60周岁及以上的农村人口数（万人）	地方财政对新农保的年补助数额（亿元）	地方财政收入（亿元）	地方财政对新农保的年补助数额占地方财政收入的比重（%）
东部	15 260.12	3 292.73	157.4320	20 377.85	0.77
上海	147.16	31.75	1.5824	2 540.30	0.06
北京	176.90	38.17	1.8946	2 026.81	0.09
天津	181.49	39.16	1.8983	821.99	0.23
广东	2 370.49	511.49	24.5073	3 649.81	0.67
浙江	1 465.48	316.21	15.1329	2 142.51	0.71
江苏	2 304.89	497.34	23.7790	3 228.78	0.74
辽宁	1 150.79	248.31	11.8564	1 591.22	0.75
福建	1 184.55	255.59	12.1957	932.43	1.31
山东	3 288.94	709.67	33.8186	2 198.63	1.54
海南	295.38	63.74	3.0364	178.24	1.70
河北	2 694.05	581.31	27.7305	1 067.12	2.60
中西部	30 769.06	6 639.16	97.0856	12 224.74	0.79
内蒙古	758.48	163.66	2.4170	850.86	0.28
重庆	930.08	200.69	2.9484	655.17	0.45
山西	1 243.95	268.41	3.9213	805.83	0.49
吉林	859.37	185.43	2.7543	487.09	0.57
黑龙江	1 144.13	246.87	3.6326	641.66	0.57
陕西	1 432.15	309.02	4.5274	735.27	0.62
宁夏	226.46	48.87	0.7185	111.58	0.64
新疆	872.93	188.36	2.7237	388.78	0.70
青海	217.59	46.95	0.6810	87.74	0.78
湖北	2 075.67	447.88	6.5745	814.87	0.81
安徽	2 385.50	514.73	7.4846	863.92	0.87
四川	3 371.70	727.52	10.6819	1 174.59	0.91
湖南	2 445.14	527.60	6.3521	847.62	0.91
云南	2 027.33	437.44	7.7128	698.25	0.91
江西	1 692.33	365.16	5.3361	581.30	0.92
广西	1 984.05	428.10	6.2733	620.99	1.01
河南	3 971.52	856.95	12.5395	1 126.06	1.11

续表

地区	年末16～59岁农村人口数（万人）	年末60周岁及以上的农村人口数（万人）	地方财政对新农保的年补助数额（亿元）	地方财政收入（亿元）	地方财政对新农保的年补助数额占地方财政收入的比重（%）
甘肃	1 192.79	257.37	3.7520	286.59	1.31
贵州	1 789.39	386.10	5.5906	416.48	1.34
西藏	148.51	32.05	0.4641	30.09	1.54
地方合计	46 029.18	9 931.89	254.5198	32 602.59	0.78

注：(1) 由于无法直接获取2009年年末16～59岁的农村人口数，这里只能进行近似计算。2009年年末全国16～59岁的人口占到67.2%，由于全国各地区人口的年龄结构相差不大，故2009年年末各地区16～59岁的农村人口数近似等于各地区农村人口数乘以67.2%。(2) 表中的地方财政收入指的是地方一般预算收入，下文表格中除作特殊说明外，均与此相同。

资料来源：根据《中国统计年鉴（2010）》相关数据整理计算而成。

通过计算得出，全国地方财政对新农保的年补助数额为254.5198亿元，占全国地方财政收入的比重为0.78%，仅为中央财政负担的1/2（中央财政对新农保年补助数额占中央财政收入比重为1.52%）。可见，从总体来看，地方财政负担并不重，财政风险非常小。

但问题在于，由于存在地区经济发展水平与财政能力的不平衡，贫困地区地方财政支持的压力依然很大。从东中西部来看，东部地区地方财政对新农保的年补助数额占地方财政收入的比重（0.77%）与中西部地区（0.79%）基本持平，可见，中央财政对中西部地区采取的倾斜政策，其效果还是很明显的。具体来看，在东部地区，地方财政对新农保的年补助数额占地方财政收入的比重最低的为上海0.06%，最高的为河北2.60%，平均水平为0.77%，负担比较重的为河北（2.60%）、海南（1.70%）、山东（1.54%）和福建（1.31%）；在中西部地区，地方财政对新农保的年补助数额占地方财政收入的比重最低的为内蒙古0.28%，最高的为西藏1.54%，平均水平为0.79%，负担比较重的有西藏（1.54%），贵州（1.34%），甘肃（1.31%），河南（1.11%）。可见，中西部贫困地区的省份（如西藏、贵州、甘肃、河南等）和东部农业人口比较多的省份（如河北、山东、福建等）财政负担比较重，会存在一定的财政风险。

由于新农保试点在县这一级进行，因此县级政府将会承担重要的财政补助责任。而在省、市、县这三级财政中[①]，省、市的情况要好一些，在县级财政中，对东部富裕县来讲也没有多大问题，但对中国中西部数百个吃财政饭的贫困县来

① 在部分实行省管县的地区，只有省级和县级财政对新农保给予财政补助。

讲，其负担之重，可想而知。越是贫穷落后的地方，城镇化水平就越低，农业人口的比重就越大，地方财政补助的负担就越重。对于一些贫困县来说，最令人们担心的是，由于县一级财政无力配套财政补助资金，将挪用新农保个人账户基金用于当期的财政补助资金发放，使新农保个人账户"空账运行"，形成事实上代际供养的现收现付制。

下面以湖北省5个新农保试点县（黄陂、南漳、宜都、竹溪、来凤）[①] 为例，基于2010年课题组的实地调研数据[②]和《湖北统计年鉴（2010）》的相关数据，测算出县级财政对新农保的年补助数额，并做出分析。

根据《湖北省人民政府关于开展新型农村社会养老保险试点工作的实施意见》（鄂政发〔2009〕64号）的规定，"地方政府对参保人缴费给予补贴，补贴标准不低于每人每年30元，其中省级财政负担20元、试点县（市、区）负担不低于10元"。根据这5个新农保试点县所发布的具体实施办法，发现对农村重度残疾人均采取了代缴全部最低标准的养老保险费的做法。这里将测算一下，在新农保制度"实现对农村适龄居民全覆盖"的情况下，县级财政对新农保的年补助数额（不考虑地方政府对选择较高档次标准缴费的"适当鼓励"，以及提高和加发部分基础养老金的补贴）。

2009年年末，湖北省5个新农保试点县人口和财政方面的数据如表5－6所示。从表中可以看到，在湖北省5个新农保试点县中，县级财政对新农保的年补助数额占当地地方财政收入的比重最高的为南漳县（2.65%），这一比例为湖北省平均水平（0.81%）的3.27倍，为全国平均水平（0.78%）的3.40倍，来凤县和竹溪县次之，黄陂区和宜都市财政负担很轻，其中宜都市仅为0.16%。

表5－6　　湖北省县级财政对新农保年补助数额及占地方财政收入比重测算

地区	年末16~59岁农村人口数（万人）	年末16~59岁农村重度残疾人口数（人）	年末60岁及以上的农村人口数（万人）	县级财政对新农保的年补助数额（万元）	地方财政收入（万元）	县级财政对新农保年补助数额占当地地方财政收入比重（%）
黄陂区	45.0	6 000	12.0	510	98 309	0.52
南漳县	27.3754	7 000	6.1944	343.754	12 979	2.65

① 湖北省首批新农保试点县共有13个，分别是黄陂区、西塞山区、南漳县、石首市、宜都市、竹溪县、安陆市、钟祥市、梁子湖区、团风县、赤壁市、随州市、来凤县。

② 2010年7月，课题组对湖北省5个新农保试点县（黄陂、南漳、宜都、竹溪、来凤）进行了实地专题调研，下文中的相关数据为调研时当地政府所提供。

续表

地区	年末16～59岁农村人口数（万人）	年末16～59岁农村重度残疾人口数（人）	年末60岁及以上的农村人口数（万人）	县级财政对新农保的年补助数额（万元）	地方财政收入（万元）	县级财政对新农保年补助数额占当地地方财政收入比重（%）
宜都市	9.1468	1 542	5.2693	106.888	68 509	0.16
竹溪县	17.1625	3 920	5.1327	210.825	12 987	1.62
来凤县	16.2929	600	3.1037	168.929	8 208	2.06

注：* 黄陂区和宜都市剔除了已参加城镇企业职工基本养老保险的人数。

** 竹溪县16～59岁农村人口数剔除了在校学生。

资料来源：根据课题组2010年调研数据和《湖北统计年鉴（2010）》的相关数据整理计算。

结合试点县人均地方财政收入和农村人口占比（见表5－7）进行分析发现，宜都市和黄陂区的经济较发达，人均地方财政收入分别达到1 758.90元和1 103.36元，而农村人口比重却较低，分别为70.32%、69.96%；南漳县、竹溪县、来凤县经济较落后，人均地方财政收入仅为243.51元、388.14元、291.06元，可农村人口比重却高达78.65%、85.33%、83.79%。由此可见，越是经济落后、人均地方财政收入少的地区，农村人口越多，县级财政补助的负担就越重。因此，我们可以得出结论：经济发达地区的试点县，有能力承担新农保的财政补助，基本不存在财政风险；但对贫困地区的试点县而言，新农保财政支持的压力较大，会存在较大的财政风险。

表5－7　　湖北省新农保试点县人口结构和人均地方财政收入比较

地区	年末人口数（万人）	年末农村人口数（万人）	年末农村人口比重（%）	地方财政收入（万元）	人均地方财政收入（元）
黄陂区	89.10	62.33	69.96	98 309	1 103.36
南漳县	53.30	41.92	78.65	12 979	243.51
宜都市	38.95	27.39	70.32	68 509	1 758.90
竹溪县	33.46	28.55	85.33	12 987	388.14
来凤县	28.20	23.63	83.79	8 208	291.06

资料来源：根据课题组2010年调研数据和《湖北统计年鉴（2010）》的相关数据整理计算。

通过以上分析，可以得出以下结论：（1）从短期静态来看，中央财政完全有能力承担新农保的财政补助；（2）从总体来看，新农保的地方财政负担并不重，地方财政基本可以负担起新农保的财政补助；从省级层面来看，中西部贫困地区的省份（如西藏、贵州、甘肃、河南等）和东部农业人口比较多的省份（如河北、山东、福建等）新农保财政补助的负担比较重，会存在一定程度的财政风险；从试点县来看，经济发达地区的试点县，有能力承担新农保的财政补助；但对于贫困地区的试点县而言，新农保的财政支持压力较大，会存在较大的财政风险。

第三节　新农保财政支持能力评估

——基于长期动态的视角①

一个2009年开始参保的16岁的农村居民将会在2053年满60岁，达到领取养老金的条件。因此，本节对新农保财政支持能力可持续性评估的年限定为2010～2053年。

这一部分我们将采用政策仿真学的方法，对2010～2053年中央财政对新农保的年补助数额占中央财政收入的比重、地方财政对新农保的年补助数额占地方财政收入的比重做出仿真测算，以此对新农保财政支持能力的可持续性做出评估。要进行仿真测算，需要对未来的相关数据做出预测，具体包括2010～2053年间历年财政收入总量及结构数据、2010～2053年间历年新农保人口覆盖率、2010～2053年间历年最低标准基础养老金和最低缴费标准、2010～2053年间历年农村人口总量及结构数据等。

一、中国财政收入及新农保关键参数预测

（一）中国财政收入预测

1. 中国财政收入预测模型的建立

查阅《中国统计年鉴2011》，可以直接获取2010年中国财政收入数据，其中总财政收入为83 101.51亿元，中央财政收入为42 488.47亿元，地方财政收入为40 613.04亿元，东部地区地方财政收入25 010.25亿元；中西部地区地方

① 本节的部分内容参考了本项目的阶段性研究成果，详见薛惠元：《新型农村社会养老保险财政保障能力可持续性评估——基于政策仿真学的视角》，载《中国软科学》2012年第5期，第68～79页。

财政收入 15 602.79 亿元。下面只需预测出 2011 ~2053 年的财政收入数据即可。

财政收入的发展趋势具有不确定性，未来的财政收入规模既要考虑经济的发展水平，还要考虑国家的财税政策以及人口的规模、结构的变化，所以预测财政收入的难度比较大。

一般来说，经济发展水平决定财政收入水平，当经济总量增大时，财政收入也会随之增长。由于 GDP 是经济发展的代表性指标，因此财政收入水平主要由 GDP 来决定。根据 1978 ~2010 年中国 GDP 和财政收入数据绘制出 GDP 和财政收入的散点图，具体如图 5 -1 所示。

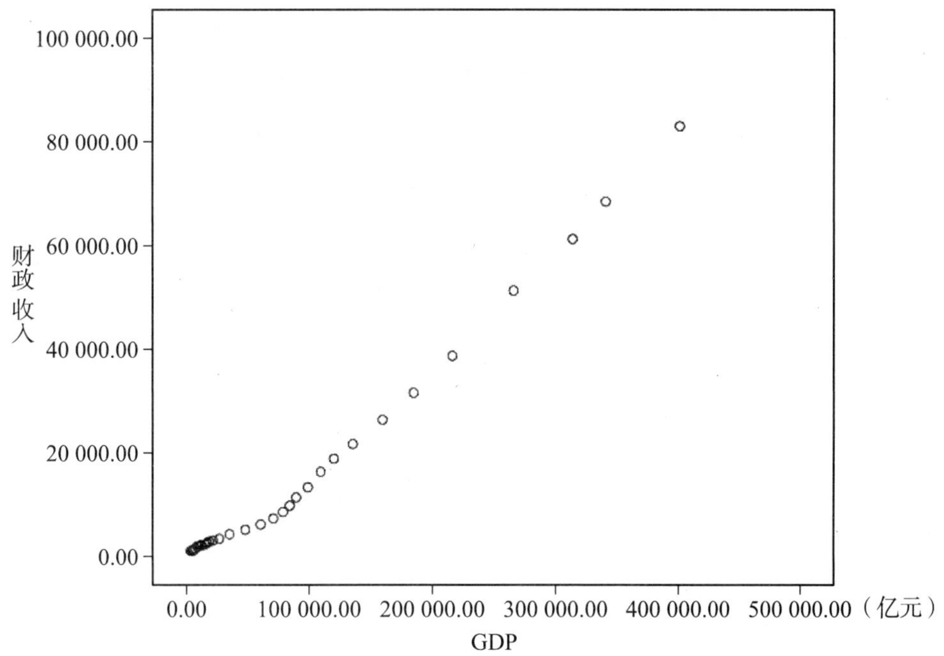

图 5 -1　1978 ~2010 年中国财政收入和 GDP 散点图

资料来源：根据《中国统计年鉴》(2000、2010) 中的相关数据绘制而成。

从图 5 -1 中可以看到，中国 GDP 和财政收入之间基本上存在着线性相关关系，运用 SPSS17.0 软件对二者做一元线性回归分析（财政收入为因变量，用 REVE 表示；GDP 为自变量），结果如下：

$$REVE = -2\ 316.448 + 0.198 \cdot GDP \quad (5.1\text{ 式})$$

$$S.E. = (679.187) \quad (0.0052)$$

$$t = (-3.411) \quad (40.744)$$

$$R^2 = 0.982,\ F = 1\ 660.082,\ D.W. = 0.102$$

从回归估计的结果看，可决系数 $R^2 = 0.9780$，表明模型在整体上拟合得比较好，从斜率项的值来看，$0<0.198<1$，符合财政收入小于GDP这一经济理论。但是从散点图中可以看到，1995年之后曲线的斜率明显加大，说明了从1995年之后中国财政收入占GDP的比重逐年加大。这主要是1995年中国开始全面实施“金税工程”、加强税收征管，从而使财政收入快速增加。因此，考虑到制度因素的影响带来的财政收入水平的变化，仅对1995年以来的GDP总量和财政收入水平进行回归，可得到如下结果：

$$REVE = -8945.912 + 0.226 \cdot GDP \qquad (5.2式)$$

$$S.E. = (388.791) \quad (0.002)$$

$$t = (-23.010) \quad (116.176)$$

$$R^2 = 0.999, \; F = 13496.827, \; D.W. = 0.914$$

从回归结果看，引入制度变量后，模型的拟合效果明显趋好，可决系数 $R^2=0.999$，显示出二者具有高度相关性。可以预期，今后随着“金税工程”的进一步开展以及国民经济的健康发展，中国财政收入将会继续保持较好的增长势头。因此，我们可以选择5.2式作为中国未来时期的财政收入预测的模型。

根据高盛全球首席经济学家吉姆·奥尼尔预测，2010年中国GDP增长率将达11.9%[①]，2011~2020年中国每年平均GDP增长率在7.7%左右，2021~2030年为5.5%，2031~2040年为4.3%，2041~2050年为3.5%[②]。这里我们采用吉姆·奥尼尔的预测结果，假定2011~2020年中国年均GDP增长率为7.7%，2021~2030年为5.5%，2031~2040年为4.3%，2041~2053年为3.5%。查阅《中国统计年鉴2011》的数据，2010年中国GDP为401 202.0亿元。然后根据5.2式可以预测出中国2011~2053年的财政收入数值，具体如表5-8所示。

表5-8　　2011~2053年中国财政收入预测数据　　单位：亿元

年份	财政收入	年份	财政收入	年份	财政收入
2011	88 707.46	2017	143 452.85	2023	214 609.89
2012	96 226.77	2018	155 187.56	2024	226 905.46
2013	104 325.06	2019	167 825.84	2025	239 877.28
2014	113 046.93	2020	181 437.26	2026	253 562.56
2015	122 440.38	2021	191 908.34	2027	268 000.52
2016	132 557.12	2022	202 955.32	2028	283 232.58

① 《中国统计年鉴2011》的数据显示，2010年我国GDP增长率为10.4%。

② 游芸芸：《高盛全球首席经济学家吉姆·奥尼尔：2027年中国将成为最大经济体》，载《证券时报》2009年11月3日，第A006版。

续表

年份	财政收入	年份	财政收入	年份	财政收入
2029	299 302. 39	2038	446 490. 37	2047	621 399. 64
2030	316 256. 05	2039	466 074. 13	2048	643 461. 73
2031	330 239. 73	2040	486 499. 99	2049	666 296. 00
2032	344 824. 72	2041	503 840. 60	2050	689 929. 47
2033	360 036. 85	2042	521 788. 13	2051	714 390. 10
2034	375 903. 11	2043	540 363. 82	2052	739 706. 86
2035	392 451. 62	2044	559 589. 66	2053	765 909. 71
2036	409 711. 72	2045	579 488. 40		
2037	427 713. 99	2046	600 083. 60		

资料来源：本章测算得到。

2. 2011～2053 年中国中央和地方财政收入预测

根据《中国统计年鉴》（2000、2011）的数据，将 1978～2010 年中国中央和地方财政收入比重绘制成图形，如图 5－2 所示。从图形中可以看到，1994 年之前，中国地方财政收入实力远远高于中央财政收入，大部分年份中央财政收入还不及地方财政收入的一半；但自 1994 年实行分税制改革后，中国中央财政收入的实力大大增强，中央财政收入比重超过了地方财政收入比重，二者的比值在 1.1∶1 上下徘徊（比值的平均值为 1.1）。

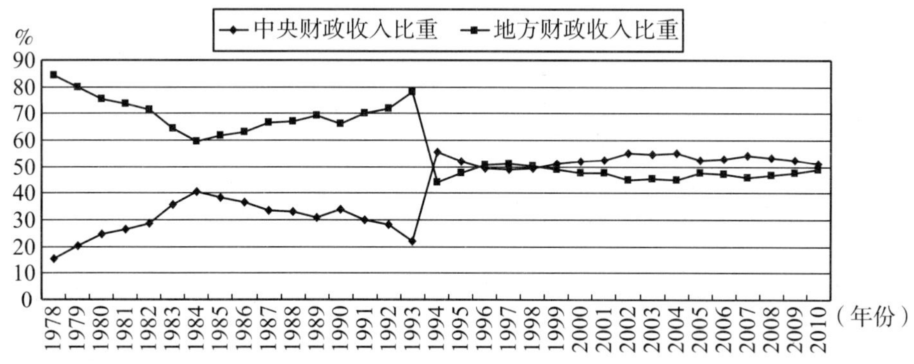

图 5－2　1978～2010 年中国中央和地方财政收入比重

资料来源：根据《中国统计年鉴（2000）》和《中国统计年鉴（2010）》绘制而成。

实行分税制是市场经济国家的惯例，并且实践也已经证明，自 1994 年实行分税制以来，中国的税制更加合理，我们有充足的理由相信，未来中国会继续按照“财权和事权相一致”的原则实行分税制管理体制。据此，我们假定 2010～

2053 年中国中央和地方财政收入比重分别为 52.4% 和 47.6%，二者的比值为 1.1∶1。这样，根据表 5－8 预测出的财政收入数据即可计算出 2011～2053 年中国的中央财政收入和地方财政收入，具体如图 5－3 所示。

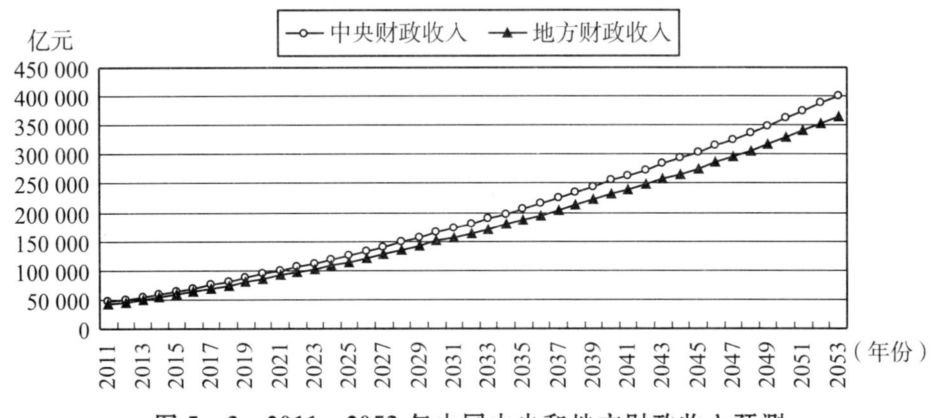

图 5－3　2011～2053 年中国中央和地方财政收入预测

资料来源：本章测算得到。

下面分地区来看中国的地方财政收入。1995～2010 年中国东部和中西部地区的财政收入及其比重如图 5－4 所示。

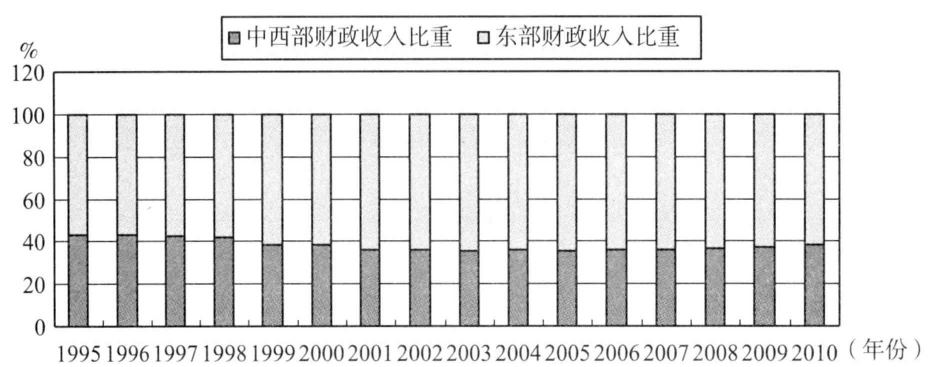

图 5－4　1995～2011 年中国东部和中西部地区财政收入比重

注：1995 年以前的中国统计年鉴中没有分地区的财政收入数据，这里仅给出 1995 年以来的数据。

资料来源：根据《中国统计年鉴》（1996～2011）整理绘制而成。

从图 5－4 中可以看到，1995～2001 年这段时间，中国中西部地区的财政收入比重略有下降，随后稳定在 36% 左右，并从 2007 年起有上升的趋势，2010 年达到 38.42%。究其原因在于，随着西部大开发战略（2000 年）、振兴东北老工业基地战略（2003 年）和中部崛起战略（2006 年）的实施，中西部地区经济得到迅速发展（平均发展速度超过全国），财政实力不断增强。西部大开发战略、振兴东北老工业基地战略和中部崛起战略会继续实行下去，相信中西部经济实力和财政实力会进一步的增强，据此我们假定2011～2053年中国东部和中西部地区的财政收入比重为60%和40%。这样，根据图5－3预测出的地方财政收入数据即可计算出2011～2053年中国的东部和中西部地区财政收入，具体如图5－5所示。

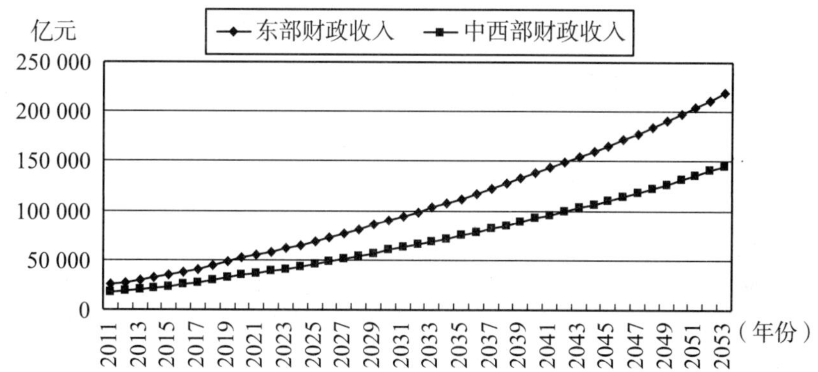

图5－5　2011～2053年中国东部和中西部地区财政收入预测

资料来源：本章测算得到。

（二）新农保人口覆盖率的模拟和预测

根据国发〔2009〕32号文件的规定，2009年新农保试点覆盖面为全国10%的县（市、区、旗），2020年之前基本实现对农村适龄居民的全覆盖。另外，《关于2010年扩大新型农村社会养老保险试点的通知》（人社部发〔2010〕27号）提到，2010年全国总的试点覆盖范围扩大到23%左右（实际覆盖24%①）；2011年1月25日人力资源和社会保障部召开的新闻发布会中提出，2011年新农保试点范围将扩大到40%的县；2011年3月14日，在第十一届全国人大四次会议批准通过的《国民经济和社会发展第十二个五年规划纲要》中提出，“十二五”期间实现新农保制度全覆盖；2011年6月20日，温家宝在全国城镇居民社会养老保险试点工作部署暨新型农村社会养老保险试点经验交流会议上要求，2011年新农保制度试点覆盖面要达到60%，在本届政府任期内基本实现新农保制度全覆盖。可见，国家加快了新农保试点和推进的速度，不用等到2020年新农保就可以实现人群的全覆盖。

① 尹成基：《人力资源保障部2010年人力资源和社会保障工作进展发布会》，http：//www. china. com. cn/zhibo/2011－01/25/content_21803701. htm？show＝t。

从各地新农保试点县的实际情况来看，农民的参保率非常高，截至2010年7月低，国家级试点地区平均参保率超过70%[①]；以湖北省首批新农保试点县为例，截至2010年6月底，南漳县新农保参保率达到96%，竹溪县达到87%，武汉市黄陂区16~59岁农民参保率为82%、60岁以上参保率为100%，宜都市73%，来凤县69%[②]。可见，由于拥有财政补贴政策，新农保制度对农民具有较大地吸引力，新农保会在较短的时间内就能实现由“制度全覆盖”向“人群全覆盖”的迈进。据此，我们假定新农保试点扩大至某县后，该县60岁以上老人当年的新农保参保率为100%[③]，同时假定新农保在东部、中西部的推进速度等同[④]。2010~2053年新农保人口覆盖率模拟和预测情况如表5-9所示。

表5-9　　2010~2053年中国新农保人口覆盖率的模拟和预测 单位：%

年份	2010	2011	2012	2013	2014	2015~2053
16~59岁	16.4%	40%	60%	80%	90%	100%
60岁及以上	24%	60%	100%	100%	100%	100%

注：《2010年度人力资源和社会保障事业发展统计公报》显示，2010年年末全国参加新农保人数10 277万人，其中领取待遇人数2 863万人，根据预测出的2010年农村人口数（见图5-14），可计算出2010年16~59岁农民实际参保率为16.4%。

资料来源：本章模拟预测得到。

（三）新农保最低标准基础养老金预测

国发〔2009〕32号文件规定：“中央确定的基础养老金标准为每人每月55元……国家根据经济发展和物价变动等情况，适时调整全国新农保基础养老金的最低标准。”据此，我们假定2010年最低标准基础养老金为55元/人·月，此后国家依据经济增长率和农村通货膨胀率等情况，每年调整一次全国新农保基础养老金的最低标准。

全国新农保最低标准基础养老金根据物价变动情况来调整，是为了保证参保人的基础养老金相对水平不降低；根据经济发展情况来调整，是为了让老年人分享到经济发展的成果。因此，基础养老金调整系数的确定需要综合考虑经济增长率和农村通货膨胀率两个因素。

---

① 王东进：《我国新型农村社会养老保险制度建设情况——在湖北省政协常委专题协商会上的讲话》，2010年9月16日。

② 资料来源于课题组2010年新农保调研数据。

③ 笔者分别于2010年7月和2011年7月对湖北省和河南省的部分新农保试点县进行了调研，发现大多数地区都没有实行“捆绑式”缴费政策（60岁以上老人要领取基础养老金，其子女应当参保缴费）。

④ 例如，全国的新农保人口覆盖率为10%，则东部和中西部地区的新农保人口覆盖率均为10%。

关于经济增长速度，我们依然依据高盛全球首席经济学家吉姆·奥尼尔的预测数据，即 2011 ~ 2020 年中国年均 GDP 增长率为 7.7%，2021 ~ 2030 年为 5.5%，2031 ~ 2040 年为 4.3%，2041 ~ 2053 年为 3.5%。

查阅中国统计年鉴的数据，可以获取中国历年（1990 ~ 2010 年）农村居民消费价格指数（CPI），进而可以计算出中国历年（1990 ~ 2010 年）农村通货膨胀率，具体见图 5 - 6。

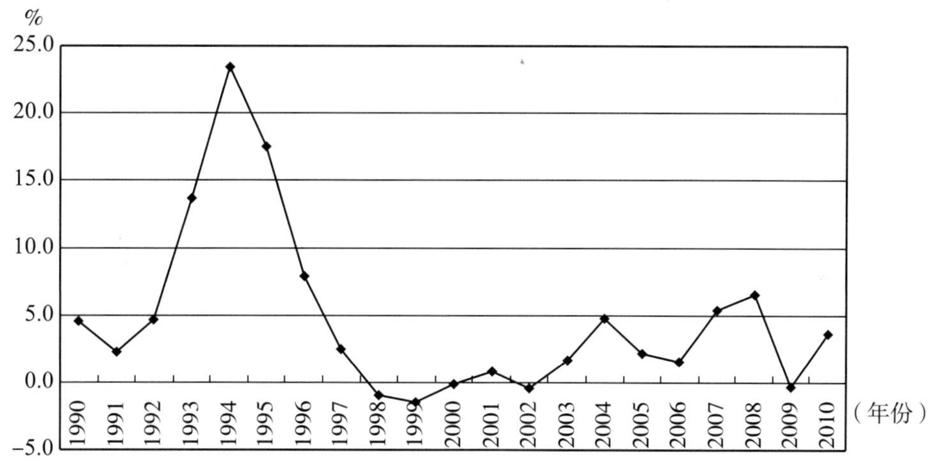

图 5 - 6　中国历年农村通货膨胀率

资料来源：根据《中国统计年鉴 2011》整理计算得出。

从图 5 - 6 可以看到，除了 1993 ~ 1995 年的通货膨胀率特别高[①]之外，大多数年份的通货膨胀率都在 7% 以内，甚至还有个别年份的通货膨胀率是负增长的，如 1998 年、1999 年、2002 年、2009 年等。1990 ~ 2010 年中国农村年平均通货膨胀率为 4.7%。显然，这一数据并不符合未来的发展可能，随着中国经济增长速度放缓、经济秩序的完善和国家宏观调控的能力增强，发生高通货膨胀的可能性不断降低。有学者认为，虽然中国经济自 2000 年以来一直处于低通货膨胀状态（年平均只有 2.3%），但当前和以后仍面临相当大的通货膨胀压力，中国未来的通货膨胀水平应在 -1% ~ 7% 之间波动[②]。综合考虑以上各种因素，假定 2010 ~ 2053 年中国农村年平均通货膨胀率在 -1% ~ 7% 之间，最大可能值为 2.5%。

---

① 1993 ~ 1995 年的通货膨胀表现为邓小平南方谈话后，中国经济进入高速增长的快车道，起因主要是固定资产投资规模扩张过猛与金融持续的混乱。经过治理，到 1996 年中国实现经济的“软着陆”。

② 周渭兵：《我国养老金记账利率制度的风险精算分析和再设计》，载《数量经济技术经济研究》2007 年第 12 期，第 91 ~ 97 页。

综合考虑经济发展和物价变动两个因素，我们假定老年人分享经济发展成果的比例为50%，则2011～2053年新农保最低标准基础养老金调整系数为：2011～2020年为2.5%+7.7%×50%=6.35%；2021～2030年为2.5%+5.5%×50%=5.25%；2031～2040年为2.5%+4.3%×50%=4.65%；2041～2053年为2.5%+3.5%×50%=4.25%。据此，可以预测出2011～2053年新农保最低标准基础养老金，具体如图5-7所示。

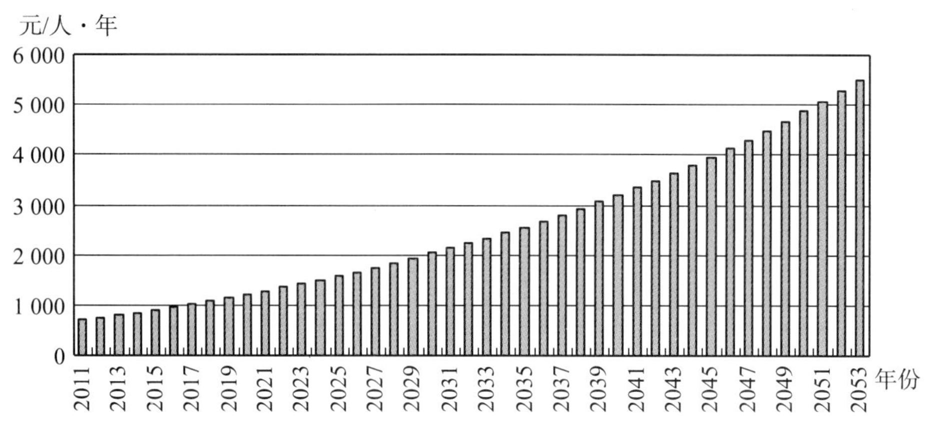

图5-7 2011～2053年新农保最低标准基础养老金预测值

资料来源：本章测算得到。

（四）新农保最低缴费标准的预测

国发〔2009〕32号文件规定："对农村重度残疾人等缴费困难群体，地方政府为其代缴部分或全部最低标准的养老保险费"。基于风险最大化的原则，我们假定地方政府为农村重度残疾人代缴全部最低标准的养老保险费。

根据国发〔2009〕32号文件规定，最低档次的缴费标准为100元/年，"国家依据农村居民人均纯收入增长等情况适时调整缴费档次"。这里我们假定2010年最低档次缴费标准为100元/年，此后国家依据农村居民人均纯收入增长率每年调整一次缴费档次。下面利用ARMA时间序列模型和Eviews软件对2011～2053年的中国农民人均纯收入做出预测。

查阅历年中国统计年鉴，可以得到1978～2010年中国农民人均纯收入的数据。对1978～2009年中国农民人均纯收入（用INCOP表示）的数据做平稳性检验（这里选取单位根检验中的ADF检验），结果没有通过检验，INCOP序列是非平稳的。对INCOP序列做一阶差分，然后对$\Delta INCOP$进行ADF检验，结果依然没有通过检验，$\Delta INCOP$序列是非平稳的。再对$\Delta INCOP$序列做差分，然后对$\Delta^2 INCOP$序列进行ADF检验，结果通过检验，$\Delta^2 INCOP$序列是平稳的，即IN-

COP 序列是二阶单整序列。

通过对时间序列模型的识别，考虑采用 ARMA（6，5）模型。对 ARMA（6，5）模型进行估计，得到回归结果为：

$$\Delta^2 INCOP_t = 0.7989\Delta^2 INCOP_{t-6} + \varepsilon_t + 0.8369\varepsilon_{t-5} \quad (5.3\text{式})$$

$$S.E. = (0.2657)\ (0.0612)$$

$$t = (3.007)\ (-13.6675)$$

$R^2 = 0.4131$，$\overline{R}^2 = 0.3876$，D. W. = 1.6016，AIC 准则 = 11.9979　SC 准则 = 12.0954

分析回归方程残差序列的相关图和 Q 统计量，发现回归方程的残差序列是一个白噪声序列，不存在序列相关。因此，回归方程通过检验。利用 5.3 式可以做外推预测，据此预测出 2010 ~ 2053 年各年的农民人均纯收入及增长率如表 5 - 10 所示。

表 5 - 10　　2011 ~ 2053 年中国农民人均纯收入预测　　单位：元、%

年份	农民人均纯收入	增长率	年份	农民人均纯收入	增长率
2011	6 701.13	13.21	2028	22 300.76	4.63
2012	7 523.29	12.27	2029	23 295.33	4.46
2013	8 357.37	11.09	2030	24 310.31	4.36
2014	9 229.22	10.43	2031	25 331.37	4.20
2015	10 100.00	9.43	2032	26 371.69	4.11
2016	10 956.28	8.48	2033	27 411.46	3.94
2017	11 825.57	7.93	2034	28 443.85	3.77
2018	12 726.85	7.62	2035	29 482.86	3.65
2019	13 637.65	7.16	2036	30 538.19	3.58
2020	14 578.62	6.90	2037	31 598.37	3.47
2021	15 518.74	6.45	2038	32 673.93	3.40
2022	16 447.28	5.98	2039	33 749.06	3.29
2023	17 386.21	5.71	2040	34 818.29	3.17
2024	18 350.69	5.55	2041	35 892.81	3.09
2025	19 322.79	5.30	2042	36 980.37	3.03
2026	20 318.99	5.16	2043	38 071.80	2.95
2027	21 314.50	4.90	2044	39 175.53	2.90

续表

年份	农民人均纯收入	增长率	年份	农民人均纯收入	增长率
2045	40 278.90	2.82	2050	45 836.39	2.52
2046	41 377.56	2.73	2051	46 962.33	2.46
2047	42 480.46	2.67	2052	48 084.51	2.39
2048	43 593.76	2.62	2053	49 210.07	2.34
2049	44 710.17	2.56			

资料来源：本章测算得到。

根据预测出的农民人均纯收入增长率可以测算出 2011～2053 年中国新农保最低缴费标准，具体如图 5－8 所示。

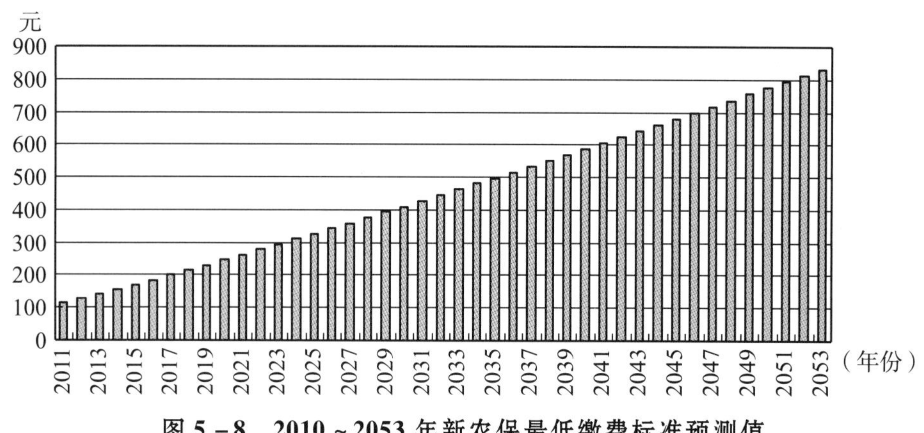

图 5－8　2010～2053 年新农保最低缴费标准预测值

资料来源：本章测算得到。

二、中国农村人口预测

一个地区的人口变动主要受出生、死亡和迁移等因素的影响，在已知期初人口的基础上可以利用人口预测模型进行相应的人口预测。

（一）模型假设前提

1. 将农村人口作为一个整体来考虑，不针对某一个具体的社会成员。

2. 将时间的流逝、婴儿的出生、人口的死亡和居民的迁移看成是决定人口变动的全部因素，不考虑其他因素对人口变动的影响[①]。

3. 不考虑跨国跨境人口迁移因素的影响，且假定在预测期内国家的人口政策不会发生大的变化。

4. 假定预测期内社会经济稳定发展，没有发生自然灾害、战争等对人口数量及分布产生重大影响的事件。

5. 假定人口迁移中只存在“农村→城镇”的迁移，而不存在“城镇→农村”的逆向人口流动。

6. 假定中国城镇化的进程决定“农村→城镇”人口迁移的速度，即城镇化率的增长能反映“农村→城镇”人口迁移的速度。

（二）农村人口预测模型

由于新生人口和0岁以上人口的预测模型有所不同，下面将分别给出。

1. 农村新生人口预测模型

新生人口的变动主要受育龄妇女数和生育率的影响，某年育龄妇女所生婴儿之和就为本地0岁人口数量。以 $P^f_{t,x}$ 表示 t 年 x 岁妇女数量，$f_{t,x}$ 表示 t 年 x 岁妇女的生育率，则 t 年 x 岁妇女生育的新生儿的人数 $B_{t,x}$ 为：

$$B_{t,x} = P^f_{t,x} \times f_{t,x} \tag{5.4 式}$$

已知育龄妇女的生育年龄介于15到49岁之间，则 t 年0岁人口 $P_{t,0}$，即 t 年内新出生人口总和 B_t 为：

$$P_{t,0} = B_t = \sum_{x=15}^{49} B_{t,x} = \sum_{x=15}^{49} P^f_{t,x} \times f_{t,x} \tag{5.5 式}$$

设 t 年男孩在新生儿中的比率为 r^m_t，则男性和女性新生儿的数量 $P^m_{t,0}$ 和 $P^f_{t,0}$ 分别为：

$$P^m_{t,0} = P_{t,0} \times r^m_t \tag{5.6 式}$$

$$P^f_{t,0} = P_{t,0} \times (1 - r^m_t) \tag{5.7 式}$$

根据以上模型可以测算出中国每年农村新生男性和女性的人口数。

2. 农村0岁以上人口预测模型

0岁以上人口变动主要受死亡和迁移两方面因素的影响。假设 t 年 x 岁男性和女性的净迁出率分别为 $(NER)^m_{t,x}$ 和 $(NER)^f_{t,x}$，t 年 x 岁男性和女性的死亡率分别为 $q^m_{t,x}$ 和 $q^f_{t,x}$，则 $t+1$ 年 $x+1$ 岁的男性和女性人口数 $P^m_{t+1,x+1}$ 和 $P^f_{t+1,x+1}$ 为：

$$P^m_{t+1,x+1} = P^m_{t,x} \times (1 - q^m_{t,x}) - P^m_{t,x} \times (1 - q^m_{t,x}) \times (NER)^m_{t,x}$$

---

① 刘昌平、邓大松、殷宝明：《“乡—城”人口迁移对中国城乡人口老龄化及养老保障的影响分析》，载《经济评论》2008年第6期，第91~97页。

$$= P^m_{t,x} \times (1 - q^m_{t,x}) \times [1 - (NER)^m_{t,x}] \qquad (5.8式)$$

$$P^f_{t+1,x+1} = P^f_{t,x} \times (1 - q^f_{t,x}) - P^m_{t,x} \times (1 - q^f_{t,x}) \times (NER)^f_{t,x}$$

$$= P^f_{t,x} \times (1 - q^f_{t,x}) \times [1 - (NER)^f_{t,x}] \qquad (5.9式)$$

由（5.8式）和（5.9式）即可预测出中国每年农村0岁以上男性和女性的人口数。

（三）农村人口预测基础数据及参数设定

在利用人口预测模型进行预测时，需要期初人口、死亡率、生育率、迁移率等基础数据，其中还需要对某些基础数据进行精算假设。

1. 农村期初人口数据

在进行人口预测时需要知道期初分年龄分性别的人口数。农村期初人口数据应首选2010年“六普”数据，但由于“六普”刚结束不久，国家关于“六普”的完整数据还没有公布，因此本章只能退而求其次，以“五普”人口数据为作为计算的起点资料。由于2000年“五普”至今已经十年之久，时间间隔较长，另外“五普”数据还存在漏报、低估育龄妇女总和生育率等问题。因此，本章还将2005年全国1%的人口抽样调查数据和中国人口统计年鉴上公布的2001～2009的人口数据作为补充。

2. 出生婴儿性别比

出生婴儿性别比，是指一个国家（或地区）在某一时期出生人口中男婴与女婴的比例，即每出生100个女婴相对应的出生男婴人数。国内外的有关研究认为，在没有人为因素干扰的情况下，出生人口性别比的正常值范围在102～107。根据《2006年全国人口和计划生育抽样调查主要数据公报》的数据显示，中国出生婴儿性别比居高不下，1996年至2005年出生婴儿的性别比达127；2000年“五普”数据显示中国农村出生婴儿性别比为121.67；2005年全国1%人口抽样调查数据显示中国农村出生婴儿性别比为122.85。中国出生婴儿性别比长期偏离正常范围，与中国医疗保健水平、控制手段乏力和根深蒂固的重男轻女思想有关，这在相当长的时期内还很难改变。剔除瞒报、漏报出生女婴因素的影响，我们设定在2001～2020年间中国农村出生婴儿性别比为120，2021～2053年为110。

3. 育龄妇女生育率和生育模式

育龄妇女是指15～49周岁处于生育期的妇女（包括未婚和已婚）。所谓育龄妇女生育率，是指某年每1 000个育龄妇女的全年活产婴儿数。常见的生育率指标有：分年龄育龄妇女生育率（是指某年一定年龄组中每1 000个育龄妇女的全年活产婴儿数）和育龄妇女总和生育率（是指假设妇女按照某一年的年龄别生育率度过育龄期，平均每个妇女一生所生育的孩子数，育龄妇女总和生育率等于分年龄育龄妇女生育率之和)。

所谓生育模式，指的是育龄妇女的年龄别生育率占总和生育率的比例。根据人口学理论，育龄妇女的生育模式是比较稳定的，假定 t 年 x 岁育龄妇女的生育模式为 $h_{t,x}$，t 年育龄妇女总和生育率为 β_t，则

$$h_{t,x} = \frac{f_{t,x}}{\beta_t} \text{（其中} \sum_{x=15}^{49} f_{t,x} = \beta_t, \sum_{x=15}^{49} h_{t,x} = 1\text{）} \tag{5.10 式}$$

将（5.7 式）变形得到

$$f_{t,x} = \beta_t \times h_{t,x} \tag{5.11 式}$$

从数据来源上看，总和生育率 β_t 比分年龄育龄妇女生育率 $f_{t,x}$ 容易获得、预测和控制，比 $f_{t,x}$ 更适合做长期预测。将（5.11 式）代入（5.5 式)，则新生人口预测模型可改写为：

$$P_{t,0} = B_t = \sum_{x=15}^{49} P^f_{t,x} \times \beta_t \times h_{t,x} \tag{5.12 式}$$

根据 2000 年“五普”数据、2005 年 1% 人口抽样调查数据以及历年中国人口统计年鉴上的数据，2000 ~2009 年中国农村育龄妇女总和生育率分别为 1.43、1.60、1.65、1.68、1.69、1.64、1.72、1.75、1.74、1.61。根据《国务院办公厅关于印发人口发展“十一五”和 2020 年规划的通知》（国办发〔2006〕107 号)《国家人口发展战略研究报告》[①]，我们假定 2010 ~2053 年间中国农村育龄妇女总和生育率为 2.0。

另外，假定农村育龄妇女生育模式在预测期内不发生变动，在人口预测时采用 2000 年“五普”数据中农村育龄妇女生育模式进行计算，如图 5 –9 所示。

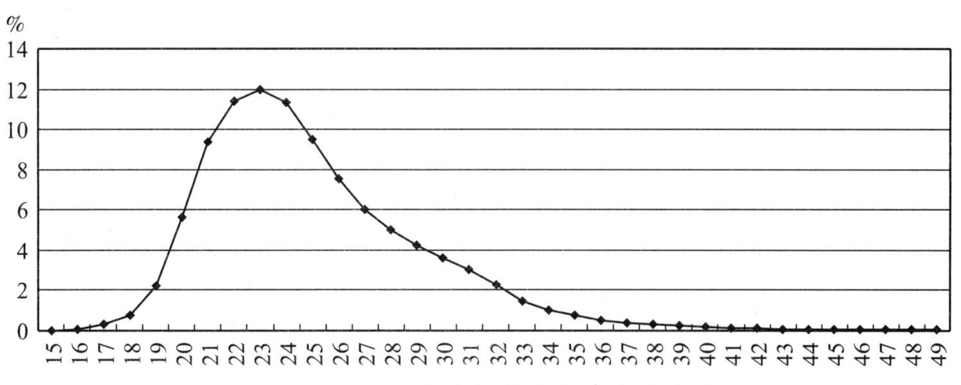

图 5 –9　2000 年农村育龄妇女生育模式

资料来源：根据 2000 年“五普”数据绘制而成。

① 国家人口发展战略研究课题组：《国家人口发展战略研究报告》，载《人口研究》2007 年第 1 期，第 1 ~10 页。

4. 分年龄死亡率

根据生命表编制技术①，利用2000年"五普"数据，可以生成农村国民生命表，包括男女混合及分性别的农村国民生命表（由于农村国民生命表的数据量较大，限于篇幅，本书不再列出此数据）。农村国民生命表给出了不同年龄、不同性别的人口死亡率。由于不同年龄死亡率主要受社会医疗条件的影响，在没有重大医疗突破的情况下变动较小，因此本章假定在预测期内死亡率不发生变动，即在模型计算时采用"中国农村国民生命表（2000）"中的死亡率来计算。通常情况下，婴儿死亡率和5岁以下儿童死亡率相对其他年龄段死亡率下降空间要大很多，因此，从2005年起，本章依据"中国农村国民生命表（2005）"②，对婴儿死亡率和5岁以下儿童死亡率进行调整。

5. 城镇化率与农村人口净迁出率

城镇化率通常用城镇人口占全部人口的百分比来表示，用于反映人口向城市聚集的过程和聚集程度。美国城市地理学家诺瑟姆（Ray M. Northam，1975）研究了世界各国城市化过程所经历的轨迹，将其概括为生长增长理论曲线，即著名的逻辑斯蒂曲线。该曲线显示，城镇化发展是一个缓慢、加速、再缓慢的过程，其全过程呈一条被稍微拉平的S形曲线。对照中国城镇化率的变化数据，特别是改革开放以来城镇化的加速，可以判定中国目前正处于城镇化的加速阶段，整个加速阶段应该是不断提升的变化过程③。因此，我们用下式来表示城镇化率与时间之间的关系，然后用时间序列法来预测中国2010～2053年的城镇化率。

$$y = 1/(1 + ce^{-kt}) \quad (5.13式)$$

其中，y为城镇化率，t为时间，设1978年为0，2009年为31，c、k为参数，对（5.13式）进行变换，得到

$$1/y - 1 = ce^{-kt} \quad (5.14式)$$

对（5.14式）两边取自然对数，得到

$$\ln(1/y - 1) = \ln c - kt \quad (5.15式)$$

令$\ln c = a$，$-k = b$，$\ln(1/y - 1) = z$，则（5.15式）可以转化为

$$z = a + bt \quad (5.16式)$$

选取1978～2009年的城镇化率作为模型拟合的样本数据，利用SPSS 17.0软件计算结果为：

---

① 生命表函数以及生命表的编制过程详见本书第六章第二节的介绍。

② 利用生命表编制技术和2005年1%的人口抽样调查数据可以生成"中国农村国民生命表（2005）"，限于篇幅，本书不再列出此数据。

③ 简新华、黄锟：《中国城镇化水平和速度的实证分析与前景预测》，载《经济研究》2010年第3期，第28～39页。

$$z = 1.525 - 0.044t \quad (5.17\text{式})$$

$$S.E. = (0.018)\ (0.001)$$

$$t = (85.719)\ (-44.606)$$

$$Sig. = (0.000)\ (0.000)$$

$$R^2 = 0.985,\ F = 1989.697$$

从回归结果可以看出，z 与 t 之间存在显著的线性关系，说明该一元线性回归方程拟合程度较好。由 $\ln c = a = 1.525$ 得，$c = 4.595144$；由 $-k = b$ 得，$k = 0.044$

所以，城镇化率的时间序列方程式为：

$$y = 1/(1 + 4.595144e^{-0.044t}) \quad (5.18\text{式})$$

根据（5.18 式）可以预测出 2010～2053 年的城镇化率，具体如图 5－10 所示。

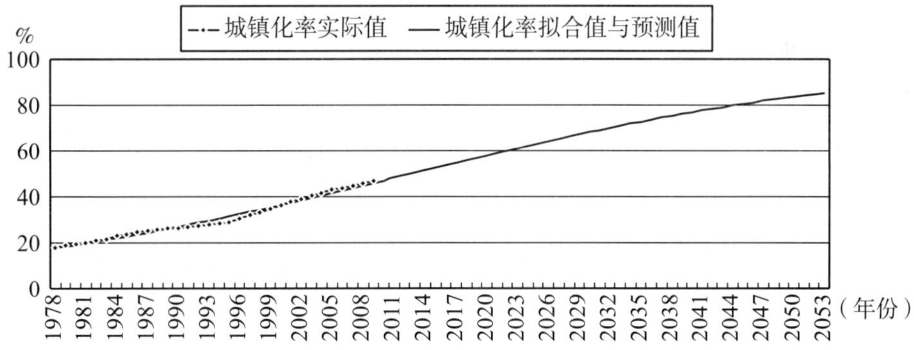

图 5－10　1978～2053 年中国城镇化率实际值、拟合值与预测值

资料来源：本章测算得到。

根据前面的假设，城镇化率的增长能反映“农村→城镇”人口迁移的速度，可以得到农村人口的净迁出率，具体如表 5－11 所示。

表 5－11　2001～2053 年农村人口的净迁出率　单位：%

年份	净迁出率	年份	净迁出率	年份	净迁出率
2001	1.44	2007	1.04	2013	1.10
2002	1.43	2008	0.74	2014	1.10
2003	1.44	2009	0.91	2015	1.10
2004	1.23	2010	0.49	2016	1.10
2005	1.23	2011	1.10	2017	1.09
2006	0.91	2012	1.10	2018	1.09

续表

年份	净迁出率	年份	净迁出率	年份	净迁出率
2019	1.08	2031	0.95	2043	0.74
2020	1.08	2032	0.93	2044	0.72
2021	1.07	2033	0.91	2045	0.70
2022	1.06	2034	0.90	2046	0.68
2023	1.05	2035	0.88	2047	0.66
2024	1.04	2036	0.86	2048	0.64
2025	1.03	2037	0.85	2049	0.62
2026	1.02	2038	0.83	2050	0.61
2027	1.00	2039	0.81	2051	0.59
2028	0.99	2040	0.79	2052	0.57
2029	0.98	2041	0.77	2053	0.55
2030	0.96	2042	0.75		

资料来源：本章测算得到。

6. 分年龄分性别的农村人口净迁出率

由于“五普”数据中对迁移人口的统计是过去5年间累积的迁移人口，难以反映年度迁移人口的分年龄分性别状况，因此我们利用2005年1%人口抽样调查数据中户口登记地在外乡镇的分年龄分性别迁移人口剔除市区内人户分离后所计算的分年龄分性别迁移率，作为本章分年龄分性别的农村人口净迁出率①。

对迁移人口统计数据中65岁及以上堆积的迁移人口进行分解处理，分析数据发现利用指数化曲线模型对男女性50岁及以上迁移人口数据的拟合度较好。指数化曲线回归方程如下：

$$Y = 7\ 680.305e^{-0.065t} \quad (5.19\ 式)$$

$$S.E. = (157.994)\ (0.003)$$

$$Sig. = (0.000)\ (0.000)$$

$$R^2 = 0.981,\ F = 671.4$$

$$Y = 6\ 547.453e^{-0.068t} \quad (5.20\ 式)$$

$$S.E. = (129.597)\ (0.002)$$

$$Sig. = (0.000)\ (0.000)$$

① 刘昌平、邓大松、殷宝明：《“乡—城”人口迁移对中国城乡人口老龄化及养老保障的影响分析》，载《经济评论》2008年第6期，第31~38页。

$$R^2 = 0.984, \ F = 796.6$$

利用（5.19 式）和（5.20 式），可以将 65 岁及以上的统计人口总数分解成分年龄人口，同时假定 90 岁以上人口不存在迁移，进而可以计算出迁移人口分年龄分性别的分布比例，具体如图 5－11 所示。

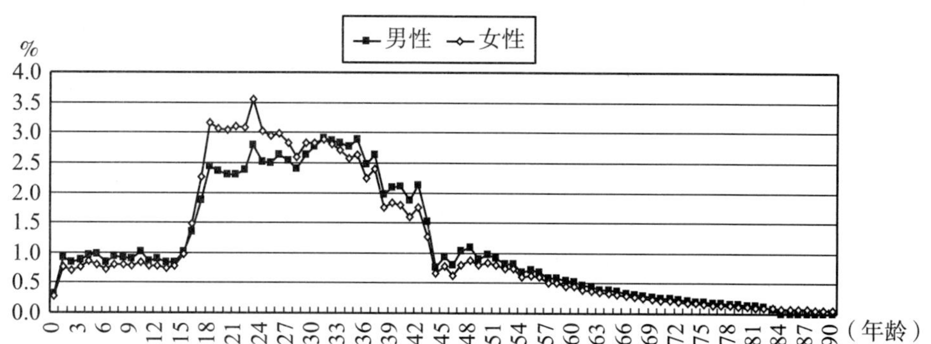

图 5－11　迁移人口分年龄分性别的分布比例

资料来源：根据 2005 年 1% 人口抽样调查数据整理计算得出。

根据迁移人口分年龄分性别的分布比例，结合表 5－11 中的数据即可计算出 2001～2053 年分年龄分性别的农村人口净迁出率。限于篇幅，文中不再列出此数据。

（四）农村人口预测结果

把以上设定的农村人口期初数据、出生婴儿性别比、生育率、死亡率、净迁移率等数据代入农村人口预测模型中即可预测出 2001～2053 年分年龄的农村人口数，具体如表 5－12 和图 5－12 所示。

表 5－12　　2001～2054 年中国农村人口预测数据

年份	农村人口数（万人）				老年人口抚养比（%）
	总计	0～15 岁	16～59 岁	60 岁及以上	
2001	77 092	20 683	47 682	8 727	18.30
2002	75 856	19 769	47 216	8 871	18.79
2003	74 581	18 598	46 985	8 999	19.15
2004	73 498	17 551	46 780	9 167	19.59
2005	72 376	16 438	46 608	9 331	20.02
2006	71 612	15 308	46 780	9 523	20.36

续表

年份	农村人口数（万人）				老年人口抚养比（%）
	总计	0～15岁	16～59岁	60岁及以上	
2007	70 721	14 624	46 356	9 741	21.01
2008	70 156	14 100	46 090	9 966	21.62
2009	69 428	13 654	45 514	10 260	22.54
2010	69 379	13 622	45 175	10 581	23.42
2011	68 758	13 545	44 372	10 841	24.43
2012	68 158	13 603	43 323	11 232	25.93
2013	67 552	13 704	42 292	11 557	27.33
2014	66 921	13 806	41 185	11 930	28.97
2015	66 257	14 041	39 934	12 282	30.76
2016	65 550	14 091	38 922	12 537	32.21
2017	64 808	14 056	37 925	12 827	33.82
2018	64 025	13 960	37 091	12 973	34.98
2019	63 206	13 856	36 448	12 902	35.40
2020	62 345	13 738	35 731	12 876	36.03
2021	61 452	13 630	35 119	12 703	36.17
2022	60 538	13 477	34 139	12 922	37.85
2023	59 611	13 289	32 978	13 344	40.46
2024	58 679	13 073	32 006	13 600	42.49
2025	57 744	12 830	31 049	13 864	44.65
2026	56 809	12 362	30 333	14 114	46.53
2027	55 881	11 840	29 825	14 216	47.67
2028	54 951	11 302	29 187	14 462	49.55
2029	54 024	10 772	28 691	14 561	50.75
2030	53 111	10 275	28 114	14 722	52.37
2031	52 214	9 829	27 639	14 746	53.35
2032	51 351	9 451	27 167	14 733	54.23
2033	50 524	9 144	26 727	14 652	54.82
2034	49 728	8 909	26 289	14 530	55.27
2035	48 968	8 740	25 896	14 332	55.34
2036	48 235	8 630	25 508	14 097	55.26

续表

年份	农村人口数（万人）				老年人口抚养比（%）
	总计	0～15岁	16～59岁	60岁及以上	
2037	47 520	8 568	25 181	13 772	54.69
2038	46 822	8 539	24 829	13 454	54.19
2039	46 137	8 531	24 490	13 116	53.56
2040	45 464	8 534	24 166	12 764	52.82
2041	44 798	8 541	23 845	12 412	52.05
2042	44 138	8 548	23 452	12 138	51.76
2043	43 474	8 552	23 107	11 816	51.14
2044	42 814	8 550	22 717	11 548	50.83
2045	42 158	8 538	22 290	11 329	50.83
2046	41 507	8 513	21 783	11 211	51.47
2047	40 863	8 465	21 211	11 187	52.74
2048	40 228	8 388	20 717	11 122	53.69
2049	39 604	8 279	20 242	11 082	54.75
2050	38 988	8 139	19 765	11 085	56.08
2051	38 388	7 972	19 491	10 925	56.05
2052	37 805	7 786	19 285	10 734	55.66
2053	37 242	7 591	19 126	10 525	55.03
2054	35 797	6 873	18 639	10 285	55.18

注：表格中的老年人口抚养比 = 60 岁及以上的农村人口数/16～59 岁农村人口数，不同于人口统计年鉴中“老年人口抚养比”的定义。

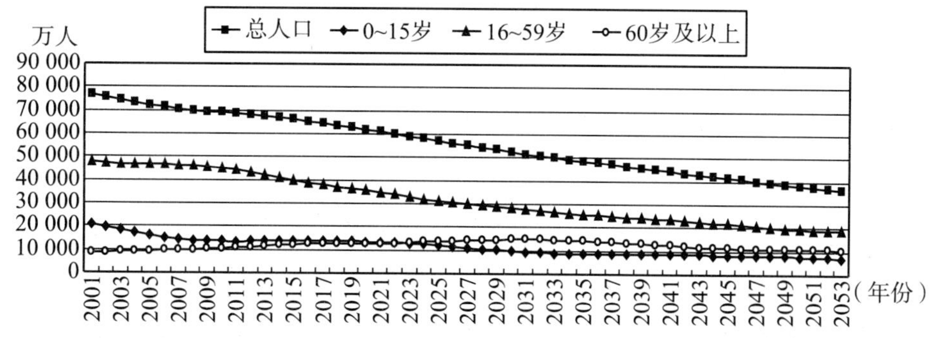

图 5－12　2001～2053 年中国分年龄的农村人口预测数据

资料来源：本章测算得到。

从图 5 – 12 和表 5 – 12 中可以看到，受城镇化、计划生育政策的影响，在未来的几十年中，中国的农村人口数呈现逐渐递减的趋势。从年龄来看，16 ~ 59 岁的农村人口呈现出逐年递减的趋势。仅从此来看，在 2020 年新农保实现全覆盖之后，地方财政的新农保“入口补贴”（按最低标准 30 元/人·年计算）数额将会越来越少，地方政府的“入口补贴”负担将会越来越轻。60 岁及以上的农村人口数呈现出不断增长的趋势，这将会对财政的“出口补贴”产生重要的影响。

（五）中国东部、中西部地区的农村人口预测

查阅 2000 年人口普查数据、《中国人口统计年鉴》（2001 ~ 2009 年）的数据，可以获取 2000 ~ 2009 年中国东部、中西部地区的农村人口数，进而可以计算出中国东部、中西部地区的农村人口分别占全国农村人口的比重，具体如图 5 – 13 所示。

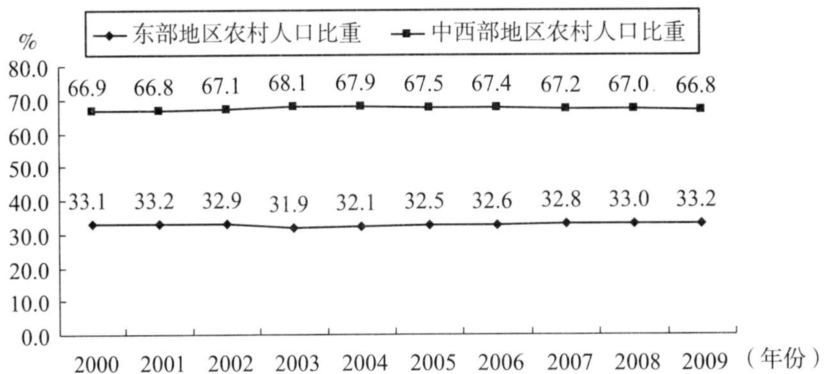

图 5 – 13　2000 ~ 2009 年中国东部和中西部地区农村人口比重

资料来源：根据 2000 年“五普”数据、《中国人口统计年鉴》（2001 ~ 2009）的数据整理计算得出。

从图 5 – 13 可以看出，2000 ~ 2009 年中国东部和中西部地区农村人口比重比较稳定，基本维持在 33% 和 67% 的水平上。据此，我们假定 2010 ~ 2053 年中国东部、中西部地区农村人口比重分别为 33% 和 67%。根据这一比例和上面预测出的农村人口数据，可以计算出 2010 ~ 2053 年中国东部、中西部地区的农村人口数，具体如图 5 – 14 所示。

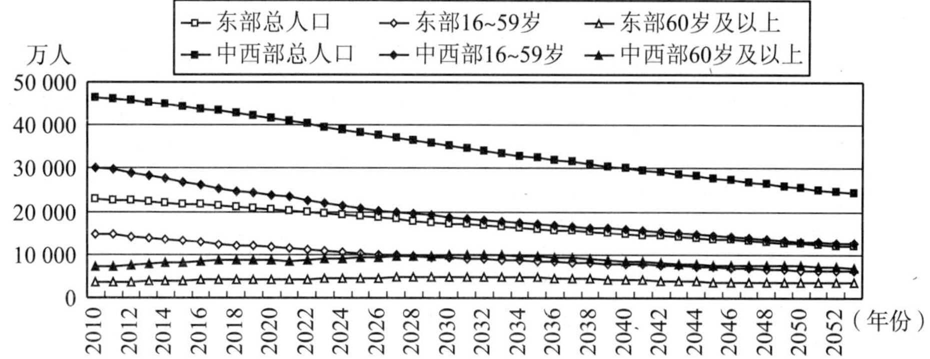

图 5－14　2010～2053 年中国东部、中西部地区的农村人口预测数据

资料来源：本章测算得到。

三、新农保财政支持能力的测算与评估

（一）新农保中央财政支持能力的测算与评估

基于风险最大化的原则，我们假定所有年满 60 周岁的农民都有资格领取基础养老金。根据国发〔2009〕32 号文件的规定，可知：

$$\begin{array}{c}\text{某年中央财政对}\\\text{新农保的补助数额}\end{array}=\left(\begin{array}{c}\text{该年东部地区 60 岁及以上}\\\text{的农村人口数}\end{array}\times 50\%+\begin{array}{c}\text{该年中西部地区 60 岁}\\\text{及以上的农村人口数}\end{array}\right)\times\begin{array}{c}\text{该年最低标准}\\\text{基础养老金}\end{array}\times\begin{array}{c}\text{该年 60 岁及以上农村人口}\\\text{的新农保覆盖率}\end{array}\qquad(5.21\text{式})$$

根据上面预测出的人口、财政收入、覆盖率、基础养老金等数据，可以测算出 2010～2053 年中央财政对新农保的补助数额及其占中央财政收入比重，具体如表 5－13 和图 5－15 所示。

表 5－13　2010～2053 年中央财政对新农保年补助数额占中央财政收入比重的测算

年份	中央财政对新农保的年补助数额（亿元）	中央财政对新农保年补助数额占中央财政收入比重（%）	年份	中央财政对新农保的年补助数额（亿元）	中央财政对新农保年补助数额占中央财政收入比重（%）
2010	139.95	0.33	2013	766.09	1.40
2011	381.23	0.82	2014	841.06	1.42
2012	700.09	1.39	2015	920.83	1.44

续表

年份	中央财政对新农保的年补助数额（亿元）	中央财政对新农保年补助数额占中央财政收入比重（%）	年份	中央财政对新农保的年补助数额（亿元）	中央财政对新农保年补助数额占中央财政收入比重（%）
2016	999.61	1.44	2035	3 060.77	1.49
2017	1 087.75	1.45	2036	3 150.56	1.47
2018	1 169.97	1.44	2037	3 221.03	1.44
2019	1 237.45	1.41	2038	3 292.95	1.41
2020	1 313.33	1.38	2039	3 359.56	1.38
2021	1 363.78	1.36	2040	3 421.44	1.34
2022	1 460.12	1.37	2041	3 468.38	1.31
2023	1 586.94	1.41	2042	3 536.01	1.29
2024	1 702.33	1.43	2043	3 588.50	1.27
2025	1 826.50	1.45	2044	3 656.13	1.25
2026	1 957.03	1.47	2045	3 739.46	1.23
2027	2 074.64	1.48	2046	3 857.60	1.23
2028	2 221.37	1.50	2047	4 012.89	1.23
2029	2 353.98	1.50	2048	4 159.21	1.23
2030	2 504.95	1.51	2049	4 320.52	1.24
2031	2 625.61	1.52	2050	4 505.07	1.25
2032	2 745.38	1.52	2051	4 628.94	1.24
2033	2 857.21	1.51	2052	4 741.42	1.22
2034	2 965.15	1.51	2053	4 846.53	1.21

资料来源：根据本章测算得到。

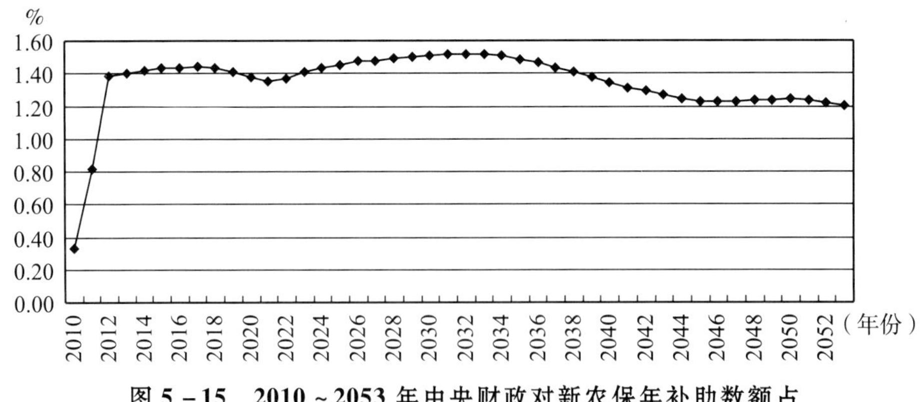

图 5－15　2010～2053 年中央财政对新农保年补助数额占中央财政收入比重的测算

资料来源：根据表 5－13 的数据绘制而成。

从表5-13和图5-15中可以看到，中央财政对新农保年补助数额占中央财政收入的比重呈现出先迅速上升后基本平稳的趋势。2010~2012年，中央财政对新农保年补助数额占中央财政收入比重迅速攀升，由2010年的0.33%上升到2012年的1.39%，这主要是因为受60岁及以上的农民迅速实现新农保全覆盖的影响。2012年之后，受人口结构等因素的影响，中央财政对新农保年补助数额占中央财政收入比重经历了先上升后下降，再上升再下降的过程，从长期来看虽然有升有降，但基本稳定在1.21%~1.52%之间，其中最高的年份为2032年（1.52%）。考虑到中国的财政收支结构（中央财政收多支少，地方财政收少支多），可以说是1.21%~1.52%这一比例非常小。

因此，可以得出评估结论：在2010~2053年间，只要中国经济能够实现持续稳定增长，中央财政就完全可以负担得起新农保的财政补助。

（二）新农保地方财政支持能力的测算与评估

国发〔2009〕32号文件规定，地方政府对参保人的补贴标准不低于30元/人·年。考虑到随着经济发展和地方财政实力的增强，假定地方政府缴费补贴标准每3年调整一次，每次提高10元，2010~2012年为30元/人·年，2052~2053年达到170元/人·年。

2006年第二次全国残疾人抽样调查数据显示，中国残疾人的比例为6.34%，其中残疾人口中重度残疾人（残疾等级为一级、二级）占29.62%，这样可估算出重度残疾人的比例为6.34%×29.62%≈1.88%，据此，假定中国未来重度残疾人比例为1.88%[①]；另外，我们不予考虑地方政府对选择较高档次标准缴费的“适当鼓励”以及提高和加发部分基础养老金的补贴。根据国发〔2009〕32号文件的规定，可知：

$$\begin{aligned}\text{某年东部地区地方财政对新农保的年补助数额} = &\left(\text{该年东部地区16~59岁农村人口数} \times \text{地方政府缴费补贴}\right.\\ &\left. + \text{该年东部地区16~59岁农村重度残疾人口数} \times \text{该年最低缴费标准}\right)\\ &\times \text{该年16~59岁农村人口的新农保覆盖率} + \text{该年东部地区60岁及以上的农村人口数}\\ &\times \text{该年最低标准基础养老金} \times 50\% \times \text{60岁及以上的农村人口新农保覆盖率}\end{aligned}$$

（5.22式）

① 这里不考虑年龄结构以及城乡差异，即假定未来中国16~59岁农村重度残疾人的比例也为1.88%。

$$\begin{array}{l}\text{某年中西部地区地方财政}\\\text{对新农保的年补助数额}\end{array}=\left(\begin{array}{c}\text{该年中西部地区 16～59 岁}\\\text{农村人口数}\end{array}\times\begin{array}{c}\text{地方政府}\\\text{缴费补贴}\end{array}+\begin{array}{c}\text{该年中西部地区 16～59 岁}\\\text{农村重度残疾人口数}\end{array}\times\begin{array}{c}\text{该年最低}\\\text{缴费标准}\end{array}\right)\times\begin{array}{c}\text{该年 16～59 岁农村}\\\text{人口新农保覆盖率}\end{array}\quad(5.23\text{ 式})$$

进一步可以计算出某年东部或中西部地区地方财政对新农保的年补助数额占该地区地方财政收入比重。具体数据如表 5－14 和图 5－16 所示。

表 5－14　　2010～2053 年地方财政对新农保年补助数额的测算

年份	东部地区地方财政对新农保的补助数额	中西部地区地方财政对新农保的补助数额	年份	东部地区地方财政对新农保的补助数额	中西部地区地方财政对新农保的补助数额
2010	35.45	15.82	2032	639.04	196.00
2011	94.15	38.21	2033	659.69	193.07
2012	166.12	56.41	2034	688.17	207.59
2013	199.01	96.69	2035	705.64	204.69
2014	218.71	106.62	2036	721.99	201.86
2015	238.90	115.61	2037	742.96	216.17
2016	266.22	139.46	2038	755.82	213.41
2017	282.11	136.37	2039	767.68	210.77
2018	297.07	133.76	2040	786.49	224.13
2019	321.45	156.17	2041	794.42	221.40
2020	335.20	153.66	2042	806.11	218.00
2021	344.20	151.68	2043	822.51	230.25
2022	372.72	170.94	2044	834.15	226.75
2023	395.36	166.03	2045	848.76	222.98
2024	416.26	162.17	2046	876.93	232.77
2025	449.04	178.91	2047	904.94	227.34
2026	473.25	175.68	2048	931.61	222.80
2027	495.37	173.42	2049	967.88	231.70
2028	532.43	189.79	2050	1 001.98	226.89
2029	557.24	186.96	2051	1 025.18	224.31
2030	585.39	183.53	2052	1 052.70	235.06
2031	616.92	199.15	2053	1 072.67	233.43

资料来源：根据本章测算得到。

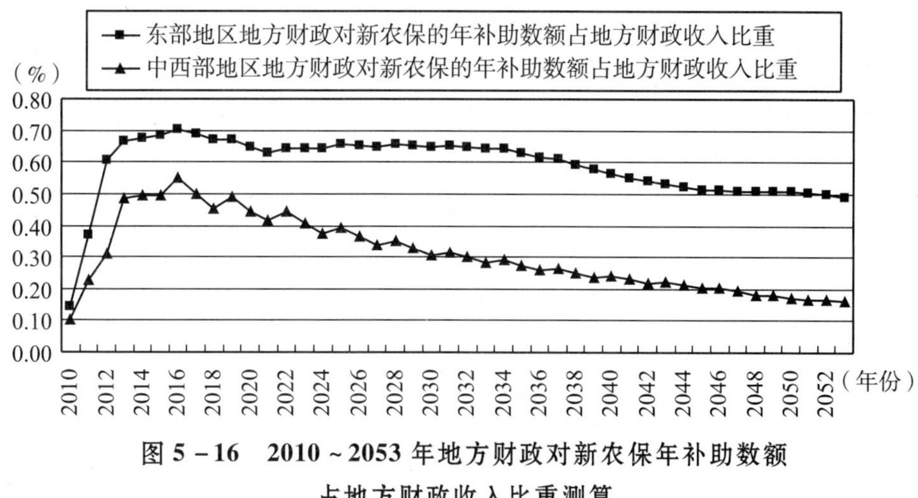

图 5-16　2010~2053 年地方财政对新农保年补助数额占地方财政收入比重测算

资料来源：根据表 5-14 的数据绘制而成。

从表 5-14 和图 5-16 中可以看到，2010~2016 年随着新农保逐步实现人群的全覆盖，中国东部地区地方财政对新农保的年补助数额占地方财政收入比重呈现出逐年递增的趋势，由 2010 年的 0.14% 上升到 2016 年的 0.70%，2016 年之后呈现出下降—趋于平稳—下降的趋势，至 2053 年下降至 0.49%。而中西部地区地方财政对新农保的年补助数额占地方财政收入比重，在 2015 年新农保实现全覆盖之前迅速递增，2016 年达到峰值 0.55%，在 2016 年之后呈现出递减的趋势，2053 年降为 0.16%。这主要是因为东部地区需要承担 50% 的最低标准基础养老金，中部地区不需要承担；同时受计划生育政策、人口迁移等因素的影响未来农村的劳动年龄人口（16~59 岁）不断减少，使得中西部地区地方财政对新农保的补贴逐年减少，财政负担越来越轻。

因此，可以得出结论：总体来看，在 2010~2053 年间，不管是东部地区还是中西部地区，新农保财政补贴的负担都很轻，在中国经济能够实现持续稳定增长的前提下，地方财政完全可以负担得起。

第四节　研究结论与政策建议

一、研究结论

这一部分选择中央财政对新农保的年补助数额占中央财政收入的比重、地方财政对新农保的年补助数额占地方财政收入的比重两个指标分别从短期静态和长期动态的两个视角来评估新农保财政支持能力的可持续性。

在短期静态的分析中，选取的是2009年的数据（新农保试点的起始年份），并假定新农保制度覆盖率为100%，通过分析发现：中央财政完全有能力承担新农保的财政补助；从总体来看，地方财政基本可以负担起新农保的财政补助；从省级层面来看，中西部贫困地区的省份（如西藏、贵州、甘肃、河南等）和东部农业人口比较多的省份（如河北、山东、福建等）新农保财政补助的负担比较重，会存在一定程度的财政风险；从试点县来看，经济发达地区的试点县，有能力承担新农保的财政补助；但对于贫困地区的试点县而言，新农保的财政支持压力较大，会存在较大的财政风险。

在长期动态分析中，评估的时间段为2010~2053年，选用的方法为政策仿真学。在对2010~2053年农村人口总量数据及结构数据、财政收入总量数据及结构数据、新农保人口覆盖率、最低标准基础养老金以及最低缴费标准等模拟预测的基础上，笔者计算出了2010~2053年间中央或地方财政对新农保的年补助数额占中央或地方财政收入的比重。通过对新农保中央或地方财政支持能力的测算和分析，发现在2010~2053年间，只要中国经济能够实现持续稳定增长，中央财政就完全可以负担得起新农保的财政补助；总体来看，在2010~2053年间，不管是东部地区还是中西部地区，新农保财政补贴的负担都很轻，在中国经济能够实现持续稳定增长的前提下，地方财政完全可以负担得起。

二、政策建议

基于以上新农保财政支持能力可持续性的评估结果，以及相关的研究分析过程，笔者提出以下政策建议：

1. 大力发展经济，实现中国经济的持续稳定增长

经济发展水平（GDP）和财政收入之间存在着高度的正相关关系（见图5-1），经济增长是财政收入增长的前提和基础。本章长期动态分析的结论为：总体上看，只要中国经济能够实现持续稳定增长，中央和地方财政就完全可以负担得起新农保的财政补助。这一结论是在中国经济能够实现持续稳定增长的前提下的，如果经济增长停滞或者出现大的经济衰退和经济危机，中央和地方财政就没有能力支持新农保，财政风险就会出现。2011年温家宝政府工作报告中明确提出，“十二五”期间（2011~2015年），中国经济增长预期目标是在明显提高质量和效益的基础上年均增长7%，这一预期目标低于高盛的预测数据7.7%（本章模拟分析时的假定数据）。发展是硬道理，建议政府继续毫不动摇地坚持以经济建设为中心，大力发展国民经济，实现中国经济的持续稳定增长。

2. 重新界定中央政府与地方政府之间的新农保财政责任

从表 5－15 可以看到，自 1994 年实行分税制改革以来，中国中央财政的实力大大增强，在总财政收入中的比重基本稳定在 52% 左右，但财政支出的比重平均还不到 28%，2009 年仅为 20.0%。相应地，省级及省级以下层级政府都存在着收支缺口，地方政府都严重依赖中央财政转移支付。以 2009 年为例，2009 年在地方政府财政支出中，中央财政转移支付的比例高达 46.6%①，在贫困地区尤其如此。农业人口占比高的省份，往往是经济发展总量与财政收入较少的省份。这样，在新农保制度的构建中，贫困地区地方政府就难以支付必要的保费配套补贴，从而影响新农保制度的扩展与推进。为了缓解这样的矛盾，保证贫困地区新农保制度的建立，建议重新界定中央政府与地方政府之间的新农保财政补助责任，中央财政按照各地经济发展水平的不同对新农保的缴费补贴（30 元/人/年）予以分担，以加大对贫困地区的财政支持②。具体来说，可以对各地区国家级贫困县的新农保缴费补贴予以分担，分担的标准为 10 元/人・年，以后视情况再作调整。

表 5－15　　1994 年以来中共中央和地方财政收支结构

年份	财政收入比重（%）		财政支出比重（%）	
	中央	地方	中央	地方
1994	55.7	44.3	30.3	69.7
1995	52.2	47.8	29.2	70.8
1996	49.4	50.6	27.1	72.9
1997	48.9	51.1	27.4	72.6
1998	49.5	50.5	28.9	71.1
1999	51.1	48.9	31.5	68.5
2000	52.2	47.8	34.7	65.3
2001	52.4	47.6	30.5	69.5
2002	55.0	45.0	30.7	69.3
2003	54.6	45.4	30.1	69.9
2004	54.9	45.1	27.7	72.3

① 根据表 5－3 中的数据，中央财政对地方财政的转移支付占地方财政支出的比重为：(61 044.14－32 602.59)/61 044.14＝46.6%。

② 朱俊生：《推进新农保制度的难点在地方财政》，载《农村工作通讯》2009 年第 20 期，第 39 页。

续表

年份	财政收入比重（%）		财政支出比重（%）	
	中央	地方	中央	地方
2005	52.3	47.7	25.9	74.1
2006	52.8	47.2	24.7	75.3
2007	54.1	45.9	23.0	77.0
2008	53.3	46.7	21.3	78.7
2009	52.4	47.6	20.0	80.0
* 平均	52.6	47.4	27.7	72.3

注：（1）中央、地方财政收入和支出均为本级收入和支出。（2）*平均为 1994～2009 年的简单算术平均。

资料来源：《中国统计年鉴（2010）》。

3. 合理划分地方各级财政之间的责任

由于各地区经济发展水平和财政能力不同，地方财政补贴在省、市、县三级财政的分担没有必要制定一个统一的标准。由于新农保的实施主体（包括方案制订、经办管理、基金管理）是县级政府，县级财政应当承担重要的责任。在财政实力强、富裕的县，县级财政要多承担一些责任，省、市、县三级财政可以按 1:1:2 或 1:1:3 来分担（实行省管县的地区，省、县财政可以按照 1:1 或 1:2 来分担）；在财政收入低、贫困的县，县级财政可以少承担一些责任，省、市、县三级财政可以按 1:1:1 来分担（实行省管县的地区，省、县财政可以按照 2:1 来分担）。省、市、县三级财政的责任划分问题，各地可以先试点探索，然后由各地省级人民政府来制定。

4. 加大中央财政对东部农业人口较多省份的财政支持

根据学者薛惠元、王翠琴（2010）[①] 的研究，"中央财政对中西部地区按中央确定的基础养老金标准给予全额补助，对东部地区给予 50% 的补助"的财政补助政策，总体上是正确的，但对东部地区农业人口较多、财政补助负担较重的省份而言，如河北、海南、山东、福建等，具有一定的不公平性。因此，笔者建议提高中央财政对东部地区农业人口较多省份最低标准基础养老金的分担比例，对河北省全额补助，对海南、山东、福建等省份由原来的 50% 提高至 66.7%。

5. 落实好国家政策，尽快实现新农保"制度全覆盖"和"人群全覆盖"

新农保试点推行速度过慢，会造成未试点地区的老年农民无法享受到国家惠

① 薛惠元、王翠琴：《"新农保"财政补助政策地区公平性研究》，载《农村经济》2010 年第 7 期，第 95～99 页。

农政策（基础养老金），这是不公平的，会使得未试点地区农村老人的攀比和心理不平衡，甚至会激化矛盾从而产生一些社会稳定因素。因此，在国家财力允许的条件下应加快试点和推广进程，尽快实现新农保制度的全覆盖。当然，国家也已经认识到了这一问题，并先后提出“十二五”期间和“本届政府任期内”实现新农保“制度全覆盖”两种方案。在本章的仿真测算中，笔者假定新农保制度在2012年实现“制度全覆盖”、2015年实现“人群全覆盖”，发现中央和地方财政的非常轻（见表5－13和表5－14），中央和地方财政完全可以负担得起。因此，笔者建议落实好国家新农保政策，在2012年实现新农保“制度全覆盖”[①]，在2015年实现新农保“人群全覆盖”。

6. 完善基础养老金调待机制，逐年提高中央财政补助的绝对数额

由于当前新农保仍处于试点和推广期，全国最低标准基础养老金的调待机制还不明确和完善。仅在国发〔2009〕32号文件中提到“国家根据经济发展和物价变动等情况适时”，至于具体如何调整，没有任何规定。本章基于“新农保基础养老金调整系数应不低于物价水平，同时应分享经济发展成果”这一思路，认为“新农保基础养老金调整系数＝农村通货膨胀率＋经济增长率×一定比例”，其中“一定比例”的大小还需进行论证和求解，但一般不应高于50%。笔者认为这一思路是完全正确的，建议政府部门按照这一思路尽快明确“分享经济发展成果的比例”。至于全国最低标准基础养老金的调整频率，笔者认为应为每年一次。

7. 适时提高地方政府缴费补贴标准

国发〔2009〕32号文件中提到，“地方政府应当对参保人缴费给予补贴，补贴标准不低于每人每年30元”，但没有提到如何调整缴费补贴标准。考虑的经济增长、地方财政能力增强、物价水平上涨等因素，缴费补贴标准（30元/人·年）不应该一直不变，而应该根据当地的财政实力适时调整，例如，每2～3年调整一次。在仿真测算中，本章“地方政府缴费补贴标准每3年调整一次，每次提高10元”的做法，只是一种合理的假定，具体还需要测算和论证。

8. 落实好“多缴多得”、“长缴多得”的财政补助政策

本章在仿真测算中，未考虑地方政府对选择较高档次标准缴费的适当鼓励（多缴多得）以及对于长期缴费的农民加发的基础养老金（长缴多得），结果显示地方财政的负担非常轻。可见，地方政府完全有余力落实“多缴多得”、“长缴多得”的财政补助政策。考虑到穷人一般负担不起较高的缴费档次，选择较

---

① 2012年7月1日，新农保制度全覆盖工作正式全面启动，政府的这一政策安排与本课题组的政策建议不谋而合。

高缴费档次的大都是富人，“多缴多得”的财政补助政策会加剧贫富差距，具有一定的不公平性，因此建议“多缴多得”的财政补助标准不宜过高。“长缴多得”的财政补助政策与城镇企业职工基本养老保险基础养老金的计发办法（缴费每满1年发给1%）有点类似，它既可以鼓励农民长期参保，又不会产生新的不公平性，因此建议政府重点落实“长缴多得”的财政补助政策，并可采取累进制的补助标准。

第六章

新型农村社会养老保险基金收支平衡的可持续性

第一节 问题的提出及文献回顾

一、问题的提出

基金问题是新农保乃至社会保险的核心问题，新农保基金收支平衡是新农保制度可持续发展的关键。因此，研究新农保基金收支平衡问题具有重要的理论价值和现实意义。

新农保实行“基础养老金 + 个人账户”的制度模式。其中，基础养老金部分是现收现付的，由中央和地方财政全额负担[①]，中央财政和地方财政补贴资金（基础养老金部分）通常是前一年预拨，次年据实结算。因此，对于基础养老金部分来说，只要财政补贴资金能够及时足额到位，就不存在基金不平衡的问题。也就是说，新农保基础养老金基金收支平衡的问题主要是一个财政支持能力问题，新农保财政支持能力的可持续性问题我们已经在第五章中讨论过，因此，本

① 基础养老金由中央财政和地方财政的负担情况，详见第五章第一节。

章不再赘述。本章中的新农保基金平衡的可持续性主要研究新农保个人账户基金平衡的可持续性。

可能有人会说，“新农保个人账户基金平衡问题”是个伪命题。其理由是：新农保个人账户不同于城镇职工基本养老保险个人账户，一开始就是实账，是基金积累制的，农民年满60岁后领取的个人账户养老金是其个人账户中的钱，怎么可能会出现不平衡？

我们认为，持这种观点的人只看到了表面，没有看到实质。新农保个人账户的确是基金积累制的，开始时的确也是实账，但很多情况会导致个人账户基金的收支不平衡。例如，国发〔2009〕32号文件规定，“新农保个人账户基金支付终身”，而当前新农保个人账户养老金的计发系数为139，这一计发系数是否过小？若个人账户基金已经支付完毕而大部分农民还活着，其个人账户基金的不平衡便出现了。又如，新农保的个人账户基金类似于商业保险中的生存年金和终身年金，老年农民的死亡情况基本符合正态分布，即有一半人在平均寿命之前死亡，另一半在平均寿命之后死亡，在平均寿命设置合理、个人账户余额不返还的情况下，新农保个人账户基金总体上是平衡的，但国发〔2009〕32号文件规定“参保人死亡，个人账户中的资金余额，除政府补贴外，可以依法继承”，此时个人账户的不平衡又出现了。

当新农保个人账户基金出现缺口时，有两种解决方案：其一是地方财政保底，其二是挪用年轻人（处于缴费阶段的农民）个人账户的资金。前者会给地方财政造成负担，后者会造成个人账户的空账运行，重走城镇企业职工基本养老保险的老路，使得个人账户由完全积累制变成现收现付制。以上这两种情况尤其是后面这种情况是我们不愿意看到的，我们希望的是新农保个人账户基金能够自求平衡。由此可见，研究新农保个人账户基金收支平衡问题具有重要的现实意义。

养老保险基金收支平衡的测算方法主要有个体法和整体法两种。个体法的研究对象是单个农民的个人账户基金，通常设定一个“标准人”，然后研究该“标准人”从参保缴费到领取养老金、再到死亡这一段时间，新农保个人账户基金的收支平衡情况，进而得出普遍性的结论。个体法的优点在于模型简单，计算简便，滴水见海，窥一斑可见全豹；其缺点在于，该法只能反映单个农民个人账户基金的收支平衡情况，不能精确计算出新农保个人账户基金的整体收支规模。整体法的研究对象是所有参保农民的个人账户基金，将其看作一个整体，通过参数设定和人口预测，模拟测算未来几十年间新农保个人账户基金的收支平衡情况。整体法的优点在于能精确计算出新农保个人账户基金的整体收支规模及收支平衡情况，但模型构建和计算过程较为复杂。

本章将分别使用个体法和整体法来构建出新农保个人账户基金收支平衡精算模型，进而对新农保基金平衡的可持续性做出模拟和预测，为评估新农保制度的可持续性提供量化分析工具，为新农保的试点推广和制度完善提供前瞻性的政策建议。

二、文献综述

国外，特别是发达国家农村社会养老保险的制度背景与中国农村现实状况存在较大差异，对于中国农村养老保险制度模式研究可资借鉴的方面有限，而完全积累制下养老保险基金收支测算方法对于本章模型构建具有较大的参考价值①。如 Charles 等（1989）构建了社会养老保险精算模型，系统分析了基金平衡精算原理和财务可持续性，并对相关风险进行了分析②；Becker 等（2001）以吉尔吉斯共和国为例，从宏观视角构建养老金预测模型③；Lee 等（2003）应用无限期模型和死亡率预测方法构建养老金长期平衡精算模型，预测并分析美国社会保障制度的发展趋势④；Stacey 等（2003）分析了 DC 型养老保险基金的精算平衡模型及其应用领域⑤；Ehrentraut 等（2005）采用代际核算方法，对德国新一轮财政改革后养老金计划的可持续性进行了评价⑥。

纵观国内学术界，关于新农保基金收支平衡可持续性的研究文献非常少。通过中国知网多次检索发现，截至 2012 年 11 月底仅有 3 篇研究新农保基金平衡可持续性的文献。封铁英等（2010）依据国发〔2009〕32 号文件，运用社会保障精算技术，构建出了新农保基金（含基础养老金和个人账户养老金）收支平衡精算模型，以陕西省为例，从短期平衡和长期平衡两个维度模拟和预测了新农保

---

① Johnson J., Williamson J. *Do Universal Non-contributory Old-age Pensions Make Sense for Rural Areas in Low-income Countries?* . *International Social Security Review*, 2006, 59 (4), pp. 47 – 65.

② Chaeles L. Trowmbidge, *Fundamental Concepts of Actuarial Science. Washington*: *Actuarial Education and Research Fund*, 1989.

③ Becker C., Paltsev S. *Macro-experimental Economics in the Kyrgyz Republic*: *Social Security Sustainability and Pension Reform. Comparative Economic Studies Flushing*, 2001, 43 (3), pp. 1 – 34.

④ Lee R., Yamagata H. *Sustainable Social Security*: *What Would It Cost?* . *National Tax Journal*, 2003, 56 (1), pp. 27 – 43.

⑤ Staeey Muller, Peter Daggett, ChristoPher Stevens. *Actuarial Model development for Defined Contribution Plans. Discussion Paper*, 2003, pp. 178 – 199.

⑥ Eehrentraut O., Heidler M., Raffelhüschen B. *En Route to Sustainability*: *History*, *Status Quo and Future Reforms of the German Public Pension Scheme. Inter-economics.* Hamburg, 2005, 40 (5), pp. 254 – 257.

基金收支平衡状态，并对制度风险参数进行了调整对比和优化[①]；吴永兴等（2012）同样依据国发〔2009〕32号文件，采用保险精算技术构建出了新农保基金（含基础养老金和个人账户养老金）收支平衡精算模型，以云南省为例，模拟和预测了新农保基金收支平衡情况[②]。以上两篇文献存在的一个共同问题是，其研究的新农保基金收支平衡是包含了基础养老金和个人账户养老金的收支平衡，由于新农保基础养老金部分是现收现付的，只要财政补贴资金能够按时足额到位，就不存在基金不平衡的问题，其实质上是一个财政支持能力问题，因此对基础养老金收支平衡问题进行研究没有任何意义。钱振伟等（2012）[③] 考虑到了这一问题，仅对新农保个人账户基金收支平衡的问题进行研究，通过构建基金收支精算模型和人口预测，对中国新农保基金收支平衡进行了仿真和评估，发现未来30年左右养老金将收不抵支。但遗憾的是其构建的新农保基金收支平衡模型中存在一个很大的缺陷，即假定农民的个人账户养老金仅发放12年，12年之后还在世的农民（72岁以上的农民）不再发放个人账户养老金，这与国发〔2009〕32号文件中"支付终身"的政策相违背。另外，以上学者的研究均是用整体法来测算新农保基金的收支平衡问题，还不够系统全面；同时他们在研究个人账户返还性支出时连同政府缴费补贴部分一同返还给了个人，这与国发〔2009〕32号文件"参保人死亡，个人账户中的资金余额，除政府补贴外，可以依法继承"的规定相违背。由于存在以上不足，前期研究对新农保基金收支平衡的测算结果必与实际情况存在较大偏差。

不管怎样，前期的研究成果给本章提供了有益的借鉴。本章将在前人研究的基础上，克服前人的研究不足，综合运用个体法和整体法，来对新农保个人账户基金的收支平衡问题做出模拟、预测和分析。

第二节　基于个体法的新农保基金收支平衡模拟与预测

下面依据国发〔2009〕32号文件，运用个体法构建出新农保个人账户基金收支平衡精算模型，在对基本参数做出合理假定的前提下，模拟和预测出未来新

① 封铁英、李梦伊：《新型农村社会养老保险基金收支平衡模拟与预测》，载《公共管理学报》2010年第4期，第100～110、127～128页。

② 吴永兴、卜一：《新农保基金收支动态平衡约束条件分析》，载《商业研究》2012年第7期，第157～164页。

③ 钱振伟、卜一、张艳：《新型农村社会养老保险可持续发展的仿真评估：基于人口老龄化视角》，载《经济学家》2012年第8期，第58～65页。

农保基金的收支平衡情况。

一、前提假设

在构建新农保个人账户基金收支平衡精算模型之前，我们根据国发〔2009〕32 号文件的相关规定，做出以下假设：

1. 假定一个“标准人”，此“标准人”在 2009 年的年龄为 16 岁（新人①），其开始参保缴费的时间为 2009 年。

2. 假定参保农民在每年年初按照自己所选择的缴费标准向个人账户供款，缴费标准所处的档次不变②并且缴费不中断（这里不考虑参保农民退保、断保和提前死亡等不确定因素），国家依据全国农民人均纯收入增长率每年调整一次缴费档次。

3. 由于中国除了少部分城乡结合部、东部经济发达地区的农村外，绝大部分地区的农村集体经济实力非常薄弱，基本上拿不出补助，因此这里不考虑集体补助的数额。

4. 假定政府缴费补贴在参保农民缴费的同时记入参保农民的个人账户，政府缴费补贴的标准不变。

5. 假定参保农民达到领取年龄后，在每年的年初按年领取养老金。

二、精算模型

参保农民开始领取养老金时（即年满 60 岁时）个人账户的基金积累总额 M 为：

$$M = C\sum_{i=1}^{b-a}(1+g)^{b-a-i}(1+r)^{i} + T\sum_{k=1}^{b-a}(1+r)^{k} \qquad (6.1\text{ 式})$$

其中，C 表示新农保开始实施年份（2009 年）参保农民的年缴费标准，T 表示政府对参保农民的年缴费补贴标准，r 表示新农保个人账户的年收益率，a 表示参保农民开始缴费的年龄，b 表示参保农民开始领取养老金的年龄，g 表示农民人均纯收入增长率。

---

① 新农保制度实施时，已年满 60 周岁的称为“老人”，距领取年龄不足 15 年的称为“中人”，距领取年龄超过 15 年的称为“新人”。

② 缴费档次一共分为 5 档，例如某个农民若选择最低档次作为缴费标准，一生中均选择最低档次缴费。

以 R 表示个人账户养老金计发系数①，根据国发〔2009〕32 号文件，新农保个人账户养老金年领取标准 P 为：

$$P = \frac{M}{R/12} = \frac{C\sum_{i=1}^{b-a}(1+g)^{b-a-i}(1+r)^{i} + T\sum_{k=1}^{b-a}(1+r)^{k}}{R/12} \qquad (6.2\text{式})$$

假定参保农民 60 岁时的平均预期余命为 e_b，则参保农民各年领取的个人账户养老金在开始领取养老金时（即年满 60 岁时）的总额现值 N 为：

$$N = P\sum_{j=0}^{e_b-1}\frac{1}{(1+r)^{j}} \qquad (6.3\text{式})$$

将（6.2 式）代入（6.3 式），变形得到

$$\frac{M}{N} = \frac{R}{12\sum_{j=0}^{e_b-1}\frac{1}{(1+r)^{j}}} \qquad (6.4\text{式})$$

将（6.4 式）化简得到

$$\frac{M}{N} = \frac{R}{12\left[\frac{1-(1+r)^{-(e_b-1)}}{r}+1\right]} \qquad (6.5\text{式})$$

因此，新农保个人账户基金收支平衡与否取决于（6.5 式）的计算结果。令 $A = 12\left[\frac{1-\ (1+r)^{-(e_b-1)}}{r}+1\right]$。可知，若 $R = A$，则 $M = N$，此时新农保个人账户基金收支平衡；若 $R > A$，则 $M > N$，此时新农保个人账户基金收大于支，基金出现盈余；若 $R < A$，则 $M > N$，此时新农保个人账户基金支大于收，基金出现缺口。

可见，从设定的"标准人"来看，新农保基金收支平衡与否与参保人的缴费年限 $b-a$、缴费档次 C、农民人均纯收入增长率 g、政府补贴额度 T 无关，而与参保农民的平均预期余命 e_b 和个人账户的收益率 r 有关。

另外，由（6.1 式）~（6.3 式），可得新农保个人账户基金盈余或缺口的数额为：

$$M - N = M\left(1-\frac{A}{R}\right) = \left[C\sum_{i=1}^{b-a}(1+g)^{b-a-1}(1+r)^{i} + T\sum_{k=1}^{b-a}(1+r)^{k}\right]$$

$$\left[1-\frac{12}{R}\sum_{j=0}^{e_b-1}\frac{1}{(1+r)^{j}}\right] \qquad (6.6\text{式})$$

从（6.6 式）可以看到，新农保个人账户基金盈余或缺口的大小，除了受参

① 这里的个人账户养老金计发系数，指的是新农保个人账户养老金的计发月数，而非计发年数。

保农民的平均预期余命 e_b 和个人账户收益率 r 影响外，还受到缴费年限 $b-a$、缴费档次 C、农民人均纯收入增长率 g、政府缴费补贴 T 的影响。

三、参数设定

（一）开始缴费年龄与领取年龄

根据国发〔2009〕32 号文件，对于假定的“标准人”而言，开始缴费的年龄（即参保年龄）a 为 16 岁（2009 年），开始领取养老金年龄 b 为 60 岁（2053 年）。

（二）个人缴费标准与政府补贴标准

根据国发〔2009〕32 号文件，新农保开始实施年份（2009 年）参保农民的年缴费标准设有 100 元、200 元、300 元、400 元、500 元 5 个档次（这里不考虑地方根据实际情况增设的缴费档次），笔者于 2010 年在湖北省实地调研中发现，大部分农民都是选择的 100 元缴费档次（见表 6－1），因此这里缴费档次 C 取 100 元。另外，假定政府对参保农民的年缴费补贴标准 T 为 30 元（这里不考虑地方政府对选择较高档次标准缴费的“适当鼓励”）。

表 6－1　2010 年湖北省首批新农保试点县农民选择 100 元缴费档次的比例

试点县	选择 100 元缴费档次的农民占参保缴费农民的比例（%）	试点县	选择 100 元缴费档次的农民占参保缴费农民的比例（%）
石首	75.0	团风	76.7
宜都	4.9	赤壁	92.9
钟祥	75.1	曾都	88.7
梁子湖	98.0	来凤	90.0
安陆	97.5		

资料来源：根据 2010 年 7 月课题组对湖北省首批新农保试点县的调研数据整理计算而成。

（三）农民人均纯收入增长率

根据《中国统计年鉴（2010）》的数据，2009 年全国农民人均纯收入 Y_0 为 5 153 元，1978 年全国农民人均纯收入为 134 元，因此，自改革开放以来全国农民人均纯收入的平均增长率 = $\sqrt[31]{5\ 153/134}-1\approx 12.5\%$。显然，这个数据并不符合未来的发展可能。考虑到人民生活水平与经济发展水平相一致的原则，这里直接以经济增长率为农民人均纯收入增长率。根据高盛全球首席经济学家吉姆·奥尼尔预测，2010 年中国 GDP 增长率将达 11.9%①，2011 ~ 2020 年中国每年平均 GDP 增长率在 7.7% 左右，2021 ~ 2030 年为 5.5%，2031 ~ 2040 年为 4.3%，2041 ~ 2050 年为 3.5%②。据此，假定 2010 ~ 2053 年中国农民人均纯收入增长率 g 为 5%。

（四）个人账户养老金计发系数

根据国发〔2009〕32 号文件规定，"个人账户养老金的月计发标准为个人账户全部储存额除以 139（与现行城镇职工基本养老保险个人账户养老金计发系数相同）"，即个人账户养老金计发系数 $R=139$。

（五）新农保个人账户收益率

国发〔2009〕32 号文件的规定："个人账户储存额目前每年参考中国人民银行公布的金融机构人民币一年期存款利率计息。"也就是说，目前中国新农保个人账户收益率采用记账利率形式，并且参照银行同期存款利率。由于改革开放 30 年中国经济高速发展以及财政政策、货币政策的作用，中国的法定存款利率进行过若干次调整，特别是 1997 年中国经济"软着陆"之前，金融机构一直实行较高的法定存款利率，因此，以改革开放以来历年平均年利率作为参数显然不具代表性。为此，这里的个人账户收益率取 1997 ~ 2012 年的平均值。中国 1997 ~ 2012 年金融机构人民币一年期存款利率如表 6 - 2 所示。根据实际天数进行加权平均，可以求得 1997 ~ 2012 年一年期存款利率平均值为 3.025%，这里取整数，假定养老金给付期间的年利率 $r=3\%$。

表 6 - 2　　1997 ~ 2010 年金融机构人民币一年期存款利率表

调整时间	利率（%）	调整时间	利率（%）	调整时间	利率（%）
1997.1.1	7.47	1998.3.25	5.22	1998.12.7	3.78
1997.10.23	5.67	1998.7.1	4.77	1999.6.10	2.25

① 根据《2010 年国民经济和社会发展统计公报》的数据，2010 年中国 GDP 达到 397 983 亿元，按可比价格计算，比上年增长 10.3%。

② 游芸芸：《高盛全球首席经济学家吉姆·奥尼尔：2027 年中国将成为最大经济体》，载《证券时报》2009 年 11 月 3 日，第 A006 版。

续表

调整时间	利率（%）	调整时间	利率（%）	调整时间	利率（%）
2002. 2. 21	1. 98	2007. 9. 15	3. 87	2010. 12. 26	2. 75
2004. 10. 29	2. 25	2007. 12. 21	4. 14	2011. 2. 9	3. 00
2006. 8. 19	2. 52	2008. 10. 9	3. 87	2011. 4. 6	3. 25
2007. 3. 18	2. 79	2008. 10. 30	3. 60	2011. 7. 7	3. 50
2007. 5. 19	3. 06	2008. 11. 27	2. 52	2012. 6. 8	3. 25
2007. 7. 21	3. 33	2008. 12. 23	2. 25	2012. 7. 6	3. 00
2007. 8. 22	3. 60	2010. 10. 20	2. 50	2012. 12. 31	3. 00

资料来源：中国人民银行网站。

另外，按照成熟的经济实践，金融机构法定存款利率一般不超过5%，基于中国经济趋于成熟的考虑，此处将新农保个人账户的收益率再假定为4%、5%。

（六）农村居民60岁时的平均预期余命

若想知道农村居民60岁时的平均预期余命，需要根据人口普查数据编制出农村国民生命表，下面对生命表编制技术做出简要的介绍，然后根据“五普”数据、“六普”数据以及2005年全国1%人口抽样调查数据，分别生成农村国民生命表。

1. 生命表的概念和分类

生命表又称死亡表或寿命表，它是根据一定的调查时期、一定的国家或地区和一定的人群类别（如男性与女性）等实际而完整的数据资料进行统计分析，并进而计算一个人口群的分年龄组死亡概率、平均预期寿命等各方面的重要指标并以表格的形式一一列出，用以描述一个地区、一定时期的人口的发展情况，预测该地区人口的发展趋势的一种人口分析技术。

生命表一般可分为国民生命表和经验生命表两大类。国民生命表是以全国或特定地区的人口为对象，通常是根据人口生存状况统计资料，来反映国民死亡和寿命情况的生命表，其一般资料来源于人口普查资料和抽样调查。经验生命表是根据人寿保险的实际经验数据而编制的生命表，它考察的是被保险人在一定保险年度内各年龄的死亡情况。国民生命表和经验生命表的应用领域是不同的，经验生命表针对的是参加商业寿险的人群，而国民生命表则较常用于社会养老保险的精算①。

① 代娜：《基于随机因素的农村社会养老保险个人账户给付平衡模型与分析》，厦门大学硕士学位论文，2009年6月，第39页。

另外，由于男女的生存死亡状况的不同，一般生命表还分为男性生命表和女性生命表。下面将编制男性、女性以及男女混合的农村国民生命表。

2. 生命表函数及其编制过程①

（1）生命表函数。

x：年龄；表示从 x 岁到 $x+1$ 岁的一个年龄区间。

l_x：尚存人数；表示进入 x 岁这一年龄的初始人数。

d_x：表上死亡人数；指生命表上 x 岁年龄组的死亡人数。

q_x：死亡概率；表示存活到 x 岁的人在下一个年龄段死亡的可能性，完全生命表中为 1 岁间隔。

L_x：平均生存人年数；表示 x 岁年龄组的人平均存活的时间长度。

T_x：平均生存人年数累积；表示进入 x 岁这一年龄的初始人数在未来可能存活的时间总长。

e_x：平均预期余命；表示进入 x 岁这一年龄的初始人数在未来可能存活的平均时间长度。

（2）生命表编制过程。

下面分别以 2000 年第五次人口普查数据、2005 年全国 1% 人口抽样调查数据、2010 年第六次人口普查数据中分年龄死亡率为依据，在对异常年份的死亡率进行修正以及对死亡率曲线进行平滑处理的基础上编制完成生命表。

第一，计算 1 岁间隔的分年龄死亡率 m_x。其计算公式为：

$$m_x = \frac{D_x}{P_x} \quad (6.7\text{ 式})$$

其中，D_x 为 x 岁人口在 x 岁年龄区间的实际死亡人数；P_x 为 x 岁人口的实际平均人口数。

第二，计算死亡概率 q_x。根据法尔（Farlle）死亡概率公式：

$$q_x = \frac{2m_x}{2+m_x} \quad (6.8\text{ 式})$$

上式是基于死亡水平在年龄组中的平均分布假设做出的，而婴儿死亡率却随着出生时间的延长迅速降低，因此，本书根据实际统计数据直接计算出婴儿的死亡率。在最高年龄组，定义 $q_x=1$。

第三，确定人口基数 l_0。本书确定为 $l_0=1\ 000\ 000$。

第四，计算表上死亡人数 d_x，其公式为：

$$d_x = l_x \times q_x \quad (6.9\text{ 式})$$

① 刘昌平、殷宝明、谢婷：《新型农村社会养老保险制度研究》，中国社会科学出版社 2008 年版，第 187 ~ 188 页。

第五，计算尚存人数 l_{x+1}，其公式为：

$$l_{x+1} = l_x - d_x \tag{6.10 式}$$

第六，计算平均生存人年数 L_x，其公式为：

$$L_x = \frac{l_x + l_{x+1}}{2} \tag{6.11 式}$$

第七，计算平均生存人年数累积，其公式为：

$$T_x = \sum_{x}^{\omega} L_x \text{（其中 } \omega \text{ 为最高死亡年龄）} \tag{6.12 式}$$

第八，计算平均预期余命 e_x，其公式为：

$$e_x = \frac{T_x}{l_x} \tag{6.13 式}$$

3. 农民国民生命表的生成

根据以上生命表编制技术，利用2000年第五次人口普查数据、2005年全国1%人口抽样调查数据、2010年第六次人口普查数据，分别生成农村国民生命表，包括男女混合及分性别的农村国民生命表。由于农村国民生命表的数据量较大，本书仅给出基于2010年第六次人口普查数据生成的农村国民生命表，具体见文后的附表。这里仅给出2000年、2005年、2010年0岁和60岁农村居民的平均预期余命，具体如表6-3所示。

表6-3　2000年、2005年、2010年0岁和60岁农村居民的平均预期余命

年龄组	混合			男性			女性		
	2000年	2005年	2010年	2000年	2005年	2010年	2000年	2005年	2010年
0岁组	70.60	73.78	75.68	68.98	71.45	73.19	72.33	76.26	78.48
60岁组	18.33	19.99	20.34	16.92	18.61	18.85	19.81	21.42	21.93

资料来源：根据2000年“五普”数据、2005年全国1%人口抽样调查数据、2010年“六普”数据测算得到。

由表6-3中可以看出，经过10年的时间，中国农村人口平均预期余命已经有了大幅度的提高，0岁组的平均预期余命提高了5岁，60岁年龄组提高了2岁。分性别来看，经过10年的时间，农村男性和女性人口的平均预期余命也有了大幅度的提高，0岁组男性和女性的平均预期余命分别提高了6.7岁和6.15岁，60岁年龄组分别提高了1.93岁和2.12岁。可见，随着医疗水平和人民生活水平的提高，中国农村居民的平均预期余命具有不断提高的趋势，趋势图如图6-1所示。

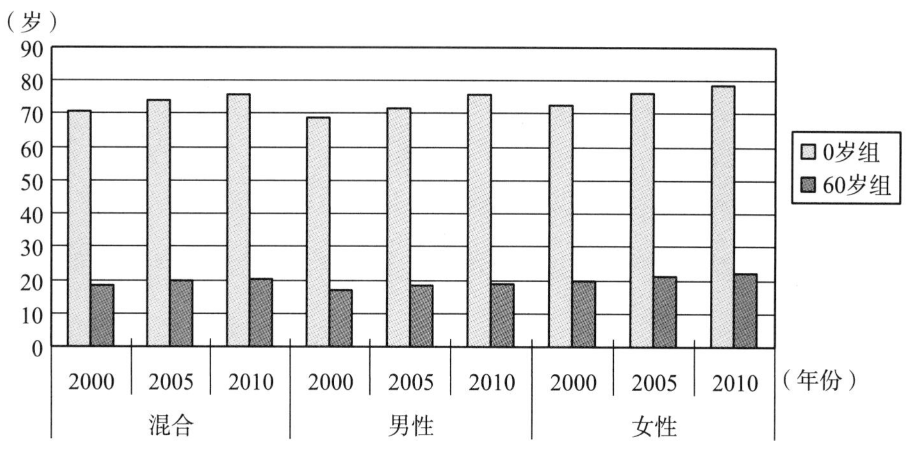

图 6-1　2000 年、2005 年、2010 年 0 岁和 60 岁农村居民的平均预期余命

资料来源：根据表 6-3 的数据绘制而成。

从表 6-3 中可以看到，60 岁农民的平均预期余命为 18.33 岁（2000 年）、19.99 岁（2005 年）和 20.34 岁（2010 年），下面将农村居民 60 岁时的平均预期余命 e_b 分别取值为 18.33 岁、19.99 岁和 20.34 岁。

四、模拟与预测结果分析

（一）新农保个人账户基金收支平衡模拟与预测结果

将政策变量 $R=139$，测算出来 60 岁农民的平均预期余命 $e_b=18.33$、19.99、20.34，以及假定的个人账户收益率 $r=3\%$、4%、5% 代入 6.5 式，可以计算出$\frac{M}{N}$的结果，具体如表 6-4 所示。

表 6-4　新农保个人账户基金收支平衡模拟与预测结果

根据 2000 年农村居民 60 岁时的平均预期余命 18.33 测算				
个人账户收益率	3%	4%	5%	6.01%
A	172	160	149	139
基金平衡情况	$M<N$	$M<N$	$M<N$	$M=N$

续表

根据2005年农村居民60岁时的平均预期余命19.99岁测算				
个人账户收益率	3%	4%	5%	6.68%
A	184	170	157	139
基金平衡情况	$M<N$	$M<N$	$M<N$	$M=N$
根据2010年农村居民60岁时的平均预期余命20.34岁测算				
个人账户收益率	3%	4%	5%	6.8028%
A	186	171	159	139
基金平衡情况	$M<N$	$M<N$	$M<N$	$M=N$

资料来源：本章测算得到。

从表6-4中可以看到，在当前个人账户收益率水平下（3%～5%），不管农村居民60岁时的平均预期余命为18.33岁、19.99岁，还是20.34岁，新农保个人账户基金均是收不抵支。并且，随着农村居民平均预期余命的延长，新农保个人账户基金缺口呈现不断扩大的趋势。

进一步分析，根据2010年农村居民60岁平均预期余命20.34来测算，当计发系数为139时，个人账户收益率要达到6.8028%才能实现收支平衡，否则会出现收不抵支的现象。从中国1997～2012年金融机构人民币一年期存款利率的经验数据和中国经济日益趋于成熟的现实来看，个人账户的平均记账利率要达到6.8028%基本上是不可能的事。若个人账户收益率为3%，计发系数应为186，若个人账户收益率达到5%，计发系数应为159；而非政策规定的139。可见，当前新农保个人账户养老金计发系数过小。在现实收益率达不到预期收益率，而且平均预期余命还有不断延长的趋势下，新农保个人账户一定会出现收支缺口。

（二）新农保个人账户基金收支缺口

根据上面的分析，在现行的新农保制度设计（$R=139$）、个人账户收益率水平和平均预期余命下，新农保个人账户基金会出现基金缺口，那么基金缺口有多大呢？下面依据“标准人”做出测算。

这里个人账户收益率 r 取3%，60岁农民的平均预期余命 e_b 取“六普”数据的测算结果20.34岁。其他参数设定与前文的相同，分别为 $a=16$ 岁，$b=60$ 岁，$C=100$ 元，$T=30$ 元，$R=139$，$g=5\%$。将以上参数代入（6.1式）～(6.3式)，可计算出 $M=27\ 913$ 元，$N=37\ 385$ 元，$M-N=-9\ 472$ 元，即基金收支缺口为9 472元。

五、基金收支平衡影响因素模拟分析

从以上分析可以看到，个人账户收益率 r、个人账户养老金计发系数 R、60 岁农民的平均预期余命 e_b，是影响新农保个人账户基金收支平衡的重要因素。另外，当基金收支不平衡出现时，缴费年限（用 n 来表示，$n=b-a$）、缴费档次 C、政府缴费补贴 T、农民人均纯收入增长率 g 又成为影响基金收支盈余或缺口的重要因素。也就是说，当 r、R、e_b 取值合理，$\frac{M}{N}=1$ 时，此时无论 n、C、T、g 怎么变动，基金总是收支平衡的；当 r、R、e_b 没有取合适的值，$\frac{M}{N}\neq 1$ 时，此时 n、C、T、g 的变动会影响基金缺口或盈余的大小。下面对影响新农保个人账户基金收支平衡的因素进行模拟分析。

（一）个人账户收益率对基金收支平衡的影响

这里采用“标准人”进行分析，相关参数的取值为 $a=16$ 岁，$b=60$ 岁，$C=100$ 元，$T=30$ 元，$R=139$，$g=5\%$，$e_b=20.34$，r 取 2% ~8%。下面将以上参数代入 6.6 式，可以计算出新农保基金收支盈余或缺口 $M-N$ 的数额，具体如表 6-5 所示。

表 6-5　　个人账户收益率对基金收支平衡的影响

个人账户收益率	2%	3%	4%	5%	6%	6.8028%	7%	8%
M-N（元）	-10 618	-9 472	-7 991	-5 976	-3 142	0	924	6 809
M-N 变动额（元）	—	1 146	1 481	2 015	2 834	3 142	4 066	5 885
M-N 变动百分比（%）	—	-10.79	-15.64	-25.22	-47.42	-100.00	-129.41	636.90

资料来源：本章测算得到。

从表 6-5 中可以看到，在个人账户收益率较低时，随着个人账户收益率的提高，新农保个人账户基金缺口不断变小，当个人账户收益率达到 6.8028% 时，新农保个人账户基金将实现收支平衡，当个人账户收益率超过 6.8028% 后，新农保个人账户基金将会出现盈余。随着个人账户收益率的提高，新农保个人账户基金收支缺口的减少额或盈余的增加额越来越大。可见，提高个人账户收益率是实现基金收支平衡的重要方式。

（二）个人账户养老金计发系数对基金收支平衡的影响

这里仍然采用“标准人”进行分析，相关参数的取值为 $a=16$ 岁，$b=60$ 岁，$C=100$ 元，$T=30$ 元，$g=5\%$，$e_b=20.34$，$r=3\%$，下面变动个人账户养老金计发系数 R，看其对新农保基金收支平衡的影响。具体的计算结果如表 6-6 所示。

表 6-6　　个人账户养老金计发系数对基金收支平衡的影响

个人账户养老金计发系数	139	144	156	168	180	186.167	192	204
M-N（元）	-9 472	-8 174	-5 398	-3 018	-956	0	848	2 440
M-N 变动额（元）	—	1298	2776	2 380	2 062	956	1 804	1 592
M-N 变动的百分比（%）	—	-13.70	-33.96	-44.09	-68.32	-100.00	-188.70	187.74

资料来源：本章测算得到。

从表 6-6 中可以看到，在当前的个人账户养老金计发系数下（$R=139$），新农保个人账户基金收支存在缺口。在其他条件不变的情况下，提高个人账户养老金计发系数会缩小个人账户基金的收支缺口，当 $R=186.167$ 时，个人账户基金收支平衡，此时再继续提高个人账户养老金计发系数，会出现基金盈余。即个人账户养老金计发系数与个人账户基金缺口呈负相关的关系，与个人账户基金盈余呈正相关的关系。可见，要实现新农保基金的收支平衡，个人账户养老金计发系数不能太小，否则会收不抵支；也不能太大，否则会造成基金的剩余，无法实现养老保险的目的。当然，在当前的个人账户收益率水平和平均预期余命下，个人账户养老金计发系数过小。提高个人账户养老金计发系数不失为一种实现基金平衡的重要手段。

（三）平均预期余命对基金收支平衡的影响

这里仍然采用“标准人”进行分析，相关参数的取值为 $a=16$ 岁，$b=60$ 岁，$C=100$ 元，$T=30$ 元，$g=5\%$，$r=3\%$，$R=139$，下面变动平均预期余命 e_b，看其对新农保基金收支平衡的影响。具体的计算结果如表 6-7 所示。

表 6-7　　平均预期余命对基金收支平衡的影响

平均预期余命（年）	10	13.9231	15	20	25	18.33	19.99	20.34
M-N（元）	6 741	0	-1 718	-9 014	-15 307	-6 696	-9 000	-9 472
M-N 变动额（元）	—	-6 741	-8 459	-7 296	-6 293	—	-2 304	-472
M-N 变动的百分比（%）	—	-100.00	-125.49	424.68	69.81	—	34.41	5.24

资料来源：本章测算得到。

从表6－7中可以看出，60岁农民的平均预期寿命越长，新农保个人账户基金缺口就越大。根据2000年60岁农民的平均预期寿命18.33测算，个人账户基金缺口为6 696元；根据2005年60岁农民的平均预期寿命19.99测算，个人账户基金缺口为9 000元；根据2010年60岁农民的平均预期寿命20.34测算，个人账户基金缺口为9 472元。可见，近年来，随着人们生活水平和医疗水平的提高，人口预期寿命（平均预期寿命）不断提高，无疑给个人账户基金的平衡带来影响，且平均预期寿命越长，基金缺口就越大。由于平均预期寿命是一个事实变量，无法进行调整，因此缩小基金缺口、实现基金平衡的方法只能是寻求其他路径，如提高个人账户养老金计发系数、提高个人账户收益率等。

（四）缴费档次对基金收支平衡的影响

从前面的分析可知，缴费档次无法影响基金收支的平衡，但它会影响基金缺口的大小。这里仍然采用"标准人"进行分析，相关参数的取值与前相同，下面变动初始缴费档次（C取值100～800元），看其对新农保基金收支平衡的影响。具体的计算结果如表6－8所示。

表6－8　　缴费档次对基金收支平衡的影响

缴费档次（元）	100	200	300	400	500	600	700	800
M－N（元）	－9 472	－18 010	－26 548	－35 086	－43 623	－52 161	－60 699	－69 237
M－N变动额（元）	—	－8 538	－8 538	－8 538	－8 538	－8 538	－8 538	－8 538
M－N变动的百分比（%）	—	90.14	47.41	32.16	24.33	19.57	16.37	14.07

资料来源：本章测算得到。

从表6－8中可以看到，当初始缴费档次为100元时，新农保个人账户基金收支缺口为9 472元，当初始缴费档次提高到800元时，新农保个人账户基金收支缺口扩大至69 237元，每提高一个档次，基金缺口增加8 538元，但由于基金缺口基数的不断增大，随着缴费档次的提高，基金缺口的相对变动比率不断变小。可见，在新农保基金出现缺口的情况，农民选择的缴费档次越高，基金缺口就越大。

（五）政府缴费补贴对基金收支平衡的影响

政府缴费补贴与缴费档次一样，无法影响基金收支的平衡，但它会影响基金缺口的大小。这里仍然采用"标准人"进行分析，相关参数的取值与前文相同，下面变动政府缴费补贴，看其对新农保基金收支平衡的影响。具体的计算结果如

表 6 - 9 所示。

表 6 - 9　　政府缴费补贴对基金收支平衡的影响

政府缴费补贴（元）	30	35	40	45	50	55	60	65
M - N（元）	- 9 472	- 9 627	- 9 783	- 9 939	- 10 094	- 10 250	- 10 405	- 10 561
M - N 变动额（元）	—	156	156	156	156	156	156	156
M - N 变动的百分比（%）	—	1.64	1.62	1.59	1.56	1.55	1.51	1.50

资料来源：本章测算得到。

从表 6 - 9 中可以看到，当政府缴费补贴为 30 元时，新农保个人账户基金收支缺口为 9 472 元；政府缴费补贴每提高 5 元，基金缺口增大 156 元；当政府缴费补贴达到 65 元时，基金收支缺口上升至 10 561 元。由于基金缺口基数的增大，其基金缺口变动的相对比例逐渐下降，从 1.64% 下降为 1.50%。可见，在新农保基金出现缺口的情况，政府缴费补贴越多，基金缺口就越大。

（六）农民人均纯收入增长率对基金收支平衡的影响

同样，农民人均纯收入也无法影响基金收支的平衡，但它会影响基金缺口的大小。这里仍然采用“标准人”进行分析，相关参数的取值与前文相同，下面变动农民人均纯收入增长率，看其对新农保基金收支平衡的影响，计算结果如表 6 - 10 所示。

表 6 - 10　　农民人均纯收入增长率对基金收支平衡的影响

农民人均纯收入增长率（%）	2%	3%	4%	5%	6%	7%	8%	9%
M - N（元）	- 5 412	- 6 415	- 7 732	- 9 472	- 11 785	- 14 876	- 19 027	- 24 622
M - N 变动额（元）	—	- 1 003	- 1 317	- 1 740	- 2 313	- 3 091	- 4 151	- 5 595
M - N 变动的百分比（%）	—	18.53	20.53	22.50	24.42	26.23	27.90	29.41

资料来源：本章测算得到。

从表 6 - 10 中可以看到，在新农保个人账户基金收支存在缺口的情况下，农民人均纯收入增长率越大，基金缺口就越大。当农民人均纯收入增长率为 2% 时，基金缺口为 5 412 元；当农民人均纯收入增长率为 5% 时，基金缺口为 9 472 元；当农民人均纯收入增长率为 9% 时，基金缺口为 24 622 元。并且随着农民人均纯收入增长率的提高，基金缺口的增长幅度越来越大，当 $g = 3\%$ 时，$M - N$ 变动的百分比为18.53%；当 $g=9\%$ 时，$M-N$ 变动的百分比达到29.41%。

（七）缴费年限对基金收支平衡的影响

这里我们的研究对象还是“标准人”，其2009年参保，2053年领取养老金，但此时“标准人”的缴费年限不再是44年，而是一组数据。对于“新人”来说，由于国家要求缴费年限不低于15年，我们假定缴费年限n取值为15年、20年、25年、30年、35年、40年、44年，并且缴费年限n是从2009年起算的连续缴费年限，即参保人自2009年连续缴费15年、20年、25年、30年、35年、40年、44年后就不再缴费了，中间不存在断保的情况。此时需要对新农保基金收支平衡模型做出修正，具体如下：

$$M-N=\left[C\times\sum_{i=b-a-(n-1)}^{b-a}(1+g)^{b-a-i}(1+r)^{i}+T\times\sum_{k=b-a-(n-1)}^{b-a}(1+r)^{k}\right]\left[1-\frac{12}{R}\sum_{j=0}^{e_b-1}\frac{1}{(1+r)^{j}}\right] \quad (6.14式)$$

相关参数的取值与前相同，下面变动缴费年限，看其对新农保基金收支平衡的影响。具体计算结果如表6-11所示。

表6-11　　缴费年限对基金收支平衡的影响

缴费年限（年）	15	20	25	30	35	40	44
M-N（元）	-2 605	-3 582	-4 631	-5 763	-6 988	-8 321	-9 472
M-N变动额（元）	—	-977	-1 049	-1 132	-1 225	-1 333	-1 151
M-N变动的百分比（%）	—	37.50	29.29	24.44	21.26	19.08	13.83

资料来源：本章测算得到。

从表6-11中可以看到，农民的缴费年限越长，新农保基金缺口就越大，缴费年限为15年时，基金缺口为2 605元，当缴费年限为44年时，基金缺口为9 472元；并且随着缴费年限的增加，基金缺口变动的绝对幅度逐年增加，但由于基金缺口基数的增大，基金缺口变动的相对幅度却在逐年下降。

六、小结

通过以上分析发现，个人账户收益率、个人账户养老金计发系数、60岁农民的平均预期寿命是影响新农保个人账户基金收支平衡的决定因素。通过构建模型，在对相关参数进行合理假设的前提下进行模拟分析发现，新农保基金收支存在缺口。由于60岁农民的平均预期寿命是一个事实变量，因此要实现新农保基金个人账户基金的收支平衡，其可行的方案是提高个人账户养老金计发系数或提高个人账户收益率。

缴费档次、政府缴费补贴、农民人均纯收入增长率、缴费年限虽然不能决定基金收支平衡，但却会影响基金缺口（或盈余）的大小。在新农保基金收支不平衡（M≠N）时，缴费档次越高、政府缴费补贴越多、农民人均纯收入增长率越大、缴费年限越长，农民年满60岁时个人账户的积累额就越多，此时新农保个人账户基金缺口（或盈余）的数额就越大。也就是说，缴费档次、政府缴费补贴、农民人均纯收入增长率、缴费年限虽然不能决定基金收支平衡，但其对基金的不平衡起到了推波助澜的作用。

第三节　基于整体法的新农保基金收支平衡模拟与预测①

下面依据国发〔2009〕32号文件，利用整体法来构建新农保个人账户基金收支平衡精算模型，通过人口预测、基本参数合理设定，模拟和预测出2010～2054年新农保个人账户基金的收支平衡情况。

一、前提假设

在构建新农保个人账户基金收支平衡精算模型之前，我们根据国发〔2009〕32号文件的相关规定，做出以下假设：

1. 选取2010年为基年，即新农保制度开始实施的时间定为2010年②，由于“老人”③不用缴费就可以领取基础养老金（其符合条件的子女应当参保缴费），本节构建的新农保个人账户基金收支平衡模型仅针对“中人”和“新人”，模拟

---

① 本节参考了本项目的阶段性研究成果，详见薛惠元：《基于整体法的新农保个人账户基金收支平衡模拟与预测》，载《保险研究》2014年第2期，第103～118页。

② 笔者在调研中发现，虽然国发〔2009〕32号文件于2009年9月1日就发布了，但各地首批新农保试点的正式启动时间大都是2009年年底或2010年1月。2009年9月至12月底这段时间，各新农保试点县的主要工作是农村人口摸底调查、拟定本地区的新农保具体实施办法、宣传以及60岁以上人口基础养老金的发放等。因此，将2010年作为基年，不会存在太大误差。

③ 新农保制度实施时，已年满60周岁的称为“老人”，距领取年龄不足15年的称为“中人”，距领取年龄超过15年的称为“新人”。

预测的年份为2010~2054年①。

2. 假定参保农民在每年年初按照自己所选择的缴费标准向个人账户供款，缴费标准所处的档次不变②；除在缴费期间提前死亡、转为城镇基本养老保险等特殊情形外，缴费不中断；国家依据全国农民人均纯收入增长率每年调整一次缴费档次。

3. 由于全国绝大部分地区的农村集体经济实力非常薄弱，基本上拿不出补助，因此这里不考虑集体补助的数额。

4. 假定政府缴费补贴在参保农民缴费的同时记入参保农民的个人账户，政府缴费补贴在目标期间不作调整。

5. 由于养老保险费补缴部分不享受政府缴费补贴，因此农民补缴的积极性必然不大，因此这里不考虑补缴养老保险费的情形。

6. 假定参保农民达到领取年龄后，在每年年初按年领取养老金。

7. 假定处于缴费阶段的各年龄段农民的参保率相同，人口的极限年龄为100岁。

二、精算模型

国发〔2009〕32号文件规定，"养老金待遇由基础养老金和个人账户养老金组成，支付终身"，"参保人死亡，个人账户中的资金余额，除政府补贴外，可以依法继承"。也就是说新农保个人账户养老金类似于生存年金、终身年金，并且可以返还未发放完毕的个人缴费余额。

本节将从短期和长期两个维度对新农保个人账户基金平衡做出模拟和分析。短期收支平衡用当年收取的养老保险费减去当年养老金支出，不考虑往年个人账户的积累额③、个人账户余额返还、参保人60岁之前死亡退保、转为城镇职工基本养老保险等因素。长期收支平衡考虑到往年的基金积累额、个人账户余额返还（领取养老金期间在平均计发年限之前死亡的返还）、参保人在缴费期间死亡的退保支出，以及转为城镇职工基本养老保险而需要转移个人账户储存额等因素。

---

① 选取2010~2054年的原因在于，一个2010年16岁参保的"新人"，将会在2054年年满60周岁，开始领取养老金。

② 缴费档次一共分为5档，例如某个农民若选择最低档次作为缴费标准，一生中均选择最低档次缴费。

③ 不考虑往年个人账户的积累额是指只考虑当年的基金收支平衡情况，不动用往年的个人账户基金积累来弥补本年的基金收支缺口。

（一）基金短期收支平衡精算模型

下面不考虑往年个人账户的积累额、个人账户余额返还，构建出新农保个人账户基金短期收支平衡精算模型。

由于保险精算模型比较复杂，这里对精算模型中的符号做出约定：t 表示年份；从前面的假设前提可知，t 的取值范围为 2010～2054 年；以 a 表示参保农民首次缴费时的年龄，对于"中人"而言，a 的取值范围为 46～59 岁，对于"新人"而言，a 的取值范围为 16～45 岁；b 表示参保农民开始领取养老金的年龄，根据国发〔2009〕32 号文件可知，$b=60$ 岁；C 表示制度开始实施时（2010 年）参保农民选取的缴费档次；以 T 表示制度开始实施时（2010 年）地方政府缴费补贴标准；g 表示农民人均纯收入增长率；$L_{t,x}$ 表示 t 年 x 岁人口的数量；O_t 表示 t 年的新农保参保率。则 t 年年初个人账户养老保险基金的收入 I_t 为：

$$I_t = \left(\sum_{x=16}^{b-1} L_{t,x}\right) \cdot O_t \cdot [C(1+g)^{t-2010} + T] \qquad (6.15 式)$$

以 r 表示个人账户基金投资收益率，则对于首次参保缴费年龄为 a 的个体，其在领取养老金时（年满 60 岁时）个人账户养老基金的积累额 Q_a 为：

$$Q_a = \sum_{i=1}^{b-a} [C(1+g)^{b-a-i}(1+r)^i + T(1+r)^i] \qquad (6.16 式)$$

以 R 表示个人账户养老金计发系数（月养老金计发系数）。由此可以得到个人账户养老金年发放标准 P_a 为：

$$P_a = \frac{12Q_a}{R} \qquad (6.17 式)$$

以 NE_t 表示 t 年个人账户养老金支出，显然 NE_t 为个人账户养老金的正常性支出，不含个人账户的返还性支出。由于 2010 年"中人"和"新人"处于缴费阶段，尚未开始领取养老金，则 2010 年个人账户养老金支出 $NE_{2010}=0$。则在不考虑个人账户余额返还的情况下，每年各缴费年龄人群个人账户养老金支出总额 NE_t 为：

$$NE_t = \sum_{a=60-(t-2010)}^{59} P_a \cdot L_{t,x=(t-2010)+a} \cdot O_{t-1} \ (t \geqslant 2011) \qquad (6.18 式)$$

将由（6.16 式）和（6.17 式）代入（6.18 式）可得

$$NE_t = \begin{cases} \sum\limits_{a=60-(t-2010)}^{59} \left\{ \frac{12}{R} \sum\limits_{i=1}^{b-a} [C(1+g)^{b-a-1}(1+r)^i + T(1+r)^i] \cdot L_{t,x=(t-2010)+a} \cdot O_{t-1} \right\} \\ \quad (t \geqslant 2011) \\ 0 \quad (t = 2010) \end{cases}$$

(6.19 式)

设新农保个人账户基金收支差额为 M_t，则新农保个人账户基金短期收支平衡精算模型为：

$$M_t = I_t - NE_t \qquad (6.20\text{式})$$

显然，当 $M_t = 0$ 时，表示 t 年个人账户基金当期收入等于当期支出，基金达到短期平衡；当 $M_t < 0$ 时，表示 t 年个人账户基金当期支出大于当期收入，基金短期收不抵支，存在基金缺口；当 $M_t > 0$ 时，表示 t 年个人基金当期收入大于当期支出，基金短期存在盈余。

（二）基金长期收支平衡精算模型

在长期，基金收支平衡需要考虑个人账户的返还性支出，它可以分成两个部分：一个是已参保缴费，但因为死亡、参加城镇职工基本养老保险等原因而导致在60岁之前退出或转移（以下简称“个人账户退保、转保支出”）；另一个是年满60岁但在平均计发年限（$R/12$ 年）之前死亡而将个人账户余额一次性返还支出的问题（以下简称“个人账户余额返还支出”）。根据国发〔2009〕32号文件的规定，“参保人死亡，个人账户中的资金余额，除政府补贴外，可以依法继承”，另外，根据《城乡养老保险制度衔接暂行办法（征求意见稿）》的规定，“参保人员从新农保转入职保（城镇职工基本养老保险）的，新农保个人账户全部储存额并入职保个人账户”。

从前面的分析可知，t 年个人账户养老金的正常性支出为 NE_t，下面分别给出个人账户退保、转保支出和个人账户余额返还支出的精算模型。

1. 个人账户退保、转保支出精算模型

用 JE_t 表示 t 年个人账户的退保、转保支出，由于农民在2010年刚刚参保，不考虑当年退保、转保情况，因此 $JE_{2010} = 0$。当 $t \geqslant 2011$ 时，JE_t 的计算模型为：

$$JE_t = O_{t-1} \cdot \left[\sum_{a=16}^{b-2} ({}_t d_{t-1,a} \cdot Q'_{t,a}) + \sum_{a=16}^{c} ({}_t h_{t-1,a} \cdot Q'' t, a) \right] \qquad (6.21\text{式})$$

（6.21式）中，${}_t d_{t-1,a}$ 表示 $t-1$ 年到 t 年间年龄为 a 岁（$16 \leqslant a \leqslant 58$[①]）的农村人口的死亡人数，${}_t h_{t-1,a}$ 表示 $t-1$ 年到 t 年间年龄为 a 岁的农村人口的转保人数，$Q'_{t,a}$ 表示 t 年年龄为 a 岁的农民个人账户中个人缴费部分的积累额，$Q''_{t,a}$ 表示 t 年年龄为 a 岁的农民个人账户全部积累额，${}_t d_{t-1,a} \cdot Q'_{t,a}$ 和 ${}_t h_{t-1,a} \cdot Q''_{t,a}$ 分别表示 t 年 a 岁农民的退保支出、转保支出。c 表示农民转保的最大年龄。

设 $JE'_t = \sum_{a=16}^{b-2} ({}_t d_{t-1,a} \cdot Q'_{t,a})$，下面给出 JE'_t 的计算方法。

---

① 这里之所以没有考虑59岁的农村人口死亡人数，是因为后面的个人账户余额返还（6.25式）中，已经考虑了59岁的农村人口死亡人数，为了避免重复计算，这里仅考虑16～58岁的农村人口死亡人数。

当 $t=2011$ 时，$JE'_{2011} = {}_{2011}d_{2010,16\sim58} \cdot \sum_{i=1}^{t-2010} C(1+g)^{t-2010-i}(1+r)^i$；

当 $t=2012$ 时，$JE'_{2012} = {}_{2012}d_{2011,16} \cdot \sum_{i=1}^{t-2011} C(1+g)^{t-2010-i}(1+r)^i + {}_{2012}d_{2011,17\sim58} \cdot \sum_{i=1}^{t-2010} C(1+g)^{t-2010-i}(1+r)^i$

当 $t=2013$ 时，$JE'_{2013} = {}_{2013}d_{2012,16} \cdot \sum_{i=1}^{t-2012} C(1+g)^{t-2010-i}(1+r)^i + {}_{2013}d_{2012,17} \cdot \sum_{i=1}^{t-2011} C(1+g)^{t-2010-i}(1+r)^i + {}_{2013}d_{2012,18\sim58} \cdot \sum_{i=1}^{t-2010} C(1+g)^{t-2010-i}(1+r)^i$

……

当 $t=2053$ 时，$JE'_{2053} = {}_{2053}d_{2052,16} \cdot \sum_{i=1}^{t-2052} C(1+g)^{t-2010-i}(1+r)^i + {}_{2053}d_{2052,17} \cdot \sum_{i=1}^{t-2051} C(1+g)^{t-2010-i}(1+r)^i + \cdots + {}_{2053}d_{2052,58} \cdot \sum_{i=1}^{t-2010} C(1+g)^{t-2010-i}(1+r)^i$

当 $t=2054$ 时，$JE'_{2054} = {}_{2054}d_{2053,16} \cdot \sum_{i=1}^{t-2053} C(1+g)^{t-2010-i}(1+r)^i + {}_{2054}d_{2053,17} \cdot \sum_{i=1}^{t-2052} C(1+g)^{t-2010-i}(1+r)^i + \cdots + {}_{2054}d_{2053,58} \cdot \sum_{i=1}^{t-2011} C(1+g)^{t-2010-i}(1+r)^i$

同理，可以给出 $JE''_t = \sum_{a=16}^{c}({}_th_{t-1,a} \cdot Q''_{t,a})$ 的计算方法，具体如下：

当 $t=2011$ 时，$JE''_{2011} = {}_{2011}d_{2010,16\sim c} \cdot \sum_{i=1}^{t-2010}[C(1+g)^{t-2010-i}(1+r)^i + T(1+r)^i]$；

当 $t=2012$ 时，$JE''_{2012} = {}_{2012}d_{2011,16} \cdot \sum_{i=1}^{t-2011}[C(1+g)^{t-2010-i}(1+r)^i + T(1+r)^i] + {}_{2012}d_{2011,17\sim c} \cdot \sum_{i=1}^{t-2010}[C(1+g)^{t-2010-i}(1+r)^i + T(1+r)^i]$

……

当 $t=2054$ 时，$JE''_{2054} = {}_{2054}d_{2053,16} \cdot \sum_{i=1}^{t-2053}[C(1+g)^{t-2010-i}(1+r)^i] + T(1+r)^i + {}_{2054}d_{2053,17} \cdot \sum_{i=1}^{t-2052}[C(1+g)^{t-2010-i}(1+r)^i + T(1+r)^i] + \cdots + {}_{2054}d_{2053,c} \cdot \sum_{i=1}^{c-16}[C(1+g)^{c-16-i}(1+r)^i + T(1+r)^i]$

2. 个人账户余额返还支出精算模型

对于首次参保缴费年龄为 a 岁的个体，其个人账户养老金个人缴费部分的年发放标准 P'_a（不含政府缴费补贴部分）为：

$$P'_a = \frac{12}{R}\sum_{j=1}^{b-a} C(1+g)^{b-a-j}(1+r)^j \qquad (6.22\text{ 式})$$

用 GE_t 表示 t 年个人账户余额返还支出，由于 2010 年还没有个人账户养老金支出，因此 $GE_{2010}=0$。当 $t\geqslant 2011$ 时，GE_t 的计算模型为：

$$GE_t = O_{t-1} \cdot \sum_{i=1}^{t-2010} {}_t d_{t-1,a=60-i}\left[\frac{R}{12} - (t-2010-i)\right] \cdot P'_a,\ (t\geqslant 2011) \tag{6.23 式}$$

（6.23 式）中，${}_t d_{t-1,a=60-i}$ 表示 $t-1$ 年到 t 年间初始参保年龄为 $60-i$ 岁人口的死亡人数；$\frac{R}{12}-(t-2010-i)$ 表示参保人死亡时个人账户养老金的剩余计发年数。

3. 基金长期收支平衡模型

长期中，t 年个人账户养老保险基金的收入 I_t 与短期的相同。因此，t 年新农保个人账户基金的收支差额 M_t 为：

$$M_t = I_t - NE_t - JE_t - GE_t \tag{6.24 式}$$

在考虑货币时间价值的条件下，目标期间（1～n 年，$n=t-2009$）各年度基金收支差额 M_t 在第 n 年年末（n+1 年年初）的累积滚存终值为 M，则新农保基金长期收支平衡精算模型为：

$$M = M_1(1+r)^n + M_2(1+r)^{n-1} + \cdots + M_{n-1}(1+r)^2 + M_n(1+r) \tag{6.25 式}$$

当 M=0 时，表明目标期间内新农保基金收支平衡；当 M<0 时，表明目标期间内新农保基金收不抵支，基金长期存在缺口；当 M>0 时，表明目标期间内新农保基金收入大于支出，基金长期存在盈余。

三、参数设定

（一）目标期间、参保年龄与领取年龄

根据前面模型的前提假设，本节的目标期间定为 2010～2054 年（t 取 2010～2054）。根据国发〔2009〕32 号文件的规定，设定农民的参保缴费年龄为 16 岁①，开始领取养老金的年龄为 60 岁，因此，a 取值为 16～59，$b=60$。

由于“老人”只领取基础养老金，因此不属于本节的研究对象，本节的研究对象为“中人”和“新人”。一个在 2010 年年龄为 16 岁的“新人”，在缴费 44 年后（缴费时间段为 2010～2053 年），将于 2054 年满 60 周岁，开始领取养

① 国发〔2009〕32 号文件规定，新农保的参保条件为年满 16 周岁且不含在校学生，这里我们忽略在校学生做近似计算。

老金；一个在2010年年龄为59岁的“中人”，在缴费1年后，将于2011年满60周岁，开始领取养老金。

（二）个人账户养老金计发系数

根据国发〔2009〕32号文件规定，“个人账户养老金的月计发标准为个人账户全部储存额除以139（与现行城镇职工基本养老保险个人账户养老金计发系数相同）”，即个人账户养老金计发系数 $R=139$。个人账户养老金的计发年数为 $R/12\approx11.58$ 年。

（三）起始个人缴费标准与政府补贴标准

根据国发〔2009〕32号文件，“缴费标准目前设为每年100元、200元、300元、400元、500元5个档次，地方可以根据实际情况增设缴费档次。”笔者于2010年在湖北省实地调研中发现，大部分农民都是选择的100元缴费档次（见表6－1），因此这里初始的缴费标准 C 取100元。

国发〔2009〕32号文件规定，“地方政府应当对参保人缴费给予补贴，补贴标准不低于每人每年30元；对选择较高档次标准缴费的，可给予适当鼓励”。这里我们不考虑地方政府对选择较高档次标准缴费的“适当鼓励”，假定政府对参保农民的年缴费补贴标准 T 为30元。

（四）农民人均纯收入增长率

根据《中国统计年鉴（2010）》的数据，2009年全国农民人均纯收入为5 153元，1978年全国农民人均纯收入为134元，因此，自改革开放以来全国农民人均纯收入的平均增长率 $=\sqrt[31]{5\ 153/134}-1\approx12.5\%$。显然，这个数据并不符合未来的发展可能。考虑到人民生活水平与经济发展水平相一致的原则，这里直接以经济增长率为农民人均纯收入增长率。这里仍然采用高盛全球首席经济学家吉姆·奥尼尔的预测数据，假定2010～2053年中国农民人均纯收入增长率 g 为5%。

（五）个人账户基金投资收益率

国发〔2009〕32号文件的规定，“个人账户储存额目前每年参考中国人民银行公布的金融机构人民币一年期存款利率计息”。《社会保险法》第十四条规定：“个人账户记账利率不得低于银行定期存款利率。”另外，国发〔2009〕32号文件还规定，“新农保基金纳入社会保障基金财政专户，实行“收支两条线”管理，单独记账、核算，按有关规定实现保值增值”。至于“有关规定”截至2012年年底尚未出台，各地的普遍做法是存银行和买国债，当然不排除在未来新农保基金将会拓展投资领域，进行实业投资或进入资本市场。这里出于保守和稳健的考虑，假定2010～2054年间，新农保的投资政策不变（即存银行、买国债）。在过去15年间（1997～2012年）中国金融机构人民币一年期存款利率的平均值为3.025%（见表6－2），据此这里假定2010～2054年间新农保个人账户基金投资收益率r为3%。

（六）农村人口数据

本节会用到将来的农村人口数据，如计算t年新农保人账户基金的收入需要知道2010～2053年16～59岁的农村人口数，计算t年新农保个人账户基金的正常性支出需要2011～2054年60岁以上的相关农村人口数，计算t年新农保个人账户基金的返还性支出需要知道$t-1$年到t年间初始参保年龄为$60-i$岁人口的死亡人数等，这些都需要做人口预测。这里我们直接根据第五章中预测出来的农村人口数据加以调整得出[①]。

第五章中预测出来的农村人口数据，对所有年龄段的人口都考虑到了“乡—城”人口迁移。其数据不完全适用于本节，因为对于60岁以上的农村人口，即使发生了“乡—城”人口迁移，但由于其已经开始领取新农保养老金，根据《城乡养老保险制度衔接暂行办法（征求意见稿）》的规定，这部分人不再办理城乡养老保险制度衔接手续，只能继续领取新农保养老金，也就是说，虽然其已经迁移到城镇甚至变为了城镇户籍，但其依然是新农保（或城乡居保）的参保对象。因此，对于60岁以上的农村人口，不应考虑其“乡—城”人口迁移。

另外，对于年龄比较大的中年农民（50～59岁），即使迁移到城镇参加了城镇职工基本养老保险，其在退休时也很难达到最低缴费年限15年，此时根据《实施〈中华人民共和国社会保险法〉若干规定》（人力资源和社会保障部令第13号）的规定，其可以延长缴费至满15年[②]，或者转入户籍所在地的城乡居保。也就说是，对于年龄比较大的中年农民，即使其迁移到城镇参加了职工基本养老

① 在做人口预测时，期初人口数据应首选2010年第六次全国人口普查数据，但由于笔者在撰写这部分时“六普”刚结束不久，国家关于“六普”的完整数据还没有公布，因此只能退而求其次，以“五普”人口数据为作为计算的起点资料。

② 《实施〈中华人民共和国社会保险法〉若干规定》（人力资源和社会保障部令第13号）第二条规定：“参加职工基本养老保险的个人达到法定退休年龄时，累计缴费不足十五年的，可以延长缴费至满十五年。社会保险法实施前参保、延长缴费五年后仍不足十五年的，可以一次性缴费至满十五年。”

保险，其以后再转入新农保（城乡居保）的可能性也很大。

因此，综合考虑以上两种因素，我们不考虑 2010～2054 年间 50 岁以上农村人口的“乡—城”迁移，将其均看作新农保（城乡居保）的参保对象。对于 16～49 岁的农民群体，考虑其“乡—城”人口迁移，并且假定其“乡—城”人口迁移人数等于转为城镇职工基本养老保险的人数。于是，经过调整的 2010～2054 年农村人口预测数据如表 6－12 和表 6－13 所示。

表 6－12　2010～2054 年 16～59 岁农村人口预测数据　单位：万人

年份	16～59 岁人口数	$\sum_{16}^{58} {}_t d_{t-1}$	$\sum_{16}^{49} {}_t h_{t-1}$	年份	16～59 岁人口数	$\sum_{16}^{58} {}_t d_{t-1}$	$\sum_{16}^{49} {}_t h_{t-1}$
2010	45 204	—	—	2033	26 694	80.98	421.52
2011	44 459	132.82	878.05	2034	26 199	78.75	410.99
2012	43 458	130.73	858.53	2035	25 754	77.25	395.49
2013	42 469	129.29	832.58	2036	25 321	76.08	380.94
2014	41 399	126.64	806.29	2037	24 960	75.90	369.32
2015	40 178	123.86	777.04	2038	24 580	75.66	353.76
2016	39 194	121.83	749.44	2039	24 217	75.62	337.60
2017	38 153	118.98	717.89	2040	23 873	75.97	321.72
2018	37 249	117.66	695.07	2041	23 534	76.38	306.56
2019	36 566	118.55	666.96	2042	23 122	75.89	292.94
2020	35 836	118.96	647.56	2043	22 767	76.10	284.20
2021	35 250	121.49	621.05	2044	22 375	75.74	272.08
2022	34 301	119.17	597.57	2045	21 954	74.98	259.91
2023	33 177	114.37	573.84	2046	21 459	73.07	248.39
2024	32 273	111.04	552.74	2047	20 904	69.97	237.15
2025	31 341	107.28	533.83	2048	20 433	67.37	226.90
2026	30 652	103.35	514.92	2049	19 975	64.31	216.94
2027	30 142	100.88	495.73	2050	19 506	60.64	211.47
2028	29 465	96.51	485.39	2051	19 236	58.81	202.56
2029	28 919	93.42	475.12	2052	19 024	57.29	193.93
2030	28 274	89.24	461.84	2053	18 849	56.10	185.85
2031	27 732	86.26	451.96	2054	18 714	55.29	184.52
2032	27 195	83.36	436.58				

注：由于各年分年龄的 16～58 岁的死亡人数、16～49 岁的迁移人数的数据量较大，这里仅给出各年 16～58 岁死亡人数、16～49 岁迁移人数的总数。

资料来源：根据第五章农村人口预测数据（相关数据见表 5－12）调整计算得到。

表 6-13　2011～2054 年 60 岁以上的相关农村人口预测数据　单位：万人

年龄	60	61	62	63	64	65	66	67	68	69	70	71	72	73	74	75	76	77	78	79	80
2011	780																				
2012	930	769																			
2013	884	916	758																		
2014	954	872	903	746																	
2015	953	940	859	889	734																
2016	874	940	927	845	874	719															
2017	932	862	926	912	831	857	704														
2018	801	919	850	911	897	815	838	688													
2019	586	789	906	836	896	879	797	820	671												
2020	645	578	778	891	822	879	860	779	799	651											
2021	495	636	570	765	876	806	859	841	760	775	629										
2022	922	488	626	561	752	859	788	840	820	738	749	605									
2023	1 153	908	481	616	551	738	840	771	819	796	713	720	581								
2024	990	1 137	896	474	606	540	722	822	751	795	769	685	692	554							
2025	1 012	976	1 121	881	466	594	529	706	801	729	768	739	658	660	527						
2026	1 010	998	962	1 103	866	457	581	517	688	778	705	738	710	627	628	500					
2027	863	995	983	947	1 084	850	447	569	504	668	751	678	709	677	597	595	471				
2028	1 028	850	981	968	931	1 063	831	437	554	489	645	722	651	676	644	566	561	442			
2029	882	1 013	838	966	952	913	1 040	813	426	538	473	620	693	621	644	610	533	526	412		
2030	956	869	999	825	949	933	894	1 017	792	414	520	454	595	661	591	610	575	500	490	380	
2031	820	943	857	983	811	931	913	874	992	769	400	500	436	568	629	560	575	540	466	453	347
2032	788	808	929	843	967	795	911	893	852	963	744	385	480	416	540	596	528	539	503	431	413

续表

年龄	60	61	62	63	64	65	66	67	68	69	70	71	72	73	74	75	76	77	78	79	80
2033	723	777	797	914	829	948	778	891	870	827	931	715	369	458	396	512	562	495	502	465	393
2034	686	713	766	784	899	813	927	761	868	845	800	895	687	352	436	375	483	527	461	464	424
2035	609	676	703	754	771	882	796	907	742	843	817	769	859	655	336	413	354	452	491	426	423
2036	571	600	666	692	741	756	863	778	884	720	815	785	738	820	624	318	389	332	422	454	388
2037	475	563	591	656	680	727	740	844	758	859	696	784	754	705	780	591	300	365	309	390	413
2038	479	468	555	582	645	667	711	723	822	736	830	670	753	720	671	740	557	281	341	286	355
2039	453	472	461	546	572	632	652	695	705	799	712	798	643	718	685	636	697	523	263	315	260
2040	430	447	465	454	537	561	618	638	678	685	772	684	766	614	684	649	600	654	488	243	287
2041	424	424	440	458	446	526	549	605	622	658	662	742	657	731	584	648	612	562	610	450	221
2042	499	417	418	433	450	438	515	537	589	604	636	636	713	627	696	554	611	574	525	564	411
2043	443	492	411	412	426	441	428	504	523	572	584	612	611	680	597	660	522	573	536	485	514
2044	491	437	485	405	405	418	432	419	491	508	553	561	587	583	647	566	622	490	535	495	442
2045	535	484	430	477	398	397	409	422	408	477	491	532	539	560	555	613	534	583	457	494	451
2046	631	528	477	423	469	390	388	400	412	396	461	472	511	514	533	526	578	500	544	422	450
2047	722	622	520	470	416	459	382	380	390	400	383	443	453	487	489	505	496	543	467	503	385
2048	671	712	613	512	462	408	449	373	370	378	386	368	425	432	464	464	477	465	506	431	458
2049	687	661	701	604	503	453	399	439	364	359	366	371	353	406	411	439	437	447	434	468	393
2050	721	677	651	690	593	493	443	390	428	353	347	351	357	337	386	390	414	410	417	401	426
2051	541	710	667	641	678	582	482	433	380	416	341	334	337	340	321	366	368	388	382	385	365
2052	495	534	700	657	630	665	569	472	422	369	402	328	320	322	324	304	345	345	362	353	351
2053	463	488	526	689	645	618	651	556	460	409	356	386	315	306	306	307	287	323	322	335	322
2054	417	456	481	517	677	633	604	636	542	446	396	342	370	300	291	290	289	269	302	297	305

续表

年龄	81	82	83	84	85	86	87	88	89	90	91	92	93	94	95	96	97	98	99	100
2032	311																			
2033	371	279																		
2034	353	332	247																	
2035	380	316	293	216																
2036	380	340	279	257	187															
2037	349	340	301	245	223	161														
2038	371	312	301	264	212	191	137													
2039	319	332	276	263	229	182	163	115												
2040	234	285	294	242	228	197	155	136	94											
2041	258	209	252	258	210	196	167	130	112	76										
2042	199	231	185	221	223	180	167	140	107	91	60									
2043	369	178	204	162	192	192	153	140	115	87	72	47								
2044	462	330	158	179	141	165	163	128	115	93	68	55	35							
2045	397	413	292	138	155	121	140	136	106	93	74	53	42	27						
2046	405	356	366	256	120	133	103	117	112	86	73	57	40	32	20					
2047	405	363	315	321	222	103	113	86	96	91	67	57	43	30	24	15				
2048	346	362	321	276	278	191	88	95	71	78	72	52	43	32	23	18	11			
2049	412	310	321	282	240	239	163	74	78	57	61	55	40	32	24	17	13	8		
2050	354	369	274	281	244	206	204	136	61	63	45	48	42	30	24	18	12	10	6	
2051	383	317	326	241	244	210	175	170	112	49	50	35	36	32	22	18	13	9	7	5
2052	328	343	280	286	209	210	179	147	140	91	39	39	27	27	24	17	13	10	7	5
2053	316	294	304	246	248	179	178	150	121	114	72	30	29	20	20	18	12	10	7	5
2054	289	282	260	266	213	213	153	149	123	98	90	56	23	22	15	15	13	9	7	6

资料来源：根据第五章农村人口预测数据调整计算得到。

另外，根据第五章的农村人口预测数据，我们可以得到 $t-1$ 年到 t 年间初始参保年龄为 $60-i$ 岁、个人账户养老金剩余计发年数为 $\frac{R}{12}-(t-2010-i)$ 年的死亡人口数据，具体如表 6－14 所示。

表 6－14　2011～2054 年份个人账户养老金剩余计发年数的死亡人口数

单位：万人

年份	参保人死亡时个人账户养老金的剩余计发年数											
	11.58	10.58	9.58	8.58	7.58	6.58	5.58	4.58	3.58	2.58	1.58	0.58
2011	9.4	0	0	0	0	0	0	0	0	0	0	0
2012	11.2	11.1	0	0	0	0	0	0	0	0	0	0
2013	10.6	13.3	11.0	0	0	0	0	0	0	0	0	0
2014	11.5	12.6	13.1	12.2	0	0	0	0	0	0	0	0
2015	11.5	13.6	12.5	14.5	12.6	0	0	0	0	0	0	0
2016	10.5	13.6	13.4	13.8	15.0	14.3	0	0	0	0	0	0
2017	11.2	12.5	13.5	14.9	14.3	17.0	15.6	0	0	0	0	0
2018	9.6	13.3	12.3	14.9	15.4	16.2	18.6	15.6	0	0	0	0
2019	7.0	11.5	13.2	13.7	15.4	17.4	17.7	18.6	17.4	0	0	0
2020	7.7	8.4	11.3	14.6	14.1	17.5	19.1	17.7	20.8	19.5	0	0
2021	5.9	9.2	8.3	12.5	15.1	16.0	19.1	19.1	19.8	23.2	21.9	0
2022	11.0	7.0	9.1	9.2	12.9	17.1	17.5	19.1	21.3	22.1	26.1	24.4
2023	13.8	13.1	6.9	10.1	9.5	14.7	18.7	17.5	21.4	23.8	24.8	29.1
2024	11.8	16.4	12.9	7.7	10.4	10.7	16.1	18.7	19.5	23.8	26.8	27.6
2025	12.1	14.0	16.2	14.3	7.9	11.8	11.7	16.1	20.9	21.8	26.8	29.8
2026	12.1	14.4	13.9	17.9	14.8	9.0	12.9	11.8	17.9	23.3	24.5	29.8
2027	10.3	14.3	14.2	15.4	18.5	16.8	9.8	12.9	13.1	20.0	26.2	27.3
2028	12.3	12.2	14.1	15.7	15.9	21.0	18.4	9.8	14.4	14.7	22.5	29.2
2029	10.5	14.6	12.1	15.7	16.3	18.0	23.0	18.4	11.0	16.1	16.5	25.1
2030	11.4	12.5	14.4	13.4	16.2	18.4	19.7	23.0	20.5	12.3	18.1	18.3
2031	9.8	13.6	12.3	16.0	13.8	18.4	20.1	19.7	25.7	22.9	13.8	20.1
2032	9.4	11.7	13.4	13.7	16.5	15.7	20.1	20.2	22.0	28.7	25.8	15.4
2033	8.7	11.2	11.5	14.9	14.1	18.7	17.1	20.1	22.5	24.6	32.2	28.7
2034	8.2	10.3	11.1	12.8	15.4	16.0	20.5	17.2	22.5	25.2	27.6	35.9

续表

年份	参保人死亡时个人账户养老金的剩余计发年数											
	11.58	10.58	9.58	8.58	7.58	6.58	5.58	4.58	3.58	2.58	1.58	0.58
2035	7.3	9.8	10.2	12.3	13.2	17.4	17.5	20.5	19.2	25.1	28.3	30.8
2036	6.8	8.7	9.6	11.3	12.7	14.9	19.0	17.6	22.9	21.4	28.2	31.5
2037	5.7	8.1	8.6	10.7	11.6	14.4	16.3	19.1	19.6	25.5	24.1	31.4
2038	5.7	6.8	8.0	9.5	11.0	13.2	15.7	16.4	21.3	21.9	28.7	26.8
2039	5.4	6.8	6.7	8.9	9.8	12.5	14.4	15.7	18.3	23.8	24.6	32.0
2040	5.2	6.5	6.7	7.4	9.2	11.1	13.7	14.5	17.6	20.4	26.7	27.4
2041	5.1	6.1	6.4	7.5	7.7	10.4	12.2	13.7	16.1	19.6	22.9	29.7
2042	6.0	6.1	6.1	7.1	7.7	8.7	11.4	12.2	15.3	18.0	22.1	25.5
2043	5.4	7.2	6.0	6.7	7.3	8.7	9.5	11.4	13.6	17.1	20.3	24.6
2044	5.9	6.4	7.1	6.6	6.9	8.3	9.5	9.5	12.7	15.2	19.2	22.6
2045	6.5	7.1	6.3	7.9	6.9	7.9	9.0	9.6	10.6	14.2	17.1	21.4
2046	7.6	7.7	7.0	7.0	8.1	7.8	8.6	9.0	10.7	11.8	16.0	19.0
2047	8.7	9.1	7.6	7.7	7.2	9.2	8.5	8.6	10.1	11.9	13.3	17.8
2048	8.1	10.3	8.9	8.4	8.0	8.2	10.0	8.5	9.6	11.3	13.4	14.8
2049	8.3	9.6	10.2	9.9	8.7	9.0	8.9	10.1	9.5	10.7	12.7	14.9
2050	8.7	9.9	9.5	11.3	10.2	9.8	9.9	8.9	11.2	10.6	12.1	14.1
2051	6.6	10.4	9.7	10.5	11.7	11.6	10.8	9.9	10.0	12.5	11.9	13.4
2052	6.0	7.8	10.2	10.8	10.9	13.2	12.7	10.8	11.1	11.1	14.1	13.3
2053	5.6	7.1	7.7	11.3	11.1	12.3	14.5	12.7	12.0	12.3	12.5	15.7
2054	5.1	6.7	7.0	8.5	11.7	12.6	13.5	14.5	14.2	13.4	13.9	13.9

注：2010 年还没有符合领取个人账户养老金条件的农民，个人账户的返还性支出为 0。
资料来源：根据第五章农村人口预测数据计算得到。

（七）新农保参保率

农民参保率是影响新农保个人账户基金收支平衡的重要因素。本节以全国的农民为研究对象。根据国发〔2009〕32 号文件的规定，2009 年新农保试点覆盖面为全国 10% 的县（市、区、旗），2020 年之前基本实现对农村适龄居民的全覆盖。另外，《关于 2010 年扩大新型农村社会养老保险试点的通知》（人社部发〔2010〕27 号）提到，2010 年全国总的试点覆盖范围扩大到 23% 左右（实际覆盖24%[①]）；2011年3月14日，在党的第十一届全国人大四次会议批准通过的《国民经济和社会发展第十二个五年规划纲要》中提出，“十二五”期间实现新农保制度全覆盖；2011年6月20日，温家宝在全国城镇居民社会养老保险试点工作部署暨新型农村社会养老保险试点经验交流会议上要求，2011年新农保制度试点覆盖面要达到60%，在本届政府任期内（2012年）基本实现新农保制度全覆盖。可见，国家加快了新农保试点的推进速度。

从各地新农保试点县的实际情况来看，农民的参保率非常高，截至2010年7月低，国家级试点地区平均参保率超过70%[②]；以湖北省首批新农保试点县为例，截至2010年6月底，武汉市黄陂区16~59岁农民参保率为82%，南漳县新农保综合参保率达到96%，竹溪县达到87%，宜都市73%，来凤县69%[③]。可见，由于拥有财政补贴政策，新农保制度对农民具有较大地吸引力，会在较短的时间内就能实现“人群全覆盖”。据此，2010~2054年新农保参保率模拟和预测情况如表6-15所示。

表6-15　　2010~2054年中国新农保参保率的模拟和预测

年份	2010	2011	2012	2013	2014	2015~2054
16~59岁农民	16.4%	31.1%	60%	80%	90%	100%

注：《2010年度、2011年度人力资源和社会保障事业发展统计公报》显示，2010年、2011年年末全国参加新农保人数分别为10 277万人和22 367万人，其中领取待遇人数分别为2 863万人和8 525万人，根据表6-12预测出的农村人口数，可计算出2010年、2011年16~59岁农民实际参保率为16.4%和31.1%。

资料来源：本章模拟预测得到。

四、模拟与预测结果分析

将前面设定的基本参数$R=139$、$C=100$、$T=30$、$g_1=g_2=5\%$、$r=3\%$、农村人口数据、参保率数据等代入新农保个人账户基金短期和长期收支平衡模型中，可以预测出2010~2054年中国新农保个人账户基金收入、支出以及基金收支差额、积累额等数据，具体如表6-16和图6-2、图6-3所示。

---

① 尹成基：《人力资源和社会保障部2010年人力资源和社会保障工作进展发布会》，http://www.china.com.cn/zhibo/2011-01/25/content_21803701.htm? show=t。

② 王东进：《我国新型农村社会养老保险制度建设情况——在湖北省政协常委专题协商会上的讲话》，2010年9月16日。

③ 数据来源于课题组2010年新农保调研数据。

表 6-16　2010~2054 年中国新农保个人账户基金收支预测数据 单位：亿元

年份	基金收入额	短期基金支出额	短期基金收支差额	长期基金支出额	长期基金收支差额	长期基金积累额
2010	96.37	0.00	96.37	0.00	96.37	99.27
2011	186.66	0.15	186.51	2.32	184.34	292.12
2012	365.70	0.97	364.73	9.27	356.43	668.01
2013	495.23	3.81	491.42	27.83	467.40	1 169.47
2014	564.66	8.91	555.75	51.39	513.28	1 733.23
2015	633.32	15.55	617.76	74.89	558.43	2 360.41
2016	642.82	24.21	618.61	102.88	539.94	2 987.36
2017	651.31	33.08	618.23	123.67	527.64	3 620.45
2018	662.08	41.95	620.14	145.05	517.03	4 261.60
2019	676.96	49.26	627.69	163.69	513.27	4 918.12
2020	691.24	58.54	632.69	185.35	505.89	5 586.73
2021	708.64	66.35	642.29	204.16	504.48	6 273.95
2022	718.90	83.74	635.16	232.86	486.04	6 962.79
2023	725.13	108.30	616.83	268.28	456.86	7 642.23
2024	735.80	131.28	604.52	301.76	434.04	8 318.56
2025	745.58	157.13	588.45	337.86	407.72	8 988.07
2026	761.05	185.31	575.74	375.68	385.37	9 654.65
2027	781.29	210.97	570.32	409.28	372.01	10 327.45
2028	797.51	245.03	552.47	453.33	344.17	10 991.78
2029	817.53	275.88	541.65	493.21	324.32	11 655.57
2030	835.02	312.53	522.49	537.70	297.31	12 311.47
2031	855.80	345.30	510.50	579.14	276.66	12 965.77
2032	877.11	378.82	498.29	618.77	258.34	13 620.84
2033	899.99	410.95	489.04	657.01	242.98	14 279.74
2034	923.54	442.95	480.59	696.32	227.22	14 942.17
2035	949.38	471.93	477.46	730.75	218.64	15 615.63
2036	976.29	500.08	476.21	765.16	211.13	16 301.56
2037	1 006.75	522.58	484.17	794.84	211.91	17 008.88
2038	1 037.31	546.88	490.42	824.70	212.61	17 738.13
2039	1 069.46	570.46	499.00	853.43	216.03	18 492.78

续表

年份	基金收入额	短期基金支出额	短期基金收支差额	长期基金支出额	长期基金收支差额	长期基金积累额
2040	1 103.40	593.42	509.97	881.64	221.75	19 275.97
2041	1 138.58	617.20	521.38	911.37	227.22	20 088.28
2042	1 171.12	650.98	520.14	952.88	218.24	20 915.71
2043	1 207.38	680.25	527.12	993.87	213.51	21 763.10
2044	1 242.56	717.70	524.86	1 041.28	201.28	22 623.31
2045	1 276.85	763.63	513.21	1 097.43	179.42	23 486.81
2046	1 307.24	826.58	480.66	1 171.20	136.05	24 331.55
2047	1 333.97	907.57	426.40	1 263.16	70.81	25 134.43
2048	1 366.04	985.06	380.99	1 351.96	14.09	25 902.97
2049	1 399.20	1 070.30	328.90	1 447.35	-48.15	26 630.46
2050	1 431.74	1 167.21	264.53	1 558.00	-126.26	27 299.33
2051	1 479.63	1 234.11	245.52	1 639.80	-160.17	27 953.34
2052	1 533.64	1 295.60	238.04	1 712.39	-178.75	28 607.82
2053	1 592.68	1 353.92	238.76	1 782.87	-190.20	29 270.15
2054	1 657.53	1 405.23	252.30	1 841.72	-184.20	29 614.39

资料来源：本章测算得到。

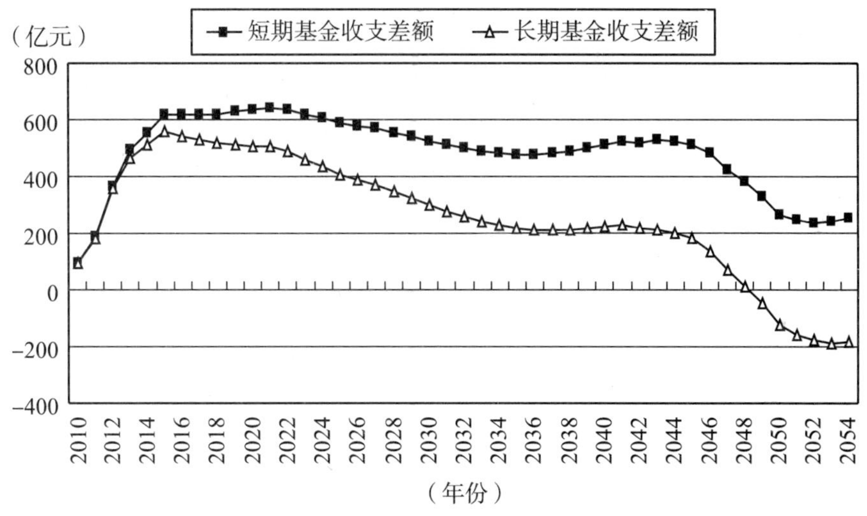

图 6-2　2010～2054 年新农保个人账户基金短期、长期收支差额

资料来源：根据表 6-16 中的数据绘制而成。

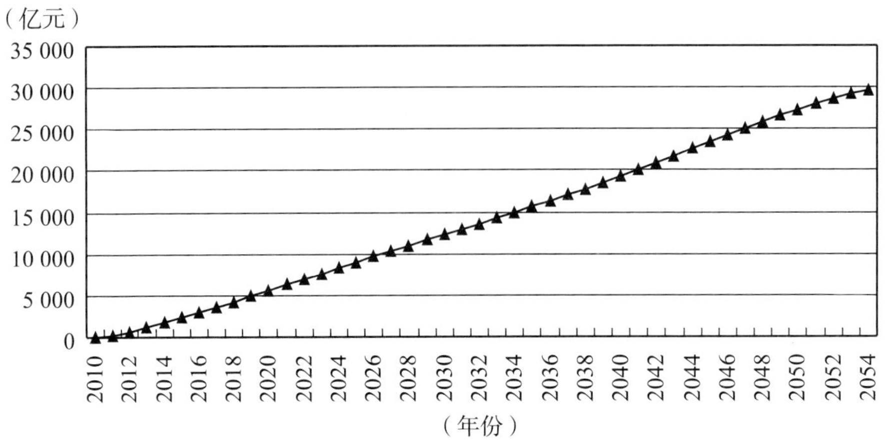

图 6-3　2010~2054 年新农保个人账户基金长期积累额

资料来源：根据表 6-16 中的数据绘制而成。

从模拟和预测结果中可以看出，从短期来看（仅考虑当年养老保险基金的正常收支，不考虑退保、转保、个人账户余额返还等因素），2010~2054 年间新农保个人账户基金收支差额大体经历了六个阶段。第一阶段（2010~2015 年）：基金收支盈余快速上升阶段。这一阶段为新农保走向全覆盖的时期，随着新农保参保率的迅速提高，新农保基金收支盈余呈现出直线上升趋势。2010 年基金收支盈余仅为 96.37 亿元，2015 年达到了 617.76 亿元，5 年间增加了 5.4 倍。第二阶段（2016~2021 年）：基金收支盈余稳中略升阶段。在新农保实现全覆盖之后，在农村人口变动不大的情况下，新农保个人账户基金收支基本稳定，并略有小幅的上升，2016 年基金收支盈余为 618.61 亿元，2021 年上升至 642.29 亿元。第三阶段（2022~2036 年）：基金收支盈余减少阶段。这一阶段，受城镇化加速、人口老龄化等因素的影响，缴费人数减少，而领取人数增加，导致基金收支盈余不断减少。到 2036 年，基金收支盈余下降至 476.21 元。第四阶段（2037~2043 年）：基金收支盈余小幅上升阶段。这一阶段，基金收支盈余有了小幅上升，由 2037 年的 484.17 亿元，上升到 2043 年的 527.12 亿元。第五阶段（2044~2052 年）：基金收支盈余快速阶段。这一阶段，由于领取人数增加，缴费人数减少，基金收支盈余迅速下降，由 2044 年的 524.86 亿元下降至 2052 年的 238.04。第六阶段（2053~2054 年）：基金收支盈余小幅增加阶段，由 2053 年的 238.76 亿元，增加至 2054 年的 252.30 亿元。总起来看，在新农保制度实现全覆盖之后（2016 年之后），新农保个人账户基金收支盈余总体上是呈下降趋势的。

再看来基金长期收支差额，由于基金长期收支差额考虑到了当年新农保基金的正常性收支、退保、转保、个人账户余额返还等因素，因此，该数据更近于仿真测算。从长期基金收支差额数据中可以看到，除了2010～2015年新农保快速推开的时期基金收支盈余快速增长，以及2037～2041年间基金收支盈余有小幅上升之外，其他年份新农保基金的收支差额都呈下降趋势，从2049年开始，新农保个人账户基金出现收支缺口，缺口最大时达到190.20亿元（2053年）。可见，现行的制度设计（缴费期间死亡的可以退保、可以转为城镇职工基本养老保险、未获得平均计发年限可以返还个人账户余额），在城镇化、人口老龄化的共同冲击下，终有一年会使新农保个人账户基金的当年收入小于当年支出，从而出现基金缺口。

由于新农保个人账户基金不是现收现付制，是基金积累制的，当新农保个人账户基金当年收不抵支时，可以动用往年的基金积累额（滚存额）来弥补缺口。表6－16和图6－3的新农保个人账户基金的长期积累额即是基于这种理念计算出的结果。分析基金长期积累额发现：2010～2054年间，新农保个人账户基金长期积累额基本呈现出直线增长趋势，2049～2054年间的长期基金收支缺口没有给基金长期积累额的增长带来影响。究其原因在于，往年（2010～2048年）长期基金积累的数额非常庞大，并且每年以3%的收益率在累计滚存，而2049～2054年间的长期基金收支缺口比较小，因此，不会影响到基金长期积累的增长。

进一步分析，由于本节的目标期间为2010～2054年，研究的期间比较短（仅仅45年），在此期间也只有2049～2054年（6年）存在长期基金收支缺口，其在往年庞大的长期基金积累额面前显得微不足道。若从2049年起，每年都存在长期基金收支缺口，那么终有一年基金长期积累额将会消耗殆尽，届时新农保个人账户将会彻底地变为空账。

另外，根据国发〔2009〕32号文件的规定，新农保个人账户不同于城镇企业职工基本养老保险的个人账户，其一开始就是实账，而实账的前提条件是新农保的长期基金积累额要大于等于个人账户的账面基金数额①。若出现了基金收支缺口就动用往年基金的积累额，终会使长期基金积累额小于个人账户账面数额。当长期基金积累额小于个人账户账面基金数额时，空账即产生了，此时将重走城镇企业职工基本养老保险的老路，导致新农保个人账户名义上为完全基金积累制，实际上为部分积累制，甚至有可能会变成现收现付制。

因此，笔者认为应首先保证新农保个人账户的实账运行，当部分农民因为长寿等原因导致其本人个人账户中的基金领取完毕时，应首先从“新农保长期基金积累额减去个人账户账面数额的余额（我们称之为社会统筹基金）”中支取，

① “长期基金积累额≥个人账户账面基金数额”的原因在于长期基金积累额中包含了一些由于退保、未活到平均计发年限而留下来的政府缴费补贴。

当社会统筹基金不足以支取时，应当由地方财政保底，而不应该从社会统筹基金以外的长期基金积累额中支取，因为除社会统筹基金以外的长期基金积累额属于农民的个人产权，不应动用年轻人的个人产权给长寿者发放养老金。

在本节的模拟测算中，当出现长期基金收支缺口时，直接动用的长期基金积累额加以弥补的缺口，虽然对目标期间长期基金积累额的增长没有产生太大的影响，但其无法掩盖其已经挪用或者即将挪用年轻人个人账户基金来弥补缺口的事实。

第四节　研究结论与政策建议

一、研究结论

本章分别采用个体法和整体法，通过构建新农保个人账户基金收支平衡精算模型，对新农保基金平衡的可持续性做出了模拟和预测。

运用个体法构建精算模型，进行模拟分析发现，新农保个人账户基金收支存在缺口。其中，个人账户收益率、个人账户养老金计发系数、60 岁农民的平均预期余命是影响新农保个人账户基金收支平衡的决定因素。由于 60 岁农民的平均预期余命是一个事实变量，因此要实现新农保个人账户基金的收支平衡，其可行的方案是提高个人账户养老金计发系数或提高个人账户收益率。

缴费档次、政府缴费补贴、农民人均纯收入增长率、缴费年限虽然不能决定基金的收支平衡，但却会影响基金缺口（或盈余）的大小。在新农保个人账户基金收支不平衡时，缴费档次越高、政府缴费补贴越多、农民人均纯收入增长率越大、缴费年限越长，新农保个人账户基金缺口（或盈余）的数额就越大。

根据现行政策规定，运用整体法，通过构建新农保个人账户基金收支平衡精算模型，从短期平衡、长期平衡两个维度对中国 2010 ~ 2054 年间的新农保个人账户基金收入、支出、年收支差额、累积额进行了模拟和预测，研究结果表明，从短期来看（仅考虑当年新农保基金的正常收支，不考虑退保、转保、个人账户余额返还等因素），2010 ~ 2054 年间新农保个人账户基金收支均有盈余，但在新农保制度实现全覆盖后（2016 年之后），新农保个人账户基金收支盈余总体上呈现出不断下降的趋势；从长期来看（考虑当年新农保基金的正常收支、退保、转保、个人账户余额返还等因素），新农保个人账户基金收支差额在 2010 ~ 2048

年间为正值，基金收支有盈余，从 2049 年起基金收支出现缺口；在长期中，基金长期积累额基本呈现出直线增长趋势，由于 2049～2054 年间的基金收支缺口比较小，没有对基金长期积累额的增长趋势产生影响。不过，直接动用长期基金积累额弥补基金收支缺口的做法并不是长久之计，当"长期基金积累额<个人账户账面基金数额"时，新农保个人账户的空账便产生了。

二、政策建议

1. 新农保个人账户基金收支缺口应从制度设计和运行上找原因，不应一看到缺口就想到由财政来承担

新农保个人账户基金出现缺口时应由谁来承担呢？像城镇职工基本养老保险一样由国家财政来承担？这于情于理都说不过去。因为城镇职工基本养老保险在由现收现付制向部分积累制转变时，国家存在对"老人"和"中人"的历史欠账，这是"老人"和"中人"个人账户"空账运行"的主要原因，因此，做实个人账户、确保个人账户养老金按时足额发放的责任理应由国家财政来承担；但是，新农保却不同，因为新农保个人账户实行的是完全积累制，一开始就是实账，其个人账户基金出现收不抵支的时候，应该主要从制度设计和运行上找原因，而不是一看到基金缺口就想到由国家财政来承担保底责任，更何况地方财政在缴费环节已经对个人账户进行了补贴（标准不低于 30 元/人·年）。另外，国家财政只是承担最后出场人的角色，不到万不得已不可随便投钱，一项原本"自我积累、自身平衡"的制度却出现了缺口，理应从自身的制度设计和运行上找原因。

2. 随着人口预期寿命的延长适时调整新农保个人账户养老金计发系数

从目前的人口预期寿命和个人账户收益率来看，新农保个人账户养老金计发系数 139 过小，这是导致新农保个人账户基金出现收支缺口的主要原因。更何况随着医疗水平的提高，人口预期寿命还有不断延长的趋势。因此，建议在新农保制度的推进过程中，应对个人账户养老金计发系数进行适时的调整，例如，可以每 5 年调整一次。

3. 拓宽新农保个人账户基金投资渠道，提高个人账户收益率

从前面的分析中可以看到，根据 2010 年农村居民 60 岁预期寿命 20.34 测算，当计发月数为 139 时，个人账户收益率要达到 6.8028% 才能实现收支平衡。随着中国经济日益趋于成熟，未来一年期存款利率平均达到 6.8028% 基本上不大可能，但如果将个人账户养老基金进行市场化投资运营，要达到这一目标不是一件太难的事情。以全国社会保障基金为例，2000～2011 年间，全国社会保障基金的年均投资收益率达到 8.4%[①]。当前，中国新农保个人账户基金的投资渠道主要是存银行买国债，投资的范围过于狭窄。因此，建议政府尽快出台养老保险基金投资管理办法，使新农保个人账户基金投资有法可依。具体来说，建议各省参照全国社会保障基金理事会成立省级基金理事会，负责本省养老基金的管理；同时要探索新的基金投资渠道，包括对国家重点项目的投资、协议存款、购买国债、贷款合同等，适当的部分进入资本市场。

4. 设立新农保社会统筹基金，专门用于弥补基金收支缺口

这里的“新农保社会统筹基金”不是指的基础养老金，它由参保人死亡后其个人账户余额中的政府补贴、投资收益率高于记账利率的差额等组成。根据国发〔2009〕32 号文件可知，“参保人死亡，个人账户中的资金余额，除政府补贴外，可以依法继承”，也就说是当参保人提前死亡时（包含未活到 60 岁和未活到平均计发年限 11.58 年两种情况），其个人账户中还留有一部分未发放完毕的政府补贴，这一部分钱理应充公，进入新农保社会统筹基金。根据国发〔2009〕32 号文件规定“个人账户储存额目前每年参考中国人民银行公布的金融机构人民币一年期存款利率计息”，另外，根据《社会保险法》第十四条的规定“个人账户记账利率不得低于银行定期存款利率，免征利息税”，由此可知新农保的记账利率参照银行定期存款利率来确定。可以令新农保的记账利率 = 银行定期存款利率，这样在新农保基金开始市场化投资后，其投资收益率肯定会高于记账利率，这中间的差额可以进入新农保社会统筹基金。这里设立的新农保社会统筹基金仅用于弥补由于参保人的长寿风险而导致的基金缺口，如一位参保人非常长寿，活到了 90 岁，其在 71.58 岁时个人账户积累额已经领取完毕，在其后的 71.58 ~ 90 岁之间领取的个人账户养老金全部来自于新农保社会统筹基金。当然，在新农保社会统筹基金收不抵支时，应由地方财政来承担保底责任。

5. 实现新农保个人账户基金的实账运行，避免重走城镇职工基本养老保险的老路

在本章的模拟测算中，当出现长期基金收支缺口时，直接动用的长期基金积累额加以弥补的缺口。但这种做法并不是长久之计，当“长期基金积累额 < 个人账户账面基金数额”时，新农保个人账户空账便出现了。为了避免重走城镇职工基本养老保险的老路，笔者建议应首先保证新农保个人账户的实账运行，当部分农民因为长寿等原因导致其本人个人账户中的基金领取完毕时，应首先从“社会统筹基金”中支取，当社会统筹基金不足以支取时，应由地方财政保底，

① 数据来源于全国社会保障基金理事会网站，http://www.ssf.gov.cn/cwsj/tzsy/201206/t20120620_5604.html。

而不应该动用年轻人个人账户中的基金。

6. 适时推行新农保个人账户基金给付的年金化改革

现行的新农保个人账户基金过多地强调其“个人产权属性”，简单地将个人账户视为一种储蓄积累计划，而忽视了其附带的基本保障属性，没有认识到参保人的个人账户是对未来养老保障权益的一种“对价”[①]。而新农保的个人账户基金更类似于商业保险中的生存年金，老年农民的死亡情况基本符合正态分布，即有一半人在平均余命之前死亡，另一半在平均余命之后死亡，在平均余命设置合理、个人账户余额不返还的情况下，新农保个人账户基金总体上是平衡的，但国发〔2009〕32号文件规定“参保人死亡，个人账户中的资金余额，除政府补贴外，可以依法继承”，这必定会造成新农保个人账户基金收支缺口。因此，为了实现新农保个人账户基金的自动平衡，建议适时推行新农保个人账户基金给付的年金化改革。具体而言，有两种方式：一是通过新农保制度内部年金化，按照“短寿者对长寿者的货币补贴”的年金保险运行原理横向调节使用个人账户基金；二是要求“退休”时用个人账户基金转购商业年金保险，即采用强制性商业年金化的形式[②]。实行新农保个人账户基金给付的年金化，既可以实现参保人之间生存风险共济，又可以减轻个人账户基金缺口给财政带来的压力。

① 刘万、庹国柱：《基本养老金个人账户给付年金化问题研究》，载《经济评论》2010年第4期，第131～137页。

② 邓大松、刘昌平：《受益年金化：养老金给付的有效形式》，载《财经科学》2002年第5期，第72～76页。

第七章

新型农村社会养老保险保障水平的可持续性

第一节 新农保保障水平评估

作为一项惠民政策，新农保能够提供的保障水平为人们所关注，因为保障水平能否持续不仅关系到参保者年老后的切身利益，也关系到人们对政策的态度以及制度的可持续发展。对新农保保障水平进行评估是政策实施中重要的环节之一，新农保保障水平是否可持续？其实现可持续性的条件及可能面临的问题有哪些？要解决这些疑问，首先需要对目前的保障水平进行评估。

一、研究背景

2009 年 9 月 4 日，国务院发布国发〔2009〕32 号文件，新农保试点在各地如火如荼地开展起来。截至 2012 年年底，中国农村居民参保人数达 4.6 亿人，领取养老金人数达 1.31 亿人，全国平均参保率接近 90%，比原计划提前 8 年实现农村居民养老保险制度全覆盖①。国发〔2009〕32 号文件提出，新农保试点的基本原则为“保基本、广覆盖、有弹性、可持续”。在国发〔2009〕32 号文件发布以后，笔者一直在思考这样一个问题：新农保制度能实现“保基本”的

① 王昆、管建涛、夏军：《农村养老保险红利递减》，载《经济参考报》2013 年 5 月 27 日，第 005 版。

目标吗？或者说，新农保制度能否满足农民的基本生活需要？要回答这一问题，需要研究新农保的保障水平问题。本章试对新农保保障水平的可持续性问题做出分析和探讨。

（一）新农保保障水平概念的界定

国内最早开始研究"社会保障水平"的专家为辽宁大学的穆怀中教授，根据穆怀中教授的研究，社会保障水平有三种定义：（1）在最微观的层次上，社会保障水平是指社会成员享受社会保障经济待遇的高低程度，可以用受益给付与社会工资水平之比来测量；（2）从政府的角度看，社会保障水平是指社会保障支出总额占政府财政支出的比重；（3）在最宏观的层面的上，社会保障水平是指社会保障支出总额占 GDP 的比重，它反映的是一国或一个地区社会保障发展的深度①。他认为社会保障支出总额与 GDP 的比重这一指标能准确地反映一国或地区经济实力的总体状况，同时在做国际比较时具有较强的可比性，于是选择这一指标对社会保障水平进行深入研究，提出了社会保障水平的测定模型（其测算模型为：$S = S_a/G = S_a/W \cdot W/G = Q \cdot H$；其中，S 表示社会保障水平，$S_a$ 表示社会保障支出总额，G 表示 GDP，W 表示工资收入总额，$Q = S_a/W$ 称为社会保障负担比重系数，$H = W/G$ 称为劳动生产要素分配比例系数），并对社会保障适度水平进行了测算②。

将穆怀中教授关于社会保障水平的定义套用到新农保中来，可以得到三种新农保保障水平的定义，分别是：（1）在最微观的层次上，新农保保障水平 = 新农保受益给付/农民人均纯收入；（2）从政府的角度来看，新农保保障水平 = 新农保支出总额/政府财政支出；（3）在最宏观的层面的上，新农保保障水平 = 新农保支出总额/GDP。对于第二个指标，意义不是很大，因为新农保支出总额包含了基础养老金和个人账户养老金两部分，其基金来源除了政府补贴之外，还包括个人缴费、集体补助和利息收入等，也就是说新农保支出总额不完全来自于政府财政支出，即分子"新农保支出总额"不完全是分母"政府财政支出"的一部分，因此，这一指标没有多大意义。若改为"新农保的财政补助支出占政府财政支出的比重"就有一定的意义，但在第五章中，笔者曾对"中央财政对新农保的年补助数额占中央财政收入的比重、地方财政对新农保的年补助数额占地方财政收入的比重"做出过测算，由于一国的财政收入和财政支出之间相差不会太大（中国 1978 ~ 2010 年财政收支总额及收支比如表 7 - 1 所示），若要继续

① 李珍：《社会保障理论》，中国劳动社会保障出版社 2001 年版，第 167 页。

② 穆怀中：《社会保障适度水平研究》，载《经济研究》1997 年第 2 期，第 56 ~ 63 页。

研究此问题显得有些重复。对于第三个指标，新农保支出总额占GDP的比重，这一指标过于宏观，又由于新农保支出仅仅是社会养老保险支出的一部分，社会养老保险支出又是整个社会保障支出的一部分，采用这一指标计算出来的数值会非常小，以2011年为例，当年有60%的县开展新农保试点，新农保养老金支出总额为588亿元①，占当年GDP（471 564亿元②）的比重为0.125%；另外，这一比重是否适度也缺乏相应的国际比较数据。因此，本章仅选择第一个指标，对新农保的保障水平做出研究。

表7-1　　　1978~2010年中国财政收支总额及收支比

年份	财政收入（亿元）	财政支出（亿元）	财政收入/财政支出
1978	1 132.26	1 122.09	1.01
1980	1 159.93	1 228.83	0.94
1985	2 004.82	2 004.25	1.00
1990	2 937.10	3 083.59	0.95
1991	3 149.48	3 386.62	0.93
1992	3 483.37	3 742.20	0.93
1993	4 348.95	4 642.30	0.94
1994	5 218.10	5 792.62	0.90
1995	6 242.20	6 823.72	0.91
1996	7 407.99	7 937.55	0.93
1997	8 651.14	9 233.56	0.94
1998	9 875.95	10 798.18	0.91
1999	11 444.08	13 187.67	0.87
2000	13 395.23	15 886.50	0.84
2001	16 386.04	18 902.58	0.87
2002	18 903.64	22 053.15	0.86
2003	21 715.25	24 649.95	0.88
2004	26 396.47	28 486.89	0.93
2005	31 649.29	33 930.28	0.93
2006	38 760.20	40 422.73	0.96
2007	51 321.78	49 781.35	1.03
2008	61 330.35	62 592.66	0.98
2009	68 518.30	76 299.93	0.90
2010	83 101.51	89 874.16	0.92

资料来源：《中国统计年鉴（2011）》。

① 数据来源于《2011年度人力资源和社会保障事业发展统计公报》。

② 数据来源于《2011年国民经济和社会发展统计公报》。

最微观层次上的新农保保障水平，其实就是“新农保的替代率”。这里有必要界定一下替代率的概念。替代率（Replacement Rate，用字母 RR 表示）的种类有多种，以企业职工基本养老保险为例，主要有目标替代率、平均替代率、交叉替代率等。其中，目标替代率 = 参保人退休时领取的养老金/退休前一年的工资；平均替代率 = 平均养老金/社会平均工资；交叉替代率 = 参保人领取的养老金/社会平均工资。由于农民一般是自我雇用，农民收入除了外出务工收入外还包括土地收入，农民缴费也不是以工薪收入的一定比例缴纳的，因此，农民人均纯收入类似城镇职工平均工资，用农民人均纯收入做替代率分母，既合情理，又利于数据的获取[①]。于是，新农保三类替代率的计算公式为：新农保目标替代率 = 农民年满 60 岁时领取的养老金/农民年满 60 岁时前一年的农民人均纯收入；新农保平均替代率 = 某年新农保平均养老金/当年农民人均纯收入；新农保交叉替代率 = 参保农民个人领取的养老金/当年农民人均纯收入。本章中的“新农保替代率”将主要采用交叉替代率的概念。

（二）文献综述

根据新农保试点中“保基本、广覆盖、有弹性、可持续”的基本原则，新农保的保障水平要达到“保基本”的目标。所谓“保基本”，是指保障参保人在未来领取的养老金能够满足其基本的生活需要。如何衡量新农保能否“保基本”呢？最直接的方法是测算出农民未来领取的养老金水平，然后和未来农民的基本生活需要作对比。学界直接采用此法研究的非常少，如陈世金、李佳等（2010）以河北省为例，通过构建个人账户保险精算模型测算出农民未来领取的养老金待遇水平，预测出未来的农村低保水平，得出新农保养老金待遇基本能满足农村最低生活保障需要的结论[②]。此研究的局限在于，由于农民的基本生活需要要高于农村低保标准，新农保养老金待遇能满足农村最低生活保障需要，但不一定能满足农民的基本生活需要；另外，由于受到经济发展、物价上涨等因素的影响，未来养老金的绝对数额对人们来说是一个很模糊的数值，远不如相对数值来得那么直观。

因此，当前学术界主要选择“替代率”这一相对指标来衡量新农保的“保基本”。在国发〔2009〕32 号文件颁布之后，学界已有多位学者对新农保的替代率问题做出了研究。如邓大松、薛惠元（2010）基于国发〔2009〕32 号文件构

---

① 汪东旭、李青：《新型农村社会养老保险合意替代率分析》，载《党政干部学刊》2011 年第 11 期，第 40～42 页。

② 陈世金、李佳、李秀丽：《河北省新型农村社会养老保险制度问题及精算分析》，载《河北科技师范学院学报（社会科学版）》2010 年第 4 期，第 48～53 页。

建出了新农保替代率精算模型，在对基本参数合理假设的基础上对新农保替代率进行了实证分析[①]；贾宁、袁建华（2010）通过建立新农保个人账户精算模型，测算了农民人均纯收入不同增长预期下个人账户的替代率水平[②]；阿里木江·阿不来提、李全胜（2010）构建出新疆新农保替代率的精算模型，结合新疆农村具体实际进行实证分析并提出针对性的政策建议[③]；丁煜（2011）通过对个人账户替代率的精算分析提出了个人账户设计的改进建议[④]。以上研究都从定量的角度对新农保替代率做出了测算，然而多高的"替代率"能满足农民的基本生活需要呢？50%？60%？还是80%？以上学者都没有对此进行研究。

部分学者研究了新农保的适度给付水平问题，如张瑞云、王云峰（2011）基于新农保给付水平不应低于农村低保标准、新农保给付水平不应低于城镇职工基本养老保险给付水平与城乡居民收入比的比值、新农保给付水平应基本接近或略高于城镇低保标准、新农保给付水平不应高于农村人均消费水平四个约束条件，构建出新农保适度给付水平的测量模型，并以河北省新农保试点县为例对新农保适度给付水平进行了测算[⑤]，但其研究的新农保适度给付水平仍然是绝对指标；孙雅娜等（2011）利用修正的扩展性线性支出模型测算了新农保养老金给付水平的上限，其中2009年为40.55%，2010~2020年间有上升的趋势，从41.06%上升至46.04%[⑥]；边恕、穆怀中（2011）基于修正的恩格尔系数测算出了新农保适度水平的下限，然后基于与孙雅娜（2011）同样的方法测算出了新农保适度水平的上限，结果发现2009年新农保适度水平的上下限为41.06%~26.24%，此后不断上升，至2020年新农保适度水平的上下限扩大为46.04%~16.23%[⑦]。以上学者仅仅研究了新农保的适度给付水平问题，而没有对新农保制度本身的替代率进行研究。因此，也无法回答出"新农保制度能否满足农民的基本生活需要"这一问题。

---

① 邓大松、薛惠元：《新型农村社会养老保险替代率精算模型及其实证分析》，载《经济管理》2010年第5期，第164~171页。

② 贾宁、袁建华：《基于精算模型的"新农保"个人账户替代率研究》，载《中国人口科学》2010年第2期，第95~102页。

③ 阿里木江·阿不来提、李全胜：《新疆新型农村社会养老保险替代率的实证研究》，载《西北人口》2010年第4期，第49~54页。

④ 丁煜：《新农保个人账户设计的改进：基于精算模型的分析》，载《社会保障研究》2011年第5期，第31~39页。

⑤ 张瑞云、王云峰：《新型农村社会养老保险适度给付水平研究》，载《中国社会科学院研究生院学报》2011年第3期，第141~143页。

⑥ 孙雅娜、王成鑫、王玥：《新型农村社会养老保险制度给付水平的适度性分析》，载《人口与经济》2011年第6期，第100~105页。

⑦ 边恕、穆怀中：《农村养老保险适度水平的微观测度与动态调整研究》，载《社会保障研究》2011年第6期，第3~11页。

对此，李伟、赵斌等（2010）① 做出了初步研究，他们提出了交叉替代率和合意替代率的概念，认为新农保的合意替代率（新农保平均养老金与农民人均纯收入的合意比值）的区间为58% ~75%，但遗憾的是他们只是从定性的角度进行分析，没有通过精算模型来测算交叉替代率，合意替代率的确定也过于主观。

基于前人的研究成果，本章将按照“新农保制度能提供多高的替代率”——“多高的新农保替代率能满足农民的基本生活需要”这一思路，试对“新农保制度能否保基本”或“新农保制度能否满足农民的基本生活需要”的问题做出深入探讨。

（三）新农保保障水平量化指标的选取

根据前面的思路，我们引进两个概念——新农保供给替代率和新农保需求替代率。新农保供给替代率，是指新农保制度所能提供的养老金替代率，它是从供给角度出发进行的分析，回答的是替代率将是多少的问题。新农保需求替代率，是指能够满足未来农村老年群体基本生活需要的替代率，它是从需求角度出发进行的分析，回答的是替代率应该为多少的问题。计算出新农保供给替代率和需求替代率，通过二者比较即可对新农保能否“保基本”的问题作出回答。

根据前面概念的界定，这里的“新农保供给替代率”采用交叉替代率的概念，即新农保供给替代率 = 参保农民年满60岁时领取的养老金/当年农民人均纯收入。与新农保供给替代率相对应，新农保需求替代率 = 农村老年群体的基本生活消费支出/当年农民人均纯收入。下面通过构建出相应的模型，分别对新农保供给替代率、新农保需求替代率两个指标做出测算。

二、新农保供给替代率的测算②

下面依据国发〔2009〕32号文件，构建出新农保供给替代率精算模型，在对基本参数做出合理假定的前提下，测算出未来的新农保供给替代率。

---

① 李伟、赵斌、宋翔：《新型农村社会养老保险的替代率水平浅析》，载《中国经贸导刊》2010年第16期，第90页。

② 该部分参考了本项目的阶段性研究成果，详见邓大松、薛惠元：《新型农村社会养老保险替代率精算模型及其实证分析》，载《经济管理》2010年第5期，第164~171页。

（一）模型前提假设

在构建新农保供给替代率精算模型之前，我们根据国发〔2009〕32 号文件的相关规定，做出以下假设：

1. 选取新农保在全国开始试点的年份 2009 年为基准年，假定“老人”、“中人”和“新人”[①] 的参保时间均为 2009 年。

2. 假定参保农民在每年年初按照自己所选择的缴费标准向个人账户供款，缴费标准所处的档次不变[②]并且缴费不中断（这里不考虑参保农民退保、断保和提前死亡等不确定因素），国家依据全国农民人均纯收入增长率每年调整一次缴费档次。

3. 假定集体补助和政府缴费补贴在参保农民缴费的同时记入参保农民的个人账户，集体补助和政府缴费补贴的标准不变。

4. 假定参保农民达到领取年龄后，在每年年初按年领取养老金。

5. 假定“老人”符合参保条件的子女都已参保，“老人”有资格领取养老金；由于“中人”补缴部分不享受政府缴费补贴，补缴的积极性必然不大，这里假定所有的中人不再补缴至 15 年。

6. 假定国家根据经济发展和物价变动等情况，每年调整一次全国新农保基础养老金的最低标准。

（二）新农保供给替代率精算模型

由于“老人”的情况比较特殊，这里我们把“老人”与“中人”、“新人”分开来讨论。

1. “老人”的新农保供给替代率

根据新农保政策规定，“老人”不用缴费就可以领取基础养老金。我们以 P_0 表示新农保开始实施年份（2009 年）的基础养老金标准，以 Y_0 表示新农保开始实施年份（2009 年）的全国农民人均纯收入，根据定义“老人”的新农保供给替代率 $RR^S_{老}$ 为：

$$RR^S_{老} = \frac{P_0}{Y_0} \qquad (7.1\ 式)$$

① 新农保制度实施时，已年满 60 周岁的称为“老人”，距领取年龄不足 15 年的称为“中人”，距领取年龄超过 15 年的称为“新人”。

② 缴费档次一共分为 5 档，例如某个农民若选择最低档次作为缴费标准，一生中均选择最低档次缴费。

2. “中人”和“新人”的新农保供给替代率

“中人”和“新人”的养老金待遇由基础养老金和个人账户养老金两部分组成。

我们以 α 表示参保农民开始缴费年龄，以 b 表示参保农民开始领取养老金年龄，以 f 表示基础养老金调整系数，以 g 表示农民人均纯收入增长率，根据上面的假定，参保农民在年满 60 岁时领取的基础养老金 P_1 为：

$$P_1 = P_0(1+f)^{b-\alpha} \qquad (7.2\text{式})$$

参保农民年满 60 岁时当年度的全国农民人均纯收入 Y 为：

$$Y = Y_0(1+g)^{b-\alpha} \qquad (7.3\text{式})$$

因此，“中人”和“新人”的基础养老金替代率 RR_1^S 为：

$$RR_1^S = \frac{P_1}{Y} = \frac{P_0}{Y_0}\left(\frac{1+f}{1+g}\right)^{b-\alpha} \qquad (7.4\text{式})$$

根据新农保政策规定和以上假设条件，我们以 C 表示新农保开始实施年份（2009 年）参保农民的年缴费标准，以 A 表示集体的年补助标准，以 T 表示政府对参保农民的年缴费补贴标准，以 r 表示新农保个人账户的年收益率，以 P_2 表示个人账户养老金年领取金额，以 m 表示预计的参保农民个人账户养老金平均计发年限，构建新农保个人账户精算模型，具体如图 7－1 所示。

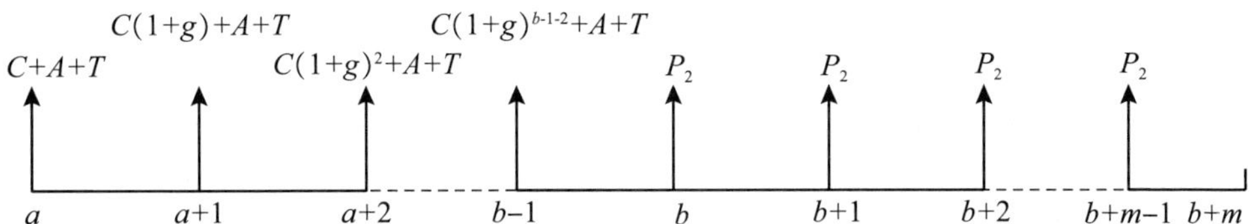

图 7－1 新农保个人账户精算模型

资料来源：本章设计。

参保农民开始领取养老金时（即年满 60 岁时）个人账户的基金积累总额 M 为：

$$M = C\sum_{i=1}^{b-a}(1+g)^{b-a-i}(1+r)^i + (A+T)\sum_{k=1}^{b-a}(1+r)^k \qquad (7.5\text{式})$$

参保农民各年领取的个人账户养老金在开始领取养老金时（即年满 60 岁时）的总额现值 N 为：

$$N = P_2\sum_{j=0}^{m-1}\frac{1}{(1+r)^j} \qquad (7.6\text{式})$$

依据保险精算平衡原理，当基金平衡时：

$$M = N \qquad (7.7\text{式})$$

由（7.5式）、（7.6式）、（7.7式），得：

$$P_2 = \frac{C\sum_{i=1}^{b-a}(1+g)^{b-a-i}(1+r)^i + (A+T)\sum_{k=1}^{b-a}(1+r)^k}{\sum_{j=0}^{m-1}\frac{1}{(1+r)^j}} \quad (7.8式)$$

因此，“中人”和“新人”的个人账户养老金替代率 RR_2^s 为：

$$RR_2^s = \frac{P_2}{Y}$$

$$= \frac{C\sum_{i=1}^{b-a}(1+g)^{b-a-i}(1+r)^i + (A+T)\sum_{k=1}^{b-a}(1+r)^k}{Y_0(1+g)^{b-a}\sum_{j=0}^{m-1}\frac{1}{(1+r)^j}} \quad (7.9式)$$

联立（7.4式）、（7.9式），可以得到“中人”和“新人”的新农保供给替代率 $RR^s_{中新}$ 为：

$$RR^s_{中新} = RR_1^s + RR_2^s = \frac{P_0}{Y_0}\left(\frac{1+f}{1+g}\right)^{b-a}$$

$$+ \frac{C\sum_{i=1}^{b-a}(1+g)^{b-a-i}(1+r)^i + (A+T)\sum_{k=1}^{b-a}(1+r)^k}{Y_0(1+g)^{b-a}\sum_{j=0}^{m-1}\frac{1}{(1+r)^j}} \quad (7.10式)$$

（三）基本参数假设

1. 开始缴费年龄与领取年龄

根据国发〔2009〕32号文件，对于“中人”而言，开始缴费的年龄（即参保年龄）a 的取值范围为46～59岁；对于“新人”而言，开始缴费的年龄 a 的取值范围为16～45岁。“中人”和“新人”开始领取养老金年龄 b 均为60岁。“中人”和“新人”开始领取养老金的年份 t 的取值范围为2010～2053年。

2. 个人缴费标准、集体补助标准与政府补贴标准

根据国发〔2009〕32号文件，假定新农保开始实施年份（2009年）参保农民的年缴费标准 C 的取值范围为100元、200元、300元、400元、500元5个档次（这里不考虑地方根据实际情况增设的缴费档次）。由于中国除了少部分城乡结合部、东部经济发达地区的农村外，绝大部分地区的农村集体经济实力非常薄弱，基本上拿不出补助，这里不考虑集体补助的数额，假定 $A=0$。假定政府对参保农民的年缴费补贴标准 T 为30元（这里不考虑地方政府对选择较高档次标准缴费的“适当鼓励”）。

3. 农民人均纯收入增长率

根据《中国统计年鉴（2010）》的数据，2009 年全国农民人均纯收入 Y_0 为 5 153 元，1978 年全国农民人均纯收入为 134 元，因此，自改革开放以来全国农民人均纯收入的平均增长率 $=\sqrt[31]{5\ 153/134}-1\approx 12.5\%$。显然，这个数据并不符合未来的发展可能。考虑到人民生活水平与经济发展水平相一致的原则，这里直接以经济增长率为农民人均纯收入增长率。根据高盛全球首席经济学家吉姆·奥尼尔预测，2010 年中国 GDP 增长率将达 11.9%，2011～2020 年中国每年平均 GDP 增长率在 7.7% 左右[①]，2021～2030 年为 5.5%，2031～2040 年为 4.3%，2041～2050 年为 3.5%[②]。据此，假定 2010～2053 年中国农民人均纯收入增长率 g 为 5%。

4. 基础养老金标准与个人账户养老金平均计发年限

根据国发〔2009〕32 号文件，假定新农保开始实施年份（2009 年）的基础养老金标准 P_0 为每人每年 660 元（这里不考虑地方政府提高和加发的基础养老金）；根据国发〔2009〕32 号文件的规定，个人账户养老金的月计发标准为个人账户全部储存额除以 139，因此我们得出预计的参保农民个人账户养老金平均计发年限 $m=139/12\approx 11.58$。

5. 基础养老金调整系数

国发〔2009〕32 号文件规定："国家根据经济发展和物价变动等情况，适时调整全国新农保基础养老金的最低标准。"新农保最低标准基础养老金根据物价变动情况来调整，是为了保证参保人的基础养老金相对水平不降低；根据经济发展情况来调整，是为了让老年人分享到经济发展的成果。因此，基础养老金调整系数的确定需要综合考虑经济增长率和通货膨胀率两个因素。根据上文的假定，2010～2053 年中国经济平均增长率为 5%。

中国历年（1990～2009 年）农村通货膨胀率如图 7－2 所示。从图中可以看到，除了 1993～1995 年的通货膨胀率特别高[③]之外，大多数年份的通货膨胀率都在 7% 以内，甚至还有个别年份的通货膨胀率是负增长的，如 1998 年、1999 年、2002 年、2009 年等。1990～2009 年中国农村年平均通货膨胀率为 4.8%。显然，这一数据并不符合未来的发展可能，随着中国经济增长速度放缓、经济秩

---

① 根据《2010 年国民经济和社会发展统计公报》的数据，2010 年中国 GDP 达到 397 983 亿元，按可比价格计算，比上年增长 10.3%。

② 游芸芸：《高盛全球首席经济学家吉姆·奥尼尔：2027 年中国将成为最大经济体》，载《证券时报》2009 年 11 月 3 日，第 A006 版。

③ 1993～1995 年的通货膨胀表现为邓小平"南方谈话"后，中国经济进入高速增长的快车道，起因主要是固定资产投资规模扩张过猛与金融持续的混乱。经过治理，到 1996 年中国实现经济的"软着陆"。

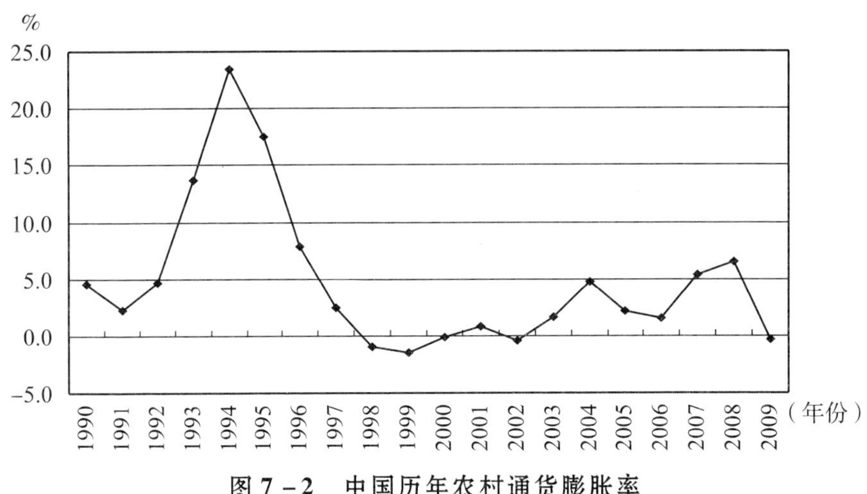

图 7-2　中国历年农村通货膨胀率

资料来源：根据《中国统计年鉴（2010）》整理计算得出。

序的完善和国家宏观调控的能力增强，发生高通货膨胀的可能性不断降低。有学者认为，虽然中国经济自 2000 年以来一直处于低通货膨胀状态（年平均只有 2.2%），但当前和以后仍面临相当大的通货膨胀压力，中国未来的通货膨胀水平应在 -1% ~7% 之间波动①。综合考虑以上各种因素，我们假定 2010 ~ 2053 年中国农村年平均通货膨胀率在 -1% ~7% 之间，最大可能值为 2.5%。

综合考虑经济发展和物价变动两个因素，我们假定老年人分享经济发展成果的比例为 50%，则 2010 ~ 2053 年新农保最低标准基础养老金调整系数 $f = 2.5\% + 5\% \times 50\% = 5\%$。

6. 个人账户收益率

目前，中国新农保个人账户收益率采用记账利率计算，并且参照中国人民银行公布的金融机构人民币一年期存款利率。由于改革开放 30 年中国经济高速发展以及财政政策、货币政策的作用，中国的法定存款利率进行过若干次调整，特别是 1997 年中国经济“软着陆”之前，金融机构一直实行较高的法定存款利率，因此以历年平均年利率（见表 7-2）作为参数显然不具代表性。按照成熟的经济实践，金融机构法定存款利率一般不超过 5%，基于中国经济趋于成熟的考虑，本节将新农保个人账户的记账利率假定为 3%②。此外，基于新农保个人账户基金未来可能进行市场化投资运营的考虑，我们将个人账户收益率再假定为 5%。

---

① 周渭兵：《我国养老金记账利率制度的风险精算分析和再设计》，载《数量经济技术经济研究》2007 年第 12 期，第 91 ~ 97 页。

② Yvonne Sin. *China Pension Liabilities and Reform Options for Old Age Insurance. The World Bank Working Paper Series*, 2005,（1）.

表 7-2　　中国一年期银行存款利率　　单位：%

年份	利率	年份	利率	年份	利率	年份	利率
1990	9.35	1996	9.17	2002	2.02	2008	3.93
1991	7.89	1997	7.13	2003	1.98	2009	2.25
1992	7.56	1998	5.03	2004	2.03	2010	2.30
1993	9.43	1999	2.92	2005	2.25	平均	5.11
1994	10.98	2000	2.25	2006	2.35		
1995	10.98	2001	2.25	2007	3.20		

资料来源：一年期银行存款利率来源于中国人民银行网站，其中一年期银行存款利率在一年内发生多次调整的，根据实际天数进行了加权平均。

表 7-3　　基本参数假设

a	b	C	A	T	Y_0	P_0	m	g	f	r
16~59	60	100~500	0	30	5 153	660	11.58	5%	5%	3%、5%

资料来源：本章假定。

（四）测算结果及分析

将基本参数假设代入（7.1 式），经过计算得到“老人”的新农保供给替代率 $RR^s_{老}=12.81\%$。可以说，这一替代率水平很低，若仅仅依靠新农保，“老人”可能无法维持基本的生活水平。将基本参数假设代入（7.4 式），经过计算得到“中人”和“新人”的基础养老金替代率 $RR^s_1=RR^s_{老}=12.81\%$。可见，“中人”和“新人”的基础养老金替代率是一个常数。因此，“中人”和“新人”的新农保供给替代率的大小主要受个人账户养老金替代率的影响。将基本参数假设代入（7.10 式），利用 Excel 软件，可以计算出不同参保年龄（相应的开始领取养老金的年份 t 也不同）、不同缴费档次下“中人”和“新人”的新农保供给替代率，具体如表 7-4 所示。

表 7-4　　“中人”和“新人”的新农保供给替代率　　单位：%

参保年龄	始领年份	r=3%					r=5%				
		C=100	C=200	C=300	C=400	C=500	C=100	C=200	C=300	C=400	C=500
新人											
16	2053	19.17	24.90	30.64	36.37	42.11	23.42	32.84	42.26	51.68	61.10
17	2052	19.09	24.74	30.39	36.04	41.69	23.20	32.41	41.61	50.82	60.02

续表

参保年龄	始领年份	r = 3%					r = 5%				
		C = 100	C = 200	C = 300	C = 400	C = 500	C = 100	C = 200	C = 300	C = 400	C = 500
18	2051	19.01	24.58	30.14	35.71	41.27	22.98	31.97	40.96	49.95	58.94
19	2050	18.93	24.41	29.88	35.36	40.84	22.75	31.53	40.31	49.09	57.87
20	2049	18.84	24.23	29.62	35.01	40.40	22.53	31.09	39.66	48.22	56.79
21	2048	18.76	24.06	29.36	34.65	39.95	22.31	30.66	39.01	47.36	55.71
22	2047	18.67	23.88	29.08	34.29	39.50	22.08	30.22	38.35	46.49	54.63
23	2046	18.58	23.69	28.80	33.92	39.03	21.86	29.78	37.70	45.62	53.54
24	2045	18.49	23.50	28.52	33.54	38.55	21.63	29.34	37.05	44.76	52.46
25	2044	18.39	23.31	28.23	33.15	38.07	21.41	28.90	36.39	43.89	51.38
26	2043	18.29	23.11	27.93	32.75	37.57	21.18	28.46	35.74	43.02	50.30
27	2042	18.19	22.91	27.63	32.35	37.07	20.95	28.02	35.08	42.15	49.21
28	2041	18.09	22.70	27.32	31.94	36.55	20.73	27.58	34.43	41.28	48.13
29	2040	17.98	22.49	27.00	31.51	36.02	20.50	27.14	33.77	40.41	47.05
30	2039	17.88	22.28	26.68	31.08	35.49	20.27	26.69	33.12	39.54	45.96
31	2038	17.76	22.06	26.35	30.64	34.94	20.04	26.25	32.46	38.67	44.87
32	2037	17.65	21.83	26.01	30.20	34.38	19.81	25.80	31.80	37.79	43.79
33	2036	17.53	21.60	25.67	29.74	33.80	19.58	25.36	31.14	36.92	42.70
34	2035	17.41	21.37	25.32	29.27	33.22	19.35	24.91	30.48	36.05	41.61
35	2034	17.29	21.13	24.96	28.79	32.63	19.11	24.47	29.82	35.17	40.52
36	2033	17.17	20.88	24.59	28.30	32.02	18.88	24.02	29.16	34.29	39.43
37	2032	17.04	20.63	24.22	27.81	31.40	18.64	23.57	28.49	33.42	38.34
38	2031	16.90	20.37	23.83	27.30	30.76	18.41	23.12	27.83	32.54	37.25
39	2030	16.77	20.10	23.44	26.78	30.11	18.17	22.67	27.16	31.66	36.15
40	2029	16.63	19.83	23.04	26.25	29.45	17.93	22.21	26.50	30.78	35.06
41	2028	16.48	19.56	22.63	25.70	28.78	17.69	21.76	25.83	29.90	33.96
42	2027	16.33	19.27	22.21	25.15	28.09	17.45	21.31	25.16	29.01	32.87
43	2026	16.18	18.98	21.78	24.58	27.38	17.21	20.85	24.49	28.13	31.77
44	2025	16.03	18.69	21.35	24.01	26.67	16.97	20.39	23.82	27.24	30.67
45	2024	15.87	18.38	20.90	23.42	25.93	16.72	19.93	23.14	26.36	29.57

续表

参保年龄	始领年份	r = 3%					r = 5%				
		C = 100	C = 200	C = 300	C = 400	C = 500	C = 100	C = 200	C = 300	C = 400	C = 500
中人											
46	2023	15.70	18.07	20.44	22.81	25.18	16.47	19.47	22.47	25.47	28.46
47	2022	15.53	17.75	19.97	22.19	24.42	16.23	19.01	21.79	24.58	27.36
48	2021	15.36	17.43	19.49	21.56	23.63	15.98	18.55	21.12	23.68	26.25
49	2020	15.18	17.09	19.01	20.92	22.84	15.73	18.08	20.44	22.79	25.15
50	2019	14.99	16.75	18.50	20.26	22.02	15.47	17.61	19.75	21.89	24.04
51	2018	14.80	16.40	17.99	19.59	21.19	15.22	17.14	19.07	21.00	22.92
52	2017	14.60	16.04	17.47	18.90	20.33	14.96	16.67	18.38	20.10	21.81
53	2016	14.40	15.67	16.93	18.20	19.46	14.70	16.20	17.70	19.19	20.69
54	2015	14.20	15.29	16.38	17.48	18.57	14.44	15.72	17.01	18.29	19.58
55	2014	13.98	14.90	15.82	16.74	17.66	14.17	15.24	16.31	17.38	18.45
56	2013	13.76	14.50	15.25	15.99	16.74	13.91	14.76	15.62	16.47	17.33
57	2012	13.53	14.10	14.66	15.22	15.79	13.64	14.28	14.92	15.56	16.21
58	2011	13.30	13.68	14.06	14.44	14.82	13.36	13.79	14.22	14.65	15.08
59	2010	13.06	13.25	13.44	13.63	13.82	13.09	13.30	13.52	13.73	13.94

资料来源：本章测算得到。

根据表7－4的数据，当个人账户收益率为3%时，对于“中人”来说，当起始（2009年）的年缴费标准为100元时，新农保供给替代率为13.06%～15.70%（其中个人账户养老金替代率为0.25%～2.89%）；随着缴费档次的提高，新农保供给替代率逐步提高；当起始的年缴费标准为500元时，新农保供给替代率为13.82%～25.18%（其中个人账户养老金替代率为1.01%～12.37%）。由此可以看出“中人”的新农保供给替代率比较低。提高“中人”的新农保供给替代率的方法有两种：第一，选择较高的档次标准缴费；第二，补缴养老保险费至15年。

对于“新人”来说，当个人账户收益率为3%时，当起始的年缴费标准为100元时，新农保供给替代率为15.87%～19.17%（其中个人账户养老金替代率为3.06%～6.36%）；随着缴费档次的提高，新农保供给替代率逐步提高；当起始的年缴费标准为500元时，新农保供给替代率为25.93%～42.11%（其中个人账户养老金替代率为13.12%～29.30%）。可见，对于“新人”来说，尽早开始参保、选择较高的档次标准缴费，可以在年满60岁时获得较高的养老金替代率。

当然，以上分析是在个人账户收益率为3%的假设前提下。如果个人账户基金能获得更高的收益率，年满60岁时将能获得更高的养老金替代率。如表7-4所示，当个人账户收益率为5%时，“中人”和“新人”的新农保供给替代率达到13.09%~61.10%，其中，个人账户养老金替代率达到0.28%~48.29%。可见，新农保个人账户收益率越高，其替代率水平就越高；为提高新农保供给替代率，新农保个人账户基金应当在适当情况下进行投资运营。

为了能直观地看到参保年龄、缴费档次、个人账户收益率与新农保供给替代率的关系，我们将表7-4中的数据绘制成图形（见图7-3）。从图中我们可以清晰地看到，新农保供给替代率与参保年龄呈负相关的关系，与缴费档次、个人账户收益率呈正相关的关系。因此，控制新农保供给替代率应主要从参保年龄、缴费档次、个人账户收益率这三个因素入手。

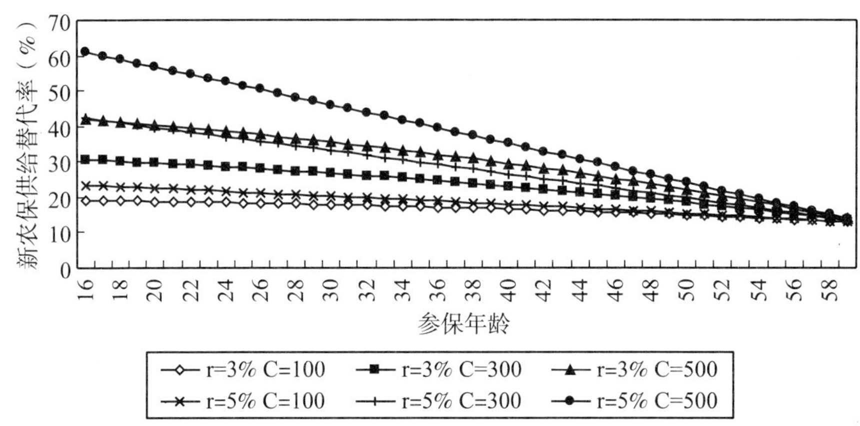

图7-3　不同参保年龄、缴费档次、个人账户收益率下的新农保供给替代率

资料来源：根据表7-4的数据绘制而成。

三、新农保需求替代率的测算[①]

新农保需求替代率，指的是未来农村老年群体（60岁以上）的基本生活消费支出占当年农民人均纯收入的比重。由于无法获取老年群体基本生活消费支出的详尽数据，同时考虑到基本生活消费属于刚性消费、人的消费习惯具有连续性等原因，我们认为居民的基本生活消费基本不受年龄的影响[②]，从而假定“农村老年群体基本生活消费支出=农村居民基本生活消费支出。”

① 该部分参考了本项目的阶段性研究成果，详见薛惠元：《新农保能否满足农民的基本生活需要》，载《中国人口、资源与环境》2012年第10期，第170~176页。

② 其有力的佐证是中国的最低生活保障线没有针对不同的年龄群体设置不同的保障标准。

要计算新农保需求替代率，需要首先预测出未来农村居民的基本生活消费支出。本章采用扩展线性支出系统模型（ELES 模型），测算出往年的农村居民基本生活消费支出，并以此对未来的农村居民基本生活消费支出做出预测。

（一）中国农村居民基本生活消费支出测算

1. 研究方法——扩展线性支出系统模型（ELES）

扩展线性支出系统模型（expend linear expenditure system，ELES）是在线性支出系统模型（linear expenditure system，LES）基础上加以改进得到的。

1947 年美国经济学家 L. R. Klein 和 H. Rubin 提出了如下形式的直接效用函数：

$$U = \sum_{i=1}^{n} b_i \ln(X_i - X_i^0) \qquad (7.11\text{式})$$

其中，U 表示效用，X_i 和 X_i^0 分别为对第 i 种商品的实际需求量与基本需求量，b_i 为对第 i 种商品的边际预算份额，n 为商品种类。该效用函数认为，效用具有可加性，即总效用为各种商品的效用之和；而各商品的效用取决于实际需求量与基本需求量之差。

英国计量经济学家 R. Stone 于 1954 年以（7.11 式）为基础，提出了 LES 模型，其基本形式如下：

$$P_iX_i = P_iX_i^0 + b_i(V - \sum_{j=1}^{n} P_jX_j^0)\ ,\ i,\ j=1,\ 2,\ \cdots,\ n \qquad (7.12\text{式})$$

其中，P_i 为第 i 种商品的价格，P_iX_i 和 $P_iX_i^0$ 分别表示对第 i 种商品的实际需求支出和基本需求支出，V 是总消费支出。LES 模型的经济意义为：对第 i 种商品的需求量等于两部分之和，第一部分为基本需求量，即维持基本生活所表现的，与收入水平无关；第二部分为总预算扣除对所有商品的基本需求支出后剩余部分中愿意用于对第 i 种商品的需求，与消费者的偏好有关。但是，由于总预算 V 是对所有商品的需求支出之和，是内生变量，无法外生给出，使得模型难以估计，所以 LES 模型并没有被实际应用。

为克服 LES 模型在估计上的困难，1973 年经济学家 Liuch 对 LES 模型做了两点修改，提出了 ELES 模型。这两点修改是：以收入 I 代替预算 V；将 b_i 的概念由边际预算份额改为边际消费倾向。于是 ELES 模型表达式为：

$$P_iX_i = P_iX_i^0 + b_i\left(I - \sum_{j=1}^{n} P_jX_j^0\right)\ ,\ i,\ j=1,\ 2,\ \cdots,\ n \qquad (7.13\text{式})$$

按照它们的经济意义，应该有 $X_i^0 > 0$，$0 \leqslant b_i < 1$，$\sum_{i=1}^{n} b_i \leqslant 1$。从（7.13 式）可以看出，ELES 模型对某类商品的消费需求也分为基本需求 $P_iX_i^0$ 和超过基本需求之

外的需求 $b_i(I - \sum_{j=1}^{n} P_j X_j^0)$ 两部分，在既定收入和价格条件下，消费者首先满足基本消费需求，然后对剩下的收入按不同的比例在各种商品、劳务和储蓄之间进行分配。

令 $C_i = P_i X_i$ 表示对第 i 类商品的实际消费支出，$C_i^0 = P_i X_i^0$ 表示对第 i 类商品的基本消费支出，则（7.13 式）可以表示为：

$$C_i = C_i^0 + b_i(I - \sum_{j=1}^{n} C_j^0),\ i,\ j = 1,\ 2,\ \cdots,\ n \qquad (7.14\text{式})$$

对（7.14 式）变形可以得到：

$$C_i = (C_i^0 - b_i \sum_{j=1}^{n} C_j^0) + b_i I \qquad (7.15\text{式})$$

采取截面数据时，（7.15 式）中的 C_i^0 和 $\sum_{j=1}^{n} C_j^0$ 都是不变的常数，从而可以令

$$a_i = C_i^0 - b_i \sum_{j=1}^{n} C_j^0 \qquad (7.16\text{式})$$

将（7.16 式）代入（7.15 式），可以将（7.15 式）改写成计量经济模型：

$$C_i = a_i + b_i I + \mu_i \qquad (7.17\text{式})$$

其中 a_i 和 b_i 为待估参数，μ_i 为随机扰动项。可以采用最小二乘法对（7.17 式）中的 a_i 和 b_i 进行估计，得到参数估计值 $\hat{a}_i$ 和 $\hat{b}_i$。再根据（7.16 式），两边求和得到

$$\sum_{i=1}^{n} a_i = (1 - \sum_{i=1}^{n} b_i) \sum_{i=1}^{n} C_i^0$$

即

$$\sum_{i=1}^{n} C_i^0 = \frac{\sum_{i=1}^{n} a_i}{1 - \sum_{i=1}^{n} b_i} \qquad (7.18\text{式})$$

将参数估计值 $\hat{a}_i$、$\hat{b}_i$ 代入（7.18 式），即可计算出对 n 种商品的基本消费支出 $\sum_{i=1}^{n} C_i^0$，也就是基本消费总支出，我们用符号 C^0 表示，即 $C^0 = \sum_{i=1}^{n} C_i^0$。

2. 数据来源与说明

在估计参数 a_i 和 b_i 时，我们采用《中国统计年鉴》中“按收入五等份分的农民人均纯收入、农民人均生活消费支出”数据作为截面数据。由于《中国统计年鉴》中对农村居民按收入等级分的统计数据是从 2002 年开始的，因此，本章利用 ELES 模型对中国农村居民基本生活消费支出的测算只限于 2002 ~ 2009 年。根据《中国统计年鉴》中的消费类型，中国农村居民生活消费支出划分为食品、衣着、居住、家庭设备用品及服务、交通通信、文教娱乐用品及服务、医疗保健、其他商品及服务 8 大类。

3. 模型参数估计

将2002~2009年中国农民人均纯收入以及按收入五等份分的各收入阶层的生活消费支出数据代入（7.17式），利用SPSS软件，采用最小二乘估计，即可计算出各项消费支出的参数 a_i 和 b_i 的估计值 $\hat{a}_i$、$\hat{b}_i$，具体如表7－5所示。

表7－5　　中国农村居民ELES模型的参数估计

年份	参数值	食品	衣着	居住	家庭设备用品及服务	交通通信	文教娱乐用品及服务	医疗保健	其他商品及服务
2002	$\hat{a}_i$	452.61 (22.03)	32.55 (13.93)	1.06 (0.06)	13.73 (7.07)	－16.11 (－2.74)	50.24 (8.61)	30.34 (17.36)	0.77 (0.28)
	$\hat{b}_i$	0.156 (24.35)	0.028 (39.18)	0.117 (21.15)	0.026 (43.33)	0.057 (31.04)	0.063 (34.67)	0.029 (53.16)	0.022 (26.14)
	R^2	0.995	0.998	0.993	0.998	0.997	0.998	0.999	0.996
2003	$\hat{a}_i$	472.08 (19.21)	33.58 (31.91)	10.99 (0.46)	9.86 (2.24)	－17.01 (－1.55)	62.31 (8.10)	34.17 (9.45)	3.20 (2.47)
	$\hat{b}_i$	0.154 (21.50)	0.028 (92.89)	0.110 (15.99)	0.027 (20.75)	0.066 (20.81)	0.064 (28.74)	0.030 (28.72)	0.015 (39.14)
	R^2	0.994	1.000	0.988	0.993	0.993	0.996	0.996	0.998
2004	$\hat{a}_i$	568.17 (19.53)	35.02 (17.71)	6.56 (0.20)	6.38 (0.87)	－13.09 (－0.99)	57.88 (12.54)	38.02 (21.12)	4.72 (2.52)
	$\hat{b}_i$	0.154 (20.14)	0.028 (54.30)	0.105 (12.35)	0.027 (14.3)	0.068 (19.57)	0.063 (51.84)	0.031 (64.80)	0.014 (29.32)
	R^2	0.993	0.999	0.981	0.986	0.997	0.999	0.999	0.997
2005	$\hat{a}_i$	662.33 (24.40)	53.35 (20.53)	86.93 (4.70)	27.75 (8.64)	27.55 (3.07)	86.58 (19.89)	67.50 (13.51)	11.57 (11.57)
	$\hat{b}_i$	0.150 (23.43)	0.029 (46.57)	0.085 (19.43)	0.025 (33.09)	0.065 (30.80)	0.063 (61.01)	0.030 (25.57)	0.013 (54.59)
	R^2	0.995	0.999	0.992	0.997	0.997	0.999	0.995	0.999
2006	$\hat{a}_i$	637.18 (32.70)	52.48 (16.34)	70.74 (2.55)	28.33 (11.43)	33.47 (3.56)	70.32 (7.39)	67.55 (9.50)	13.71 (9.72)
	$\hat{b}_i$	0.159 (37.78)	0.032 (45.64)	0.109 (18.19)	0.027 (50.25)	0.070 (34.43)	0.064 (31.32)	0.034 (22.09)	0.013 (44.42)
	R^2	0.998	0.999	0.991	0.999	0.997	0.997	0.994	0.998

续表

年份	参数值	食品	衣着	居住	家庭设备用品及服务	交通通信	文教娱乐用品及服务	医疗保健	其他商品及服务
2007	$\hat{a}_i$	756.51 (25.26)	66.71 (22.07)	93.32 (3.42)	34.74 (10.43)	37.30 (4.34)	46.11 (4.54)	85.78 (80.68)	12.68 (10.69)
	$\hat{b}_i$	0.150 (26.91)	0.030 (53.38)	0.114 (22.40)	0.027 (43.73)	0.069 (43.13)	0.062 (32.48)	0.030 (149.0)	0.015 (65.96)
	R^2	0.996	0.999	0.994	0.998	0.998	0.997	1.000	0.999
2008	$\hat{a}_i$	889.66 (25.84)	72.97 (14.45)	79.18 (1.37)	47.30 (24.48)	37.39 (1.77)	53.82 (4.79)	94.58 (22.45)	18.78 (24.50)
	$\hat{b}_i$	0.147 (26.38)	0.029 (35.18)	0.124 (13.28)	0.026 (83.88)	0.067 (19.55)	0.054 (29.70)	0.031 (45.95)	0.012 (96.64)
	R^2	0.998	0.998	0.983	0.999	0.992	0.997	0.999	1.000
2009	$\hat{a}_i$	908.07 (29.60)	83.24 (15.62)	155.02 (2.59)	71.16 (8.52)	41.24 (1.54)	59.37 (5.46)	116.07 (15.91)	16.21 (5.01)
	$\hat{b}_i$	0.139 (30.55)	0.029 (36.02)	0.124 (13.95)	0.026 (20.59)	0.069 (17.39)	0.054 (33.30)	0.033 (30.24)	0.013 (26.96)
	R^2	0.997	0.998	0.985	0.993	0.990	0.997	0.997	0.996

资料来源：本章测算得到。

将表7－5中计算出的 $\hat{a}_i$、$\hat{b}_i$ 的数据代入（7.18式），可以计算出中国农民居民的基本消费支出数据，具体如表7－6所示。

表7－6　　中国农村居民基本生活消费支出测算

年份	$\sum_{i=1}^{n} a_i$	$1-\sum_{i=1}^{n} b_i$	基本生活消费支出 C^0（元）	农民人均纯收入 I（元）	需求替代率（%）
2002	565.19	0.502	1 125.88	2 475.63	45.48
2003	609.18	0.506	1 203.91	2 622.24	45.91
2004	703.66	0.510	1 379.73	2 936.40	46.99
2005	1 023.56	0.540	1 895.48	3 254.93	58.23
2006	973.78	0.492	1 979.23	3 587.04	55.18
2007	1 133.15	0.503	2 252.78	4 140.36	54.41

续表

年份	$\sum_{i=1}^{n} a_i$	$1 - \sum_{i=1}^{n} b_i$	基本生活消费支出 C^0（元）	农民人均纯收入 I（元）	需求替代率（%）
2008	1 293.68	0.510	2 536.63	4 760.62	53.28
2009	1 450.38	0.513	2 827.25	5 153.17	54.86

资料来源：本章测算得到。

（二）中国农村居民基本生活消费支出预测

从表 7－6 中可以看出，2002～2009 年间，中国农村居民基本生活消费支出呈现逐年递增的趋势，但需求替代率却没有很明确的变化趋势。下面我们采用直线趋势法对 2002～2009 年的中国农村居民基本生活消费支出进行线性拟合。用 t 表示时间，2002 年设为 $t=1$，农村居民基本生活消费支出拟合曲线如图 7－4 所示。

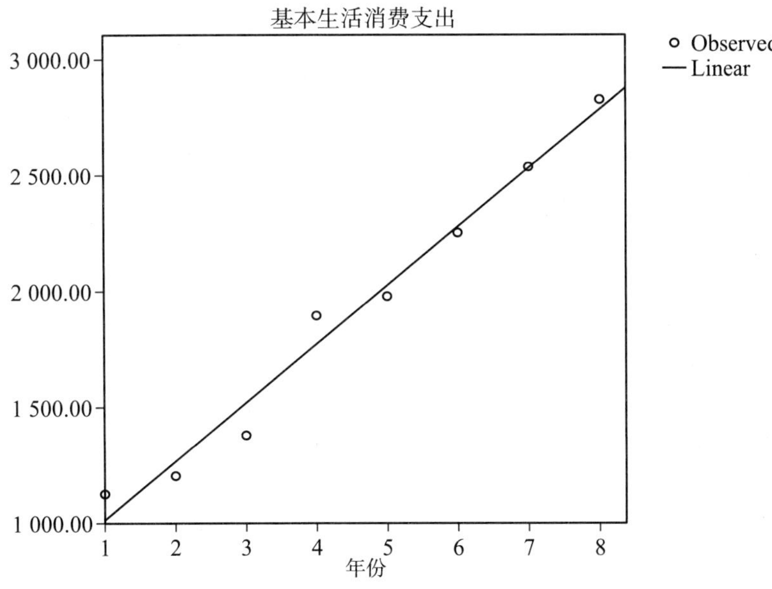

图 7－4　中国农村居民基本生活消费支出曲线拟合

同时得到农村居民基本生活消费支出拟合方程为：

$$C^0 = 760.321 + 253.278t \qquad (7.19\text{ 式})$$

$$\text{S. E.} = (75.176)\ (14.887)$$

$$\text{t} = (10.114)\ (17.014)$$

$$\text{sig.} = (0.000)\ (0.000)$$

$$R^2 = 0.980,\ F = 289.472$$

根据（7.19 式）即可预测出中国 2010～2053 年的农村居民基本生活消费支出。

（三）新农保需求替代率的测算

为了和新农保供给替代率的计算口径相一致，同样假定未来的农民人均纯收入增长率为 5%，2009 年中国农民人均纯收入为 5 153 元，进而可以预测出 2010～2053 年的农民人均纯收入。然后根据公式“新农保需求替代率 = 农村老年群体未来基本生活消费支出/当年农民人均纯收入”，即可计算出新农保需求替代率，具体如表 7－7 所示。

表 7－7　　2010～2053 年中国新农保需求替代率的测算

年份	基本生活消费支出（元）	需求替代率（%）	年份	基本生活消费支出（元）	需求替代率（%）
2010	3 039.82	56.18	2029	7 852.11	57.43
2011	3 293.10	57.96	2030	8 105.38	56.46
2012	3 546.38	59.45	2031	8 358.66	55.45
2013	3 799.66	60.66	2032	8 611.94	54.41
2014	4 052.94	61.62	2033	8 865.22	53.34
2015	4 306.21	62.36	2034	9 118.50	52.25
2016	4 559.49	62.88	2035	9 371.77	51.15
2017	4 812.77	63.21	2036	9 625.05	50.03
2018	5 066.05	63.37	2037	9 878.33	48.90
2019	5 319.33	63.37	2038	10 131.61	47.77
2020	5 572.60	63.23	2039	10 384.89	46.63
2021	5 825.88	62.95	2040	10 638.16	45.49
2022	6 079.16	62.56	2041	10 891.44	44.36
2023	6 332.44	62.06	2042	11 144.72	43.23
2024	6 585.72	61.47	2043	11 398.00	42.10
2025	6 838.99	60.80	2044	11 651.28	40.99
2026	7 092.27	60.05	2045	11 904.55	39.89
2027	7 345.55	59.23	2046	12 157.83	38.80
2028	7 598.83	58.35	2047	12 411.11	37.72

续表

年份	基本生活消费支出（元）	需求替代率（%）	年份	基本生活消费支出（元）	需求替代率（%）
2048	12 664.39	36.65	2051	13 424.22	33.56
2049	12 917.67	35.61	2052	13 677.50	32.57
2050	13 170.94	34.58	2053	13 930.78	31.59

资料来源：本章测算得到。

四、新农保保障水平评估

（一）新农保供给替代率和需求替代率的比较

根据前文的测算，2009 年“老人”的新农保供给替代率为 12.81%，远小于 2009 年的新农保需求替代率 54.86%（见表 7－6）。可见，对“老人”而言，现行新农保制度提供的养老金水平过低，若“老人”仅仅依靠新农保基础养老金，则无法满足其基本的生活需要。

下面将“中人”和“新人”的新农保的供给替代率和需求替代率进行比较，以评估新农保的保障水平。为便于直观地比较，我们将表 7－4 和表 7－7 中测算出的“中人”和“新人”的新农保供给替代率和需求替代率的数据绘制成图形，具体如图 7－5 和图 7－6 所示。

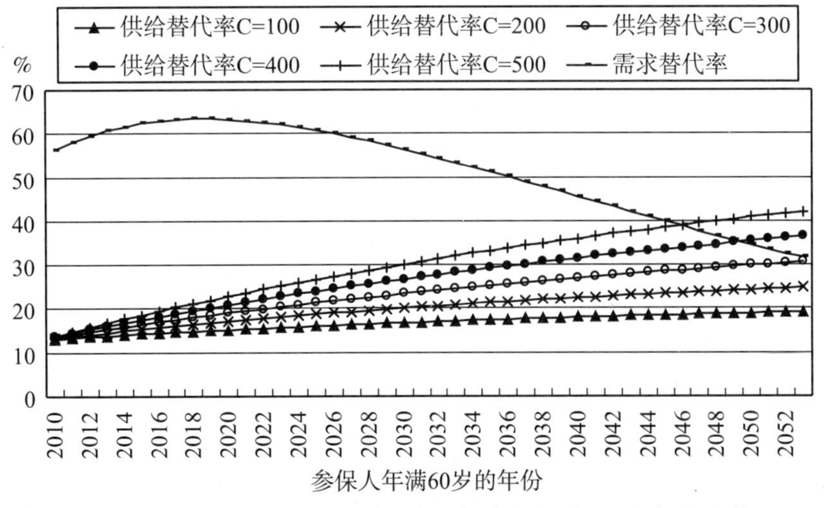

图 7－5　r＝3%时新农保供给替代率和需求替代率的比较

资料来源：根据表 7－4 和表 7－7 中的相关数据绘制而成。

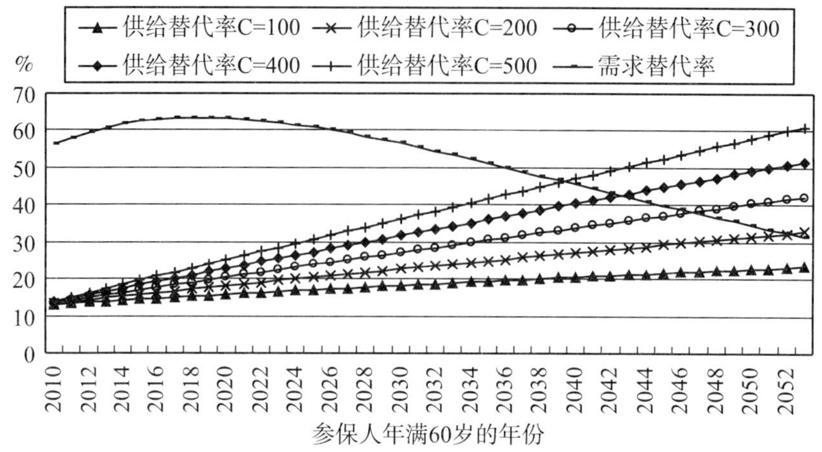

图 7-6　r=5%时新农保供给替代率和需求替代率的比较

资料来源：根据表 7-4 和表 7-7 中的相关数据绘制而成。

从图 7-5 可以看到，在个人账户收益率为 3% 时，绝大多数年份新农保需求替代率均大于供给替代率，只有起始缴费标准为 400~500 元的少部分年份新农保供给替代率大于需求替代率。具体来看，在个人账户收益率为 3% 时，对于“中人”来说，不管选择哪一个缴费档次，在达到待遇领取年龄 60 岁时，新农保制度所提供的养老金均无法满足其基本生活消费需求。对于“新人”来说，若选择起始缴费标准为 400 元的档次，只有初始参保年龄为 16~19 岁之间的群体，连续缴费 41 年以上，年满 60 岁时（2050 年及以后）领取的养老金才能满足其基本生活需要；若选择起始缴费标准为 500 元的档次，只有初始参保年龄为 16~23 岁之间的群体，连续缴费 37 年以上，年满 60 岁时（2046 年及以后）领取的养老金才能满足其基本生活需要。

从图 7-6 可以看到，在个人账户收益率为 5% 时，对于“中人”来说，新农保需求替代率均大于供给替代率。对于“新人”来说，若起始缴费标准选择 100 元的档次，新农保需求替代率均大于供给替代率；若起始缴费标准选择 200 元的档次，只有初始参保年龄为 16 岁的群体，连续缴费 44 年，年满 60 岁时（2053 年）领取的养老金才能满足其基本生活需要；若起始缴费标准选择 300 元、400 元、500 元的档次，只有初始参保年龄为 16~22 岁、16~26 岁、16~29 岁的群体，连续缴费至 60 岁，到时领取的养老金才能满足其基本生活需要。

（二）新农保保障水平的评估结果

通过以上对新农保供给替代率和需求替代率的比较分析，发现：在个人账户收益率为 3% 时，现行新农保制度提供的养老金不能满足“老人”、“中人”（无论其选择何缴费档次）和绝大部分“新人”的基本生活需求；在个人账户收益率为5%时，现行新农保制度提供的养老金不能满足“老人”、“中人”（无论其选择何缴费档次）和大部分“新人”的基本生活需求。

因此，可以得出新农保保障水平的评估结论：现行新农保制度设计所提供的养老金不能满足“老人”、“中人”和大部分“新人”的基本生活需要，即新农保制度“保基本”的目标无法实现。

五、政策建议

由于新农保需求替代率是“保基本”的替代率水平，不能降低；因此，要使新农保能满足农民的基本生活需要，只能通过提高新农保供给替代率这一途径来实现。这一部分将主要给出提高新农保供给替代率的政策建议。

1. 加大财政补助力度，提高基础养老金的替代率水平

根据前文中的测算，新农保中央基础养老金[①]的替代率水平仅为12.81%，这一标准过低，应加大中央财政的支持力度，提高中央基础养老金的替代率水平，具体可以借鉴城镇企业职工基本养老保险的做法，将替代率水平提高至15%～20%。另外，地方财政要根据当地实际情况，增发地方基础养老金，以提高基础养老金的替代率水平。

2. 适时提高地方政府缴费补贴标准

国家文件规定，地方政府缴费补贴标准不低于30元/人·年，但没有提到如何调整缴费补贴标准。考虑的经济增长、地方财政能力增强、物价水平上涨等因素，缴费补贴标准不应该一直不变，而应该根据当地的财政实力适时调整，例如每2～3年调整一次。

3. 以农民人均纯收入作为缴费基数，实行比例费率制

现行制度规定的确定若干档次作为缴费标准的办法实际上仍是过去“旧农保”的做法。这种办法其实是定额缴费制，其优点是缴费数额是整数，便于农民的理解和养老保险费的征收。其缺点是确定若干档次作为缴费标准，缺乏调整缴费水平的自动机制。现行制度虽然规定“国家依据农村居民人均纯收入增长等情况适时调整缴费档次”，但是农民人均纯收入是每年都会增长的，若缴费档次每年调整一次会非常麻烦，若几年调整一次，会出现个人账户基金的积累速度滞后于农民人均纯收入增长速度的现象，个人账户养老金的替代率水平将会逐渐下降。而以农民人均纯收入作为缴费基数，采用比例费率制的办法，缴费标准随

① 中央基础养老金，即中央确定的最低标准基础养老金。

着农民人均纯收入的增加自动增长，可以确保个人账户养老金供给替代率保持稳定。因此，选择农民人均纯收入作为缴费基数，实行比例费率制是更优的选择。具体来说，考虑到各地经济水平和消费水平的差异，适宜选择当地上一年度农民人均纯收入作为缴费基数；由于在新农保开始实施的年份（2009 年），100～500 元的缴费档次占 2009 年全国农民人均纯收入的比重为 1.94%～9.70%，因此，新农保个人缴费率应设为 2%、4%、6%、8%、10% 共 5 个档次，同时地方可以根据实际情况增设缴费档次。

4. 加大宣传力度、落实“长缴多补”，鼓励农民尽早参保并保持长期缴费

从图 7-3 中可以看到，农民的参保年龄越早，缴费的时间越长，新农保供给替代率水平就越高。因此，政府应鼓励农民尽早开始参保，并保持长期缴费。首先，要加大新农保的宣传力度，用“算账”的方法让农民清楚地知道早参保早补贴、早参保多受益的好处。其次，要鼓励参保农民保持长期缴费。由于新农保不具有强制性，最低缴费年限为 15 年，有些农民可能缴费满 15 年就不再缴了。这一方面需要政府和新农保经办人员（包括协保员）进行正确的引导和教育，另一方面需要在政策上加以鼓励和支持。国发〔2009〕32 号文件中提出“对于长期缴费的农村居民，可适当加发基础养老金”。因此，建议地方政府制订出“长缴多补”的方案，并随着经济发展不断提高“加发基础养老金”的标准。

5. 落实“多缴多补”，鼓励农民选择较高档次的缴费标准

从图 7-3 中可以看到，参保农民选择的缴费档次越高，新农保的供给替代率水平就越高。因此，政府应鼓励参保农民选择较高的档次标准缴费。国发文件规定：“对选择较高档次标准缴费的，可给予适当鼓励，具体标准和办法由省（区、市）人民政府确定。”可见，在政策设计时，国家已经考虑到了这一点。但是综观各地新农保试点情况，还有很多地区没有出台“多缴多补”的政策。以湖北省为例，在首批 13 个新农保试点县中，有 5 个试点县未出台“长缴多补”的政策，其他试点县虽然出台了鼓励政策，但标准很低，少的仅有 2 元，最多的也不超过 20 元。笔者在对湖北省新农保试点县的调研中发现，大多数农民都不约而同地选择了 100 元的缴费档次，这固然有收入水平低的原因，但“多缴多补”鼓励政策的缺位或低标准不能不说是重要的原因。因此，建议所有地方政府均出台“多缴多补”的鼓励政策，并随着缴费水平的提高不断提高鼓励标准。

6. 鼓励“老人”、“中人”补缴养老保险费至 15 年

对于“老人”而言，无须缴纳养老保险费即可领取基础养老金（其符合参保条件的子女应当参保缴费）；对于“中人”而言，由于补缴养老保险费达到 15

年不是硬性规定[①]，并且“中人”补缴养老保险费不享受政府缴费补贴，因此其补缴的积极性必然不大。可以说，个人账户养老金没有或过少是“老人”和“中人”新农保供给替代率偏低的主要原因。为解决此问题，个别试点地区采取了强制措施，要求“老人”和“中人”必须补缴养老保险费至15年。这与国家政策相违背，对此我们不予提倡。笔者建议地方政府制定具体的补缴补贴政策，鼓励“老人”和“中人”补缴养老保险费至15年。例如，对一次性补缴至15年者，给予10元/年的缴费补贴。

7. 个人账户基金应适时进入资本市场投资运营

从图7－3中可以清楚地看到，个人账户收益率越高，新农保供给替代率就越高，并且个人账户收益率对新农保供给替代率的影响程度最大。从图7－6中可以看到，当个人账户收益率为5%、起始缴费档次为500元时，连续缴费31年，年满60岁时领取的养老金即可满足其基本生活需要。当前，由于新农保还处于试点起步阶段，基金积累规模较小，加之金融市场还不够成熟，现行政策对新农保基金投资方式严格限制，主要通过存入银行和购买国债增值，这一投资方式收益率过低。因此，笔者建议随着新农保制度全面推开，应尽快放开管理限制，适时进入资本市场，以提高收益率，进而提高新农保的供给替代率。

目前，新农保基金“暂实行县级管理”，若新农保基金由县（市、区）一级机构进行投资运营，成本很高，安全难以保证，也没有规模效益。因此，非常有必要提高农保基金投资运营的层次，其基本思路为：除了预留一部分资金以备日常支付之外，各地的“新农保”管理机构作为委托人，可以将剩余的新农保基金委托给省一级的管理机构统一管理，而省一级的新农保基金管理机构可以按市场化的方式，将基金的投资管理业务委托给专业的投资管理机构或全国社会保障基金理事会，并将投资资金委托商业银行进行托管。其具体的治理结构图如图7－7所示[②]。

8. 适时延长农民的“退休”年龄

根据国发〔2009〕32号文件的规定，农民男女的“退休”年龄均为60周岁。延长农民的“退休”年龄，一方面可以缩短领取的年限；另一方面可以增加缴费的年限，从而可以提高新农保的保障水平。另据学者王翠琴、薛惠元（2011）基于2005年人口抽样调查数据的测算，中国60岁农村居民的平均寿命为19.99岁，在现行139个月的计发月数下，个人账户基金会提前支付完毕，进

① 国发〔2009〕32号文件的规定，“距领取年龄不足15年的，应按年缴费，也允许补缴，累计缴费不超过15年”。可见，“中人”补缴养老保险费不是硬性规定，可以补缴，也可以不补缴。

② 阳义南：《新型农村社会养老保险个人账户的参数设计与投资管理分析》，载《中国社会保险研究》2009年第3期。

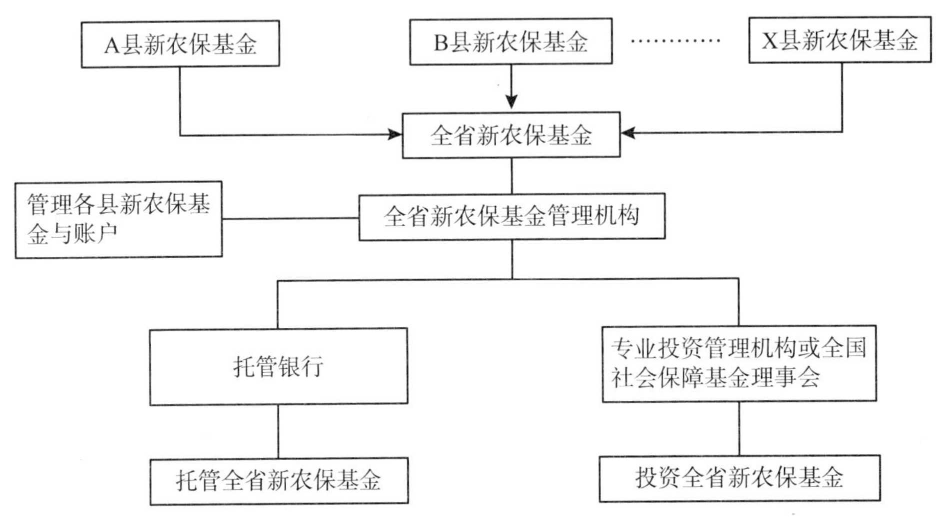

图 7-7　新农保基金投资管理治理结构图

而会将风险转嫁给政府①。因此，随着人口预期寿命的延长，应适时延迟农民领取养老金的年龄。这既是应对长寿风险的需要，也可以在很大程度上提高新农保的供给替代率水平。

9. 继续强化家庭养老、土地保障和社会救助的作用

根据现行的制度设计，新农保的供给替代率水平还比较低（尤其是“老人”和“中人”），仅仅依靠新农保还无法维持其基本的生活需求，因此，应继续强化家庭养老、土地保障和社会救助的作用。首先，农民毕竟还拥有土地，在重视新农保的同时不应忽视土地保障的作用。具体来说，应鼓励农村土地按照依法、自愿、有偿的原则合理流转，土地流转金可以用来缴纳养老保险费（即“土地换社保”），也可以直接用于养老。其次，中国几千年家庭养老文化传统仍然根深蒂固，农村家庭保障仍然具有不可替代的重要地位，在推进新农保实现养老社会化的同时，必须充分关注家庭保障和家庭养老文化建设。在制度设计上，“新农保制度实施时，已年满 60 周岁、未享受城镇职工基本养老保险待遇的，不用缴费，可以按月领取基础养老金，但其符合参保条件的子女应当参保缴费”这一规定，便是子女赡养老人的捆绑式缴费模式。当然，这一模式是正确的，应当长期坚持。再次，对于农村的老年贫困群体，还应发挥农村低保、五保供养等社会救助的作用。这要求做好新农保与农村低保、五保供养的衔接工作，具体来说，新农保与农村低保、五保供养之间应采用待遇叠加而不是相互替代的做法。

① 王翠琴、薛惠元：《新农保个人账户养老金计发系数评估》，载《华中农业大学学报（社会科学版）》2011 年第 3 期，第 47～51 页。

第二节　新农保基础养老金调整机制研究

一、问题的提出及文献综述

（一）问题的提出

根据本章第一节对新农保保障水平的评估结论，现行新农保制度所提供的养老金不能满足“老人”、“中人”和大部分“新人”的基本生活需要，即新农保制度“保基本”的目标无法实现，在一定程度上说，新农保保障水平的可持续性会受到质疑和挑战。而新农保基础养老金是普惠式的养老金，每个到达领取年龄的参保人都均等地享受此权利，基础养老金在“保基本”中发挥着重要作用。较低的保障水平将会产生非常消极的影响：一方面，既定的基础养老金无法保证农村老年居民的生活水平不因通货膨胀而下降，使新农保对农村老年居民的吸引力不断降低；另一方面，广大的中青年农民看不到制度带来的好处，对新农保持怀疑或观望态度，降低了原本参保积极性就不高的中青年农民的参保意愿。因此，适时调整新农保基础养老金的最低标准十分必要。与此同时，中国经济保持持续稳定地增长，财政收入规模不断增大，加上政府的高度重视，使新农保基础养老金的调整成为可能。

此外，国发〔2009〕32 号文件中明确提出“国家根据经济发展和物价变动等情况适时调整全国新农保基础养老金的最低标准”。但是，自制度实施以来，国家一直没有调整基础养老金的最低标准，仍然实行初期的 55 元/人·月，这与企业退休人员基本养老金连续十年（2005～2014 年）上调形成鲜明对比。面对经济发展和物价上涨，既定的基础养老金无法满足农村居民老年后的基本生活，建立正常的基础养老金调整机制，逐年提高基础养老金水平已经刻不容缓。因此，研究新农保基础养老金的待遇调整问题具有重要的现实意义。本节将对新农保基础养老金调整机制做出研究，并给出新农保基础养老金调整的可行方案。

（二）文献综述

根据国发〔2009〕32 号文件，国家应对新农保基础养老金的最低标准适时进行调整。目前学术界对城镇职工基本养老保险待遇调整的研究较多，何文炯、洪蕾等（2012）通过建立精算模型分析城镇职工基本养老保险待遇调整对养老保险基金支付能力的影响，认为现行养老金标准调整过快，随意性较强，将增加养老保险基金的支付压力，应建立职工基本养老保险基金动态评估机制①。阳义南、申曙光（2012）构建了实际工资增长率和消费价格指数"二挂钩"的参照系数及其临界值的待遇调整启动机制，并提出以退休人员本人基本养老金、各地平均基本养老金作为调整基数，进而得出中国基本养老保险基金调待方案②。殷俊、陈天红（2010）从老年人需求结构变化的角度提出在现有城镇职工基本养老金待遇调整机制的基础上引入老龄指数化调整因子③。上述研究对新农保基础养老金调整有一定的借鉴意义，尤其在调整指数的选取以及调整机制的启动时机等方面。

被征地农民养老保险待遇调整也为学者们所关注，赵婧、杨翠迎等（2009）以人口寿命、人均收入水平、财政能力和消费需求为调待因素，通过构建被征地农民养老金待遇调整模型，并基于宁波市验证模型，得出因素调整系数法更加科学、稳定，操作性较强④。李佳、冯利民等（2010）以河北省为例，参考地方经济发展、人口预期寿命等六大因素构建了失地农民养老保险待遇调整模型，并以秦皇岛的实际数据对模型进行分析，得出模型测算值与当地实际基本相符的结论⑤。以上研究对新农保基础养老金调整机制影响因素的考虑与选取有一定的启发意义。

对新农保基础养老金调整的研究主要集中在调整模型的确定以及调整后的影响方面。如王鹏、米红等（2012）基于有限财政理论，从新农保基础养老金待遇调整的视角阐述了新农保制度优化的三种模式，预测了三种制度模式对新农保待遇领取和财政开支的影响程度，得出新农保制度优化的路径选择⑥。但是测算的是参保人能够领取养老金的绝对数额，无法得出新农保能够提供的养老金的相

① 何文炯、洪蕾等：《职工基本养老保险待遇调整效应分析》，载《中国人口科学》2012 年第 3 期，第 19 ~ 30 页。

② 阳义南、申曙光：《通货膨胀与工资增长：调整我国基本养老金的新思路与系统方案》，载《保险研究》2012 年第 8 期，第 19 ~ 30 页。

③ 殷俊、陈天红：《从老年人需求结构视角探析养老金待遇调整机制》，载《求索》2010 年第 12 期，第 1 ~ 4 页。

④ 赵婧、杨翠迎：《被征地农民养老保险待遇调整方法的探索——以宁波市为例》，载《社会保障研究》2009 年第 3 期，第 3 ~ 8 页。

⑤ 李佳、冯利民等：《河北省被征地农民养老保险待遇调整探索——以秦皇岛市为例》，载《保险研究》2010 年第 6 期，第 69 ~ 75 页。

⑥ 王鹏、米红等：《中国新型农村社会养老保险制度优化与长期均衡发展研究》，载《统计与信息论坛》2012 年第 11 期，第 32 ~ 38 页。

对水平，而且虽然考虑到优化模式对财政的影响，但是并没有对待遇调整时机和调整依据进行分析。沈毅、杜晓宇（2012）根据“生存公平”原则，分别以CPI增长率、农民纯收入增长率、CPI增长率和农民纯收入增长率的一定比例等三种指数对新农保基础养老金建立规范的调整指数模型，并从财政负担和替代消费两个方面进行指数调整检验，进而确定合适的指数调整方案[①]，不过没有阐述调整机制的启动时机，而这是养老金调整的前提。

2011年城镇居民社会养老保险制度试点以后，部分地区将该制度与新农保制度合并实施，统称为城乡居民社会养老保险制度。有学者对城乡居民社会养老保险基础养老金的调整进行了探讨。如周永水、刘晓露（2013）以浙江省为例提出了城乡居民社会养老保险待遇调整的措施，即实行比例缴费制、提高政府补贴标准及建立养老金动态调整机制[②]，但缺乏实证分析，且针对的是基础养老金和个人账户养老金的调整，方案过于笼统，可行性不强。卢昱昕、万磊等（2013）以低保标准和恩格尔系数标准为城乡居民社会养老保险适度水平标准设计调整方案，并测算地方财政负担水平，结果表明通过提高个人缴费水平对地方财政投入的影响并不大[③]。

基于以上研究成果及研究中存在的问题，本节尝试研究新农保基础养老金调整的时机、调整依据，并设计不同的调整方案，通过分析待遇调整对新农保养老金替代率和中央财政支付能力的影响，确定出新农保基础养老金调整的可行方案。

二、养老金待遇调整的经验借鉴

大多数国家都建立了城乡一体化的养老保险制度。对国外养老金调整机制的研究主要集中在公共养老金调整指数的选取以及制度的可持续性等方面。美国于1975年实施以CPI为公共养老金调整指数的调整方案，调整幅度比较小，调整目标是确保退休人员养老金购买力不因通货膨胀而降低，但是不提供相对于在职人员生活水平不降低的保障[④]。调整机制自运行以来没有给OASDI（指老年、残障、遗嘱社会保险）计划带来负面影响，信托基金稳定持续的运行，说明以CPI

① 沈毅、杜晓宇：《新农保基础养老金动态调整方式及其选择》，载《党政干部学刊》2012年第6期，第57~62页。

② 周永水，刘晓露：《关于建立城乡居民社会养老保险待遇调整机制的思考》，载《中国社会保障》2013年第4期，第34~35页。

③ 卢昱昕、万磊：《城乡居民社会养老保险待遇调整的精算分析》，载《中国社会保障》2013年第4期，第36~37页。

④ 赵巍巍：《美德：养老金待遇调整殊途同归》，载《中国社会保障》2011年第9期，第21~23页。

作为调整指数的调待机制是适合美国国情的[①]。面对严重的人口老龄化及养老金财务支付危机，日本进行养老保险制度改革，主要是利用工资增长率、物价指数和浮动调整率对养老金给付进行动态调整[②]。此外，根据物价进行养老金调整的还有英国、加拿大、比利时、波兰等国家。德国的公共养老金调整指数经历了总工资指数、临时的CPI调整指数、净工资指数以及引入"可持续因子"的净工资指数等，调整幅度相对较大，使退休者分享到经济发展成果，更加注重社会公平，但由此加重了在职者的负担，影响制度及经济的可持续发展。还有部分国家采取综合运用物价指数和工资增长率两种指标进行调整，如瑞典、瑞士、芬兰等。

综上所述，各国养老金调整机制的建立，其主要目标是避免养老金受到通货膨胀的侵蚀，保证养老金购买力不降低，在此基础上使退休者分享部分经济发展成果。参考的调整指数大体分为三种：CPI、工资增长率以及二者的结合。国外调整养老金待遇的做法为中国新农保待遇调整提供了有益的经验和借鉴，中国新农保待遇调整需结合国情。

2005～2014年，中国企业退休人员基本养老金实现了"十连调"，年均涨幅在10%以上，2007年高达23.7%，调整指数一般是根据社会平均工资增长率的一定比例、物价上涨率或是二者的结合来确定。不过，总体来看，企业职工基本养老金待遇调整较为随意，没有形成系统、规范、科学的调整机制，不利于制度的可持续发展。

养老金水平关系到广大农村居民年老后的基本生活，在通货膨胀及老年风险存在的情况下，国家建立科学规范的新农保基础养老金调整机制，对保障农村老年居民的基本生活、维护制度的可持续性、实现基本公共服务均等化，都具有重要的现实意义。

三、新农保基础养老金调整机制设计

（一）调整的时机与幅度

国发〔2009〕32号文件提出，国家根据经济发展和物价变动等情况，适时

① 韩伟、穆怀中：《基于CPI的美国公共养老金调整指数的实证分析》，载《统计与决策》2007年第7期，第114～115页。

② 柳清瑞：《基于人口老龄化的日本养老金调整机制分析》，载《东北亚论坛》2005年第4期，第56～59页。

调整全国新农保基础养老金的最低标准。该文件蕴含了两层含义：一是基础养老金调整依据——“经济发展和物价变动等情况”；二是基础养老金的调整时机——“适时”。笔者认为，国家依据物价变动调整基础养老金，是为了保证农村老年居民的基本生活水平不因物价上涨而下降；国家依据经济发展调整基础养老金，是为了使农村老年居民分享到经济发展成果。衡量经济发展的指标，可以选取经济增长率（GDP 增长率）；衡量物价变动的指标可以选取物价变动率。关于新农保基础养老金调整的时机，笔者认为只有当物价变动率和经济增长率均大于0，或者物价变动率小于等于0、经济增长率大于0且经济增长率大于物价变动率的绝对值时，才开始启动基础养老金调整机制，具体如表7-8所示。

表7-8　　　　新农保基础养老金调整的时机

情形	物价变动率	经济增长率	是否启动基础养老金调整机制
情形一	大于0	大于0	是
情形二	大于0	小于等于零	否
情形三	小于等于0	大于0且经济增长率 > |物价变动率|	是
情形四	小于等于0	大于0且经济增长率≤|物价变动率|	否
情形五	小于等于0	小于等于零	否

资料来源：本章设计。

由于中国通货紧缩的情形比较少，因此本节研究暂不考虑物价变动率小于等于0的情形，仅考虑物价上涨（物价变动率>0）的情形，即本节仅研究表7-8中的“情形一”，此时物价变动率和经济增长率均大于0。

关于调整幅度，笔者认为，新农保基础养老金的调整应坚持适度原则，调整幅度过低无法保证农村老年居民的基本生活，调整幅度过高又会给财政带来压力，因此基础养老金调整的难点在于如何在保障水平和财政支付能力之间寻求平衡。进一步，笔者认为，新农保基础养老金的调整应坚持以下原则：（1）基础养老金调整系数不应低于物价上涨率；（2）在物价上涨率小于经济增长率时，基础养老金调整系数应为物价上涨率加经济增长率的一定比例，且调整系数不应高于经济增长率。

（二）具体调整方案设计

下面仅针对物价变动率和经济增长率均大于0的情形设计基础养老金调整方案。设新农保基础养老金调整系数为f，物价上涨率为m($m>0$)，经济增长率为

$q(q>0)$，农村老年居民分享经济发展成果的比例为 $x(0 \leqslant x < 100\%)$，根据以上新农保基础养老金调整的基本理念，可以设计出如下调整方案：

$$f=\begin{cases} m, & m \geqslant q \\ m+q \times x \text{ 且 } f \leqslant q, & m<q \end{cases} \quad (7.20\text{ 式})$$

基于后文测算基础养老金调整对新农保养老金目标替代率及财政支付能力影响的考虑，而且自新农保制度实施以来，中央政府并没有调整基础养老金的最低标准，这里假定基础养老金从 2014 年年初开始调整，2013 年基础养老金仍为 55 元/人·月，调整考察时段为 2014 ~ 2048 年。

表 7 - 9 显示，1990 ~ 2013 年间，中国农村年均物价上涨率为 4.6%，其中 1994 ~ 1996 年更是出现了严重的通货膨胀。从 1997 年开始物价上涨率基本趋于稳定，1997 ~ 2013 年中国农村年均物价上涨率为 2.1%，取整数为 2%。基于“价格总水平基本稳定”的考虑，本节假定 2014 ~ 2048 年中国农村物价上涨率 m 为 2%。

1990 ~ 2013 年间中国 GDP 年均增长率约为 9.9%（见表 7 - 9）。高盛全球首席经济学家吉姆·奥尼尔预测：2011 ~ 2020 年中国每年平均 GDP 在 7.7% 左右，2021 ~ 2030 年为 5.5%，2031 ~ 2040 年为 4.3%，2041 ~ 2050 年为 3.5%①。根据中国经济发展战略和发展趋势，本节采用吉姆·奥尼尔的预测数据。

表 7 - 9　　改革开放以来中国农村物价上涨和 GDP 增长状况　　单位：%

年份	农村物价上涨率	GDP 增长率	年份	农村物价上涨率	GDP 增长率
1990	4.5	3.8	2001	0.8	8.3
1991	2.3	9.2	2002	-0.4	9.1
1992	4.7	14.2	2003	1.6	10.0
1993	3.7	14	2004	4.8	10.1
1994	23.4	13.1	2005	2.2	11.3
1995	17.5	10.9	2006	1.5	12.7
1996	17.9	10.0	2007	5.4	14.2
1997	2.5	9.3	2008	6.5	9.6
1998	-1.0	7.8	2009	-0.3	9.2
1999	-1.5	7.6	2010	3.6	10.4
2000	-0.1	8.4	2011	5.8	9.3

① 游芸芸：《高盛全球首席经济学家吉姆·奥尼尔：2027 年中国将成为最大经济体》，载《证券时报》2009 年 11 月 3 日，第 A006 版。

续表

年份	农村物价上涨率	GDP 增长率	年份	农村物价上涨率	GDP 增长率
2012	2.5	7.8	平均（1990～2013）	4.6	9.9
2013	2.8	7.7	平均（1997～2013）	2.1	—

注：农村物价上涨率和 GDP 增长率这里取的是简单算术平均值。
资料来源：《中国统计年鉴（2013）》及国家统计局网站。

由于参数物价上涨率小于经济增长率（$m<q$），基础养老金调整系数适宜选择（7.20 式）中的第二种情形，下面取 $f=m$、$f=q$ 两个端点值，再假定 x 的取值分别为 10%、20%、30%、40%、50%，设计出 7 套基础养老金调整方案，具体如表 7－10 所示。

表 7－10　　新农保基础养老金调整方案设计

方案	基础养老金调整系数公式	要满足 f≤q，则 q 的取值	是否进入备选方案
方案一	$f=2\%$	$q\geq2.0\%$	是
方案二	$f=2\%+0.1q$	$q\geq2.2\%$	是
方案三	$f=2\%+0.2q$	$q\geq2.5\%$	是
方案四	$f=2\%+0.3q$	$q\geq2.9\%$	是
方案五	$f=2\%+0.4q$	$q\geq3.3\%$	是
方案六	$f=q$	——	是
方案七	$f=2\%+0.5q$	$q\geq4.0\%$	否

注：m＝2%，q 的取值为 2014～2020 年 7.7%，2021～2030 年 5.5%，2031～2040 年 4.3%，2041～2048 年 3.5%。
资料来源：本章设计。

由于方案七要求 $q\geq4.0\%$，而我们设定的 q 在 2041～2048 年为 3.5%，小于 4%，不满足条件，因此，方案七不进入备选方案。下文仅对方案一至方案六做出讨论。2014～2048 年不同方案下新农保基础养老金调整系数如表 7－11 所示。

表 7－11　　2014～2048 年不同方案新农保基础养老金调整系数　　单位：%

年份	2014～2020 年	2021～2030 年	2031～2040 年	2041～2048 年
方案一	2.00	2.00	2.00	2.00
方案二	2.70	2.55	2.43	2.35
方案三	3.40	3.10	2.86	2.70

续表

年份	2014～2020年	2021～2030年	2031～2040年	2041～2048年
方案四	4.10	3.65	3.29	3.05
方案五	4.80	4.20	3.72	3.40
方案六	7.70	5.50	4.30	3.50

资料来源：本章设计。

下面通过构建模型来测算和分析基础养老金待遇调整对新农保养老金替代率及财政支付能力的影响。

四、新农保基础养老金调整对养老金目标替代率的影响

（一）模型构建

新农保目标替代率是指农民年满60岁时领取的养老金与年满60岁前一年农民人均纯收入之间的比率。包括基础养老金目标替代率和个人账户养老金目标替代率两部分。根据相关政策文件，本节做出如下假定：

第一，设定一个“标准人”，即一个典型或者平均意义上的新农保参保人。假定该“标准人”在2013年参保，时年25岁，缴费35年，到60岁即2048年开始领取养老金。

第二，假定“标准人”选择最低缴费档次和最高档次，即期初缴费档次为100元/年和500元/年，国家依据农民人均纯收入增长率每年调整一次缴费档次，缴费期间不中断缴费，到60岁后在每年年初按年领取养老金。

第三，测算期间政府缴费补贴标准不作调整；不考虑农村集体补助情况。

第四，假定国家依据经济发展和物价变动情况每年调整一次基础养老金的最低标准。

用P_0表示2013年的最低标准基础养老金（此处不考虑地方政府提高和加发的基础养老金），用f表示基础养老金调整系数，Y_0表示2012年（即“标准人”参保前一年）农民人均纯收入，g表示农民人均纯收入增长率，则该“标准人”年满60岁时基础养老金目标替代率RR_1为：

$$RR_1 = \frac{P_0(1+f)^{35}}{Y_0(1+g)^{35}} \qquad \text{（式 7.21）}$$

新农保个人账户部分包括个人供款和政府补贴两部分。用C表示2013年的缴费水平，S表示政府缴费补贴，r表示个人账户收益率，n表示个人账户计发

年限，P_2 表示个人账户养老金年领取额。则“标准人”达到领取年龄时个人账户积累总额 E 为：

$$E = C\sum_{i=1}^{35}(1+g)^{35-i}(1+r)^{i} + S\sum_{h=1}^{35}(1+r)^{h} \qquad (7.22\text{ 式})$$

“标准人”每年领取的个人账户养老金在开始领取养老金时（即年满 60 岁）的总额现值 F 为：

$$F = P_2\sum_{j=0}^{n-1}\frac{1}{(1+r)^{j}} \qquad (7.23\text{ 式})$$

根据保险精算平衡原理可得 E = F，由（7.22 式）、（7.23 式）可计算出 P_2。则新农保个人账户养老金目标替代率 RR_2 为：

$$RR_2 = \frac{C\sum_{i=1}^{35}(1+g)^{35-i}(1+r)^{i} + S\sum_{h=1}^{35}(1+r)^{h}}{Y_0(1+g)^{35}\sum_{j=0}^{n-1}\frac{1}{(1+r)^{j}}} \qquad (7.24\text{ 式})$$

于是，新农保目标替代率 RR 为：

$$RR = RR_1 + RR_2 \qquad (7.25\text{ 式})$$

（二）基本参数取值

1. 个人账户基金收益率和个人账户养老金计发年限

国发〔2009〕32 号文件规定“个人账户储存额目前每年参考中国人民银行公布的金融机构人民币一年期存款利率计息”，参考近些年来金融机构存款利率以及未来个人账户养老金入市的可能，假定个人账户基金收益率 r 为 5%。个人账户计发年限为 139/12≈11.58 年，计算时取 $n=12$。

2. 2012 年农民人均纯收入及增长率

由《中国统计年鉴 2013》可得，2012 年中国农民人均纯收入为 7 917 元，1978 年全国农民人均纯收入为 134 元，可以得出改革开放至今全国农民人均纯收入的平均增长率 $=\sqrt[34]{7\,917/134}-1\approx 12.75\%$。显然，这个数据并不符合未来的发展可能。近些年来，国家高度重视民生，《国民经济和社会经济发展十二五规划纲要》提出十二五期间“城镇居民人均可支配收入和农村居民人均纯收入分别年均增长 7% 以上”。结合中国未来经济发展战略和趋势，本节假定农民人均纯收入增长率等于 GDP 增长率。结合前文假设，农民人均纯收入在 2014～2020 年、2021～2030 年、2031～2040 年、2041～2048 年的增长率分别为 7.7%、5.5%、4.3%、3.5%。

3. 期初最低标准基础养老金、缴费标准和政府缴费补贴

2013 年最低标准基础养老金 P_0 为 660 元；2013 年缴费标准 C 取 100 元/年

和 500 元/年；政府缴费补贴标准 S 为 30 元/年（见表 7-12）。

表 7-12　　基本参数取值

P_0	Y_0	C	r	S	g	n
660	7 917	100、500	5%	30	7.7%、5.5%、4.3%、3.5%	12

资料来源：本章假定。

（三）测算结果及分析

把以上基本参数带入（7.25 式），可以得到：

$$RR=\begin{cases}0.0834(1+f)^{35}+0.049, & C=100\\ 0.0834(1+f)^{35}+0.2198, & C=500\end{cases} \quad (7.26\text{ 式})$$

将表 7-11 中新农保基础养老金调整系数的六个方案代入（7.26 式），可以得到不同调整系数下新农保的目标替代率，具体如表 7-13 所示。

表 7-13　　不同调整系数下新农保目标替代率　　单位：%

	方案一	方案二	方案三	方案四	方案五	方案六
x 取值	0	10%	20%	30%	40%	—
$C=100$ 元	21.38	24.69	28.36	32.7	37.8	52.93
$C=500$ 元	38.46	41.77	45.45	49.78	54.88	70.02

资料来源：本章测算得到。

从表 7-13 可以看出，随着分享经济发展成果比例的提高，“标准人”达到 60 岁时的养老金目标替代率也不断提高。当初始缴费档次为 100 元时，替代率介于 21.38%～52.93%之间（其中个人账户替代率为 4.9%）。当初始缴费档次选择 500 元时，随着个人账户替代率的提高，新农保目标替代率也随之提高，介于 38.46%～70.02%之间。

国际经验表明，60%～70%的养老金替代率可以使老年人生活得很体面，而 30%～40%的替代率仅可以保证老年人最基本的生活。当农民初始选择 100 元缴费档时，方案四、五、六提供的替代率可以维持农村老年居民最低限度生活。当初始选择 500 元的缴费档次时，六种方案中新农保提供的替代率都能满足参保人获得基本的生活保障，但只有方案六提供的替代率能够使参保人年老后体面的生活。但现实中选择最高缴费档次（初始 500 元/年）的居民毕竟是少数。随着经济的发展和农民收入的不断增加，建议逐渐提高最低缴费标准，或者鼓励农民选择较高的缴费档次。

五、新农保基础养老金调整对财政支付能力的影响

（一）基本假定与中央财政补贴测算公式

财政对新农保进行补贴是制度实现可持续发展的重要前提条件。国发〔2009〕32号文件提出政府对符合待遇领取条件的农村居民参保人全额支付新农保基础养老金。其中，中央财政对中西部地区按中央确定的基础养老金标准给予全额补助，对东部地区给予50%的补助。本节假定中国城乡养老保险制度在给定年限内（2014～2048年）没有实现制度并轨，且新农保实现人群全覆盖。此时，中央财政每年对东部地区新农保补贴数额 = $\sum$ 东部各地60岁及以上的农村人口×50%×最低标准基础养老金年标准；中央财政每年对中西部新农保补贴数额 = $\sum$ 中西部各地60岁及以上的农村人口×最低标准基础养老金年标准。两者之和即为中央财政对全国新农保的年补贴额。

下面需要对2014～2048年历年中国东部、中西部60岁及以上的农村人口数进行预测。

（二）2014～2048年新农保60岁及以上参保人数的预测

2014～2048年农村60岁及以上人口（即60岁及以上新农保参保人数）的预测数据，这里直接参考第五章的研究成果①。根据前文的研究，假定2014～2048年中国东部、中西部地区农村人口比重分别为33%和67%，可以得出东、中西部60岁及以上农村人口数，如图7－8所示。

（三）2014～2048年中国中央财政收入预测

2014～2048年中国中央财政收入的预测数据直接参考第五章的研究数据②，具体如图7－9所示。

（四）不同调整方案对中央财政支付能力的影响

将不同调整方案下中央财政对新农保年补助数额占中央财政收入比重绘制成图形，如图7－10所示。

---

①② 薛惠元：《新型农村社会养老保险财政保障能力可持续性评估——基于政策仿真学的视角》，载《中国软科学》2012年第5期，第68～79页。

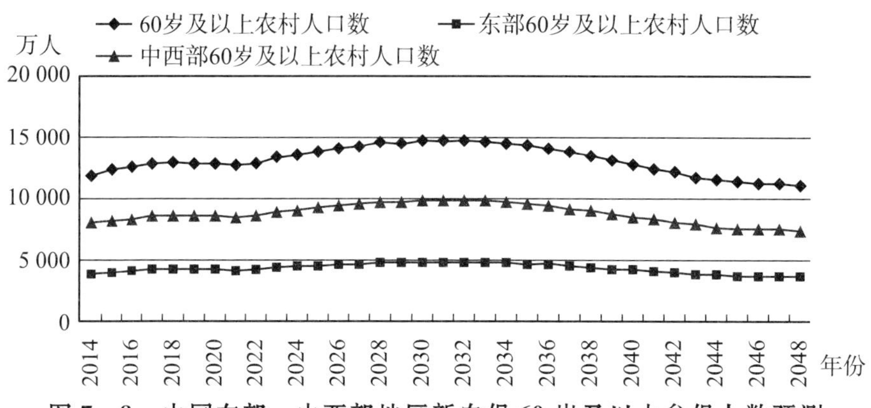

图 7-8　中国东部、中西部地区新农保 60 岁及以上参保人数预测

资料来源：根据本书第五章第三节图 5-14 的数据绘制而成。

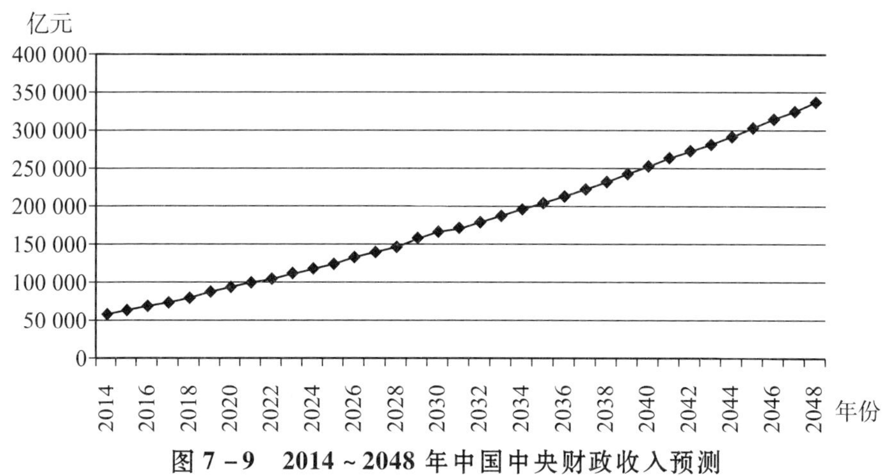

图 7-9　2014～2048 年中国中央财政收入预测

资料来源：根据本书第五章第三节图 5-3 的数据绘制而成。

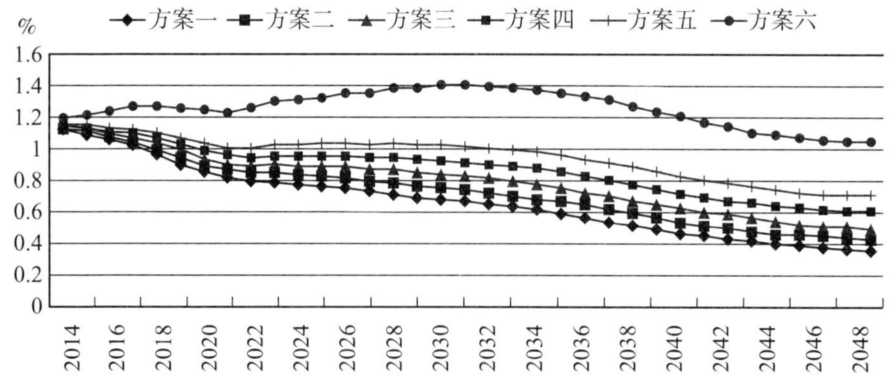

图 7-10　不同调整方案下中央财政对新农保年补助数额占中央财政收入比重

资料来源：本章测算得到。

从方案一到方案六，中央财政对新农保年补贴数额占中央财政收入的比重逐步增大，其中方案六中占比明显高于其他方案。方案一、二、三、四中中央财政对新农保年补贴数额占比一直呈下降趋势，占比分别维持在 0.36% ~1.13%、0.43% ~1.14%、0.51% ~1.15%、0.61% ~1.16% 的水平上，期初占比较大；方案五中中央财政对新农保年补贴数额占比经历了先下降而后小幅上升最后又下降的趋势，主要是受基础养老金调整幅度和人口年龄结构变化的影响，总体上维持在 0.2% ~1.16% 的水平上，同样是期初占比较大；方案六中中央财政对新农保年补贴数额占比呈现出先上升而后小幅下降，再上升又下降的趋势，其中最大值出现在 2030 ~2031 年，达到 1.41%，总体水平维持在 1.05% ~1.41%，说明随着调整幅度的增大，中央财政的支付负担不断加重。但六种方案中中央财政对新农保年补贴数额占比均小于 1.5%，即新农保基础养老金调整对中央财政支付能力的影响并不大，相对于财政收入增长速度，这一比例是很小的。因此只要中国经济能保持平稳发展和增长，中央财政有能力承担对新农保的补贴。

六、新农保基础养老金调整方案比较与研究结论

（一）调整方案比较

新农保基础养老金调整关系到城乡居民年老后的基本生活和制度的可持续发展。六种调整方案中，基础养老金待遇调整后中央财政对新农保补贴数额占中央财政的比例较低，即待遇调整对中央财政的支付能力影响不大，但方案一至方案四中新农保替代率较低。基础养老金调整既要保证农村老年居民的生活水平不因物价上涨而下降，即保持一个相对较高的替代率，同时又不能给财政带来支付压力，基于这两点，本节认为方案五和方案六是可选择的调整方案。

方案五中，新农保基础养老金调整幅度为“物价上涨率 + 经济增长率 × 40%”。在这一调整指数下，农民期初选择 100 元（最低档）和 500 元（最高档）的年缴费标准，35 年后的养老金替代率分别为 37.8% 和 54.9%，中央财政对新农保补助数额占中央财政收入的比重介于 0.72% ~1.16% 之间。

方案六中，基础养老金与经济增长同步调整。中央财政对新农保补贴数额增多，占到当期中央财政收入的 1.05% ~1.41%，但是替代率也有所提高，中间档和最高档缴费标准下的替代率分别达到 52.93% 和 72.02%，可以为农村老年居民提供一个相对较高的替代率水平。

方案五中最低缴费档次的替代率较低，主要是因为同期农民人均纯收入增长率明显高于基础养老金调整系数，个人账户替代率较低。但最高缴费档次的替代

率已经能维持农村老年居民的基本生活需要，且不会给中央财政带来压力。“十二五”规划中提出城乡居民收入增幅与经济增长同步，因此方案六中基础养老金与经济同步增长更有利于保证居民分享经济发展成果，同时增加对新农保基础养老金补贴体现了国家在居民养老工作中的责任，更加彰显社会公平。并且，随着中国经济的长期可持续增长，中央财政完全有能力支付由养老金待遇调整带来的财政支出。

（二）基本研究结论

实现保障水平的可持续性是保证新农保制度可持续发展的重要举措。现阶段新农保提供的保障水平不能实现“保基本”的目标，在鼓励居民选择较高缴费档次，早参保早缴费，落实好长缴多补政策，提高新农保个人账户替代率的同时，应适时对基础养老金的最低标准进行调整。从长远来看，应建立新农保基础养老金正常调整机制。

新农保基础养老金调整是一个系统工程，涉及调整时机、调整幅度以及对保障水平和财政支付能力的影响等方面。综合前文分析以及中国经济发展状况（较少出现通货紧缩现象），本节认为新农保基础养老金的调整时机为：当物价变动率和经济增长率均大于0时开始启动基础养老金的待遇调整机制；此外，基础养老金调整时间和幅度应稳定，避免大起大落，否则会影响制度的可持续性、农村老年居民生活水平以及人们对制度的信任和支持。本节认为新农保基础养老金的调整幅度为“物价上涨率＋经济增长率×40%”或者“等于经济增长率”。基础养老金的调整应在不损失经济效益的前提下为农村老年居民提供相对较高的养老水平。由调整方案可知，中央财政完全能够承担由新农保基础养老金调整产生的支付负担，只要中国经济保持良好的发展势头，新农保保障水平的可持续性是可以实现的。

第八章

新型农村社会养老保险可持续发展的外部环境

第一节　新农保可持续发展的经济环境分析

强调当前经济形势，是基于国民经济由外需型向内需型，经济总量增长向结构式转变中对健全、完善的社会保障体系的要求。在当前经济持续向好的形势下，社会结构仍在持续分化，经济增长的同时周期性波动的状况依然严峻。加之，社会风险与养老风险的进一步加剧，需要社会保障制度，尤其是养老保障制度来分散与化解此种风险。

一、经济增长与经济周期性波动

（一）经济增长与周期性波动的概念与特征

1. 经济增长的内涵与外延

国内外学者从不同角度研究过经济增长。英国学者格兰特（Grant，S.）认为经济增长实质上指一国物品和劳务产出的增加，通常使用实际国内生产总值的变化（GDP）来衡量。[①] 这里 GDP 的变化量实际上包含了两个层次的内容：一

① ［英］格兰特，方颖、韩向虹译：《经济增长与商业周期》，机械工业出版社 2008 年版，第 2 页。

是GDP总量的变化情况，二是GDP的变化率。中国学者蔡昉认为，经济增长是整个国民经济部门中的社会最终产品和服务的价值创造的过程，其中社会投资总量，国家或地区发展规模以及人均收入水平则成为经济增长的重要前提。①

由此可见，经济增长通常可以理解为在某一时间内，一国人均产出水平以及国内实际生产总值（GDP）持续增加的过程。其中，决定经济增长的直接因素包括：国内实际生产总值（GDP）、居民人均收入水平以及社会固定投资量。

2. 经济周期性波动的内涵与外延

经济周期是经济增长的重要特征，经济周期性波动则是经济周期的表现形式。经济的周期性波动对政治、经济、社会生活的冲击较为明显，一直是国内外学者关注的焦点。李义平（2009）认为经济的周期性波动是市场经济发展的基本特征，真正意义的经济周期性波动指经济在经历一个快速发展阶段之后，往往会进入一个相对调整的时期，会出现危机、萧条、复苏与高速发展四个阶段，从而实现经济的波动。② 但是，在中国，受国情与宏观经济长期发展趋势的影响，经济周期性波动则表现的更为复杂。陈乐一（2009）认为，在分析经济周期性波动内涵及特征之前，有必要对其具体的波动形态有一个基本了解。③ 其中，经济周期性波动的形态不是一蹴而就的，大的波浪是由许多中短期小的波浪累积而成，在中小波浪累计能量达到一定程度之际，经济周期性波动的能量得以完全释放。陈乐一教授运用两年移动平均法通过对中国GDP增长率进行处理，加上多项式拟合的技术，绘制出自1980年到2008年中国经济周期性波动状况图，诠释了经济周期性波动是由中短期小型波动叠加累积而得（见图8-1）。

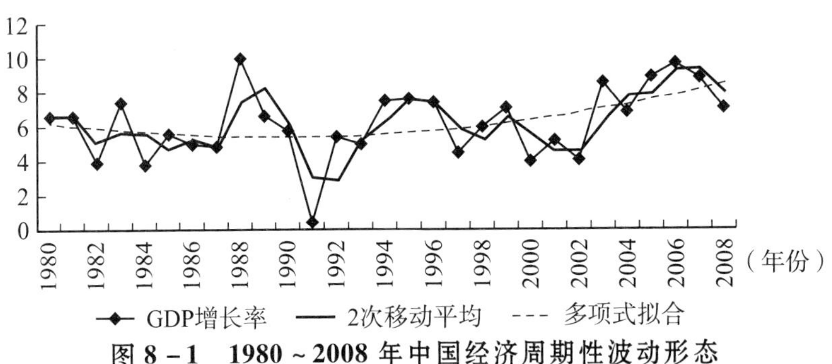

图8-1　1980~2008年中国经济周期性波动形态

资料来源：陈乐一、李星：《大国经济的周期波动特征分析》，载《湖南商学院学报》2009年第4期。

① 蔡昉：《三农、民生与经济增长——中国特色改革与发展探究》，北京师范大学出版社2010年版，第27~40页。

② 李义平：《如何看待经济周期性波动》，载《人民日报》2009年7月2日，第7版。

③ 陈乐一、李星：《大国经济的周期波动特征分析》，载《湖南商学院学报》2009年第4期，第5~12页。

综合学者们的论述可知，经济周期性波动可分为经济总量性的绝对波动与经济增速为代表的结构性波动。经济总量绝对波动主要指一段时间内，一国国内生产总值（GDP）与国民生产总值（GNP）呈现出阶段性变动规律的特征。“这一波动源自于某些供给不足导致追求高速度增长而产生的资金与资源约束的矛盾。”① 经济结构性波动主要是基于经济增长速度而产生的周期性变动的过程。“其中，衡量经济结构性波动的最终指标就是人均 GDP 增长率的变化。”②

尽管各学者对经济周期性波动内涵的认识有细微区别，但是，一致认为经济周期性波动主要表现为经济的回转、经济的繁荣、经济的低迷以及经济的衰退四个阶段（见图 8－2）。经济的回转主要指经济发展处于外扩阶段，社会投资活跃，经济产量以及预期收入提高。消费者与企业家普遍对经济持乐观态度，投资与就业状况有所好转；经济的繁荣是指经济发展的扩张程度达到最大，投资、就业以及收入达到最高水平；经济的低迷是指在经济繁荣之际，投资的无限制扩大带来社会生产的过剩，经济总供给远高于总需求，经济增长放缓；经济的衰退指企业与经济的发展遇到了萧条时期，出现较长时期的产出下降与较高的失业率（见图 8－3）。

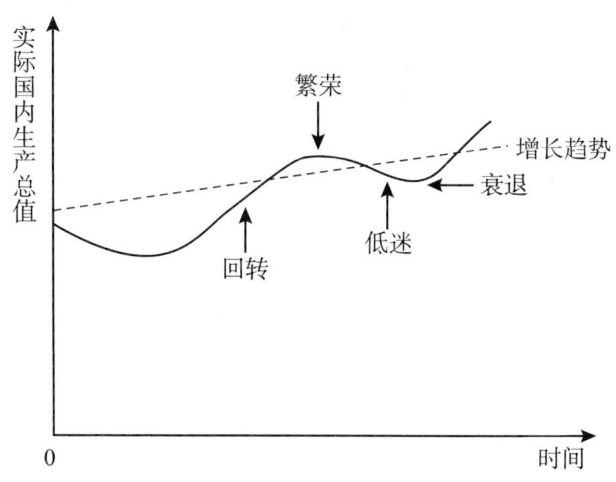

图 8－2　经济周期性波动阶段图

资料来源：[英] 格兰特，方颖、韩向虹译：《经济增长与商业周期》，机械工业出版社 2008 年版，第 126 页。

① 孔爱国：《中国经济周期性波动及其对策分析》，载《复旦大学学报（社会科学版）》1997 年第 2 期，第 58～63 页。

② 殷剑峰：《中国经济周期研究：1954～2004》，载《管理世界》2006 年第 3 期，第 5～14 页。

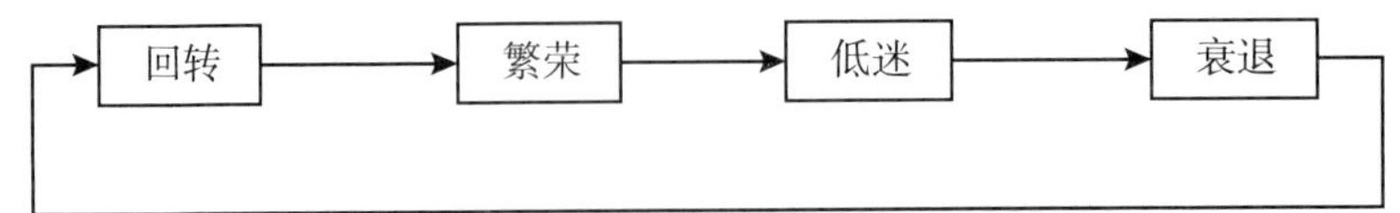

图 8-3 经济周期性波动阶段循环图

(二) 经济增长、周期性波动需要养老保险的支持

1. 经济增长需要养老保险制度的支持

当前，中国正处于经济快速增长时期，GDP 的快速增长为城乡养老保险制度的建立与完善提供了经济基础。同时，社会固定投资量的增长，更多的就业机会被创造，对劳动者的吸纳能力增强。但是，为更加充分地调动广大劳动者生产积极性，创造更多物质财富，实现经济增长与繁荣，需要解除劳动者后顾之忧，建立完备的养老保险体系。据统计，中国 GDP 总量总体处于增长态势，从 1990 年到 2010 年，GDP 总量从原来的 18 667.8 亿元增长到 2010 年的 397 983 亿元（见图 8-4）；另外，"十一五"期间，GDP 年均增速达 10.5%，超过《"十一五"规划纲要》所提出的年均增长 7% 的目标（见图 8-5）。

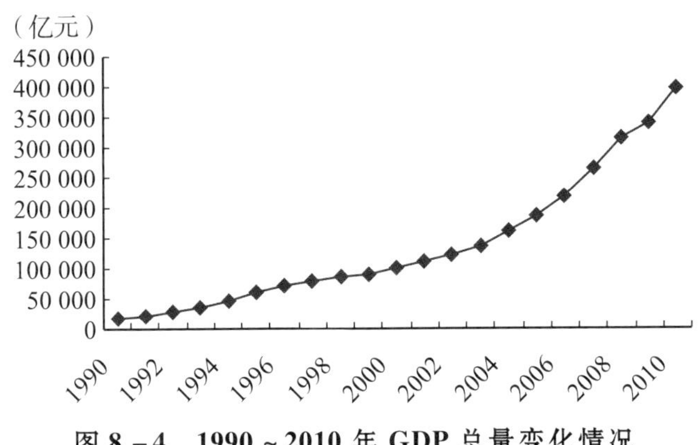

图 8-4 1990～2010 年 GDP 总量变化情况

资料来源：根据《中国统计年鉴 2010》相关数据整理所得。

与此同时，经济增长使得社会固定投资总额增加，对于城乡居民而言，意味着能够提供更多的就业岗位，从而提升城乡居民的收入水平。进而，农村居民具有充裕资金用来参加新农保。资料显示，"十一五"时期，预计 5 年累计实现城镇新增就业 5 700 万人以上，年均达到 1 140 万人，比"十五"时期年均 930 万人增加 210 万人。[①]

① 《"十一五"期间我国实现城镇新增就业超过 5 700 万人》，http://www.gov.cn/jrzg/2010-12/30/content_1775991.htm。

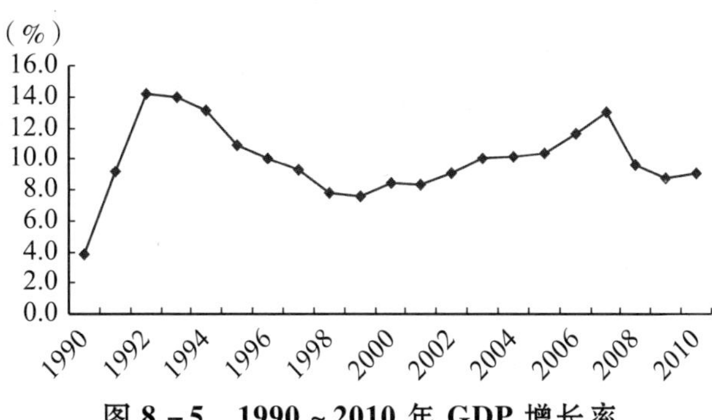

图 8-5　1990～2010 年 GDP 增长率

资料来源：中国社会科学院经济研究所宏观经济调控课题组：《宏观调控目标的“十一五”分析与“十二五”展望》，载《经济研究》2010 年第 2 期，第 4～17 页。

另一方面，经济的快速增长，使得产业结构得以调整与优化，需要完善的养老保障体系做支撑。历史研究表明，经济快速增长对产业结构的调整和优化提出更高要求。第一产业在国民经济中所占的比重逐渐降低，第二、三产业在国民经济中的比重上升。国务院发展研究中心指出，“十一五”期间以及 2010～2020 年间，经济增长速度有所放缓，年均经济增长速度将保持 7% 左右，到 2020 年，GDP 总量将达到 47 000 亿美元左右。在此期间，产业结构将随着工业化和城市化的推进持续调整并趋于优化。[①] 第一产业占 GDP 的比重逐步下滑，第二产业与第三产业的比重逐步上升。由表 8-1 可知，在 2005～2008 年三大产业所占 GDP 比重的分布图中，第一产业的比重总体上呈下降趋势，在 2008 年有所回升，但幅度较小；第二、三产业比重总体上呈上升趋势。第一产业比重中农村种植业、畜牧业、林业以及渔业等种植业比例的下降，对传统农村中的“家庭养老”、“土地养老”形成冲击，农村居民迫切需要社会化、制度性的养老保障，为农村养老保障体系的建设与完善提供了发展空间。

表 8-1　　2005～2008 年中国三大产业在国民经济中的比重变化情况

单位：%

年份	第一产业	第二产业	第三产业
2005	12.24	47.68	40.08
2006	11.34	48.68	38.98

① 国务院发展研究中心课题组：《中国经济增长的前景分析》，载《决策与信息》2009 年第 4 期，第 4 页。

续表

年份	第一产业	第二产业	第三产业
2007	11.26	48.64	40.10
2008	11.31	48.62	40.07

资料来源：《2005～2008 年三大产业占 GDP 比重》，载新浪财经，http：//finance.sina.com.cn/roll/20091224/02157146479.shtml。

2. 经济周期性波动需要养老保险制度的支持

袁志刚、何樟勇（2004）认为，经济的高速以及经济周期性波动对养老保险制度造成一定冲击。[①] 由于养老保险采用部分积累制，经济周期性波动的不同阶段，对养老保险基金的冲击各不相同，严重影响基金的保值、增值，不利于制度的稳定、健康发展。

首先，经济周期性波动的回转与低迷时期需要养老保险制度的支持。一方面，在经济回转与低迷时期，养老保险基金作为巨额资金进入实体经济领域，对拉动经济增长具有重大现实意义；另一方面，在此时期，居民拥有制度性的老年保障，居民能够大胆消费，对刺激内需，带动经济增长具有长远意义。“新型农村养老保险制度的建立，尤其是财政全额支付的基础养老金，使得农民敢于消费，利于开拓农村市场，扩大国内消费需求，从而应对经济周期性波动的影响。”[②]

其次，经济周期性波动的繁荣时期需要建立稳定、可持续的养老保险制度。在经济繁荣时期，经济的持续增长，财政实力的进一步增强，为养老保险制度的稳定运行提供了经济环境。但是，经济的繁荣容易带来通货膨胀与物价水平的攀高。在这样的背景下，养老保险基金保值、增值形势严峻，需要建立随通货膨胀率与物价水平变动相协调、可持续的养老保险制度。

最后，经济周期性波动的衰退时期需要养老保险制度保障功能的发挥。在经济衰退时期，城市中企业生产经营环境恶劣，企业的经营发展步入“寒冬”，大量企业破产，失业率居高不下。同时，随着大量在外务工人员的陆续返乡，他们的基本生活急需保障。因此，此时期需要充分发挥养老保险制度保障基本生活以及互助共济的功能，保障该部分群体的基本生活。

① 袁志刚、何樟：《以新的视角审视当前中国宏观经济增长》，载《经济研究》2004 年第 7 期，第 38～47 页。

② 《温家宝在全国新农保试点工作会议上的讲话》，http：//www.gov.cn/1dhd/2009-08/19/content_1396567.htm。

（三）经济增长、周期性波动对农村经济以及农民收入的影响

1. 经济增长影响政府公共财政对农村基础设施的投入，影响农村经济的增长

长期以来，农村基础设施建设的滞后日益成为制约农村经济发展壮大的关键因素。“从另一个角度来看，农村水、电、道路交通等基础设施建设的项目一般较小，施工期短，对国内需求的刺激作用较为明显”（林毅夫，2000）。[①] 为了在农村创造更多就业与收入机会，促进农村经济的繁荣，在经济增长时期，政府倾向于将更多的公共财政投入农村基础设施建设，拉动农村经济增长。在经济持续快速增长时期，政府公共财政会加大对农村基础设施建设的投入力度，进而，带动农村经济的繁荣；反之，经济增速的放缓以及周期性波动，公共财政对农村经济的拉动效果不明显。

2. 经济增长、周期性波动影响农村金融体制，进而影响农村、农业经济的增长速度

农村金融体制建设与农村经济增长的关系是双向的。一方面，农村经济增长能够为农村金融体制的改革与建设提供动力，推进农村金融制度改革；另一方面，农村金融体制的完善对农村经济增长产生强烈的反作用。在经济快速增长时期，农村金融体制得以完善，能够促进农村经济的发展。但是，经济的周期性波动对稳定的农村金融体制形成挑战，不利于农村、农业经济的长期增长。

3. 经济增长、周期性波动制约农村居民收入的稳定、持续增长

经济增长和收入分配，是农村经济发展的重要内容，两者对农民收入的长期增长具有显著影响。“人均 GDP 增长一个百分点，将能够带来农民人均纯收入增长 0.74 个百分点”（闫福山，2010）。[②] 同时，农村居民收入的提高，农民拥有更多的资金，能够放心大胆消费，有利于开拓农村市场，拉动内需，实现农村、农业经济的繁荣。但是，经济增长形势下的周期性波动，不利于农村居民收入的长期、稳定增长。具体如表 8 - 2 所示。

---

① 林毅夫：《加强农村基础设施建设　启动农村市场》，载《农业经济问题》2000 年第 7 期，第 2 ~ 3 页。

② 闫福山：《我国经济增长下的农民收入问题研究》，河南大学硕士学位论文，2010 年 5 月，第 36 页。

表8-2 经济增长、周期性波动对农村经济以及农民人均纯收入的影响判定（2003~2010年）

年份	GDP增速（%）	是否有波动	农村/农业经济增速（%）	农民人均纯收入增速（%）	总体影响判定
2003	10.0	有轻微波动	0.1	0.06	有轻微影响
2004	10.1	有轻微波动	0.2	0.12	有影响
2005	10.4	有轻微波动	0.1	0.11	有轻微影响
2006	12.7	有波动	0.07	0.10	有影响
2007	14.2	有波动	0.2	0.15	有影响
2008	9.6	有波动	0.2	0.15	有影响
2009	9.2	有轻微波动	1.2	0.08	有轻微影响
2010	10.3	有波动	1.4		

注：本数据以2002年数据为基准，GDP增速、农业经济增速以及农民收入增速均以此为基础。

资料来源：根据《中国农村统计年鉴2003~2010》、《国民经济和社会发展统计公报2007~2010》的相关数据整理所得。

（四）经济增长对新农保的影响

农村居民收入水平和农村、农业经济的发展受经济增长的影响较为显著，其中农民能否安享晚年则显著受制于经济增长带来的农村经济的繁荣。作为保障农村居民共享经济发展成果，乐享晚年的新农保制度受经济增长的影响也很显著。

一方面，经济的高速增长虽能够拓宽新农保基金的投资面，但是经济高速增长的严重后果之一在于通货膨胀的发生率大幅度提升，物价贬值，新农保基金面临贬值压力，基金保障水平下降，农民实际利益受损。制度吸引力降低，可能面临农民退保的情况，不利于制度的稳定、持续发展；另一方面，如果经济增长速度过低，政府公共财政收入便会大打折扣，中央与地方政府财政对新农保的补贴可能会降低，影响待遇发放的水准与稳定性。同时，由于经济增长速度过低，农民收入水平下降，造成农民缴费能力降低，不利于基金的筹集，对制度的可持续发展构成威胁。以2008年到2009年中国经济发展形势为例，两年间，中国CPI与PPI指数波动范围较大，对养老保险基金的保值、增值构成威胁（见图8-6）。

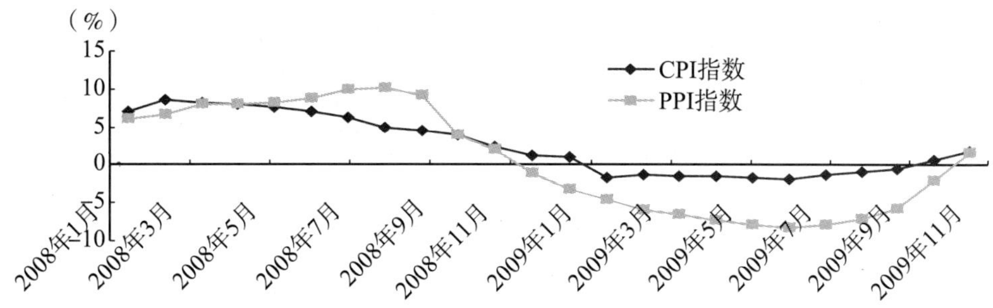

图 8-6　2008～2009 年各月份 CPI 与 PPI 指数

资料来源：《2008～2009 年我国 CPI 与 PPI 指数》，http：//app. finance. ifeng. com/data/mac/jmf. php。

因此，要保证新农保制度的良性、持续发展，需要经济的平稳增长。在这种背景下，一方面，农村居民人均收入平稳增长，缴费能力得以持续；另一方面，物价指数波动较小，基金保值增值压力较小，财政能够保证补贴的持续性，利于新农保的可持续发展。

（五）经济周期性波动对新农保的影响

经济周期性波动是经济增长的阶段性特征之一。目前，经济周期性波动日益常态化的同时，也面临突发性、临时性、恶性的国内经济冲击。这种周期性波动结果显著影响农村居民个人、家庭收入与消费能力，对农民的持续参保构成威胁，一定程度上制约新农保制度的可持续运营。

首先，周期性波动的同时，使得居民消费价格产生波动，影响家庭消费能力，居民养老风险增大，迫切需要发挥养老保险制度的保障功能。新农保制度的本质功能在于保障农村家庭的基本生活，有了对基本生活的保障，农村居民更能从容应对经济波动导致的消费价格的波动。

其次，个人储蓄、家庭分担以及制度性养老保险计划是分散经济波动带来冲击的有效安排。经济波动增加了个人、家庭及未来的养老风险，因此，合理分散并规避风险则显得尤为必要。一方面，个人年轻时的储蓄与家庭互助分担能够降低经济波动造成的养老冲击；另一方面，新农保是国家主导的制度性养老安排，能够在制度层面应对未来养老风险（见图 8-7）。

最后，临时性、突发性经济冲击需要新农保制度具有更高的抗风险能力与可持续能力。临时、突发事件往往能够检验政府与制度的快速反应与风险应对能力。经济冲击往往具有临时性、突发性，能够对新农保制度构成严重冲击，需要制度强化自身抗风险能力。以老农保为例，老农保试点始于 1992 年民政部的《县级农村社会养老保险基本方案》，但是 1997 年至 1998 年间的亚洲金融危机，

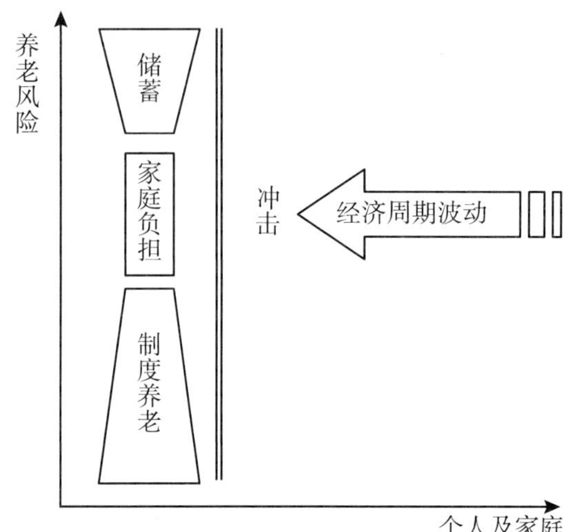

图 8-7　个人储蓄、家庭分担与制度性养老对经济波动冲击养老风险的应对

属于经济发展中的突发性波动，对中国经济的增长造成严重冲击，一定程度对当时的农村社会养老保险制度的存续构成威胁。借鉴老农保经验、教训，新农保制度需要更为坚实的风险应对能力。

二、经济转型

进入21世纪，中国经济改革、发展已达30年之久的同时也经历多次重大改革与调整。与此同时，作为熨平经济波动，为经济转型提供持续发展的社会保障体系亦经历多次改革。农村养老保障体系同样也经历着由不完善到逐步完善的阶段。这些调整与变革，同样成为经济转型不可或缺的重要一环。

（一）经济转型的概念分析

1. 经济转型概念

关于中国经济转型的讨论可追溯至20世纪80年代，欧洲和亚洲包括俄罗斯、东欧在内的30多个国家从中央计划经济向现代市场经济体制转型的思考。中国的经济转型始于1979年，在整个20世纪80年代，研究者均从不同视角进行过研究。邹至庄（2005）利用现代计量经济方法，从人力资本、银行与金融体制改革、法律体制以及外贸结构等方面详细分析了20世纪90年代中国的经济转型。[①] 冒天启（2010）以经济原理为基础，运用横向与纵向两角度分析法，探

① ［美］邹至庄，曹祖平等译：《中国经济转型》，中国人民大学出版社2005年版，第1~25页。

讨了中国的经济转型。[①] 虽然不同研究者从各角度进行过研究，但普遍认为经济转型是指从一种经济状态向另一种经济状态的转变。“具体来说，在模式方面从计划经济转轨至市场经济；以提升生产力为契机的从传统到现代生产方式的转变。从整体来看是建立在原有制度基础上进行的经济转型”（黄超明，2010）。[②]

2. 中国经济转型发展阶段

根据不同的标准，中国的经济转型可以分为不同的发展阶段。但从中国经济体制转型与经济发展关系的视角，可将中国经济转型归纳为两个阶段：第一是“经济转型的正式推进阶段”，在此阶段中中国建立了基本的社会主义市场经济制度，张慧君（2010）与孙景宇（2009）提出在此阶段建立基本的市场经济体系是中国社会发展的必然趋势。[③④] 社会主义市场经济的建立大幅度地提升了社会生产力、促进农村地区经济发展，增加收入的同时提升了人民的生活层次。第二是“经济转型的深化与完善阶段”，中国的经济发展始终坚持顺应经济发展的客观规律，因此必须坚持不断的深化社会主义市场经济。在市场经济制度的层次上要求建立“更好的市场经济”，力求建立支持市场经济的政治文明与法治文明。总结这一阶段特点，伴随着经济转型的不断深入农村地区经济得到发展，人民群众对社会保险的需求主要是在养老保险方面的需求。

3. 经济转型的具体内容

第一，从计划经济到市场经济的跨越式发展。中国经济的转型是一个逐步转变的过程，伴随着社会的不断进步高度集中的计划经济的弊端不断暴露，对经济体制的改变势在必行。在转型时期，逐步的运用市场对资源进行调节，逐渐克服计划经济时期的配置弊端，形成了一个以市场调节为主导的市场机制。

第二，经济结构的调整与完善。李杨（2009）提出中国经济的核心问题是经济结构的调整，因此在中国经济转型时期经济结构的调整是必不可少的。[⑤] 经济结构是指国民经济的组成和构造，包括产业结构、分配结构、交换结构、劳动力结构等内容，其中产业结构调整是完善经济结构的重要环节。产业结构调整包括产业结构合理化和高级化两个方面，其中产业结构合理化是指各产业之间相互协调，不断促进市场的进步发展，带动社会经济的不断变化发展。在经济转型时期，第二、三产业对经济的贡献度远远高于第一产业。由图 8 - 8 可知，中国第一、二产业对国民经济的贡献率逐步下降，第三产业的贡献率不断地提升。三大

① 冒天启：《对转型经济理论研究的回顾与展望》，载《经济学家》2010 年第 10 期，第 13 ~ 23 页。

② 黄超明：《经济转型方式的比较》，载《人口与经济》2010 年第 S1 期，第 146 ~ 147 页。

③ 张慧君、景维民：《从经济转型到国家治理模式》，载《天津社会科学》2010 年第 2 期，第 69 ~ 80 页。

④ 孙景宇：《中国的经济转型与国家治理模式演变》，载《江苏社会科学》2009 年第 1 期，第 45 ~ 50 页。

⑤ 李杨：《中国经济的核心问题是经济结构调整》，http：//www. ce. cn/macro/more/200911/30/t20091130_20524279. shtml。

产业间比例的调整使得产业结构从较低级形式向比较高级的形式转变，促进了经济结构的优化转型，带动了中国经济的发展。

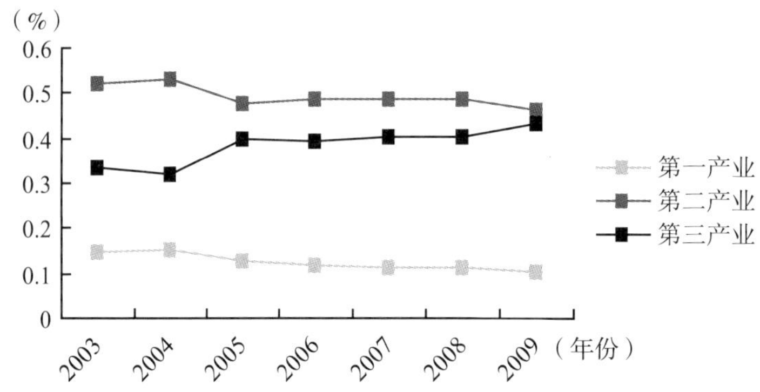

图 8-8　国内生产总值产业结构的比例（2003～2009 年）

资料来源：《中国统计年鉴》2004～2010 年历年版。

第三，经济增长方式不断转变与提升，由“经济增长方式转变”向“经济发展方式转变”过渡。经济的转型促使社会需求不断提升，不断升高的社会需求对社会生产力水平的要求不断提升，这意味着经济转型在客观上要求经济增长方式的转变。转型时期经济增长方式转变主要表现经济增长方式不断地由粗放型向集约型转变，加大了产业在科技方面的投入，起到了减少资源浪费、提升生产效益的作用，全面协调经济“发展速度与效率”之间的关系，带动经济的良性可持续发展。经济增长方式的转变带动了经济的发展，为了产生更好的社会转型成果，社会发展需要不断地创新。党的十七大报告指出，实现未来经济发展目标，“关键要在加快转变经济发展方式、完善社会主义市场经济体制方面取得重大进展”，“加快转变经济发展方式，推动产业结构优化升级”。因此在经济的转型时期，变革的内容从“经济增长方式”到“经济发展方式”，从而不断促进社会的发展。

（二）经济转型的影响

1. 经济转型对经济生活的影响

促使经济结构的调整与经济增长方式的转变，调节经济的稳步发展。经济增长率是衡量国家经济发展是否平稳的一个主要的标志，由图 8-9 可知，伴随着经济的转型，中国经济的发展成效初步体现出来，从 1999 年开始中国经济开始实现稳步发展，逐步形成了一个比较稳健的社会发展环境，这种可持续的经济发展状况给民众的投资、消费带来信心。在这一总体状况下，中国农民能够投资于社会保险的基金增多，增加了发展的安全性，反过来促进了经济的稳步发展，同时带动了农村新型养老保险事业的可持续发展。

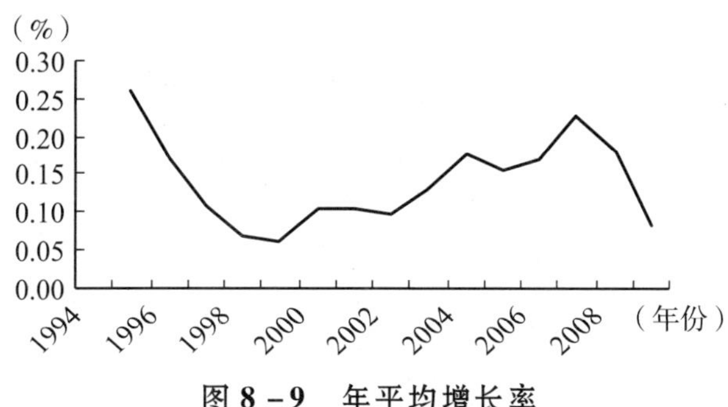

图 8-9　年平均增长率

资料来源:《中国统计年鉴 2010》。

2. 经济转型对民生建设的影响

经济转型带动社会经济的全面发展，农村地区的社会风貌与社会经济的状况在其影响下也实现了跨越式的发展，从教育、医疗、社保体系等多方面为新农保的发展提供有利环境。

首先，社会转型降低农民教育支出压力。经济的转型带动中国整体经济实力的提升，中国政府收入提升的同时坚持“取之于民，用之于民”的社会主义精神，加大了对农村地区教育事业的投入力度。在农村地区不断推行的“九年义务教育”减轻了农民的经济压力，节省的大额教育资本可以转化成其保障的基金。同时教育事业的普及提升了农民的文化素质，认识到了社会保障的必要性，为社会保障在农村的施行提供了客观环境。

其次，社会的转型促进农村医疗事业的发展。一方面，农村合作医疗事业在农村地区取得显著效果，农民切身体会到合作医疗为他们带来的权益方面的保障，并形成了初级的社会保障体系。另一方面，随着年龄的升高老年农民的患病率不断提升，各种社会保障需求不断增加。社会转型带动农村经济的发展提升了年老农民的就医比例，提升了农村地区的生活质量和农民的生活幸福感。在这一现实状况下，农村医疗事业的发展为社会保障体系在农村地区的继续推行提供了切实可行的社会群众基础。

最后，从总体分析农村社会现况。“社会转型阶段，生活富裕程度的不断提升使得人民对高层次生活幸福感的追求更加迫切，而社会保险这一‘亲贫式支出’恰好符合提升人民生活幸福指数这一要求，因此人民对社会保险的需求不断地增长”。[①] 同时中国提出统筹城乡发展缩小并逐步消除城乡差距，将市场经济的发展成果带入农村地区促进农民的生活水平逐步提升，在基本生活得到保障

① 鲁元平、张克中:《经济增长、亲贫式支出与国民幸福——基于中国幸福数据的实证研究》，载《经济学家》2010 年第 11 期，第 5~14 页。

的情况下，农民对社会保障萌生了需求。社会转型对农村民生产生深刻的影响，并且为社会保障体系在农村的发展提供了良好的社会发展条件。

（三）经济转型背景下的农村养老方式变革以及存在的问题

在经济转型期，中国社会实现了全方位的变革，农村社会养老保险所面临的经济环境、社会环境以及政治环境都发生了巨大的改变。这些转变在带动农村养老保险的变化发展的同时也对农村养老保障改革提出了挑战。

1. 农村养老方式的变革

中国农村的传统养老方式是以家庭赡养为基础的，“养儿防老”这一乡村传统文化根深蒂固影响农村老年人的思想。但是农村地区在社会经济的转型中受到了极大的冲击，发生了以下儿方面的转变。

首先，家庭养老功能逐步弱化。在社会转型与市场经济的带动下，大量农村青壮年进入城市地区谋求更好的发展道路。在这一过程中子女逐步疏于对老人的照顾，在农村中产生了大量的留守老人与儿童，该现象使得农村社会问题尤其是养老问题更为突出。农村的部分老人甚至陷入了“老无所依”的两难境地。

其次，土地养老功能的退化。杨卿、陈银娥（2009）认为农村居民自有的土地保障作用正在不断地弱化，土地能够为农民提供的经济收入越来越少。在当今的物价水平下，这一低水平的经济收入根本无法满足人民的基本生活需求，从而无法实现高层次的医疗、养老等社会保障。

最后，商业保险在农村地区发展不完善。经济转型带动了农村的社会经济水平的提升，但是商业保险的发展要求一个较高的经济层次同时其投保的金额要求较高，而中国现存的农村经济基础并不能支撑商业保险的可持续运行。中国农村地区的商业保险的投保率依然较低，大部分农民依然没有得到确切有力的保障。

2. 农村养老保险制度存在的问题

第一，农村养老保险资金基础薄弱，覆盖水平低。社会的转型带来的机遇带动了农村社会经济的发展，但是每个地区经济的发展都是基于其固有的经济基础的，因此农村地区的经济还是处于经济链条的薄弱环节。中国农村养老保险的资金来源属于三方筹集机制，但主要的还是以个人缴费为主，农村地区经济虽然得到发展但是富裕程度依然与城市地区有差距，他们没有更多额外的资金缴纳社会保险，因此农村养老保险资金难以得到有效的筹集导致农村养老保险资金基础薄弱。经济基础决定上层建筑，由表 8 - 3 可知，中国农村地区的养老保险覆盖面明显低于城市地区，而且覆盖范围比较小，农民的受益程度不高。

表 8-3　　2001~2009 年城乡养老保险的覆盖人数　　单位：万人

年份	城镇基本养老保险	农村社会养老保险
2001	14 182.5	5 995
2002	14 736.6	5 462
2003	15 506.7	5 427.7
2004	16 352.9	5 382.4
2005	17 487.9	5 441.9
2006	18 766.3	5 373.7
2007	20 136.9	5 171.5
2008	21 891.1	5 595.1
2009	23 549.9	7 277.3

资料来源：根据《中国劳动统计年鉴》（2003~2010）和《中国统计年鉴》（2010）数据整理所得。

第二，社会保障体系发展的社会环境不健全。首先，中国农村地区社会环境相对比较闭塞，接收到的新思想新观念的速度以及能力都较低，“家庭养老”依然是农村老年人思想中根深蒂固的养老方式。其次，在贯彻党的十七大和十七届三中全会精神时，中国国务院决定从 2009 年起就开始推行新农保的试点工作，但是中国农民却对新农保知之甚少。“造成这种状况的一个比较重要的因素是政府的宣传力度较低，农民只在低层次上了解新农保，并没有深层次的认识到新农保对其的保障作用。”[①] 最后，养老保险是一个长期投资的过程，在投保之后并不能马上获得收益，这种后期受益的投资模式并不能得到农民的信任。

第三，社会保障体系的运行缺乏良好的经济监管环境。监管方面，中国农村地区没有建立起比较完善的社会保障监管体系，首先社保基金的不透明化管理不能保障社保资金的合理使用，其次缺乏合理的管理体系容易滋生腐败等违背社会发展的现象，这种管理上的缺失直接影响养老保险作用的发挥，难以实现切实保证农民的利益。[②] 经济基础方面，社保基金的运营是社保基金的一个重要来源，中国社保基金的投资渠道较其他国家都比较单一，选择投资国债与存入银行的比率较高，社保基金收益率不高，基金增值能力有限。如养老保险基金，国家规定除预留相当于 2 个月支付需要的费用外，基金余额应全部购买国债和存入银行专

---

① 杨晓蓉：《新型农村养老保险制度存在的问题及对策》，载《山西财税》2010 年第 4 期，第 28~29 页。

② 于超：《我国农村社会养老保险制度存在的问题与对策研究》，载《金卡工程：经济与法》2009 年第 1 期，第 77 页。

户，严格禁止投资其他金融和经营性事业。反观国外社会保险基金的运营，其呈现出投资组合多样化特点，并且具有良好的收益性。在34个国家公共养老保险基金投资组合中，投资政府公债/定期存款的比例约占75%，投资贷款/抵押/住房贷款的比例约占14%，投资股票的比例约为3%，房地产与其他的约为8%（见表8－4）。①

表8－4　　34国公共养老保险基金投资组合情况　　单位：%

国别	年份	政府公债/定期存款	贷款/抵押/住房债券	股票	房地产/其他	总计
加拿大	1991	100	0	0	0	100
埃及	1995	100	0	0	0	100
巴基斯坦	1981	100		0	0	100
斯里兰卡	1997	100	0	0	0	100
瑞士	1997	100	0	0	0	100
美国	1997	100	0	0	0	100
也门	1996	100	0	0	0	100
哥伦比亚	1982	100	0	0	0	100
印度	1995	100	0	0	0	100
博茨瓦纳	1981	100	0	0	0	100
尼泊尔	1980	96	3	1	0	100
塞内加尔	1980	93	6	1	0	100
牙买加	1987	91	9	0	0	100
坦桑尼亚	1996	90	0	0	10	100
韩国	1997	89	3	3	6	100
卢旺达	1980	82	4	5	8	100
埃塞俄比亚	1996	80	0	0	20	100
哥斯达黎加	1987	79	15	0	6	100
布隆迪	1981	78	9	6	8	100
秘鲁	1988	76	7	0	17	100
肯尼亚	1994	73	0	11	16	100
乌干达	1994	68	8	1	23	100

① 林义：《社会保险基金管理》，中国劳动社会保障出版社2001年版，第212～214页。

续表

国别	年份	政府公债/定期存款	贷款/抵押/住房债券	股票	房地产/其他	总计
日本	1995	63	17	19	0	100
马来西亚	1996	63	21	15	1	100
多哥	1981	59	1	3	37	100
摩洛哥	1994	58	32	7	3	100
喀麦隆	1989	57	40	2	1	100
毛里求斯	1996	56	0	2	42	100
约旦	1995	52	25	17	6	100
菲律宾	1995	44	38	10	8	100
瑞典	1996	42	40	0	18	100
英国	1982	26	58	0	16	100
厄瓜多尔	1986	10	83	3	3	100
平均		75	14	3	8	100

资料来源：Palacios 和 Pallares（2000），转引自林义：《社会保险基金管理》，北京：中国劳动社会保障出版社 2001 年版，第 212～214 页。

（四）经济转型要求建立和完善新农保制度

第一，经济转型带动市场经济的发展，农民收入渠道增多、收入水平提高，农村的社会条件有能力建设新农保。一方面，经济转型带动农村经济的发展带来很大机遇，新经济动力的注入带动了乡镇企业的发展，为农村地区人民增加收入提供了契机。市场经济的发展扩大了市场的兼容性，促使大量的农村青壮年进城务工提高收入水平，同时社会的进步发展也提升了科技在农业生产中的投入，提升了农业产业的收入。经济发展水平的提升增强了农民的缴费能力，为农村养老保险制度的建立奠定了坚实的基础，同时这种发展拓宽了农民的眼界，认识到参加新农保的益处，提升了农村参保的积极性。

第二，收入扩大的同时却面临以下风险。首先，经济转型促使农民大量进城增加了收入但同时也存在弊端，有部分农民进城后为促进自身更好地发展选择留在城市地区生活，这种情况的产生在一定程度上减少了农村缴费人员的数量。“其次，随着社会的发展土地对农民的保障能力不断下降，虽然农业税已经被免除但是土地给农民提供的收益远低于最低生活需求，同时土地保障形式也阻碍了农村养老保障的社会化，不利其长足发展。”[①] 最后，中国人口老龄化状况不断加深，农村老龄人口情况更为突出，因此要求建立农村养老保险制度。

第三，以家庭为单位的传统耕种模式逐步被削弱，新的社会化的农业发展方式出现并快速发展，要求建立养老保险制度，而且应是好的制度安排。经济转型为中国经济的发展带来巨大变革，技术力量的冲击正逐步改变着农村的社会生产与生活方式，传统的耕种模式不断地被打破、新型社会化的生产方式迅速占领市场，大型机器与先进技术的投入促进了农村的经济社会发展。这些基础条件的改善使得农村人民认识到养老方式也需要多元化、市场化，社会保险也可以成为一种长期的投资渠道以此来获取更丰厚的养老资本，更好地保护农民的切身利益。因此，农村地区对新型农村养老保险制度的建立有着迫切的需求。

第四，经济转型要求启动内需，刺激当下消费，建立新型农村医疗保险可以增强农民对养老的稳定预期，从而启动农村市场深化市场经济发展。“农村合作医疗制度不断完善，逐步建立起一个多层次的新型农村合作医疗制度，充分保障农民能够享受到医保之优，逐步减缓农民就医压力。”[②] 这种制度的完善为农民结余出许多资金以供农民进行其他方面的投资，同时这种资金的结余能够刺激农民消费、拉动内需增长，促进农村地区经济发展从侧面促进农村社会资金积累，为新农保的持续有效运行提供有利条件。

三、工业化、城市化与现代化

作为世界上最大的发展中国家，中国的工业化、城市化与现代化进程备受瞩目。其中，工业化、城市化与现代化是一个国家从传统走向现代，从落后走向繁荣的重要标志。同时，工业化、城市化的进程也为一国社会保障事业的发展与完善提供了重要经济环境，为一国城乡社会保障事业的建设提供了经验借鉴与决策依据。

（一）工业化、城市化、现代化的概述

1. 工业化、城市化、现代化的内涵与外延

（1）工业化的内涵与外延。

工业化的开端是伴随工业在国民经济中地位的变化，以及城市化的进程而提出的。一般而言，工业化可分为广义上的工业化与狭义上的工业化。广义上的工

① 宋士云：《中国农村社会保障制度结构与变迁（1949～2002）》，人民出版社2006年版，第153页。

② 邓微等：《中国转型期农村社会保障问题研究》，湖南人民出版社2006年版，第68～75页。

业化主要指国民经济以农业为主向以工业为主过渡的社会转型期，经济结构全面升级并得到快速发展时期。此定义对认识一国经济总体宏观形势具有重要参考价值，但可操作性不强。狭义上的工业化则认为，工业在国民经济中的比重上升，工业对国民经济增长的作用和贡献率增强。

“经典工业化理论认为，判断工业化阶段与水平的标准是人均收入的增长和经济结构的转换”（周叔莲等，2006）。[①] 工业化进程的主要表现为：第一，国民收入中制造业活动所占比例提高，乃至占主导地位；第二，制造业内部产业结构逐步升级，技术含量逐步提高，三大产业的比重发生的变化幅度明显；第三，制造业内部就业的劳动人口的比例有增加的趋势；第四，在整个社会发展中，人均收入水平不断提高。

（2）城市化的内涵与外延。

城市化概念的提出与“城市”的出现以及发展完善密切相关。因此，一般来说，自从有了“城市”，城市化进程便拉开帷幕。但是，从世界范围内看，城市化进程最早开始于工业革命时期，20 世纪是城市化得以飞速发展的时期，世界城市人口比重从 20 世纪初的不足 10% 发展到 20 世纪末的 45% 以上。[②]

从城市的发展规律来看，存在广义城市化与狭义城市化两个概念。“广义的城市化主要是指一个国家或地区由传统的农业社会向现代城市社会发展的自然历史过程，是社会经济结构发生根本性变革并获得巨大发展的空间表现”（叶裕民，2007）。[③] 城市内部各项制度运行良好，城市作为一个系统保持着与外界的互动。狭义的城市化也就是被大多数学者使用的城市化概念，主要指农村人口流入城市，城市人口不断增多，城市规模与数量不断增多，城市人口占总人口的比重不断上升的过程。其中，城市人口占总人口的比重，已经成为衡量一国或一地区城市化水平的重要指标。据统计，从 1978 年到 2010 年，中国城市人口占总人口的比重从 19.39% 上升到 49.68%。中国城市化水平接近或已达到发达国家城市化水平（见图 8－10）。

总体而言，城市化是一个国家发展的主旋律，城市化具体应包含以下四个方面的内容：

第一，城市化的本质是城市以及由乡村流入城市中的人的整体素质的提升与基本福利待遇得到保障。城市化进程中，由于城市先进文明对乡村居民的吸引力，乡村居民积极开拓进取，整体素质得到提升。同时，城市中的人大部分从事

① 周叔莲、王延中、沈志渔等：《中国的工业化与城市化》，经济管理出版社 2007 年版，第 14～16 页。

② 吴鹏森、王先俊、张奇才：《中国现代化发展战略》，安徽人民出版社 2005 年版，第 312 页。

③ 叶裕民：《中国城市化与可持续发展》，科学出版社 2007 年版，第 1～10 页。

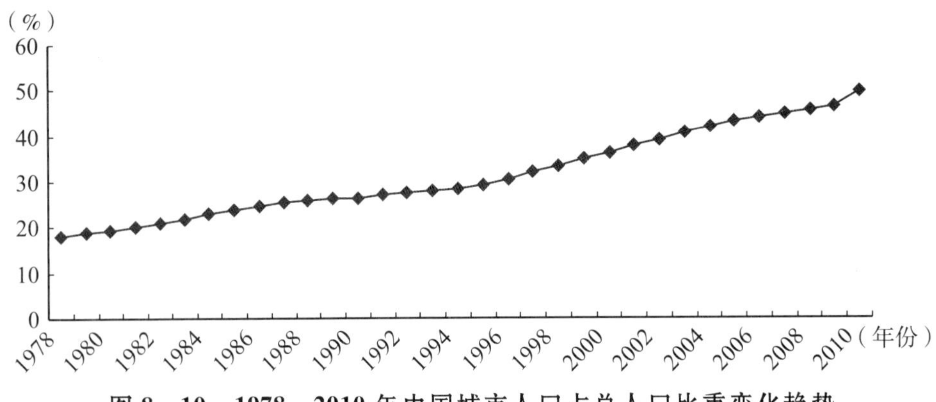

图 8-10　1978~2010 年中国城市人口占总人口比重变化趋势

资料来源:《中国统计年鉴 2010》。

知识与技能含量高的产业，自身能够享受到养老保险、工伤保险、医疗保险以及生育保险等基本福利资源。第二，城市化的表现是城市自身的发展与完善。一方面，大量农村人口流入城市，城市数量不断增多，规模不断扩大，城市中的人口占总人口的比重不断提高；另一方面，城市为容纳越来越多的人口，自身制度与功能不断得到调整并加以完善。第三，城市化进程是城市产业结构调整、优化与升级的过程。随着城市化进程的推进，城市中第一产业的比重逐渐减低，第二、三产业的比重逐步上升。其中，知识密集型为代表的第三产业迅速发展，占GDP的比重越来越大。第四，城市化进程是城市优越福利保障资源的合理分配，居民消费水平不断提升的过程。城市化进程要求城市得以良性发展并实现自身的可持续。然而，城市的持续发展需要保证城市居民基本福利资源的享有，保证再分配的公平与正义。

(3) 现代化的内涵与外延。

现代化在西方的社会科学研究中已被广泛地运用，成为了一个流行的术语。在中国，现代化的含义更多与工业化、城市化密切相关。现代化的含义主要体现在两个方面：一方面是从传统农业社会向现代工业社会转变的长期历史转变过程；另一方面，现代化是一场深刻的、全面的社会变革，包括经济、科学技术、政治、组织、社会、社会结构、生活方式、思想文化等各个方面。因此，现代化的进程实质是由工业化、城市化共同推动，发生与经济、社会各方面深刻的社会变革。

总之，工业化、城市化以及现代化是国民经济发展的重要组成部分，是推动经济社会变革的重要力量。正确认识工业化、城市化以及现代化的内涵，是进行社会保障制度建设，尤其是新农保制度建设的前提与基础（见表 8-5）。

表 8-5　　工业化、城市化与现代化的内涵与外延

三化	内涵		外延
工业化	农业为主导向工业为主导国民经济的过渡（广义）	工业所占比重、贡献率（狭义）	制造业比例、制造业内部结构升级、制造业内部劳动人口比例、人均收入
城市化	传统农业社会向现代城市社会的转型（广义）	农村人口流入城市、城市规模扩大、城市人口占总人口比例上升（狭义）	人的整体素质提升、城市的发展与完善、城市产业结构的调整、福利资源的合理分配
现代化	经济、政治、社会的转轨		工业化、城市化的协调推进

2. 工业化、城市化、现代化之间的相互关系

工业化、城市化以及现代化三者之间是相互联系、相辅相成的关系，三者之间的良性互动，最终推动社会的持续发展（见图 8-11）。第一，工业化是城市化的准备。工业化与城市化的进程几乎是同步的，但是，工业化的进程，为城市的发展积累了大量资源与原材料。尤其是工业化中第三产业的迅速崛起，对城市化的进程起着加速作用。“同时，城市化是工业化的空间表现形式”（吴鹏森等，2003）。[①] 工业化的持续推进，人民物质生活水平的提高，使得城市作为载体而得以体现；第二，工业化为现代化提供了初始动力。工业化达到一定阶段，能够为城市工业提供资金原始积累以及必需生产资料，为现代化的实现提供动力支持。

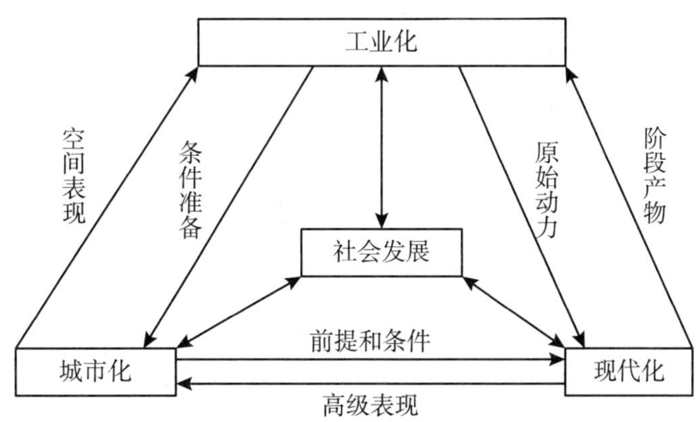

图 8-11　工业化、城市化、现代化三者间以及与社会发展的关系

① 吴鹏森、王先俊、张奇才：《中国现代化发展战略》，安徽人民出版社 2005 年版，第 312 ~ 316 页。

同时，现代化也是工业化发展到一定阶段的必然产物。第三，城市化是经济持续发展的动力，为现代化的出现与进一步发展准备了条件。城市化的发展，大量乡村人口的流入，以及资金、资源在内的生产资料进入城市，经过城市的“消化吸收”，在推进城市化发展的同时，为现代化的发展提供了准备条件。同时，现代化也是城市化发展到高级阶段的重要表现。

（二）工业化、城市化、现代化对农村民生建设的影响

工业化、城市化、现代化的发展要求在保障居民基本生存与福利权益的基础上，推进民生建设。在城市各项基础设施建设日臻完善的基础上，农村的发展则严重滞后，尤其是民生领域的建设方面。农民贫困状况、农村儿童的基础教育情况以及新一代农民工的社会保障等领域的发展较为缓慢。但是，工业化、城市化以及现代化的进程以城乡协调、一体化发展为目标。因此，在城市化进程中，对农村民生领域的建设具有显著影响。

1. 工业化、城市化以及现代化进程，能显著影响农村与农民贫困状况的改善

贫困一直是制约农村发展的首要因素。近年来，中国对农村贫困的界定标准不断上升，农村贫困人口的规模一直在下降，占全部总人口的比重也在下降，农村贫困问题总体上趋于平缓趋势（见表8－6）。但是，对于当前农村贫困形式不能盲目乐观，农村贫困有其自身特征。一方面，绝对贫困人数下降，相对贫困状况依然严峻。工业化、城市化进程的加快，农村经济、社会水平的提高，贫困标准的提高，农村相对贫困的形势不容乐观；另一方面，在城市化进程中，农村剩余劳动力进入城镇寻找新的发展机会。同时带来贫困状况向城市的转移。在进入城市的农民中，有些农民找不到工作但又不愿意重新回到农村，致使其生活条件恶化，自身贫困状况得不到改善，造成城市相对贫困率的上升。工业化、城市化进程中的重要目标在于消除城乡贫困状况，中央与地方政府一直将消除农村贫困作为工作的重中之重。为此，通过诸如减免农业税、减免农村义务教育费用、粮农补贴以及以新农保为重点的农村社会保障建设，为显著改变农村与农民的贫困状况贡献绵薄之力。

表8－6　　2000～2009年贫困人口规模及贫困发生率

年份	贫困标准（元/人）	贫困人口（万人）	贫困发生率（%）	减少人数（万人）
2000	865	9 422	10.2	
2001	872	9 030	9.8	392
2002	869	8 645	9.2	385
2003	882	8 517	9.1	128

续表

年份	贫困标准（元/人）	贫困人口（万人）	贫困发生率（%）	减少人数（万人）
2004	924	7 587	8.1	930
2005	944	6 432	6.8	1 155
2006	958	5 698	6.0	734
2007	1 067	4 320	4.6	1 378
2008	1 196	4 007	4.2	313
2009	1 196	3 597	3.8	410

资料来源：国家统计局农村社会经济调查司：《中国农村贫困监测报告 2010》，中国统计出版社 2010 年版，第 7 页。

2. 工业化、城市化以及现代化显著影响农村基础教育状况的改善

农村基础教育一直是农村民生领域建设的核心，也是实现城乡统筹发展，促进工业化、城市化与现代化必须要面对并被解决的一大难题。随着城市化水平的提高以及户籍制度的改革，中国近 9 亿农民会陆续进入城市，成为城市建设与发展的主人。但是，农村落后的基础教育状况制约着农村人口向城镇的顺利转移。因此，工业化、城市化以及现代化进程的延续，有必要提升农村基础教育水平，改善当前农村基础教育发展滞后的现状。一方面，中央与地方要加大对农村基础教育的投入力度。农村孩子上不起学，农村基础教育中硬件条件较差，农村教师的缺乏，教师学历状况低下等状况均与教育的投入力度有关。为此，有必要加大国家财政与农村基层财政对教育的投入力度。“2006～2009 年，各级财政累计安排农村义务教育经费约 3 300 亿元。在‘十一五’期间，中央财政累计安排资金约 73 亿元，招聘特岗教师 18.3 万人，对加强充实农村师资力量、创新教师补充机制、促进高校毕业生就业和青年人才健康成长，起到了有力的促进作用”。①另一方面，中央财政对农村基础教育的支持力度进一步加大，新增 105 亿元进一步保障农村义务教育。②

3. 工业化、城市化以及现代化显著影响农民工社会保障制度的建设

在工业化、城市化以及现代化进程中，建立健全完备的社会保障制度是城市化健康、稳定发展的需要。其中，尤以农村居民、农民工为代表的农村社会保障制度为核心。“农民工社会保障制度的建立健全是推进中国城市化发展的必要前

---

① 中国财经报：《“十一五”时期中央财政多方投入全力支持 教育事业改革发展留下深深足迹》，http：//cfen. mof. gov. cn。

② 中国新闻网：《中央财政新增 105 亿元进一步保障农村义务教育》，http：//www. chinanews. com/edu/2010/11－18/2665858. shtml。

提”（叶裕民，2007）。[1] 一方面，当前中国农民工，大多数已步入中老年，对养老、医疗等社会保障的需求较大。但是，随着中国城市化进程的加快，加之日益严峻的老龄化形势，中国工业化、城市化以及现代化进程亦面临“未富先老”的国情，急需建立包括农民工在内的，覆盖全体非农产业就业的养老保障体系；另一方面，随着新一代农民工涌向城市，他们中的大部分更愿意选择留在城市，而且加上户籍制度的改革与放宽，在不久的将来，他们亦会成为城市居民。因此，新一代农民工对城市福利资源的渴望更为明显。如果其得不到公正、规范的社会保障资源，将会严重制约工业化、城市化的进程，进而不利于中国的现代化建设。

（三）工业化、城市化以及现代化对新农保的影响

城市化水平与农村居民福利待遇的改善是双向关系。城市化水平的提高使得国家与地区之间能够得到更多的财富积累，同时，也能改善社会公平、正义的环境，使得城市公共福利资源更多向农村转移、扩散。此外，随着城市化进程的加速，大量农村剩余劳动力转移到城市，人口流动迅速，农村中对福利资源数量的占有量降低，有利于新农保的发展。因此，随着农村劳动力的外流，农民人均收入的增加，加上工业化的推进，农村家庭、土地养老的弱化，以及城市化带来的城市健康、文明有保障的生活方式对农村居民的持续吸引力，工业化、城市化以及现代化对新农保制度的可持续发展将产生深远影响。

1. 工业化、城市化带来的劳动力外流需要稳定、可持续的新农保制度

随着经济的不断发展，国民经济的快速增长，城市建设的不断加快，随之带来了大量的就业机会，导致农村劳动力的大量外流。高速流动的人力资本给新农保制度带来严峻挑战，不利于制度的稳定、定型与可持续发展。

农村劳动力外流使新农保在制度建设上需要支付更高的社会成本。一方面，新农保基金是制度得以可持续发展的前提和保障。农村外流劳动力大多是农村青壮年劳动力，也是新农保缴费的主体。但是，大量农村青壮年劳动力的外流，使得新农保基金失去稳定、可靠的来源，不利于制度的持续发展；另一方面，农村转移出去的青壮年劳动力，大多选择在城市中从事脏、乱、差的工作或成为农民工。长时间高消耗、低工资的工作，加上恶劣的劳动条件与劳动环境，这些给他们的身体和心灵造成严重的创伤，久而久之，容易患上各种各样疾病。但是，城市农民工由于养老、工伤、医疗保险尚不健全，农民工群体长期游离于城市社会救助、社会保险以及社会福利制度之外，无法得到制度内部的相应保障。工业

① 叶裕民：《中国城市化与可持续发展》，科学出版社2007年版，第161页。

化、城市化水平的提高，农民工社会保障制度的进一步完善，一定程度上能够解决上诉问题。

2. 工业化、城市化进程带来农村居民人均收入增长，能够保证新农保的可持续性

近年来，随着工业化、城市化的发展，城市获得更多的发展空间，能够提供更多生产生活资料、更多的工作岗位与职业发展机会，城市居民人均收入逐年上升。同时，城市化水平的提高，对农村经济发展的辐射与带动作用更为明显，农村居民人均纯收入得以提升。如图 8－12 所示，“2010 年全年农村居民人均纯收入 5 919 元，剔除价格因素，比上年实际增长 10.9%。其中，从 2006 年到 2010 年，农村居民人均纯收入从 3 578 元增长至 5 919 元。”农村居民人均纯收入的增长，能够保证其缴纳新农保保费的持续性，从而有利于制度的健康、稳定与持续运营。

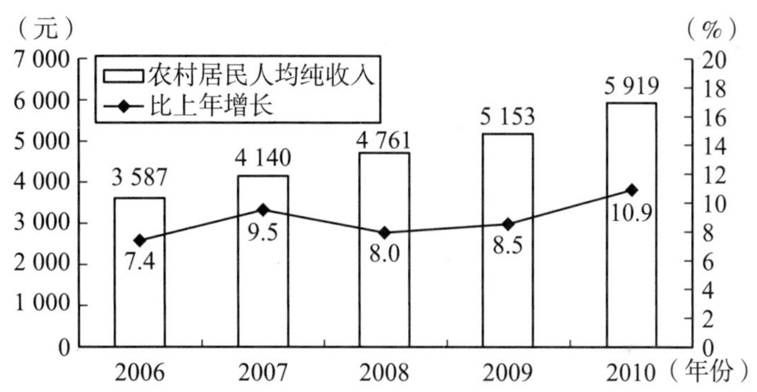

图 8－12　2006～2010 年农村居民人均纯收入及其增长速度

资料来源：《2010 年国民经济和社会发展统计公报》。

3. 工业化、城市化以及现代化进程弱化了农村家庭、土地养老，客观为新农保制度的持续运行提供了重要保证

在中国传统农业社会，农业生产中传统生产方式占据重要地位，其中人力结构往往决定农业生产。但是，随着工业化、城市化水平的提高，农村劳动力数量对土地的产出不起决定性作用。此外，随着城市化中产业结构的优化升级，第一产业在 GDP 的比重不断降低，第二、三产业在 GDP 比重的上升，农村土地养老作用逐步弱化，迫使农民参加新农保，进而，促进制度的发展与完善。

另外，在农村传统养老方式中，家庭一直是老年人安享晚年的最佳场所。但是，受工业化、城市化的影响，农村劳动力外流，大量“空巢家庭”产生，家庭养老弱化，为新农保的发展提供了客观环境，有利于制度的持续运行。一方面，工业化、城市化的深入发展，机构养老、居家养老、社区养老等新兴养老方式兴起，对传统家庭养老方式形成冲击，使得家庭养老的地位弱化；另一方面，为寻求更好发展机会，大量农村青壮年劳动力流入城市，留在家里的基本上是老人、妇女、小孩以及一些病弱残疾人。这部分人群的日常生活得不到照顾，家庭养老功能得不到充分发挥。总之，家庭养老与土地养老的弱化，农民选择新农保的可能性增大，有利于制度的可持续发展。

4. 工业化、城市化以及现代化，使得城市居民晚年有保障性的生活方式得以向农村传播，为新农保的可持续发展提供良好氛围

工业化、城市化的发展，城市建立了一整套完善的用工制度。同时，确立了以缴费型为主的养老保险制度。其中，企业缴纳20%，员工则需缴纳工资总额的8%。此种方式明确了企业与员工的权利与义务。尤为重要的是，这种以缴费型为主的养老保障制度透露出这样一种讯号，那就是工业化、城市化的发展，未来老年生活充满着风险，需要在年轻时为老年生活做好相应储蓄，以应对风险。

在农村，长期盛行的是“养儿防老”，“土地养老”的风尚，农民未真正意识到未来的养老风险，并没有充分适应晚年有保障性的生活方式。但是，农村剩余劳动力流动的加速，加上土地养老的弱化，对农村传统晚年生活方式构成了冲击。此外，工业化、城市化使得城市中的社会性养老保障的生活方式与风尚逐步向农村传播，为新农保的发展提供了良好氛围。以北京市为例，朝阳区自试行新农保以来，得到了广大农民兄弟的热烈拥护。上半年开展的试点，下半年推开，短短一个月之内便完成全年的资金筹集工作，农民参保的积极性非常高。

四、资本市场

（一）资本市场的概念与发展

1. 资本市场的内涵和外延

关于资本市场的内涵与外延，学术界进行了许多研究。从广义上来说，资本市场主要是指包括金融、保险、风险、证券、信贷、资产、投资等市场在内的货币流通桥梁与场所；从狭义上来说，资本市场主要是指以信贷业务、证券交易和风险投资为主要内容的货币流通中介及场所。[①] 从时间角度来说，资本市场是期限在1年以上的中长期资金借贷市场，不仅包括股票市场，还包括融资期限在1

① 武毅英：《高等教育与资本市场相互介入的必要性与可行性》，载《复旦教育论坛》2004年第2期，第33~37页。

年以上的银行信贷市场、债券市场以及基金市场等。[①] 从经济学原理来说，资本市场指的是与经济“实体面”相对应的“货币面”，是与产品市场、劳动力市场并列的三个主要总量市场之一；指取得和转让资金的市场，包括所有涉及的借贷机构；在经济增长理论中，资本、劳动力、土地等是经济增长最基本的投入要素，资本市场与劳动力市场、土地市场并称生产要素市场。[②] 从金融学角度来说，资本市场通常包括两层意思：一是指进行资本交易的场所；二是指资本供给和对资本有支持能力的需求之间的关系。[③]

2. 中国资本市场的发展历程及现状

改革开放以前，中国不仅没有完善的银行体系，也没有股票市场、债券市场，而且这一时期中国只有资金而没有资本这个概念，以至于资本这一市场要素无法在计划经济运行过程中发挥资源配置的作用。1981 年，中国发行了 48.66 亿元的国库券，这标志着中国资本市场的起步；1985 年开始实行“拨改贷”，银行开始涉足固定资产投资领域，中长期信贷成为中国资本市场融资的主要方式；1990 年上海证券交易所成立，股票债券等融资工具的出现使资本市场的规模日益扩大。[④] 经过三十多年的发展，中国资本市场不断发展和完善，已具备一定的深度和广度。

从表 8-7 来看，1994~2000 年，中国股票市场总市值和流通市值增长迅速，占 GDP 的比例总体上呈上升趋势；2001~2005 年，中国股票市场总市值和流通市值呈现萎缩的态势，2005 年的股票市价总值占 GDP 的比例仅为 17.74%，股票流通市值占 GDP 的比例仅为 5.78%；2006 年以来，中国股票市场总市值和流通市值呈波动上升趋势，其中股票市场总市值占 GDP 的比例在 2007 年达到最高，为 131.10%，股票流通市值占 GDP 的比例在 2009 年达到最高，为 44.42%。(见表 8-7)

表 8-7　1994~2009 年国内 A、B 股总市值、流通市值及占 GDP 比例

年份	股票市价总值（亿元）	占 GDP 比例（%）	股票流通市值（亿元）	占 GDP 比例（%）
1994	3 691	7.89	969	2.07
1995	3 474	5.94	938	1.60

① 何鳄君：《社保基金与资本市场的互动作用分析》，载《社会科学家》2007 年第 S2 期，第 148~149 页。

② 邹德文、张家峰、陈要军：《中国资本市场的多层次选择与创新》，人民出版社 2006 年版，第 2 页。

③ 张健：《养老金制度改革与资本市场完善的互动》，上海交通大学博士学位论文，2008 年 1 月，第 36 页。

④ 孟祥林：《不完全资本市场下养老保险运营：国际考察与我国的策略》，载《海南金融》2008 年第 7 期，第 50~55 页。

续表

年份	股票市价总值（亿元）	占 GDP 比例（%）	股票流通市值（亿元）	占 GDP 比例（%）
1996	9 842	14.50	2 867	4.22
1997	17 529	23.54	5 204	6.99
1998	19 506	24.90	5 746	7.33
1999	26 471	32.26	8 214	10.01
2000	48 091	53.75	16 088	17.98
2001	43 522	44.72	14 463	14.86
2002	38 329	36.58	12 485	11.91
2003	42 458	36.17	13 179	11.23
2004	37 056	23.18	11 689	7.31
2005	32 430	17.64	10 631	5.78
2006	89 404	42.40	25 004	11.86
2007	327 141	131.10	93 064	37.30
2008	121 366	38.65	45 214	14.40
2009	243 939	71.64	151 259	44.42

资料来源：根据 2002～2011 年《中国统计年鉴》的数据整理所得。

从表 8－8 可以看出，境内上市公司数逐年增加，国债、企业债券发展迅速，资本市场规模不断壮大。截至 2009 年年底，中国境内上市公司数（A、B 股）为 1 718 家，证券基金投资规模达到 24 536 亿元，国债发行额为 17 927 亿元，企业债券发行额达到 15 864 亿元，债券成交额达到 40 059 亿元，期货总成交额为 1 305 143 亿元。由此可见，中国资本市场的市场结构和产品结构越来越合理。

表 8－8　　2003～2009 年证券市场基本情况

年份	境内上市公司数（A、B 股）（家）	证券投资基金规模（亿元）	国债发行额（亿元）	企业债券发行额（亿元）	债券成交额（亿元）	期货总成交额（亿元）
2003	1 287	1 615	6 280	358	62 136	108 397
2004	1 377	3 309	6 924	327	50 324	146 935
2005	1 381	4 714	7 042	2 047	28 368	134 463
2006	1 434	6 021	8 883	3 938	18 279	210 063

续表

年份	境内上市公司数（A、B股）（家）	证券投资基金规模（亿元）	国债发行额（亿元）	企业债券发行额（亿元）	债券成交额（亿元）	期货总成交额（亿元）
2007	1 550	22 340	7 637	5 059	20 667	400 733
2008	1 625	25 742	8 558	8 435	28 601	719 173
2009	1 718	24 536	17 927	15 864	40 059	1 305 143

资料来源：根据2004～2011年《中国统计年鉴》的数据整理所得。

（二）资本市场的发展需要养老基金的运营

随着经济发展，养老基金数量也在不断增长。“养老基金作为具有负债性质的契约型基金，其资本具有长期性、稳定性和巨额性的特点”①，此外，养老基金作为一个长期性的机构投资者，这些特点使它在进入资本市场后，对资本市场的结构、规模、效率、稳定性及创新性等具有重大的影响。并且，美国和英国等发达国家的实践证明，养老保险基金为资本市场的发展注入了新的活力，极大地促进了资本市场的发展。

1. 扩大资本市场规模

在单位养老体制下，很多居民对人口老龄化带来的养老金保障体制供给不足及可能出现的支付危机不够重视。随着基金制社会养老金的建立，人们的养老意识逐渐得到强化，缴款和养老金之间的直接投资回报关系也扩大了养老金覆盖率，自愿性储蓄比例增大，社会保险性储蓄也迅速增加。居民的零散储蓄得到集中并被投资于资本市场，有利于资源优化配置，为扩大资本市场提供资金支持。另外，养老金进入资本市场运作，一方面还可以减轻政府负担，改善公共收支状况；另一方面还可以降低企业缴费率，减轻企业负担，改善企业财务状况，为企业的长远发展增加后劲，从而进一步扩大资本市场规模。

2. 完善资本市场结构

规模庞大的养老基金投入资本市场后，会在本国养老基金管理法规和原则的指导下，配置于股票、债券、国债以及其他资产种类。如美国将35%的养老基金进行指数化投资，英国将大部分养老基金投资于公司，一些欧洲国家则将养老基金主要用于偿还政府赤字和其他形式的债务。另外，养老基金投入资本市场，还可以大大提高资本的流动性，提高投资者在一级市场上购买各种股票、债券的

① 张智慧：《浅谈养老金与资本市场的融合》，载《河南商业高等专科学校学报》2005年第2期，第76～78页。

积极性，进一步扩大一级市场上各种股票、债券的发行量，活跃和改变一二级市场结构，促进两者协调发展。与此同时，投资者或投资机构对本身的资产组合有特殊的选择偏好，能根据情况适当调整资产组合，达到在风险一定的情况下实现收益最大化的目标，有利于合理改善资本市场中各种资产的结构比例。

3. 引导金融市场创新

为保证养老金能够长期并及时足额给付，养老基金在资本市场投资时必须以稳健为首要原则，这就要求它对资本市场中各种金融工具的风险发布与回报分布进行重新规整，开发一些收益稳定的套期保值类的新的金融产品。以美国为例，零利率债券、指数期货、附属抵押债务以及抵押担保合同等金融产品的创新都与养老基金的安全性有关。同时，养老基金进入资本市场，本身也直接增加了金融品种，丰富了金融投资工具。养老基金还要求资本市场不断提供新的金融产品以满足其特点和投资要求，这也将有力地推动资本市场金融工具和金融产品的创新。

4. 提高资本市场效率

养老基金作为大型机构投资者进入资本市场，对市场基础设施提出了更高的要求，推动了资本市场设施的现代化，促进了中央托管机构、清算和结算系统等的完善，从而优化了资源配置，降低了市场交易成本。同时，养老基金的投资成败直接关系到上亿人的利益，因此十分有必要建立更好地信息披露制度，增加养老保险基金运营的透明度，规范市场参与者的行为，保证基金运行的可靠性与安全性，从而更好地保护投资者的利益，推动资本市场健康发展和提高资本市场效率。

5. 维护资本市场稳定

养老保险基金主要是由国家、集体和在职职工共同缴纳的专门用于支付职工年老退休后的基本生活费用，作为一个长期的强制性资本化制度，不仅具有稳定的资金来源，而且还具有长期性、稳定性和规模性等特点。另外，养老保险基金注重追求长期稳定的投资方式，交易行为较为确定，因此使得养老保险基金每年收支总量相对稳定，能够成为市场中最稳健的力量，促进资本市场稳定发展。

（三）资本市场对新农保的影响

1. 当前中国新农保面临的基金风险

新农保作为一项社会经济制度，因涉及面广、规模宏大，从制度设计、实施到运行过程中，不可避免地会面临多种风险因素。新农保基金直接关系到广大参保群众的切身利益，关系到新农保制度能否健康运行，因此，基金风险是新农保面临的最重要的风险。结合中国实际分析发现，目前新农保基金主要面临三大风险。

第一，基金来源不稳定。新农保制度设置了5个不同的缴费档次，即每年

100 元、200 元、300 元、400 元、500 元，参保人可以根据实际情况自主选择档次缴费，有很强的民主性。然而，农民收入的不稳定，集体补助、国家扶持的缺位，或地方财政难以持续给予养老金补贴等都会给新农保制度带来负面影响，进而影响基金来源的稳定。

第二，基金保值增值难。据测算，在一定假设下，若按最低缴费标准计算，中国新农保每年结余资金规模可能从开办之初的不到 1 000 亿元，快速提高到 2040 年的 1.2 万亿元；若按中等缴费标准计算，到 2040 年可快速提高到 3.6 万亿元。[①] 同时，新农保基金的投资渠道一直没有放开，仍然以存入银行为主要保值增值方式。随着通货膨胀预期加大和央行进入加息周期，如果仍参考金融监管人民币一年期存款利率的办法，新农保基金不仅难以实现保值增值的目的，而且还有可能面临收不抵支的风险。

第三，地方财政支付风险大。新农保制度与老农保制度最大的一个区别在于政府财政责任的划定。国发〔2009〕32 号文件规定："政府对符合领取条件的参保人全额支付新农保基础养老金，其中中央财政对中西部地区按中央确定的基础养老金标准给予全额补助，对东部地区给予 50% 的补助。地方政府应当对参保人缴费给予补贴，补贴标准不低于每人每年 30 元；对选择较高档次标准缴费的，可给予适当鼓励，具体标准和办法由省（区、市）人民政府确定。"由此可见，新农保制度基本确定了中央政府的财政补贴责任，而对省、市、县等地方政府的财政该如何负担没有明确规定。在农村社会保障制度推行过程中，地方政府还需要负担因推行新农保而带来的各项经办管理费用支出，可能还要对新农合等进行补贴，如果将这些因素考虑进去，那么新农保的推行使地方财政面临着较大的支付风险，易导致新农保实际操作过程中产生责任推诿问题，进而影响到新农保基金的积累。

2. 中国资本市场的逐步成熟对新农保的影响

第一，良好的资本市场环境为新农保基金入市提供了良好的外部条件。中国社会科学院世界社保中心发布的《中国养老金发展报告 2012》显示，2011 年全国新农保基金收入已经达到 1 069.68 亿元，基金累计结余为 1 199.18 亿元。[②] 根据国际经验，如果单一机构资金量占市场总值的 10% 或以下时，那么当其进入资本市场，就不会引起市场波动。加之，目前中国股票市场呈快速发展的趋势，即使按照保守吸纳能力计算，中国股市吸纳新农保基金的能力也是足够的。与此同时，中国资本市场的市场结构和产品结构越来越合理，已具备一定的深度和广

① 《新农保基金保值增值压力不断加大》，http：//business. sohu. com/20101213/n278254320. shtml。

② 《社科院报告称 2011 年新农保基金收入已达 1069 亿》，http：//finance. sina. com. cn/roll/20121217/120214026149. shtml。

度，随着时间的推移，资本市场将越来越成熟，良好的资本市场环境为中国新农保基金入市提供了良好的外部条件。

第二，扩大新农保基金的投资渠道，提高基金的投资收益。目前，中国的新农保正面临着严峻的基金风险，其中保值增值是较严峻的一个问题，如果不采取有效措施，寻找多样化的投资渠道实现新农保基金的保值增值，就会影响到新农保制度的正常运行，进而损害广大参保群众的切身利益，阻碍社会经济的顺利发展。从发达国家养老基金入市的经验看，审慎地放松养老保险基金的入市限制，是提高基金投资收益率的重要途径之一。成熟的资本市场，为新农保基金提供了更复杂的资产配置方式和更多样的风险分散手段，使新农保基金在风险一定的范围内实现最大的收益，从而降低市场价格风险和新农保基金负债风险。而较高的收益又可以降低新农保基金缴费率和人口老龄化的压力，促进新农保基金实现保值增值。

第三，成熟的资本市场的投资理念与养老金的安全性要求是一致的。新农保基金直接关系到广大参保群众的切身利益，很大程度上决定着其未来生活质量的好坏、生活水平的高低，这就要求新农保基金在资本市场投资时必须以稳健和安全为首要原则。新农保基金由于其规模比较大，不方便经常进出股市，因而其应注重追求长期稳定的投资方式，这种交易行为较为确定，使得新农保基金每年的收支总量相对稳定。而在成熟的资本市场中，投机性较弱，资产价格在短期内相对稳定，这对追求长期稳定投资方式的新农保基金来说，有利于降低市场价格风险和提高投资的安全性。

第二节　新农保可持续发展的社会环境分析

经济环境的波动对新农保的影响是显著的。但是，城乡之间的社会环境对制度的影响却具有广泛、深刻与根本性。城乡二元经济社会结构一直是阻碍中国养老保障，尤其是农村养老保障建设的“拦路虎”，实现新农保统筹、持续发展，迫切需要打破这种格局。但是，在统筹、城乡一体化建设的同时，同样不能忽略农村传统养老文化、习俗对制度的长远影响。[①]

① 本节主要参考夏耕：《中国城乡二元经济结构转换研究：要素流动、制度变迁、市场机制与政府作用》，北京大学出版社 2005 年版，第 2～39 页；刘祖云：《社会转型解读》，武汉大学出版社 2005 年版，第 13～47 页；石宏伟：《中国城乡二元社会保障制度的改革和创新》，中国社会科学出版社 2008 年版，第 8～56 页；申延平：《中国农村社会转型论》，河南大学出版社 2005 年版，第 3～38 页；邓鸿勋、陆百辅：《走出二元结构：创业就业、市民化与新农村建设 2008》，社会科学文献出版社 2008 年版，第 4～61 页。

一、城乡二元经济社会结构

（一）城乡二元经济社会结构及特征

1. 城乡二元经济结构及特征

“二元结构”最早是由荷兰社会学家伯克（J. H. Boeke，1953）于1953年提出，他在对荷属东印度社会经济进行分析时发现，随着殖民者的入侵，当地的发展日益分裂成传统社会与现代社会两个维度。其中，在经济领域表现得尤为明显，存在传统经济与现代经济并存的二分现象。[①] 美国经济学家刘易斯（A. Lewis，1954）在对发展中国家经济发展路径与规律的分析上，于1954年较为完整系统地提出“二元经济结构”理论模型，在刘易斯模型中，农业剩余劳动力成为城乡二元经济结构的重要影响因素。“经济结构转换的关键是农业剩余劳动力的转移，即劳动力转移构成了经济发展的模式”（夏耕，2005）。[②] 随后，刘易斯的二元经济模型经过拉尼斯（G. Rains，1961）、费景汉（J. Fei）与乔根森（D. Jorgenson，1967）的补充、发展与完善，成为研究城乡二元经济增长的理论基础。

综合学者们的研究发现，“城乡二元经济结构主要指早期发展中国家在实现产业结构转换的过程中，以社会化生产为主要特点的现代经济和以小农生产为主要特征的传统经济并存的经济结构”（刘祖云，2005）。[③] 其中，用于测量城乡二元经济结构的指标主要包括二元比较劳动生产率，二元对比系数（*DPC*）以及二元反差系数（*DC*）。

第一，二元比较劳动生产率主要指农业比较劳动生产率（*CLPR*）与工业比较劳动生产率（*CLPN*）。其中，农业比较劳动生产率指农业部门产值比重与农业部门劳动力比重之间的比值；工业比较劳动生产率指工业部门产值比重与工业部门劳动力比重之间的比值，计算公式如下：

农业比较劳动生产率：$CLPR = GR/LR$

式中：*GR*：农业部门产值比重；

LR：农业劳动力比重；

---

① ［荷］J. H. 伯克：《二元社会经济学与经济政策》，纽约太平洋关系研究所1953年版，第1～51页。

② 夏耕：《中国城乡二元经济结构转换研究：要素流动、制度变迁、市场机制与政府作用》，北京大学出版社2005年版，第36页。

③ 刘祖云：《社会转型解读》，武汉大学出版社2005年版，第47页。

工业比较劳动生产率：$CLPN = GNR/LNR$

GNR：非农部门产值比重

LNR：非农劳动力比重

第二，二元对比系数指农业劳动生产率与非农业劳动生产率之间的比值，该比值说明了农业部分与非农业部分劳动生产率之间的差异程度，是反映城乡二元经济结构差异的重要指标。二元对比系数的范围在 0 ~ 1 之间，二元对比系数越大，城乡二元经济结构越强，反之则越弱。计算公式如下：

二元对比系数：$DPC = CLPR/CLPN$

第三，二元反差系数指农业部门与工业部门产值比重与劳动力比重之差的绝对值的平均值。二元反差系数与二元对比系数具有同样的意义。计算公式如下：

二元反差系数：$$DC = \frac{|GR - GNR| + |LR - LNR|}{2}$$

2. 城乡二元社会结构及特征

伴随着城乡二元经济分割的发展格局，城乡之间在社会发展、资源占有等方面被日益分裂成两个部分。“城市居民和农村人口，因为户籍或居住地制度的区别，在劳动、收入、消费、教育、生活等方面存在巨大的差距，逐渐形成两个相对独立的社会单元”（邓鸿勋等，2008）。[①] 同时，城乡二元经济结构下的不成熟的市场经济，进一步强化了居民生活城乡分割的局面。一般认为，中国城乡二元社会结构主要指为适应城市经济快速发展的需要，通过行政手段阻隔成型人口等各种生产要素的流动，形成城乡分割、划地为界、身份有别的一种社会发展状况（见表 8 - 9）。

表 8 - 9　　中国城乡二元社会结构来源及发展阶段

	时间	内容	代表性事件/法规
城乡二元社会结构	1949 ~ 1956 年	赶超“美英”；学习苏联经验；优先发展重工业，忽视轻工业的发展	价格“剪刀差”；粮油统购包销等
	1957 ~ 1978 年	城乡二元社会结构进一步强化；行政手段限制农村人口外流；户籍制度形成	《关于制止农村人口盲目外流的指示》；《中华人民共和国户口登记条例》
	1978 年至今	城乡二元社会结构弱化；二元社会结构向城乡一体化方向发展	暂住证的实行；户籍制度的改革；“农转非”

① 邓鸿勋、陆百辅：《走出二元结构：创业就业、市民化与新农村建设 2008》，社会科学文献出版社 2008 年版，第 1 ~ 50 页。

从新中国成立到“三大改造”完成之际（1949～1956年），为应对严峻的周边形势，中国学习苏联经验，利用国家行政命令的形式，实行优先发展重工业的战略。国家利用价格“剪刀差”的方式，从农民身上汲取重工业积累资金，并同时形成了高度集中的计划经济管理体制，农村的经济发展被排斥于计划之外，中国城乡二元社会结构开始形成；一直到改革开放之前（1957～1978年），这种城乡分而治之的二元社会结构不断没有衰弱，反而有强化之势。尤其在1957年，中共中央、国务院发出《关于制止农村人口盲目外流的指示》，要求严厉制止农村人口盲目外流。1958年1月，全国人大常委会第三次会议通过了《中华人民共和国户口登记条例》，将居民严格区分为“农业户口”与“非农业户口”，标志着中国严格限制人口流动、迁移的户籍制度形成。这两项法律法规的颁布，将公民身份进行了区分，进一步强化了中国城乡二元社会的状况，使得城乡居民在生活资料供应、劳动就业、社会保障等方面的差距进一步拉大；改革开放至今（1978年至今），随着“民工潮”的出现，严格的户籍制度开始松动，特别是城市暂住证的出现，为农村居民流入城市提供了条件。而且，随着户籍制度的进一步改革，以及上海、重庆等地农业户口转为非农业户口政策的实施，城乡二元社会结构逐渐弱化，向未来城乡统筹、一体化的发展战略迈出了坚实的一步。

由城乡二元社会结构的来源及含义可知，城乡二元社会结构实质上是公民身份、城乡居民收入与消费以及城乡居民基本福利保障享有的二元性与差异性。

首先，在城乡二元社会结构的作用力下，公民被分为城市居民与农村居民两种身份（见图8－13）。这两种身份决定了城乡居民两种不同的社会地位。国家为城市居民提供了较为健全的社会保障，但是农村居民却长期游离于社会保障制度之外。

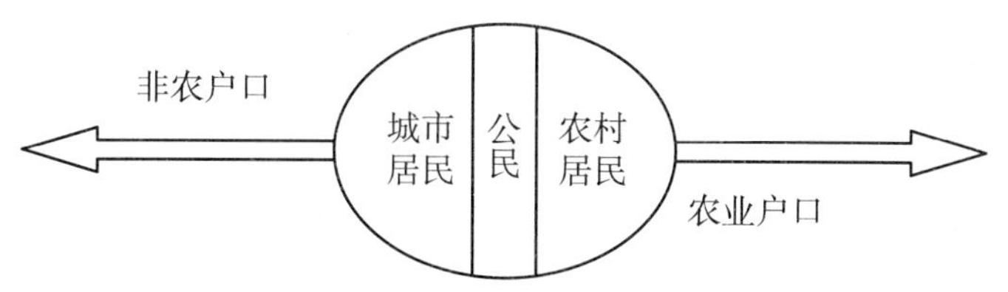

图8－13　城乡二元社会结构导致公民身份分割

最后，城乡居民的收入、消费存在差异，而且差异扩大，这是城乡二元社会结构的另一特征。一方面，城市居民人均可支配性收入高于农村居民。据统计，中国城镇居民家庭人均可支配收入实现了从1978年的343.4元到2009年17 174.7元的剧增（见表8－10）。与此同时，农村居民家庭人均纯收入实现了从133.6元到5 153.2元的增长。但是城乡之间的差距依旧明显，2009年城镇居民家庭人均可支配收入约为农村居民家庭人均纯收入的3倍；另一方面，城乡居民家庭的消费也存在显著差异，城乡居民恩格尔系数差异明显。从1978年到2009年总体发展趋势来看，农村居民家庭与城镇居民家庭恩格尔系数均有所下降。但是，农村居民家庭恩格尔系数一直高于城镇居民家庭恩格尔系数，两者差异明显（见图8－14）。

表8－10　　城乡居民家庭人均可支配性收入

年份	城镇居民家庭人均可支配收入 绝对数（元）	指数（1978＝100）	农村居民家庭人均纯收入 绝对数（元）	指数（1978＝100）
1978	343.4	100.0	133.6	100.0
1980	477.6	127.0	191.3	139.0
1985	739.1	160.4	397.6	268.9
1990	1 510.2	198.1	686.3	311.2
1991	1 700.6	212.4	708.6	317.4
1992	2 026.6	232.9	784.0	336.2
1993	2 577.4	255.1	921.6	346.9
1994	3 496.2	276.8	1 221.0	364.3
1995	4 283.0	290.3	1 577.7	383.6
1996	4 838.9	301.6	1 926.1	418.1
1997	5 160.3	311.9	2 090.1	437.3
1998	5 425.1	329.9	2 126.0	456.1
1999	5 854.0	360.6	2 210.3	473.5
2000	6 280.0	383.7	2 253.4	483.4
2001	6 859.6	416.3	2 366.4	503.7
2002	7 702.8	472.1	2 475.6	527.9
2003	8 472.2	514.6	2 622.2	550.6
2004	9 421.6	554.2	2 936.4	588.0
2005	10 493.0	607.4	3 254.9	624.5
2006	11 759.5	670.7	3 587.0	670.7
2007	13 785.8	752.5	4 140.4	734.4
2008	15 780.8	815.7	4 760.6	793.2
2009	17 174.7	895.4	5 153.2	860.6

资料来源：根据《中国统计年鉴2010》的相关数据整理得到。

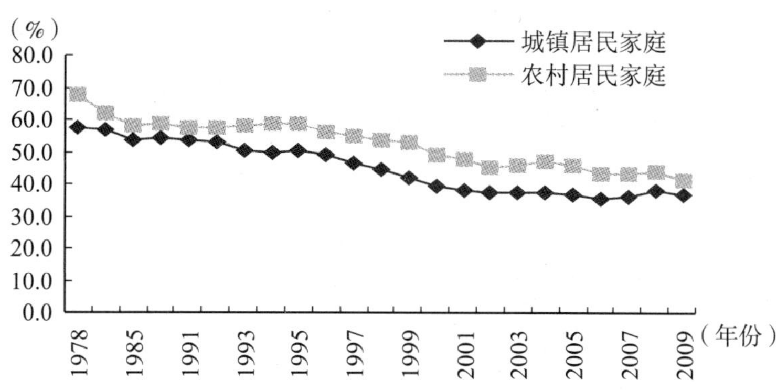

图 8-14　城乡居民恩格尔系数变动情况（1978～2009 年）

资料来源：根据《中国统计年鉴 2010》的相关数据整理得到。

最后，城乡居民的基本福利保障的差异性是其另一特征。城市居民拥有社会救助、社会保险在内的健全的基本福利；农村居民的生、老、病、死长期由家庭负责，国家在农村提供的仅为救助性质的基本保障性制度。虽然农村养老保险已开始试点实施，但制度的可持续性仍值得商榷。

（二）城乡二元经济社会结构的影响

城乡二元的经济结构打破了经济运行的规律，长期的工业倾斜政策造成较为严重的工农关系的扭曲，农村剩余劳动力转移受到限制，产业结构调整与升级的力度偏小。二元分割的社会结构在带来农村居民与城市居民身份割裂的同时，亦造成农民的贫困，社会福利获取的不平等性，并由此引发社会公平、正义的缺失。同时，二元经济社会结构导致的城乡居民文化素质的差异，使得农村制度性养老保障的推行受阻，迫切需要打破此种分割局面。

首先，城乡二元经济社会结构导致农村人力资本与工业效益低下，产业结构无法进行升级与调整。一方面，城乡割裂的经济体系，传统农业发展滞后，加上中国绝大部分人口分布于农村，由此带来严重的人力资源的浪费；另一方面，受户籍制度的限制，大量农村剩余劳动力无法高效转移，不利于城市的工业化建设。对已经流入城市的农村务工人员，他们从事的大多为耗费体力的工作或成为“农民工”，不利于中国产业结构的优化与调整。

其次，城乡二元经济结构在造成居民身份分裂的同时，不利于农村社会福利事业的发展，主要体现在以下三个方面。第一，城乡居民就业上的不平等。农村居民就业机会少，收入主要以土地为主，来源单一且缺乏稳定性；第二，城乡居民教育资源分配上的不平等。城市拥有更多、更高质量的教育资源，农村教学条件、师资力量有限；第三，城乡居民养老保障资源享有上的不平等。城市拥有较为完备的制度性养老保障，农村大多依靠自身储蓄、家庭分担，缺乏相关的制度性安排。

最后，城乡二元经济社会结构使得城乡居民整体素质的扩大。一方面，受城乡居民教育资源享有上的不平等性的影响，农村居民整体素质较城市偏低；另一方面，这种整体素质的日益扩大，显著影响农村居民对未来养老风险与农村养老保险制度的认知。

（三）城乡二元经济社会结构下农村养老保险问题

1. 城乡二元经济下，财政对农村养老保险的投入低于城镇职工养老保险

在城乡二元经济结构下，政府公共财政用于城市建设、城市居民养老保险、城市医疗保险、城市工伤保险、城市生育保险建设的比例远远高于对农村养老保险的投入。一方面，城市公共财政来源广、资金充裕，能够为城镇职工养老保险提供更多资金支持；另一方面，城市职工养老保险采用个人缴费、企业负担与国家补贴相结合的模式。其中职工所在企业工资较为稳定，企业能够提供较为稳定的缴费金额，对城镇职工养老保险的投入力度高于农村养老保险。

2. 城乡二元经济社会结构下，农村养老保险覆盖面、保障水平以及基金规模等低于城市

一方面，城乡二元经济社会结构下，农村居民收入水平较低，收入来源不稳定，农民参加并缴纳养老保险保费的水平较低，农村养老保险的保障水平低于城市；另一方面，农村养老保险基金筹资渠道较城市职工养老保险来源单一，农村养老保险基金规模、待遇保障水平低于城市。

3. 城乡二元经济社会结构下农村养老保险经办管理落后、信息化程度不足

在城乡二元经济社会结构下，城市养老保险中的基础设施建设、网络信息化建设获得充分发展。相比较于城市，农村养老保险经办管理落后，信息化、网络化建设滞后，多数试点养老保险建设地区仍采用纸质化办公，电子化办公未全面覆盖，信息化程度不足。

（四）城乡二元经济社会结构需要可持续发展的新农保制度

当前，中国总体上已进入以工促农、以城带乡的发展阶段，进入加快改造传统农业，走中国特色农业现代化的道路。在这一时期，着力破除城乡二元经济社会结构，加快城乡经济社会一体化建设成为新时期发展的核心内容。加快破除城乡二元经济社会格局，实现城乡一体化的关键在于实现社会保障资源城乡分配的平等性，实现公共服务的均等化。其中，建立健全农村社会养老保险制度是实现社会保障公平、平等，公共服务均等化的突破口。

但是，城乡二元经济结构的现实对新农保制度设计、制度内容形成阻碍。同时，城乡二元经济社会结构制约了新农保城乡统筹与统一国民年金的走向。此外，在城乡二元经济社会结构向城乡一体化建设的缓慢过程中，同样需要可持续发展的新农保制度。这种良性互动关系的主要内容如下：

第一，新农保在制度设计之初采用“基础养老金”与“个人账户”相结合，采用灵活缴费并设定了100元、200元、300元、400元以及500元五个缴费档次，以确保普惠性目标得以实现。国家及地方财政既对农民参保进行补贴，又对已达到待遇领取人员进行补贴。但是，在城乡二元经济社会结构下，受农民收入水平的限制，农民缴费能力有限，制度保障水平不高，不利于制度的可持续发展。第二，从长远来看，新农保只是农村养老保障的阶段性过渡，未来统一国民年金是发展的趋势。同时，由于中国人口老龄化的步伐不断加快，加上“未富先老”的双重压力，新农保需要加快城乡统筹乃至全国统筹的步伐。“我国农村改革发展的目标是实现城乡统筹发展，经济社会的一体化，统筹城乡发展是解决农村发展的根本途径”（陆学艺，2009）。[①] 因此，在实现城乡二元经济结构向城乡一体化的推进中，需要加快新农保的城乡统筹与持续运行。第三，当前中国城乡二元经济社会结构向城乡一体化进程缓慢，城乡之间仍存在“农民工”群体需要得到制度性养老保障。这种缓慢的进程显著影响新农保与城镇职工养老保险的统筹。

二、农村传统文化、习俗对新农保持续发展的影响

（一）农村传统养老文化习俗的特征

中国的传统养老文化是源远流长的，其带有浓厚的中国文化的烙印，是具有中国特色的养老文明。

首先，较城市而言，传统农村更加重视伦理道德。这种思想强调个人对家庭应该负起相应的责任，这种思想反映在养老方面就是子女应该孝顺并照顾好父母，这对于维护家庭的和谐，进而促进社会的安定和团结，维护整个国家的正常运行发挥了重要的作用。与此同时，这种思想对于“养儿防老”观念的形成有着重要的引导作用。

其次，长期以来，农村一直处于小农经济的背景之下，养老需求建立在农业

① 陆学艺：《破除城乡二元结构　实现城乡经济社会一体化》，载《社会科学研究》2009年第4期，第104~108页。

发展的基础之上。中国是以农业发展为根基的国家，几千年来，中国的小农经济比较发达，农业在中国的社会发展中起到了重要的作用，经济基础决定上层建筑，以农业为基础的经济发展方式，决定了农村居民的养老需求具有明显的小农意识，他们年轻时积极劳动，获得一定的经济储备，以供年老之用。此外，除了这种自我养老方式，他们更多地是依靠子女给予的经济支持和精神支持来满足其养老需求。

最后，农村家庭共担抵御养老风险的习俗高于城市。工业化、城市化以及现代化的深入推进，对现代家庭的保障功能构成威胁。虽然现代社会家庭的功能发生了变化，传统家庭的内部保障功能也有很大削弱，但是其稳定社会的保障作用至今仍发挥着一定的作用。在漫长的农村发展历史中，农村家庭中浓厚的亲情与血缘关系，使得中国农村居民形成了厚重的家庭、乡土情结以及家庭内部互助的家庭文化，这种家庭文化日益成为千百年来中国农村居民应对社会风险的有力保障。

总之，农村传统的养老文化习俗对于当今农村老年人口养老服务需求意识的形成起到了重要的作用。因此，在发展与完善新农保制度的同时，理应注重农村既有传统文化习俗的影响，结合农村实际，扬长避短，将新农保制度根植于农村传统文化、习俗之中，实现制度的稳定与可持续发展。

（二）农村养儿防老的观念冲击新农保的可持续性

为了维护农村老年人的基本养老保障权益，保障其基本生活需求的满足，政府注重发挥其自身在保障老年人基本生活水平方面的作用，积极推动农村养老保障制度的实行。

但是，近年来，随着计划生育政策的推行，人口老龄化进程的加快，农村老年人在农村人口中所占的比例不断增大，农村老龄化程度更明显。“按照中国老年学学会常务副会长赵宝华的说法，中国目前农村留守老年达 4 000 万人，占农村老年人口的 37%，其中 65 岁以上农村留守老年人达 2 000 万人。”① 庞大的农村老年人数量必然要求国家增加对农村地区的养老补偿力度，这意味着政府需要支出更多的养老保障金来保障农村老年人的基本生活水平。而中国的经济实力毕竟是有限的，这就决定了国家通过财政支出这种宏观调控的方式保障农村老年人基本生活水平的力量是有限的，这在客观上要求家庭发挥其在养老方面的作用，从这个方面来讲，养儿防老的这种观念在一定程度上能够缓解国家的财政负担，

① 《我国农村人口老龄化高于城市　65 岁以上农村留守老人达 2 000 万》，载京华时报．京华网，http：//epaper. jinghua. cn/html/2011 – 10/05/content_716219. htm。

优化国家的财政支出结构，实现国家财政资源的最优化配置。

然而，从长远来说，养儿防老这种依靠家庭进行的养老救济是不利于现存养老保险制度，尤其是新农保制度的可持续发展的。一方面，“养儿防老”这种思想的存在是不利于新农保制度在农村普及的。中国是一个崇尚孝道的国家，主张子女和家庭对老年人的养老问题负责，这种思想导致了大部分的农村老年人选择依靠子女，依靠家庭进行养老。这表明农村老年人选择新农保制度的意愿较低，新农保制度所覆盖的人数也是有限的，其不利于实现制度的广覆盖，对于制度的正常、有序、可持续发展是不利的。

另一方面，养儿防老这种养老方式不利于新农保制度经济基础的建立。养儿防老的养老方式与子女的经济实力紧密相关。从当前农村的发展来看，农村居民的经济水平还比较低，老年人子女的经济实力还是有限的。若老年人参加到新农保制度中来，其所必须缴纳的养老保障费用的一部分是由其子女负担的，从这种意义上来说，新农保制度的经济基础是十分不稳定的，并且其经济水平是相对较低的，最终会影响制度的正常运转。这也就是说，经济上的不可持续必然会影响新农保制度运行的可持续发展。

总之，从长远来看，养儿防老的思想是中国实现新农保制度可持续发展的重大障碍，中国农村居民必须要改变这种养老思想，并全力支持新农保制度的实行。

（三）农民对未来养老风险以及对养老保险认识不充分

那些具有不确定性的意外事故和自然灾害都可以称之为风险。风险是客观存在的，人生存的社会中存在着各种各样的风险。单个风险是不能确定的，对于人类的正常生活有着重大的破坏作用。但是，根据大数法则，我们可以确定风险发生的概率，在一定程度上是可以预防和应对的。为此，具有相同风险的人们可以通过缴纳一定的保险费，参加保险制度来分散风险，降低风险对自身生活的不利作用。

农村居民也面临着各种养老风险，如年老后生活水平不确定性问题；生病所带来的经济压力过大问题；子女不孝顺导致的老年人养老问题等，这些事件的发生是不确定的，这在客观上要求农民自身增强这些方面的防范意识，参加到社会养老保险中来，以应对各种养老风险。

但是，中国农村居民的平均受教育水平还比较低，还不能真正认识到自身所面临的各种年老后的风险，缺乏对未来风险的识别和预测，这在一定程度上导致了其对养老保险作用认识的滞后性。

另外，农民的短视行为影响新农保制度的推广和普及。农村居民享受新农保制度规定的各项权益是以缴纳一定的养老保险费为基础的，农民的收入水平是有限的，大部分农民迫于现在经济上的压力，他们不愿意通过缴纳一定的养老保险费来达到保障自身老年生活的目的，农民的参保意识较低，这是制度正常运行的重要障碍。

总之，农民对风险认识的不全面性，他们缺乏对新农保制度所发挥的防范未来养老风险作用的认识，这都可能会导致农村居民参加新农保制度的积极性下降，这制约着新农保制度覆盖面的扩大，造成新农保制度群众基础较为薄弱，最终会威胁到制度的可持续发展。

（四）老农保的失败经验影响了农村居民对新农保制度的信任

老农保制度的存在对于维护农村老年人的养老保障权益，保障农村老年人的基本生活水平，维护农村地区的稳定，促进国家的安全和团结发挥了重要的作用。但是，在老农保制度的实行过程中，也产生了一系列的问题，使农民对养老保障制度产生了怀疑，这在客观上降低了农民参加新农保的积极性，对新农保制度的推行是不利的。具体来说，主要包括以下几个方面的问题。

第一，老农保制度的保障水平有限，增加了农民对新农保制度保障水平的怀疑。农民所缴纳的养老保险费的比例比较低，加之国家财政用于农村地区的养老保障支出有限，这就决定了中国农村地区的养老保障水平是比较低的。这与农民希望获得较高的养老保障收益的愿望是相违背的，降低了农民的幸福感指数。对老农保制度的不满可能会形成对新农保制度的怀疑，这会降低农民参加新农保的积极性，影响新制度的正常运转。

第二，老农保基金的安全性影响农民参加新农保的积极性。养老保险金是农民年老后的救命钱，对养老保障金的监管不严，农村养老保险金被挤占、挪用的现象时有发生，农民的保命钱经常处于一种不安全的环境中，这降低了农村居民对政府的信任程度，对政府工作能力的不信任增加了制度推行的难度。

第三，老农保的保值增值问题是影响农民考虑是否参加新农保的重要因素。为了维护农村居民年老后的最低生活水平，在养老保险金的投资和增值问题上，政府采用审慎的投资原则，养老金增值渠道单一，大部分的养老保险金存储在银行，而流通到市场上的养老金只占很小的一部分。这有利于降低基金运行的风险，但是，这种增值方式远远不能跟上不断加快的通货膨胀的步伐。当达到养老金领取年龄后，农村老年人获得的养老金可能不能满足其日常生活需求。这与当时其参加养老保险时所获得的承诺是不一致的。

因此，新农保制度的改革和实行是以老农保存在的问题为基础的。只有新制度设计的政策能够解决旧制度面临的问题，新的制度才能真正的取代旧制度，实现新制度的正常运转，维护目标群体的最根本利益。

三、新型农村合作医疗的经验借鉴

一般而言，一项制度的建设与完善有必要借鉴业已完善的其他相关领域的制度建设经验。中国政府曾与全国农民一道合作，开展过各种抵御风险的制度，完善新农保，实现制度的可持续发展，必须注重农村既有的制度建设经验。

新型农村合作医疗制度是中国农民与政府共建的互助共济的医疗保障制度。为贯彻落实中央有关在全国农村建立适应社会主义市场经济要求的农村卫生服务体系，明确建立“以大病统筹”为主的新型农村合作医疗制度的思想，国务院办公厅于2003年1月，转发了卫生部、财政部以及农业部联合发布的《关于建立新型农村合作医疗制度的意见》，决定在全国范围内开始试点。目前，新型农村合作医疗制度试点运营状况良好，从2004年到2009年，累计参加制度的县（市）从333个增加到2 716个，参合率从75.2%增长至94.2%，基本实现制度2010年全覆盖的目标（见表8－11）。同时，新型农村合作医疗基金筹集能力明显，从2004年的40.3亿元增加到944.4亿元。总体农村参合人数从0.80亿人剧增至8.33亿人，累计补偿收益人次实现了0.76亿人次向7.59亿人次的过渡（见图8－15）。

表8－11　　新型农村合作医疗基本状况（2004～2009年）

年份	县、区、市数目（个）	参合率	筹资总额（亿元）	支出总额（亿元）
2004	333	75.2	40.3	26.4
2005	678	75.7	75.4	61.8
2006	1 451	80.7	213.6	155.8
2007	2 451	86.2	428.0	346.6
2008	2 729	91.5	785.0	662.0
2009	2 716	94.2	944.4	922.9

注：2009年全国开展新农合县（区、市）数减少13个，原因为这13个县（区、市）城乡居民已统一实行居民基本医疗保险。

资料来源：根据《中国统计年鉴2010》的相关数据整理得到。

从新型农村合作医疗制度试点到现在的发展完善，中间虽经历过挫折与失败，但同样取得了辉煌成就，积累了重要经验。第一，要制定完善相关法律法

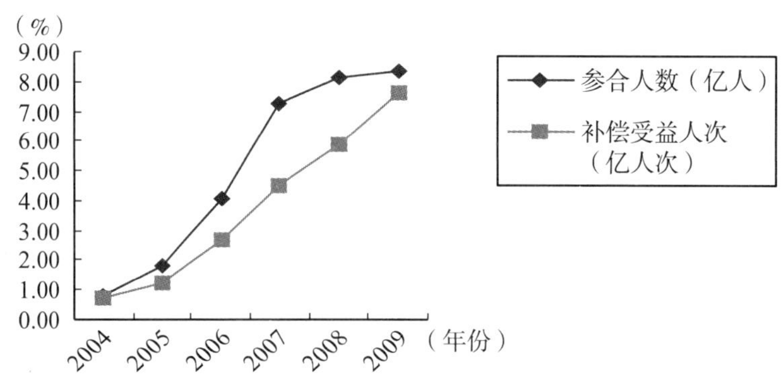

图 8-15　新型农村合作医疗参合人数与补偿受益人次（2004～2009 年）

资料来源：根据《中国统计年鉴 2010》的相关数据整理得到。

规，规定参保范围、基金筹集、管理等，有法可依是开展工作的基础和前提，可以监督和保护全程工作的正常运行，同时，进一步完善激励缴费机制，确保制度有效可持续运行；第二，加大财政的支持力度，每一制度的顺利实行都离不开政府强有力的支持，中国区域经济发展不平衡，会影响不同地区相关制度的发展，所以财政应相对倾向于落后地区，实施一些税收优惠政策，鼓励社会捐赠、赞助等社会资本投入；第三，加强长效筹资建设，保证基金投资，完善个人账户，提高基金管理层次，市场化运营；第四，完善各级政府部门的管理，包括基金财务管理、审计制度、民主监督，同时，还要加强管理信息系统建设，提高管理效率，此外，提高新型业务人员的专业水平，加强执法力度，确保基金收入和支出独立运作，定期进行内部审核监督，保证基金的安全运营，真正实现决策、执行、监督体系化，形成公正公开、透明高效的运作机制。以上都将为中国当前新农保试点的开展以及制度的可持续发展提供经验借鉴与参考。

第三节　新农保可持续发展的法律与政治环境分析

经济与社会发展环境是新农保制度得以持续发展的前提与基础。但是，完善的法制环境与高效的行政管理理念，则是制度持续运营的重要保证。强调中国法制化发展现状与转型政府的行政管理理念，是保障农民参保利益，构筑新农保可持续发展的重要一环。

一、法制环境

（一）中国农村养老保障法制环境的现状、内容与特征

1. 农村社会养老保险法制环境的现状

当前，随着城市化、工业化、现代化的持续推进，中国正处于经济、社会的转型时期，经济的发展使得财政持续增长。据统计，2006 年至 2010 年间，财政收入增长幅度分别为 22.5%、32.4%、19.5%、11.7% 与 21.3%（见图 8-16）。其中，财政的大部分资金用于养老保障体系建设，尤其是强化对新农保的支持力度。但是，纵观各国养老保险发展历程，立法先行是其定型、稳定的前提与基础，充裕的财政支持是制度可持续运行的保证。然而，中国农村社会养老保险一直面临立法、运营、监督等较为严峻的法制环境。

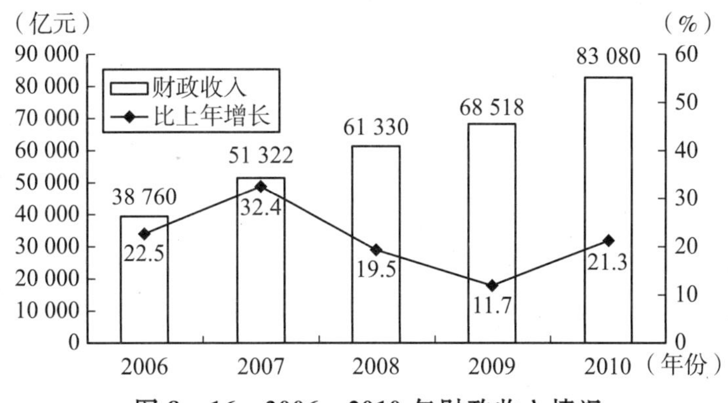

图 8-16　2006~2010 年财政收入情况

资料来源：《2010 年国民经济和社会发展统计公报》。

（1）农村养老保险相关法律制度不完善，制度与理念滞后于现实需要。“立法是国家权力机关起草、制定和颁布法律的整个过程”（安增龙，2006）。[①] 法制国家建设的关键在于“依法行事”，但是，“有法可依”是建立法治国家的基础条件。其中，尤以立法为基础。但是，当前中国农村养老保险立法相对滞后，一些制度与理念无法满足现实需求。一方面，改革开放以来，农村养老保险地方性行政法规与地方法规较为繁琐。在已出台的行政法规中，有关农村养老保险多以行政命令、意见与决定等形式开展。此种方式往往对政府及相关职能部门的权力

① 安增龙：《中国农村社会养老保险制度研究》，中国农业出版社 2006 年版，第 284 页。

与义务有明确划分，未言及社会成员的权利与义务。但是，农村养老保险社会化是养老保障制度改革的趋势，这一趋势的显著特征则表现为社会成员在享有权利的基础上认知履行规定义务；另一方面，中央有关农村养老保险制度的法律法规缺乏统一性。虽然《社会保险法》于2011年7月1日起正式实施，但是，其中有关农村养老保险的法律规定尚不具体，不具有很强的可操作性。当前中央对农村养老保险以及新型农村养老保险试点的规定仍以行政命令、意见与决定等形式进行（见表8-12）。

表8-12　1995~2009年农村社会养老保险法规、文件及规章制度

序号	文件名	发布部门	发布时间	性质
1	转发民政部关于进一步做好农村社会养老保险工作意见的通知（国发办〔1995〕51号）	民政部、国务院办公厅	1995年10月19日	部门规章
2	劳动和社会保障部关于调整农村养老保险个人账户计息标准的通知（劳社部函〔1998〕131号）	劳动和社会保障部	1998年9月25日	部门规章
3	劳动和社会保障部关于调整农村养老保险个人账户计息标准的通知（劳社部函〔1999〕183号）	劳动和社会保障部	1999年10月10日	部门规章
4	劳动和社会保障部办公厅关于印发2002年农村养老保险工作安排的通知	劳动和社会保障部	2002年2月9日	部门规章
5	劳动和社会保障部关于做好当前农村养老保险工作的通知（劳社部函〔2003〕115号）	劳动和社会保障部	2003年7月9日	部门规章
6	劳动和社会保障部关于认真做好当前农村养老保险工作的通知（劳社部函〔2003〕148号）	劳动和社会保障部	2003年11月10日	部门规章
7	国务院关于解决农民工问题的若干意见（国发〔2009〕5号）	国务院	2006年3月27日	行政法规
8	国家人口计生委等14部门关于全面加强农村人口和计划生育工作的若干意见	国家人口计生委等14部委	2007年11月8日	部门规章

续表

序号	文件名	发布部门	发布时间	性质
9	劳动和社会保障部关于印发 2008 年劳动和社会保障事业发展计划的通知（劳社部发〔2008〕6 号）	劳动和社会保障部	2008 年 2 月 13 日	部门规章
10	国务院关于开展新型农村社会养老保险试点的指导意见（国发〔2009〕32 号）	国务院	2009 年 9 月 4 日	行政法规
11	国家人口计生委、人力资源社会保障部、财政部关于做好新型农村社会养老保险制度与人口和计划生育政策衔接的通知（国人口发〔2009〕101 号）	国家人口计生委、人力资源和社会保障部、财政部	2009 年 12 月 31 日	部门规章
12	国务院关于建立统一的城乡居民基本养老保险制度的意见（国发〔2014〕8 号）	国务院	2014 年 2 月 21 日	行政法规
13	人力资源和社会保障部关于印发新型农村社会养老保险经办规程（试行）的通知（人社部发〔2009〕161 号）	人力资源和社会保障部	2009 年 11 月 30 日	部门规章
14	关于印发新型农村社会养老保险信息系统建设指导意见的通知（人社部发〔2009〕146 号）	人力资源和社会保障部	2009 年 11 月 16 日	部门规章
15	关于印发《新型农村社会养老保险基金财务管理暂行办法》的通知（财社〔2011〕16 号）	财政部、人力资源和社会保障部	2011 年 3 月 3 日	部门规章
16	关于中央财政新型农村和城镇居民社会养老保险试点专项补助资金管理有关问题的通知（财社〔2011〕323 号）	财政部	2011 年 12 月 31 日	部门规章

续表

序号	文件名	发布部门	发布时间	性质
17	关于做好新型农村和城镇居民社会养老保险制度与城乡居民最低生活保障、农村五保供养优抚制度衔接工作的意见（人社部发〔2012〕15号）	人力资源和社会保障部、财政部、民政部	2012年2月24日	部门规章
18	人力资源和社会保障部　财政部关于印发《城乡养老保险制度衔接暂行办法》的通知（人社部发〔2014〕17号）	人力资源和社会保障部、财政部	2014年2月24日	部门规章

但是，在养老保险制度较为完善的国家，立法先行一直是其秉承的价值与理念。同时，健全、完备的法律体系是保证养老保险制度乃至整个社会保障制度健康、稳定、持续发展的内在要求。郑功成（2008）认为，中国理应争取构建起中国特色的基本社会保障法律体系，最终目标是要实现所有社会保障事务全部纳入法律规范的轨道，任何新保障项目的设定及对原有社会保障制度的修订，均需进入法制化程序。有研究显示，已有160多个国家与地区建立了各种养老保险法律制度。此外，在经济合作与发展组织（OECD）成员国中，智利1980年11月通过建立明确资产权益自由选择的退休金个人储蓄账户的《养老保险法案》，开始养老保险制度私有化改革的步伐。[①] 瑞典于1998年通过《社会服务法案》明确了养老保障中的个人责任，引入“工作福利”，完善了社会救助计划。挪威1993年的《社会救助法案》是对《1900年贫困救助法（the Poverty Law of 1900）》的修正，扩大了地方政府管理养老保险制度的权力，重申了劳动者个人的义务与责任。丹麦则在1997年适时推出《劳动力市场改革法案》，以应对大规模失业带来的挑战。1998年又颁布了一个灵活性法案（the Activation Act），弱化失业保护，提倡积极劳动。英国与法国则通过税收与津贴法案条款的调整，开展失业保障改革（见表8-13）。

（2）新农保运行的非法制化，内部协调力度不够。当前中国养老保险法制化建设要与时俱进，紧紧跟上社会保险发展的步伐。但是，养老保险法律体系不健全，新农保在筹资、运营以及基金投资上，缺乏统一法律、法规的指导。一方

① 周志凯：《试论养老保险制度可持续发展的条件》，载《经济体制改革》2005年第6期，第115～119页。

表 8-13　　OECD 成员国养老保险法律法规制度改革

国家名称	法律、法规调整时间	法律、法规	改革主要内容
智利	1980 年	个人储蓄账户法案	养老保险制度私有化
瑞典	1998 年	社会服务法案	社会救助
挪威	1993 年	社会救助法案、1990 年贫困救助法（1900 年贫困救助法，the Poverty Law of 1900）	社会救助
丹麦	1997 年	劳动力市场改革法案、灵活性法案（The Activation Act）	失业救助
英国	1979 年	税收条款改革	劳动力市场
法国	1980 年	税收条款改革	劳动力市场

面，新农保筹资机制应得到法律、法规的保护，明确其保障目标、保障待遇、经办机构等；另一方面，通过法律、法规规定养老保险基金投资方向与投资规则的法律制度尚不健全。在新农保试点广泛开展背景，鉴于缺乏筹资机制及强制性法律约束，新农保缴费标准不高，高标准缴费征收较为困难。

建立健全中国特色新型农村养老保险法律体系的另一个重要内容，在于实现农村养老保障相关法律的协调。到目前为止，中国还没有单独的农村养老保障法律。农村养老问题主要分散于《婚姻法》、《老年人权益保障法》、《继承法》、《民法通则》等法律中，此种分散的地方法规不利于农村养老保险问题的统筹解决，易造成相关法律的不协调，进而，影响新农保的可持续运行。从整体法理学视角出发，农村养老保障需要一部全国统一适用的综合法律。其所涵盖的内容应该能够满足当前农村社会养老的多方面法律需求。同时，该部法律应当能够在整个农村养老保障体系内对各法律进行协调。

（3）养老保险纠纷解决机制不完善。在养老保险制度转型、老农保向新农保制度转轨过程中，部分群体利益受损，需要合理畅通的纠纷排解渠道。但是，当前新农保却面临严峻的纠纷解决机制。一方面，从中央到地方，多为行政争议，缺乏明确解决纠纷的法律保障。2001 年 5 月 27 日，劳动和社会保障部发布《社会保险行政争议处理办法》，将纠纷化解到社会保险行政争议的范畴。严格来讲，政府部门无权制定争议处理的程序，争议处理理应交由完善的法律解决。由于缺乏完善的纠纷法律解决机制，只能进入劳动保障行政部门下的行政复议程序。此种解决机制并不能完全解决农村养老保险纠纷，只能算做“大事化小、小事化了”；另一方面，部分地区具有独立解决新农保纠纷的地方性行政法规，但是可操作性不强。因此，推进中国新农保纠纷解决机制的关键，在于对上述纠纷行政解决注入新的内容，通过不断修正、完善相关法律，共同为新农保实施中遭遇的养老保险纠纷，提供具体规范与法律保障。

2. 农村社会养老保险法律发展历程及主要内容

中国农村养老保险法制化建设经历了起步与调整、停滞与倒退、恢复与重建、衰退、二次恢复与快速发展等阶段（见表8－14）。在各个阶段，依据经济发展趋势，中央政府适时调整养老保险法律法规。当前，农村养老保险法制建设取得了巨大成就，制度框架已经基本明确，养老保险立法具有宪法依据，有关农村养老保险法制化建设的研究增多。但是，农村养老保险法制化进程依旧滞后，不同时期法律、法规调整幅度大，缺乏长期持续平稳发展。

（1）养老保险法律法规起步与调整时期（1949～1965年）。新中国成立之际，建立了实行工人阶级为领导，工农联盟为基础的人民民主专政的社会主义国家。在国家恢复与建设时期，党和政府便着手进行社会保障制度建设，尤其是社会保障法律制度的建设。此时期的社会保障法制建设重心在城市，农村社会保障法律建设尚不明确，法律法规较为粗糙。1951年2月26日，政务院（现更名为国务院）颁布《中华人民共和国劳动保险条例》，后经两次修订，确立了适用于城镇职工的劳动保险制度。1954年9月20日，全国人大颁布的《中华人民共和国宪法》第45条明确规定："中华人民共和国公民在年老、疾病或者丧失劳动能力的情况下，有从国家和社会获得物质帮助的权利。国家发展为公民享受这些权利提供所需要的社会保险、社会救济和医疗卫生事业"。国家以根本大法形式规定公民社会保障权利，社会保障法制化建设具有宪法依据。在此阶段，农村社会保障亦获得关注，但此时的社会保障建设侧重于社会救济而非社会保险性质。1963年，内务部颁布《关于做好当前五保户、困难户供给、补助工作的通知》，对农村居民补助标准进行了调整，完善了农村社会救助制度。

（2）养老保险法律法规停滞与倒退时期（1966～1977年）。1966～1976年间，中国处于"文化大革命"的十年动荡时期，此阶段社会保障法制化环境破坏殆尽。多数社会保险法规被废止，社会保险机构被撤销，社会保险一度处于无人管理的状况。在城市，多数职工无法按时退休，退休生活得不到保障。在农村，原已脆弱的养老保障法律体系更是遭到破坏。1969年2月，财政部发布《关于国营企业财务制度工作中几项制度的改革意见（草案）》。这份文件是对前期养老保险工作的否定。包括农村与城市在内，养老保险面临严峻的法律形势。

（3）农村养老保险法律法规恢复与重建时期（1978～1998年）。1978年，十一届三中全会的召开，为中国的改革开放拉开序幕。中国政治、经济、社会保障等各项事业均步入法制化建设的轨道。在此期间，有关城市养老保险的法律法规得以恢复与重建，农村养老保险法律法规亦处于缓慢建设阶段。1986年4月

12日，六届全国人大通过了《中华人民共和国国民经济和社会发展第七个五年计划》。“七五”时期，国家逐步关注农村养老保障体系的建设，将农村养老保险法律法规的重建纳入国家总体发展纲要。同年，《中华人民共和国老年人权益保障法》颁布实施，首次以法律的高度明确了老年人所享有的权利与义务。老年人权益保护受到更多重视。以《老年人权益保障法》为契机，1992年1月，民政部制定《县级农村社会养老保险基本方案（试行）》，明确规定，在有条件地区开展农村社会养老保险的试点工作，养老保险法制化建设得以恢复。

（4）农村养老保险法制建设的衰退时期（1999～2002年）。在养老保险法制环境恢复与重建时期，1997年的亚洲金融危机爆发，国家财政收入锐减，使得养老保障的法制建设陷入衰退阶段。1992年开始的农村社会养老保险试点开展困难，参保人数下降，基金规模下降，保值增值能力较弱。同时，农村社会养老保险工作由民政部移交劳动和社会保障部，农村社会保障制度发展受到阻碍与限制。

（5）农村养老保险法制建设二次恢复时期（2003～2008年）。2002年11月，党的十六大报告中指出，“在有条件的地方，探索建立农村养老、医疗保险和最低生活保障制度”，农村社会养老保险发展开始了二次恢复与建设阶段。从2003年起，劳动和社会保障部下发《关于当前做好农村社会养老保险的通知》，农村养老保险再次进入公众视线。此时期农村养老保险法制建设亦得到恢复与重建。从2004年到2008年，中央连续以一系列“一号文件”的形式，明确了农村养老保险法制建设重点与内容。

（6）农村养老保险法制建设快速发展时期（2009年至今）。在这一时期，中央对“三农”问题更为重视，各地逐步探索农村养老保险法制建设的新思路。2007年5月，国务院在全国推行农村最低生活保障制度。该规定具备相应的法律效应，农村养老保险体系法制化建设进程加快。2009年9月，国务院出台《国务院关于开展新型农村社会养老保险试点的指导意见》，对新农保试点的原则、内容、基金管理等作出详细规划，开启农村养老保险制度建设新起点。2010年12月，全国人大常委会通过了《社会保险法》，以法律形势规范了农村社会保障制度，农村养老保险法制建设日臻完善。

表8-14　　农村养老保险法制化进程

发展阶段	时间	主要法律、法规	颁布时间	颁布部门
起步与发展阶段	1949～1965年	《中华人民共和国劳动保险条例》	1951年2月26日	政务院
		《中华人民共和国宪法》	1954年9月20日	全国人大
		《关于做好当前五保户、困难户供给、补助工作的通知》	1963年	内务部

续表

发展阶段	时间	主要法律、法规	颁布时间	颁布部门
停滞与倒退阶段	1966～1977年	《关于国营企业财务制度工作中几项制度的改革意见（草案）》	1969年2月	财政部
恢复与重建阶段	1978～1998年	《中华人民共和国国民经济和社会发展第七个五年计划》	1986年4月12日	国务院
		《中华人民共和国老年人权益保障法》	1986年4月	人大常委会
		《县级农村社会养老保险的基本方案》	1992年1月3日	国务院
衰退阶段	1999～2002年	《国务院批转整顿保险业工作小组〈保险业整顿与改革方案〉的通知》	1999年	国务院
		《关于开展农村社会养老保险基金调查摸底的通知》	2001年5月	劳动和社会保障部
二次恢复	2003～2008年	《关于当前做好农村社会养老保险的通知》	2003年	劳动和社会保障部
		中央一号文件	2004年	中共中央、国务院
		中央一号文件	2005年	中共中央、国务院
		中央一号文件	2006年	中共中央、国务院
		中央一号文件	2007年	中共中央、国务院
		中央一号文件	2008年	中共中央、国务院
快速发展阶段	2009年至今	《关于开展新型农村社会养老保险试点的指导意见》	2009年9月1日	国务院
		《社会保险法》	2010年10月26日	全国人大常委会
		《关于印发新型农村社会养老保险经办规程（试行）的通知》	2009年12月1日	人力资源和社会保障部

续表

发展阶段	时间	主要法律、法规	颁布时间	颁布部门
快速发展	2009年至今	《关于印发新型农村社会养老保险信息系统建设指导意见的通知》	2009年11月16日	人力资源和社会保障部
		《关于做好新型农村社会养老保险制度与人口和计划生育政策衔接的通知》	2009年12月31日	国家人口计生委、人力资源和社会保障部、财政部
		《关于印发〈新型农村社会养老保险基金财务管理暂行办法〉的通知》	2011年3月3日	财政部、人力资源和社会保障部
		关于中央财政新型农村和城镇居民社会养老保险试点专项补助资金管理有关问题的通知（财社〔2011〕323号）	2011年12月31日	财政部
		《关于做好新型农村和城镇居民社会养老保险制度与城乡居民最低生活保障、农村五保供养优抚制度衔接工作的意见》	2012年2月24日	人力资源和社会保障部、财政部、民政部
		国务院关于建立统一的城乡居民基本养老保险制度的意见（国发〔2014〕8号）	2014年2月21日	国务院
		人力资源和社会保障部　财政部关于印发《城乡养老保险制度衔接暂行办法》的通知（人社部发〔2014〕17号）	2014年2月24日	人力资源和社会保障部、财政部

3. 新农保的法律特征

（1）保障性。农村社会保障制度的本质在于保障农民在年老、疾病以及身处困境时，能够得到国家或社会的救助。其中，养老保险法律的本质为保障每个公民基本的生存权利，使每个公民均能机会均等、公平合理享有养老保障。新农保制度具有较广的覆盖面与农民基本生活保障等。一方面，新农保试点的原则之一为“广覆盖性”，实现了农村保障人群的全覆盖；另一方面，新农保制度采取“个人缴费、集体补助与政府补贴”相结合的筹资模式。政府财政、集体补贴的投入，为农民参保提供支持，一定程度上能够保证农民的基本生活。同时，新农保试点受《国务院关于新型农村社会养老保险试点的指导意见》的支撑，能够保障农民养老需求，规避经济波动带来的未来养老风险。

（2）非强制性。新农保法律特征非强制性主要指非强制参保。新农保试点实施意见规定，试点坚持农民自愿参保。理论界一直认为：“强制性”是社会保障的本质属性，农村社会养老保险即从属于社会保障，理应符合其本质属性。国际上实行社会保障制度的国家，基本属于强制性。企业职工养老保险由国家或雇主、企业、职工三部分组成，保费要求强制缴纳。另一方面，农村社会养老保险主要是国家对公民个人权利的保障。如果实行非强制性原则，难以将所有农村老年人纳入农村社会保障制度之中。中国 20 世纪 90 年代开展的农村养老保险制度，正是由于缺乏非强制性，加上农民自身养老风险防范意识薄弱等原因，使得早期试点效果并不理想。总之，农村养老保险制度的“强制性”能够保证新农保制度的稳定、可持续发展。

（3）权利与义务的统一性。权利与义务相结合，是现代养老保险制度建立的重要原则之一，新农保同样具有权利与义务的统一。“强调国民承担相应义务并实现互助共济，这是在中国这样一个人口众多的发展中国家实现社会保障可持续发展的必由之路”（郑功成，2008）。① 就新农保而言，制度保障是农民应有的权利，而不是政府的恩赐与施舍。政府有责任保障农村居民的养老权益。因此，农民构成了新农保制度中的权利主体，政府、集体以及社会则构成了制度中的责任主体。新农保制度对农民而言，突出强调的是权利；对于集体、社会而言，突出强调的则是义务与责任。同时，新农保制度的实施则是在政府信誉与财政实力担保的支撑下，以缴费型为主体的养老保障体系。因此，权利与义务的结合显得更为密切。

（4）“主体多元化、特定化。”② 农村社会养老保险是一项复杂而系统的工程，涉及国家总体宏观调控以及各主体机构之间的协调。在新农保制度中，养老保险制度的确立、基金的管理与运营、制度监督以及相关争议的解决，均需要国家、农村集体组织、经办管理机构等负责管理。而且，这些主体具有特定性。各级、各部门经办管理机构主要负责新农保制度的经办与管理，专业基金公司则接

---

① 郑功成：《中国社会保障改革与发展战略——理念、目标与行动方案》，人民出版社 2008 年版，第 30 页。

② 李红、李春斌：《人口老龄化语境下完善我国农村社会养老保障法律制度的思考》，载《理论导刊》2009 年第 9 期，第 85 ~ 87 页。

受社会保险机构的委托从事新农保基金的投资、运营，实现资金的保值增值。

（二）法制化发展现实影响新农保制度的建立和发展

新农保的建立与可持续发展需要具备完备的法制化环境。法制化环境状况对新农保制度的存续影响深远。一方面，法制环境的完善是保证制度持续运营的重要前提；另一方面，养老保险法制环境发展的不完善性影响制度的良性运行。

1. 健全新农保法制环境的必要性与可行性

（1）人口老龄化形势加剧。中国是一个农村人口占大多数的发展中国家。第六次人口普查显示，中国农村人口达674 149 546人，占总人口的50.32%。[①]同时，农村老年人口增长趋势越来越明显。此外，转型时期中国农村社会保障亦面临严峻老龄化人口形势的挑战。一方面，老年人口不断增多，老年抚养比上升，社会抚养负担加重（见表8-15）；另一方面，中国同样遭遇“未富先老”的境地，农村社会养老保障体系不健全。为此，迫切需要国家加快建立并完善农村社会养老保险体系。

表8-15　2001~2010年人口结构与老年抚养比变化情况

年份	按年龄组分类（万人）						老年抚养比（%）
	0~14岁		15~64岁		65岁以上		
	人数	比重（%）	人数	比重（%）	人数	比重（%）	
2001	28 716	22.5	89 849	70.4	9 062	7.1	10.1
2002	28 774	22.4	90 302	70.3	9 377	7.3	10.4
2003	28 559	22.1	90 976	70.4	9 692	7.5	10.7
2004	27 947	21.5	92 184	70.9	9 875	7.6	10.7
2005	26 504	20.3	94 197	72.0	10 055	7.7	10.7
2006	25 961	19.8	95 068	72.3	10 419	7.9	11.0
2007	25 660	19.4	95 833	72.5	10 636	8.1	11.1
2008	25 166	19.0	96 680	72.7	10 956	8.3	11.3
2009	24 663	18.5	97 502	73.0	11 309	8.5	11.6
2010	2 225	16.6	111 729	74.5	11 883	8.9	11.9

资料来源：《中国统计年鉴2010》、《2010年第六次全国人口普查主要数据公报（第1号）》。

① 国家统计局：《2010年第六次人口普查主要数据公报（第1号）》，http://www.stats.gov.cn/tjgb/rkpcgb/qgrkpcgb/t20110428_402722232.htm。

(2) 社会存在养老短视行为，养老风险增大。新农保采取基础养老金与个人账户相结合的运行方式，实际可看成农民对未来养老的一项长期投资。虽然社会中大多数群体愿意为自身老年生活考虑，并进行储蓄。但是，当前社会仍有部分群体存在短视行为，年轻时不愿意为自身老年生活考虑，无法认识个人养老长期风险的存在，需要建立社会性的养老保障体系以保障其老年生活。一方面，国家建立农村社会养老保险制度能够将社会中的短视群体纳入制度性保障之内，克服社会短视带来的养老风险；另一方面，农村经济发展水平较低，农民面临的风险增多，不确定性增大。新农保制度的建设，能够克服上诉风险，满足农村居民的养老需求。

(3) 市场机制失灵，需要国家提供法律保障。在市场经济条件下，商业性养老保险在农村的发展具有很多局限性，其发展面临诸多风险，如道德风险、逆向选择、通货膨胀以及经济的波动等。市场由于其固有的自发性、滞后性与盲目性等弊端，无法对农村养老保险进行调节，需要国家以立法高度保障农民养老权益。一方面，养老保险市场中信息的高度不对称，使得个人很难预测储蓄所带来的回报与风险，也很难了解和控制商业保险公司决策的正确与否。因此，需要国家依法设立监管部门，创造公平、平等的信息分享机制；另一方面，新农保基金要实现保值增值，投入市场进行资本运作是一条重要渠道。但是，作为老百姓"保命钱、养命钱"的基金，需要一整套完备的投资、运营及监管准则。因此，推进新农保的可持续发展，必须充分考虑政府在市场风险预测、市场准入与管理方面的责任，制定严格有效的法律规则，健全基金投资的市场法制环境。

(4) 国家财政实力增强，逐步向公共服务领域倾斜。随着工业化、城市化的推进，国家经济得到快速发展，中央与地方财政收入增长较快。同时，财政支出更多向民生领域倾斜。一方面，如表8-16所示，中央与地方财政收入不断增长，2010年中央财政收入达42 488.47亿元，与2009年相比，同比增长18.3%。中央财政收入稳定、持续增长，国家财政实力逐步增强。国家能够将中央财政更多投入到公共服务领域，尤其是社会保障领域；另一方面，在中央财政的支出中，对社会保障的支出力度逐年加大。"据统计，2010年中央财政用在与人民群众生活直接相关的教育、医疗卫生、社会保障和就业、住房保障、文化方面的支出达10 510亿元，比2009年增长18.1%，其中教育、医疗卫生、社会保障和就业支出分别比上年增长16.3%、16.3%、16.6%。"①

① 谢旭人：《今年将继续实施积极财政政策，中央财政支出三分之二用于民生》，http://www.chinanews.com/cj/2011/03-07/288941.shtml。

表 8-16　　中央与地方财政收入及比重（2001~2009 年）

年份	中央（亿元）	地方（亿元）
2001	8 582.74	7 803.3
2002	10 388.64	8 515
2003	11 865.27	9 849.98
2004	14 503.1	11 893.37
2005	16 548.53	115 100.8
2006	20 456.62	18 303.58
2007	27 749.16	23 572.62
2008	32 680.56	28 649.79
2009	35 915.71	32 602.59

资料来源：根据《中国统计年鉴 2010》相关数据整理所得。

2. 法制化发展状况对新农保制度的影响

如前所述，中国新农保面临相关诸如法律制度不健全，法律内部协调力度不强，以及社会保险法等养老保险法律法规细致度不够等状况，影响新农保可持续发展。

首先，中国社会保险法律体系尚未真正建立，社会保险法中养老保险规定不细致，尤其是农村养老保险。其经办管理、基金投资运行，尚缺乏明确法律规范。这种情况使得新农保缺乏强有力的法律保障。与其对比，发达国家养老保险体系建设多采用立法先行的策略，养老保险制度运行均被纳入法制化发展轨道，具有法律保障。养老保险法制化的不健全造成养老保险执行力度不高，在农村地区，此种状况尤为显著。

其次，一方面，新农保法律体系不健全，法律内容不完善。农村社会养老保险保费的征缴、经办管理、基金的投资运营缺乏整体性安排；另一方面，新农保监督机制不完善，影响制度的可持续发展。当前新农保存在内部监督与外部监督两种方式。内部监督主要指制度行政系统内部的监督。外部监督主要包括人大、审计部门以及媒体等主体的监督。但是，新农保管理部门既负责养老保险基金的征缴，又负责基金的管理与运营，集事权与管理权于一身，整个监督机制并不健全。

（三）契约与法制精神水平影响新农保制度的可持续发展

法律是国家制定或认可的，由国家强制力保证实施的，以规定当事人权利与义务为内容的具有普遍约束力的社会行为规范。在契约的定义中，契约可以被当作两人或两人以上之间在法律上具有约束力的协议。从本质上讲，法律可以当做是一种契约关系。新农保制度可以理解为政府与农民之间的一种契约，农民在劳动期间定期向政府缴纳保险费用，在年老之后能够从政府那里领取养老金，以保证其晚年生活。因此，法律协议与契约精神的维护，一定程度上能够保证新农保的可持续发展。反之，契约与法制水平遭到破坏，则不利于制度的持续发展。

新农保作为农民与政府的契约，此种契约的主体包括政府与农民。两主体之间任一主体的违约，均能够影响新农保制度的良性运营。一方面，政府违约，使得制度的筹划、制定、运营的稳定性差，农民对制度的期望与信任度便会降低，不利于制度的运行。开始于20世纪90年代的农村社会养老保险（老农保）亦是由政府主办，但是，后来由于制度的设计、基金的筹集以及管理等方面的问题，政府未能保证制度得以持续运行。因此，农民对该制度的信任度降低，参保积极性差，最终制度宣告破产；另一方面，农民违约，尤其是农民缴费不具备可持续性，使得新农保制度的可持续运行面临巨大挑战。由于农村收入来源有限，农民收入的稳定性较差，农民很难保证持续十几年甚至几十年的缴费。一般持续性缴费的中断，对新农保基金带来挑战，不利于基金的可持续，进而对整个新农保制度的可持续构成危险。因此，契约精神与农村法制环境对新农保制度的良性发展具有重大影响。

二、政府转型

（一）政府转型及特征

当前中国经济社会正经历着社会转型，转型时期城乡公共服务的失衡要求政府改革原有行政管理体制，实现政府转型。一方面，众多学者从经济、政治以及社会发展的现实需要与政府转型契机出发，对政府转型的内涵进行了详细论述。沈亚平（2008）认为政府转型是政府为了适应政治、经济和社会发展的需要，通过对自身的系统性变革，以适应社会环境变迁并与之保持新的平衡的过程。[①] 迟福林（2005）则提出政府转型是在经济社会转型中，利益主体与社会结构发生改变，社会矛盾与问题突出之际，社会发展需要政府调整自身行政机制，实现

① 沈亚平、马建斌：《政府转型：涵义、动因和目标》，载《内蒙古大学学报（人文社会科学版）》2008年第1期，第35～39页。

职能的转变。[①] 另一方面，有学者侧重从政府职责演变，探讨政府转型的实质与特征。吴大华（2006）认为政府转型主要指政府为更好适应市场经济，保障各市场主体的利益，从全能型政府向有限型政府转变的过程。[②] 高尚全（2008）则将政府职能的转型细分为提供公共服务、维护公平正义、完善社会管理以及健全权力制约与监督等四方面理念。[③]

综合各方学者的论述，本书认为政府转型是政府为了经济、社会发展的需要，通过转换政府管理理念、转换政府管理职能，从而建立一个能快速反映社会需要的政府。由此可知，政府转型主要体现于政府职能转变、政府理念转变以及政府行政管理等特征。

1. 政府职能社会化

中国经济社会转型时期，市场在资源配置中占基础性地位。市场经济模式下的政府转型，应遵循市场经济规律，充分发挥市场作用。一方面，政府职能应不断向公共服务领域扩展。市场经济以效率为核心，但是，公共服务的提供则以公平、正义为导向。政府转型可以弥补市场的缺陷与不足，以实现公共服务的均等化；"另一方面，公共服务的提供不再局限于政府独自承担，政府转型的方向之一是政府部分或完全从日常事务剥离，集中于政策制定、执行，动员社会力量组织、管理，实现公共管理和服务的社会化。"[④]

2. 政府理念转型

政府转型的核心在于政府理念的转型，理念转型亦成为政府转型的主要特征。政府现代价值理念主要包括：效率政府与高校管理主义；公民参与式政府与民本主义取向；法治政府与法制环境的建设；公平性政府与公平主义的价值观。政府理念转型突出体现在维护公平正义的价值取向。公平正义是人类追求的基本价值观，也是新农保制度可持续发展的基础与前提。政府理念转型的具体要求应该在社会分配中做到"公平与效率并重"，尤其在养老、医疗、卫生等社会保障事业中，更应注重公平，维护公民基本权利。

3. 政府行政管理逐步法治化

政府行政管理的法治化是与政府权力相伴而生的。计划经济时期，中国政府权力过于集中，政府统管经济、社会各领域，扮演"全能政府"的角色。市场经济的发展与完善，要求政府按照法律规定的范围与方式行使权力，规范自身行

---

① 迟福林：《公共需求变化与政府转型》，载《光明日报》2005 年 7 月 1 日，第 6 版。

② 吴大华：《关于政府转型的思考》，载《光明日报》2006 年 11 月 20 日，第 9 版。

③ 高尚全：《推进政府转型需明确四大理念》，载《北京日报》2008 年 3 月 10 日，第 17 版。

④ 毕于慧：《政府转型：目标模式与路径选择》，载《广东行政学院学报》2008 年第 4 期，第 14 ~ 19 页。

政行为，向“有限政府”转变。政府行政管理进入法制化轨道是政府转型重要特征之一，政府权力不再具有无限、全能性，而是以法律形式规定政府行政作为，保证公民基本权利，更好履行公共服务职责。

（二）政府转型要求政府在农村提供更均等、更好的公共服务

随着市场经济体制的初步确立，市场经济机制自身的盲目、滞后性等弊端暴露，市场在带来效用最大化的同时也产生诸多新的问题，尤其是以教育、医疗以及社会保障为主的基本公共服务城乡与地区差距的拉大。

1. 农村基础教育公共服务现状

“农村公共教育制度的建立，通常是一个国家的农村进入现代教育的标志。”[①] 由于中国地区经济发展不平衡，城乡二元经济、社会结构的历史影响，以及国家财政转移支付中的重城市、轻农村等现象，与城市相比，农村基础教育经费投入不足，农村学生享受该项公共服务所需支付成本较高。一方面，从城乡财政基础教育经费的投入状况看（见表8-17），在普通小学与普通中学的财政投入上，中央与地方财政对城市基础教育的扶持均高于农村，呈现明显的城乡差异。另一方面，从城市与农村基础教育硬件办学条件来看（见表8-18），政府提供的基础教育公共服务中，城市学生人均固定资产值、人均图书数量、人均计算机数目以及人均校舍面积均高于农村学生。同时，城市基础教育中，专职教师的学历也高于农村（见表8-19）。

表8-17　　2008年城乡基础教育经费投入情况　　单位：万元

学校类别	国家财政性教育经费	民办学校中举办者投入	社会捐赠经费	事业收入	其他教育经费	总计
普通小学	32 978 952	104 857	269 479	1 687 377	466 373	35 507 037
农村	22 236 241	21 073	123 321	405 862	195 418	22 981 915
城市	10 747 877	83 784	146 158	1 281 515	270 955	12 525 122
普通中学	32 120 256	196 993	368 079	7 645 672	908 915	41 239 914
农村	13 572 234	21 037	82 297	441 223	165 605	14 282 395
城市	18 548 022	175 956	285 782	7 204 449	743 310	26 957 519

资料来源：《中国统计年鉴2010》。

① 龙兴海：《农村公共服务研究》，湖南人民出版社2009年版，第60页。

表 8-18　　2006 年城乡基础教育的硬件设施比较

项目	生均固定资产值（元/人）	生均计算机台数（台/人）	生均图书数量（册/人）	生均校舍面积（平方米/人）	校舍中危房面积比重（%）
普通小学生	3 307.77	0.04	13.84	5.47	4.97
城市	5 179.92	0.08	16.82	5.30	0.76
农村	2 978.15	0.03	13.31	5.51	5.69
普通中学生	4 260.41	0.05	15.07	6.39	3.24
城市	6 259.68	0.08	14.31	6.35	0.75
农村	3 479.54	0.05	15.22	6.40	3.71

资料来源：王谦：《城乡公共服务均等化问题研究》，山东人民出版社 2009 年版，第 115 页。

表 8-19　　2006 年城乡基础教育专任教师学历状况　　单位：%

项目	全国	城市	农村
普通小学教师学历合格率	98.87	99.73	98.72
普通小学教师文化程度在大专及以上的比例	62.07	82.54	58.50
初中小学教师学历合格率	96.34	98.78	95.82
初中教师文化程度在大专及以上的比例	41.11	68.47	35.28

资料来源：王谦：《城乡公共服务均等化问题研究》，山东人民出版社 2009 年版，第 115 页。

2. 农村医疗卫生公共服务现状

医疗卫生是政府基本公共服务中重要一环，但中国农村医疗卫生资源长期处于稀缺状态，城乡之间医疗卫生资源分布不均，农村地区之间差异明显。目前中国约占总人口 15% 的城市人口享用着 2/3 比重的医疗卫生保障，85% 的农村人口只享用不到 1/3 比例的医疗卫生保障服务。[①] 导致此种局面，主要有两方面因素。一方面，财政对城市医疗费用的投入递增，农村医疗卫生费用投入力度不足。从 2005 年到 2007 年，国家财政投入城市医疗卫生服务的资金从 6 305.57 亿元增长至 8 968.70 亿元，增幅达 42.2%（见表 8-20）；但是，相应年份，财政投入农村医疗卫生服务的资金有所回落；另一方面，农村医疗卫生服务存在严重地区差异，东部地区医疗卫生资源丰富，中西部地区相对匮乏（见表 8-21）。

① 龙兴海：《农村公共服务研究》，湖南人民出版社 2009 年版，第 83 页。

表 8-20　　城乡医疗卫生费用

项目＼年份	2005	2006	2007	2008	2009
卫生费用总支出（亿元）	8 659.91	9 843.34	11 573.97	14 535.40	17 541.9
城市卫生费用支出（亿元）	6 305.57	7 174.73	8 968.70	11 255.02	11 783.0
农村卫生费用支出（亿元）	2 354.34	2 668.61	2 605.27	3 280.38	5 758.9
城市卫生费用支出占总费用的比例（%）	72.8	72.9	77.5	77.4	67.2
农村卫生费用支出占总费用的比例（%）	27.2	27.1	22.5	22.6	32.8

资料来源：根据《中国卫生统计年鉴 2010》和《2010 年中国卫生事业发展统计公报》数据整理所得。

表 8-21　2009 年东部、中部、西部地区村卫生室、卫生员情况

地区	城市	村卫生室（个）	注册护士	乡村医生与卫生员（个）	平均每千农业人口乡村医生和卫生员
东部	北京	3 114	173	3 670	1.34
	天津	1 616	28	3 949	1.03
	河北	66 389	742	82 418	1.66
	辽宁	20 463	780	26 354	1.25
	上海	1 447	44	1 510	0.92
	江苏	17 124	1 187	56 819	1.53
	浙江	13 922	823	11 336	0.35
	福建	19 632	473	28 197	1.22
	山东	48 791	3 007	122 194	2.07
	广东	28 076	2 904	33 929	0.85
	广西	21 689	447	35 318	0.83
	海南	2 396	280	2 598	0.48
中部	山西	28 113	972	42 270	1.81
	内蒙古	14 719	690	20 428	1.40
	吉林	8 978	247	14 513	0.97
	黑龙江	13 147	224	24 360	1.22

续表

地区	城市	村卫生室（个）	注册护士	乡村医生与卫生员（个）	平均每千农业人口乡村医生和卫生员
中部	安徽	17 788	1 553	54 845	1.04
	河南	63 565	3 401	124 322	1.49
	江西	26 937	1 277	43 047	1.28
	湖北	22 405	1 118	38 617	1.14
	湖南	40 826	602	45 959	0.84
西部	四川	51 670	363	72 809	1.09
	贵州	18 971	339	32 450	0.85
	云南	13 114	495	34 652	0.93
	西藏	3 635	1	3 878	1.63
	陕西	25 292	517	35 877	1.33
	甘肃	15 087	364	17 781	0.88
	宁夏	2 547	20	3 538	0.89
	青海	4 376	73	6 055	1.60
	新疆	6 956	829	7 092	0.59
	重庆	9 985	186	23 663	1.02

资料来源：根据《中国统计年鉴 2010》相关数据整理所得。

3. 农村社会保障公共服务现状

农村社会保障是保障农民享有基本权利的“安全阀”。农村社会保障应涵盖农村社会救助、农村社会保险以及农村社会福利三部分。但是，由于长期受城乡二元经济社会结构以及户籍制度的限制，农村社会保障远远滞后于农民现实需要，农民长期游离于社会保障制度之外。目前，政府在农村提供的社会保障公共服务主要包括农村社会救助与农村养老保险。农村社会救助（农村低保）制度覆盖范围较广，较为完善。“2010 年年底，全国有 2 528.7 万户、5 214.0 万人得到了农村低保，比 2009 年同期增加 454.0 万人，增长了 9.5%，全国农村低保平均标准 117.0 元/人，比 2009 年同期提高了 16.2 元，增长了 16.1%。”① 目前新农保仍处于试点阶段，虽然新农保试点进展顺利，参保率高，覆盖面较广。据人

① 数据来源于民政部《2010 年社会服务发展统计报告》。

力资源与社会保障部统计，“2010 年年底，有 27 个省、自治区的 838 个县（市、区、旗）和 4 个直辖市部分县区开展国家新农保试点。年末全国参加新农保人数 10 277 万人，其中领取待遇人数 2 863 万人。全国新农保基金收入 453 亿元，其中个人缴费 225 亿元，基金支出 200 亿元，基金累计结存 423 亿元。”[①] 但是，当前新农保保障水平不高，制度可持续发展的问题急需解决。

农村社会救助与农村社会养老保险处于艰辛试点与探索之中，但农村社会福利仍旧处于缺失的状况。由此可见，农村社会保障公共服务体系无论从覆盖人数、保障水平还是体系的完备状况看，农村社会保障公共服务都滞后于城市社会保障公共服务与现实需要。

农村教育、医疗以及养老保障是农村公共服务的核心与基础。由农村教育、医疗以及社会保障发展状况可知，基础公共服务资源配置不均衡，城乡之间以及农村不同地区之间差异显著。但是，21 世纪，公共行政与政府转型的核心理念在于提供更均等公共服务，包括城乡基础设施建设，教育、科技、文化、卫生、体育等公共事业的发展，城乡社会保障服务的提供等领域，实现公共服务型政府的转轨。

首先，以人为本是公共服务型政府核心内涵。以人为本最基本要求在于能够保障社会成员的基本权益，尤其是弱势群体基本生存权利。长期以来，城市优先于农村得到快速发展，城市社会保障、社会福利得到快速发展，反之，农村社会保障、社会福利的发展严重滞后。这种情况与公共服务政府以人为本的内涵不相符。正如迟福林教授所言，以人为本在于提倡人的自身发展，健康、养老以及子女教育等基本需求。建设公共服务型政府的基本要求就是政府要成为社会性公共服务提供的主体，政府的主要职责是一心一意谋民生，聚精会神做好公共服务。[②] 其次，公共服务政府转型的主要目标是提供基本而有保障的基础公共服务，缩小城乡基础公共服务的差距。十二五期间，基础公共服务的提供要以农村为突破口。广大农民对基本公共服务的需求更为迫切，政府应增加对农村教育、医疗、卫生以及新农保为主体的社会保障服务的投入。

总之，农村基本公共服务滞后发展以及服务的城乡差异性，要求政府实现公共服务的均等化。同时，政府转型的关键在于公共服务理念政府的构建，如果上述要求实现了有机契合，将能够保证政府提供更为合理、均等的公共服务，为新农保的可持续发展提供良好的政治环境与政治条件。

---

① 数据来源于《2010 年度人力资源和社会保障事业发展统计公报》。

② 迟福林：《以公共服务建设为中心的政府转型》，载《国家行政学院学报》2011 年第 1 期，第 59 ~ 62 页。

（三）政府转型对新农保制度存续影响深远

1. 公共财政向民生领域倾斜，对新农保支持力度增强

政府在向公共服务型政府转型过程中，财政则起着配套改革的作用。公共服务型政府要求保障社会成员基本权益，客观要求政府公共财政向民生领域倾斜，尤其是社会保障、公共医疗卫生等领域。当前，中国政府正处于向公共服务型政府转型的重要时期，中央财政投入民生领域的力度不断加强（见图 8－17）。2007 年至 2009 年，中央财政用于教育的支出从 395.26 亿元增长至 567.62 亿元；用于社会保障和就业的支出从 342.63 亿元增长至 454.37 亿元；用于医疗卫生方面的支出从 34.21 亿元增长至 63.5 亿元，用于其他民生领域的支出相应有所增长。[①] 政府财政向民生、公共服务领域的扩大，一定程度上能够充实新农保基金，确保基金的稳定与安全，促进制度的可持续发展。

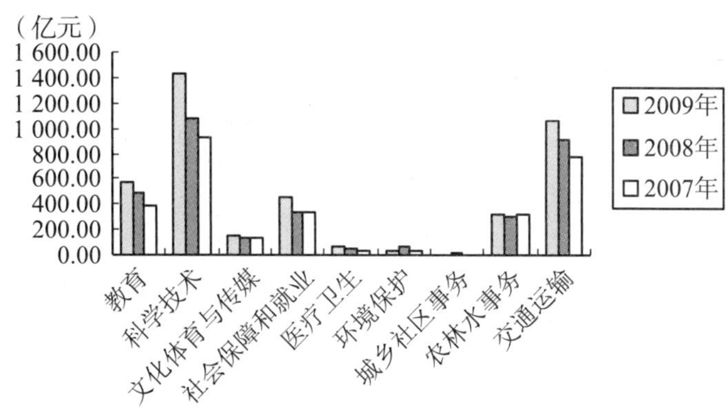

图 8－17　2007～2009 年中央财政支出情况

资料来源：根据《中国统计年鉴 2010》的相关数据整理所得。

2. 公平、正义服务理念有助于新农保发展

政府在向公共服务型政府转轨中，公平、正义的理念是政府转型的核心。此种理念可以指导政府在转型之际，实现公共服务的均等化，加快建立覆盖城乡居民的社会保障体系。新农保试点的基本原则是“保基本、广覆盖、有弹性、可持续”。一是从农村实际出发，起步水平低，筹资标准和待遇标准要保证与经济发展水平相适应，保障农村居民公平享有基本生存权利；二是个人、集体与政府出资充分体现权利与义务的统一，公共财政应加大对农民参保缴费的补贴，加之，新农保基础养老金的确立，能够保证农村居民缴费的起点公平，与政府向公

① 数据来源于《中国统计年鉴 2010》。

共服务型政府转型中的服务理念相符。

3. 新公共管理理念有助于新农保持续发展

首先，政府向公共服务型政府转型中，突显出“小政府、大市场”理念，此理念成为公共服务政府的主导理念。在此理念指导下，政府只需制定规章制度、做好监督管理，充分发挥市场在资源配置中的基础作用。新农保基金可充分交由市场进行投资、运营，政府则需完善市场准入制度、做好市场监管任务；其次，“小政府、大市场”理念能够减轻政府机构臃肿状况，减少行政审批程序，提高政府行政管理效率。新农保是在政府主导下进行的，政府行政管理效率的提高，有利于实现新农保制度的平稳、健康与可持续发展。

第九章

新型农村社会养老保险可持续发展的支撑条件

第一节　新型农村社会养老保险可持续发展的技术支撑

一、新农保制度可持续发展技术支撑的内涵及必要性

（一）新农保技术支撑的内涵

新农保技术支撑主要涵盖信息化管理及精算技术支撑，它们是新农保制度可持续发展的重要技术支撑。社会保障信息化管理是集信息技术、计算机技术、通信技术及管理技术等多学科的高科技为一体，在各部门之间实现联网和信息共享的基础上，通过建立起来的信息资源全方位、全包容的综合信息系统对社会保障进行统一集中的有效管理。信息化建设既是社会保险系统加快自身发展的内在要求，也是整个社会保障体系的技术支撑。精算技术支撑离不开精算学，它是由数学、统计学、经济学、金融学及财务学交叉形成的学科，其在保险及投资等领域应用广泛。

随着当前新农保进一步试点和推广，覆盖面逐步扩大，参保人数增长迅速，基金积累规模巨大，单靠传统手段已经难以实现科学有效的管理。应加强技术设

备的支持和相关信息网络系统的建设，采用现代的管理思想和管理方法进行科学有效的管理。信息化管理需要记载的基本数据主要包括两个方面：一是参保人员的基本信息，二是参保人员的缴费记录和待遇记录。信息化已经成为推动国民经济和社会发展的驱动力，成为衡量一个地区现代化程度和综合实力的重要指标。目前，中国大部分农村地区仍然沿用传统的管理模式，不利于参保人员基本信息、账户信息、养老金的管理。各地围绕中央统一部署纷纷尝试发挥信息化手段在社会管理创新中的作用，旨在建立全面覆盖、动态跟踪、联通共享、功能齐全的社会保险管理综合信息系统，构建管理信息化平台，提高新形势下社会保险管理信息化水平。

精算组织及精算人员是精算学在新农保实务应用中的载体，其将精算理论和方法应用到新农保制度中，通过建立新农保精算模型与程序编制，掌握新农保基金发展趋势，辅助设计更科学、合理的新农保方案，做好新农保的风险分析、评估与管理及统计数据的处理与分析，为新农保制度的可持续发展提供有力的技术支撑。

（二）实现新农保制度可持续发展需要技术支撑

1. 必要性

中国新农保覆盖范围广，参保人数多，个人账户、参保人员档案、基金管理等信息量大，沿用传统的管理技术，不利于资金的有效管理和农民参保、缴费、待遇领取、信息查询等。所以，建设和应用新农保信息管理系统已经势在必行。

（1）新农保业务对信息化的要求。

新农保参保人数众多而且人群比较分散，参保缴费具有灵活性，权益记录和待遇保障周期长，新农保一般情况下缴费以年为单位，不同于城镇职工可以每月扣除，登记变更业务也可以按年为单位考虑，但是缴费、待遇支付每月都有可能发生，查询、统计随时会发生，相对于城镇养老保险机构，农村地区养老经办机构的业务量更大，所以必须使用信息管理系统完成业务的办理。

（2）提高经办机构效率的要求。

首先，加强经办机构信息化网络化建设，可以满足大规模参保人群下的业务支撑要求，解决手工操作，可以提高办事效率和经办能力，使经办人员将工作重点转移到更好地为参保人提供优质的服务上面来。

其次，加强信息化、网络化建设，可以实现统筹地区内部的数据共享，同时，增强工作的透明度。农村参保人员多，但是管理服务人员却明显少于城镇地区，从而新农保参保人的权益就难以得到最好的保障。

最后，信息化、网络化建设还可以加强对经办机构的监督，提高其办事的透明度。统一的操作流程可以减少经办人员的违规行为，保障参保人的利益。基于信息管理系统来实现业务管理和基金管理，将准确计算所需财政补贴金额，减少业务经办过程中的人为干扰，增加基金运转的透明度和知情度，防止养老金冒领等现象的发生，防止相关机构挤占、贪污、挪用养老金情况的出现。

2. 可行性

（1）技术支持具备。

农村地区经济取得快速发展，计算机和网络在大多数地区已经很普及，所以实现新农保经办机构的信息化管理已经不再是难题。

（2）管理经验形成。

关于社会保障制度的相关信息系统取得了较快的发展，新农保经办机构可以借鉴城镇职工基本养老保险或者新农合等的信息化管理经验，逐步完善新农保的信息网络化建设。

（3）人员素质提高。

新农保经办机构的工作人员知识层次有所提高，一些大学生开始选择到这些部门工作，从一定程度上有利于新思想和新管理理念的引进。

二、加强新农保的信息化、网络化建设

信息网络化是指基于现代通信技术，使得信息数据可以高速度、大批量、低成本的加工、处理、传递、存储、交流，从而使人们足不出户就能遍览全球信息网络化，大大提高社会生产力的发展水平。现阶段提高信息化网络化的措施首先是加强信息管理服务系统建设。新型农村社会养老保险信息管理服务系统（以下简称信息系统）既是新农保经办管理服务的重要技术支撑，也是推进新农保试点工作面临的瓶颈问题。

随着城市化进程的加快和社会保险覆盖面工作力度的加大，参加新农保的人数将在现有规模上大幅增加。参保人数多，数据信息复杂等特点，要求新农保经办管理机构必须实现信息网络化管理，提高办事效率，实现资源共享。在时间紧、任务重的情况下，必须加强信息系统的规划设计、制定相关标准、开发经办软件、建设网络系统等，全力保障新农保试点工作的顺利开展。建立新农保信息管理服务系统，不仅可以避免增加机构、增加人员和增加经费，而且可以提高工作效率，保证工作质量，将服务型政府的理念落实到实处。

国务院办公厅发布的《国务院关于开展新型农村社会养老保险试点的指导意见》（国发〔2009〕32 号）中明确指出："开展新农保试点的地区，要认真记录农村居民参保缴费和领取待遇情况，建立参保档案，长期妥善保存；建立全国

统一的新农保信息系统，纳入社会保障信息管理系统（金保工程）建设，并与其他公民信息管理系统实现信息资源共享；要大力推行社会保障卡，方便参保人持卡缴费、领取待遇和查询本人参保信息”。

新农保信息化管理是提高工作效率、加快信息传输、加强管理和监督的重要手段，需要建立一套完备、统一的信息管理系统。但是就当前农村地区的状况而言，是一个很大的挑战。

（一）实现信息化、网络化建设的重要意义

社会保险信息化建设是社会保险管理和经办服务的基础性工作，没有完善的信息系统支撑，对参保人员“记录一生、跟踪一生、服务一生、保障一生”的目标就无法实现，

《社会保险法》对社会保险信息系统建设提出了明确规定。《社会保险法》第五十八条规定，“国家建立全国统一的个人社会保障号码。个人社会保障号码为公民身份号码”，这为社会保险经办机构发行全国统一、功能兼容的社会保障卡提供了法律依据。另外，《社会保险法》第七十五条提出“全国社会保险信息系统按照国家统一规划，由县级以上人民政府按照分级负责的原则共同建设。”

加强新农保信息系统建设是实现新农保业务规范化和现代化的重要举措，更是加快推进新农保试点工作的必然选择。因此，有必要在统筹地区内部建立起统一的新农保信息系统，以后待时机成熟时，开发和建设出全国统一的新农保信息系统。

1. 建设统一的新农保信息系统，有利于提高宏观决策水平

通过新农保信息管理系统建设和应用，可以及时获得农民的第一手信息资料，使巨大的参保人员的数据信息的统计、分析成为可能。同时，可以及时处理参保过程中遇到的问题，实现不同地区间的资源共享，为国家或地区制定相关政策提供可靠、完备的信息资料，为科学决策提供真实有效的数据。

同时，还可以强化政府的管理职能，通过信息化建设，实现信息资源共享，提高政府部门的工作效率。

2. 建立统一的新农保信息系统，有利于实现新农保与其他社会保险制度的衔接

加强对参保人个人基本信息记录和档案的管理，及对基金征收、支付、管理、结余、投资运营等管理和监督，提高工作效率，逐步提高农村地区的新农保经办服务能力，可为将来与农民工、被征地农民、农村计划生育户、城镇居民、城镇职工之间的养老保险制度衔接和关系转续奠定基础，同时，可以缩小与城镇地区信息化建设的差距，为实现城乡信息系统对接和实现城乡统筹奠定基础。同

时，还可以适应人员流动的需求，尤其是农民工等流动性频繁的人员。

3. 建立统一的新农保信息系统，有利于加强基金的监督管理工作，切实维护参保人员的权益

通过统一的信息系统建设，可以有效规范基金的管理及监督工作。为基金监管提供技术上的保证，减少业务经办过程中的人为干扰，提高基金征缴、支付和管理的规范化、制度化；有利于核查参保人员的真实信息，防范冒领死亡者和其他人的养老金；同时，还可以提高社会保险基金监管部门对基金运转的透明度，切实防范和化解基金管理安全，以维护参保人员的合法权益。

4. 建立统一的新农保信息系统，有利于提高统筹层次

统一的新农保信息系统，可以最大限度地规范业务流程和统一信息标准，减少各地业务流程的随意性，减少各地信息标准的差异度，为地区间的信息共享和人员流动，为将来统筹层次的逐步提高创造有利条件。

5. 建立统一的新农保信息系统，有利于实现社会化管理，提高农民参保的积极性

使广大农民体会到信息化带来的便捷，如可以不用亲自到新农保经办机构去缴费、可以随时通过网络或者电话查询个人账户的相关信息等。通过信息化建设，可以实现新农保基本信息的定时公开，加大其他部门、社会及群众的监督，尤其对参保人而言，便利的查阅途径、公平透明的基金管理制度，有利于增强其对政府的信任感，从而提高农民参保缴费的积极性。

（二）现阶段新农保信息化、网络化建设的问题

中国新农保的信息化、网络化建设基础仍然十分薄弱，地区间发展极不平衡，有些地区甚至尚未实现业务经办计算机管理。多数地区系统功能单一，一些地区甚至只是简单地使用电子表格（Excel）对业务数据进行记录和管理，没有真正实现信息化管理。而且不同地区之间系统不能互联互通，严重影响了统筹层次和服务水平的提高。信息系统建设滞后已经成为制约新农保进一步推广和完善以及提高管理服务水平的重要制约因素。当前新农保信息化、网络化建设面临的问题主要有：

1. 基础薄弱，需从头做起

中国新农保各试点地区经办力量尚处于严重不足状态，经办业务主要由县（市、区旗）、乡（镇）和行政村三级经办，但是这三级经办机构力量十分薄弱。目前仍有不少地方经办工作以手工记账为主，经办成本高且效率低下。随着参保人员的增加，困难更加严重。全国没有统一的系统软件和网络建设规划，一些地方根据自己的需求开发临时性的软件，但是由于各地新农保经办管理模式不统

一，操作流程差异大，信息的衔接等也成为难题。

中国将近8亿农民，新农保在实施中有大量的数据和账户信息，传统的记账操作方法无法满足相应的需求，也不利于新农保与职保的衔接，不利于新农保的可持续发展。

2. 信息系统缺乏统一性，层次多

农村信息系统的多层次性是实施新农保信息化的困难之一。因为新农保信息系统由省—市—县—乡镇四级网络组成，比城镇职工基本养老保险还多一个层级。

缺乏统一规划，许多部门和地区对信息化认识不到位，信息化建设局限在本地区、本部门的范围内，在统筹层次不断提高、人员流动日趋频繁的新形势下，建立省、全国统一的信息系统是做好新农保试点和推广工作必不可少的基础手段之一。

3. 各地区信息化建设水平不一，差异大

国发〔2009〕32号文件中指出，在试点阶段，新农保基金暂实行县级管理，有条件的地区可以实现省级管理。目前，大部分地区不同程度地存在无科学规划、分散建设的现象为着眼于未来，应根据当前需求建立适应眼前工作的信息管理系统。同时各地区信息化建设发展不平衡，系统建设的规模、水平差异较大，数据库标准、技术标准等不规范：经济发达的地区，信息系统建设相对较完善，而经济贫困的地区，由于无力购买硬件设施，甚至有些地区仍使用手工操作。地区信息化发展程度存在巨大的差异，尤其是应用软件方面，不利于新农保政策在全国的协调发展。

4. 信息化建设资金不足，专业人才匮乏

资金问题一直是信息系统建设的一个难题，尽管近年来各级政府投入大量资金，但是由于工程建设庞大，子系统众多，系统运行维护成本高等原因，资金问题仍然困扰信息化建设。同时，信息化专业技术人才匮乏，尤其缺乏既懂社会保险业务又熟悉信息系统的复合型人才。而且具有高学历、高技能的专业人才少，信息技术人员严重不足。由于受体制、编制的限制，普通信息化专业技术人才长期不足，同时人才培训工作十分薄弱，人才的培养和引进亟待加强。此外，在有的地区虽然设备齐全，但是缺乏专业人员操作，设备闲置，或者设备损坏后没有资金进一步维修，使得资源无法得到充分利用。

5. 信息化建设的政策基础还需加强

社会保险各类政策、规定是社会保险信息系统，特别是管理软件的初始需求。社会保险信息系统必须依赖于现行社保政策而建设，同时又要服务于社会保险政策。而目前，对信息化建设方面的政策规定不健全，很少综合考虑、统筹兼顾，地方根据各自需求独自建设，这导致一套软件重复建设，且很难统一，因此信息化建设面临业务政策的不稳定性与信息系统需要确定性的矛盾。

（三）实现新农保信息化、网络化建设的建议

1. 基础设施方面

（1）加强网络平台建设。

将新农保业务纳入全省统一的网络平台，实行业务专网运行。业务专网结合当地新农保市、县、乡、村四级机构分别管理，采取乡镇经办机构作为主要业务窗口，银行协助收缴和发放养老金的管理模式，实现纵向市、县、乡镇的全面贯通，横向与银行的实时联网。

（2）加强数据中心建设。

完善新农保参保人员信息库，将信息进行统一设计，所有新农保数据由劳动保障中心统一管理。发挥公共信息网对数据采集的桥梁作用，做好数据采集、整理、转化、迁移等准备工作，数据整理、维护、管理是一项长期而又细致的工作，需要认真完成，保证数据的准确、安全。而且要充分利用现有设备，保护现有投资，共享网络资源、主机资源、存储资源和数据资源。

同时，数据集中后安全风险增大，因此必须考虑完善的容灾备份系统，建立劳动系统技术服务网，建立系统平台的安全体系，加强安全防护措施，如配备防火墙、入侵检测、漏洞扫描、网络防病毒等设施。

（3）加强软件系统的建设。

各地区根据全国统一软件进行本地化处理，可以借鉴山东省滨州市滨城区的成功做法，将信息管理系统按使用条件分为两个子系统——“新型农村养老保险中心管理系统”和“便携版新型农村养老保险信息管理系统”，支持通过二代身份证采集人员数据信息。其中，新型农村养老保险中心信息管理系统适用于县、乡镇等网络与数据中心联通的业务经办机构使用，产生的业务数据直接由系统上传至数据中心管理，同时实现了与城镇职工基本养老保险系统进行人员基本信息和参保信息的比对核查工作。对于需要到村、社区等网络暂时不能延伸到的地方办理业务，可以使用便携版新型农村养老保险信息管理系统进行业务处理，办理完毕后回经办机构上传数据即可将数据传入市数据中心存放和管理。

2. 人员培训方面

新农保经办机构人员普遍业务技能低下、专业水平不够，为了提高办事效率和应用软件的能力，应该及时举办培训课程，建立和加强全省统一建设领导小组和工作小组，统一协调、指挥和实施全省社会保险应用软件建设工作，对各经办机构工作人员、银行窗口办理人员、网站宣传人员等进行专项业务培训，如新农

保的相关政策、业务办理流程、档案管理、信息管理系统的应用等。

还可以抽调各地业务骨干规范和优化现有经办业务流程，一方面可以培训基层经办人员，另一方面制定下发全省社保业务经办规程规范和全省业务经办数据指标。

3. 强化信息系统建设的领导工作

在信息管理系统建设中，难免会遇到资金紧张、人员配备不足等现象，这就需要相关部门高度重视，建设专项资金，组织专门人员进行信息化平台建设，在新农保试点初期，就实现高起点、高标准的目标。建设初期，需要领导干部深入基层召开会议，宣传信息化管理的重要性，并广泛征求各方面的意见和建议。并严格按照国家有关信息安全的规定和标准，建设和管理新农保信息系统，保证系统的安全。

4. 社会保障卡建设方面

社会保障卡是利用集成电路卡（即 IC 卡）技术，实现劳动者与用人单位对社会保障信息收集、识别、共享和交换的一种工具，也是持卡者与社会保障信息管理系统的一种交互接口。社会保障卡的主要功能有：识别持卡者在社会保障各项业务中的合法身份，并作为办理社会保障业务的电子凭证；替代手工实现信息录入，增强数据真实性和准确性，提高工作效率；实现社会保障业务信息的收集、交换、识别、减少网络传输量，提高系统安全性；增强社会保障业务的透明度；推动实现社会保障系统业务与相关业务的信息共享和交换。

社会保障卡是金保工程的重要组成部分，中央对社会保障卡建设工作高度重视，社会保障卡的发行和应用已经成为落实新农保政策、实现社会保险关系转移接续等惠民政策的迫切需要。人力资源和社会保障部明确提出，当前推进社会保障卡建设，关键要抓好“加快、规范、质量、拓新”，各地要力争在“十二五”期间，实现参保人员人手一卡。

随着金保工程建设的推进，发放和应用社会保障卡的技术环境已基本具备。但是相对而言，农村较为落后，政府应加大对农村地区的投资力度，缩小与城镇地区的差距。为实现“一卡多用”和“全国通用”的目标，社会保障卡主要采取以下管理措施：一是统一标准规范体系，二是统一注册管理制度，三是统一密钥管理体系。只有这样，才有利于市县不同区域间的衔接。目前社会保障卡在医疗保险中已经普遍运用，一些地区在工伤保险、生育保险等领域也开始运用，已经积累了丰富的经验。

凡是符合规定条件的参保人，均可以办理社会保障卡。社会保障卡中记录个人在不同地区、不同工作时段的全部缴费信息，由参保人持有。在职员工调动工作期间，个人账户中的资金随同社会保障卡转移；当职工退休时，统筹基金部分将按照职工个人不同地区、不同时段的缴费情况分段计算，并由不同地区的经办机构负责将资金划转到职工个人办理退休手续的地区，基础养老金的计发基数采用不同地区职工平均工资和个人缴费工资的均值。在当前财政分灶吃饭情况下，社会保障卡的运用可以较好地协调各方面的利益关系，较好地实现城乡统筹和地区统筹，从而使全国范围内的养老保险体系成为一个有机的整体①。

但是，社会保障卡也有一定的局限性，例如，社会保障卡管理系统的建设涉及市人力资源和社会保障局、市公安局、市商业银行、邮政储蓄银行等单位，具体包括劳动就业、社会保障、金融等业务，因为牵涉的业务种类繁多，作业流程比较复杂，而各业务部门的信息化程度不尽相同，所采用的标准和规范不一致，信息共享程度低。因为该项目是一个投资大、周期长、涉及面广、难度大的系统工程，需要进行统一规划，分步实施。在农村地区这一局限性表现得尤为明显，所以为了确保整个系统的协调管理和高效运作，在进行方案设计时需要遵循以下原则：统一性、先进性、实用性、可扩展性、安全性与可靠性、易用性、数据集中、管理分级、应用独立等。政府在加强社会保障卡建设的同时，也要加强对农村地区配套设施的建设，真正实现便民化管理。

三、新农保与相关制度衔接缴费年限的折算技术

实现新农保制度的可持续发展，养老保险基金是重要保证因素。不同地区需根据当地经济发展水平等综合指标，测算合理的基础养老金发放水平，以保证满足农民年老后的基本生活需求，这需要其具备科学的测算办法。新农保当前遇到的问题一是老农保转新农保的年限折算，二是新农保与城镇职工基本养老保险（以下简称职保）的缴费年限折算。

制度间的衔接问题尤其是缴费年限的折算，国家没有统一的规定，现有的只是一些地方根据本地区的特点，制定出的地方性的折算办法，但是仍然不是很完善，许多地方还存在争议，没有全国统一的标准。因此，当前新农保与相关制度的衔接问题仍是一大难题。

（一）新农保与老农保制度衔接缴费年限折算技术

新农保与老农保的主要区别是，新农保有政府补贴，即基础养老金和缴费环

① 褚福灵：《实现全国社会保障“一卡通”——由“地方粮票式”的保障到“全国粮票式”的保障》，载邓大松、向运华主编：《社会保障问题研究——和谐社会构建与社会保障国际论坛论文集》，人民出版社 2009 年版，第 421 ~426 页。

节的补贴。《国务院关于开展新型农村社会养老保险试点的指导意见》（国发〔2009〕32号）给出了新、老农保制度衔接的指导意见，“在已开展老农保（以个人缴费为主、完全个人账户农村社会养老保险）的地区，应妥善处理老农保基金债权问题，在此基础上做好新老农保的衔接。在新农保试点地区，凡已参加了老农保、年满60周岁且已领取老农保养老金的参保人，可直接享受新农保基础养老金；对已参加老农保、未满60周岁且没有领取养老金的参保人，应将老农保个人账户资金并入新农保个人账户，按新农保的缴费标准继续缴费，待符合规定条件时享受相应待遇。”

根据国发〔2009〕32号文件，我们认为应着重处理好未满60周岁的老农保参保人员的养老保险衔接问题。未满60周岁的老农保参保人员，将其新老两个个人账户基金分开计算领取标准，至领取年龄时，按两种标准下的标准相加发放给相应参保对象。另一方面，将老农保个人账户基金转入新农保，折算为新农保缴费年限与个人账户。缴费年限折算标准各地可以根据实际情况制定适合当地的折算办法，可将正常缴费人员与趸缴人员区分对待，前者以老农保实际缴费年限为准，后者按老农保平均缴费档次折算缴费年数（年数不应超过首次老农保缴费至新农保实施前的年数）。折算年数应小于等于15年，不足一年算一年，超过最大年限算15年，对于老农保基金积累折算的缴费年数，政府不予以缴费补贴。

（二）新农保与职保制度衔接缴费年限折算技术

2014年2月24日，人力资源和社会保障部、财政部印发了《城乡养老保险制度衔接暂行办法》（人社部发〔2014〕17号），并于2014年7月1日正式实施。该文件规定，“参保人员从城乡居民养老保险转入城镇职工养老保险的，城乡居民养老保险个人账户全部储存额并入城镇职工养老保险个人账户，城乡居民养老保险缴费年限不合并计算或折算为城镇职工养老保险缴费年限；参保人员从城镇职工养老保险转入城乡居民养老保险的，城镇职工养老保险个人账户全部储存额并入城乡居民养老保险个人账户，参加城镇职工养老保险的缴费年限合并计算为城乡居民养老保险的缴费年限”。也就是说，新农保转职保，只转个人账户，且不合并计算或折算缴费年限；职保转新农保，只转个人账户，且视同缴费年限。

对于《城乡养老保险制度衔接暂行办法》中规定的“新农保转职保不允许折算为职保缴费年限的做法”，我们持不同意见[①]。不管是新农保还是职保，都

① 早在2012年《城乡养老保险制度衔接暂行办法》公开征求意见期间，我们曾经提出过不同意见，但遗憾的是没有受到人社部门重视，这里把我们的观点提出来，供读者参考。

是政府举办的社会保险，两种制度都记录了参保人的合法的社会保险权益，其性质是相同的，在地位上也是平等的，不可厚此薄彼，不能因为新农保缴费水平低就不折算缴费年限，况且当前各地新农保的缴费标准都在大幅提升，部分地区的最高缴费标准达到了3 000元以上。再如，某农民先参加了20年新农保，后参加了14年职保后退休，若新农保缴费年限不能折算为职保缴费年限，那意味着他只能按照新农保的计发办法领取养老金，这对他来说是不公平的。因此，笔者认为，新农保转职保，在个人账户储存额全部转移的同时（由于新农保基础养老金是虚拟账户，无法进行转移，因此无须转移），应当将新农保的缴费年限，按照职保灵活就业人员的最低缴费标准向前折算为职保缴费年限，以此保障参保人的合法权益。

对于《城乡养老保险制度衔接暂行办法》中规定的“职保转新农保，只转个人账户，且视同缴费年限”的做法，我们同样持不同意见。因为根据《城镇企业职工基本养老保险关系转移接续暂行办法》（国办发〔2009〕66号）的规定，职工跨统筹地区进行养老保险关系转移可以带走12%的单位缴费工资（社会统筹基金），但在转到新农保的时候却给清零了，这对参保人来说是严重不公平的。因此，为保障参保人合法的社会保障权益，笔者认为，在职保转新农保时，应当将参保人职保个人账户积累额（1998年1月1日之前个人缴费累计本息和1998年1月1日后个人账户的全部累计资金）连同单位缴费工资的12%一起转入新农保个人账户，职保的缴费年限视同新农保的缴费年限。

当然，为做好新农保与职保制度间的衔接，还必须加大相关部门的监督工作，做到公开、公正、透明，保证在衔接转移的过程中不出现暗箱操作、幕后交易等行为，同时还要注意做好新农保与农村低保、被征地农民社会保障等其他保障制度间的衔接，以确保各类人群的基本养老权益得到保障。

第二节　新型农村社会养老保险可持续发展的人才支撑

加快覆盖城乡居民的社会养老保险制度，人才是制度建设和制度实施的保证。培养高素质的人才队伍，必须制订人才培养方案，将人才培养工作规范化、制度化、科学化，提高“新农保”人才的理论素质、工作技能、知识水平、创新精神、管理服务意识和能力，为“新农保”事业提供人才保证和智力支持[①]。

① 卢海元：《和谐社会的基石：中国特色新型养老保险制度研究》，群众出版社2009年版，第136页。

一、新农保制度可持续发展的人才支撑的内涵

新农保制度的可持续发展不仅需要硬件设施的支持，更重要的是需要有大量的相关人才来制定政策、执行政策，保障各部门顺利完成工作。这里的“人才”主要指制定新农保相关政策与执行新农保具体方案以确保其可持续发展的经办机构工作人员。专门的经办机构与专业工作人员的知识技能水平、业务素质及职业道德水平是新农保制度可持续发展的关键因素。

二、新农保经办人员基本情况

实施和运行新农保制度离不开农保行政实施体制。农保的行政实施体制从最开始由主管部门民政部组建，到政府部门改革后交给劳动与社会保障部的农村社会保险司，而农保业务的移交工作包括从中央到地方的各级业务的移交，中央一级农保业务移交已经完成，但各省、市、县的移交工作并未全部完成，且各地农保业务移交工作进展状况各有不同。由于法律法规及政策的不完善，仍有个别省份或地区的农保业务未做好交接，加之部分地方政府社会保险意识不足，未能积极发挥地方部门的主观能动性，没有设立专门的经办机构或者空设机构并未配备专业人员负责专项工作，或者部门间的移交工作完成，但由于农保基金流失及无具体政策支持，地方的农保行政部门被取消，这样也就谈不上新农保的经办人员的存在。

基层农保经办机构、人才队伍的建设至关重要，工作人员较高的文化水平与过硬的业务素质，是做好新农保各项工作的前提与基础。在既有的负责新农保事务的经办部门中，存在新农保与其他保险险种混在一起经办的现象，或者经办机构主要设立在县、乡，省、市未设立专门的新农保负责机构，而且存在经办人员数量少、业务水平低、分工不明确等诸多问题。具体表现为以下几个方面：

1. 经办机构人员少，与工作量需求不匹配

目前，区县劳动保障部门、乡镇农保部门的新农保任务量大、工作繁重、人手不够。许多地区没有专门的人员办理相关业务，有的地区甚至是其他的部门兼职，繁重的工作量与经办机构的人员安排不匹配，基层经办人员不稳定，流动频繁，人员的配置与实际工作需要相差较大，不利于开展和完成工作任务。加之经办人员未受到相关培训，对新农保的办理流程与相关专业知识了解不够，不能准确、及时解答和处理参保对象在参保过程中提出和遇到的问题。与此同时，随着新农保制度的进一步推广实施，越来越多的符合条件的参保对象被纳入新农保体

系，而业务管理软件等开发和使用相对滞后，在缺乏专门信息管理系统的情况下，仅仅依靠工作人员的手工操作，经办效率较低且阻碍了参保对象的参保积极性。

以陕西省为例，据试点省份陕西省农保中心提供的数据，2009 年，新农保参保人数已经由 2008 年的 160 万增长到了 300 万，县级工作人员仅有四五人，服务人次比达到了 1∶12 000；以陕西省宝鸡市陈仓区为例，陈仓区人口为 60 万人，农业人口就有 50 万人，目前陈仓区参保人数为 57 612 人，而陈仓区的经办机构人员也就是四五名左右[①]。虽然这样的一个比例比起珠三角等地区 1∶30 000 的服务人次比算不了什么，但是如果考虑到高度不发达的信息系统支撑，难度就可想而知。一位经办机构人员说，他光将纸质参保材料录入电脑就花了整整三个月。可见，新农保面临的问题同所有国家公共服务体系在农村所面临的问题是一样的：庞大的需求和微弱的服务体系支撑。[②] 人员配备的不足一方面无法保证新农保经办机构的有效运营，另一方面，还可能会衍生其他的风险，如经办人员疲于应付、敷衍了事，进而出现参保信息录入错误、给付条件审核把关不严等。人员配备不足的问题在目前尤为突出。[③]

2. 经办机构人员文化水平较低、业务素质较差

新农保经办机构尤其是县、乡的基层经办机构的工作人员也大都来自基层，部分工作人员是通过政策性安置进入的新农保经办机构，且大部分乡镇机构的经办人员年龄较大或者学历较低，知识面较窄且文化程度参差不齐，同时业务素质也相对较差，如部分办理人员甚至不懂得电脑操作而只能采用传统的手工操作的办法等，这些大大降低了新农保的经办效率。基层经办机构缺乏学习能力较强且专业知识扎实的年轻工作人员，使得新参保人员的登记确认、参保缴费、参保对象信息更新与维护、养老金申请、审批与发放等业务难以高效开展。而受专业知识不足等限制的现有经办人员只能应付简单的工作，灵活应变能力较差，从而阻碍了新农保经办工作的顺利、高效落实。

3. 各级经办机构工作人员缺乏宣传意识

这主要是由于地方政府的重视程度不够而导致忽略宣传工作或宣传力度不够。农保经办机构规格较低，并未得到与其他社会保障机构一样的重视，从而忽略了新农保的宣传工作。与此同时，新农保经办机构尤其是基层经办机构，并未

---

① 张丽：《晋陕新农保“实验”》，载《中国社会保障》2009 年第 9 期，第 8 ~ 9 页。

② 邓大松、薛惠元：《新型农村社会养老保险制度推行中的难点分析——兼析个人、集体和政府的筹资能力》，载《经济体制改革》2010 年第 1 期，第 86 ~ 92 页。

③ 薛惠元：《新型农村社会养老保险操作风险评估及处理》，载《华中农业大学学报（社会科学版）》2012 年第 1 期，第 42 ~ 46 页。

设置专门从事宣传工作的人员，也缺乏对工作人员宣传工作的引导和培训。经办人员本身对政策制度等不了解或了解不到位，仅能够机械的执行上级下达的任务，加之没有相应的激励措施，经办工作人员觉得向广大农民群众宣传解释并不属于自己的工作范畴从而疏忽了积极主动地进行政策宣传。

三、强化新农保可持续发展的人才支撑

针对基层新农保经办机构工作人员数量较少、文化水平较低、业务素质较差及人员队伍不稳定与制度普及宣传不到位等问题，应该采取相应措施提升经办人员综合素质，加强新农保经办人员队伍建设，重视新农保制度宣传和相关政策落实，这样有助于适应新农保业务准确化与效率化要求，从而确保新农保制度的顺利实施。

（一）落实相关政策，扩充经办人员队伍

针对新农保经办服务人员配备不足这一问题，首先需要落实好国家和地方政府出台的关于新农保劳动保障服务平台建设的政策法规，如湖北省机构编制委员会在首批新农保试点不久的2010年2月10日就出台了《关于加强和完善全省新农保试点县（市、区）劳动保障服务平台建设有关问题的意见》，对县、乡、镇农保机构编制等问题做出了规定。

此外，关于新农保经办机构人员不足的问题，我们提出以下具体的解决途径：(1) 调整或新增县级新农保经办机构的人员编制。所谓“调整”是指人员编制从人保部门内部或相关部门调剂解决，不增加新编制；“新增”是指从应届毕业生中招考一部分经办人员，增设新的编制。调整或新增后，县级新农保经办机构在编人员不应低于10人。(2) 根据乡镇规模，核定乡镇农保所事业编制2～3名。所需编制可以从乡镇财经所调剂解决。同时，实行“以钱养事”的原则设置公益性岗位2～3个。新农保经办机构人员编制和乡镇新增公益性岗位所需经费，由县财政解决。(3) 可以通过政府购买服务方式公开招聘村级农保协保员，所需经费纳入乡镇财政预算。

（二）制订新农保经办人才的培养与选拔方案

首先应制订对新农保机构经办人员的培养方案，以制度的方式明确新农保事业的发展需要的人才应该具备哪些知识和素质，这样在提高经办人员素质的同时，为将来经办机构人才的选拔也奠定了基础。就目前而言，新农保经办机构人员没有像其他正规部门一样通过公开招聘、考试等方式选拔，随着新农保覆盖范

围的逐步扩大，参保人员越来越多，各方面制度也越来越完善，通过公开渠道选拔人才是必然趋势。所以，更应该着手制订人才培养、人才选拔制度和方案等。

（三）加强培训，提高新农保经办人员的综合素质

要加强对新农保经办人员的培训，提高其综合素质。具体来说，可以从基础知识、专业知识与业务技能、职业道德素养三个方面来提高新农保经办人员的综合素质。

1. 加强基础知识的学习

基础知识是作为一个社会养老保险行政实施体制内人员应该具备的最为基础的常识。这部分知识的积累与进一步学习和其他部门工作人员的培训大体相似，意在保证新农保经办机构人员应具备的基本知识和素质，理清个人工作职责、遵守相关制度规定。在此基础上，引导其学习和积累足够的专业知识并提升其业务技能以满足日常经办工作需要。

2. 专业知识和业务技能学习

具体又包括专业知识学习、业务技能培训和计算机技能水平培训等。这里的专业知识和业务技能主要涉及关于社会养老保险的专业知识与业务操作知识，各地可以根据当地实际编写新农保经办人员培训教材或业务操作指导手册，以供经办人员学习和借鉴。这样可以帮助经办人员更深入地理解新农保的政策内容，在业务经办过程中能够准确对参保对象讲解新农保制度原理和新农保各项政策含义。通过组织新农保经办人员及协理员的专项学习和对其的专门培训，可以提升其准确把握和理解政策的能力，能够熟练操作业务流程，掌握具体的经办程序与要求。特别是在有条件的地区，辅以网络、电教等信息平台的使用，依照新农保信息平台的业务规则、参保缴费流程、待遇发放流程进行说明讲解，并对新农保参保登记、缴费管理、账户管理、待遇支付等业务进行具体操作指导，争取保证每位经办人员都具备单机实际操作能力，并通过测试形式考查经办人员学习成果，不断敦促其自觉学习专业知识和提升业务技能。

（四）完善经办（代办）人员的考核和奖惩机制

完善对新农保经办（代办）人员的考核机制。年终对所有人员进行统一考核，考核结果与奖惩挂钩，并作为评优、评先、职称评定、职务晋升的重要依据，从而有利于督促经办机构人员加强学习和提高自己能力的自觉性和主动性。在新农保试点实施的初期，新农保的宣传以及扩面征缴工作是重中之重，为了调动经办人员尤其是协理员的积极性，可以把宣传工作、参保人数、征缴的基金总额作为目标考核标准。课题组在江苏省洪泽县调研中发现，协理员的劳酬是以参

保人数为基数的，即每增加一人参保，协理员将获得0.5元的工资报酬，当然其劳酬不是从新农保基金中提取的，而是从县市财政预算中列支的。

第三节 新农保制度可持续发展的管理支撑

一、新农保制度可持续发展的管理支撑的内涵及必要性

老有所依、老有所养，是每个农民都关心的问题。中国从2009年起开始在全国范围内进行新农保的试点工作，计划到2020年基本实现全覆盖。但是，为了保障农民的切身利益，必须加强各方面的管理工作，只有各部门发挥有效的管理职能，才能实现新农保制度的可持续发展。

（一）管理支撑的内涵

管理是指通过计划、组织、指挥、协调、控制及创新等手段，结合人力、物力、财力、信息等资源，以期高效的达到组织目标的过程。在新农保制度中，管理主要包括对组织机构的人员及事务的管理、对新农保基金的管理，对参保人员档案信息的管理等，只有将各个部门的权利和义务明确划分清楚，各司其职、人尽其才、才尽其用，才能保证新农保制度的顺利运行。

（二）实现新农保可持续发展需管理支撑

新农保开局良好，但是在全国试点过程中，面临的问题不容忽视，如制度衔接不畅、基金管理混乱且缺乏监督、信息系统不完善、政策执行力不够等。针对试点中的问题，必须加强组织机构、基金管理、档案管理等方面管理，引导和鼓励农民参保，以确保新农保制度可持续发展。

1. 制度衔接不畅

要保证新农保的可持续发展，必须尊重新农保制度内在的发展规律，而不应该仅仅追求政绩。现在许多地区已经出现盲目扩大覆盖面、攀比待遇水平的现象，而且地区间、城乡间、不同人群间的待遇水平差距很大。城乡社会养老保险制度缺乏衔接，尤其是农民工返乡后的参保问题。新农保制度是一个非常复杂的系统工程，要想做到可持续发展，必须做到各方面的协调和配合，实现新农保制

度与其他社会保障政策、制度的无缝衔接。

2. 政府执行能力不够

在试点中发现，新农保政策得不到有效的落实时有发生，部分地区农民对新农保的知晓率、参保率较低，另外，在面对政策、干部频繁换的情况，政府没有任何应急措施，这也加大了农民对当地政府甚至是国家的不信任。

3. 基金管理不规范

目前农村社会养老保险基金的管理运营主要在县级，管理运营层次低，规范程度差，有些地区（尤其是西部地区）还没有实现微机管理，仍是手工操作，效率低下，且更可能失误或精确性不高。同时，还容易出现新的社会问题。此外，县级机构还普遍存在管理经费不足、人员编制落实不到位的突出问题，经费的挤占、挪用以及非法占用等经常发生，基金安全得不到保障。

上述问题存在于中国农村大部分地区，必须加强管理，以保证新农保的可持续发展。

二、新农保组织管理支撑

新农保试点政策出台后，社会养老保险工作将由主要面向城镇居民向覆盖城乡全体居民转变，在加强新农保建设的过程中，农村地区经办机构的管理能力和经办能力不足的问题日益突出。随着服务对象急剧扩大，农民日益增长的社会保障服务需求与经办服务供给之间的矛盾日益突出。在一定程度上讲，新农保试点工作的成败主要取决于能否建立健全的经办管理机构，取决于经办机构的业务能力，同时取决于经办管理机构的体制是否规范合理，所以必须采取相应措施加强新农保经办能力建设，最终实现“小政府、大社保”的治理目标。

（一）新农保组织机构

1. 新农保组织机构概况

目前，中国农村社会养老保险的机构设置和队伍建设不完善（见表9－1），由于体制没有理顺，必然造成管理混乱的局面。

表9－1　　现行农保制度管理体制

行政单位	行政机构	执行机构
中央级	人力资源和社会保障部农村社会保险司	社会保险事业管理中心
省级	人力资源和社会保障厅农村社会保险处	农保中心（部分省份未设立）

续表

行政单位	行政机构	执行机构
市级	人力资源和社会保障局农保处	农保中心（部分市未设立）
县级	人力资源和社会保障局/农村社会保险局	农保中心

资料来源：卢海元：《和谐社会的基石：中国特色新型养老保险制度研究》，群众出版社 2009 年版，第 134 页。

对全国农保经办机构队伍建设情况的调查显示，2 209 个县级市中有 1 267 个建立了农保经办机构，占 57.4%；29 378 个乡镇中，共有 4 137 个建立了农保经办机构，占 14.1%①。

虽然各级行政部门划分清晰，职责明确，但是工作人员数量严重不足，尤其是县级以下的农保经办机构，负责政策制定、业务指导监督的领导干部与负责执行具体业务的人员没有明确的分工，在基层经办机构身兼数职的情况难以避免。

而就现阶段而言，农保经办业务主要由县（市、区、旗）、乡（镇）和行政村三级经办，而三级经办机构无论从硬件方面还是软件方面来看，力量都十分薄弱，难以肩负繁重的工作。

2. 现有新农保机构存在的问题

新农保工作试点时间较短，老农保时期国家也没有出台关于农村养老保险的统一的政策，一直处于各地区"各自为政"的状态，国家也鼓励各地区根据自身发展的具体情况制定符合本地区的运营模式。东部较发达的地区，新农保管理体制、经办机构较健全，人员配备充足。但是中西部大部分地区，尤其是经济发展较慢的地区，地方经济发展缓慢、经费短缺，经办机构不健全严重影响了养老保险的顺利开展，这也是中国现阶段新农保工作面临的较严峻的问题。主要表现在以下几个方面：

（1）农村社会养老保险经办机构不健全。

首先，大部分农村地区都没有专门的养老保险管理经办机构，如部分地区只有县、乡设立农保经办机构，而省、市没有设立专门的农保中心；更多的是县、乡没有设立专门的农保经办机构。这些导致工作无法高效的衔接，政策无法逐级开展。

其次，经办机构缺乏专门的业务经办人员。各岗位人员分工不明确，尤其是农村基层地区，一人身兼数职，如征缴等工作一般由村会计兼任。除了缺乏专职的工作人员之外，农保经办机构人员流动性大，工作能力参差不齐，总体文化素

① 皮德海：《推进新农保应着力解决四大难题》，http：//news. xinhuanet. com/fortune/2009 - 08/13/content_11877827. htm。

质、业务能力较低。同时，随着县乡机构的改革，基层农村社会养老保险机构受到一定程度的影响，如将基层地区经办机构的优秀人员调离等，有的县将新农保机构中的业务骨干调出从事其他的工作，致使工作人员减少，不能保质保量地完成既定工作。

最后，现有的经办机构中，岗位设计不完善，没有专门从事稽核、档案管理和宣传发动的人员。另外，由于农村人口文化水平较低、获得信息渠道较少，而且国家采取的是其自愿参保的原则，这就要求必须加大宣传力度，使农民加强对新农保的了解。

（2）经费不足。

经费不足问题在乡镇、村一级尤为突出，严重影响了工作的顺利开展。

首先，农保工作人员的工资几乎是自收自支的，缺乏保障。工作量大、工资水平低，严重影响了经办人员的工作积极性，不利于新农保工作高效率的进行。

其次，经办机构办公经费得不到保障，办公地点得不到落实，办公条件得不到改善。有的长期租赁村民的房子做办公室，有的把县级农保处原有的交通工具变卖，还有的将农保处的公章收缴企业保险处代管。

最后，用于普及宣传的经费不足导致宣传力度不够，影响参保率的提高，扩大覆盖面的工作进展缓慢。

（3）农村社会养老保险机构执行能力不够。

上级下发的政策指令得不到有效的贯彻落实，再加上管理混乱、监管不够，出现官员利用职权侵占、挪用养老保险金的现象，这些严重削弱了制度的执行力，同时使养老保险制度无法获得农民的信任，导致农民参保率较低，甚至出现退保的现象。

（4）信息系统建设落后。

首先，没有全国统一的信息管理系统软件，在业务办理过程中无法实现信息等资源的共享，这增加了经办人员的工作量和参保人员的办理手续，业务办理成本较高。

其次，业务办理手段落后，甚至有些地区仍使用手工办理。一些贫困地区，由于经费不足等原因，硬件设施建设落后，再加上经办人员水平较低，不能正确使用电脑软件等，大量的工作使用手工、半手工方式办理，而且操作模式、办理流程不统一，造成管理成本高、管理效率低下。同时由于资料不全等原因造成老农保的遗留信息等也不能正确处理。

这些问题，影响了农村社会养老保险政策的落实和实施，影响农民参保的积极性，损害农民的切身利益，不利于农村社会养老保险事业的顺利开展。

3. 加强新农保办机构管理服务能力建设的对策

针对现有农村社会养老保险组织机构存在的问题，我们提出如下解决对策：

（1）建立专业的管理机构。

杨红朝（2011）认为应组建一个权威性的农村社会保险组织管理机构，提出在中央和省级人民政府设立由财政、劳动、人事、司法、民政、卫生、银行等部门组成的农村社会保障委员会，负责对规划、政策、实施办法的制定和对资金的征收、管理、经营、使用情况的监督检查及资金保值、增值的策划①。

卢海元（2009）提出，中国新农保的具体经办机构可依行政层次分别设立县级新农保管理部门、乡镇新农保事务部门、村级基层新农保服务部门以及制定专门人员从事新农保基金的征缴工作，构建县乡村三级经办管理服务平台②。

专业化的管理机构有利于规范化操作，国外的农村社会保险基本都设立专业化的管理机构，而中国大部分地区都没有专业化的农村社会养老保险管理机构，甚至没有专人负责养老保险业务，严重影响了农村社会养老保险工作的顺利开展。所以要尽快建立专业化的管理机构，提高管理效率。同时，建议以基层社区为重点，适当增加人员编制，建立与服务人群和业务量挂钩的工作经费保障机制，合理确定经费标准，切实解决基层管理经办机构工作能力不足的实际困难。

（2）进一步提高工作人员的思想认识、服务意识和业务素质。

中国一半以上的人口在农村，随着人口老龄化的不断加剧，必须认真做好农村地区的养老保险工作。要认真研究、积极探索、全心全意为人民服务，把农村社会养老保险落实到实处。

由于农村居民文化水平普遍较低，且获得信息的渠道较少，对新农保的认识程度不高，这就要求经办机构的工作人员加强宣传服务意识，每位业务人员都有向农民介绍新农保知识的义务，用农民易接受的方式随时随地向其传达信息。经办人员的服务水平、业务素质等在一定程度上关系到农民对新农保政策的信任程度，必须加强对工作人员这方面的考核力度。

（3）加强农村养老保险机构队伍的建设。

农村养老保险面临的人口多、事务繁杂，且处于刚起步阶段，许多事情需要继续探索，可借鉴的经验少，这就需要扩大机构队伍建设，建立一支精干高效的队伍，才能促进农村养老保险工作的顺利开展。同时，要加强对农村社会养老保险工作人员的业务培训，可以通过教材、操作手册、网络视频等方式对经办人员进行培训，不断提高业务和技术水平，提高工作效率，为农村社会养老保险的顺利开展提供有力的支撑。

---

① 杨红朝：《新型农村社会养老保险制度的发展探讨》，载《特区经济》2011 年第 3 期，第 169 ~ 171 页。

② 卢海元：《和谐社会的基石：中国特色新型养老保险制度研究》，群众出版社 2009 年版，第 135 ~ 136 页。

(4) 完善信息系统建设。

可以以县为单位开发新型农村社会养老保险信息系统，利用网络技术对参保人员的档案信息和基金征缴等进行管理。待条件成熟时再开发出全省统一或全国统一的新农保信息管理系统。

(5) 吸引社会力量，共同致力于新农保建设。

在各级政府严格控制行政编制的情况下，新农保经办人员在短时间内不可能迅速增加，再加上中国农村人口多，政府社会保障资源有限，这就需要适当转换观念，构建新的治理模式。如将市场机制引入社会保障领域，实现资源的有效供给，提高经办机构服务质量，可以将政府承担的部分职能交给非政府组织等。

（二）新农保组织机构的职务职责

中央农保司主要负责拟定有关农村养老保险的政策和发展规划以及各种管理实施规则，并组织实施。社会保险事业管理中心主要负责农保基金等具体事务的管理和指导。

省级农保处主要负责制定本地区的具体政策和规章制度，同时指导监督所辖的市县地区的农保工作。省级农保中心负责指导农保的所有具体业务，对省级统筹基金进行统一运营管理。

县级农保处主要负责对下级机关传达政策并监督指导相关部门工作，认真完成上级部门传达的工作。县级农保中心负责新农保的参保登记、保险费收缴、基金划拨、基金管理、个人账户建立与管理、待遇核定与支付、保险关系转移接续、档案管理、制发卡证、统计管理、受理咨询、查询和举报等工作，并对乡镇（街道）事务所的业务经办情况进行指导和监督考核。

乡镇（街道）事务所负责对参保人员的参保资格、基本信息、缴费信息、待遇领取资格及关系转移资格等进行初审，录入有关信息，并负责受理咨询、查询和举报、政策宣传、情况公示等工作。

村协理员具体负责新农保参保登记、缴费档次选定、待遇领取、关系转移接续等业务环节所需材料的收集与上报，负责向参保人员发放有关材料，提醒参保人员按时缴费，通知参保人员办理待遇领取手续，并协助做好政策宣传与解释、待遇领取资格认证、摸底调查、农村居民基本信息采集、情况公示等工作。

各级行政部门的工作职责划分明确，但是工作人员缺乏，尤其是县级以下的行政单位，身兼数职、分工不明确、人手不够的现象难以避免。

（三）继续完善经办流程等规章制度，加大执行力度

为确保新农保试点工作的实施，规范和统一新农保业务操作流程，根据

《国务院关于新型农村社会养老保险试点的指导意见》，2009 年制定了《新型农村社会养老保险经办规程（试行）》。该制度明确规定了新农保经办工作包括的具体内容及各岗位的职责。

张德江副总理明确要求，要适应农民居住分散的特点，把方便群众作为着眼点；要建立农保信息管理服务系统，保证对农民参保记录一生、跟踪一生、服务一生；要大力推行社会保障卡，让农民一卡在手就可以缴费保费、领取待遇和查询信息。这些都要求各级部门不仅要加强新农保经办规程的建设，而且要加大执行力度，保证新农保经办规程的顺利实施，从而保证试点工作的成功。

养老保险基金监管中过多的行政干预不仅使监督缺乏应有的权威性与规范性，而且会导致有法不依、执法不严，甚至政府不同部门各自开设准入门槛，相互抵制和重复工作，造成市场未果、政府先乱的现象，最终结果是监管弱化。

立法最重要的是规定经办机构的工作流程，对于养老保险制度而言，养老金的安全是首要的，“上海社保案”等事件的发生已经给予我们足够的经验教训，必须加大对养老基金的管理工作，对违法犯罪现象给予严肃处理，保证参保人的养老权益。所以，当前情况下，在新农保试点的初期就应该着手完善经办机构的规章制度，使日常的管理工作有章可循，保护参保人员的切身利益。

三、基金管理支撑

养老基金既是社会养老保险制度的核心，又是社会养老保险制度可持续发展的关键。新农保基金是农民的“养命钱”，确保新农保基金的规范管理，直接关系到广大参保农民的切身利益，关系到新农保事业能否健康发展。为使新农保基金运转更加安全、管理更加规范，应加强基金征缴、支付、投资运营、结余等各环节的管理和监督工作。

（一）加强对新农保基金的管理

随着中国经济的快速发展，社会保障问题日益突出，在中国 13 亿人口中，农村人口约占总人数的 60%，因此，只有当社会保险解决了农民的养老问题时，我们的社会保障计划才是成功的，而对于大量的农村居民的养老问题来说，养老基金管理就成为重中之重，国家出台的新型农村社会养老保险制度在很大程度上解决了农民的养老问题，但仍存在许多不足之处，尤其是养老基金的管理和监督方面，这就需要我们不断研究探讨，找出解决对策，以促进农村养老保障制度更好地发展，更好地造福广大农民群众。

1. 新农保基金管理中存在的问题

加强新农保基金管理，主要表现在加强基金征缴环节、基金支付环节、基金投资运营环节和基金结余环节的管理。

（1）基金的征缴环节。

目前新农保基金征缴管理的现状主要表现在以下几个方面：

第一，实行弹性缴费标准。弹性缴费标准考虑了城市近郊、远郊农民的承受能力和不同需求。与老农保相比，大龄农民按照最低缴费标准有参保缴费能力，且不受缴费15年的限制。有条件的人员可选择高标准缴费，便于与城镇养老保险的衔接，这样可调动农民参保的积极性。但是这一制度方式也不是完美无缺的。

肯定部分：随着中国农村居民生活水平的提高，全国绝大多数人客观上具备了参加新农保的能力。据统计，截至2012年年末，全国所有县级行政区已全面开展国家城乡居民社会养老保险工作；2012年末国家城乡居民社会养老保险参保人数48 370万人，其中实际领取待遇人数13 075万人；2012年城乡居民社会养老保险基金收入1 829亿元，其中个人缴费594亿元，基金支出1 150亿元，基金累计结存2 302亿元①。

否定部分：虽然新农保与老农保相比，有较强的优越性，但是部分农民仍不愿意缴费，对新农保仍然有所担心，持观望态度，征缴比例有待进一步提高。同时，农民的收入不稳定，难以投入更多养老保险基金，而中国大部分地区农村集体经济没有财力进行新农保补助。同时，农民工和年龄较小的农民参保缴费率较低。

第二，年轻农民参保比例较低。虽然新农保在参保机制上具有半强制性，但在实施过程中发现，中青年农民的参保积极性并不高。审计署调查发现，44岁以下农民参加新农保的仅占36%。年轻农民本应是主要参保对象，但调查发现新农保对年轻农民的吸引力较弱，主要的原因有：一方面是农村转移劳动力流动性强，而现有的转移接续衔接不畅；另一方面是新农保的待遇水平较低，对年轻农民的吸引力较低。

第三，农民大多数采取较低的缴费档次。2011年年末全国有27个省、自治区的1 914个县（市、区、旗）和4个直辖市部分区县开展国家新农保试点，参保人数32 643万人（2010年、2009年的参保人数分别为10 277万人和7 277.3万人）。虽然覆盖面增速较快，参保人数逐年大幅增加，但是大多数农民选择100～200元等较低的缴费档次，即使部分农民有缴费能力，也倾向于选择较低

① 数据来源于《2012年度人力资源和社会保障事业发展统计公报》。

的缴费标准。罗拾平（2010）通过对湖南长沙县的调研，发现72.97%的农民选择100元的缴费，选择300元以上缴费档次的人数不足2%[①]。苏东海、周庆（2010）对宁夏新农保试点县的调研结果发现，人均年收入低于3 000元的农户，选择100～200元缴费档次的超过60%[②]。张朝华、丁士军（2010）通过对广东粤西农户的调查发现，43.18%的农户存在缴费困难，所以不参保或者以较低的缴费档次参保[③]。

通过以上分析，农民选择低标准缴费档次主要有以下原因：一是部分地区农民收入较低，个人缴费能力不足，只能按较低的档次进行缴费；二是政策自身的内在设计中缺乏对农民参保特别是高档次缴费参保和长期缴费参保的激励机制，造成农民参保的积极性较差；三是许多农民对政策仍持怀疑、观望态度，随众缴费，但是选择低标准。

第四，"捆绑制"缴费存在问题。国发〔2009〕32号文件中规定："新农保实施时，已年满60周岁、未享受城镇职工基本养老保险待遇的，不用缴费，可以按月领取基础养老金，但其符合参保条件的子女应当参保缴费。""捆绑制"缴费设计的初衷是为了提高参保覆盖面，对农民有益，但是这一措施缺乏可操作性，而且不利于充分发挥基础养老金基础性、普惠性和公平性的功能。有的农户可能既不是"五保户"也不是"低保户"，没有缴费能力，则因为无法满足"捆绑"缴费要求而享受不到基础养老金；有些农村老人虽然有很多子女，但是由于无法协调子女之间的关系，有时甚至引起家庭矛盾，也不能及时领取到基础养老金。

按照新农保设计的原则，个人账户养老金是自愿性质的，参保意愿主要取决于个人缴费能力、缴费补贴、养老金待遇水平等，与捆绑制没有必然联系。

（2）基金支付环节。

新农保基金支付环节面临的问题主要表现在以下几方面：

第一，养老金的待遇水平偏低。新农保养老金保障水平低，影响农民参保缴费的积极性。如按缴费15年计算，每年缴费100元，15年后，每人每月从个人账户领到10.79元养老金，加上55元的基础养老金，共计65.79元；而即使选择最高标准500元，15年后，每人每月从个人账户中才能领取到53.96元，加

① 罗拾平：《新农保试行的实证研究——以长沙县为例》，载《未来与发展》2010年第8期，第74～77页。

② 苏东海、周庆：《新农保试点中的问题及对策研究——基于宁夏新农保试点县的调查分析》，载《社会科学》2010年第9期，第74～80页。

③ 张朝华、丁士军：《"新农保"推广中存在的主要问题——基于广东粤西农户的调查》，载《经济纵横》2010年第5期，第9～12页。

上基础养老金也只有108.96元[①]。不足110元的养老金，不仅需要解决吃穿等基本生存问题，还需缴纳水电费、医药费等，再加上物价水平不断上涨，养老金对农民的吸引力较低，所以其选择不参保或者较低的缴费档次参保。

第二，领取基金待遇水平差异大。地区间、人群间参保人领取的待遇水平存在很大的差异。经济较发达的地区和经济欠发达的地区给付水平也不相同。仍然有大量的贫困地区贫困人口没有缴费能力，由于“捆绑制”缴费，有些新农保实施时已年满60周岁的老人，甚至连基础养老金都无法享有。同时，养老金待遇由基础养老金和个人账户养老金组成，新农保的缴费主要由农民的个体经济能力而定，并计入个人账户，个人账户积累的不同造成养老金待遇的不同，从而造成不同人群之间领取待遇水平存在较大的差异。

（3）基金投资运营环节。

截止到2011年年末，新农保基金累计1 199亿元，随着新农保试点范围的继续扩大，农民缴费档次的提高，基金规模将进一步快速增长，而根据国发〔2009〕32号文件的规定，“新农保基金暂实行县级管理”、“个人账户储存额目前每年参考中国人民银行公布的金融机构人民币一年期存款利率计息”。在新农保基金投资运营环节，我们认为主要存在以下问题：

第一，基金统筹层次低。国发〔2009〕32号文件中指出，“试点阶段，新农保基金暂实行县级管理，随着试点扩大和推开，逐步提高管理层次；有条件的地方也可直接实行省级管理。”《社会保险法》中规定，“基本养老基金逐步实行全国统筹”。而目前，只有天津、上海、重庆、浙江等地的新农保基金实行省级管理，大多数地区的新农保基金仍然是县级管理，不仅使基金管理层次过多，管理费用过高，而且导致基金的平均规模过小，难以实施较大规模投资组合策略，同时，新农保管理层次低与基金财务安全风险管理要求不协调，投资风险和经营成本过大，存在被地方政府挪用的风险。

第二，基金投资渠道单一，保值增值压力大。截至2012年年末，新农保基金累计结存2 302亿元[②]，以这样的发展速度，新农保实现全覆盖之后，其基金累计结余可能会很快增至数千亿元，而且将持续快速增长。目前新农保基金的主要投资渠道是银行存款，少量的基金由于买国债，在一定程度上保证了基金的安全性、减少了基金的损失，但是其收益与国民经济增长率仍存在一定的差距，随着物价的不断上涨，银行存款利率很难跑赢通货膨胀率，基金贬值的风险较大。当前，探索新农保基金的投资方式、拓展新农保基金的投资领域，实现新农保基

① 数据为本研究测算得到，其中没有考虑利率因素，为静态测算。

② 数据来源于《2012年度人力资源和社会保障事业发展统计公报》。

金的保值增值，是当务之急。

第三，基金运营管理法律法规的缺失。法律法规健全与否是影响养老基金运营效率的关键因素，养老保险基金的运营必须以立法为前提，使基金的运营规范化。目前，在试点地区对新农保基金的管理、监督等都是依照部门规章和规范性文件，法律层次较低，缺乏强制性。各部门责任不明确，致使新农保经办机构、税务部门、银行、审计部门等多部门都插手基金管理，从而导致管理流程混乱，严重影响基金管理工作的开展，基金的安全性面临很大的风险。

（4）基金保管环节。

新农保基金从征收、投资运营到支付总会有一部分基金留在新农保经办机构、人社部门、财政部门。国发〔2009〕32号文件提出，“任何地区、部门、单位和个人均不得挤占、挪用（新农保基金），不得用于平衡财政预算，不得用于经办机构人员和工作经费。各级经办机构的人员经费和经办新农保发生的基本运行费用、管理费用，将由同级财政按国家规定予以保障，不得占用新农保基金”。另外，“基金结余除根据财政部门和人力资源社会保障部门商定的、最高不超过国家规定预留的支付费用外，全部用于购买国家债券或转存定期存款。除国家另有规定外，任何地区、部门、单位和个人不得动用基金结余进行任何其他形式的投资。”虽然国家的政策文件对新农保基金的安全性做出了明确的规定，但总有一些人、一些部门铤而走险，挤占、截留、挪用和侵蚀新农保基金，给新农保基金的安全性带来威胁，因此，基金保管环节，新农保基金的安全性亟待加强。

2. 加强新农保的基金管理的建议

（1）加强法制建设。

国发〔2009〕32号文件中对新农保基金筹集、支付、投资运营、保管等环节只是做了原则性的规定，缺乏具体可行的政策规定，对违规行为缺乏必要的惩罚措施，从而导致经办机构人员没有严格按照政策来执行，基金的安全性受到威胁，随着新农保试点工作的进一步推进，应尽快完善新农保基金管理方面的法律法规，确保基金的安全性，切实维护参保人的合法权益。

（2）实行新农保个人账户实账管理。

《指导意见》中指出，“个人缴费，集体补助及其他经济组织、社会公益组织、个人对参保人缴费的资助，地方政府对参保人的缴费补贴，全部记入个人账户。”在新农保政策试点的初期，就应该加强对个人账户的管理，不得挪用个人账户基金平衡其他收支，如挪用个人账户基金用于发放基础养老金等，充分吸取城镇职工基本养老保险个人账户空账运行的经验教训，保证个人账户基金的实账运行。

（3）提高新农保基金的统筹层次。

基金的运营过程中，安全性是第一原则，在保证安全的前提下，还要通过提高新农保基金的管理层次和投资运营，以实现新农保基金的保值增值。目前大部分地区新农保是县级统筹，可以在此基础上由县级提高至省级直至劳动部或财政部统筹，从而实现规模经营，降低运营成本，提高资金收益。

（4）拓宽基金投资运营渠道，实现基金保值增值。

养老基金属于长期的投资，在保证基金的安全性的前提下，必须拓展投资渠道，实现基金的保值增值，可以拓宽投资渠道，通过促进基金流动，使保险基金迅速融通、变现和周转，从而大大提高基金投资的收益。

新农保基金的保值增值要走多元化道路，改变现在投资渠道单一的状况。要在保证基金安全的前提下，探索包括银行存款、国债、金融债券、市政债券、房地产以及委托基金管理公司管理等多元化投资渠道。随着中国资本市场和投资市场发育的逐渐成熟，法制不断健全，可以适当借鉴美国、日本等国的成功经验，加大股票在投资组合中所占比重，坚持多元化与分散化投资相结合的原则，逐步建立相对独立的新农保基金投资管理机构，探索新农保基金投资的市场化途径，接受政府部门的严格监管，承担新农保基金投资管理和保值增值的责任①。

新农保试点以来，各地区对基金的管理模式进行了新的探索，如新疆呼图壁和四川通江的保险证质押贷款模式，既解决了当前金融机构贷款有限的条件下农民对生产资金的需求问题，又解决了基金的保值增值问题。在国家没有统一出台基金运营的详细规定的情况下，各地区可以根据本地实际情况，选择适合本地经济发展的基金管理和运营方式，达到基金保值增值的目的，实现新农保财务制度的可持续性。

（5）加强信息化建设。

加强新农保经办机构信息管理系统的建设，实现基金管理信息化、网络化，对基金筹集、支付、投资运营、结余等各个环节进行明确记录，定期向参保人员公布基金征缴、支出、结余等相关信息，提高透明度，增强参保人员对新农保经办人员的信任。同时，信息化建设也便于相关数据的查询和基金转移衔接工作。

（6）加大政府财政投入力度。

虽然近几年中国经济水平整体突飞猛进，但是仍有些革命老区、民族地区、边境地区等贫困问题严重，为了降低个人筹资风险，政府应加大对新农保的投资力度，并且保证政府的财政投入专款专用，尤其是对相对较贫困的地区。而且还应该

① 汤晓阳：《新农保基金的管理和运作问题探讨》，载《四川大学学报（哲学社会科学版）》2010年第5期，第133～136页。

出台相关政策，明确界定“缴费困难群体”的范围，个人最大缴费能力低于最低缴费标准的所有农村贫困居民都应被视为缴费困难群体，由当地政府为其代缴部分或全部最低标准的养老保险费①。另外，任何部门、单位和个人不得擅自调整支出项目和随意改变支出标准，当新农保基金支付不足时，当地政府应给予补贴。

（二）加强对新农保基金的监管

目前，新农保基金以县为单位统一管理，实行县（市）、乡（镇）、村三级管理相结合。根据国家相关政策文件规定，各县市可根据自己的实际情况灵活制定具体管理办法。机构设置上主要分为基金保管和基金监管两个机构。监管机构由县级以上人民政府设立，主要对养老保险基金实行指导和监督。县（市）成立非营利性的基金保管机构，负责经办农村社会养老保险的具体业务。另外，在乡（镇）和村一级分别设立专人负责养老金的收取和发放工作及其他日常工作。为了保值增值，方案规定采取比较谨慎的态度，基金主要购买国家财政发行的高利率债券或存入银行，不能直接用于投资。

1. 新农保基金监督中存在的问题

（1）监管层次低。

目前新农保基金大多是县级监管，存在一定的隐患。新农保基金管理大多是县级机构自己操作，在当前中国农村地区的发展情况来看，当出现资金紧张的情况，极易挪用养老基金。如果基金被挪用或挤占，不能按时足额的发放，将影响农民参保缴费的积极性。

（2）缺乏专门的基金监管机构。

在一些县（市）出现新农保基金管理手段落后、监管能力薄弱的状况，迫切需要建立一套相互制衡的管理体制、规范有序的运行机制、内部制约与外部监督相结合的监督体系，全方位加强新农保基金的管理和监督，从源头上防止违规违纪问题的发生，切实维护参保农民的利益。

（3）法制不健全。

现有的法律法规都是一些行政法规和部门规章等，强制性、约束力较差，对于基金监督的具体条文等规定不详细，缺乏对违规行为的强制处罚措施，对某些地方来说，法律规范更加有效，可以有效约束政府行为。

（4）社会监管不透明。

没有把基金征缴、运营、发放等情况公之于众，参保人对自己参保缴费情况

① 薛惠元：《新农保个人筹资能力可持续分析》，载《西南民族大学学报（人文社会科学版）》2012年第2期，第100～106页。

不清楚，甚至对政府政策仍然持怀疑、观望态度，参保积极性不高，再加上某些地区为了实现基金的保值增值，擅自将基金结余用于政策规定外的其他投资，带来巨大的损失，对扩大覆盖面产生不利影响。另外，对于一般参保人而言，也缺乏监督的积极性和主动性，缺乏维护自身合法权益的思想意识。

2. 加强基金监管的政策建议

针对新农保基金管理中出现的问题，我们应采取一系列的监管措施，以促进新农保的顺利开展，切实维护农民的权益。

（1）加强相关法律法规建设。

现有的只是一些规章制度等，没有基金监管方面的明确的法律，导致许多地区钻了法律的空子，挤占挪用基金现象频繁发生，应尽快出台相关法律约束政府的行为，从法律层面保证基金的安全。

2010年10月，《社会保险法》在十一届全国人大常委会第十七次会议上高票通过，《社会保险法》第十六条明确规定，“参加基本养老保险的个人，达到法定退休年龄时，累计缴费不足十五年的，可以缴费至满十五年，按月领取基本养老金，也可以转入新型农村社会养老保险或者城镇居民社会养老保险。”

社会保险基金是老百姓的“保命钱”，为了确保社保基金的安全和保值增值，《社会保险法》还专设一章，对社会保险监管做出具体规定，“统筹地区人民政府成立由用人单位代表、参保人员代表，以及工会代表、专家等组成的社会保险监督委员会，掌握、分析社会保险基金的收支、管理和投资运营情况，对社会保险工作提出咨询意见和建议，实施社会监督；各级人民代表大会常务委员会听取和审议本级人民政府对社会保险基金的收支、管理、投资运营以及监督检查情况的专项工作报告，组织对本法实施情况的执法检查等，依法行使监督职权。”当然，《社会保险法》仅仅是原则性的规定，还不够详细、具体，可操作性不强，亟须出台《社会保险基金监管条例》，以实现新农保基金的有效监督和管理。

（2）建立基金监督机制。

基金运营中，许多地区出现挪用、贪污、挤占基金的现象，主要是缺乏对基金的监督管理体制，基金运营不透明。应明确各部门的责任，各司其职，加强部门间的监督与约束，确保基金的安全。同时，建立由农民、社会公益组织和政府共同参与的基金管理监督委员会，监督基金的征缴、投资运营和发放等工作。

（3）严格资格审查，把好基金出口。

建立首次待遇领取人员公示制度，接受公众监督，并且参保人须每年通过所在地新农保代办点进行资格认证，不按规定进行资格认证的将停发养老金，对冒领养老金的行为进行严厉惩罚，杜绝冒领养老金现象的发生。同时建立举报奖励制度，对于欺诈冒领行为举报属实者给予一定的现金奖励，并对举报者个人的信息进行严格保密。加强对待遇领取资格的监督，保证基金发放的公平、公正，切实维护参保人的权益。

（4）加强日常管理，接受相关部门监督。

充分吸收上海社保基金案等多个基金案件的教训，在强化基金监督，确保基金安全和保值增值的前提下，加强基金日常的管理监督工作，健全管理制度和工作流程。实行收支两条线管理，将新农保基金纳入社会保险基金日常监督范围，养老保险基金按月转入财政专户，经办机构每月及时向财政部门提出养老金发放计划，财政部门按时从基金支出户划拨养老金。各级财政部门要加强对基金财务、会计制度执行情况的监督，定期或不定期对基金收入户、支出户、财政专户基金的管理情况进行监督，确保基金收支有序进行。同时，新农保基金要接受相关部门的监督。新农保基金随时接受审计、财政等相关部门对基金收缴、上解、增值、预算、决算和养老金发放等各个环节的监督，及时发现和纠正出现的问题，不留任何漏洞和隐患，从而保证基金的安全。

（5）加强人大、政协、媒体和社会公众对基金的监管作用。

各级人大对新农保基金有监管职责，基金的运用情况应该向人大做一个报告，人大对社会进行报告，让大家知道政府都做了哪些工作，基金运用情况如何。此外，新农保基金的监管还应发挥媒体和社会公众的作用。

四、档案管理技术支撑

新农保的档案记录参保人的个人基本信息和参保缴费年限、缴费金额等，这些珍贵的档案资料对维护参保人的权益、保持社会稳定、保障社会保险经办机构业务工作的正常开展，实现透明化、公平化管理起到至关重要的作用，同时，规范化的档案管理便于日后查询，有利于实现养老保险关系的顺利转移接续。

建立新农保档案是新农保的基础性工作，是加快完善农村社会养老保险制度的需要，是健全新型农村社会养老保障体系的必然要求。为确保新农保档案管理规范，调阅便利，实现“记录一生、跟踪一生、服务一生、保障一生”的目标，必须在新农保试点的初期就着手加强档案管理工作。

（一）新农保档案的主要内容

一是新农保16~59岁参保缴费人员、60周岁以上领取基础养老金人员的基本情况登记表、“退休”审批表、身份证或户口本复印件；二是人社部门对新农保对象进行动态管理中形成的文件材料，包括民政部门停发、新增养老保险金的审批表、花名册和有关审核材料，还有大量的图表、声像、电子数据等不同形式和载体的文件材料。

（二）新农保档案管理的现状与问题

1. 管理较混乱

目前中国大部分农村地区缺失参保人员的档案信息，管理极不规范，没有统一的规章制度、文件格式、操作流程等。

2. 衔接不到位

新农保与老农保衔接不畅，出现交叉或者缺失现象，没有专门的部门或者专业的人员对其进行彻底整理，必然会造成新的遗留问题。

3. 信息化程度低

新农保档案管理信息化程度较低。随着新农保试点范围的不断扩大，覆盖人群越来越多，各级新农保经办机构的业务量将急剧增加，然而有些地区甚至还在采用手工方式，不能满足参保人的服务需求，同时档案的记录、查询、转移等也不能顺利进行。

4. 专业人员缺乏

缺乏专业人员进行档案管理工作。目前中国农村地区档案管理部门不完善，没有专业人员从事这项工作，许多档案只是表面工程，信息真实性、完整性较差。与此同时，部分地区新农保档案的错误率较高。在新农保参保登记的环节，部分农民的参保信息由协理员办理，由于协理员文化素质不高，导致参保登记出错率较高，常见的错误有姓名登记错误（音对字不对）、身份证号登记错误、性别错误等；另外，由于部分地区农民外出打工人员较多，常年不在家，参保登记信息全部通过户籍部门的数据库调取过来，缺乏与参保农民的当面核实，准确率没有保证。

（三）加强新农保档案管理的政策建议

1. 加强新农保档案管理的制度建设

建立符合新农保可持续发展的档案，必须对档案管理实行制度化建设，出台档案管理方面的规章制度，规范档案的管理工作。既要认真贯彻国家政策，又要因地制宜、符合农民要求。

在收集参保人员资料的过程中，对于字迹模糊、印章不清、信息不全、衔接不畅等不宜归档的资料，一律退回整改，确保新农保档案立卷质量。同时详细制定索引目录、归档范围和保管期限，使新农保的建档工作有章可循，逐步实现制度化、统一化管理。

加强新农保档案建设，还必须坚持公平、公正、公开的原则，使参保人有知情权、参与权和监督权，避免政策实施中的随意性，消除农民的担心和疑虑，提高农民参保信息的准确性。

2. 加强参保人员档案的信息化管理

新农保业务范围不断扩大，仅靠以前的手工办理不能满足现实需要，必须通过信息化建设提高经办机构的办事效率。规范化的档案不仅存有纸质版，而且要实现以电子档案为辅的动态管理，集办公、存档、对外查询于一体，避免出现任意涂改、磨损或丢失等现象。结合当地实际情况，建立集中的数据中心，实现纵向上市、县（区）、乡镇贯通，横向上与银行联网，使得所有参保数据可以集中、统一、安全管理。

同时信息化建设有利于实现新农保数据的统一、安全管理，利于各部门的衔接和相关资料的查询。

3. 适当加大政府财政投入，加强硬件实施建设

为了便于长期保存和方便查询，必须完善相应的硬件设施，如房屋、柜子、档案盒、文件夹等，改变现在档案不规范、随意摆放的状态，做到统一编号、统一质量、统一装具。

4. 加强新农保档案人才的培养和培训

档案管理工作琐碎，需要工作人员有较强的耐心和责任心从事此项工作，政府部门应该通过培训等培育一批踏实肯干、工作热情高、业务能力强的档案管理人才，使档案人员符合年轻化、知识化和专业化的要求。

首先，档案管理人员要具备相关的档案专业知识，系统的学习相关制度以及工作职责和任务，档案工作者只有熟悉和掌握档案专业理论知识，才能在实际工作中发现新情况、解决新问题。其次，应该掌握相关科学文化知识，如文史知识、相关学科知识、现代网络知识等。最后，要有档案管理工作的职业道德，如为参保者保密，完整保存档案信息，不得随意摆放或由他人随意翻阅等。

5. 将档案管理纳入目标考核的范围

使建档工作与新农保工作同步发展，并服务好新农保的其他各项工作，不仅需要档案部门的努力，同时应加大领导的重视和人、财、物等方面的支持。由领导干部带头深入基层进行调研，并且把档案管理纳入目标考核范围，加大监督和指导力度，从而确保参保人员档案的真实性、完整性，切实维护参保农民的切身利益。

第四节 新农保制度可持续发展的社会支撑

一、新农保制度可持续发展的社会支撑的内涵

新农保制度实现可持续发展，除了要有技术方面、人才方面、管理方面的支撑外，还需要来自社会方面的支撑，本节界定的社会支撑主要包括来自广大农民、非政府组织（NGO）等社会组织与媒体的支撑。

中国农村人口占总人数的60%左右，而现在农村人口老龄化现象日益加重，甚至超过城镇地区。农村人口面临严重的养老风险，新农保制度实施势在必行。一项政策的有效实施和可持续发展，必须得到社会各阶层、各群体的理解和支持，新农保的出发点是改善农民的生活水平，使其老有所养。2009 年，出台《国务院关于开展新型农村社会养老保险试点的指导意见》，新农保开始试点。在推行过程中，势必会遇到种种困难，为了吸收老农保失败的经验教训，全社会各个方面都要大力支持新农保制度，以确保新农保制度的可持续发展。

二、农民的支持

新农保政策的实施归根到底是为了改善农民的生活水平，使广大农民群众能够像城镇职工一样也能享受养老金。新农保政策的制定必须考虑到广大农民群众的切身利益，只有站在农民群众的角度，听取农民的心声，从中获取农民最关心的问题，制定的政策才能真正满足农民需求，得到农民的支持，只有这样才能最终实现新农保的可持续发展。

由于广大农民群众受知识水平有限、文化素质较低等限制，对新农保政策了解甚少，了解的途径和了解的深度都不够，这在一定程度上加大了新农保推广的难度。所以，在新农保实施的初期，就应该做好准备，必须因地制宜地进行宣传，充分调动各方面的力量，使农民更全面地了解新农保政策，只有这样，才能提高其参保的积极性。

（一）当前农民对新农保的认知情况

1. 农民群众的参保缴费意识不强

（1）虽然随着农村经济的发展，大多数农民有经济能力缴纳新农保，但是由于对新农保制度了解程度不够，甚至怀疑是否能达到保障老年生活的目的，再加上受老农保的消极影响，一些农民持观望态度或者以较低的缴费标准参保。

（2）出于对个人账户基金保值增值的担心，一些农民不愿意把辛苦挣来的血汗钱缴纳养老保险。

（3）受传统观念的影响和生存环境的限制，农民更重视眼前利益，尤其是年轻人对长期性养老保险的兴趣和热情普遍很低，对新农保制度是否维持长期缴费意愿有很大不确定性，即使参保，中途退保的可能性也很大。

2. 农民群众对新农保的监督意识不够

目前，中国农民对新农保的监督意识不够，尤其是对基金管理的监管意识不够。究其原因在于，当前农民对新农保的监管流程等不甚了解，不知道如何做起或者如何进行监管，对新农保相关知识了解不够，所以没有发言权，最终只能听从政府相关部门的安排和指令。

（二）新农保获取农民群众认可和支持的途径

新农保制度是一项重大惠民政策，但在现实生活中，很多农民并不了解新农保，且有些农民对这一项新政策持有怀疑态度，如在参保后能否有保障，参保后是否真正得到实惠等。这就要求有关部门应大力加强宣传力度，消除农民的顾虑。除了采用传媒之外，还要设立专门的培训机构，对参保人员进行讲解和宣传，使年轻人以及农民工更加深入了解新农保的相关政策。

1. 加快农村经济的发展

相对于城镇地区，农村地区经济发展水平整体相对落后，政府应继续推行惠农措施，加快农村经济发展，提高农民收入，从而提高农民的参保缴费能力。

2. 通过宣传提高农民的参保意识

中国农民整体受教育层次比较低，小农思想比较普遍，一些中青年农民认为，养老问题离自己还很遥远，对参保关心程度低。首先，基层政府应该制定符合农村特点的宣传方式，使农民了解政策的优越性。具体可以通过发放宣传资料、召开村民大会、举办培训讲座等形式进行新农保知识的宣传。其次，提高新农保相关服务质量，通过已参保人群的亲身体验向广大农民充分展示新农保制度的优越性，提升农民的参保意愿。通过制度和管理机制带来的优越性吸引越来越多的农民自愿参保，逐步扩大新农保的覆盖范围。再次，充分发挥农村协管员、大学生村官、大学生志愿者等作用，采用农民易接受的方式宣传新农保知识，解答农民最担心、最关心的问题，使其正确认识新农保政策。当前，要特别注意向农民说清楚新农保的收益性、可靠性和规范性，让农民像了解银行储蓄存款利率那样明白缴纳养老保险费的预期收益。

3. 提高新农保信息的透明度，加强新农保信息查询、投诉等服务

建议政府定期对本地区新农保执行情况向农民公示，允许农民对本人在新农保制度中出现的问题进行咨询和投诉，并且政府应设立相关部门，专门解答农民参保过程中遇到的疑惑。

三、非政府组织等社会组织的支持

新农保制度是中国社会保险中的一项重要制度，对于中国农村地区的发展甚至全国的发展都有至关重要的作用。世界银行把任何民间组织，只要它的目的是援贫济困、维护穷人利益、保护环境、提供基本社会服务或促进社区发展的，都称为非政府组织（NGO）。随着社会的发展，非政府组织等社会组织在公共管理领域的作用日益显现。作为非政府组织可以以下几个方面支持中国的新农保事业：

1. 资金支持

虽然近几年农村经济取得一定程度的发展，但是与城镇地区相比，仍然较落后，受经济发展水平的制约，政府对新农保的投入毕竟有限，所以社会其他部门也应给予大力资金支持。国发〔2009〕32号文件也明确提出，“鼓励其他经济组织、社会公益组织、个人为参保人缴费提供资助”，“其他经济组织、社会公益组织、个人对参保人缴费的资助，全部记入个人账户。”另外，还可以通过宣传普及新农保知识、购置办公电脑等促进办公系统信息化建设、改善办公设备等方式来支持新农保事业的发展。

2. 人员支持

虽然新农保试点工作取得一定的成绩，农民参保积极性提高，但是还有相当数量的农民对新农保的基本知识不了解，只是响应国家政策或者从众心理参保，遇到损害自己利益的问题不知如何解决。目前，中国农村养老保险的经办机构人员配备严重不足，经办方式落后，新农保试点和推广速度较快，专业的经办人员不能满足服务需求，这就需要各界组织提供援助，以加快中国新农保的发展速度和提高服务质量。对此，非政府组织可以提供人员支持，具体可通过培养专门的人员服务于农村基层新农保事业，或者以志愿者身份对农民进行新农保知识的普及宣传等方式来实现。

3. 监督政府部门的实施情况

政府部门主要负责新农保的政策建设、组织结构建设和基金管理等，目前各项体系仍然不完善，政府官员滥用职权、不作为的现象频繁发生，需要外界包括非政府组织发挥社会监督的作用，加强对政府部门的有效监督，实现新农保制度的正常运行。

四、媒体的支持

现代社会，媒体发挥的作用越来越大，老百姓对媒体的信任度也与日俱增。中国新农保制度仍然在探索进步阶段，政府各项管理体系尚不完善，需要媒体广泛发挥其优势作用。

1. 通过媒体加大对新农保的宣传力度

可以通过新闻媒体、报纸杂志等，介绍新农保的相关知识，营造良好的氛围，使农民加强对新农保的了解，提高参保的热情和积极性。国发〔2009〕32号文件也明确指出，“要加强舆论宣传，采取通俗易懂的形式，大力宣传开展新农保试点的重要意义、基本原则和各项政策给农民带来的实惠，使广大农民群众听得懂、能理解、好接受，自愿踊跃参加新农保”。

2. 通过媒体加强对新农保实施过程的监督

目前中国农村养老保险机构建设不完善，缺乏相应的监督约束机制，基金管理不透明，媒体可以通过跟踪报道、采访参保农民或者经办机构等形式了解更多的信息，加强对政策实施过程的监督，通过公开、公正、公平的形式让大家了解新农保实施的过程，实现透明化服务。

第十章

新型农村养老保险制度的发展趋势

当前，中国社会养老保险制度存在“碎片化”的现象，社会养老保险制度分人群设立，并存在较大的差异。随着城镇化和工业化的不断推进，建立统筹城乡、覆盖城乡居民的社会养老保险体系是养老保险制度改革的重要目标。2012年7月1日，随着新农保和城镇居民社会养老保险制度的全面推开，中国设计的社会养老保险体系基本覆盖了城乡所有的人群。未来，应合理安排新农保与老农保、城镇职工基本养老保险、城镇居民社会养老保险以及农村其他社会保障政策制度的衔接，不断提高新农保的统筹层次，在农村建立一个多支柱的养老保障体系，最终的发展趋势是建立城乡统一的社会养老保险制度。

第一节　实现新农保制度与相关政策制度的衔接①

新农保制度与相关政策制度的衔接主要包括三个方面：一是新农保制度与老农保制度的衔接；二是新农保制度与城镇基本养老保险制度的衔接；三是新农保制度与农村其他养老保障政策制度的衔接，主要包括新农保与被征地农民社会保障、水库移民后期扶持政策、农村计划生育家庭奖励扶助政策、农村五保供养、社会优抚、农村最低生活保障制度等政策制度的衔接。根据政府已经出台的相关政策文件，

① 本节的部分内容参考了本项目的阶段性研究成果，详见王翠琴、薛惠元：《新型农村社会养老保险与相关制度衔接问题初探》，载《经济体制改革》2011年第4期，第81~85页。

加之课题组自身的研究，本节将设计以下新农保与其他相关政策制度的衔接方案。

一、新农保制度与老农保制度的衔接

从某种程度上说，老农保制度存在的问题推动了新农保制度的建立和完善。老农保制度毕竟实行了多年，部分地区还积累了一定数额的养老基金。在新农保制度试点和推广的过程中，应该在妥善处理老农保基金债权问题的基础上，做好与新农保制度的衔接工作。

（一）新农保制度与老农保制度的差异

新农保制度是在老农保的基础上建立和完善的。与老农保相比，新农保制度有其自身的特点，如采用三方付费的资金筹集方式、实行“基础养老金＋个人账户养老金”的待遇模式、政府加大了对新农保的扶持和补助力度等。新农保制度解决了老农保制度的部分问题，它相对减轻了农民的缴费负担，提高了农民参保的积极性，增加了参保人数，提高了农民的养老金待遇水平，在制度设计上与老农保相比具有更大的优越性。

新农保制度与老农保制度最大的不同体现在其资金筹集方式和养老金发放方式的不同。老农保实行“完全个人储蓄”的筹资方式，个人缴纳的养老保障费形成“个人账户”，新农保制度实行“个人缴费＋集体补助＋政府补贴”的基金筹集方式，“个人缴费，集体补助及其他经济组织、社会公益组织、个人对参保人缴费的资助，地方政府对参保人的缴费补贴，全部记入个人账户”；基础养老金部分全部来源于中央政府和地方政府的财政补助。这种资金筹集方式在充分明确个人养老责任的基础上，注重发挥集体和政府的养老责任。

资金筹集方式不同，决定了其养老金发放方式的不同。在老农保制度下，农民能够获得的养老金都是从“个人账户”中按月提取；而新农保制度实行“基础养老金和个人账户相结合”的养老金发放办法，既有“个人账户”资金，又有普惠性质的“基础养老金”。

（二）新农保制度与老农保制度的衔接

《国务院关于开展新型农村社会养老保险试点的指导意见》（国发〔2009〕32号）对新农保与老农保的制度衔接做出了详细规定，具体如下：“原来已开展老农保的地区，要在妥善处理老农保基金债权问题的基础上，做好与新农保制度衔接。在新农保试点地区，凡已参加了老农保、年满60周岁且已领取老农保养老金的参保人，可直接享受新农保基础养老金；对已参加老农保、未满 60 周岁且没有领取养老金的参保人，应将老农保个人账户资金并入新农保个人账户，按新农保的缴费标准继续缴费，待符合规定条件时享受相应待遇。”

但从各地新农保试点地区来看，新农保与老农保的制度衔接至少还存在以下问题：

1. 新农保规定开始领取养老金的年龄为 60 周岁（男女同龄），而部分地区的老农保开始领取养老金的年龄却不是男女均为 60 周岁，有的地区为男 60 周岁、女 55 岁周岁，还有的地区为男 60 周岁、女 50 周岁。

2. 老农保的参保人群复杂，有学生、乡镇企业职工、村干部、民办教师、乡村医生等，部分老农保参保对象因老农保领取待遇高于转入新农保后的领取待遇，且老农保预订利率较高，不愿转入新农保。

3. 老农保中的城镇居民目前也没有相应的衔接办法。

4. 老农保缴费年限能否视为新农保缴费年限，也成为制度并轨中需要研究的一个问题。

针对以上问题，课题组对新农保与老农保的制度衔接问题提出以下建议：

1. 年满 60 周岁且已领取老农保养老金的人员，继续按原标准领取养老金，并同时享受新农保基础养老金；对已参加老农保，未满 60 周岁且已经开始领取养老金的参保人，继续按原标准领取养老金，待其年满 60 周岁时再开始享受基础养老金；对已参加老农保，未满 60 周岁且未开始领取养老金的参保人员，将老农保个人账户并入新农保个人账户，按新农保的缴费标准继续缴费，待符合规定条件享受相应待遇。具体如图 10 - 1 所示。

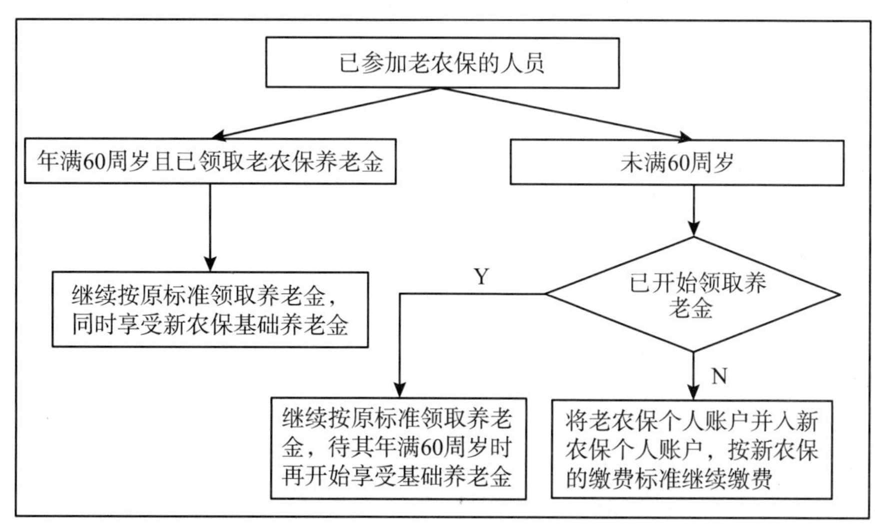

图 10 - 1　新农保与老农保的制度衔接流程

2. 老农保中纯农民、村干部、民办教师、乡村医生，应将其老农保个人账户转入新农保个人账户，对于转制中的损失，由地方政府（一般是县级政府）给予适当补贴。制度接续后，按现行新农保的缴费档次自主选择缴费。对于老农保中的学生，不属于新农保的参保对象，可以暂时将其老农保个人账户封存，待其毕业后，符合新农保参保条件的转入新农保，符合城镇职工基本养老保险的转入城镇职工基本养老保险；愿意退保的，退还个人缴费（含集体补助）金额及国家规定的同期中国人民银行公布的一年期银行存款利率计算的利息。

3. 老农保中的城镇居民因具有城镇户口，不属于新农保的参保对象，建议将其并入城镇居民社会养老保险，新农保和城镇居民社会养老保险合并实施的地区，直接并入城乡居民社会养老保险即可。

4. 关于老农保的缴费年限能否视同新农保的缴费年限问题，课题组认为，为了体现国家政策的连续性、政府的公信力和让政府取信于民，建议老农保的缴费年限视同新农保的缴费年限。

二、新农保制度与城镇基本养老保险制度的衔接

（一）新农保制度与城镇居民社会养老保险制度的衔接

根据《国务院关于开展城镇居民社会养老保险试点的指导意见》（国发〔2011〕18号），城镇居民社会养老保险制度主要是针对“年满16周岁（不含在校学生）、不符合职工基本养老保险参保条件的城镇非从业居民”。比较城镇居民社会养老保险与新农保，发现二者在制度设计上基本是相同的，如都实行“基础养老金+个人账户”的制度模式，政府都进行补贴且补贴方式和补贴标准都相同，养老金的计发办法、基础养老金标准、待遇调整办法相同等。但二者也有一些细微的差别，具体包括：（1）个人缴费标准不完全相同。新农保的缴费标准目前设为每年100~500元五个档次，城镇居民社会养老保险目前设为每年100~1 000元十个档次。当然，对于这两个保险，地方人民政府都可以根据实际情况增设的缴费档次。（2）缴费档次的调整不完全相同。新农保依据“农村居民人均纯收入增长等情况”来调整，城镇居民社会养老保险“依据经济发展和城镇居民人均可支配收入增长等情况”来调整。（3）新农保有集体补助，城镇居民社会养老保险没有集体补助。（4）新农保规定了“捆绑式缴费”，城镇居民社会养老保险没有相关的规定，只提到“引导城镇居民养老保险待遇领取人员的子女按规定参保缴费，具体办法由省（区、市）人民政府规定”。

由于新农保与城镇居民社会养老保险的制度设计基本相同，二者之间的衔接

没有任何问题，即居民在新农保与城镇居民社会养老保险之间转换时，只需要转移个人账户基金和养老保险关系即可，转移的方式类似于新农保的跨统筹地区转移。

另外，国发〔2011〕18号文件也明确提出，“有条件的地方，城镇居民养老保险应与新农保合并实施。其他地方应积极创造条件将两项制度合并实施。”2014年2月21日国务院出台的《关于建立统一的城乡居民基本养老保险制度的意见》（国发〔2014〕8号），为合并实施新农保和城居保制度提供了政策依据。截至2013年年底，全国已有北京、天津、重庆、浙江、江苏、广东、山东、福建、湖北、河南、河北、安徽、内蒙古、甘肃、宁夏等15个省份合并实施了新农保和城镇居民社会养老保险制度。为了节约经办资源、提高经办效率，建议尚未合并实施的地区应尽快实现新农保与城镇居民社会养老保险的合并实施，不用等到“十二五”末，在2014年就在全国范围内全面实现新农保和城镇居民社会养老保险两项制度的合并实施。

（二）新农保制度与城镇职工基本养老保险制度的衔接

《国务院关于完善企业职工基本养老保险制度的决定》（国发〔2005〕38号）中规定：“城镇各类企业职工、个体工商户和灵活就业人员都要参加企业职工基本养老保险。当前及今后一个时期，要以非公有制企业、城镇个体工商户和灵活就业人员参保工作为重点，扩大基本养老保险覆盖范围。”这说明城镇职工基本养老保险制度是为了维护职工的合法权益，保障其老年生活而建立的，所有企业及其职工（含个体工商户和灵活就业人员）都必须参加城镇职工基本养老保险。

由于农民工的存在，使得新农保与城镇职工基本养老保险的制度衔接问题显得非常迫切。由于农民工具有双重身份（农村户籍、在城市务工），从理论上来说，他既可以参加城镇职工基本养老保险，又可以参加新农保。但从目前的实际情况来看，农民工是进退两难。新农保试点的地区，均把未参保的农民工纳入新农保参保范围，但如果他们参加新农保之后想转换成城镇职工基本养老保险，两者之间的衔接缺乏专门的办法，给他们参加新农保造成了一定的顾虑。另外，对于那些在务工地参加城镇职工基本养老保险的返乡农民工来说，城镇职工基本养老保险关系如何与新农保制度接续，也缺乏具体的操作方法。因此，研究并尽快出台新农保与城镇职工基本养老保险的制度衔接办法已经非常迫切①。

① 2014年2月24日，人力资源和社会保障部、财政部印发了《城乡养老保险制度衔接暂行办法》（人社部发〔2014〕17号），并于2014年7月1日起正式实施。由于课题组撰写这部分内容的时间为2011年（相关观点发表在《经济体制改革》2011年第4期），彼时《城乡养老保险制度衔接暂行办法》尚未出台，从某种程度上说，课题组的研究为《城乡养老保险制度衔接暂行办法》的出台提供了借鉴。这是一段研究历史，因此，该部分不再根据最新的《城乡养老保险制度衔接暂行办法》做出修改。

有人说，2010年人保部会同财政部发布的《城镇企业职工基本养老保险关系转移接续暂行办法》可否直接作为新农保和城镇职工基本养老保险制度衔接的依据呢？答案是否定的。因为该办法规定的是参保人员在跨地区流动时，其养老保险关系如何在城镇职工基本养老保险与城镇职工基本养老保险之间转移接续的问题。说白了，它规定的是城镇职工基本养老保险与城镇职工基本养老保险的衔接问题。因此，它不能直接用于新农保与城镇职工基本养老保险的制度衔接。

中国新农保制度采取的是“基础养老金+个人账户”的模式，其初衷是为了便于和统账结合的城镇职工基本养老保险制度相衔接。从理论上来说，新农保与城镇职工基本养老保险制度进行衔接和转换应该是个人账户转入个人账户，基础养老金转入社会统筹账户（或社会统筹基金转入基础养老金）。先来看政府补贴的基础养老金与社会统筹账户的衔接，新农保政府补贴的基础养老金只有在参保人达到60岁后才会兑现，是一个未来的承诺；城镇职工基本养老保险中的社会统筹账户是一个权利与义务相对应的现实账户，参保人未达到60岁也可以转移（如参保人跨省流动，可以转移统筹账户原缴费工资基数的12%）。这样，会造成由城镇职工基本养老保险社会统筹账户转入新农保基础养老金容易，由新农保基础养老金转入城镇职工基本养老保险社会统筹账户难，甚至基本不可能转移。因此，为了实现社会保险各制度之间的独立性、公平性以及可持续性，建议新农保与城镇职工基本养老保险制度衔接时，新农保基础养老金与城镇职工基本养老保险社会统筹账户之间不衔接和转换，只在个人账户之间进行衔接和转换。

另外，由于新农保的个人缴费标准相对于城镇职工基本养老保险来说，标准过低，因此，在新农保个人账户转入城镇职工基本养老保险个人账户时，应当折算缴费年限，即新农保的缴费年限不可视同城镇职工基本养老保险的缴费年限；而城镇职工基本养老保险个人账户转入新农保个人账户时，无须折算缴费年限，即城镇职工基本养老保险的缴费年限可以视同新农保的缴费年限。新农保与城镇职工基本养老保险之间的衔接和转换如图10-2所示。

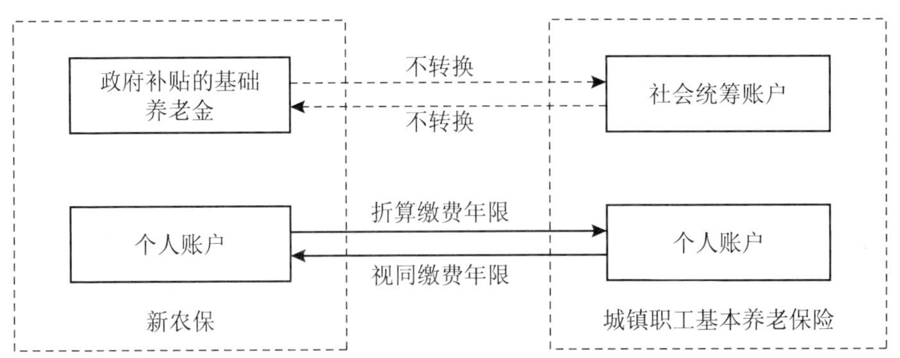

图10-2　新农保与城镇职工基本养老保险制度的衔接和转换

根据以上分析的基本思路，同时借鉴北京市、广州市、宜都市等地区的实际做法，建议新农保与城镇职工基本养老保险制度衔接的具体办法为：

1. 参加新农保的人员因转为城镇居民或进入企业务工需转为城镇职工基本养老保险的，其新农保个人账户积累额全部转入城镇职工基本养老保险基金，按规定建立城镇职工基本养老保险个人账户，并折算新农保的缴费年限。折算办法为：参保人每年缴纳的新型农村社会养老保险费，按照转入地相应年度城镇职工基本养老保险的最低缴费基数和缴费比例折算为城镇职工基本养老保险的缴费年限。

2. 农民务工、经商等原因参加城镇职工基本养老保险，达到退休年龄时不符合按月领取条件的农民工，可将其城镇职工基本养老保险的个人账户储存额转入新农保基金账户并建立新农保个人账户，城镇职工基本养老保险的缴费年限视同新农保的缴费年限，按新农保的有关规定计发养老金。

3. 参保人在不同时段分别参加新农保和城镇职工基本养老保险，其养老保险关系及待遇可以按如下办法处理：

（1）参保人不能同时享受新农保和城镇职工基本养老保险两种养老保险待遇，只能享受其中一种，并且优先考虑城镇职工基本养老保险。

（2）参保人退休时，达到按月领取城镇职工基本养老保险养老金条件的，可将其新农保个人账户储存额转入城镇职工基本养老保险个人账户，新农保缴费年限折算后，按城镇职工基本养老保险的待遇计发办法计发养老金。

（3）参保人退休时，未达到按月领取城镇职工基本养老保险养老金条件的，可将其城镇职工基本养老保险的个人账户储存额转入新农保个人账户，缴费年限合并计算，按新农保的有关规定计发养老金。

三、新农保制度与农村其他养老保障政策制度的衔接

新农保与农村其他养老保障政策制度的衔接，主要包括新农保与被征地农民社会保障、水库移民后期扶持政策、农村计划生育家庭奖励扶助政策、农村五保供养、社会优抚、农村最低生活保障制度等政策制度的衔接，限于篇幅，这里仅探讨新农保与被征地农民社会保障、农村计划生育家庭奖励扶助政策、农村最低生活保障制度的衔接，同时还探讨商业养老保险与新农保的补充作用。

（一）新农保制度与被征地农民社会保障制度的衔接

在中国，传统的养老方式主要包括家庭养老、土地养老，被征地农民失去了大部分或全部土地，这意味着保障其老年生活的一部分资源减少，同时，随着家

庭规模的小型化，家庭的养老功能不断弱化，这客观上对老年人的养老保障提出了挑战。被征地农民相当于农村中的弱势群体，政府应当注重其养老保障问题，使其“老有所养”。为此，2006年，政府出台的《国务院办公厅转发劳动保障部关于做好被征地农民就业培训和社会保障工作指导意见的通知》（国办发〔2006〕29号）中规定“凡已经建立农村社会养老保险制度的地区，要按有关规定将其纳入相应的保障范围”。随着新农保的试点和推广，正确处理好新农保制度和被征地农民社会保障制度之间的转移和接续问题具有重要的现实意义。

这里新农保与被征地农民社会保障的衔接，主要指的是新农保与被征地农民养老保障的衔接。目前，中国各地被征地农民的养老保障情况各异，有的将被征地农民纳入职保，有的纳入新农保，有的建立单独的被征地农民社会养老保险、被征地农民基本生活保障制度，还有些被征地农民没有参加任何形式的养老保障。

被征地农民养老保障制度的“碎片化”会带来管理上的混乱，将被征地农民统一纳入新农保具有诸多优越性。第一，有利于被征地农民充分分享中央财政补贴政策。新农保最低标准的基础养老金（每人每月55元）中西部地区中央财政全额负担，东部地区中央财政负担50%。若被征地农民参加新农保，可以充分享受到这一优惠政策，也有利于征地工作的顺利开展和保持地方财政的可持续性。第二，有利于解决筹资难题，控制财政风险。与各地探索的被征地农民社会养老保险以及职保相比，新农保虽然待遇水平低，但与被征地农民的缴费能力相适应，有利于解决个人无力缴费的问题。同时新农保财政补助的数额也不太高（缴费补贴为每人每年30元），这也有利于控制财政风险。第三，有利于扩大覆盖面，实现被征地农民应保尽保。由于新农保的门槛低、国家财政有补贴，可以较容易吸引广大的被征地农民参加到该制度中来，有利于扩大覆盖面，实现被征地农民的应保尽保。

鉴于此，课题组对新农保与被征地农民养老保障制度衔接的具体政策建议为：

1. 按照分类指导、不重不漏的原则，整合现有的被征地农民养老保障制度

（1）对于被企业招用、已参加企业职工基本养老保险的被征地农民，继续参加企业职工基本养老保险。与企业解除劳动关系后，可以灵活就业人员的身份继续参保缴费，也可将其养老保险关系及个人账户积累额转入新农保，按照新农保的规定参保缴费，达到领取年龄后按新农保的有关规定计发养老待遇。但二者只能选择其一，不可重复参保。

（2）对于有一定经济承受能力、已参加城镇灵活就业人员养老保险的被征地农民，可以继续参加城镇灵活就业人员养老保险，也可将其养老保险关系及个人账户积累额转入新农保，按照新农保的规定继续参保缴费，达到领取年龄后按新农保的有关规定计发养老待遇。但二者只能选择其一，不可重复参保。

（3）对于已参加被征地农民社会养老保险的，要将已实行的被征地农民社会养老保险制度并入新农保制度，将参加原制度的参保人个人账户、缴费年限合并计算（参加原制度的缴费年限视同新农保的缴费年限），按照新农保的有关规定计发待遇。被征地农民社会养老保险制度不再接受新的参保人。年满 60 周岁且已开始领取被征地农民社会养老保险金的，继续按原标准领取养老金，并同时享受新农保基础养老金；未满 60 周岁且已开始领取被征地农民社会养老保险金的，继续按原标准领取养老金，待其年满 60 周岁时再开始享受新农保基础养老金。

（4）对于已享受被征地农民基本生活保障的，在被征地农民参加新农保后，按照新农保的规定享受基础养老金，不再享受基本生活保障费待遇。

（5）对于未参加任何社会养老保险的被征地农民，应全部纳入新农保（见图 10－3）。

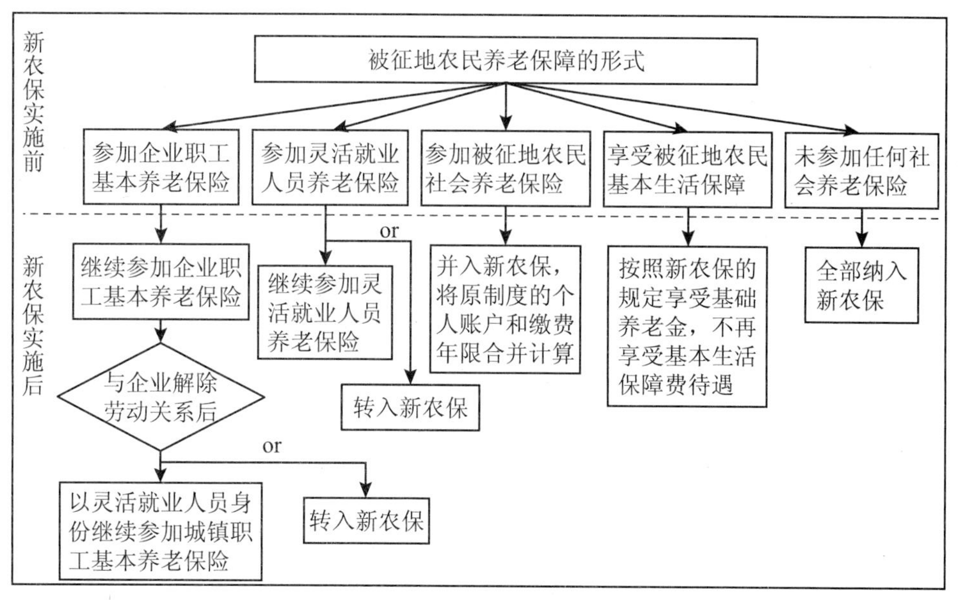

图 10－3　被征地农民养老保障制度的整合及与新农保的衔接

2. 完善新农保政策，提高被征地农民养老待遇水平

（1）设定个人最低缴费标准（>100 元/人·年）。对于老被征地农民，从省、市人民政府规定的安置补助费和被征地农户的土地补偿费中支取，有困难的允许采取银行贷款、政府贴息、部分养老金偿还等方式解决；对于新被征地农民，按照“先保后征”的原则，从征地时用地单位一次性计提的养老保险资金中支付。个人最低缴费标准由各地级以上市和县级人民政府根据本地实际制定。被征地农民选择的个人缴费标准高于当地政府确定的最低缴费标准的，高出部分的费用由个人负担。

（2）增加政府缴费补贴。被征地农民除享受每人每年30元的缴费补贴外，还可以增加缴费补贴，具体标准由各地级以上市和县级人民政府根据本地实际制定。

（3）加发基础养老金。被征地农民除享受中央基础养老金（每人每月55元）外，地方政府对被征地农民加发地方基础养老金，其标准为当地城镇居民最低生活标准减中央基础养老金。被征地农民的最低缴费标准和基础养老金标准，由省级人民政府根据经济社会发展水平、物价水平等方面情况适时进行调整。

（二）新农保制度与农村计划生育家庭养老保险政策的衔接

农村计划生育家庭是中国推行计划生育政策的产物。计划生育户对于缓解中国人口增长的进程作出了重要的贡献。但是，计划生育政策的实行，导致农村家庭结构小型化和农村家庭养老功能的弱化。为全面落实计划生育政策，消除农村计划生育家庭未来面临的养老之忧，政府对农村计划生育家庭实行了奖励扶助政策和特别扶助政策，并鼓励农村独生子女和双女父母参加商业保险公司经营的养老保险或养老储蓄。在新农保制度开始试点推行之后，迫切需要解决新农保与农村计划生育家庭养老保险政策的衔接问题。

为了解决此问题，2009年年底，国家计生委、人保部、财政部联合发布了《关于做好新型农村社会养老保险制度与人口和计划生育政策衔接的通知》（国人口发〔2009〕101号），对新农保与人口和计划生育政策的衔接问题做出了规定，具体可归纳为以下几点：（1）及时推动将农村计划生育家庭养老保险融入新农保之中。各地新农保试点开始后，原则上不再继续鼓励农村独生子女和双女父母参加商业保险公司经营的养老保险或养老储蓄。（2）积极研究制定鼓励支持农村独生子女和双女父母参加新农保的政策措施。有条件的试点地区要研究制定鼓励农村独生子女和双女父母，特别是支持死亡伤残独生子女的父母、计划生育手术并发症人员等特殊困难群体参加新农保的具体政策措施；引导有条件的农村集体经济组织对独生子女和双女父母参加新农保给予适当补助。（3）切实做好新农保制度与农村部分计划生育家庭奖励扶助制度的衔接。在新农保试点过程中，农村部分计划生育家庭奖励扶助制度以及计划生育家庭特别扶助制度的奖励扶助金、特别扶助金，不能抵顶农村独生子女和双女父母参加新农保的政府补贴。

由于国家政策对此已做出了相关规定，这里仅对农村计划生育家庭参加新农保的具体鼓励政策措施做出探讨。

1. 农村计划生育家庭参加新农保的鼓励政策的类型

从各地试点情况来看，政府对农村独生子女和双女父母参加新农保的鼓励政策可以分为“补入口”、“补出口”和“两头补”三种类型。

采取“补入口”的，如安徽省当涂县，其具体做法为对农村独生子女和双女父母，在统一缴费补贴标准的基础上，每人每年再补贴20元；独生子女死亡或伤残（三级以上）后未再生育的夫妻（女方年满49周岁）以及节育手术并发症人员（三等以上），按照每人每年400元标准为其代缴养老保险费。采取“补出口”的，如湖北省团风县，其具体做法为对独生子女伤残或死亡、计划生育手术并发症家庭的夫妻，每人每月加发基础养老金50元；对独女户家庭的夫妻，每人每月加发40元；对“双女绝育户”家庭的夫妻，每人每月加发20元；对独子户家庭的夫妻，每人每月加发10元。采取“两头补”的，如福建省莆田市荔城区，其具体做法为对参加新农保的45～59周岁农村独生子女和双女父母，在统一缴费补贴标准的基础上，省财政再增加20元补贴。农村计生对象中独生子女死亡或伤残、手术并发症人员，区政府为其代缴每人每年100元最低标准养老保险费；生育双女或一个子女的农村60周岁以上计生对象，在原有标准上，每人每月加发养老金25元；独生子女死亡或伤残的60周岁以上计生对象，在原有标准上，每人每月加发养老金100元。具体如表10－1所示。

表10－1　典型试点地区农村计划生育家庭参加新农保的鼓励政策

类别	当涂县（补入口）	团风县（补出口）	荔城区（两头补）
独生子女伤残或死亡家庭的夫妻	代缴养老保险费（伤残须为三级以上）：400元/人·年	加发基础养老金：50元/人·月	代缴养老保险费：100元/人·年；加发基础养老金：100元/人·月
计划生育手术并发症人员	代缴养老保险费（须为三级以上）：400元/人·年	夫妻均加发基础养老金：50元/人·月	代缴养老保险费：100元/人·年；加发基础养老金：25元/人·月
独女户家庭的夫妻	增加缴费补贴：20元/人·年	加发基础养老金：40元/人·月	增加缴费补贴：20元/人·年；加发基础养老金：25元/人·月
“两女绝育户”家庭的夫妻	增加缴费补贴：20元/人·年	加发基础养老金：20元/人·月	增加缴费补贴：20元/人·年；加发基础养老金：25元/人·月
独子户家庭的夫妻	增加缴费补贴：20元/人·年	加发基础养老金：10元/人·月	增加缴费补贴：20元/人·年；加发基础养老金：25元/人·月

资料来源：根据当涂县、团风县、莆田市荔枝区新农保的政策文件整理。

2. 对农村计划生育家庭参加新农保的鼓励政策的建议

（1）关于补贴方式的选择。"补入口"、"补出口"和"两头补"各有优缺点，如"补入口"由于当期兑现政府补贴，激励性更强一些，但已经年满60岁的农村独生子女和双女父母无法享受到这一优惠政策；"补出口"可以保证所有农村独生子女和双女父母均享受到这一优惠政策，但由于未来兑现政府补贴，对年轻人、中年人的激励性可能弱一些；"两头补"可以解决可以克服"补入口"和"补出口"的缺点，但操作较为繁琐，同时由于补助力度大，可能会给地方财政带来一定的压力。也就是说，这三种方式无所谓孰优孰劣。至于试点地区选择哪种方式，必须根据自己的实际情况来确定。以湖北省为例，截止到2010年11月底，在首批13个新农保试点县中，有10个出台了新农保与人口和计划生育政策衔接的方案，但有9个（赤壁市、西塞山区、梁子湖区、团风县、南漳县、曾都区、宜都市、来凤县、竹溪县）采取的是"补出口"的方式，仅有1个（钟祥市）采取了"两头补"的方式。

（2）关于补贴项目及标准的确定。补贴项目及标准的确定，需要进行精确的测算。这就需要各相关部门之间积极配合，相互沟通协调。具体说来，其基本流程是公安部门将农业人口数和户籍信息提供给人口计生部门，统计部门主动将人口数据交给人口计生部门参考，财政、劳动保障与人口计生部门共同对目标人群及所需资金进行了精确测算。当然，补贴项目及标准的确定必须考虑到当地人口、财政等实际情况。同样以湖北省为例，在10个出台了衔接方案的试点县中，从补贴项目来看，大都包括独生子女死亡或伤残夫妻、独女父母、双女父母、独子父母四类人员，少数还将计划生育手术并发症对象纳入其中，但宜都市、钟祥市根据本地双女户较多的实际，未将双女户家庭列入优惠范围；从补贴标准来看，采用定额方式的，加发基础养老金的数额在10～50元/人·年不等，采用比例方式的，加发基础养老金的比例为20%～50%不等。

（三）新农保制度与农村最低生活保障制度的衔接

农村最低生活保障制度，是指政府对家庭年人均纯收入低于当地最低生活保障标准的农村常住户口居民实行救助的制度。中国于2007年开始在全国全面建立农村低保制度。农村低保的保障对象是农村贫困家庭，新农保的保障对象是农村老年居民，二者都有缓解农村贫困的作用。可以说，新农保和农村低保制度都是为了保障农民的基本生活需求，二者该如何衔接呢？是相互替代，还是并行不悖？这是当前亟须解决的问题。

从性质上来看，新农保属于社会保险的范畴，其参保对象是全体符合一定年龄条件的农民（16岁以上且在校学生除外），具有一定的全民性和普惠性；农村低保属于社会救助的范畴，其对象仅是部分特殊困难群体，具有一定的选择性。由此可见，在这两项制度中，新农保应属于主体制度，农村低保应处于补充和保底的地位，或者说农民参加新农保制度是长久之计，而享受农村低保仅仅是临时权宜之计。

基于以上性质定位，我们对新农保制度与农村低保制度的衔接提出以下建议：

1. 对于处于参保年龄段的低保户，其参加新农保与领取农村低保可以并行。建立农村低保的初衷，就是为了保障家庭年人均纯收入低于当地最低生活保障标准的农村居民的生活，处于参保年龄段的低保户，参加了新农保后非但不能立马领取到养老金，而且还可能对其产生一定的经济负担，因此，其所应享受的农村低保待遇不能降低，或者说处于参保年龄段的低保户，其低保待遇不受参加新农保的影响。

2. 除重度残疾人外，地方政府和村集体应该考虑为农村低保户代缴部分或全部最低标准的养老保险费。国发〔2009〕32 号文件规定："对农村重度残疾人等缴费困难群体，地方政府为其代缴部分或全部最低标准的养老保险费。"但是从部分新农保试点地区来看，基本上把缴费困难群体限定为"农村重度残疾人"，这其实是对政策的一种误读，因为农村低保户即使领取了低保，其生活水平也仅仅维持在低保线上，若参加了新农保，每年还要缴纳一定数额的养老保险费，势必会降低其生活水平，因此，建议地方政府和村集体为农村低保户代缴部分或全部最低标准的养老保险费。

3. 对于部分或全部家庭成员达到领取新农保基本养老金或基础养老金条件的低保户，其领取到的养老金计入其家庭收入中，重新认定其低保资格和低保待遇标准。低保户中，若其部分或全部成员达到领取新农保基本养老金或基础养老金条件的，其领取的养老金视为家庭收入，经过重新计算其家庭人均纯收入后，若仍然低于当地最低生活保障标准的，可以继续领取低保，标准为当地最低生活保障标准减去重新计算后的家庭人均纯收入；若高于当地最低生活保障标准的，注销其低保资格，停止享受低保待遇①。

4. 建立农村低保与新农保信息互通机制。由于在养老金的领取阶段，新农保和农村低保不是叠加的关系，而是替代的关系，因此，应当要求政策的执行部

---

① 《关于做好新型农村和城镇居民社会养老保险制度与城乡居民最低生活保障农村五保供养优抚制度衔接工作的意见》（人社部发〔2012〕15 号）提出："在审批或复核低保、五保资格时，中央确定的基础养老金'十二五'时期暂不计入家庭收入，具体办法由地方人民政府确定。"我们认为，这仅仅是新农保试点初期的权宜之计，在"十二五"结束、实现新农保制度的人群全覆盖后，应该取消这一条规定，将"新农保基本养老金收入计入家庭收入"，在核发低保时予以扣除。

门——农保部分和民政部门在技术上做好识别，建立农村低保和新农保的信息互通机制。具体来说，可以对新农保和农村低保都实行身份证管理的办法，即新农保号、低保证号和身份证号是一致的，一人一号；同时加强管理信息系统和网络建设，使农保部门与民政部门管理信息系统数据共享。

实现新农保与被征地农民养老保障制度、农村计划生育家庭养老保险制度、农村最低生活保障制度的衔接与合并，是实现城乡养老保障制度统筹的重要步骤。但是，由于不同养老保障制度的覆盖人群不同、保障水平不同、管理方式不同，这就可能导致在衔接过程中出现一定的问题，因此，实现制度衔接过程中的公平性、适应流动性研究成为打破农村养老保险制度多元化，实现农村养老保险制度统一化的重要方面。关于制度衔接过程中的公平性问题，这里主要涉及两个方面：一是关于扩面，即将那些在制度改革范围内的人群纳入其中；二是确定合理、有激励作用的保障水平，以保证农村居民的参保积极性。关于制度衔接过程中的适应流动性问题，其本质目标是提高农村养老保险制度的统筹层次，以降低农村居民转变养老保险制度的成本。总之，在新农保与农村其他养老保障制度衔接过程中，应当将公平性、适应流动性贯穿于改革的整个阶段，这是实现农村养老保障制度的可持续发展的必然要求，也是实现城乡养老保险制度一体化的重要步骤。

（四）注重发挥商业养老保险对新农保的补充作用

在中国农村地区，商业养老保险制度为保证农村居民的养老保险需求，分担居民的养老风险发挥着不可或缺的作用。中国农村居民面临着各种养老风险，如年老后老年人的身体机能会不断下降，这可能会增加老年人的医疗压力；子女的教育、医疗和住房问题也可能会影响老年人的生活质量等。为了将这些养老风险降到最低，可以发挥商业养老保险制度的作用，做到新农保保基本，商业养老保险提高生活质量。

首先，商业养老保险制度能够在全社会范围内分担风险。商业养老保险遵循大多数法则，是将一部分拥有同种特征人群所缴纳的费用整合起来，形成“统筹基金”，当老年人的生活发生困难后，可以发挥“统筹基金”分散风险的作用，实现全体农村居民的互助共济。

其次，商业养老保险是新农保制度的有效补充，是维持其可持续发展的制度保证。一般而言，商业养老保险制度是根据被保险人的养老需求确立的，能够满足其所需的养老服务，保险金待遇发放标准相对较高。因此，大力发展农村商业养老保险，可以降低未来新农保制度不断调待的财政压力，是实现新农保制度可持续发展的必要条件。

综上所述，目前中国正处于新农保制度的推广阶段，应正确处理好新农保制度与老农保制度的转接问题，尽量减少制度转型所带来的各种问题。此外，目前中国养老保险制度存在“碎片化”的现象，长此以往，不利于中国城乡统筹的养老保险体系的建立。为此，需要首先实现新农保制度与城镇居民社会养老保险制度的合并实施，然后实现城乡居民社会养老保险与城镇职工基本养老保险的有效衔接。此外，为了提高新农保制度的运行效率，减少不同养老保障制度之间的摩擦，应当实现新农保制度与农村其他养老保障制度的衔接问题，为新农保制度的可持续发展提供一个平稳的运行环境。

第二节　提高新农保制度的统筹层次

统筹层次是指制度的统筹层级和范围，是一项制度社会化水平的重要表现形式。在同一个统筹层次的制度，应当实行统一的制度规划、统一的管理体制，将共有的资源进行分享，使该地区公众享受到同等的制度福利。

新农保制度的统筹层次，是指包括新农保缴费标准、养老金计发办法、基金使用和管理、管理体制等内容在内的整个新农保制度在一定范围内的统一设计和统一管理。具体来说，在同一统筹层次下的新农保制度应当考虑到以下几个方面：首先，应当制定相同的养老保险基金征缴标准；其次，由统一的养老保险基金管理机构负责基金投资和管理，实现基金的保值增值，并在该地域范围内实现基金的统筹使用，提高该地区农村居民对抗各种老年风险的能力；再次，按照统一的计发标准按时、足额发放养老金，以保障农村居民老年后的基本生活；最后，设立统一的养老保险行政管理机构，负责新农保的具体行政事务，以维持制度的正常运转。

一、提高新农保制度统筹层次的必要性

中国老农保制度的统筹层次偏低，制度的运行呈现“碎片化”的特征，引发了一系列的问题。为此，在新农保制度实行的过程中，应当吸取老农保制度运行的教训，提高其统筹层次，使新农保制度能够更好地发挥保障农村居民老年生活的作用，减少农村劳动力自由流动的障碍，为促进各地的经济发展提供良好的制度支撑。

（一）统筹层次过低制约农保制度的有效运转

中国老农保制度的统筹层次过低，主要集中在县、乡一级，这种统筹层次过低的农村养老保险制度，引发了一系列的问题。

1. 统筹层次过低，降低了养老保险基金分散养老风险的能力。保险的一个重要功能就是将具有相同风险的人群集合起来，利用共同筹集到的资金来应对其面临的风险，所筹集到的资金越雄厚，越有利于抵抗风险，越能充分发挥保险基金的保险功能。一般来说，统筹层次过低，保险机构能够集中的保险基金的基数就越小，从这种意义上来讲，养老金所发挥的分散养老风险的作用就越低，尤其是当受到金融风险和经济波动的影响后，养老保险基金是否雄厚会影响农民年老后能否得到保险机构先前所承诺的保障。

2. 过低的统筹层次增加了制度运行的成本。在工业化、城镇化和现代化进程不断加快的当今社会，农村居民为了追求更高层次的生活水平，享受更多现代化国家的福利，农村年轻的劳动力离开家乡，到生活水平相对较高的农村地区和城市就业。劳动关系的转变要求其养老保险关系的同步转变。若统筹层次过低，各地实行的养老保险“政策不一”，这意味着农村居民在融入一项新制度的过程中要经历更多的程序，消耗更多的制度资源，增加制度运行的成本，甚至会降低制度运行的效率。

3. 过低的统筹层次不利于实现养老保险制度的统一化管理。过低的统筹层次意味着各地养老保险制度的差距较大，各地所规定的养老保险缴费标准、基金的运营方式以及养老金的发放标准是存在一定差距的，这种过度“碎片化”的制度模式增加了制度实现全国统筹、实行统一管理的难度。

4. 过低的统筹层次不利于养老保险基金的安全。在老农保时代，大部分地区都实行的县级统筹，结余的养老基金由县级农保部门来管理，基金被挤占、挪用的现象时有发生；另外，由于县级层面基金管理人才的缺乏导致基金投资运营失误，多地出现违规投资，产生了大量的不良资产。根据原劳动和社会保障部2001年5月下发的《关于开展农村养老保险基金调查摸底的通知》，截至2000年年底，积累农保基金198.58亿元，其中存银行、买国债和财政管理占基金总额的80.1%，非银行金融机构存款等占11.3%，其他投资占8.6%；可正常收回本息的占基金总额的92.9%，收回本息有困难的占6.4%，已确定不能收回的占0.7%[①]。

正是由于统筹层次过低会带来较多的问题，国发〔2009〕32号文件提出：

① 卢海元：《新农保：一路走来》，载《中国社会保障》2009年第9期，第12~13页。

"试点阶段，新农保基金暂实行县级管理，随着试点扩大和推开，逐步提高管理层次；有条件的地方也可直接实行省级管理。"当前，部分省份（如新疆、河南等）已经直接实现了新农保的省级管理。

（二）提高新农保制度统筹层次的意义

1. 提高新农保制度的统筹层次，是保障农村居民老年生活的重要条件

新农保制度是在总结老农保的经验教训，克服老农保缺陷的基础上建立起来的。提高新农保制度的统筹层次，增强养老保险基金的统筹互济功能，是实现新农保制度可持续发展的前提。提高新农保制度的统筹层次，可以增强基金的统筹范围，提高了基金抵御老年风险的能力，进而有效地维护农村居民的养老保障权益。

2. 提高新农保制度的统筹层次，有利于调剂各地基金余缺，分摊各地基金风险

统筹层次的高低反映了养老保险基金社会化水平的高低。建立较高统筹层次的新农保制度能够在一定地域范围内实现基金的平衡，养老保险基金相对雄厚的地区，应当发挥基金的风险共济作用，向那些基金相对缺乏的地区提供一定的援助，使这些地区的老年居民能够享受到基本养老保障，维护其老年生活。通过各地养老保险基金的统筹使用，在一定程度上缩小了不同地区之间养老保险基金存储的差距，减少了有些地区养老保险基金收不抵支，有些地区的养老保险基金存在大量剩余的现象。这将有利于实现养老保险基金的最优化使用，缩小了地区之间的养老待遇水平，有利于维护社会公平。

3. 提高新农保制度的统筹层次，有利于促进农村劳动力的自由流动

中国新农保制度的统筹层次过低，新农保制度的运行呈现"碎片化"的现象，这在一定程度上阻碍了农村劳动力的自由流动。国务院虽然出台了关于新农保试点的指导意见，但各统筹地区均根据自己的实际情况制定了本统筹地区的新农保试点实施办法。这就导致各地新农保基金的征缴标准、发放办法和基金管理机制等存在较大的不同，这无疑会增大农村劳动力跨统筹地区流动、转移养老保险关系的难度，进而会阻碍劳动力在全省甚至全国范围内的自由流动，不利于实现劳动力资源的最优化配置。提高新农保制度的统筹层次，促进劳动力的自由流动，可以为经济发展提供充足的人力资源，进而促进经济的发展。

二、提高新农保制度统筹层次面临的困境

当前，新农保制度的统筹层次过低，影响了制度的可持续发展。逐步提高制

度的统筹层次是新农保制度改革的必然趋势。但是，由于长期形成的分割治理的现状，以及不尽合理的财政管理体制，增加了制度运行的成本，也增加了提高新农保制度统筹层次的难度。

（一）分割治理的实施现状阻碍制度统筹层次的提高

分割治理的农村社会养老保险制度是指，中央政府主张发挥地方政府在养老保险制度中的职能，主张其根据本地的经济状况和社会状况，实行符合本地经济和社会特征的、能够保障本地区农村居民养老保险权益的农村社会养老保险制度。在制度设计初期，提高了农民参保的积极性，对于扩大农村社会养老保险的覆盖面发挥了重要的作用。但是，这种分割治理理念以及过度分割的现状，严重阻碍了新农保制度统筹层次的提高。

在同一统筹层次内，新农保制度必须遵循统一的制度设计、统一的管理方式、统一的资金调配方法。分割治理的养老保险制度是针对各地的实际情况建立的，这就导致各地农村居民所缴纳养老保险费的标准、养老保险金的发放待遇，以及基金管理办法也不尽相同。提高统筹层次，就是将更多不同地域内分散管理的农村养老保险制度纳入统一的制度管理体系中去。统筹层次越低，将其纳入统一的农村养老保险制度中需要消耗的人力、物力和财力就越大，实行统一制度的难度和阻力也会增大。

（二）财政体制不尽合理影响养老保险基金统筹层次的提高

财政体制是政府为了保证各级政府履行其职能，完成规定的政治经济任务而制定的财政分配和管理体系，这是国家正确处理财政资金分配上的集权与分权问题的重要制度，是国家财政管理工作中必不可少的一项制度。

中国实行的分税制财政管理体制增加了提高新农保制度统筹层次的难度。这种财政管理体制是为了适应市场经济的顺利发展而确定的，它是根据财权和事权相一致的原则确立的。统筹层次的提高，意味着财权和事权关系的变化，这会使各级政府在负责养老保险事务中的事权和财权关系变得更加复杂，并且统筹层次提高到哪一级政府，哪一级政府就要承担养老保险基金收不抵支时的财政兜底责任，这在客观上增加了提高统筹层次的难度。

另外，自改革开放以来，中国逐步形成了“划分收支、分级包干”的财政管理体制，这种财政管理体制表现在管理养老保险制度上就是各地根据自身的财政实力，确定本地养老保险制度的征缴标准、发放标准和基金统筹范围。这种相对独立的财政支撑体系，不利于提高新农保制度的统筹层次。

（三）新农保制度的管理体制混乱

新农保制度是养老保险制度的一部分，应该将其纳入养老保险制度中去，具体事宜应当由社会保险经办机构进行管理。但是，目前，中国新农保制度的管理体制还比较混乱，有的地区新农保制度是由当地的保险公司代办，有的地区是将新农保制度看做一项独立的制度，由当地的农保机构进行分散管理。这也就是说，新农保制度的管理还缺乏一个比较权威的管理机构，统筹管理养老保险的具体事务。而提高统筹层次的过程就是对养老保险制度进行集中管理的过程。

三、提高新农保制度统筹层次的建议

提高新农保制度的统筹层次，既需要个人及时履行缴纳养老保险费的责任，也需要进一步改革中国的财政管理体系和新农保经办管理体制，在提高新农保基金管理层次的基础上，加强养老保险基金的管理和运营，为新农保制度统筹层次的提高提供经济支持。

（一）参保者责任的履行是提高新农保制度统筹层次的重要保证

根据权利与义务相对应的原则，农村居民享受一定的养老保险金待遇是与其养老保险的缴费标准紧密相连的。一般而言，所选择的养老保险金的缴费标准越高，当其年老后所获得的养老保险金的待遇水平也越高。

1. 明确个人账户在新农保制度统筹层次中的作用

中国新农保制度的缴费待遇是由两部分组成的，包括基础养老金和个人账户养老金。基础养老金是由中央确定的“最低标准基础养老金”（目前为55元/人·月）和地方政府根据本地经济发展情况确定的“地方基础养老金”构成的，个人账户是由个人缴费、集体补助、政府补贴组成。由此，我们可以看出，个人账户的积累情况在很大情况下决定了个人享受养老保险金的水平，决定了新农保制度分散风险、保障老年人养老权益作用的发挥。个人账户积累的资金越充足，所形成的养老基金的规模就越大，进而在实现省级统筹和全国统筹后政府所管理的资金数额就越多，这为基金的投资运营以及平衡各地的基金收支缺口奠定了基础。

2. 提高个人账户管理的弹性有利于实现新农保制度统筹层次的提高

提高新农保制度的统筹层次，实现省级统筹，进而实现全国统筹，就是将现在县市级为主的养老保险制度由省级甚至是国家统一的机构对其进行管理和监督，这就要求省级政府和中央政府重新确定一套与县市养老保险制度相衔接的统一的新农保制度，根据各地实际情况确定合适的养老保险金缴费标准、发放待遇以及对养老保险基金的管理和运营办法。在新旧制度转化的过程中，农村居民储存的个人账户基金和一部分社会统筹基金需要转入到新的制度中去，这就需要较为灵活的基金转移办法，既不损害农村居民的养老保险权益，又能将转制成本降到最低，实现公平和效率的双重目标。为此，可以以“金保工程”为契机，建立一个灵活的个人账户，这个具有弹性的个人账户可以根据农村居民的居住地以及身份的转变，实行不同的缴费方式和缴费标准，这大大减少了制度转化过程中的成本，减轻了提高新农保制度统筹层次的障碍因素。

（二）进一步优化财政管理体制

财政支持是新农保制度正常运行的重要经济支撑，合理的财政管理体制又是保证新农保制度顺利提高统筹层次的重要方面。因此，需要优化中国的财政管理体制。

首先，规范中央政府的财政转移机制。一方面，提高新农保制度的统筹层次必然会导致一定规模的养老保险基金的缺口，这部分缺口除了需要参保者和当地政府承担一部分之外，中央政府也应当发挥其财政职能，加大对这些地区的财政补贴，这是提高新农保制度统筹层次的重要财政支撑。另一方面，中国中央政府的财政实力毕竟是有限的，其给予地方政府的财政支撑应当是根据其当年的财政收入决定，不能违背“量入为出，收支平衡”的理念。为此，中央政府应当根据自身的经济实力，确定合理的转移支付范围和资金支付比例，以提高财政支出的科学性，实现中央财政资源的优化配置。

其次，继续推进各级政府财政责任分担机制。根据国发〔2009〕32号文件的相关规定，除了财政承担一定的基础养老金外，地方政府应当给予参保人缴费适当的补贴，对于那些选择较高档次缴费标准的参保人群，可以根据当地的实际情况增加对其的补贴。尤其是对于那些缴费困难群体，地方政府应当主动承担起代缴养老保险费的职责。也就是说，在新农保制度中，地方政府发挥着重要的财政作用。另外，是在提高统筹层次后，由于各地的养老保险制度缴费标准不同，其所积累的养老保险基金的数额也不同。为了填补制度转变过程中的资金缺口，需要地方政府发挥其财政作用，以保证制度的正常运转。

最后，正确划分好各级政府之间的事权。中央政府主要负责制定新农保政策和对新农保的基础养老金部分进行补贴；在实行新农保省级统筹的地区，省级政府主要负责制定本地区统一的新农保政策、承担财政补助责任和管理新农保基金。县级地方政府除了承担一定的财政补助责任外，主要负责新农保基金的征缴、资金上解、待遇核算、发放资金申请和具体发放事宜。每月省级或中央新农保经办机构，根据各县的养老金发放申请，将养老金下拨至各县的新农保基金支出户，由县级新农保经办机构负责发放到“退休”农民的个人账户中。这种相对独立的养老保险基金管理方法，反映了中央政府和地方政府的责任分担，地方政府主要负责养老保险基金的征缴、核算、发放等具体工作，省级或中央政府主要负责养老保险基金的统筹调剂。这既保证了新农保基金的安全，又可以在更高的层面上实现基金的统筹互济。

（三）建立统一的新农保管理体制

提高新农保制度的统筹层次，一个重要的方面就是提高新农保制度的管理层次，这就要求建立一个统一的新农保管理体制。

首先，尽快实现新农保制度的纵向管理和横向管理。所谓的纵向管理，就是新农保制度的垂直化管理方式。为了提高新农保制度的统筹层次，需要有一个等级相对较高的管理机构管理新农保的相关事宜。为此，就需要政府在全国范围内建立统一的管理机构，在政府政策的指导下，对新农保制度所需要的人员进行统一的编制，新农保基金的征缴、运营、管理和发放等由统一的机构进行管理和监督，这是建立健全统一的新农保管理体制的要求，是提高新农保制度统筹层次的重要途径。

所谓的横向管理，就是对新农保制度同一管理等级范围内不同行政部门之间进行协调和管理。合理高效率的横向管理方式，能够充分发挥各部门的资源优势，提高各部门工作的积极性。为此，在进行横向管理时，应当加强新农保相关行政管理部门之间的交流与合作，充分认识到各部门之间的资源优势，以期用较少的资源消耗获得较高的行政管理效率。另外，中国行政管理改革的一大难点是行政管理机构之间存在职能重复的现象，这对提高管理机构的效率是十分不利的。一方面，重复的管理职能意味着同一职能的发挥是以消耗双倍甚至是多倍的行政资源来实现的，造成了资源的浪费；另一方面，不同部门相同的管理职能增加了行政管理的程序，繁琐的行政管理程序会导致制度运行的低效率，影响行政管理工作的高效、顺利进行。

为此，在进行新农保试点的过程中，应当加强其不同行政管理部门之间的交流与合作，并尽量避免行政职责的重复，提高新农保制度运行的效率。建议各级人民政府和各级政府人力资源和社会保障部门负责新农保的领导工作，由各级政府的农保机构负责新农保的具体经办事宜，乡镇一级由劳动社会保障事务所经办新农保业务，并在各自然村设立新农保协理员，协助办理新农保相关业务。具体的管理体制如图 10－4 所示。

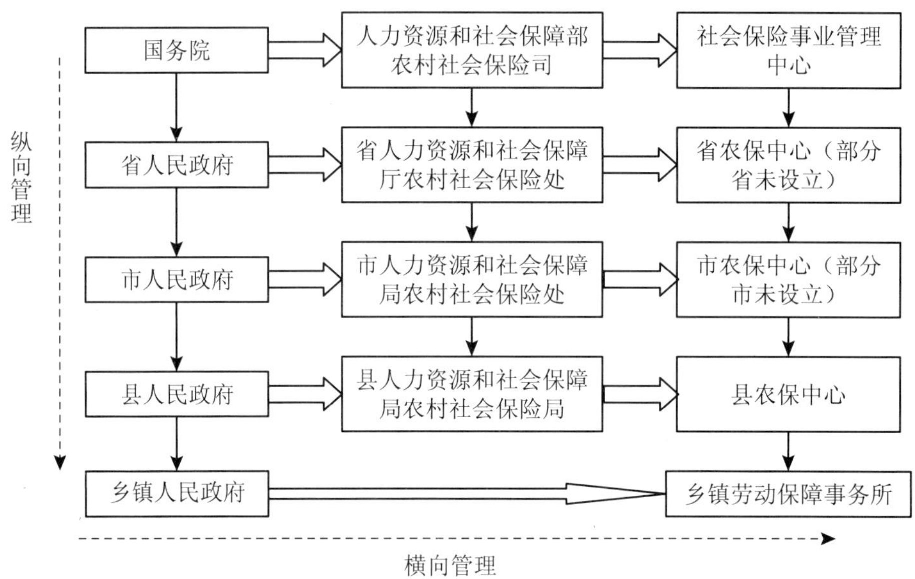

图 10-4　新农保制度的管理体制

其次，建立统一的新农保管理体制需要以一定的技术手段为支撑。在信息化、科技化高度发达的今天，技术是每一项管理体制正常运行必不可少的管理手段。近年来，为了实现社会保障事业的正常运行，提高制度运行的效率，中国政府积极使用各种现代化的管理手段，为制度的正常运转做出了重要的贡献。因此，可以利用“金保工程”这一技术手段，积极完善信息网络管理体系，加强新农保管理机构之间的沟通和交流，减少制度之间的摩擦，提高制度运行的效率。

“金保工程”是政府为了“在全国范围内建设一个统一规划、统筹建设、网络共用、信息共享、覆盖各项劳动和社会保障业务而建立的电子政务工程”[①]，它利用计算机网络处理新农保的相关事务，例如办理新农保参保登记、缴费、查询、发放等业务的操作平台，可以实现新农保参保数据的向上集中、服务向下延伸，可以随时对新农保基金进行监督和管理等。“金保工程”的推行，降低了全国、各省级单位、各县市级单位之间数据、信息交流的障碍，为新农保制度统筹层次的提高提供了技术上的支撑。当前，国家“金保工程”一期建设已经结束，正在进行二期建设。我们建议在提高统筹层次的过程中开发出全国统一的新农保信息管理系统，该系统与当前各地采用的旧的新农保信息管理系统应留有一定的接口，可以实现数据的转移和对接。

最后，建立专业的、统一的新农保基金监督和管理体制。养老金关系着农村

① 金保工程 . http://baike.baidu.com/view/46712.htm.

居民年老后的生活，养老金的安全与否关系着新农保制度的可持续性。建立专业的、统一的新农保基金监督和管理体制，是建立统一的新农保制度管理体制的重要组成部分。建立统一的养老保险基金管理机构，就要求由统一的机构管理养老保险金的征缴、运营、监督和发放等，在保证基金安全的前提下，提高养老金的投资效益，这就要求加强养老保险基金内部和外部监督体制的建立，避免养老保险基金被挤占、挪用，与此同时，提高新农保基金投资的专业化水平，适当加大新农保基金投资于资本市场的比例，提高基金的收益率。

为了实现新农保基金的投资运营，建议各省仿照全国社会保障基金理事会设立专门的理事会，负责养老保险基金的投资运营事宜；为了加强新农保基金的监管，建议各省成立专门的社会保障基金监督管理委员会，该委员会是一个独立的法人机构，由政府代表、企业代表、公众代表、专家学者等组织，不隶属于任何一个单位，只对社会公众负责。

总之，新农保制度管理体制的建立和完善关系着新农保制度运行的效率，关系着农村居民的养老保障权益的维护，关系着新农保制度的可持续发展。建立一个统一、合理、高效的新农保管理体制，是实践新农保制度的重要要求，也是必然趋势。

（四）提高新农保基金的管理能力

提高新农保制度的统筹层次，是为了提高农村居民在年老时抵御风险的能力，而养老保险基金是实现这一目标的物质基础。因此，提高新农保制度统筹层次的一个重要组成部分就是提高养老保险基金的统筹层次和管理层次，这就要求相关部门应当充分发挥各部门的资源优势，提高新农保基金的管理能力。

提高新农保基金的管理层次，一方面要求提高管理机构的层次，由省级机构和中央政府管理机构进行管理。但是，与此同时，应当注重协调不同等级管理机构的管理职能。省级政府和中央政府确定养老保险基金的相关管理政策，并对基金运营机构的行为进行监督和管理；县级和地级管理部门根据国家的相关政策负责基金的征缴、运营、监督和管理；并由具有专业知识的基金管理机构负责基金的投资和运营。

另一方面，提高基金的管理能力，就是对养老保险基金的筹集和发放、投资运营、监督等过程进行高效率的管理。

1. 加强养老保险基金的征缴和发放管理

根据国发〔2009〕32号文件的规定，养老保险基金主要是由三部分组成的：个人缴费、集体补助和地方政府补贴。为此，在管理的过程中，应当加强对地方政府、村集体和个人三方的管理。个人是养老保险金的直接受益人，根据权利和义务对等的原则，个人应当承担大部分的养老保险费缴纳责任。另外，村集体是重要的养老保险费缴纳主体。农村居民生活在一定的集体中，村集体有责任保证农村居民拥有一个健康和谐的老年生活。养老保险制度具有明显的正外部性，农村居民参加新农保制度，对于提高其所属村集体老年人生活质量有着重要的作用，是该村集体获得延续的重要保证。此外，国家也是重要的缴费主体。一方面，政府是三方缴纳主体中重要的一方，其承担着缴纳一部分养老保险费的职责。由于农村地区的经济发展水平有限，农村居民的收入有限，这在一定程度上就要求政府承担起对其的补贴责任。另一方面，在发放养老保险基金的过程中，国家不仅承担基础养老金，而且还承担财政兜底的责任。尤其是当发生通货膨胀等金融危机后，实际的养老保险基金是贬值的，这就要求政府从国家公共财政中提取出一部分资金作为养老金发放之用。此外，为了应对通货膨胀和各种不可知的风险，国家应当建立一定数量的养老储备基金，以备不时之需。

充足的养老保险基金是保证养老保险事业顺利开展的物质基础。加强对养老保险基金的征缴和发放管理，是发挥新农保制度保障农村居民养老保险权益的重要前提条件，是保证新农保制度可持续发展的重要基础。

2. 确定合理的投资运营手段

新农保制度基金的重要作用是通过农村居民在年轻时期缴纳一定的养老保险费，当其达到法定领取年龄后，从积累的养老保险基金中领取属于自己的那一部分资金，以保障其年老后的基本生活。从缴纳养老保险金到享受养老保险金这段时期，是一个漫长的时期。在这段时期内，可能会发生通货膨胀等风险，这就会影响到养老保险基金的购买力。为了应对这种风险，就需要选择合理的投资方法和管理手段，实现新农保基金的保值增值。

养老保险基金是农村居民年老后的"救命钱"，正是基于这样的理念，中国政府采用保守的投资原则，将绝大部分新农保基金存放在银行中。但是，这种投资方式难以跑赢 CPI，这就需要政府改善投资策略，在保证基金安全的前提下，提高新农保基金的投资收益率。

第一，可以采用市场化招标的方式选择投资效率较高的基金管理机构。高效的基金管理机构是实现基金保值增值的重要前提。专业的基金管理机构拥有专业的投资管理人才，深谙基金投资运营之道，熟知当前中国的投资环境，能够对投资做出一个较为客观、准确的选择和评价。

第二，可以采用信托型的管理模式。管理模式是保证管理正常、高效运行的重要条件。信托型的管理模式是将基金托管人职能向外委托，对外委托基金托管人是保证资产独立性的最重要的制度安排。[①] 在管理过程中，账户管理人、投资

① 郑大松、刘昌平：《中国企业年金制度研究（修订版）》，人民出版社 2005 年版，第 116 页。

管理人和基金托管人是相互联系的。首先由投资管理人制定特定的投资方式，提交给账户管理人审核，待审核通过后，交由基金托管人进行基金的投资和运营。然后基金托管人向账户管理人说明基金的损失和收益情况，最后由账户管理人向基金管理人反馈养老保险金的使用明细。从这个过程我们可以看出：投资管理人只是根据自身的专业知识确定投资方向和投资手段，并分析这种投资方法的效益；账户管理人主要是审核投资方案，并负责反馈养老保险金的具体使用情况；基金托管人负责主要的基金运营和管理工作，但是，它并没有私自使用和运营基金的权利。

第三，国家可以通过发行针对新农保基金的特种国债来提高新农保基金的投资收益率。一般而言，投资的收益和风险是成正比的，投资的风险越高，投资回报率也就越大。养老保险基金是农村居民年老后生活的重要经济来源，这就决定了不能将其置于投资风险较大的环境中，而为了应对通货膨胀风险，又必须保证养老保险基金的保值增值。为此，政府可以通过发行特种国债的形式来实现。具体而言，在新农保基金纳入财政专户之后，直接将新农保基金购买特种国债，特种国债应保证一定的收益率，其收益率应不低于普通凭证式国债的收益率，并随着国家经济增长和通货膨胀情况而适时调整。这既可以使全体农村居民享受经济发展成果，又可以降低通货膨胀对新农保基金的冲击。

3. 加强对新农保基金运营和管理的监督

对养老保险基金的监督主要包括社会监督、政府监管和机构内部的审计监督。随着网络、新闻传播媒介的普遍使用，社会监督如网上评价、新闻曝光成为一种有效的监督方式，这种监督方式涉及的监督对象的范围较广，面向全体公民，其监督所达到的效果比较明显，一旦出现养老金被挤占、挪用的现象，其违法行为就会得到相应的惩罚。

另外，政府也是监督养老保险基金的重要机构。政府是新农保制度的制定者和推行者，其目的是保障农村居民年老后的生活，而基金是实现这一目标必不可少的物质基础。而如果养老保险基金的安全性出现问题，这一目标的实现就成为泡影。为此，政府的一项重要职能就是加强对养老保险基金管理机构的监督和管理。政府可以对这些养老保险基金监督和管理机构进行定期和不定期的检查和监督。其中，定期监督是政府在固定的时间内对相关机构进行检查，审核其投资领域、投资效率等；不定期监督就是不规定时间，对相关机构进行基金的突击审核和检查。

此外，基金运营机构内部的监督也是保证养老金安全的责任主体。这种监督贴近被监督者，能够了解到的信息较多，这能够有效的降低监督的成本。但是，内部监督容易受到官僚制的影响，监督取得的效果可能不是很高。这就要求加强对其思想政治教育，使其培养勤政廉洁的为官之道，并对其进行监督培训，提高其监察效率，以期获得较好的监督效果。

社会监督、政府监督和机构内部的监督各有优缺点，应当将三种监督方式结合起来，发挥其优势作用，保障养老金的安全，实现其保值增值。

（五）加强国家的宏观调控

提高新农保制度的统筹层次，就是要在统一的管理层次上实行相同的制度设计，即采取相同的征缴、发放标准，由统一的机构承担养老金的运营和管理，并由统一的机构进行养老金的监督和管理。这就涉及不同地区的养老保险利益重新分配。如经济状况较好的地区不愿意将本地区的养老基金来补贴、协调给经济发展水平较低的地区使用。这是提高新农保制度统筹层次的一大困境。为解决此困境，在提高统筹层次的初期，中央政府可以采用财政手段来实现，一方面，政府可以通过加大对经济落后地区的转移支付力度，来扩大其养老基金的绝对规模；另一方面，政府可以补贴经济发达地区分配给经济落后地区的差额养老金，以增强其提高统筹层次的意愿。

在情况允许的情况下，中央政府可以采用强制的行政手段以及法律手段，强制提高新农保制度的统筹层次，首先实现新农保制度的省级统筹，然后实现新农保制度的全国统筹。当然，由于中国大多数地区之间发展不平衡，地区差异较大，在提高新农保制度统筹层次的过程中，应当根据各地的实际情况，有计划、分阶段的实现统筹层次的提高，不可过分急功近利、急于求成。

第三节　建立多支柱的农村养老保障体系

一、建立多支柱农村养老保障体系的背景与意义

（一）建立多支柱农村养老保障体系的背景

1. 人口老龄化的挑战

人口老龄化是老年人口在总人口中的比重不断上升的过程；老龄化社会是指一个国家或地区 60 岁以上的老年人口占人口总数的 10%，或 65 岁以上老年人

口占人口总数的7%。中国早在2000年就已经进入人口老龄化社会；根据第六次人口普查数据，2010年中国60岁以上的老年人为1.78亿人，占总人口的13.26%，这说明中国人口老龄化的程度不断在加深。不断加剧的老龄化进程对于农村的养老保障体系提出了巨大的挑战。首先，老年人口的增多要求将更多的老年人纳入养老保障体系中来，养老保障需求迅速增大；其次，老年人可以看成是社会的弱势群体，他们的平均收入水平较低，这在一定程度上表明老年人的支付能力相对较差；最后，在新农保制度的建立和完善过程中，政府提供了大量的财政补贴，不断增长的养老保障需求与较低的养老保险保障水平要求政府投入更多的财力，这无疑将增加政府未来的财政负担，对于新农保制度的可持续发展提出了挑战。

2. 传统的养老保障体系面临压力

（1）自我养老的不确定性。

自我养老主要是指农民依靠自己的能力应对老年风险，度过老年生活，自我支撑的一种养老方式。在年轻时，农民会通过种植经济作物、经商和其他的手段来积累一定的储蓄，以供老年生活之用，满足自身的经济供养、生活照料和精神慰藉等养老服务需求。但是，这种养老方式存在着很大的不确定性。首先，农民在年老时可能遇到各种疾病风险、生存风险等，这些风险是不能预测到的，这在一定程度上就削弱了农民应对老年风险的能力；其次，农民平时的大部分收入用在了日常家庭支出、子女教育、医疗、住房等方面，大部分农民留下的储蓄难以保障其老年的基本生活；最后，这部分储蓄是农民老年生活的重要经济来源，因此，出于安全的考虑，大多数农民将这部分储蓄存到银行，但从长远来看，这种投资方式是不利于养老资金增值的，不利于充分发挥其分散老年风险、保障老年生活的作用。

（2）家庭承担过重的养老负担。

家庭是老年人生活的主要场所，它承担着照料老年人生活，满足老年人经济供给、生活照料和精神慰藉等需求的角色。中国传统的家庭结构是人数较多的大家庭，在这个家庭中，青年人的数量相对较多，他们成为家中主要的劳动力和老年人供养主体，当其年老后，他们的子女会承担起照料其老年生活的责任。这种传统的家庭养老成为老年人主要的养老方式。但是，近年来，在计划生育政策的推动下，家庭结构发生了变化，家庭逐渐呈现“小型化、核心化”，“4—2—1”型家庭逐渐增多，这就是说，子女承担照料老年人生活的负担加重，甚至远远超出了子女能够承担的范围。这在客观上就要求其他的养老方式来分担家庭承担的过重的养老负担。

（3）社区养老存在一定的局限。

社区养老或集体养老是保障老年人生活的重要方式。社区发挥成员之间的互助共济有一定的作用，尤其是对于那些收入水平较低、丧失劳动力、生活没有依靠的社区居民，社区内部成员会积极的给予其物质上的支持和精神上的支撑，以保证其正常的生活。但是，社区养老有着自身的局限性。第一，社区养老的社会性较低。社区互助共济功能的发挥是有一定的地域限制的，只有这个社区之内的农村居民才能享受到成员之间的帮助，这只是在有限的地区实现了养老资源的社会化，社会化程度和统筹层次是很低的。第二，社区养老受到很多因素的制约。一般来说，农村社区的经济水平是比较低的，这就决定了其为农民居民提供的养老保障待遇是比较低的，甚至不能满足居民的养老保障需求。另外，社区的管理水平也是有限的，一般来说，农村社区管理人员未受过专业的管理知识的训练，缺乏一支专业的管理队伍。

3. 新农保制度存在运行风险

与老农保相比，新农保有着创新之处，如建立了个人、集体和政府三方缴费的机制，建立了“个人账户＋基础养老金”的制度模式，建立了缴费激励机制，基础养老金全部由财政负担等，这些对于维持新农保制度的正常运转有着重要的作用。同时，这项制度也存在着一定的缺陷。首先，新农保制度的养老金待遇标准是比较低的，尤其对于制度实施时已经“退休”的农民来说，每月只能领取到55元的养老金，不能从根本上满足农民的养老需求；其次，新农保制度的缴费激励机制不强，导致中青年农民参保积极性不高；再次，新农保制度的个人账户养老金计发系数过低，未来新农保个人账户基金会出现收不抵支的风险（具体见本书第六章）；最后，新农保基金的管理会存在一定的风险，如基金被挤占挪用的风险、通货膨胀风险、投资失败造成基金亏损的风险等。

（二）建立多支柱农村养老保障体系的意义

建立多支柱的养老保障体系，对于维护农村居民的养老保障权益、维护社会的安定团结、促进经济的可持续发展有着重要的意义。

首先，建立多支柱农村养老保障体系，是应对人口老龄化带来的风险，弥补新农保保障水平不足，实现新农保制度可持续发展的重要途径。由于家庭保障和土地保障的不足，才要求建立新农保制度；课题组在第七章的研究中发现，新农保制度不能满足“老人”、“中人”和大部分“新人”的基本生活需要；另外，受农民收入水平低、风险意识薄弱的影响，购买商业养老保险的人数也非常有限。可见，单靠某一种养老保障，很难解决农民老有所养的问题。因此，亟须整合社会各界的养老保障资源，建立多支柱的农村养老保障体系。建立多支柱农村养老保障体系，既是应对人口老龄化的需要，也是补充新农保替代率水平不足，缓解新农保财政补贴压力，实现新农保制度可持续发展的重要途径。

其次，多支柱的农村养老保障体系解决了农民养老的后顾之忧，这对于维护农村社会的和谐稳定发挥着重要的作用。尤其是新农保制度，注重发挥国家财政的支持作用，以期将全部农村居民纳入新农保制度中来，使每位农村居民在年老后都能享受到基本的养老保险待遇，在一定程度上消除了其对老年生活的担忧，这对于农村社会的和谐稳定有着重要的作用。

最后，多支柱的养老保障体系在间接上可以促进经济的发展。一方面，安定的社会环境和良好的干群关系是促进经济可持续发展的重要基础。另一方面，多支柱养老保障体系的建立，在一定程度上消除了农村居民对老年生活的担忧，这能在一定程度上释放农村居民的消费需求，拉动内需，进而促进农村经济的发展。

二、多支柱农村养老保障体系的设计

（一）建立多支柱农村养老保障体系的基本理念

1. 满足农民养老需求的理念

在当今社会转型时期，原先主要从事农业生产活动的农民，逐渐划分为不同的群体。根据农民自身的性质，主要可以分为三类：第一类是纯农民，是指那些仍然以种植农作物、销售农作物作为主要经济来源的那部分农民；第二类是进城务工人员，这部分人在工业化和城镇化的推动下，为了寻求更高的生活水平，从农村迁移到城市的农民；第三类是被征地农民，这部分农民失去了部分或全部赖以生存的土地资源。

由于这些群体的特征不同，这就决定了他们的养老需求是不同的。在农村，土地被看作是保障农民老年生活的重要资源，被征地农民自愿性或强迫性的失去了土地，这在一定程度上意味着这部分农民的老年生活失去了重要的依靠。获得一定的养老补偿，维持其正常的老年生活，就成为这部分老年人的基本需求。因此，政府可以采取“以土地换保障”的政策，切实保障农民的老年生活。纯农民可以依靠土地作为重要的养老手段，但是，当其年老后，他们就没有足够的体力来通过种植农作物来保障其养老的经济来源，他们也希望政府能够对其提供一定的养老资源的支持。相对于前两者而言，进城务工的农民的养老需求相对较高，他们年轻时在城市生活和工作，当其年老后，他们希望能够享受到与城市市民相同的养老保障待遇，他们的养老保障需求相对较高。总之，由于各个群体的职业不同，收入状况不同，生活和工作方式不同，他们的养老保障需求也存在一定的差异。因此，在建立健全养老保障体系时，必须要充分考虑到不同群体的养老保障需求，并尽量满足各部分群体的需求。

2. 公平与普惠的理念

建立健全养老保障体系必须以全国所有农民为保障对象，使不同地域的农民都能被覆盖到农村养老保障体系中。

第一，当前城乡公民之间享受的养老保障权益是不同的。一般来说，城镇职工的基本养老保险待遇要远远高于新农保的待遇标准，这是不公平的。在国家经济发展的早期，城镇经济的发展在一定程度上是依靠牺牲农村的发展、农民的生活水平为代价的，农民为国家的经济发展做出了重要的贡献，但是当其年老后，他们却不能享受与城镇职工相同的保障权益，政府给予的基础养老金（55 元/人·月）根本不能保障老年人的最低生活。为此，建立健全当前的农村养老保障体系，应当尽量缩小城乡养老保险差距，保障农村老年人的养老保障权益。

第二，各地的经济发展水平不同，养老保障的待遇水平也不同。东部沿海地区的经济发展水平较高，农民的收入水平相对较高，其老年人的养老保险待遇水平也相对较高。中西部地区的经济发展水平相对较低、农民的收入水平也相对较低，这就决定了其养老保险待遇水平是低于东部沿海地区的。这在一定程度上有其存在的合理性，但是，为了促进区域间的均衡发展，政府应当最大限度地提高新农保制度的统筹层次，使中西部地区也能享受到全国经济发展的成果。

第三，农村养老保障体系的建立是以全体农村居民为对象的，凡是在中国境内居住的、有农村户籍的公民都有权享受农村养老保障权益。由于各地经济发展水平、地理区位等因素的限制，中国的养老保险制度还没有覆盖到全体国民，但是随着时间的推移和城乡居民社会养老保险制度的逐步推开，最终建立覆盖城乡居民的养老保障体系是必然趋势。

3. 提高效率的理念

国民基本养老保险制度的运行要具有较高的效率。公平和效率是相互统一的，遵循公平的理念是提高效率的重要前提，提高制度运行效率的最终目标是践行公平的理念。这就要求在建立健全国民基本养老保险制度时，应当在遵循公平理念的基础上，积极提高制度运行的效率。如精简机构、减少冗余人员、引进先进的管理技术、加强经办人员的培训、提高监督的效度等。总之，建立多支柱的农村养老保障体系应该在公平、普惠的基础上，提高制度运行的效率，以期维护广大农民的养老保障权益，保障农民的老年生活。

（二）建立多支柱农村养老保障体系应遵循的原则

1. 差别性原则

第一，根据各地实际经济发展水平来确定养老保障待遇标准。各地的经济发展水平是决定各地的养老金待遇发放标准的重要因素。地区的经济发展水平和居民的收入水平会影响其养老保险的缴费档次，根据“收支平衡”的原则，居民收入水平高、缴费标准高的农村居民，享受的养老保障待遇就相对较高，而那些居民收入水平较低、缴费标准低的农村居民，他们能够享受到的养老保障待遇也就相对较低。因此，从地域上来讲，东部沿海地区的农村居民的养老金待遇标准要高于中西部地区，因此，这就要求各地政府在确定养老金待遇标准时，应当充分考虑到本地的经济发展水平和居民的收入水平。

第二，针对不同的群体实行不同的养老保障。对于那些收入水平低、无力参加新农保的农村老年人，应当对其提供城乡低保、五保供养等社会救助，并为其代缴部分或全部最低标准的养老保险费，将其纳入新农保制度中来；对于那些有一定收入水平的农村居民，应当积极引导其参加到新农保制度中来；而对于那些收入水平较高的农村居民除了参加新农保之外，应当鼓励其参加商业养老保险，以满足其更高层次的生活需求。

2. 循序渐进的原则

这主要是指养老保障体系的建立健全不可以操之过急，要采用逐步推进的方式渐进改革，实现养老保障制度的正常运行。

第一，可以采用试点的方式推进改革，不断完善现有的农村养老保障体系。如中国在推进新农保制度改革的过程中，主要是采用试点先行的方式，即国家在一些典型的农村地区开展新农保制度的试点，通过试点，可以发现制度存在的缺陷和不足，在此基础上不断修正和完善这项制度，然后再将其推广到全国，实现新农保与老农保之间的衔接过渡。这在一定程度上可以减少大范围的制度改革对社会各方面的冲击和震动。因此，在考虑建立多层次的养老保障体系时，可以采用“试点先行，逐步推进”的方式进行。

第二，采用循序渐进、积极稳妥的策略实现城乡养老保险体系的对接。当前中国城镇养老保险体系包含了三个支柱，分别是城镇职工基本养老保险、企业年金和个人储蓄性养老保险。随着养老保险改革的逐步深入，机关事业单位养老保险和企业职工基本养老保险的并轨，未来建立城乡统一的养老保障体系是大势所趋。建议未来中国实行“国民年金 + 个人年金”的形式，建立多支柱的养老保险体系，并最终实现城乡养老保险体系的对接。

3. 系统化原则

农村养老保障体系与其他社会保障制度同在社会保障这一大的制度体系之中，是紧密相连、不能分割的一个整体。在进行农村养老保障体系设计和农村养老保险制度改革的过程中，应当将其与其他社会保障制度结合起来，防止出现遗漏、重复保障以及忽视特殊对象等现象，提高整个社会保障制度的效益。国发

〔2009〕32号文件指出，“新农保与城镇职工基本养老保险等其他养老保险制度的衔接办法，由人力资源和社会保障部会同财政部制定。要妥善做好新农保制度与被征地农民社会保障、水库移民后期扶持政策、农村计划生育家庭奖励扶助政策、农村五保供养、社会优抚、农村最低生活保障制度等政策制度的配套衔接工作，具体办法由人力资源社会保障部、财政部会同有关部门研究制订。”因此，在实际的操作过程中，人力资源和社会保障部、财政部以及其他相关部门应当相互合作，不断完善养老保障体系，提高制度运行的效率，以实现新农保制度的可持续发展。

4. 社会化原则

第一，新农保制度的覆盖对象是全体农村居民。也就是说，凡是具有农村户籍的居民，不管其收入、地位如何，他们都必须被纳入新农保制度的覆盖范围中来，都有权享受国家和社会提供的养老保障。

第二，发挥社会各个主体的作用，分担制度运行的成本。首先，个人是养老保障的享受对象，其必须履行一定的缴费义务才能享受养老金给付等待遇。其次，农村土地集体所有，村集体在农民生产生活中具有重要地位和作用，另外，一些村集体有经营性收入，因此，有条件的村集体应该对农民参保缴费给予支持，这既体现了集体的责任，也有利于调动农民的参保积极性①。再次，在建立健全基本养老保险制度的过程中，政府起着财政支持的作用，这为制度正常运行提供了经济基础和政策支持，是实现制度可持续的基石。最后，其他经济组织、社会公益组织、个人，尤其是一些非营利组织的力量也是不可忽视的，它们除了可以为新农保制度提供一定的资金支持外，还可以为老年人提供各种日常照顾、医疗、康复、娱乐服务，这对于丰富养老保障的内容，满足农村老年居民的多种养老保障需求有重要的作用。

第三，农村养老保障制度尤其是新农保制度应当实现社会化管理。这就要求农村社会养老保险经办机构应当采用先进的管理手段，对制度的保障对象，对基金的筹集、运营、管理和发放等环节实行社会化管理，以提高制度运行的效率。如充分利用农村信用社、邮政储蓄银行等便民利民的特点，在农村建立终端服务系统，安装POS机，让农民足不出户就可以实现新农保的缴费、查询和待遇领取等。

5. 法治化原则

第一，建立健全相关法律法规，使制度的运行有法可依。中国新农保制度是

---

① 邓大松、薛惠元：《新型农村社会养老保险制度推行中的难点分析——兼析个人、集体和政府的筹资能力》，载《经济体制改革》2010年第1期，第86～92页。

在《社会保险法》、《国务院关于开展新型农村社会养老保险试点的指导意见》（国发〔2009〕32 号）等法律法规的指导下开展的。由政府制定一个相对统一的制度框架，地方政府在这些方针政策的指引下，结合当地的实际情况实施新农保。在政府政策指导下实施的制度，对于保障农村居民的养老保障需求，维护社会的安定团结有着重要的作用。但是，从当前来看，农村社会养老保险方面的相关文件法律层次较低，《社会保险法》虽然是一部法律，但基本都是一些原则性的规定，授权性条款过多。为了保证农村社会养老保险制度的有效实施，国家和政府应当加强法律建设，尽快颁布《社会养老保险法》和《农村社会养老保险条例》。

第二，在健全法律的基础上，严格执行法律的相关规定。这就要求政府相关部门依法行政，司法部门严格执法，新农保其他相关机构严格依据法律条文办事。一旦发现违法行为，就要受到一定的惩罚，以彰显法律的权威性。

总之，法制化是使农村社会养老保险制度正常运行的重要手段，相关部门应当严格按照法律规定的内容和程序来推行新农保制度。

6. 政府和非政府组织共同参与的原则

在建立健全农村养老保障制度过程中，政府发挥着重要的作用。首先，政府是养老保障政策的制定者、执行者和监督者。政府是制定养老保障政策的重要主体，政府根据农村居民的养老保障需求和当地的实际经济状况和社会状况，制定合适的养老保障政策，以期实现公平和效率的养老保障目标；政府的重要职能就是执行其职责，利用政府和市场的资源推动养老保障制度的运行；政府是保障养老保障体系正常运转的重要监督主体，其拥有的权力决定了其对养老保障相关部门的监督具有强制性和有效性，是保障养老保障目标得以实现的重要支撑条件。

其次，政府是养老保障资金的重要提供者。农村的养老保障体系需要以一定的资金作为保障，由于农村及农村居民经济能力的限制，这就需要政府发挥其财政补贴的作用，践行“取之于民，用之于民”的税收理念和“互助共济”的原则，实现财政收入的最优化配置。政府的财政支持是实现制度正常运行，维持制度健康可持续发展的重要经济条件。

最后，政府是制度的主要宣传者。为了将更多的农村居民纳入现行的养老保障体系中，政府应当积极宣传制度的内容和好处，加强农村居民对制度的了解，熟悉制度的运行机理，消除其对制度运行中出现的各种问题的忧虑，扩大制度的影响范围，为制度的可持续发展提供坚实的群众基础。

此外，非政府组织也是农村养老保障制度的一个重要的支持主体，其在维持制度的正常运行方面发挥着重要的作用。第一，非政府组织能够提供一定的资金和服务。如非政府组织可以充分利用其在社会上的影响力来筹集资金，并利用这笔资金提供农村居民需要的养老服务，如建立一些养老院、老年活动中心等。第二，非政府组织在监督资金的运营与管理方面发挥着重要的作用。老农保时代，农村养老保险基金投资失误、被挤占、挪用的现象时有发生。因此，为了保障农民的养老保障权益，维护其老年后的基本生活，必须杜绝此类现象的发生，非政府组织是一个社会服务组织，它们有权对养老保险基金的运营和管理进行监督。

（三）多支柱农村养老保障体系的基本内容

1. 家庭保障

这是养老保障的基础层次，主要包括农民自身的储蓄养老和家庭成员之间的互助养老。在农村，依靠个人储蓄进行养老的方式仍然是广泛存在的。在青壮年时期，农民依靠自己的劳动取得收入，除去日常的开销，一部分劳动收入存入银行或用于投资，这部分资金成为农民年老后重要的经济来源。这是一种基本的养老方式，应当纳入现行养老保障体系中来。另外，家庭是重要的养老场所。虽然家庭结构呈现出日益小型化的趋势，家庭的养老功能弱化，但是，家庭是基于血缘和姻缘建立起来的，这在一定程度上决定了家庭养老保障的人性化，其在满足老年人精神慰藉的需求方面发挥着重要的作用。这就要求传统的家庭养老方式应该被纳入养老保障体系中去。

2. 土地保障

与城镇居民相比，农民最大的特点是拥有土地，其在年老之后还可以从土地中来获得部分保障。农民年满 60 岁之后，若还拥有一定的劳动能力，能够从事农业生产劳动，可以继续通过种地的方式获取部分农产品或收益，以供养老之用；若农民年满 60 周岁以后，没有劳动能力或者不愿再继续从事农业生产劳动的，可以按照“依法、自愿、有偿”的原则实现土地的合理流转，在农作物收获之后，流转土地的老年农民可以获取一定数额的土地承包费或粮食，这部分土地承包费或粮食也可以供其养老之用。可见，土地资源是农民的一大财富，其在农民养老的过程中可以发挥重要的作用。

3. 农村社会养老保险

这里的农村社会养老保险主要是指当前正在全国推广的新型农村社会养老保险。与老农保相比，新农保制度的最大特点是实行“基础养老金 + 个人账户”的制度模式。基础养老金部分全部由财政负担，本质上是一种普惠型的养老金，相当于国外的“国民年金”；个人账户部分的资金来源除了个人缴费和集体补助外，政府还给予补贴（不低于 30 元/人/年）。由于有政府补贴的存在，使得新农保制度广受试点地区农民的欢迎，新农保制度推广顺利。2011 年年末全国有

27个省、自治区的1 914个县（市、区、旗）和4个直辖市部分区县开展国家新农保试点；2011年年末国家新农保试点地区参保人数32 643万人，其中实际领取待遇人数8 525万人；2011年全年新农保基金收入1 070亿元，其中个人缴费415亿元，基金支出588亿元，基金累计结存1 199亿元①。2012年7月1日，新农保制度在全国全面推开，尚未开展新农保试点的地区全部开始实行新农保制度，估计不出几年，新农保制度便可实现人群的全覆盖。

新农保制度的优势以及新农保试点过程中取得的成就，决定了新农保制度应该成为中国农村养老保障体系中最重要的支柱，其在保障农民年老后的生活中应发挥最重要的作用。我们在本书第七章中的测算中发现，一个农民若25岁参加新农保，初始缴费档次选择500元，缴费标准每年增长5%，基础养老金调整系数和个人账户收益率均为5%，该农民连续缴费35年达到60岁时，其领取到的新农保养老金替代率可以达到51.38%。根据国际上的惯例，一般认为，80%的养老金替代率即可以使国民保持与“退休”前大体相当的生活水平。若新农保可以提供50%左右的替代率，其他的养老保障方式只用提供30%左右的养老金替代率，即可以使农民保持与“退休”前大体相当的生活水平。

4. 商业养老保险

这是农村养老保障体系的较高层次，是农村社会养老保险制度的有益补充。商业养老保险是指被保险人缴纳一定的保险费，当其达到一定的年龄后，按月或按年领取养老金的一种养老保障方式。商业养老保险主要是针对农村中收入水平相对较高的农民群体设立的，它对于应对农民老年后的各种生存风险，维护农民年老后的生活水平有重要的作用。因此，政府可以通过采取一定的税收优惠政策，鼓励农村商业养老保险的发展，以满足不同收入层次农民的养老保障需求。

总之，多支柱的养老保障体系能够满足不同农民群体的养老保障需求。家庭养老保障和土地保障能够提供最基础的保障；正是由于家庭养老和土地保障的水平不足，需要建立新农保制度，新农保制度由公平普惠的“基础养老金”和体现效率的“个人账户”组成，是公平和效率的统一体，它是农村养老保障体系中最重要的一大支柱，大体上可以提供50%左右的替代率；对于那些经济水平相对较高的农村居民，其养老保障需求也相对较高，这就需要发挥市场的作用，利用商业保险来提高其保障层次，保障其拥有较高质量的老年生活水平（见图10－5）。

① 数据来源：《2011年度人力资源和社会保障事业发展统计公报》。

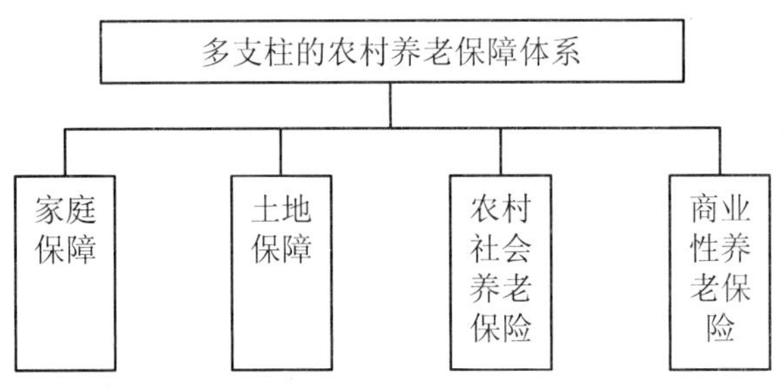

图 10-5　多支柱的农村养老保障体系

第四节　建立城乡统一的社会养老保险制度

在城镇化进程的推动下，实现新农保与城镇养老保险制度的衔接与整合，最终建立起覆盖城乡居民的、城乡一体化的社会养老保制度，是未来中国社会养老保险制度改革的重点和目标。

一、养老保险制度的"碎片化"呼唤制度的统一

所谓"碎片化"是指缺乏统一性。虽然说养老保险制度在实施过程中，应当充分考虑到不同人群的利益以及不同地区的经济发展水平和财政状况，但是，现阶段中国养老保险制度呈现出过度"碎片化"的现象，这造成了制度之间养老保险待遇的不公平性，不利于养老保险关系的转移接续和制度的可持续发展，并且这与党的十八大报告提出的"增强公平性、适应流动性、保证可持续性"的要求背道而驰，未来中国的养老保险制度走向统一是必然趋势。

（一）养老保险制度"碎片化"的现状

1. 身份分割

这里的身份分割，主要是指不同的群体被覆盖在不同的养老保险制度之内。目前中国的基本养老保险制度分人群设置，包含了企业职工基本养老保险制度、机关事业单位养老保险制度①、城镇居民社会养老保险制度、新农保制度，此外

① 目前，中国大部分地区的机关事业单位还是实行退休金制度，个人和单位不用缴纳养老保险费，退休后由财政以退休工资的形式发放退休金。

部分地区还探索建立了被征地农民社会养老保险、农民工社会养老保险、农村计划生育家庭养老保险、村主职干部基本养老保险等。不同的养老保险制度针对的对象如图 10－6 所示。

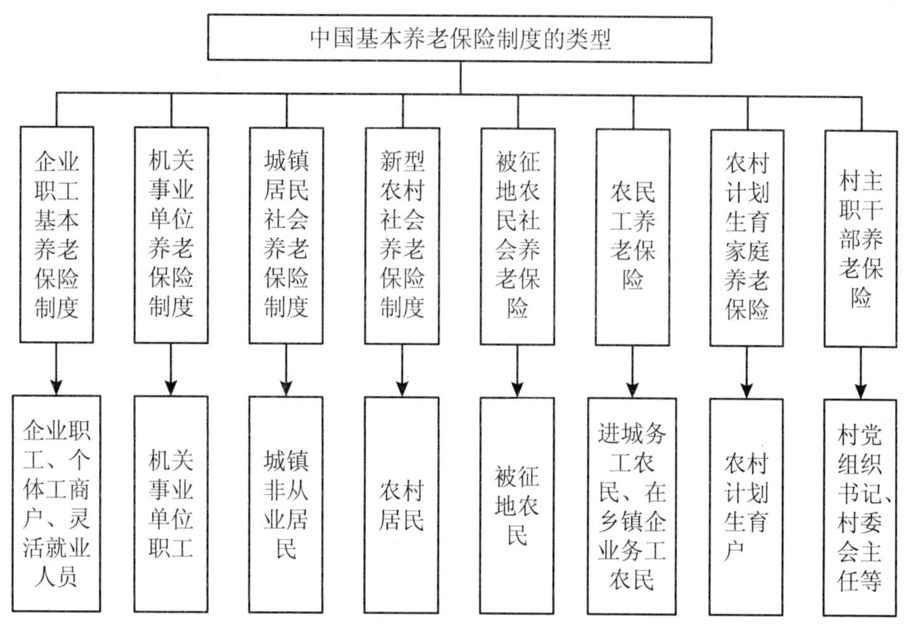

图 10－6　中国基本老保险制度"碎片化"的现状

中国当前分人群设置的养老保险制度，在一定程度上反映了不同群体的养老保障诉求，体现了政府对这些群体的关注，这对于满足不同群体的养老保障需求，实现养老保险制度的全覆盖起到了一定的作用。但是，从长远来看，由于身份分割所形成的养老保险制度不利于实现中国养老保险制度的可持续发展。

2. 地域分割

由于各地经济发展水平的差异，其自行探索并建立起来的被征地农民社会养老保险、农民工养老保险、农村计划生育家庭养老保险、村主职干部养老保险五花八门、模式各异，并且有的地区建立了这些养老保险制度，有的地区压根就没有建立。另外即使是在全国统一的养老保险制度，如企业职工基本养老保险制度、新农保制度、城镇居民社会养老保险制度，在各地的实际运行中也存在着较大的差异，如企业职工基本养老保险，很多省份企业的缴费比例是不同的，如有的执行国发〔2005〕38 号文件的 20%，有的降为 16%（如广东省），还有的仅为 14%（如浙江省）；再如新农保，大部分地区的实施方案与国发〔2009〕32 号文件基本一致，但还有部分地区实行了缴费标准更高、政府补贴力度更大、更为复杂的制度，如嘉兴市实行了"个人缴费账户、缴费补贴账户、缴费年限补贴账户与社会统筹相结合的模式”等。

不同地区根据自身状况的不同而实行不同的养老保险制度，这在短期内能够解决部分居民的养老问题，但是，从长远来看，这种各行其是的养老保险模式存在着很大的制度隐患，也不利于养老保险关系的转移接续。

（二）养老保险制度的“碎片化”带来的后果

1. 养老保险制度的“碎片化”运行增加了制度衔接的难度和重复参保的可能性

当前，中国社会保险制度分人群、分地域设置，至少存在了八种基本养老保险制度，这为制度的衔接带来了麻烦。如一位农村居民，他是农村计划生育户，先参加了农村计划生育家庭养老保险，土地被征后参加了被征地农民养老保险，过段时间进城打工，又参加了农民工养老保险，新农保开始试点后又参加了新农保，户口农转非后又参加了城镇居民养老保险，后来在企业找到一份稳定的工作，又参加了企业职工基本养老保险，后又通过招考进入事业单位，又参加了机关事业单位养老保险，这样该居民要进行六次养老保险关系的转移。可见，养老保险制度的“碎片化”增加了制度衔接的难度，阻碍了劳动力的自由流动，增加养老保险制度的运行成本，降低了效率，不利于中国养老保险制度的可持续发展。此外，种类繁多的制度增大了居民重复参保的可能性，在目前尚未建立全国统一的信息管理系统的情况下，居民重复参保，尤其是跨统筹地区参保是很难查出来的，这与“劳动者社会保险关系的唯一性”相违背。

2. 养老保险制度的“碎片化”运行不利于养老保险统筹层次的提高

《社会保险法》明确提出“基本养老保险基金逐步实行全国统筹”；《社会保障“十二五”规划纲要》中提出，“十二五”期间“全面落实企业职工基本养老保险省级统筹，实现基础养老金全国统筹”；十八大报告和十八届三中全会公报中也提到“实现基础养老金全国统筹”。此外，国发〔2009〕32号文件和国发〔2011〕18号文件提出，新农保基金和城镇居民养老保险基金“随着试点扩大和推开，逐步提高管理层次，有条件的地方也可直接实行省级管理”。也就是说，未来提高基本养老保险基金的统筹层次，逐步实现全国统筹是大势所趋。但当前养老保险制度“碎片化”的现状不利于统筹层次的提高。因为提高统筹层次就要求有一个统一的管理机构对养老保险制度的相关事务进行统一的管理，并在统筹区域内实现统一制度、统一缴费标准、统一待遇计发办法、统一管理、统一调剂管理基金。试想，各地的养老保险制度模式都不一样（包括制度设计、管理机构、缴费水平、待遇计发办法、基金运营方式等都存在很大的不同），如何实现省级统筹和全国统筹？要提高统筹层次，整合相关制度，逐步建立起城乡统一的社会养老保险制度是唯一出路。

3. 养老保险制度的"碎片化"拉大了不同群体之间的收入差距①

下面以企业职工基本养老保险和新农保为例，对其基本养老金水平作比较。2002～2014 年全国企业退休人员月平均养老金水平如图 10～7 所示，2010～2013 年全国新农保月平均养老金水平如表 10－2 所示。可以看出，新农保的养老金水平与企业职工相比相差巨大，2013 年全国企业退休人员月平均基本养老金水平为 1 893 元，全国新农保月平均基本养老金水平为 87.78 元，前者是后者的 21 倍。另外，企业退休人员月平均基本养老金水平是逐年增加的，而 2011 年新农保的月平均基本养老金水平却出现了下降趋势，比 2010 年下降了 0.73 元，其原因可能在于后试点地区地方基础养老金水平较低甚至没有，将总体养老金水平拉低；不过 2012 年、2013 年新农保月平均基本养老金较前年均有了一定的提高，增长量分别为 15.82 元、14.48 元，增长比例分别为 27.5%、19.8%。

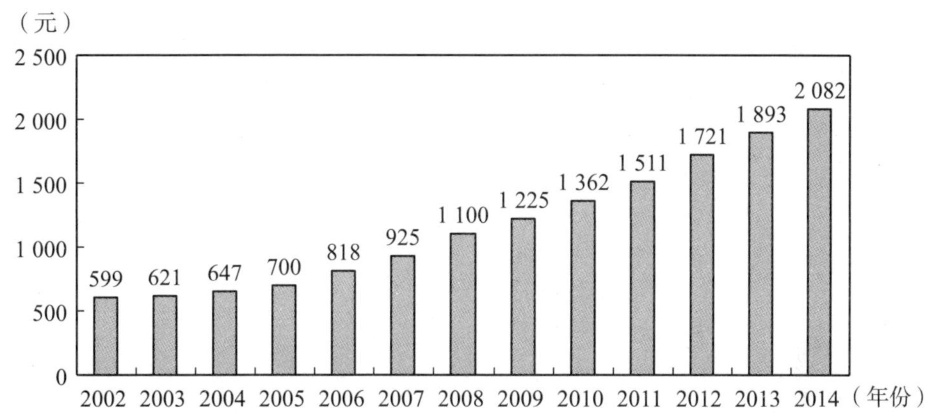

图 10－7　2002～2014 年全国企业退休人员月平均基本养老金水平

资料来源：根据史寒冰：《以人为本、跨越发展——社会保障体系建设十年成就综述（下）》，载《中国社会保障》2012 年第 12 期整理计算得到。

表 10－2　　2010～2013 年新农保月平均养老金水平

年份	实际领取待遇人数（万人）	基金支出（亿元）	中央月基础养老标准（元）	月平均基本养老金（元）
2010	2 863	200	55	58.21
2011	8 525	588	55	57.48

① 薛惠元：《基本公共服务均等化视角下的城乡养老保险制度比较分析》，载《农村金融研究》2013 年第 5 期，第 8～9 页。

续表

年份	实际领取待遇人数（万人）	基金支出（亿元）	中央月基础养老标准（元）	月平均基本养老金（元）
2012	13 075	1 150	55	73.30
2013	13 800	1 453.7	55	87.78

注：2010～2011 年的数据为新农保；从 2012 年起国家不再公布新农保数据，仅公布城乡居民社会养老保险数据，因此 2012～2013 年的新农保数据采用城乡居民社会养老保险数据做近似计算。

资料来源：根据《2010～2012 年度人力资源和社会保障事业发展统计公报》、人力资源和社会保障部 2013 年第四季度新闻发布会、《人社部、财政部部署建立统一的城乡居民养老保险制度暨实施城乡养老保险制度衔接暂行办法》的相关数据整理计算。

再来看养老金的调待机制，2005～2014 年，国家连续 10 年[①]以 10% 左右的幅度提高企业退休人员养老金水平。2014 年企业退休人员月平均基本养老金将达到 2 082 元，与 2004 年调整前月人均 647 元的水平相比，10 年间月人均养老金增加了 2 倍多，年均增长 12.4%，大大高于同期的通货膨胀率（城镇居民消费价格指数），与城镇单位就业人员平均工资增长幅度基本保持同步，个别年份企业退休人员月平均基本养老金的增幅超过了城镇单位就业人员平均工资增幅，具体如图 10－8 所示。

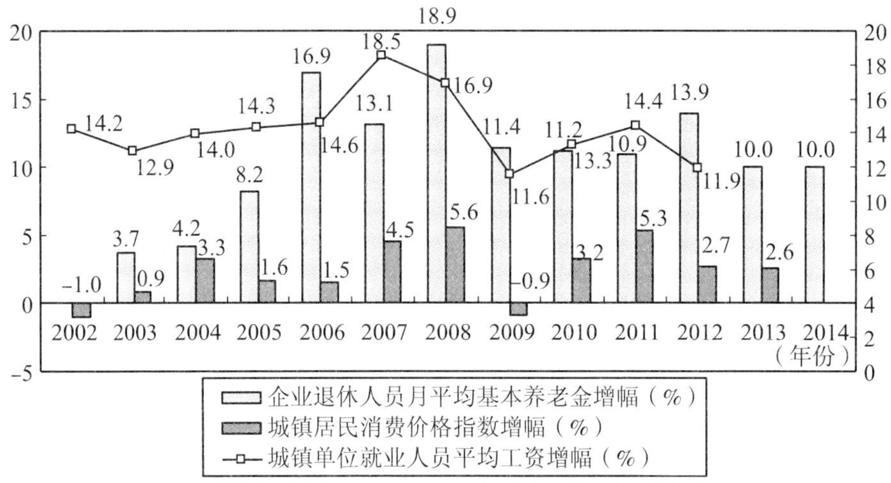

图 10－8　2002～2014 年企业退休人员月均养老金、城镇居民消费价格指数、城镇单位就业人员平均工资变动趋势

资料来源：根据图 10－7、《中国统计年鉴 2013》及国家统计局网站数据绘制而成。

① 2014 年 1 月 8 日，李克强总理主持召开国务院常务会议，决定自 2014 年 1 月 1 日起，将企业退休人员基本养老金水平再提高 10%，这是自 2005 年以来的连续第 10 年调待。

新农保自2009年9月开始试点，迄今已4年有余，但这期间国家对基础养老金的最低标准没有做出任何调整，目前中央基础养老金的标准仍然是55元/人·月。在经济发展、物价上涨的大背景下，这相当于变相地降低了农民的养老金水平，同时也拉大了新农保和城镇职工基本养老保险的待遇差距。

4. 养老保险制度的“碎片化”运行不利于社会稳定和经济发展

首先，一部分地区建立了针对某些人群的养老保险制度，并且政府给予一定的补贴，而另一部分没有建立，这可能会导致未建立地区居民的心理不平衡，不利于社会稳定。其中，新农保试点加速的主要原因就是出于这方面的考虑。其次，养老保险制度的“碎片化”增加了制度衔接的难度，若养老保险制度衔接办法滞后，居民的养老保险关系无法转移接续时，会导致养老保险“退保潮”的出现，此时若给其办理退保，则与《社会保险法》“未达到待遇领取年龄前，不得终止基本养老保险关系并办理退保手续”的规定相违背；若不予办理退保手续则可能会出现群体性事件，不利于社会的稳定。再次，“碎片化”的制度衔接难，阻碍了劳动力在不同地区之间的自由流动，不利于劳动力的合理配置，加剧了部分地区出现的“民工荒”现象，从而不利于经济的可持续发展。

总之，中国养老保险制度的“碎片化”带来了一系列的问题，它不利于中国养老保险制度的可持续。未来养老保险制度的改革应重点关注制度的顶层设计，逐步实现各类养老保险制度的衔接和整合，最终建立起城乡统一的社会养老保险制度。

二、建立城乡统一的社会养老保险制度的基本理念

社会养老保险制度是政府提供的一种基本公共服务，凡是具有中华人民共和国国籍的公民都有权参加并享受。目前中国的社会养老保险制度分人群设置，在不同人群、城乡、地区之间存在较大的差异。从基本公共服务均等化的角度来讲，建立城乡统一的社会养老保险制度是未来中国社会养老保险制度改革与发展的方向。所谓城乡统一的社会养老保险制度，是指在充分考虑城镇和农村发展现状的情况下，建立相似的筹资方式、计发办法与管理模式。推行城乡统一的社会养老保险制度，应当遵循统筹城乡发展和基本公共服务均等化的理念。

（一）统筹城乡发展的理念

建立城乡统筹的养老保险制度，要以统筹城乡发展为目标。城乡二元结构是中国经济社会的一个重要特征，城乡二元结构的一个重要表现为城乡养老保险制度的“碎片化”运行及城乡养老保险待遇领取的二元化特征。从长远来看，建

立城乡统一的社会养老保险制度是城镇化的必然步骤，是建立城乡统一的劳动力市场的内在要求和动力，是缩小城乡差距，维护社会稳定的重要途径。总之，社会养老保险制度作为国家一项重要的政策，在其推行的过程中，应该以实现城乡统筹发展为目标，为城乡居民享受到同等的养老保障待遇为理念。

（二）实现基本公共服务均等化的理念

公共服务是公共部门基于社会公共设施或公共资源，为特定公共需求群体提供的服务。基本公共服务作为公共服务的特殊形式，则是指那些与公民基本权利密切相关的公共服务项目。《国家基本公共服务体系"十二五"规划》（国发〔2012〕29号）中给出了基本公共服务的定义，即"基本公共服务，指建立在一定社会共识基础上，由政府主导提供的，与经济社会发展水平和阶段相适应，旨在保障全体公民生存和发展基本需求的公共服务"。

纯公共服务具有绝对非排他性与非竞争性，不需付费的纯公共服务对所有国民而言，其准入机会都是均等的，因此尽管不需付费的纯公共服务也是基本公共服务，但不存在均等化问题，如保障安全需要的公共安全、消费安全和国防安全等领域的公共服务；基本公共服务均等化的对象仅指那些需要付费的纯公共服务和部分准公共服务，如教育、就业、社会保障、社会服务、医疗卫生、计划生育、住房保障、文化体育等领域的公共服务。《国家基本公共服务体系"十二五"规划》中给出了基本公共服务范围，即"一般包括保障基本民生需求的教育、就业、社会保障、医疗卫生、计划生育、住房保障、文化体育等领域的公共服务"。

讨论基本公共服务均等化问题，需要首先厘清均等化的概念。均等化可以从三个方面来理解：一是机会的均等化，它强调在基本公共服务领域尽可能使居民享有同样的机会和权利；二是过程的均等化，它关心公共服务这种社会财富分配活动的具体过程，侧重于关注实现结果平等的手段与工具有效性；三是结果的均等化，它注重公共服务这种社会财富分配活动的结果，即特定时期各地区之间以及同一地区内部个人之间的公共服务供给数量大致相等①。其中，机会均等是前提，过程均等是手段，结果均等是目的。

《国家基本公共服务体系"十二五"规划》中给出的"基本公共服务均等化"的定义为"全体公民都能公平可及地获得大致均等的基本公共服务，其核心是机会均等，而不是简单的平均化和无差异化"。可见，现阶段公共服务均等

① 郭小聪、刘述良：《中国基本公共服务均等化：困境与出路》，载《中山大学学报（社会科学版）》2010年第5期，第151页。

化强调的更多的是"机会均等"，而不是结果均等，当然享受的基本公共服务的水平应当大致相当，允许地区、城乡、人群之间存在一定的差别，但不能差距过大。

社会保障属于准公共服务的范畴，是实现基本公共服务均等化的重要方面，养老保险制度作为社会保障制度的重要组成部分，也具有准公共产品的性质，因此，实现养老保险制度的这一基本公共服务的均等化也是当今养老保险制度改革的工作重点。要实现基本公共服务的均等化，对于养老保险制度来说，要求达到一定年龄的农村居民和城镇居民（包含城镇职工）都应该被覆盖到养老保险制度中来，这是实现养老保险这项基本公共服务均等化的前提；然后应该逐步缩小城乡居民所享受到的基本养老保险待遇差距，最终建立起城乡统一的社会养老保险制度。

三、建立城乡统一社会养老保险制度的基本路径

建立城乡统一的社会养老保险制度，是中国社会养老保险制度改革与发展的最终目标。但是，由于中国城乡经济社会发展水平的不平衡，决定了社会养老保险制度的城乡统筹之路是一个长期的过程。具体来讲，可以遵循三步走的改革战略：第一步是初步改变社会养老保险制度"碎片化"的现状，将相关制度整合到城乡居民基本养老保险和城镇职工基本养老保险制度中来；第二步，改革机关事业单位养老保险，将其整合到城镇职工基本养老保险制度中来，并实现城乡养老保险制度的无缝衔接；第三步，建立将城镇职工基本养老保险制度与城乡居民基本养老保险制度合并，建立城乡统一的社会养老保险制度。

（一）初步改变养老保险制度"碎片化"的现状，将相关制度整合到城乡居民基本养老保险和城镇职工基本养老保险制度中来

第一，由于新农保和城镇居民社会养老保险的制度模式基本一致，因此，首先应当将这两项制度合并实施，统称为城乡居民基本养老保险。2014 年 2 月 21 日国务院出台的《关于建立统一的城乡居民基本养老保险制度的意见》（国发〔2014〕8 号），为合并实施新农保和城镇居民社会养老保险制度提供了政策依据。截至 2013 年年底，全国已有北京、天津、重庆、浙江、江苏、广东、山东、福建、湖北、河南、河北、安徽、内蒙古、甘肃、宁夏等 15 个省份合并实施了新农保和城镇居民社会养老保险制度。未来应加快制度整合的步伐，建议不用等到"十二五"末，在 2014 年就在全国范围内全面实现新农保和城镇居民社会养

老保险两项制度的合并实施。

第二，在城乡居民基本养老保险开始实施之后，农村计划生育家庭养老保险制度、村主职干部养老保险制度不应该再继续存在，而应当在做好制度衔接和过渡的基础上，将其融合到城乡居民基本养老保险中来。关于城乡居民基本养老保险与农村计划生育家庭养老保险的制度衔接，国家已经出台了《关于做好新型农村社会养老保险制度与人口和计划生育政策衔接的通知》（国人口发〔2009〕101号），可以直接参照执行。参照部分试点省份的做法，将村主职干部养老保险并入城乡居民基本养老保险的具体办法可为：（1）原村主职干部养老保险中的个人缴费、财政补贴及利息，全部并入本人城乡居民基本养老保险个人账户；（2）参加村主职干部养老保险的实际缴费年限（含补缴年限）视同为城乡居民基本养老保险的缴费年限；（3）村主职干部年满60周岁后，按规定享受城乡居民基本养老保险待遇，基础养老金在统一计发的标准上，根据其实际任村主职干部年限，加发基础养老金，标准由地方政府来定，所需资金由地方财政负担①。

第三，在城乡居民基本养老保险开始实施之后，不应再保留农民工养老保险和被征地农民养老保险，而应当将其融入城乡居民基本养老保险和城镇职工基本养老保险中去。目前，针对各地探索的农民工养老保险制度，应进行清理整顿，将其或并入企业职工基本养老保险，或并入城乡居民基本养老保险中去，不再保留农民工养老保险制度，此后，农民工进城打工参加城镇职工基本养老保险，返乡后参加城乡居民基本养老保险。另外，关于被征地农民与城乡居民基本养老保险和城镇职工基本养老保险的衔接问题，本章第一节中已经有所论述，此处不再赘述。

在第一步改革战略完成后，中国基本养老保险制度整合为了城镇职工基本养老保险、机关事业单位养老保险和城乡居民基本养老保险三种制度。

（二）改革机关事业单位养老保险，将其整合到城镇职工基本养老保险制度中来，并实现城乡养老保险制度的无缝衔接

中国城镇养老保险制度的“双轨制”带来的养老保险制度的不公平已经广受社会诟病，改革的呼声日渐强烈。养老保险制度的“双轨制”所带来的不公平主要表现在机关事业单位及其职工不用缴纳养老保险费就可以领取到养老保险金，而企业职工在每月都要缴纳养老保险费的情况下，领取到的养老保险金反而比机关事业单位职工还要少。根据《中国人力资源和社会保障年鉴（工作卷）

① 参考了《湖北省人民政府办公厅关于印发湖北省村主职干部基本养老保险与城乡居民社会养老保险制度并轨实施意见的通知》（鄂政办发〔2011〕90号）的相关做法。

2011》的相关数据，2010年企业、事业单位、机关之间的退休人员月平均养老金分别为1 362元、1 895元和1 982元，其月养老金之比为1∶1.39∶1.46。另外，若养老保险制度的“双轨制”不改革，通过延长退休年龄来减少养老金缺口、缓解财政支出压力的改革根本无法推动。也就是说，当前事业单位养老保险制度已经到了非改不可的时候了，人力资源和社会保障部副部长胡晓义在公开场合多次提到，“随着社保标准的提高和改革的不断推进，双轨制终将合并统一”。

根据《事业单位工作人员养老保险制度改革试点方案》（国发〔2008〕10号）以及国家的相关政策，我们认为机关事业单位养老保险未来的改革方向为仿照企业职工基本养老保险建立起“社会统筹+个人账户”（统账结合）的制度模式，缴费比例和计发办法与企业职工基本养老保险相同（当前社会统筹账户缴费比例为20%，个人账户为8%）；对于由于改革所降低的养老金待遇部分，通过建立职业年金的形式来加以解决。

机关事业单位养老保险与城镇职工基本养老保险并轨之后，要制定出城乡养老保险制度的衔接办法，实现二者的无缝衔接。2014年2月24日，人力资源和社会保障部、财政部印发《城乡养老保险制度衔接暂行办法》（人社部发〔2014〕17号），并于2014年7月1日正式实施，这为城镇职工基本养老保险与城乡居民基本养老保险制度的衔接提供了政策依据，城乡养老保险制度的衔接可以直接参照此文件执行。

（三）建立城乡统一的社会养老保险制度

城乡统一的社会养老保险制度包含了两个方面的内容：一个是建立起城乡相对统一的养老保险制度模式，另一个是建立起城乡相对统一的经办管理模式。

1. 城乡统一的社会养老保险制度模式构想

我们认为，未来城乡统一的社会养老保险制度模式应该采用“国民年金+强制性个人年金”的形式。

对于城镇职工基本养老保险制度，首先要将当前的统账结合模式改革为“大账户，小统筹”的模式。具体来讲，所谓“大账户，小统筹”模式，是指降低社会统筹账户的规模，由现在的缴费工资的20%降为12%，另外，个人账户的规模由现在的8%提高为16%。改革后的大账户不一定是实账，可以是名义账户，但实行比较高的记账利率，如可以令“记账利率=名义工资增长率”。“大账户，小统筹”模式的优点在于：（1）具有激励效应。它可以鼓励各类人群积极参保、长期参保，克服当前养老保险扩面难题（农民工、个体工商户、灵活就业人员参保积极性不高的问题）、缴满15年后就不愿再继续缴费的问题，以及养老保险基金收支缺口过大、财政不堪重负的问题；（2）化解了做实个人账户的难题。目前，一方面做实个人账户的财政负担过重，另一方面，部分做实个人账户的省份个人基金存在银行里贬值，还有一部分省份一边在做实个人账户，一边在挪用个人账户基金。在实现名义账户式的"大账户"改革后，个人账户就无须再继续做实了，这一方面可以化解做实个人账户的难题，另一方面也是落实党的十八届三中全会提出的"完善个人账户制度"的具体表现。

其次，在完成"大账户，小统筹"模式的转变之后，将"统账结合"改为"统账分离"，即将社会统筹账户与个人账户相分离，社会统筹部分转变为"国民年金"（即零支柱），个人账户部分转变为"强制性的个人年金"（第一支柱）。

在城镇职工基本养老保险实现"国民养老金 + 强制性的个人年金"的改革之后，未来城镇的养老保险体系也发生了变化，由原来的"三支柱"变为了"四支柱"，即多了一个零支柱。具体如图 10 - 9 所示。

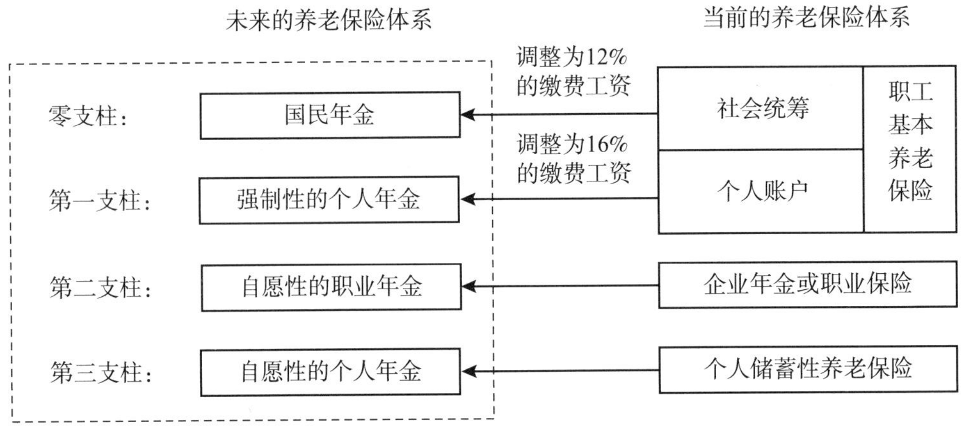

图 10 - 9　未来城镇职工养老保险体系

在图 10 - 9 中，未来的城镇养老保险体系由国民年金（零支柱）、强制性的个人年金（第一支柱）、自愿性的职业年金（第二支柱）和自愿性的个人年金（第三支柱）组成。其中，"国民年金"由当前城镇职工基本养老保险的"社会统筹基金"部分转化而来，为 12% 的缴费工资；"强制性的个人年金"由当前城镇职工基本养老保险的"个人账户养老金"转化而来，为 16% 的缴费工资；另外，在机关事业单位实行养老保险改革以后，应该建立起自愿性的职业年金制度，由于企业年金也是职业年金的一种，未来应统一名称为"职业年金"；最后，还有一个自愿性的个人年金，即个人储蓄性养老保险。

农民和城镇居民（即城镇未就业人员）的基本养老保险制度同样采用"国民年金 + 强制性个人年金"的模式。其中，"国民年金"由当前的"新农保基础养老金”转化而来，资金来源于财政补贴；“强制性的个人年金”由当前的“新农保个人账户养老金”转化而来，资金来源于个人缴费、集体补助和财政缴费补贴，具体如图10－10所示。

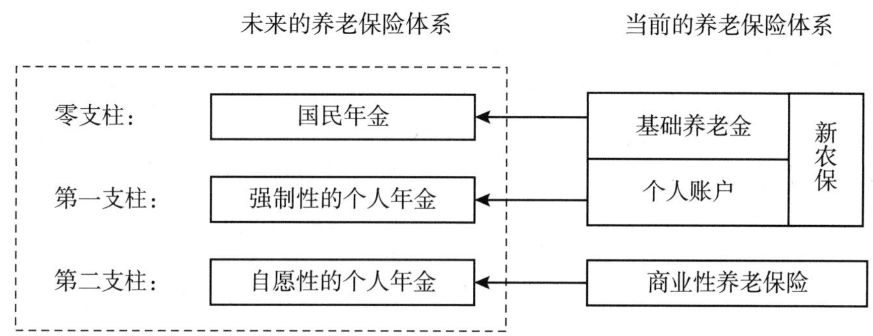

图10－10　未来城乡居民的养老保险体系

城乡居民基本养老保险向“国民年金＋强制性个人年金”的模式转变完成之后，城乡居民养老保险体系也发生了变化，由原来的两个支柱变为了三个支柱，即国民年金（零支柱）、强制性的个人年金（第一支柱）和自愿性的个人年金（第二支柱）。

在改革完成之后，城乡养老保险制度基本一致。“国民年金”体现公平，对于“国民年金”的标准，城镇职工和城乡居民应该基本一致，其中城乡居民的“国民年金”来自于财政补贴，城镇职工的“国民年金”来自于社会统筹基金；对于“强制性的个人年金”部分，多缴多得，体现效率，其中“强制性个人年金”的月计发标准为个人账户储存额除以计发月数。

2. 建立相对统一的经办管理服务模式

城乡基本养老保险制度模式统一以后，还应该建立起相对统一的经办管理服务模式，具体来说，养老保险基金的筹集、运营、监管与发放这四个方面应该基本统一。

对于养老保险基金的筹集，可以推行“子母户”的管理方法。在当地的省级养老保险机构设立一个母账户，在县、乡（镇、街道）、村（社区）各设立一个“子账户”，根据就近参保的原则，将参保居民划分到不同的参保地区，并将其缴纳的养老保险费划入当地的子账户，再由当地的工作人员将居民的缴费存入省级的“母账户”中，县、乡（镇、街道）、村（社区）的经办机构对基金只有存入权，并没有提现权，这在一定程度上保证了基金的安全性。

对于养老保险基金的运营，城镇职工的国民年金可以采取存入银行的谨慎管理方式；对于个人账户养老金，可以交由专门的基金管理机构进行投资运营，建议各个省份参照全国社会保障基金理事会的方式成立省级社会保障基金理事会，负责本省养老金的管理；同时要探索新的投资渠道，包括对国家重点项目的投资、协议存款、购买国债、贷款合同等，适当的部分进入资本市场。

对于养老保险基金的监管，主要包含了征缴监管、营运监管、日常监管和发放监管。第一，在养老基金的征缴环节，为了加强基金征缴的力度，防止基金在征缴过程中的跑、冒、滴、漏，建议尽快开征社会保障税，以增强基金征缴的强制性。第二，在养老基金的营运环节，建议中国暂且实行严格的限量监管模式，对养老保险基金投资于相关金融资产和实业资产的比例进行严格的限制，并成立专门的社会保障基金监督管理委员会，负责社会保障基金的监管，该委员会是一个独立的正部级的法人机构，由政府代表、企业代表、公众代表、专家学者等组织，不隶属于任何一个部门，只对社会公众负责，该委员会的相关运作经费由国家财政拨付。第三，在养老基金的日常管理环节，建议严格执行“财政专户”制度，尽快实现养老保险基金的省级管理，加强经办机构的内部控制和国家审计署的部门审计，对违规动用养老保险基金的现象严惩不贷。第四，在养老金的发放环节，可以实行“点线面”的监管法。加强“点”方面的管理，主要是指建立待遇领取人员认证系统；加强“线”上的监督，主要是指加强领取人员基本生活现状调查制度；加强“面”上的监督，主要是指加强与公安、财政、民政、残联等部门的沟通协调和利用社会监督机制。

对于养老保险基金的发放，可以与当地的银行建立协议，对于那些达到法定领取条件的居民，可以持社会保障卡、个人身份证等有效证件到当地银行直接领取养老金，在农村地区和社区可以设立 POS 机，做到领取养老金不出村（社区），以提高养老保险金领取的可及性。

附表

中国农村国民生命表（2010 年）

表 1　　　　中国农村国民生命表（男女混合）（2010 年）

年龄 x	生存人数 l_x	死亡概率 q_x	死亡人数 d_x	生存人年数 L_x	累积生存人年数 T_x	平均预期余命 e_x
0	1 000 000	0. 004682909	4 683	997 659	75 684 690	75. 68
1	995 317	0. 001402815	1 396	994 619	74 687 032	75. 04
2	993 921	0. 000826758	822	993 510	73 692 413	74. 14
3	993 099	0. 000587427	583	992 807	72 698 903	73. 20
4	992 516	0. 000482683	479	992 276	71 706 095	72. 25
5	992 037	0. 000440703	437	991 818	70 713 819	71. 28
6	991 599	0. 000419312	416	991 392	69 722 001	70. 31
7	991 184	0. 000378428	375	990 996	68 730 609	69. 34
8	990 809	0. 00037363	370	990 623	67 739 613	68. 37
9	990 438	0. 000378428	375	990 251	66 748 990	67. 39
10	990 064	0. 000410516	406	989 860	65 758 739	66. 42
11	989 657	0. 000384226	380	989 467	64 768 878	65. 45
12	989 277	0. 000391024	387	989 083	63 779 411	64. 47
13	988 890	0. 000387225	383	988 699	62 790 328	63. 50
14	988 507	0. 000403519	399	988 308	61 801 629	62. 52
15	988 108	0. 00051067	505	987 856	60 813 322	61. 55
16	987 604	0. 000572236	565	987 321	59 825 466	60. 58
17	987 039	0. 000638296	630	986 724	58 838 145	59. 61
18	986 409	0. 00066248	653	986 082	57 851 421	58. 65
19	985 755	0. 000713345	703	985 403	56 865 339	57. 69
20	985 052	0. 000777198	766	984 669	55 879 936	56. 73

续表

年龄 x	生存人数 l_x	死亡概率 q_x	死亡人数 d_x	生存人年数 L_x	累积生存人年数 T_x	平均预期余命 e_x
21	984 286	0.000776698	764	983 904	54 895 267	55.77
22	983 522	0.000789588	777	983 133	53 911 363	54.81
23	982 745	0.000838748	824	982 333	52 928 229	53.86
24	981 921	0.000879813	864	981 489	51 945 896	52.90
25	981 057	0.000936361	919	980 598	50 964 407	51.95
26	980 138	0.000921375	903	979 687	49 983 810	51.00
27	979 235	0.000974925	955	978 758	49 004 123	50.04
28	978 281	0.001013386	991	977 785	48 025 365	49.09
29	977 289	0.001102592	1 078	976 750	4 7047 580	48.14
30	976 212	0.001163623	1 136	975 644	46 070 829	47.19
31	975 076	0.001271991	1 240	974 456	45 095 186	46.25
32	973 835	0.001294861	1 261	973 205	44 120 730	45.31
33	972 574	0.001316633	1 281	971 934	43 147 525	44.36
34	971 294	0.001499175	1 456	970 566	42 175 591	43.42
35	969 838	0.001598821	1 551	969 063	41 205 025	42.49
36	968 287	0.00163017	1 578	967 498	40 235 962	41.55
37	966 709	0.001700852	1 644	965 887	39 268 464	40.62
38	965 065	0.001764342	1 703	964 213	38 302 578	39.69
39	963 362	0.00194311	1 872	962 426	37 338 365	38.76
40	961 490	0.00215298	2 070	960 455	36 375 939	37.83
41	959 420	0.002173735	2 086	958 377	35 415 484	36.91
42	957 334	0.002471342	2 366	956 151	34 457 107	35.99
43	954 968	0.002489198	2 377	953 780	33 500 955	35.08
44	952 591	0.002757991	2 627	951 278	32 547 176	34.17
45	949 964	0.0030636	2 910	948 509	31 595 898	33.26
46	947 054	0.003126206	2 961	945 573	30 647 389	32.36
47	944 093	0.003280211	3 097	942 545	29 701 816	31.46
48	940 996	0.003927871	3 696	939 148	28 759 271	30.56
49	937 300	0.004235412	3 970	935 315	27 820 123	29.68

续表

年龄 x	生存人数 l_x	死亡概率 q_x	死亡人数 d_x	生存人年数 L_x	累积生存人年数 T_x	平均预期余命 e_x
50	933 330	0.004668676	4 357	931 152	26 884 807	28.81
51	928 973	0.004714262	4 379	926 783	25 953 656	27.94
52	924 593	0.004950914	4 578	922 305	25 026 873	27.07
53	920 016	0.005406644	4 974	917 529	24 104 568	26.20
54	915 042	0.006162354	5 639	912 222	23 187 039	25.34
55	909 403	0.00632881	5 755	906 525	22 274 817	24.49
56	903 647	0.006838239	6 179	900 558	21 368 292	23.65
57	897 468	0.007272161	6 527	894 205	20 467 734	22.81
58	890 942	0.008102739	7 219	887 332	19 573 529	21.97
59	883 722	0.009164314	8 099	879 673	18 686 197	21.14
60	875 624	0.010269002	8 992	871 128	17 806 524	20.34
61	866 632	0.011146233	9 660	861 802	16 935 396	19.54
62	856 972	0.012253661	10 501	851 722	16 073 594	18.76
63	846 471	0.013087593	11 078	840 932	15 221 873	17.98
64	835 393	0.015267948	12 755	829 016	14 380 940	17.21
65	822 638	0.016510763	13 582	815 847	13 551 925	16.47
66	809 056	0.01714004	13 867	802 122	12 736 078	15.74
67	795 189	0.020158646	16 030	787 174	11 933 956	15.01
68	779 159	0.021678839	16 891	770 713	11 146 782	14.31
69	762 267	0.025618099	19 528	752 503	10 376 069	13.61
70	742 740	0.029977536	22 266	731 607	9 623 565	12.96
71	720 474	0.031160042	22 450	709 249	8 891 959	12.34
72	698 024	0.035842728	25 019	685 515	8 182 709	11.72
73	673 005	0.038555718	25 948	660 031	7 497 195	11.14
74	647 057	0.042784056	27 684	633 215	6 837 164	10.57
75	619 373	0.046953961	29 082	604 832	6 203 949	10.02
76	590 291	0.047022236	27 757	576 413	5 599 117	9.49
77	562 534	0.056470324	31 766	546 651	5 022 704	8.93
78	530 768	0.06163215	32 712	514 412	4 476 053	8.43

续表

年龄 x	生存人数 l_x	死亡概率 q_x	死亡人数 d_x	生存人年数 L_x	累积生存人年数 T_x	平均预期余命 e_x
79	498 055	0.068139614	33 937	481 087	3 961 642	7.95
80	464 118	0.081094666	37 638	445 299	3 480 555	7.50
81	426 481	0.083893467	35 779	408 591	3 035 256	7.12
82	390 702	0.091998581	35 944	372 730	2 626 665	6.72
83	354 758	0.098816665	35 056	337 230	2 253 935	6.35
84	319 702	0.108725762	34 760	302 322	1 916 705	6.00
85	284 942	0.115031787	32 777	268 553	1 614 383	5.67
86	252 165	0.12225597	30 829	236 750	13 458 30	5.34
87	221 336	0.132643557	29 359	206 657	1 109 080	5.01
88	191 977	0.145617431	27 955	178 000	902 424	4.70
89	164 022	0.158063989	25 926	151 059	724 424	4.42
90	138 096	0.174717834	24 128	126 032	573 365	4.15
91	113 968	0.183593472	20 924	103 506	447 333	3.93
92	93 044	0.198229283	18 444	83 822	343 827	3.70
93	74 600	0.203743049	15 199	67 001	260 005	3.49
94	59 401	0.205039987	12 180	53 311	193 004	3.25
95	47 221	0.216295646	10 214	42 114	139 693	2.96
96	37 008	0.217575163	8 052	32 982	97 578	2.64
97	28 956	0.210638052	6 099	25 906	64 597	2.23
98	22 856	0.207242498	4 737	20 488	38 691	1.69
99	18 120	0.253427572	4 592	15 824	18 203	1.00
100	13 528	1	4 757	2 379	2 379	0.18

表 2　　　　中国农村国民生命表（男性）（2010 年）

年龄 x	生存人数 l_x	死亡概率 q_x	死亡人数 d_x	生存人年数 L_x	累积生存人年数 T_x	平均预期余命 e_x
0	1 000 000	0.004537781	4 538	997 731	73 186 893	73.19
1	995 462	0.00146223	1 456	994 734	72 189 162	72.52
2	994 007	0.000892901	888	993 563	71 194 427	71.62

续表

年龄 x	生存人数 l_x	死亡概率 q_x	死亡人数 d_x	生存人年数 L_x	累积生存人年数 T_x	平均预期余命 e_x
3	993 119	0. 000652587	648	992 795	70 200 865	70. 69
4	992 471	0. 000545651	542	992 200	69 208 070	69. 73
5	991 929	0. 000486881	483	991 688	68 215 869	68. 77
6	991 446	0. 000491779	488	991 203	67 224 181	67. 80
7	990 959	0. 000463193	459	990 729	66 232 979	66. 84
8	990 500	0. 000454697	450	990 275	65 242 249	65. 87
9	990 050	0. 000471889	467	989 816	64 251 975	64. 90
10	989 582	0. 000498276	493	989 336	63 262 159	63. 93
11	989 089	0. 000461493	456	988 861	62 272 823	62. 96
12	988 633	0. 000484283	479	988 393	61 283 962	61. 99
13	988 154	0. 000474188	469	987 920	60 295 568	61. 02
14	987 685	0. 000514967	509	987 431	59 307 649	60. 05
15	987 177	0. 000659083	651	986 852	58 320 218	59. 08
16	986 526	0. 000753716	744	986 154	57 333 366	58. 12
17	985 783	0. 00084864	837	985 364	56 347 212	57. 16
18	984 946	0. 000889904	877	984 508	55 361 847	56. 21
19	984 070	0. 000995404	980	983 580	54 377 340	55. 26
20	983 090	0. 001092303	1 074	982 553	53 393 760	54. 31
21	982 016	0. 001104889	1 085	981 474	52 411 207	53. 37
22	980 931	0. 00112247	1 101	980 381	51 429 733	52. 43
23	979 830	0. 00119159	1 168	979 246	50 449 352	51. 49
24	978 663	0. 00124852	1 222	978 052	49 470 106	50. 55
25	977 441	0. 001317032	1 287	976 797	48 492 055	49. 61
26	976 153	0. 00128837	1 258	975 525	47 515 258	48. 68
27	974 896	0. 001335108	1 302	974 245	46 539 733	47. 74
28	973 594	0. 001427381	1 390	972 899	45 565 488	46. 80
29	972 204	0. 001527932	1 485	971 462	44 592 589	45. 87
30	970 719	0. 00157406	1 528	969 955	43 621 127	44. 94
31	969 191	0. 00173689	1 683	968 349	42 651 172	44. 01

续表

年龄 x	生存人数 l_x	死亡概率 q_x	死亡人数 d_x	生存人年数 L_x	累积生存人年数 T_x	平均预期余命 e_x
32	967 508	0.00178251	1 725	966 645	41 682 823	43.08
33	965 783	0.001814752	1 753	964 907	40 716 178	42.16
34	964 030	0.002021854	1 949	963 056	39 751 271	41.23
35	962 081	0.00220806	2 124	961 019	38 788 215	40.32
36	959 957	0.002231108	2 142	958 886	37 827 196	39.41
37	957 815	0.00233098	2 233	956 699	36 868 310	38.49
38	955 582	0.002409593	2 303	954 431	35 911 611	37.58
39	953 280	0.002674419	2 549	952 005	34 957 180	36.67
40	950 730	0.002929503	2 785	949 338	34 005 175	35.77
41	947 945	0.002956224	2 802	946 544	33 055 837	34.87
42	945 143	0.003378683	3 193	943 546	32 109 293	33.97
43	941 950	0.003406787	3 209	940 345	31 165 747	33.09
44	938 741	0.003728138	3 500	936 991	30 225 402	32.20
45	935 241	0.004156942	3 888	933 297	29 288 411	31.32
46	931 353	0.004241884	3 951	929 378	28 355 114	30.45
47	927 402	0.004406868	4 087	925 359	27 425 737	29.57
48	923 315	0.005332743	4 924	920 854	26 500 378	28.70
49	918 392	0.005714128	5 248	915 768	25 579 524	27.85
50	913 144	0.006111865	5 581	910 353	24 663 756	27.01
51	907 563	0.006139495	5 572	904 777	23 753 403	26.17
52	901 991	0.006444964	5 813	899 084	22 848 626	25.33
53	896 178	0.007022257	6 293	893 031	21 949 542	24.49
54	889 884	0.007968624	7 091	886 339	21 056 511	23.66
55	882 793	0.008138547	7 185	879 201	20 170 172	22.85
56	875 609	0.008793863	7 700	871 759	19 290 971	22.03
57	867 909	0.009303916	8 075	863 871	18 419 213	21.22
58	859 834	0.010379156	8 924	855 371	17 555 342	20.42
59	850 909	0.011618511	9 886	845 966	16 699 970	19.63
60	841 023	0.012846352	10 804	835 621	15 854 004	18.85

续表

年龄 x	生存人数 l_x	死亡概率 q_x	死亡人数 d_x	生存人年数 L_x	累积生存人年数 T_x	平均预期余命 e_x
61	830 219	0.013932758	11 567	824 435	15 018 383	18.09
62	818 652	0.015168381	12 418	812 443	14 193 948	17.34
63	806 234	0.016220276	13 077	799 695	13 381 505	16.60
64	793 157	0.018883115	14 977	785 668	12 581 810	15.86
65	778 179	0.020144534	15 676	770 341	11 796 142	15.16
66	762 503	0.020874725	15 917	754 545	11 025 800	14.46
67	746 586	0.024389602	18 209	737 482	10 271 256	13.76
68	728 377	0.026225736	19 102	718 826	9 533 774	13.09
69	709 275	0.030820902	21 860	698 345	8 814 948	12.43
70	687 415	0.035986039	24 737	675 046	8 116 603	11.81
71	662 677	0.036928034	24 471	650 442	7 441 557	11.23
72	638 206	0.042536178	27 147	624 633	6 791 115	10.64
73	611 059	0.045855467	28 020	597 049	6 166 483	10.09
74	583 039	0.051274381	29 895	568 091	5 569 434	9.55
75	553 144	0.056466735	31 234	537 527	5 001 342	9.04
76	521 910	0.0560826	29 270	507 275	4 463 816	8.55
77	492 639	0.067365456	33 187	476 046	3 956 541	8.03
78	459 453	0.073702085	33 863	442 521	3 480 495	7.58
79	425 590	0.080957034	34 455	408 363	3 037 974	7.14
80	391 135	0.095987641	37 544	372 363	2 629 611	6.72
81	353 591	0.098883802	34 964	336 109	2 257 248	6.38
82	318 627	0.107670788	34 307	301 473	1 921 139	6.03
83	284 320	0.115546225	32 852	267 894	1 619 665	5.70
84	251 468	0.127360374	32 027	235 454	1 351 771	5.38
85	219 441	0.134858497	29 593	204 644	1 116 317	5.09
86	189 847	0.143975358	27 333	176 181	911 673	4.80
87	162 514	0.153666889	24 973	150 028	735 492	4.53
88	137 541	0.167615033	23 054	126 014	585 464	4.26
89	114 487	0.183569221	21 016	103 979	459 450	4.01

续表

年龄 x	生存人数 l_x	死亡概率 q_x	死亡人数 d_x	生存人年数 L_x	累积生存人年数 T_x	平均预期余命 e_x
90	93 471	0. 203370629	19 009	83 966	355 471	3. 80
91	74 462	0. 20882535	15 549	66 687	271 505	3. 65
92	58 912	0. 22350572	13 167	52 329	204 818	3. 48
93	45 745	0. 227280618	10 397	40 546	152 490	3. 33
94	35 348	0. 222739997	7 873	31 411	111 943	3. 17
95	27 475	0. 230493525	6 333	24 308	80 532	2. 93
96	21 142	0. 227950667	4 819	18 732	56 224	2. 66
97	16 323	0. 205904968	3 361	14 642	37 492	2. 30
98	12 962	0. 210327742	2 726	11 599	22 850	1. 76
99	10 235	0. 266418158	2 727	8 872	11 251	1. 10
100	7 509	1	4 757	2 379	2 379	0. 32

表 3　　中国农村国民生命表（女性）（2010 年）

年龄 x	生存人数 l_x	死亡概率 q_x	死亡人数 d_x	生存人年数 L_x	累积生存人年数 T_x	平均预期余命 e_x
0	1 000 000	0. 004857474	4 857	997 571	78 475 234	78. 48
1	995 143	0. 001330814	1 324	994 480	77 477 663	77. 86
2	993 818	0. 00074772	743	993 447	76 483 182	76. 96
3	993 075	0. 00050997	506	992 822	75 489 736	76. 02
4	992 569	0. 000408017	405	992 366	74 496 914	75. 05
5	992 164	0. 000385926	383	991 972	73 504 548	74. 09
6	991 781	0. 000333045	330	991 616	72 512 575	73. 11
7	991 450	0. 000277661	275	991 313	71 520 960	72. 14
8	991 175	0. 000277162	275	991 038	70 529 647	71. 16
9	990 900	0. 000267764	265	990 768	69 538 609	70. 18
10	990 635	0. 000307553	305	990 483	68 547 841	69. 20
11	990 330	0. 000294157	291	990 185	67 557 359	68. 22
12	990 039	0. 00028326	280	989 899	66 567 174	67. 24
13	989 759	0. 000287559	285	989 616	65 577 275	66. 26

续表

年龄 x	生存人数 l_x	死亡概率 q_x	死亡人数 d_x	生存人年数 L_x	累积生存人年数 T_x	平均预期余命 e_x
14	989 474	0.000276662	274	989 337	64 587 659	65.27
15	989 200	0.000343441	340	989 030	63 598 321	64.29
16	988 861	0.000370631	367	988 677	62 609 291	63.31
17	988 494	0.000406118	401	988 293	61 620 614	62.34
18	988 093	0.000415614	411	987 887	60 632 320	61.36
19	987 682	0.000418512	413	987 475	59 644 433	60.39
20	987 269	0.000462193	456	987 040	58 656 958	59.41
21	986 812	0.000456796	451	986 587	57 669 917	58.44
22	986 362	0.000465492	459	986 132	56 683 330	57.47
23	985 902	0.000496277	489	985 658	55 697 198	56.49
24	985 413	0.000519665	512	985 157	54 711 540	55.52
25	984 901	0.000557744	549	984 626	53 726 383	54.55
26	984 352	0.000550249	542	984 081	52 741 757	53.58
27	983 810	0.000601919	592	983 514	51 757 676	52.61
28	983 218	0.000579332	570	982 933	50 774 162	51.64
29	982 648	0.000661581	650	982 323	49 791 229	50.67
30	981 998	0.000730333	717	981 640	48 808 906	49.70
31	981 281	0.000783793	769	980 896	47 827 266	48.74
32	980 512	0.000779196	764	980 130	46 846 370	47.78
33	979 748	0.000789288	773	979 361	45 866 240	46.81
34	978 975	0.000950348	930	978 509	44 886 879	45.85
35	978 044	0.000964135	943	977 573	43 908 369	44.89
36	977 101	0.001003296	980	976 611	42 930 796	43.94
37	976 121	0.001044155	1 019	975 611	41 954 185	42.98
38	975 102	0.001091005	1 064	974 570	40 978 574	42.02
39	974 038	0.001188194	1 157	973 459	40 004 004	41.07
40	972 881	0.001359375	1 323	972 219	39 030 545	40.12
41	971 558	0.001374754	1 336	970 890	38 058 326	39.17
42	970 222	0.001554691	1 508	969 468	37 087 436	38.23

续表

年龄 x	生存人数 l_x	死亡概率 q_x	死亡人数 d_x	生存人年数 L_x	累积生存人年数 T_x	平均预期余命 e_x
43	968 714	0.001558784	1 510	967 959	36 117 968	37.28
44	967 204	0.001763544	1 706	966 351	35 150 009	36.34
45	965 498	0.001959977	1 892	964 552	34 183 658	35.41
46	963 606	0.001997004	1 924	962 644	33 219 106	34.47
47	961 682	0.002122146	2 041	960 661	32 256 462	33.54
48	959 641	0.00254396	2 441	958 420	31 295 801	32.61
49	957 199	0.002781726	2 663	955 868	30 337 381	31.69
50	954 537	0.003154417	3 011	953 031	29 381 512	30.78
51	951 526	0.003207847	3 052	950 000	28 428 481	29.88
52	948 473	0.003353567	3 181	946 883	27 478 482	28.97
53	945 293	0.00371688	3 514	943 536	26 531 599	28.07
54	941 779	0.00428261	4 033	939 762	25 588 063	27.17
55	937 746	0.004420607	4 145	935 673	24 648 300	26.28
56	933 600	0.004803137	4 484	931 358	23 712 627	25.40
57	929 116	0.005159953	4 794	926 719	22 781 269	24.52
58	924 322	0.005762151	5 326	921 659	21 854 550	23.64
59	918 996	0.006623591	6 087	915 952	20 932 891	22.78
60	912 909	0.007472179	6 821	909 498	20 016 938	21.93
61	906 087	0.00816126	7 395	902 390	19 107 440	21.09
62	898 693	0.009135876	8 210	894 587	18 205 050	20.26
63	890 482	0.009785487	8 714	886 125	17 310 463	19.44
64	881 768	0.011533899	10 170	876 683	16 424 337	18.63
65	871 598	0.012658965	11 034	866 082	15 547 654	17.84
66	860 565	0.013165165	11 329	854 900	14 681 572	17.06
67	849 235	0.015637471	13 280	842 595	13 826 672	16.28
68	835 955	0.016867337	14 100	828 905	12 984 077	15.53
69	821 855	0.020107883	16 526	813 592	12 155 172	14.79
70	805 329	0.023687294	19 076	795 791	11 341 580	14.08
71	786 253	0.025131973	19 760	776 373	10 545 788	13.41

续表

年龄 x	生存人数 l_x	死亡概率 q_x	死亡人数 d_x	生存人年数 L_x	累积生存人年数 T_x	平均预期余命 e_x
72	766 493	0. 028933774	22 178	755 404	9 769 415	12. 75
73	744 316	0. 03132516	23 316	732 658	9 014 011	12. 11
74	721 000	0. 034680133	25 004	708 498	8 281 353	11. 49
75	695 995	0. 038154655	26 555	682 718	7 572 856	10. 88
76	669 440	0. 038738061	25 933	656 474	6 890 138	10. 29
77	643 507	0. 046859646	30 155	628 430	6 233 665	9. 69
78	613 353	0. 051344064	31 492	597 607	5 605 235	9. 14
79	581 861	0. 057484379	33 448	565 137	5 007 628	8. 61
80	548 413	0. 069186456	37 943	529 441	4 442 491	8. 10
81	510 470	0. 072338486	36 927	492 007	3 913 050	7. 67
82	473 543	0. 080239463	37 997	454 545	3 421 043	7. 22
83	435 546	0. 086737561	37 778	416 657	2 966 499	6. 81
84	397 768	0. 095970693	38 174	378 681	2 549 841	6. 41
85	359 594	0. 10199094	36 675	341 256	2 171 160	6. 04
86	322 919	0. 108839502	35 146	305 346	1 829 904	5. 67
87	287 772	0. 120022731	34 539	270 503	1 524 558	5. 30
88	253 233	0. 132905134	33 656	236 405	1 254 055	4. 95
89	219 577	0. 144045371	31 629	203 763	1 017 650	4. 63
90	187 948	0. 159912441	30 055	172 921	813 887	4. 33
91	157 893	0. 171416618	27 065	144 360	640 967	4. 06
92	130 827	0. 1865965	24 412	118 621	496 606	3. 80
93	106 415	0. 193376956	20 578	96 126	377 985	3. 55
94	85 837	0. 197593824	16 961	77 357	281 859	3. 28
95	68 876	0. 210317413	14 486	61 633	204 502	2. 97
96	54 390	0. 213210769	11 597	48 592	142 868	2. 63
97	42 794	0. 212691659	9 102	38 243	94 276	2. 20
98	33 692	0. 205922429	6 938	30 223	56 034	1. 66
99	26 754	0. 248366021	6 645	23 432	25 811	0. 96
100	20 109	1	4 757	2 379	2 379	0. 12

附录1

国务院关于开展新型农村社会养老保险试点的指导意见

国发〔2009〕32号

各省、自治区、直辖市人民政府，国务院各部委、各直属机构：

根据党的十七大和十七届三中全会精神，国务院决定，从2009年起开展新型农村社会养老保险（以下简称“新农保”）试点。现就试点工作提出以下指导意见：

一、基本原则

新农保工作要高举中国特色社会主义伟大旗帜，以邓小平理论和“三个代表”重要思想为指导，深入贯彻落实科学发展观，按照加快建立覆盖城乡居民的社会保障体系的要求，逐步解决农村居民老有所养问题。新农保试点的基本原则是“保基本、广覆盖、有弹性、可持续”。一是从农村实际出发，低水平起步，筹资标准和待遇标准要与经济发展及各方面承受能力相适应；二是个人（家庭）、集体、政府合理分担责任，权利与义务相对应；三是政府主导和农民自愿相结合，引导农村居民普遍参保；四是中央确定基本原则和主要政策，地方制定具体办法，对参保居民实行属地管理。

二、任务目标

探索建立个人缴费、集体补助、政府补贴相结合的新农保制度，实行社会统筹与个人账户相结合，与家庭养老、土地保障、社会救助等其他社会保障政策措施相配套，保障农村居民老年基本生活。2009年试点覆盖面为全国10%的县（市、区、旗），以后逐步扩大试点，在全国普遍实施，2020年之前基本实现对农村适龄居民的全覆盖。

三、参保范围

年满16周岁（不含在校学生）、未参加城镇职工基本养老保险的农村居民，可以在户籍地自愿参加新农保。

四、基金筹集

新农保基金由个人缴费、集体补助、政府补贴构成。

（一）个人缴费。参加新农保的农村居民应当按规定缴纳养老保险费。缴费标准目前设为每年 100 元、200 元、300 元、400 元、500 元 5 个档次，地方可以根据实际情况增设缴费档次。参保人自主选择档次缴费，多缴多得。国家依据农村居民人均纯收入增长等情况适时调整缴费档次。

（二）集体补助。有条件的村集体应当对参保人缴费给予补助，补助标准由村民委员会召开村民会议民主确定。鼓励其他经济组织、社会公益组织、个人为参保人缴费提供资助。

（三）政府补贴。政府对符合领取条件的参保人全额支付新农保基础养老金，其中中央财政对中西部地区按中央确定的基础养老金标准给予全额补助，对东部地区给予 50% 的补助。

地方政府应当对参保人缴费给予补贴，补贴标准不低于每人每年 30 元；对选择较高档次标准缴费的，可给予适当鼓励，具体标准和办法由省（区、市）人民政府确定。对农村重度残疾人等缴费困难群体，地方政府为其代缴部分或全部最低标准的养老保险费。

五、建立个人账户

国家为每个新农保参保人建立终身记录的养老保险个人账户。个人缴费，集体补助及其他经济组织、社会公益组织、个人对参保人缴费的资助，地方政府对参保人的缴费补贴，全部记入个人账户。个人账户储存额目前每年参考中国人民银行公布的金融机构人民币一年期存款利率计息。

六、养老金待遇

养老金待遇由基础养老金和个人账户养老金组成，支付终身。

中央确定的基础养老金标准为每人每月 55 元。地方政府可以根据实际情况提高基础养老金标准，对于长期缴费的农村居民，可适当加发基础养老金，提高和加发部分的资金由地方政府支出。

个人账户养老金的月计发标准为个人账户全部储存额除以 139（与现行城镇职工基本养老保险个人账户养老金计发系数相同）。参保人死亡，个人账户中的资金余额，除政府补贴外，可以依法继承；政府补贴余额用于继续支付其他参保人的养老金。

七、养老金待遇领取条件

年满60周岁、未享受城镇职工基本养老保险待遇的农村有户籍的老年人，可以按月领取养老金。

新农保制度实施时，已年满60周岁、未享受城镇职工基本养老保险待遇的，不用缴费，可以按月领取基础养老金，但其符合参保条件的子女应当参保缴费；距领取年龄不足15年的，应按年缴费，也允许补缴，累计缴费不超过15年；距领取年龄超过15年的，应按年缴费，累计缴费不少于15年。

要引导中青年农民积极参保、长期缴费，长缴多得。具体办法由省（区、市）人民政府规定。

八、待遇调整

国家根据经济发展和物价变动等情况，适时调整全国新农保基础养老金的最低标准。

九、基金管理

建立健全新农保基金财务会计制度。新农保基金纳入社会保障基金财政专户，实行收支两条线管理，单独记账、核算，按有关规定实现保值增值。试点阶段，新农保基金暂实行县级管理，随着试点扩大和推开，逐步提高管理层次；有条件的地方也可直接实行省级管理。

十、基金监督

各级人力资源社会保障部门要切实履行新农保基金的监管职责，制定完善新农保各项业务管理规章制度，规范业务程序，建立健全内控制度和基金稽核制度，对基金的筹集、上解、划拨、发放进行监控和定期检查，并定期披露新农保基金筹集和支付信息，做到公开透明，加强社会监督。财政、监察、审计部门按各自职责实施监督，严禁挤占挪用，确保基金安全。试点地区新农保经办机构和村民委员会每年在行政村范围内对村内参保人缴费和待遇领取资格进行公示，接受群众监督。

十一、经办管理服务

开展新农保试点的地区，要认真记录农村居民参保缴费和领取待遇情况，建立参保档案，长期妥善保存；建立全国统一的新农保信息管理系统，纳入社会保障信息管理系统（“金保工程”）建设，并与其他公民信息管理系统实现信息资源共享；要大力推行社会保障卡，方便参保人持卡缴费、领取待遇和查询本人参保信息。试点地区要按照精简效能原则，整合现有农村社会服务资源，加强新农保经办能力建设，运用现代管理方式和政府购买服务方式，降低行政成本，提高工作效率。新农保工作经费纳入同级财政预算，不得从新农保基金中开支。

十二、相关制度衔接

原来已开展以个人缴费为主、完全个人账户农村社会养老保险（以下称“老农保”）的地区，要在妥善处理老农保基金债权问题的基础上，做好与新农保制度衔接。在新农保试点地区，凡已参加了老农保、年满60周岁且已领取老农保养老金的参保人，可直接享受新农保基础养老金；对已参加老农保、未满60周岁且没有领取养老金的参保人，应将老农保个人账户资金并入新农保个人账户，按新农保的缴费标准继续缴费，待符合规定条件时享受相应待遇。

新农保与城镇职工基本养老保险等其他养老保险制度的衔接办法，由人力资源社会保障部会同财政部制定。要妥善做好新农保制度与被征地农民社会保障、水库移民后期扶持政策、农村计划生育家庭奖励扶助政策、农村五保供养、社会优抚、农村最低生活保障制度等政策制度的配套衔接工作，具体办法由人力资源社会保障部、财政部会同有关部门研究制定。

十三、加强组织领导

国务院成立新农保试点工作领导小组，研究制定相关政策并督促检查政策的落实情况，总结评估试点工作，协调解决试点工作中出现的问题。

地方各级人民政府要充分认识开展新农保试点工作的重大意义，将其列入当地经济社会发展规划和年度目标管理考核体系，切实加强组织领导。各级人力资源社会保障部门要切实履行新农保工作行政主管部门的职责，会同有关部门做好新农保的统筹规划、政策制定、统一管理、综合协调等工作。试点地区也要成立试点工作领导小组，负责本地区试点工作。

十四、制定具体办法和试点实施方案

省（区、市）人民政府要根据本指导意见，结合本地区实际情况，制定试点具体办法，并报国务院新农保试点工作领导小组备案；要在充分调研、多方论证、周密测算的基础上，提出切实可行的试点实施方案，按要求选择试点地区，报国务院新农保试点工作领导小组审定。试点县（市、区、旗）的试点实施方案由各省（区、市）人民政府批准后实施，并报国务院新农保试点工作领导小组备案。

十五、做好舆论宣传工作

建立新农保制度是深入贯彻落实科学发展观、加快建设覆盖城乡居民社会保障体系的重大决策，是应对国际金融危机、扩大国内消费需求的重大举措，是逐步缩小城乡差距、改变城乡二元结构、推进基本公共服务均等化的重要基础性工程，是实现广大农村居民老有所养、促进家庭和谐、增加农民收入的重大惠民政策。

各地区和有关部门要坚持正确的舆论导向，运用通俗易懂的宣传方式，加强对试点工作重要意义、基本原则和各项政策的宣传，使这项惠民政策深入人心，引导适龄农民积极参保。

各地要注意研究试点过程中出现的新情况、新问题，积极探索和总结解决新问题的办法和经验，妥善处理改革、发展和稳定的关系，把好事办好。重要情况要及时向国务院新农保试点工作领导小组报告。

国务院

二○○九年九月一日

附录2

国务院关于建立统一的城乡居民基本养老保险制度的意见

国发〔2014〕8号

各省、自治区、直辖市人民政府，国务院各部委、各直属机构：

按照党的十八大精神和十八届三中全会关于整合城乡居民基本养老保险（和讯放心保）制度的要求，依据《中华人民共和国社会保险法》有关规定，在总结新型农村社会养老保险（以下简称“新农保”）和城镇居民社会养老保险（以下简称“城居保”）试点经验的基础上，国务院决定，将新农保和城居保两项制度合并实施，在全国范围内建立统一的城乡居民基本养老保险（以下简称“城乡居民养老保险”）制度。现提出以下意见：

一、指导思想

高举中国特色社会主义伟大旗帜，以邓小平理论、“三个代表”重要思想、科学发展观为指导，贯彻落实党中央和国务院的各项决策部署，按照全覆盖、保基本、有弹性、可持续的方针，以增强公平性、适应流动性、保证可持续性为重点，全面推进和不断完善覆盖全体城乡居民的基本养老保险制度，充分发挥社会保险对保障人民基本生活、调节社会收入分配、促进城乡经济社会协调发展的重要作用。

二、任务目标

坚持和完善社会统筹与个人账户相结合的制度模式，巩固和拓宽个人缴费、集体补助、政府补贴相结合的资金筹集渠道，完善基础养老金和个人账户养老金相结合的待遇支付政策，强化长缴多得、多缴多得等制度的激励机制，建立基础养老金正常调整机制，健全服务网络，提高管理水平，为参保居民提供方便快捷的服务。“十二五”末，在全国基本实现新农保和城居保制度合并实施，并与职工基本养老保险制度相衔接。2020年前，全面建成公平、统一、规范的城乡居民养老保险制度，与社会救助、社会福利等其他社会保障政策相配套，充分发挥家庭养老等传统保障方式的积极作用，更好保障参保城乡居民的老年基本生活。

三、参保范围

年满16周岁（不含在校学生），非国家机关和事业单位工作人员及不属于职工基本养老保险制度覆盖范围的城乡居民，可以在户籍地参加城乡居民养老保险。

四、基金筹集

城乡居民养老保险基金由个人缴费、集体补助、政府补贴构成。

（一）个人缴费。

参加城乡居民养老保险的人员应当按规定缴纳养老保险费。缴费标准目前设为每年100元、200元、300元、400元、500元、600元、700元、800元、900元、1 000元、1 500元、2 000元12个档次，省（区、市）人民政府可以根据实际情况增设缴费档次，最高缴费档次标准原则上不超过当地灵活就业人员参加职工基本养老保险的年缴费额，并报人力资源社会保障部备案。人力资源和社会保障部会同财政部依据城乡居民收入增长等情况适时调整缴费档次标准。参保人自主选择档次缴费，多缴多得。

（二）集体补助。

有条件的村集体经济组织应当对参保人缴费给予补助，补助标准由村民委员会召开村民会议民主确定，鼓励有条件的社区将集体补助纳入社区公益事业资金筹集范围。鼓励其他社会经济组织、公益慈善组织、个人为参保人缴费提供资助。补助、资助金额不超过当地设定的最高缴费档次标准。

（三）政府补贴。

政府对符合领取城乡居民养老保险待遇条件的参保人全额支付基础养老金，其中，中央财政对中西部地区按中央确定的基础养老金标准给予全额补助，对东部地区给予50%的补助。

地方人民政府应当对参保人缴费给予补贴，对选择最低档次标准缴费的，补贴标准不低于每人每年30元；对选择较高档次标准缴费的，适当增加补贴金额；对选择500元及以上档次标准缴费的，补贴标准不低于每人每年60元，具体标准和办法由省（区、市）人民政府确定。对重度残疾人等缴费困难群体，地方人民政府为其代缴部分或全部最低标准的养老保险费。

五、建立个人账户

国家为每个参保人员建立终身记录的养老保险个人账户，个人缴费、地方人民政府对参保人的缴费补贴、集体补助及其他社会经济组织、公益慈善组织、个人对参保人的缴费资助，全部记入个人账户。个人账户储存额按国家规定计息。

六、养老保险待遇及调整

城乡居民养老保险待遇由基础养老金和个人账户养老金构成，支付终身。

（一）基础养老金。

中央确定基础养老金最低标准，建立基础养老金最低标准正常调整机制，根据经济发展和物价变动等情况，适时调整全国基础养老金最低标准。地方人民政府可以根据实际情况适当提高基础养老金标准；对长期缴费的，可适当加发基础养老金，提高和加发部分的资金由地方人民政府支出，具体办法由省（区、市）人民政府规定，并报人力资源社会保障部备案。

（二）个人账户养老金。

个人账户养老金的月计发标准，目前为个人账户全部储存额除以139（与现行职工基本养老保险个人账户养老金计发系数相同）。参保人死亡，个人账户资金余额可以依法继承。

七、养老保险待遇领取条件

参加城乡居民养老保险的个人，年满60周岁、累计缴费满15年，且未领取国家规定的基本养老保障待遇的，可以按月领取城乡居民养老保险待遇。

新农保或城居保制度实施时已年满60周岁，在本意见印发之日前未领取国家规定的基本养老保障待遇的，不用缴费，自本意见实施之月起，可以按月领取城乡居民养老保险基础养老金；距规定领取年龄不足15年的，应逐年缴费，也允许补缴，累计缴费不超过15年；距规定领取年龄超过15年的，应按年缴费，累计缴费不少于15年。

城乡居民养老保险待遇领取人员死亡的，从次月起停止支付其养老金。有条件的地方人民政府可以结合本地实际探索建立丧葬补助金制度。社会保险经办机构应每年对城乡居民养老保险待遇领取人员进行核对；村（居）民委员会要协助社会保险经办机构开展工作，在行政村（社区）范围内对参保人待遇领取资格进行公示，并与职工基本养老保险待遇等领取记录进行比对，确保不重、不漏、不错。

八、转移接续与制度衔接

参加城乡居民养老保险的人员，在缴费期间户籍迁移、需要跨地区转移城乡居民养老保险关系的，可在迁入地申请转移养老保险关系，一次性转移个人账户全部储存额，并按迁入地规定继续参保缴费，缴费年限累计计算；已经按规定领取城乡居民养老保险待遇的，无论户籍是否迁移，其养老保险关系不转移。

城乡居民养老保险制度与职工基本养老保险、优抚安置、城乡居民最低生活保障、农村五保供养等社会保障制度以及农村部分计划生育家庭奖励扶助制度的衔接，按有关规定执行。

九、基金管理和运营

将新农保基金和城居保基金合并为城乡居民养老保险基金，完善城乡居民养老保险基金财务会计制度和各项业务管理规章制度。城乡居民养老保险基金纳入社会保障基金财政专户，实行收支两条线管理，单独记账、独立核算，任何地区、部门、单位和个人均不得挤占挪用、虚报冒领。各地要在整合城乡居民养老保险制度的基础上，逐步推进城乡居民养老保险基金省级管理。

城乡居民养老保险基金按照国家统一规定投资运营，实现保值增值。

十、基金监督

各级人力资源社会保障部门要会同有关部门认真履行监管职责，建立健全内控制度和基金稽核监督制度，对基金的筹集、上解、划拨、发放、存储、管理等进行监控和检查，并按规定披露信息，接受社会监督。财政部门、审计部门按各自职责，对基金的收支、管理和投资运营情况实施监督。对虚报冒领、挤占挪用、贪污浪费等违纪违法行为，有关部门按国家有关法律法规严肃处理。要积极探索有村（居）民代表参加的社会监督的有效方式，做到基金公开透明，制度在阳光下运行。

十一、经办管理服务与信息化建设

省（区、市）人民政府要切实加强城乡居民养老保险经办能力建设，结合本地实际，科学整合现有公共服务资源和社会保险经办管理资源，充实加强基层经办力量，做到精确管理、便捷服务。要注重运用现代管理方式和政府购买服务方式，降低行政成本，提高工作效率。要加强城乡居民养老保险工作人员专业培训，不断提高公共服务水平。社会保险经办机构要认真记录参保人缴费和领取待遇情况，建立参保档案，按规定妥善保存。地方人民政府要为经办机构提供必要的工作场地、设施设备、经费保障。城乡居民养老保险工作经费纳入同级财政预算，不得从城乡居民养老保险基金中开支。基层财政确有困难的地区，省市级财政可给予适当补助。

各地要在现有新农保和城居保业务管理系统基础上，整合形成省级集中的城乡居民养老保险信息管理系统，纳入"金保工程"建设，并与其他公民信息管理系统实现信息资源共享；要将信息网络向基层延伸，实现省、市、县、乡镇（街道）、社区实时联网，有条件的地区可延伸到行政村；要大力推行全国统一的社会保障卡，方便参保人持卡缴费、领取待遇和查询本人参保信息。

十二、加强组织领导和政策宣传

地方各级人民政府要充分认识建立城乡居民养老保险制度的重要性，将其列入当地经济社会发展规划和年度目标管理考核体系，切实加强组织领导；要优化财政支出结构，加大财政投入，为城乡居民养老保险制度建设提供必要的财力保障。各级人力资源社会保障部门要切实履行主管部门职责，会同有关部门做好城乡居民养老保险工作的统筹规划和政策制定、统一管理、综合协调、监督检查等工作。

各地区和有关部门要认真做好城乡居民养老保险政策宣传工作，全面准确地宣传解读政策，正确把握舆论导向，注重运用通俗易懂的语言和群众易于接受的方式，深入基层开展宣传活动，引导城乡居民踊跃参保、持续缴费、增加积累，保障参保人的合法权益。

各省（区、市）人民政府要根据本意见，结合本地区实际情况，制定具体实施办法，并报人力资源社会保障部备案。

本意见自印发之日起实施，已有规定与本意见不一致的，按本意见执行。

国务院

二〇一四年二月二十一日

附录3

人力资源和社会保障部关于印发新型农村社会养老保险经办规程（试行）的通知

人社部发〔2009〕161号

各省、自治区、直辖市人力资源社会保障（劳动保障）厅（局）、新疆生产建设兵团劳动保障局：

为做好新型农村社会养老保险（以下简称"新农保"）试点的组织实施工作，规范新农保经办管理服务工作，按照《国务院关于开展新型农村社会养老保险试点的指导意见》（国发〔2009〕32号）确定的基本原则和主要政策，我部制定了《新型农村社会养老保险经办规程（试行）》（以下简称《规程》）。现印发给你们，并就贯彻执行《规程》提出如下要求：

一、充分认识加强新农保经办管理服务工作的重要性和必要性。开展新农保试点工作，是深入贯彻落实科学发展观，加快建立覆盖城乡居民社会保障体系的重要工程，是党中央、国务院的一项重大决策部署。制定和施行统一规范的经办规程，是确保新农保试点顺利实施的重要基础性工作，对于规范经办行为、提高管理服务水平、加快推进新农保信息系统建设具有重要意义。各地要认真组织学习《国务院关于开展新型农村社会养老保险试点的指导意见》，深刻认识建立新农保制度的重大意义，深入了解新农保制度的基本原则和主要政策，深入了解新农保试点对经办管理服务工作的明确要求。各级社会保险经办机构和乡镇劳动保障工作平台的工作人员要充分认识统一和规范经办流程的重要性和必要性，认真学习《规程》的各项内容，熟练掌握《规程》的具体要求。要采取通俗易懂、灵活多样的形式，广泛宣传国家的新农保政策和经办规程的相关内容，对涉及农民参保缴费、待遇领取、关系转移、信息咨询等问题，要深入乡镇、村组，上门入户，进行有针对性的宣传讲解，帮助农村居民增强参保意识，了解相关政策和主要业务流程，自觉配合和监督新农保经办管理服务工作的落实。

二、准确把握《规程》的各项规定和要求。各地要以方便群众为着眼点，准确把握经办规程的各项规定和要求。《规程》明确了参保登记、缴费申报、个人账户管理、待遇支付、基金管理、关系转移接续、统计管理、内控与稽核、咨询公示及举报受理等业务环节的主要内容，规定了具体操作程序、标准和要求。各地在贯彻落实《规程》的过程中，要注意整合现有农村社会服务资源，运用现代管理方式，为广大参保农民提供热情、周到、方便、快捷的服务。试点地区要结合本地实际，在保持统一规范的前提下，完善和细化业务流程，建立健全各种规章制度，明确经办岗位职责、权限和服务标准，保证新农保试点工作有章可循。要强化参保人员、社会各界对新农保经办管理服务工作的监督，确保经办规范、管理科学、服务到位。

三、切实加强新农保经办能力建设。要按照精简效能的原则，在现有社会保险经办机构和劳动保障工作平台的基础上，通过整合资源、调整补充等措施，加强经办能力建设。县级以上原则上要有经办农村社会养老保险的机构，乡镇劳动保障等工作平台要有相应的工作人员，各行政村要明确新农保协办员的工作职责。同时，还可通过政府购买服务方式缓解人员不足的问题。没有完成农村社会养老保险职能划转和工作移交的地方，要按照政事分开的原则，加强协调，尽快完成农保经办机构人员、档案、基金的整体移交。要积极争取有关部门的支持，保证新农保经办管理服务必要的工作条件，尽快实现机构、人员、经费、办公场地设施“四到位”。要切实加强对新农保经办工作人员的业务培训，提高他们的政策和经办业务水平。按照金保工程统一规划，大力推进全国统一的新农保信息系统建设。充分利用金保工程一期建设成果，在全国统一软件基础上，建设数据向省集中或省、市两级集中的业务经办系统，并与其他公民信息管理系统实现信息资源共享。将网络向乡镇延伸，实现省、市、县（区）、乡镇四级联网，有条件的地区要与村（居）委会联网。大力推行社会保障卡，方便参保缴费、待遇领取和信息查询。各级社会保险经办机构和乡镇劳动保障事务所要根据工作需要，配备必要的计算机设备。努力实现新农保业务处理计算机化、基金管理网络化、咨询服务人性化、决策支持科学化。

四、加强统计调度工作。统计调度工作是推进新农保试点工作的重要措施。各地人力资源和社会保障部门应进一步加强对农保统计工作的指导，社会保险经办机构要切实把农保统计工作列入重要工作日程，严格落实人力资源社会保障统计报表制度，按时上报各种统计报表。农保统计工作要明确分工、专人负责，健全工作制度，确保工作顺畅。各省级社会保险经办机构要加强对辖区内统计工作的组织领导、管理协调和业务指导，各级社会保险经办机构要认真履行农保统计工作职能，按照时限要求报送统计数据和信息。各地社会保险经办机构要定期对本辖区、本部门的统计数据质量进行分析评估，认真分析运用统计数据，加强对工作的指导和调度；要加强对统计工作的检查考核，对统计数据质量不高或迟报、漏报的单位和个人，要及时进行帮助指导，限期改正。

各地要注意跟踪了解《规程》的施行情况，及时发现问题并研究提出意见和建议，有关情况及时向人力资源社会保障部社会保险事业管理中心反馈。

二〇〇九年十一月三十日

新型农村社会养老保险经办规程（试行）

第一章　总　　则

第一条　为确保新型农村社会养老保险（以下简称“新农保”）试点工作的顺利实施，规范和统一新农保业务操作程序，根据《国务院关于开展新型农村社会养老保险试点的指导意见》（国发〔2009〕32号），制定本规程。

第二条　新农保业务由社会保险经办机构（以下简称“社保机构”）、乡镇劳动保障事务所等（以下简称“乡镇事务所”）具体经办，村（居）民委员会协办人员（以下简称“村协办员”）协助办理，实行属地化管理。

第三条　新农保经办工作包括参保登记、保险费收缴、基金划拨、个人账户管理、待遇支付、基金管理、保险关系转移接续、统计管理、内控稽核、宣传咨询、举报受理等环节。

省级和地市级社保机构负责组织指导本地区各级社保机构开展新农保经办管理服务工作，协调财政补贴资金及时划拨；依据本规程制定本地区新农保业务经办管理办法；参与制定本地区新农保基金管理办法、财务管理细则；制定本地区新农保内控和稽核制度，开展内控和稽核工作；规范保险费的收缴、养老金的社会化发放和管理工作；编制、汇总、上报本级新农保基金财务、会计和统计报表；组织开展人员培训等工作；参与新农保信息化建设和管理工作。

县（市、区、旗）级社保机构负责新农保的参保登记、保险费收缴、基金划拨、基金管理、个人账户建立与管理、待遇核定与支付、保险关系转移接续、档案管理、制发卡证、统计管理、受理咨询、查询和举报等工作，并对乡镇事务所的业务经办情况进行指导和监督考核（地市级直接经办新农保业务的参照执行，下同）。

乡镇事务所负责对参保人员的参保资格、基本信息、缴费信息、待遇领取资格及关系转移资格等进行初审，录入有关信息，并负责受理咨询、查询和举报、政策宣传、情况公示等工作。

村协办员具体负责新农保参保登记、缴费档次选定、待遇领取、关系转移接续等业务环节所需材料的收集与上报，负责向参保人员发放有关材料，提醒参保人员按时缴费，通知参保人员办理待遇领取手续，并协助做好政策宣传与解释、待遇领取资格认证、摸底调查、农村居民基本信息采集、情况公示等工作。

第四条　新农保基金单独设立银行账户，单独记账、核算，纳入社会保障基金财政专户，实行收支两条线管理，专款专用，任何单位和个人不得挤占、挪用基金，基金结余按国家有关规定实现保值增值。

第二章 参保登记

第五条 年满16周岁、具有当地农业户籍、未参加城镇职工基本养老保险的农村居民（不含在校学生），需携带户口簿和居民身份证原件，到户籍所在地村（居）委会提出参加新农保申请，选择缴费档次，填写《新型农村社会养老保险参保登记表》（附表一，以下简称《参保表》）。若本人无法填写，可由亲属或村协办员代填，但须本人签字、签章或留指纹确认。

第六条 村协办员负责检查参保人员的相关材料是否齐全，在《参保表》上签字、加盖村（居）委会公章，并将《参保表》、户口簿及居民身份证复印件等材料，按规定时限一并上报乡镇事务所。参保农民本人也可到乡镇事务所直接办理相关手续。

第七条 乡镇事务所负责对参保人员的相关材料进行初审，无误后及时将参保登记信息录入农保信息系统，在《参保表》上加盖公章，并按规定时限将《参保表》、户口簿复印件、居民身份证复印件等材料一并上报县级社保机构。

第八条 县级社保机构应对参保人员的相关信息进行复核（可与公安部门的信息库进行信息比对），无误后，对登记信息进行确认，同时为其建立个人账户，并及时将有关材料归档备案。

第九条 参保变更登记的主要内容包括姓名、性别、公民身份号码、出生年月、居住地址、联系电话、户籍性质、户籍所在地址及缴费档次等。以上内容之一发生变更时，参保人员应及时携带相关证件及材料到村（居）委会申请办理变更登记手续，填写《新型农村社会养老保险变更登记表》（附表二，以下简称《变更表》）。村协办员按规定时限将相关材料及《变更表》上报乡镇事务所。参保农民本人也可到乡镇事务所直接办理变更登记的相关手续。

乡镇事务所初审无误后，将需要变更的信息及时录入农保信息系统，并按规定时限将相关材料及《变更表》上报县级社保机构。县级社保机构复核无误后，对变更登记信息进行确认，并将有关材料归档备案。

第十条 参保人员出现出国（境）定居、户籍性质变更、跨县（市、区、旗）转移或死亡等情况的，应终止新农保关系，并进行注销登记。

参保人员（或指定受益人、法定继承人）应持相关证件、材料到村（居）委会提出注销登记申请，填写《新型农村社会养老保险注销登记表》（附表三，以下简称《注销表》）。

办理注销登记时应提供的材料有：

（1）本人的有效身份证明；

（2）出国（境）定居的，应提供出国（境）定居证明；

（3）变更为城镇户籍的，应提供户籍变更证明。

（4）跨县（市、区、旗）转出的，应提供户籍关系转移证明；

（5）参保人员死亡的，应提供医院出具的死亡证明，或民政部门出具的火化证明（非火化区除外），或公安部门出具的户籍注销证明，以及指定受益人或法定继承人的有效身份证明，能够确定其继承权的法律文书、公证文书等；人员失踪宣告死亡的，应提供司法部门出具的宣告死亡证明。

第十一条 村协办员应按规定时限将《注销表》及有关证明材料上报乡镇事务所。乡镇事务所初审无误后，将注销登记信息录入农保信息系统，并按规定时限将上述材料上报县级社保机构。

县级社保机构复核无误后，结算其个人账户资金余额，按照第二十七条有关规定，将除政府补贴外的个人账户资金余额支付给参保人员（或指定受益人、法定继承人），支付成功后，对注销信息进行确认，终止其新农保关系，并及时将有关材料归档备案。

第三章 保险费收缴

第十二条 县级社保机构应于每月月末前将当月新增参保人员、需更换银行存折人员的相关信息提供给指定金融机构，委托指定金融机构为新参保人员和姓名、公民身份号码等发生变更的人员制发《新型农村社会养老保险银行存折》（附件一，以下简称“银行存折”）。

已办理新农保参保登记和需要更换银行存折的人员，应于办理参保登记或变更登记的次月，持身份证到指定金融机构领取银行存折。或由县级社保机构负责发放到参保人员手中。

新农保养老保险费实行按年度（自然年度）缴纳，参保人员应于当地规定的缴费截止到日前将当年的养老保险费存入银行存折。参保人员在新农保制度实施当年应缴纳本年度的养老保险费；对于达到领取待遇年龄的参保人员，到龄当年也可以缴纳本年度的养老保险费。

第十三条 县级社保机构定期生成扣款明细信息，并将扣款明细信息传递至指定金融机构。

金融机构根据县级社保机构提供的扣款明细信息从参保人员的银行存折上足额划扣养老保险费（不足额不扣款）。金融机构在扣款后的3个工作日内将扣款结果信息、资金到账凭证等反馈给县级社保机构。

县级社保机构应及时将金融机构反馈的扣款结果信息导入新农保信息系统，根据扣款结果信息、资金到账凭证核对扣款明细信息与实际到账金额是否一致。

核对无误后，县级社保机构将扣款金额记入个人账户，打印《新型农村社会养老保险个人缴费汇总表》（附表四，两联），并从次月起开始计息。

县级社保机构应及时提示乡镇事务所将未缴纳养老保险费的人员名单反馈给村协办员，村协办员负责对参保人员进行缴费提醒。至缴费截止日，仍未缴纳养老保险费的，按中断缴费处理。

第十四条 村集体和其他经济组织、社会公益组织、个人对参保人员缴纳养老保险费给予补助或资助的，应按规定时限向乡镇事务所提交《新型农村社会养老保险集体补助明细表》（附表五，以下简称《集体补助表》），并将补助或资助金额存入县级社保机构指定账户。

乡镇事务所将《集体补助表》录入信息系统，并按规定时限将《集体补助表》上报县级社保机构。

金融机构在收到款项的3个工作日内，将资金到账凭证反馈县级社保机构。

县级社保机构收到到账凭证后，应及时将到账信息录入信息系统，对集体补助明细信息进行确认，将集体补助金额记入个人账户，打印《新型农村社会养老保险集体补助汇总表》（附表六，两联），并从次月起开始计息。

第十五条 新农保制度实施时，距领取年龄不足15年的参保人员，应按照第十二条第三款的规定按年缴费，也可补缴不足年限的缴费部分；对距领取年龄超过15年的，应按规定按年缴费，缴费不足15年的参保人员，也可补缴。

补缴养老保险费的参保人员，应及时到村（居）委会办理补缴手续，填写《补缴新型农村社会养老保险费申请表》（附表七，以下简称《补缴表》），由村协办员按规定时限将《补缴表》上报乡镇事务所，待审核通过后，通知补缴人将需补缴的保险费存入银行存折。

乡镇事务所应对参保人员的补缴资格进行审核，审核无误后，将补缴信息录入农保信息系统，按规定时限将有关材料上报县级社保机构。

县级社保机构复核无误后，应在当月月末生成补缴扣款明细清单，传递至指定金融机构。

金融机构根据第十三条第二款的有关规定进行扣款和信息反馈。

县级社保机构应按照第十三条第三款的有关规定，为参保人员记录个人账户，打印《新型农村社会养老保险补缴汇总表》（附表八，两联）。

第十六条 对于暂不具备通过金融机构直接进行养老保险费扣缴条件的地区，可暂由社保机构、乡镇事务所会同金融机构进行收缴，并由金融机构开具社会保险费专用缴费凭证。

第四章 个人账户管理

第十七条 县级社保机构应为每位参保人员建立个人账户。个人账户用于记录个人缴费、集体补助、地方政府补贴、其他补助及利息。参保人员缴纳的养老保险费作为“个人缴费”记入；村集体和其他社会经济组织对参保人员缴纳养老保险费的补助或资助作为“集体补助”记入；地方各级财政对个人账户的缴费补贴以“政府补贴”名义记入。个人账户记录项目应包括个人基本信息、缴费信息、养老金支付信息、个人账户储存额信息、转移接续信息、终止注销信息等。老农保参保人员转入新农保时，可将老农保个人账户储存额记入新农保个人账户。

第十八条 参保人员个人缴费额到账后，县级社保机构将个人缴费额和地方财政对参保人员的缴费补贴同时记入个人账户，并从缴费的次月起开始计息。县级社保机构打印《新型农村社会养老保险地方财政补贴汇总表》（附表九，三联），其中一联交县财政部门。

第十九条 个人账户储存额目前每年参考中国人民银行公布的金融机构人民币一年期存款利率计息。个人账户储存额从缴费的次月起开始计息。每年的 1 月 1 日至 12 月 31 日为一个结息年度。

第二十条 县级社保机构应于一个结息年度结束时对当年度的个人账户储存额进行结算。

第二十一条 参保人员可到县级社保机构打印《新型农村社会养老保险个人账户明细表》（附表十，以下简称《个人账户表》），或登录社会保障网站查询、下载本人的个人账户记账明细等相关信息，也可通过 12333 电话查询系统查询相关信息。

第二十二条 参保人员对个人账户记录提出异议的，各级社保机构都应及时受理并进行核实。经审核，确需调整的，应由县级社保机构及时处理并将更改的信息录入信息系统。信息系统保留处理前的记录，县级社保机构应通过村协办员及时将处理结果告诉参保人员。

第二十三条 个人账户储存额只能用于个人账户养老金支付，除出现第十条有关情况外，不得提前支取或挪作他用。

第五章 待遇支付

第二十四条 乡镇事务所按月通过农保信息系统查询生成下月符合领取养老金待遇条件参保人员的《新型农村社会养老保险待遇领取通知表》（附表十一），交村协办员通知参保人员办理领取养老金手续。

第二十五条 符合待遇领取条件的参保人员，应携带户口簿、本人居民身份证等材料，到户口所在地村（居）委会办理待遇领取手续。参保人员从到达领取年龄的次月起开始享受新农保待遇。村协办员负责检查参保人员提供的材料是否齐全，并于每月规定时限内将相关材料一并上报乡镇事务所。

第二十六条 乡镇事务所应审核参保人员的年龄、本人及其子女参保缴费情况等新农保待遇领取资格，并将符合待遇领取资格人员的相关材料上报县级社保机构。

第二十七条 县级社保机构应对有关材料进行复核，并按有关规定进行待遇领取资格认定，确认未享受其他社会保险待遇后，计算待遇领取人员的养老金领取金额，生成《新型农村社会养老保险待遇核定表》（附表十二）。

县级社保机构应于每月月末前根据领取新农保待遇、个人账户资金支付等情况，编制《新型农村社会养老保险基金支付审批表》（附表十三），送县财政部门。待财政部门将新农保基金划转到支出户后，金融机构应及时通知县级社保机构。

新农保待遇实行社会化发放。县级社保机构应将待遇支付明细清单、资金转账凭证等提供给指定金融机构。金融机构应及时将支付金额划入待遇领取人员银行存折等指定账户，同时向县级社保机构传送支付回执，并于3个工作日内，向县级社保机构反馈资金支付情况明细。每月月末前，县级社保机构核对无误后，将支付信息录入信息系统，进行支付确认处理并相应扣减待遇领取人员的个人账户记录额。

县级社保机构从参保人员办理待遇领取手续的次月起发放养老金。

第二十八条 对新农保制度实施时，已年满60周岁的农村居民，乡镇事务所应按照第二十四条有关规定，通知其在办理参保登记手续后，按照第二十五条有关规定办理待遇领取手续，并于次月按标准发放基础养老金；对于已经领取老农保个人账户养老金、年满60周岁的农村居民，在按标准发放新农保基础养老金之上，加发老农保个人账户养老金。

第二十九条 对于发生出国（境）定居、户籍性质变更、参加其他社会养老保险或死亡等情况，需要一次性领取除政府补贴外的个人账户资金余额的参保人员或其指定受益人或法定继承人，需到村（居）委会办理注销登记手续，填写《注销表》，提供有关证明材料。村协办员应于每月规定时限内将《注销表》及有关资料上报乡镇事务所。乡镇事务所审核无误后，应于每月规定时限内将上述资料一并上报县级社保机构。县级社保机构应按第二十七条有关规定办理。

第三十条 待遇领取人员对待遇领取额有异议，提出重新核定申请的，县级社保机构应对待遇领取标准重新进行核定，并将核定结果书面反馈待遇领取人员，确需调整的，经待遇领取人员签字、签章或留指纹确认后修改信息系统记录，系统保留处理前的记录。

第三十一条 待遇领取人员在领取养老金期间被判刑或劳动教养的，村协办员和乡镇事务所应及时提请县级社保机构停止为其发放养老保险待遇。待服刑期满后，再继续为其发放养老保险待遇，停发期间的待遇不予补发。

第三十二条 待遇领取人员自死亡次月起停止发放养老金，其指定受益人或法定继承人应在其死亡后60日内持相关证明材料，通过村协办员和乡镇事务所向县级社保机构申请办理养老保险关系注销登记和除政府补贴外的个人账户资金余额的一次性领取手续。

第三十三条 县级社保经办机构应按年度对新农保待遇领取人员进行资格认证。定期向享受待遇领取人员发放资格认证通知，规定认证时间和方式，要求提供的相关证明资料。没有通过资格认证的，社保机构应及时停止为其发放养老金，待其补办有关手续后，从停发之日起补发并续发养老保险待遇。

第六章 基金管理

第三十四条 各级社保机构应按照国家现行社会保险基金财务、会计制度的规定，加强基金管理。试点期间参照《社会保险基金财务制度》（财社字〔1999〕60号）、《社会保险基金会计制度》（财会字〔1999〕20号）执行。

第三十五条 各级社保机构内设财务管理部门或相应专业工作岗位，配备专职会计和出纳，财务人员应具有会计专业资格，持证上岗。

第三十六条 社保机构负责新农保基金的财务管理和会计核算。目前试点阶段，基金暂实行县级管理，随着试点扩大和推开，逐步提高管理层次；有条件的地方可实行省级管理。

第三十七条 新农保基金收入户、支出户、财政专户应在县级人力资源社会保障部门、财政部门共同认定的金融机构开设。收入户用于归集新农保基金，暂存该账户的利息收入及其他收入，除向财政专户划转基金外，不得发生其他支付业务，实行月末零余额管理。支出户用于支付和转出新农保基金，除接收财政专户拨入的基金及该账户的利息收入外，不得发生其他收入业务。支出户应留存1~2个月的周转金，确保新农保待遇按时足额发放。

第三十八条 每年年初，各级社保机构编制本年度新农保基金收支计划，报同级人力资源社会保障部门会同财政部门审核，经同级政府批准后执行。

第三十九条 财政补贴资金的申请与划拨。每年年初，县级社保机构应根据当年新农保参保计划人数、缴费补贴标准和60周岁以上农村户籍人口预测数、基础养老金补贴标准，提出财政补贴计划，并填写本年度《新型农村社会养老保险基金支出年度计划表》（附表十四），经县级人力资源社会保障部门会同财政部门初审后，逐级上报至省级社保机构汇总，由省级社保机构报省级人力资源社会保障部门会同财政部门审核。县级社保机构应协调同级财政部门在财政补助资金划拨至财政专户后5个工作日内将相关单据提交社保机构记收入账。财政补贴资金在“财政补贴收入”科目中核算，并按中央、省级、地（市）级、县级进行明细核算。社保机构应与财政部门按月对账。

一个结息年度结束时，县级社保机构应根据当年新农保实际参保人数、60周岁以上农村户籍人口数和缴费补贴标准、基础养老金补贴标准与同级财政部门进行结算。

各级社保机构要会同有关部门严格执行新农保基金给付有关政策规定，确保给付金额准确无误，及时足额下拨。

第四十条 每年年末，进行基金决算。社保机构应按统筹层次编制财务报告，逐级上报汇总，并向同级人力资源社会保障部门和财政部门报告计划执行情况。

第七章 关系转移接续

第四十一条 参保人员在缴费期间跨县（市、区、旗）转移的，转出地县级社保机构应将其新农保关系和个人账户储存额一次性转入新参保地，由新参保地为其办理参保缴费手续。

参保人员转移到尚未开展新农保试点地区的，其新农保关系暂不转移，个人账户做封存处理，储存额按有关规定继续计息。

第四十二条 参保人员须持户籍关系转移证明、居民身份证原件等有关材料，到转入地村（居）委会提出申请，填写《参保表》和《新型农村社会养老保险关系转入申请表》（附表十五，以下简称《转入表》）。村协办员负责检查其提供的材料是否齐全，并按规定时限将《参保表》和《转入表》及有关材料上报乡镇事务所。转入地乡镇事务所审核无误后，应将参保、转移信息及时录入农保信息系统，按规定时限将《参保表》和《转入表》及有关材料上报县级社保机构。转入地县级社保机构应按规定时限向转出地县级社保机构寄送《新型农村社会养老保险关系转入接收函》（附件二，以下简称《接收函》）。

第四十三条 转出地县级社保机构接到《接收函》后，应对申请转移人员相关信息进行核实，符合转移规定的，应按照第二十七条有关规定，于次月通过指定金融机构将参保人员个人账户储存额一次性划拨至转入地县级社保机构指定的银行账户，并注销申请转移人员参保信息。

第四十四条 转入地县级社保机构确认转入的个人账户储存额足额到账后，应及时告知转入人员，并进行实收处理、为转入人员记录个人账户。

第四十五条 参保人员达到待遇领取年龄，需要跨县（市、区、旗）迁移的，其养老保险关系不转移。

第八章 统计管理

第四十六条 各级社保机构和乡镇事务所要设置统计工作岗位，明确工作人员职责，进行定期和不定期的统计工作，按规定上报统计信息，及时准确地提供统计信息服务。

第四十七条 各级社保机构、乡镇事务所以及村协办员要按照统计报表制度，完成统计数据的采集和报表的编制、汇总、上报等工作。统计报表要做到内容完整、数据准确、上报及时。

第四十八条 各级社保机构和乡镇事务所应定期整理、汇总业务台账信息，并建立统计台账，编制统计报表，形成统计分析报告。

第九章 稽核与内控

第四十九条 各级社保机构应按照《社会保险稽核办法》和《社会保险经办机构内部控制暂行办法》建立健全新农保稽核制度和内控制度。

第五十条 上级社保机构要对下级社保机构的各项业务经办活动、基金收支行为等内部管理制度的执行情况进行有效监督，并对其执行制度的情况进行考评。

第五十一条 各级社保机构应重点稽核新农保的参保人数、缴费凭证相关票据、缴费补贴和基础养老金补贴金额是否真实且符合有关规定，认真核查虚报、冒领养老金情况和欺诈行为。

第五十二条 各级社保机构要按照内控制度的要求，合理设置工作岗位，建立岗位之间、业务环节之间相互监督、相互制衡的机制，明确岗位职责，建立责任追究制度。稽核部门应对各项业务的办理情况和基金管理、使用情况进行日常检查，督促各个岗位严格履行经办程序，准确、完整记录各类信息，并按照档案管理的要求进行归档。

第十章 咨询、公示及举报受理

第五十三条 各级社保机构应通过新闻媒体及印发宣传手册等手段，采取各种通俗易懂、灵活多样的方式，有针对性地向农民宣传新农保政策及办理流程。

第五十四条 各级社保机构和乡镇事务所要积极开展新农保政策咨询服务活动。实行首问负责制，及时受理咨询。对无法当场解答的问题，经办人员应将咨询人姓名、咨询内容及咨询人联系方式等内容记录在案，并尽快予以答复。

第五十五条 各级社保机构应建立举报奖励制度。社保机构每年应会同乡镇事务所和村协办员在行政村范围内对参保人员缴费和待遇领取资格进行公示，公示期不少于10天。社保机构应公布举报电话和监督电话，及时受理举报，并对举报情况及时进行处理。属于冒领养老金行为的，县级社保机构应封存被冒领人员的个人账户、追回被冒领的养老金，并按有关规定对当事人和相关责任人员进行处理。

第十一章　附　　则

第五十六条　各级社保机构应按照人力资源社会保障部和国家档案局制定的《社会保险业务档案管理规定（试行）》管理新农保档案。

第五十七条　新农保与其他养老保险制度衔接的业务经办工作，待有关政策办法出台后再做具体规定。

第五十八条　本规程由人力资源社会保障部负责解释。

第五十九条　本规程从2009年12月1日起实施。

附录 4

关于印发新型农村社会养老保险信息系统建设指导意见的通知

人社部发〔2009〕146 号

各省、自治区、直辖市人力资源社会保障（劳动保障）厅（局），新疆生产建设兵团劳动保障局：

为规范新型农村社会养老保险（以下简称“新农保”）信息化建设，提升新农保工作质量和服务水平，根据《国务院关于开展新型农村社会养老保险试点的指导意见》（国发〔2009〕32 号）关于建立全国统一新农保信息管理系统的要求，结合金保工程总体规划，我部研究制定了《新型农村社会养老保险信息系统建设指导意见》（以下简称“指导意见”），现印发给你们。请各地遵循全国统一规划，根据指导意见，结合本地情况，制定本省的系统建设方案，并做好组织实施工作，并于 12 月 15 日前将本省的新农保信息系统建设方案报部信息中心备案。

人力资源和社会保障部

二〇〇九年十一月十六日

新型农村社会养老保险信息系统建设指导意见

为规范新型农村社会养老保险（以下简称“新农保”）信息化建设，提升新农保工作质量和服务水平，根据《国务院关于开展新型农村社会养老保险试点的指导意见》（国发〔2009〕32 号）关于建立全国统一新农保信息管理系统的要求，提出新农保信息系统建设指导意见。

一、充分认识开展新农保信息系统建设的重要意义

加强新农保信息系统建设是实现新农保业务规范化和现代化、推进我国社会保障事业发展的重要举措。新农保参保人数众多，地域分散，参保缴费相对灵活，权益记录和待遇保障周期长，必须利用信息系统进行支撑。建设新农保信息

系统，有利于借助信息化手段规范和统一新农保业务，提高工作效率，改进服务手段，提升经办能力和服务能力；有利于以经办数据及经办过程记录为基础，开展内部控制和稽核工作，增强透明度，保障新农保的工作质量；有利于及时获取第一手的业务信息，把握新农保工作开展状况，为进一步完善政策和开展决策提供支持。各地人力资源社会保障部门要统一思想、提高认识，把开展新农保信息系统建设作为保障新农保业务开展、推动社会主义新农村建设、惠农利农的一项重要基础工作，优先安排，切实抓紧抓好。

二、坚持统一建设的基本方针

（一）统一规划，整体设计。将新农保信息系统建设纳入金保工程的总体规划中，建设全国统一的新农保信息系统。按照金保工程的总体设计理念，在充分利用金保工程建设成果的基础上，根据新农保实际工作需要和长远发展要求，在全国范围内统筹进行新农保信息系统设计（新农保信息系统建设参考技术方案另行印制）。

（二）统一标准，信息共享。新农保信息系统与金保工程其他信息系统执行统一的业务标准、数据标准和技术标准，以确保各类数据的有效上传、汇总，确保实现与其他信息系统之间，特别是与城镇各项社会保险信息系统、新型农村合作医疗（以下简称“新农合”）信息系统之间的信息交换和共享。由于管理服务对象分布在农村，新农保信息系统可暂独立于各项城镇社会保险信息系统运行。

（三）统筹兼顾，急用为先。在统一规划的前提下，从满足当前试点工作实际需要出发，按照分步实施的原则，统筹安排新农保信息系统各项建设任务。在实施范围上，要率先完成对试点县的业务支撑；在系统功能上，要率先实现对业务经办、公共服务和统计分析的支持，在试点启动实施的同时，技术保障同步到位，保证权益记录完整、准确。在此基础上，逐步实现对新农保业务领域基金监管、宏观决策的支持。

三、全面推进数据向上集中

新农保信息系统优先采用全省大集中的建设模式，即充分利用金保工程已经建设的统一数据中心，在省级集中数据和系统，通过网络支持省内各地市、试点县、乡镇开展新农保业务。暂不具备条件的，要实现地市级集中，并逐步向全省大集中过渡。要避免在区县一级建新农保数据库和系统。省级集中的数据应包括业务管理、财务管理、公共服务、基金监督和宏观决策数据，各类数据间应建立合理的访问和隔离关系。要探索建立省级数据中心与地市级数据中心之间的数据传输机制，实现新农保信息系统与以地市级为单位建设的其他社会保险信息系统的数据交换。我部将于今年年底启动新农保联网监测工作，将新农保联网交换数据上传至部级，支持全国范围的参保数据分析，各地在新农保信息系统实施中要做好相关准备工作。

四、进一步推动网络向下延伸

继续抓好城域网建设，要在连通地市级、区县级各类社会保险经办机构、就业服务机构及街道、社区的基础上，将业务专网覆盖到农村乡镇，形成支撑新农保业务的网络环境。有条件的地区可进一步将网络向行政村延伸。向乡镇、行政村一级延伸的基础网络，可以在条件不具备时选用电信运营商 VPN 等解决方案。继续推动省市联网工作，尽快实现省级数据中心与地市级数据中心的联网，并按照全省大集中的要求，适当扩展网络带宽，增加网络备份线路，支持新农保业务的实时办理。严格执行人力资源社会保障部关于金保工程网络系统的 IP 地址规划及相关标准规范，加快部省市三级网络贯通进度。在网络建设中应按照急用为先的原则，优先保证试点县的网络贯通。

五、加强全国统一应用软件的实施

基于全国统一的新农保政策和经办规程，借助社会保险管理信息系统核心平台的技术成果，部里组织开发了全国统一的标准版新农保业务管理信息系统。在保证新农保信息系统基本思路、基本框架、基本功能和指标体系全国统一的前提下，各地要积极采用系统参数配置的方式实现对本地政策和经办模式的支撑，对于确需本地化的地区，要按照“最少必须”的原则，以省为单位开展，以保证应用软件的统一和业务流程的规范。有条件的地区，可建设新农保和各项城镇社会保险一体化的信息系统。由人力资源社会保障部门负责新农合业务的地区，要统筹考虑业务关系，积极推动新农保与新农合信息系统的融合。近两年已采用财政补贴方式自行探索开展新农保业务的地区，要做好数据迁移，保证业务的平稳过渡。对由参加老农保转为参加新农保的人员，要做好数据衔接。

六、积极发行和应用社会保障卡

各地要以新农保业务为契机，大力推行社会保障卡，使社会保障卡成为农村参保居民享有社会保障权益的重要标志，为农村参保居民持卡缴费、领取待遇和查询本人参保信息提供方便。新农保试点地区要率先发卡，由人力资源社会保障部门负责新农合业务的地区，要统筹考虑，与新农合共用一张卡。已经面向城镇参保人员发行社会保障卡的地区，要努力扩大发卡范围，逐步将农村参保居民纳入，实现参保人员人手一卡；尚未发卡的地区，要创造条件，早日发卡。各地发行和应用社会保障卡，应严格执行全国统一的标准、规范和管理要求，为社会保障卡的全国通用奠定基础。针对农村参保居民的社会保障卡，原则上由省级人力资源社会保障部门统一发行，其具体发放工作可由地市、县级人力资源社会保障部门承担。各地要在人力资源社会保障各类应用系统中充分设计社会保障卡的应用方案，努力创造良好多样的用卡环境。

七、加强公共服务体系建设

各地要充分利用金保工程公共服务信息系统，面向农村参保居民，提供高质量的信息服务。要进一步完善 12333 电话咨询服务中心功能，将新农保业务逐步纳入咨询服务范围，使其成为广大农村居民了解新农保政策和办事程序、查询新农保个人账户状况以及咨询投诉、反馈意见的重要渠道。适时开展新农保缴费提醒、待遇申领通知等短消息服务。借助省级人力资源社会保障政府网站，建设基于互联网的查询服务系统，面向省内全部农村参保居民提供统一的、“一站式”的网上服务或自助式服务。要在业务网络向乡镇、行政村延伸的基础上，面向农村参保居民就近提供个人账户、养老金标准等信息查询服务。

八、积极探索与相关领域信息共享

新农保业务开展需要金融机构及其他相关政府部门的密切配合。各地在新农保信息系统建设过程中，要以省为单位积极探索与相关领域信息系统的衔接，先行实现定期信息交换，逐步实现联网信息共享。一是探索与公安部门公民信息管理系统的衔接，有条件的地区，要以公安部门提供的人口基础信息为基础，直接建立农村参保居民基础数据库。要与公安部门通过数据比对等方式，交换死亡人员信息，支持领取养老金资格的有效认证。二是探索与金融机构业务系统的衔接。要借助金融系统，开展缴费、待遇发放、账户查询等工作，方便参保人员缴费和获取保障权益。三是探索与民政、计生、残联等部门相关信息系统的衔接，促进新农保与水库移民后期扶持政策、农村计划生育家庭奖励扶助政策、农村五保供养、社会优抚、农村最低生活保障制度等政策制度的统筹实施。

九、切实保证系统安全

新农保信息系统采用全省大集中方式，数据安全和系统的稳定运行至关重要。各地要针对新农保信息系统数据集中、应用分散的特点，切实采取访问控制、病毒防范、入侵检测等基础安全防护措施，做好业务专网与外网（互联网）

的安全隔离，建设并部署省级集中的数据备份系统，制定数据备份恢复策略。目前已经部署备份系统的地区，要按照新农保业务开展的要求，进行扩建扩容。已经建设和规划建设容灾备份中心的省份，要将新农保系统纳入其中，与其他业务系统统筹考虑容灾问题，确保新农保系统在遭遇故障和灾难时能迅速恢复并不间断运行。要借助金保工程建设的全国统一网络信任体系，在新农保业务管理信息系统中采用基于 PKI/CA 数字证书技术的安全访问控制。在新农保试点阶段，我部将直接面向各省、各地市、试点县、乡镇的业务操作人员发放数字证书，并提供认证服务。对于已按统一的人力资源社会保障网络信任体系要求建设电子认证系统的省份，可由省里直接发放证书和提供认证服务。

十、保障措施和工作要求

（一）加强组织领导。各级人力资源社会保障部门信息化综合管理机构（信息中心）、社会保险经办机构要分工协作，密切配合，共同做好新农保信息化工作。省级人力资源社会保障部门要抓好对全省新农保信息系统建设的指导，在推进全省大集中信息系统建设的同时，督促和指导各地市抓好网络下延、终端配置、数据采集等配套工作，为系统实施创造条件。

（二）抓好贯彻落实。各地要按照我部的总体部署，根据本地新农保试点工作开展的实际情况，确定新农保信息系统建设方案，明确具体建设内容、模式、任务、计划和步骤，并切实抓好落实，确保新农保信息系统建设符合业务发展的现实需要。试点县要力争在试点启动前完成新农保信息系统在业务经办环节的部署，支持试点工作的有效开展。

（三）确保资金投入。各地要积极与发改委、财政等部门协调、沟通，争取新农保信息系统建设资金，并将系统运行和维护费用纳入年度预算，形成以财政投入为主的经费保障机制。同时，各地区，特别是财政比较困难的中西部地区，要充分调动社会各方的积极性，多方筹资，积极探索采用政府购买服务的方式，保证新农保信息系统的建设和稳定运行。

（四）提升工作能力。各地要加强信息化队伍建设，提高技术和管理水平，以适应新农保全省大集中的要求。要加强对新农保信息系统建设技术人员的培训，使其切实理解、掌握新农保有关政策和经办规程，提高专业水平。要抓好对新农保试点地区范围内各级业务操作人员的培训工作，将信息系统的操作水平，作为衡量和考核前台经办人员能否上岗的重要内容，确保新农保信息系统在业务工作中的应用效果。

附录5

国家人口计生委、人力资源和社会保障部、财政部关于做好新型农村社会养老保险制度与人口和计划生育政策衔接的通知

国人口发〔2009〕101号

各省、自治区、直辖市人口计生委、人力资源社会保险（劳动保障）厅（局）、财政厅（局），新疆生产建设兵团人口计生委、劳动保障局、财务局，计划单列市人口计生委、人力资源社会保障（劳动保障）局、财政局：

为贯彻落实《国务院关于开展新型农村社会养老保险（以下简称“新农保”）试点的指导意见》（国发〔2009〕32号，以下简称国务院《指导意见》），做好新农保制度与人口和计划生育政策的衔接，鼓励和支持农村独生子女和双女父母参加新农保，现通知如下：

一、充分认识新农保对稳定低生育水平、统筹解决人口问题的重大意义。建立新农保制度是深入贯彻落实科学发展观、加快完善覆盖城乡居民社会保障体系的重大决策，将从较大程度上解决农村群众实行计划生育的后顾之忧，极大地促进低生育水平的稳定以及人口问题的统筹解决。各地人口计生、人力资源社会保障和财政部门要按照国务院《指导意见》以及各地试点方案的要求，广泛宣传新农保试点工作的重大意义、基本原则和各项政策，宣传参加新农保、实施农村部分计划生育家庭奖励扶助制度对保障农村独生子女和双女父母老年生活的重要作用；按照各级党委、政府的统一部署，研究制定组织、引导、支持农村独生子女和双女父母参加新农保的政策措施；组织动员试点地区符合条件的独生子女和双女父母参加新农保。

二、及时推动将农村计划生育家庭养老保险融入新农保之中。各地要对目前正在组织实施的农村计划生育家庭养老保险或养老储蓄认真开展调研。各地新农保试点开始后，原则上不再继续鼓励农村独生子女和双女父母参加商业保险公司经营的养老保险或养老储蓄。对参加原农村养老保险的，要按照国务院《指导意见》的要求做好与新农保制度的衔接。要认真落实计划生育扶助奖励政策以及其他各项优待政策，确保落实到户到人。

三、积极研究制定鼓励支持农村独生子女和双女父母参加新农保的政策措施。农村独生子女和双女父母为我国控制人口过快增长、稳定低生育水平作出了

贡献，国家应首先保障他们老年的基本生活。有条件的试点地区要研究制定鼓励农村独生子女和双女父母，特别是支持死亡伤残独生子女的父母、计划生育手术并发症人员等特殊困难群体参加新农保的具体政策措施；引导有条件的农村集体经济组织对独生子女和双女父母参加新农保给予适当补助。

四、切实做好新农保制度与农村部分计划生育家庭奖励扶助制度的衔接。在新农保试点过程中，农村部分计划生育家庭奖励扶助制度以及计划生育家庭特别扶助制度的奖励扶助金、特别扶助金，不能抵顶农村独生子女和双女父母参加新农保的政府补贴。要继续坚持资格确认、资金管理、资金发放、社会监督等职责分设原则，确保每一个符合条件的对象都能及时、足额领取到奖励扶助金或特别扶助金。

五、充分利用人口计生公共服务网络优势做好新农保试点相关工作。人口计生公共服务网络具有特殊的组织优势、信息优势和服务优势，是落实计划生育基本国策的组织保障，也是我国公共服务体系的重要组成部分。要充分发挥基层人口计生公共服务网络的优势，利用人口计生信息管理系统，做好新农保试点相关工作。乡镇、农村社区人口计生工作机构和工作人员可在当地新农保试点工作领导小组的统一安排下协助做好新农保的宣传倡导、组织动员、参保登记、养老金发放等工作。建立人口计生信息管理系统与新农保信息管理系统信息交流机制，实现信息资源共享。

国家人口计生委
人力资源和社会保障部
财政部
二〇〇九年十二月三十一日

附录 6

关于印发《新型农村社会养老保险基金财务管理暂行办法》的通知

财社〔2011〕16 号

各省、自治区、直辖市财政厅（局）、人力资源和社会保障（劳动保障）厅（局）：

为加强新型农村社会养老保险基金的财务管理，根据《国务院关于开展新型农村社会养老保险试点工作的指导意见》（国发〔2009〕32 号）等有关规定，财政部会同人力资源社会保障部制定了《新型农村社会养老保险基金财务管理暂行办法》。现印发给你们，请遵照执行。

财政部　人力资源和社会保障部

二〇一一年三月三日

新型农村社会养老保险基金财务管理暂行办法

第一章　总　　则

第一条　为规范新型农村社会养老保险（以下简称“新农保”）基金财务管理，维护参保人合法权益，根据《国务院关于开展新型农村社会养老保险试点工作的指导意见》（国发〔2009〕32 号）等国家有关规定，制定本办法。

第二条　本办法适用于根据国家有关规定设立的新农保基金。

第三条　本办法所称新农保基金（以下简称“基金”），是指通过参保农村居民个人缴费、集体补助、政府补贴等渠道筹集的，用于支付符合领取条件的农村居民养老金待遇等支出的专项资金。

第四条　新农保经办机构（以下简称“经办机构”）具体负责基金的日常财务管理和会计核算工作。

第五条　基金财务管理的任务是：认真贯彻执行国家有关法律、法规和方针、政策，合理筹集和使用基金；建立健全财务管理制度，组织落实基金的预算、核算、分析和考核工作，如实反映基金收支状况；严格遵守财经纪律，加强监督和检查，确保基金的安全。

第六条 基金应纳入社会保障基金财政专户（以下简称“财政专户”），实行收支两条线管理，单独记账、核算。任何地区、部门、单位和个人均不得挤占、挪用，不得用于平衡财政预算，不得用于经办机构人员和工作经费。各级经办机构的人员经费和经办新农保发生的基本运行费用、管理费用，由同级财政按国家规定予以保障。

第七条 经办机构为每个新农保参保人建立终身记录的养老保险个人账户。个人缴费、集体补助及其他经济组织、社会公益组织、个人对参保人缴费的资助，地方政府对参保人的缴费补贴，记入个人账户。个人账户储存额按国家规定计息，全部用于个人账户养老金。

第二章 基金预算

第八条 基金预算是根据国家社会保险和预算管理法律法规建立、反映基金收支的年度计划。

第九条 基金预算的编制应综合考虑上年度基金预算执行情况、本年度经济社会发展水平预测以及新农保工作计划等因素，包括参保人数、缴费人数、享受待遇人数、政府缴费补贴标准及利息等。根据基金收支、财政收支等情况，合理安排财政对基金的补贴支出。基金预算草案由统筹地区经办机构编制，并对引起财务状况发生重大变化的项目进行详细说明。

第十条 统筹地区经办机构编制的年度基金预算草案，由本级人力资源社会保障部门审核汇总，财政部门审核后，由财政部门和人力资源社会保障部门联合报本级人民政府审批。统筹地区财政部门和人力资源社会保障部门将社会保险基金预算草案报本级人民政府审批后，报上一级财政部门和人力资源社会保障部门。省级财政部门和人力资源社会保障部门将本省（区、市）基金预算草案报本级人民政府后，报财政部和人力资源社会保障部。

全国基金预算草案由人力资源社会保障部汇总编制，财政部审核后，由财政部和人力资源社会保障部联合向国务院报告。

第十一条 基金预算草案经统筹地区人民政府批准后，由财政部门和人力资源社会保障部门批复，经办机构等单位要严格按照批准的预算和规定的程序执行。经办机构要认真分析基金的收支情况，定期向本级财政部门与人力资源和社会保障部门报告预算执行情况。

财政部门和人力资源社会保障部门应逐级汇总分别上报基金预算执行情况。省级财政部门与人力资源和社会保障部门要加强对基金预算执行情况的监控，发现问题立即督促采取措施解决。

第十二条 基金预算不得随意调整。遇特殊情况需调整基金预算时，统筹地区经办机构要及时编制预算调整方案，经人力资源社会保障部门审核汇总，财政部门审核后，由财政部门和人力资源社会保障部门联合报本级人民政府批准。按基金预算编制审批程序报批，并报上级财政部门和人力资源社会保障部门。

第三章 基金筹集

第十三条 基金按照国家规定按时、足额筹集。地方政府应组织引导参保农村居民按当地缴费标准缴纳养老保险费。各级财政部门应根据财政补助标准和行政区域内参保农村居民人口数安排补助资金，纳入同级财政年度预算并按规定程序及时办理拨付手续。任何地区、部门、单位和个人不得截留和擅自减免。

第十四条 基金收入包括个人缴费收入、集体补助收入、政府补贴收入、利息收入、转移收入、上级补助收入、下级上解收入和其他收入。

个人缴费收入是指参保农村居民按照规定的标准缴纳的新农保养老保险费收入。

集体补助收入是指乡（镇）、村等集体经济组织对参保农村居民个人缴费给予的补助收入，以及其他经济组织、社会公益组织、个人为参保人缴费提供的资助收入。

政府补贴收入是指财政给予基金的补贴收入。

利息收入是指用基金购买国家债券、存入商业银行等存款类金融机构所取得的利息收入。

转移收入是指参保对象跨统筹地区流动而划入的基金收入。

上级补助收入是指下级经办机构接收上级经办机构拨付的补助收入。

下级上解收入是指上级经办机构接收下级经办机构上解的基金收入。

其他收入是指社会组织和个人对基金的捐赠以及其他经财政部门核准的基金收入。

第十五条 政府补贴收入包括政府对基础养老金的补贴收入和政府对个人缴费的补贴收入。

政府对基础养老金的补贴收入是指各级财政因按规定标准补助符合待遇领取条件参保人新农保基础养老金而给予基金的补贴收入。

政府对个人缴费的补贴收入是指地方财政因按规定标准补助参保人个人缴费而给予基金的补贴收入。

第十六条 在保证资金安全、方便群众、便于提高管理层次的前提下，统筹地区经办机构应在同级财政部门与人力资源和社会保障部门共同认定，或由同级财政部门和人力资源社会保障部门采取招标等方式选择的商业银行等存款类金融机构设立收入户，原则上一个统筹地区只能开设一个收入户。

收入户的主要用途是暂存个人缴费收入、集体补助收入、转移收入、上级补助收入、下级上解收入、该账户的利息收入以及其他收入等。

收入户除向财政专户划转收入外，不得发生其他支付业务。收入户月末无余额。未按规定执行的，财政部门委托各开户商业银行等存款类金融机构于期末将全部基金收入划入财政专户。

第十七条 基金征缴收入应定期缴存财政专户。具体时间由各省、自治区、直辖市自定。

第十八条 收缴个人缴费和集体经济组织补助资金应使用省级财政部门统一印制的基金专用收据。

接受社会组织和个人对基金的捐赠资金应使用财政部门统一印制的捐赠收据。

第四章 基金支付

第十九条 基金应按照新农保制度规定的项目和标准支出，任何部门、单位和个人不得擅自调整支出项目和随意改变支出标准。

第二十条 基金支出包括养老金待遇支出、转移支出、补助下级支出、上解上级支出、其他支出。

养老金待遇支出是指按规定支付给参保农村居民的养老保险待遇支出。

转移支出是指参保农村居民跨统筹地区流动而转出的基金支出。

补助下级支出是指上级经办机构拨付给下级经办机构的补助支出。

上解上级支出是指下级经办机构上解上级经办机构的支出。

其他支出是指经财政部门核准开支的其他支出。

第二十一条 养老金待遇支出包括基础养老金和个人账户养老金。

基础养老金是指政府规定计发标准，并由各级财政为符合待遇领取条件的参保农村居民全额予以补助的养老金待遇。

个人账户养老金是指参保农村居民达到养老保险待遇领取条件时，按照其个人账户全部储存额除以计发月数计算，支付给参保农村居民的养老金待遇，以及参保人死亡时一次性支付其合法继承人除政府补贴外的个人账户资金余额。

第二十二条 在保证资金安全、方便群众、便于提高管理层次的前提下，统筹地区经办机构应在财政部门和人力资源社会保障部门共同认定，或由财政部门和人力资源社会保障部门采取招标等方式选择的商业银行等存款类金融机构设立基金支出户（以下简称“支出户”），原则上一个统筹地区只能开设一个支出户。

支出户的主要用途是：接收财政专户拨入的基金；支付基金支出款项；暂存

该账户的利息收入；划拨该账户资金利息收入到财政专户。

支出户除接收财政专户拨付的基金和该账户的利息收入外，不得发生其他收入业务。

第二十三条 经办机构应根据财政部门与人力资源和社会保障部门核批的基金年度预算及分月支出计划，按月在规定的时间内向同级财政部门报送用款申请，并注明支出项目，加盖本单位公章。财政部门对用款申请审核无误后，应在规定的时间内将基金从财政专户拨入支出户。对不符合用款手续的，财政部门应责成经办机构予以纠正。

第五章 基金结余

第二十四条 基金结余是指基金收支相抵后的期末余额。

第二十五条 基金结余除根据财政部门与人力资源和社会保障部门商定的、最高不超过国家规定预留的支付费用外，全部用于购买国家债券或转存定期存款。除国家另有规定外，任何地区、部门、单位和个人不得动用基金结余进行任何其他形式的投资。

第二十六条 当地人民政府在基金出现支付不足时，给予补贴。

第六章 财政专户

第二十七条 财政专户是指统筹地区财政部门按规定在社会保障基金财政专户中设立的基金专用计息账户。

财政专户原则上只能在财政部门与人力资源社会和保障部门共同认定的国有或国有控股商业银行开设。在保证资金安全、方便群众、便于提高管理层次的前提下，也可以由财政部门和人力资源社会保障部门采取招标等方式选择其他商业银行等存款类金融机构作为财政专户的开户银行，一个统筹地区原则上只开设一个财政专户。

第二十八条 财政专户的主要用途是：接收征收机构转入的基金收入；接收基金购买国家债券兑付的本息收入、该账户资金形成的利息收入以及支出户转入的利息收入等；根据经审定的用款申请，向支出户划拨基金；进行定期存款；购买国家债券；向上级或下级财政专户划拨基金。

第二十九条 财政专户发生的利息收入直接计入财政专户，经办机构支出户的利息收入定期转入财政专户，一并计入基金收入。财政部门凭开户金融机构出具的原始凭证记账，并附加盖专用印章的原始凭证复印件，交经办机构记账和备查。

第三十条 政府补贴收入由国库直接划入财政专户。财政部门凭国库出具的拨款单和财政专户开户金融机构出具的收款凭证记账，同时，财政部门要出具财政专户缴拨凭证，并附加盖专用印章的财政专户开户金融机构收款凭证复印件，交经办机构记账和备查。

第三十一条 发生基金下拨业务时，财政部门根据基金预算，将基金从财政专户拨入同级经办机构支出户，经下级经办机构收入户进入下级财政专户；发生基金上缴业务时，将基金从财政专户划入同级经办机构支出户，经上级经办机构收入户进入上级财政专户。

第三十二条 将基金结余按规定用于购买国家债券或转存定期存款时，财政部门凭金融机构出具的原始凭证记账。同时，财政部门要出具财政专户缴拨凭证，并附加盖专用印章的原始凭证复印件，交经办机构记账和备查。

第七章 资产与负债

第三十三条 资产包括基金运行过程中形成的现金、银行存款（含财政专户存款、收入户存款、支出户存款）、债券投资、暂付款项等。

经办机构应尽量减少现金收付业务。确有必要发生现金收付业务的，应认真做好现金的保管、押运、管理工作，建立健全内部控制制度，并严格按照国务院发布的《中华人民共和国现金管理暂行条例》（国务院令第 12 号）进行现金的收付和管理。

财政部门要严格做好财政专户管理和基金收支核算工作；经办机构要及时办理基金存储手续，做好基金收入、支出核算工作，并按月与开户金融机构对账，同时，财政部门、经办机构要按月对账，保证账账相符、账款相符。

用基金购买的国家债券，委托开户金融机构代为妥善保管，确保账实相符。

暂付款项应定期清理，及时结清。

第三十四条 负债包括基金运行过程中形成的暂收款项等。暂收款项应定期清理，及时偿付。因债权人等特殊原因确实无法偿付的，经财政部门批准后作为基金的其他收入。

第八章 基金决算

第三十五条 年度终了后，统筹地区经办机构应根据规定的表式、时间和要求编制年度基金财务报告。财务报告包括资产负债表、收支表、有关附表以及财务情况说明书。

财务情况说明书主要说明和分析基金的年度财务收支及管理情况；对本期或下期财务状况发生重大影响的事项；其他需要说明的事项。

编制年度基金财务报告必须做到数字真实、计算准确、手续完备、内容完整、报送及时。

第三十六条 经办机构编制的年度基金财务报告应在规定期限内经人力资源社会保障部门审核汇总，财政部门审核后，由财政部门和人力资源和社会保障部门联合报本级人民政府审批。批准后的年度基金财务报告作为基金决算。

第三十七条 统筹地区财政部门和人力资源和社会保障部门将基金决算草案报本级人民政府审批后，报上一级财政部门和人力资源和社会保障部门。

省级财政部门和人力资源和社会保障部门将本省（区、市）基金决算草案报本级人民政府后，报财政部与人力资源和社会保障部。

全国基金决算草案由人力资源和社会保障部汇总编制，财政部审核后，由财政部和人力资源和社会保障部联合向国务院报告。

统筹地区经办机构编制及调整基金预决算的情况，应及时报上级经办机构。

第九章 监督与检查

第三十八条 经办机构要建立健全内部管理制度，定期或不定期向社会公告基金收支和结余情况，接受相关部门和社会监督。

第三十九条 人力资源社会保障部门、财政部门和审计部门等要定期或不定期地对财政专户、收入户和支出户的基金收支和结余情况进行监督检查，发现问题及时纠正，并向同级政府和基金监督组织报告。

第四十条 单位和个人有下列行为之一的，责令限期改正。对单位及其直接负责的主管人员和其他直接责任人员依照国家有关法律、法规追究责任：

（一）截留、挤占、挪用、贪污基金；

（二）擅自提高或降低农村居民个人缴费标准；

（三）未按规定标准支付养老保险待遇或擅自变更支出项目、调整支出标准；

（四）将个人账户储存额用于非个人账户养老金支出；

（五）未按时将基金收入存入财政专户；

（六）未按时足额将基金从财政专户拨付到支出户；

（七）其他违反国家法律、法规规定的行为。

第十章 附　　则

第四十一条 各省、自治区、直辖市财政部门会同人力资源社会保障部门根据本办法的规定，结合当地实际情况制定实施办法，并报财政部、人力资源社会保障部备案。

第四十二条 开展城乡居民社会养老保险的地区，城乡居民社会养老保险基金财务管理参照本办法执行。

第四十三条 本办法由财政部商人力资源和社会保障部解释和修订。

第四十四条 本办法自 2011 年 7 月 1 日起施行，凡与本办法不一致的，以本办法规定为准。

附录 7

关于中央财政新型农村和城镇居民社会养老保险试点专项补助资金管理有关问题的通知

财社〔2011〕323 号

各省、自治区、直辖市财政厅（局）、人力资源社会保障厅（局）、财政部驻各省、自治区、直辖市财政监察专员办事处：

根据《国务院关于开展新型农村社会养老保险试点的指导意见》（国发〔2009〕32 号）和《国务院关于开展城镇居民社会养老保险试点的指导意见》（国发〔2011〕18 号），为做好中央财政对新型农村社会养老保险（以下简称“新农保”）和城镇居民社会养老保险（以下简称“城居保”）试点专项补助资金拨付工作，现就有关问题通知如下：

一、补助范围和标准

根据有关规定，中央财政按中央确定的基础养老金标准，对中西部地区全额补助，对东部地区补助 50%。对各地的具体补助金额，根据国务院新农保和城居保试点工作领导小组（以下简称“国务院领导小组”）确定的各省（自治区、直辖市）试点县（市、区、旗，以下简称试点县）60 周岁及以上实际参保户籍人口总数、地方财政补助资金到位情况核定。

二、补助资金的申请拨付程序

省（自治区、直辖市）财政厅（局）和人力资源社会保障厅（局）（以下简称“省级财政部门和人力资源社会保障部门”），应联合向财政部、人力资源社会保障部提出新农保和城居保中央财政补助资金申请，经两部共同审核同意后，核拨补助资金。

（一）申报材料要求。

省级财政部门和人力资源和社会保障部门联合上报的申报材料，应全面、真实、准确地反映本地开展试点的情况，确保报表数据真实、全面，不得瞒报、虚报、漏报。申报材料包括：

1. 申请报告。包括本地开展试点的总体情况、政策规定和资金需求和安排情况、试点启动和实施情况、工作中存在的问题和有关政策建议等。

2. 有关附表。新农保和城居保中央财政补助资金申请表，包括参保人数、地方财政补助资金安排和中央财政补助资金申请等。具体填报要求详见填表说明。

（二）报送审核程序。

1. 地方上报。

经国务院领导小组批准新纳入试点范围的试点县（以下简称“新增试点县”），由所属省级财政部门和人力资源社会保障部门按照纳入试点当年的新农保和城居保试点工作要求报送申报材料；以前年度已经国务院领导小组批准纳入试点范围的试点县（以下简称“原有试点县”），由所属省级财政部门和人力资源社会保障部门负责于每年4月底以前，将申报材料报送财政部驻本省、自治区、直辖市财政监察专员办事处（以下“简称专员办”）。经专员办审核后的申报材料应在5月底前上报财政部、人力资源社会保障部。地方各级财政部门和人力资源社会保障部门必须严格按照规定时限、高质量地上报申报材料。对于未按时限规定上报申报材料的，财政部、人力资源社会保障部将予以通报。因延误上报导致中央财政补助资金不能按时下达的，由地方承担基础养老金确保发放责任。

2. 专员办审核。

专员办收到省级财政部门和人力资源社会保障部门报送的申报材料后，要及时对试点地区60周岁及以上实际参保户籍人数基础数据进行认真审核，必要时对原有试点县进行抽审，并应在受理申报材料后20个工作日内审核完毕，签署审核意见。

专员办可以根据实际情况，对新农保和城居保试点中央财政补助资金进行定期或不定期的专项检查，并根据检查结果提出整改意见。

3. 财政部、人力资源社会保障部审核。

财政部、人力资源社会保障部按照相关政策规定对各地申报材料进行审核，并依据审核结果相应核定中央财政补助资金。

（三）资金拨付办法。

为确保基础养老金按时足额发放，中央财政补助资金采取“当年先行预拨，次年据实结算、差额多退少补”的办法，以每年1月1日至12月31日为一个运行年度，按年与省级财政结算中央财政补助资金。具体操作程序是：

1. 资金预拨。

新增试点县，实施试点当年，按其申报的当年参保60周岁及以上户籍人口预测数和中央财政补助标准，预拨当年补助资金。同时，在试点当年9月30日前，按当年补助资金的90%下达下年度预算，此项资金列入下年度地方财政资金留用比例。

原有试点县，自2010年起，每年9月30日前，按当年补助资金的90%下达下年度预算，此项资金列入下年度地方财政资金留用比例。

2. 资金结算。

（1）常规结算程序。

每年7月底以前，中央财政根据各地经专员办审核并盖章的申请材料，按照各地上年度平均实际参保60周岁及以上户籍人口数、地方财政资金到位情况等，对上年中央财政补助资金进行结算。同时，按照上年度平均实际参保60周岁及以上户籍人口数和当年中央财政补助标准，核定当年中央财政应补助资金，扣除年初预拨资金，并弥补（抵减）上年不足（结余）后下达。

结算公式：

当年结算资金 = 上年度平均实际参保60周岁及以上户籍人口数 × 当年中央财政补助标准 − 当年预拨资金 +（−）上年不足（结余）

其中：

上年度平均实际参保60周岁及以上户籍人口数 =（期初参保人数 + 期末参保人数）÷2

（2）特殊结算程序。

在专员办对新农保和城居保中央财政补助资金实施专项检查的当年，在常规结算程序的基础上，根据专项检查结果，相应扣减检查年度期间的违规资金。

三、补助资金的使用

中央财政补助资金下达后，各省级财政部门要根据资金分配方案和使用进度，及时下拨。各试点县收到上级财政补助资金后，要按照《财政部　人力资源社会保障部关于印发〈新型农村社会养老保险基金财务管理暂行办法〉的通知》（财社〔2011〕16号）规定，及时将相关资金拨入社会保障基金财政专户。各级财政要按规定将补助资金列入相关科目，财政补助资金必须专款专用，任何地区、部门、单位和个人不得截留、挤占、挪用。各级财政部门要切实履行职能，加强科学化、精细化管理，会同有关部门探索有效的基础数据审核手段，加强信息化建设，通过建立健全计算机信息管理网络等方式，防止虚报冒领、套取财政补助资金等情况的发生。

四、监督检查

各级财政、人力资源社会保障部门要会同有关部门做好财政补助资金的跟踪检查和追踪问效工作，定期或不定期对新农保和城居保基金进行监督检查，发现问题及时纠正，并及时向本级政府和上级有关部门报告。人力资源社会保障部、财政部根据需要，对各地新农保和城居保基金管理情况进行抽查。对虚报冒领、挤占挪用、贪污浪费等违纪违法行为，按照国家有关法律法规严肃处理。专员办定期或不定期对新农保和城居保中央财政补助资金管理使用情况进行专项检查，对发现的问题提出整改意见，据实减拨中央财政补助资金，按规定追究有关单位和人员的责任，并在全国财政、人力资源社会保障系统通报批评。

五、有关事项

本办法实施后，《财政部　人力资源社会保障部关于中央财政新型农村社会养老保险试点专项补助资金管理有关问题的通知》（财社〔2009〕211 号）相应废止。

附表：××省（自治区、直辖市）××年度新型农村和城镇居民社会养老保险试点中央财政补助资金申报表

财政部

二〇一一年十二月三十一日

附录8

关于做好新型农村和城镇居民社会养老保险制度与城乡居民最低生活保障农村五保供养优抚制度衔接工作的意见

人社部发〔2012〕15号

各省、自治区、直辖市人力资源社会保障厅（局）、民政厅（局）、财政厅（局）及新疆生产建设兵团劳动保障局、民政局、财政局：

根据《国务院关于开展新型农村社会养老保险试点的指导意见》（国发〔2009〕32号）和《国务院关于开展城镇居民社会养老保险试点的指导意见》（国发〔2011〕18号）（以下简称《意见》）精神，为指导各地做好新型农村和城镇居民社会养老保险制度（以下分别简称“新农保、城居保”）与城乡居民最低生活保障、农村五保供养和优抚制度（以下分别简称“低保、五保、优抚”）的衔接工作，现提出如下意见：

一、基本原则

低保对象和五保对象是迫切需要帮助的困难群体，优抚对象是为我国革命和社会主义建设事业做出特殊贡献的退伍军人及其家属。要积极引导和支持低保、五保、优抚对象参加新农保或城居保（以下简称“参保”），以解决其老年的后顾之忧，提高其生活保障水平。现阶段，要按照各项制度待遇只叠加、不扣减、不冲销并兼顾现行政策的原则，确保现有待遇水平不降低。

二、制度衔接对象

本《意见》所指制度衔接的对象是：

（一）低保对象，由当地县级民政部门根据《城市居民最低生活保障条例》（国务院令第271号）、《国务院关于在全国建立农村最低生活保障制度的通知》（国发〔2007〕19号）规定的适用范围确定的享受低保待遇的人员。

（二）五保对象，由当地县级民政部门根据《农村五保供养工作条例》（国务院令第456号）规定的适用范围确定的享受五保待遇的人员。

（三）优抚对象，由当地县级民政部门根据《军人抚恤优待条例》（国务院中央军委令第413号）规定的适用范围确定的享受优抚待遇的人员。

三、制度衔接规定

（一）新农保、城居保制度与低保、五保制度衔接

新农保和城居保制度实施时，16～59岁符合新农保和城居保参保条件的低保、五保对象，应按规定参保缴费，享受政府补贴和集体补助；鼓励有条件的村集体、其他经济组织、社会组织和个人对低保、五保对象的缴费提供资助。

已经自愿参保且年满60周岁符合领取待遇条件的低保、五保对象，可按月领取新农保或城居保养老金。在审批或复核低保、五保资格时，中央确定的基础养老金“十二五”时期暂不计入家庭收入，具体办法由地方人民政府确定。

（二）新农保、城居保制度与优抚制度衔接

新农保、城居保制度实施时，16～59岁符合新农保和城居保参保条件、有缴费能力的优抚对象，应按规定参保缴费，享受政府补贴和集体补助。

对于缴费困难的优抚对象，按规定享受政府补贴和集体补助。

已自愿参保且年满60周岁并符合规定条件的优抚对象，按月领取基础养老金，其优抚待遇标准不变。

四、工作要求

各级人力资源社会保障、民政、财政部门要高度重视低保、五保和优抚对象的参保工作，充分认识做好制度衔接工作的重要性，切实解决好他们在参保和待遇支付方面存在的困难和问题，结合本地实际情况制定切实可行的衔接办法。要广泛动员并支持引导低保、五保和优抚对象参加新农保或城居保。各相关部门要密切配合，履行职责，严格把关，按照上述意见做好制度衔接工作。

人力资源和社会保障部

财政部

民政部

二〇一二年二月二十四日

附录 9

人力资源和社会保障部　财政部关于印发《城乡养老保险制度衔接暂行办法》的通知

人社部发〔2014〕17 号

各省、自治区、直辖市人民政府，新疆生产建设兵团：

经国务院同意，现将《城乡养老保险制度衔接暂行办法》印发给你们，请认真贯彻执行。

实现城乡养老保险制度衔接，是贯彻落实党的十八届三中全会精神和社会保险法规定，进一步完善养老保险制度的重要内容。做好城乡养老保险制度衔接工作，有利于促进劳动力的合理流动，保障广大城乡参保人员的权益，对于健全和完善城乡统筹的社会保障体系具有重要意义。各地区要高度重视，加强组织领导，明确职责分工，密切协同配合，研究制定具体实施办法，深入开展政策宣传解释和培训，全力做好经办服务，抓好信息系统建设，确保城乡养老保险制度衔接工作平稳实施。

人力资源和社会保障部　财政部

2014 年 2 月 24 日

城乡养老保险制度衔接暂行办法

第一条　为了解决城乡养老保险制度衔接问题，维护参保人员的养老保险权益，依据《中华人民共和国社会保险法》和《实施〈中华人民共和国社会保险法〉若干规定》（人力资源和社会保障部令第 13 号）的规定，制定本办法。

第二条　本办法适用于参加城镇职工基本养老保险（以下简称“城镇职工养老保险”）、城乡居民基本养老保险（以下简称“城乡居民养老保险”）两种制度需要办理衔接手续的人员。已经按照国家规定领取养老保险待遇的人员，不再办理城乡养老保险制度衔接手续。

第三条　参加城镇职工养老保险和城乡居民养老保险人员，达到城镇职工养老保险法定退休年龄后，城镇职工养老保险缴费年限满 15 年（含延长缴费至 15 年）的，可以申请从城乡居民养老保险转入城镇职工养老保险，按照城镇职工养老保险办法计发相应待遇；城镇职工养老保险缴费年限不足 15 年的，可以申请从城镇职工养老保险转入城乡居民养老保险，待达到城乡居民养老保险规定的领取条件时，按照城乡居民养老保险办法计发相应待遇。

第四条 参保人员需办理城镇职工养老保险和城乡居民养老保险制度衔接手续的，先按城镇职工养老保险有关规定确定待遇领取地，并将城镇职工养老保险的养老保险关系归集至待遇领取地，再办理制度衔接手续。

参保人员申请办理制度衔接手续时，从城乡居民养老保险转入城镇职工养老保险的，在城镇职工养老保险待遇领取地提出申请办理；从城镇职工养老保险转入城乡居民养老保险的，在转入城乡居民养老保险待遇领取地提出申请办理。

第五条 参保人员从城乡居民养老保险转入城镇职工养老保险的，城乡居民养老保险个人账户全部储存额并入城镇职工养老保险个人账户，城乡居民养老保险缴费年限不合并计算或折算为城镇职工养老保险缴费年限。

第六条 参保人员从城镇职工养老保险转入城乡居民养老保险的，城镇职工养老保险个人账户全部储存额并入城乡居民养老保险个人账户，参加城镇职工养老保险的缴费年限合并计算为城乡居民养老保险的缴费年限。

第七条 参保人员若在同一年度内同时参加城镇职工养老保险和城乡居民养老保险的，其重复缴费时段（按月计算，下同）只计算城镇职工养老保险缴费年限，并将城乡居民养老保险重复缴费时段相应个人缴费和集体补助退还本人。

第八条 参保人员不得同时领取城镇职工养老保险和城乡居民养老保险待遇。对于同时领取城镇职工养老保险和城乡居民养老保险待遇的，终止并解除城乡居民养老保险关系，除政府补贴外的个人账户余额退还本人，已领取的城乡居民养老保险基础养老金应予以退还；本人不予退还的，由社会保险经办机构负责从城乡居民养老保险个人账户余额或者城镇职工养老保险基本养老金中抵扣。

第九条 参保人员办理城乡养老保险制度衔接手续时，按下列程序办理：

（一）由参保人员本人向待遇领取地社会保险经办机构提出养老保险制度衔接的书面申请。

（二）待遇领取地社会保险经办机构受理并审核参保人员书面申请，对符合本办法规定条件的，在 15 个工作日内，向参保人员原城镇职工养老保险、城乡居民养老保险关系所在地社会保险经办机构发出联系函，并提供相关信息；对不符合本办法规定条件的，向申请人作出说明。

（三）参保人员原城镇职工养老保险、城乡居民养老保险关系所在地社会保险经办机构在接到联系函的 15 个工作日内，完成制度衔接的参保缴费信息传递和基金划转手续。

（四）待遇领取地社会保险经办机构收到参保人员原城镇职工养老保险、城乡居民养老保险关系所在地社会保险经办机构转移的资金后，应在 15 个工作日内办结有关手续，并将情况及时通知申请人。

第十条　健全完善全国县级以上社会保险经办机构联系方式信息库，并向社会公布，方便参保人员办理城乡养老保险制度衔接手续。建立全国统一的基本养老保险参保缴费信息查询服务系统，进一步完善全国社会保险关系转移系统，加快普及全国通用的社会保障卡，为参保人员查询参保缴费信息、办理城乡养老保险制度衔接提供便捷有效的技术服务。

第十一条　本办法从 2014 年 7 月 1 日起施行。各地已出台政策与本办法不符的，以本办法规定为准。

参考文献

第一章：

［1］姚远：《中国家庭养老研究》，中国人口出版社2001年版。

［2］葛晓萍、李澍卿、袁丙澍：《中国传统社会养老观的变迁》，载《河北学刊》2008年第1期。

［3］岳红娟、阙祥才：《农村养老保障的现状及对策思考》，载《内蒙古农业大学学报》2010年第5期。

［4］张理智：《论“经济净福利增长”：“第四产业”与经济增长的重新定义》，载《青海社会科学》2004年第5期。

［5］《马克思恩格斯选集（第一卷）》，人民出版社1975年版。

［6］《马克思恩格斯选集（第三卷）》，人民出版社1995年版。

［7］马克思：《资本论（第三卷）》，人民出版社2004年版。

［8］《列宁全集（第21卷）》：人民出版社1990年版。

［9］［美］约翰·罗尔斯，何怀宏等译：《正义论》，中国社会科学出版社1988年版。

［10］卢海元：《和谐社会的基石：中国特色新型社会养老保险制度》，群众出版社2009年版。

［11］吴忠民：《改善民生的战略意义》，载《光明日报》2008年9月2日。

［12］倪愫襄：《制度伦理研究》，人民出版社2008年版。

［13］龚天平：《论制度伦理的内涵及其意义》，载《宁夏大学学报（哲学社会科学版）》1999年第3期。

［14］彭定光：《制度运行伦理：制度伦理的一个重要方面》，载《清华大学学报（哲学社会科学版）》2004年第1期。

［15］李仁武：《制度伦理研究：探寻公共道德理性的生成路径》，人民日报出版社2009年版。

［16］厉以宁、吴易风、李懿：《西方福利经济学述评》，商务印书馆1984

年版。

[17] [英] 庇古:《福利经济学》,麦克米伦出版公司 1932 年版。

[18] [英] 庇古:《福利经济学的几个方面》,载《美国经济评论》1951 年 6 月号。

[19] [美] 柏格森:《社会主义经济学》,载埃利斯编:《当代经济学概览(第 1 卷)》1963 年版。

[20] 王桂胜:《福利经济学》,中国劳动社会保障出版社 2007 年版。

[21] 姚明霞:《福利经济学》,经济日报出版社 2005 年版。

[22] 樊勇明、杜莉:《公共经济学(第二版)》,复旦大学出版社 2009 年版。

[23] [美] 缪勒,杨春学等译:《公共选择理论》,中国社会科学出版社 1999 年版。

[24] [美] 布坎南著,吴良键、桑伍、曾获译:《自由、市场和国家》,北京经济学院出版社 1988 年版。

[25] [美] 穆勒:《公共选择》,商务印书馆 1992 年版。

[26] [美] 诺思:《经济史中的结构与变迁》,上海人民出版社 1994 年版。

[27] [美] 诺思:《制度、契约与组织——从新制度经济学角度的透视》,经济科学出版社 2003 年版。

[28] 彭德林:《新制度经济学》,湖北人民出版社 2002 年版。

[29] [美] R. 讷克斯著,谨斋译:《不发达国家的资本形成问题》,商务印书馆 1966 年版。

[30] 高和荣:《经济社会学》,高等教育出版社 2008 年版。

[31] [英] 赫伯特·西蒙:《管理行为:管理组织决策过程的研究》,经济出版社 1988 年版。

[32] 杨绍政:《制度、制度效率和制度变迁》,载《贵州大学学报(社会科学版)》2011 年第 5 期。

[33] 卢现祥:《论制度的正义》,载《江汉论坛》2009 年第 8 期。

[34] 袁庆明:《制度效率的决定与制度效率递减》,载《湖南大学学报(社会科学版)》2003 年第 1 期。

[35] 袁庆明:《论制度的效率及其决定》,载《江苏社会科学》2002 年第 4 期。

[36] 刘喆:《中美两国养老保险制度效率比较》,载《中国经贸导刊》2011 年第 14 期。

[37] 张倩:《典型国家公务员养老保险模式比较及其启示——以保险与激励(效率)的关系为主线》,载《武汉理工大学学报(社会科学版)》2010 年第 4 期。

[38] 胡豹、张丽梅：《农村商业养老保险问题研究》，载《中国乡镇企业会计》2008 年第 11 期。

[39] 石宏伟：《关于我国农村社会养老保险的思考》，载《中国农业大学学报（社会科学版）》2002 年第 3 期。

[40] 谭宇：《略论可持续发展的公平观》，载《云南社会科学》2005 年第 4 期。

[41] Paulas. *The pure theory of public expenditure. The Review of Economics and Statistics*, 1954, 36, (4), p387.

第二章：

[1] 吕学静：《社会保障国际比较》，首都经济贸易大学出版社 2007 年版。

[2] 吕学静：《现代各国社会保障制度》，中国劳动社会保障出版社 2006 年版。

[3] 杨翠迎：《中国农村社会保障制度研究》，中国农业出版社 2003 年版。

[4] 米红、杨翠迎：《农村社会养老保障制度基础理论框架研究》，光明日报出版社 2008 年版。

[5] 白维军：《巴西农村养老金计划及其对中国的启示》，载《经济问题探索》2010 年第 7 期。

[6] 徐清照：《巴西农村社会保障制度建设及其对中国的启示》，载《世界农业》2009 年第 9 期。

[7] 林义：《农村社会保障的国际化比较及启示研究》，中国劳动社会保障出版社 2006 年版。

[8] 张敬一、赵新亚：《农村养老保障政策研究》，上海交通大学出版社 2007 年版。

[9] 邓大松、刘昌平：《新农村社会保障体系研究》，人民出版社 2007 年版。

[10] 庹国柱、朱俊生：《国外农民社会养老保险制度的发展及其启示》，载《人口与经济》2004 年第 4 期。

[11] 许文兴：《农村社会保障》，中国农业出版社 2006 年版。

[12] 李长远：《日本农村养老保险制度的解读及启示》，载《重庆工商大学学报》2007 年第 4 期。

[13] 刘翠霄：《德国社会保障制度》，载《环球法律评论》2001 年第 4 期。

[14] 郑秉文、方定友、史寒冰：《当代东亚国家、地区社会保障制度》，法律出版社 2002 年版。

[15] 尹丽辉：《日本农协（7）与政府的关系及其发挥的作用》，载《湖南农业》2005 年第 12 期。

[16] 周志凯：《瑞典辅助养老金及其运作分析》，载《宏观经济管理》2005 年第 8 期。

[17] 任倩、付彩芳:《国外农村养老保险》,中国社会出版社 2006 年版。

[18] 刘晓梅:《中国农村社会养老保险理论与实务研究》,科学出版社 2010 年版。

[19] 苑梅:《我国农村社会养老保险制度研究》,东北财经大学出版社 2011 年版。

[20] 庹国柱、王国军、朱俊生:《制度建设与政府责任——中国农村社会保障问题研究》,首都经济贸易大学出版社 2009 年版。

[21] 官晓霞:《发达国家农村社会养老保险制度及其启示》,载《中央财经大学学报》2006 年第 6 期。

[22] 杨翠迎、庹国柱:《建立农民社会养老年金保险计划的经济社会条件的实证分析》,载《中国农村观察》1997 年第 5 期。

[23] 陈正光、胡永国:《智利和新加坡养老个人账户的比较分析》,载《华中科技大学学报(社会科学版)》2003 年第 6 期。

[24] 和春雷:《社会保障制度的国际比较》,法律出版社 2001 年版。

[25] Jenkins, Michel. *Extending social security protection to the entire population: problems and issues. International Social Security Review*, 1993, 46, (2).

第三章:

[1] 邓大松:《社会保险》,中国劳动社会保障出版社 2002 年版。

[2] 岳宗福:《近代中国社会保障立法研究(1912～1949)》,齐鲁书社 2006 年版。

[3] 王文素:《中国古代社会保障研究》,中国财政经济出版社 2009 年版。

[4] 王志芬:《浅析中国古代的尊老养老体制》,载《学术探讨》2003 年第 7 期。

[5] 曹立前、高山秀:《中国传统文化中的孝与养老思想探究》,载《山东师范大学学报(人文社会科学版)》2008 年第 5 期。

[6] 王娟:《孙中山的社会保障思想与实践》,载《华南师范大学学报(社会科学版)》2005 年第 2 期。

[7] 刘松林:《浅谈我国古代养老制度》,载《文史杂记》2000 年第 3 期。

[8] 王卫平、黄鸿山、康丽跃:《清代社会保障政策研究》,载《徐州师范大学学报(哲学社会科学版)》2005 年第 7 期。

[9] 卢海元:《新农保:一路走来》,载《中国社会保障》2009 年第 9 期。

[10] 中华人民共和国民政部农村社会保险司:《农村社会养老保险基本方案论证报告》,民政部,1995 年 12 月。

[11] 亚洲开发银行小型技术援助项目(PRC－3607):《中国农村老年保

障：从土改中的土地到全球化时的养老金》，2001 年。

［12］刘翠霄：《中国农民的社会保障问题》，载《法学研究》2001 年第 6 期。

［13］史伯年：《中国社会养老保险制度研究》，经济管理出版社 1999 年版。

［14］刘子兰：《中国农村养老社会保险制度反思与重构》，载《管理世界》2003 年第 8 期。

［15］张朴：《关于农村社会养老保险有关理论和政策总问题的思考》，载《农村社会养老保险基本方案论证报告》1995 年 12 月。

［16］刘书鹤：《农村社会保障的若干问题》，载《人口研究》2001 年第 10 期。

［17］王国军：《中国城乡社会保障制度衔接初探》，载《战略与管理》2000 年第 2 期。

［18］刘子兰：《养老金制度和养老基金管理》，经济科学出版社 2005 年版。

［19］刘昌平、谢婷：《传统农村社会养老保险制度评估与反思》，载《经济体制改革》2009 年第 4 期。

［20］中国社会科学院“农村社会保障制度研究”课题组：《积极稳妥地推进农村社会养老保险》，载《人民论坛》2000 年第 6 期。

［21］刘晓梅：《中国农村社会养老保险理论与实务研究》，科学出版社 2010 年版。

［22］万克德：《农村社会养老保险在执行中亟待规范的几个问题》，载《市场与人口分析》1999 年第 6 期。

［23］刘昌平、殷宝明、谢婷：《中国新型农村社会养老保险制度研究》，中国社会科学出版社 2008 年版。

［24］曹信邦：《新型农村社会养老保险制度构建——基于政府责任的视角》，经济科学出版社 2012 年版。

［25］曾毅：《中国人口老龄化的“二高三大”特征及对策探讨》，载《人口与经济》2001 年第 5 期。

［26］卢海元：《我国新型农村社会养老保险制度试点问题研究》，载《毛泽东邓小平理论研究》2010 年第 6 期。

［27］薛惠元：《对我国新型农村社会养老保险制度的反思》，载《当代经济管理》2012 年第 2 期。

［28］苑梅：《我国农村社会养老保险制度研究》，东北财经大学出版社 2011 年版。

［29］李冬妍：《“新农保”制度：现状评析与政策建议》，载《南京大学学报》（哲学·人文科学·社会科学版）2011 年第 1 期。

［30］马亮：《反思“新农保”推进工作中的若干问题——以南通为例》，

载《理论前沿》2009 年第 21 期。

[31] 惠恩才：《我国农村社会养老保险基金管理与运营研究》，载《农业经济问题》2011 年第 7 期。

[32] 方昌勤：《关于新农保实施的困境与思考》，载《现代商业》2012 年第 6 期。

[33] 张思锋、王立剑：《新型农村社会养老保险制度试点研究——基于三省六市的调查》，人民出版社 2011 年版。

[34] 王德文、侯慧丽：《新型农村养老保障制度改革——北京模式的探索意义及其适用条件》，载《社会保障研究》2010 年第 1 期。

[35] 胡焕旭：《新农保"罗山模式"的实践和启示》，载《中国商界》2011 年第 11 期。

[36] 向春华：《"四不出村"：东台新农保的贴身服务——探访进村系列之一》，载《中国社会保障》2012 年第 7 期。

[37] 苏保忠：《中国农村养老问题研究》，清华大学出版社 2009 年版。

[38] 张敬一、赵新亚：《中国农村养老保障政策研究》，上海交通大学出版社 2007 年版。

[39] 李琼：《20 世纪 40 年代川北盐场盐工保险述论》，载《民国档案》2006 年第 4 期。

[40] 黄佳豪：《建国 60 年来农村养老保险制度的历史探索》，载《理论导刊》2009 年第 10 期。

第四章：

[1] 薛惠元：《新农保个人筹资能力可持续性分析》，载《西南民族大学学报（人文社会科学版）》2012 年第 2 期。

[2] 薛惠元、张德明：《新型农村社会养老保险筹资机制探析》，载《现代经济探讨》2010 年第 2 期。

[3] 付小鹏、黄柯、梁平：《重庆市新农保基金筹集主体筹资能力的测算与分析——基于 2009 年 15 个试点区县的数据》，载《安徽农业科学》2011 年第 23 期。

[4] 杜茂华：《新型农村养老保险资金筹集风险探析——以重庆市涪陵区为例》，载《人民论坛（学术前沿）》2010 年第 2 期。

[5] 邓大松、薛惠元：《新型农村社会养老保险替代率精算模型及其实证分析》，载《经济管理》2010 年第 5 期。

[6] 李韶辉：《我国将调整完善国家扶贫战略》，载《中国改革报》2010 年 6 月 7 日。

[7] 李子奈、潘文卿：《计量经济学》，高等教育出版社 2005 年版。

[8] 高铁梅:《计量经济分析方法与建模: Eviews 应用及实例》, 清华大学出版社 2009 年版。

[9] 王翠琴、薛惠元:《新型农村社会养老保险收入再分配效应研究》, 载《中国人口·资源与环境》2012 年第 8 期。

[10] 邓大松、薛惠元:《新型农村社会养老保险制度推行中的难点分析——兼析个人、集体和政府的筹资能力》, 载《经济体制改革》2010 年第 1 期。

[11] 游芸芸:《高盛全球首席经济学家吉姆·奥尼尔: 2027 年中国将成为最大经济体》, 载《证券时报》2009 年 11 月 3 日。

[12] 周渭兵:《我国养老金记账利率制度的风险精算分析和再设计》, 载《数量经济技术经济研究》2007 年第 12 期。

[13] 刘善槐、邬志辉、何圣财:《新型农村社会养老保险试点状况及对策——基于吉林省 5000 农户的调查研究》, 载《调研世界》2011 年第 2 期。

[14] 张朝华:《农户参加新农保的意愿及其影响因素——基于广东珠海斗门、茂名茂南的调查》, 载《农业技术经济》2010 年第 6 期。

[15] 林淑周:《农民参与新型农村社会养老保险意愿研究——基于福州市大洋镇的调查》, 载《东南学术》2010 年第 4 期。

[16] 王媛:《"新农保"参保影响因素分析——基于农户调查的 Logit 回归模型》, 载《农村经济》2011 年第 7 期。

[17] 郝金磊、贾金荣:《西部地区农民新农保参与意愿研究》, 载《西北人口》2011 年第 2 期。

[18] 田北海、丁镇:《农民参与新型农村社会养老保险的意愿研究》, 载《甘肃行政学院学报》2011 年第 3 期。

[19] 赵珂巍、韩建民:《农村养老参保意愿及影响因素分析——以甘肃省榆中县为例》, 载《西北农林科技大学学报 (社会科学版)》2012 年第 3 期。

[20] 黄瑞芹、谢冰:《民族地区新型农村养老保险参保意愿及其影响因素分析——基于中西部民族地区农户的调查》, 载《中南民族大学学报 (人文社会科学版)》2012 年第 3 期。

[21] 薛惠元:《新型农村社会养老保险农民缴费意愿的可持续性分析》, 载《西北人口》2014 年第 2 期。

第五章:

[1] 邓大松、薛惠元:《新农保财政补助数额的测算与分析》, 载《江西财经大学学报》2010 年第 2 期。

[2] 李冬妍:《"新农保"制度: 现状评析与政策建议》, 载《南京大学学报 (哲学·人文科学·社会科学版)》2011 年第 1 期。

[3] 刘晓梅：《我国新型农村社会养老保险制度及试点分析》，载《农业经济问题》2011 年第 4 期。

[4] 石玉梅、张敏：《新农保制度下地方政府财政补贴政策效应研究——以新疆新农保试点县为例》，载《农业经济问题》2011 年第 10 期。

[5] 程杰：《新型农村社会养老保险制度的财政负担测算——兼论“十二五”期间实现全覆盖的可行性》，载《社会保障研究》2011 年第 1 期。

[6] 封进、郭瑜：《新型农村社会养老保险制度的财政支持能力》，载《重庆社会科学》2011 年第 7 期。

[7] 薛惠元：《新型农村社会养老保险财政保障能力可持续性评估——基于政策方针学的视角》，载《中国软科学》2012 年第 5 期。

[8] 刘昌平、邓大松、殷宝明：《“乡—城”人口迁移对中国城乡人口老龄化及养老保障的影响分析》，载《经济评论》2008 年第 6 期。

[9] 国家人口发展战略研究课题组：《国家人口发展战略研究报告》，载《人口研究》2007 年第 1 期。

[10] 简新华、黄锟：《中国城镇化水平和速度的实证分析与前景预测》，载《经济研究》2010 年第 3 期。

[11] 游芸芸：《高盛全球首席经济学家吉姆·奥尼尔：2027 年中国将成为最大经济体》，载《证券时报》2009 年 11 月 3 日，第 A006 版。

[12] 王东进：《我国新型农村社会养老保险制度建设情况——在湖北省政协常委专题协商会上的讲话》，2010 年 9 月 16 日。

[13] 周渭兵：《我国养老金记账利率制度的风险精算分析和再设计》，载《数量经济技术经济研究》2007 年第 12 期。

[14] 薛惠元、王翠琴：《“新农保”财政补助政策地区公平性研究——基于 2008 年数据的实证分析》，载《农村经济》2010 年第 7 期。

[15] 邓大松、薛惠元：《新型农村社会养老保险替代率精算模型及其实证分析》，载《经济管理》2010 年第 5 期。

[16] 朱俊生：《推进新农保制度的难点在地方财政》，载《农村工作通讯》2009 年第 20 期。

第六章：

[1] 封铁英、李梦伊：《新型农村社会养老保险基金收支平衡模拟与预测》，载《公共管理学报》2010 年第 4 期。

[2] 吴永兴、卜一：《新农保基金收支动态平衡约束条件分析》，载《商业研究》2012 年第 7 期。

[3] 钱振伟、卜一、张艳：《新型农村社会养老保险可持续发展的仿真评

估：基于人口老龄化视角》，载《经济学家》2012 年第 8 期。

［4］王翠琴、薛惠元：《新农保个人账户养老金计发系数评估》，载《华中农业大学学报（社会科学版）》2011 年第 3 期。

［5］游芸芸：《高盛全球首席经济学家吉姆·奥尼尔：2027 年中国将成为最大经济体》，载《证券时报》2009 年 11 月 3 日。

［6］代娜：《基于随机因素的农村社会养老保险个人账户给付平衡模型与分析》，厦门大学硕士学位论文，2009 年 6 月。

［7］刘昌平、殷宝明、谢婷：《新型农村社会养老保险制度研究》，中国社会科学出版社 2008 年版。

［8］刘万、庹国柱：《基本养老金个人账户给付年金化问题研究》，载《经济评论》2010 年第 4 期。

［9］邓大松、刘昌平：《受益年金化：养老金给付的有效形式》，载《财经科学》2002 年第 5 期。

［10］Johnson J.，Williamson J. *Do Universal Non－contributory Old－age Pensions Make Sense for Rural Areas in Low-income Countries?* . *International Social Security Review*，2006，59（4），pp. 47－65.

［11］Chaeles L. Trowmbidge，*Fundamental Concepts of Actuarial Science. Actuarial Education and Research Fund*，1989.

［12］Becker C.，Paltsev S. *Macro-experimental Economics in the Kyrgyz Republic：Social Security Sustainability and Pension Reform. Comparative Economic Studies Flushing*，2001，43（3），pp. 1－34.

［13］Lee R.，Yamagata H. *Sustainable Social Security：What Would It Cost?* . *National Tax Journal*，2003，56（1），pp. 27－43.

［14］Staeey Muller，Peter Daggett，ChristoPher Stevens. *Actuarial Model development for Defined Contribution Plans. Discussion Paper*，2003，pp. 178－199.

［15］Ehrentraut O.，Heidler M.，Raffelhüschen B. *En Route to Sustainability：History，Status Quo and Future Reforms of the German Public Pension Scheme. Inter-economics*. Hamburg，2005，40（5），pp. 254－257.

第七章：

［1］王昆、管建涛等：《农村养老保险红利递减》，载《经济参考报》2013 年 5 月 27 日。

［2］李珍：《社会保障理论》，中国劳动社会保障出版社 2001 年版。

［3］穆怀中：《社会保障适度水平研究》，载《经济研究》1997 年第 2 期。

［4］汪东旭、李青：《新型农村社会养老保险合意替代率分析》，载《党政

干部学刊》2011 年第 11 期。

[5] 陈世金、李佳、李秀丽：《河北省新型农村社会养老保险制度问题及精算分析》，载《河北科技师范学院学报（社会科学版）》2010 年第 4 期。

[6] 邓大松、薛惠元：《新型农村社会养老保险替代率精算模型及其实证分析》，载《经济管理》2010 年第 5 期。

[7] 贾宁、袁建华：《基于精算模型的“新农保”个人账户替代率研究》，载《中国人口科学》2010 年第 2 期。

[8] 阿里木江·阿不来提、李全胜：《新疆新型农村社会养老保险替代率的实证研究》，载《西北人口》2010 年第 4 期。

[9] 丁煜：《新农保个人账户设计的改进：基于精算模型的分析》，载《社会保障研究》2011 年第 5 期。

[10] 张瑞云、王云峰：《新型农村社会养老保险适度给付水平研究》，载《中国社会科学院研究生院学报》2011 年第 3 期。

[11] 孙雅娜、王成鑫、王玥：《新型农村社会养老保险制度给付水平的适度性分析》，载《人口与经济》2011 年第 6 期。

[12] 边恕、穆怀中：《农村养老保险适度水平的微观测度与动态调整研究》，载《社会保障研究》2011 年第 6 期。

[13] 李伟、赵斌、宋翔：《新型农村社会养老保险的替代率水平浅析》，载《中国经贸导刊》2010 年第 16 期。

[14] 游芸芸：《高盛全球首席经济学家吉姆·奥尼尔：2027 年中国将成为最大经济体》，载《证券时报》2009 年 11 月 3 日，第 A006 版。

[15] 周渭兵：《我国养老金记账利率制度的风险精算分析和再设计》，载《数量经济技术经济研究》2007 年第 12 期。

[16] 薛惠元：《新农保能否满足农民的基本生活需要》，载《中国人口·资源与环境》2012 年第 10 期。

[17] 阳义南：《新型农村社会养老保险个人账户的参数设计与投资管理分析》，载《中国社会保险研究》2009 年第 3 期。

[18] 王翠琴、薛惠元：《新农保个人账户养老金计发系数评估》，载《华中农业大学学报（社会科学版）》2011 年第 3 期。

[19] 刘晓梅：《中国农村社会养老保险理论与实务研究》，科学出版社 2010 年版。

[20] 何文炯、洪蕾等：《职工基本养老保险待遇调整效应分析》，载《中国人口科学》2012 年第 3 期。

[21] 阳义南、申曙光：《通货膨胀与工资增长：调整我国基本养老金的新

思路与系统方案》，载《保险研究》2012 年第 8 期。

[22] 殷俊、陈天红：《从老年人需求结构视角探析养老金待遇调整机制》，载《求索》2010 年第 12 期。

[23] 赵婧、杨翠迎：《被征地农民养老保险待遇调整方法的探索——以宁波市为例》，载《社会保障研究》2009 年第 3 期。

[24] 李佳、冯利民等：《河北省被征地农民养老保险待遇调整探索——以秦皇岛市为例》，载《保险研究》2010 年第 6 期。

[25] 王鹏、米红等：《中国新型农村社会养老保险制度优化与长期均衡发展研究》，载《统计与信息论坛》2012 年第 11 期。

[26] 沈毅、杜晓宇：《新农保基础养老金动态调整方式及其选择》，载《党政干部学刊》2012 年第 6 期。

[27] 周永水、刘晓露：《关于建立城乡居民社会养老保险待遇调整机制的思考》，载《中国社会保障》2013 年第 4 期。

[28] 卢昱昕、万磊：《城乡居民社会养老保险待遇调整的精算分析》，载《中国社会保障》2013 年第 4 期。

[29] 赵巍巍：《美德：养老金待遇调整殊途同归》，载《中国社会保障》2011 年第 9 期。

[30] 韩伟、穆怀中：《基于 CPI 的美国公共养老金调整指数的实证分析》，载《统计与决策》2007 年第 7 期。

[31] 柳清瑞：《基于人口老龄化的日本养老金调整机制分析》，载《东北亚论坛》2005 年第 4 期。

[32] 薛惠元：《新型农村社会养老保险财政保障能力可持续性评估——基于政策仿真学的视角》，载《中国软科学》2012 年第 5 期。

[33] Yvonne Sin. *China Pension Liabilities and Reform Options for Old Age Insurance. The World Bank Working Paper Series*, 2005, (1).

第八章：

[1] [英] 格兰特著，方颖、韩向虹译：《经济增长与商业周期》，机械工业出版社 2008 年版。

[2] 蔡昉：《三农、民生与经济增长——中国特色改革与发展探究》，北京师范大学出版社 2010 年版。

[3] 李义平：《如何看待经济周期性波动》，载《人民日报》2009 年 7 月 2 日。

[4] 陈乐一、李星：《大国经济的周期波动特征分析》，载《湖南商学院学报》2009 年第 4 期。

[5] 孔爱国：《中国经济周期性波动及其对策分析》，载《复旦大学报（社

会科学版)》1997 年第 2 期。

[6] 殷剑峰:《中国经济周期研究:1954~2004》,载《管理世界》2006 年第 3 期。

[7] 国务院发展研究中心课题组:《中国经济增长的前景分析》,载《决策与信息》2009 年第 4 期。

[8] 袁志刚、何樟:《以新的视角审视当前中国宏观经济增长》,载《经济研究》2004 年第 7 期。

[9] 林毅夫:《加强农村基础设施建设　启动农村市场》,载《农业经济问题》2000 年第 7 期。

[10] 闫福山:《我国经济增长下的农民收入问题研究》,河南大学硕士学位论文,2010 年 5 月。

[11] [美] 邹至庄著,曹祖平等译:《中国经济转型》,中国人民大学出版社 2005 年版。

[12] 冒天启:《对转型经济理论研究的回顾与展望》,载《经济学家》2010 年第 10 期。

[13] 黄超明:《经济转型方式的比较》,载《人口与经济》2010 年第 S1 期。

[14] 张慧君、景维民:《从经济转型到国家治理模式》,载《天津社会科学》2010 年第 2 期。

[15] 孙景宇:《中国的经济转型与国家治理模式演变》,载《江苏社会科学》2009 年第 1 期。

[16] 鲁元平、张克中:《经济增长、亲贫式支出与国民幸福——基于中国幸福数据的实证研究》,载《经济学家》2010 年第 11 期。

[17] 杨晓蓉:《新型农村养老保险制度存在的问题及对策》,载《山西财税》2010 年第 4 期。

[18] 于超:《我国农村社会养老保险制度存在的问题与对策研究》,载《金卡工程:经济与法》2009 年第 1 期。

[19] 林义:《社会保险基金管理》,中国劳动社会保障出版社 2001 年版。

[20] 宋士云:《中国农村社会保障制度结构与变迁 (1949~2002)》,人民出版社 2006 年版。

[21] 邓微等:《中国转型期农村社会保障问题研究》,湖南人民出版社 2006 年版。

[22] 周叔莲、王延中、沈志渔等:《中国的工业化与城市化》,经济管理出版社 2007 年版。

[23] 吴鹏森、王先俊、张奇才:《中国现代化发展战略》,安徽人民出版社

2005 年版。

[24] 叶裕民：《中国城市化与可持续发展》，科学出版社 2007 年版。

[25] 武毅英：《高等教育与资本市场相互介入的必要性与可行性》，载《复旦教育论坛》2004 年第 2 期。

[26] 何鳄君：《社保基金与资本市场的互动作用分析》，载《社会科学家》2007 年第 S2 期。

[27] 邹德文、张家峰、陈要军：《中国资本市场的多层次选择与创新》，人民出版社 2006 年版。

[28] 张健：《养老金制度改革与资本市场完善的互动》，上海交通大学博士学位论文，2008 年 1 月。

[29] 孟祥林：《不完全资本市场下养老保险运营：国际考察与我国的策略》，载《海南金融》2008 年第 7 期。

[30] 张智慧：《浅谈养老金与资本市场的融合》，载《河南商业高等专科学校学报》2005 年第 2 期。

[31] [荷] J. H. 伯克：《二元社会经济学与经济政策》，纽约太平洋关系研究所 1953 年版。

[32] 夏耕：《中国城乡二元经济结构转换研究：要素流动、制度变迁、市场机制与政府作用》，北京大学出版社 2005 年版。

[33] 刘祖云：《社会转型解读》，武汉大学出版社 2005 年版。

[34] 邓鸿勋、陆百辅：《走出二元结构：创业就业、市民化与新农村建设 2008》，社会科学文献出版社 2008 年版。

[35] 陆学艺：《破除城乡二元结构　实现城乡经济社会一体化》，载《社会科学研究》2009 年第 4 期。

[36] 安增龙：《中国农村社会养老保险制度研究》，中国农业出版社 2006 年版。

[37] 周志凯：《试论养老保险制度可持续发展的条件》，载《经济体制改革》2005 年第 6 期。

[38] 郑功成：《中国社会保障改革与发展战略——理念、目标与行动方案》，人民出版社 2008 年版。

[39] 李红、李春斌：《人口老龄化语境下完善我国农村社会养老保障法律制度的思考》，载《理论导刊》2009 年第 9 期。

[40] 沈亚平、马建斌：《政府转型：含义、动因和目标》，载《内蒙古大学学报（人文社会科学版）》2008 年第 1 期。

[41] 迟福林：《公共需求变化与政府转型》，载《光明日报》2005 年 7 月 1 日。

[42] 吴大华:《关于政府转型的思考》,载《光明日报》2006年11月20日。

[43] 高尚全:《推进政府转型需明确四大理念》,载《北京日报》2008年3月10日。

[44] 毕于慧:《政府转型:目标模式与路径选择》,载《广东行政学院学报》2008年第4期。

[45] 龙兴海:《农村公共服务研究》,湖南人民出版社2009年版。

[46] 王谦:《城乡公共服务均等化问题研究》,山东人民出版社2009年版。

[47] 迟福林:《以公共服务建设为中心的政府转型》,载《国家行政学院学报》2011年第1期。

第九章:

[1] 褚福灵:《实现全国社会保障"一卡通"——由"地方粮票式"的保障到"全国粮票式"的保障》,载邓大松、向运华主编:《社会保障问题研究——和谐社会构建与社会保障国际论坛论文集》,人民出版社2009年版。

[2] 卢海元:《和谐社会的基石:中国特色新型养老保险制度研究》,群众出版社2009年版。

[3] 罗拾平:《新农保试行的实证研究——以长沙县为例》,载《未来与发展》2010年第8期。

[4] 苏东海、周庆:《新农保试点中的问题及对策研究——基于宁夏新农保试点县的调查分析》,载《社会科学》2010年第9期。

[5] 张朝华、丁士军:《"新农保"推广中存在的主要问题——基于广东粤西农户的调查》,载《经济纵横》2010年第5期。

[6] 刘卫:《浅谈依法加强新农保基金管理》,载《中国社会保障》2011年第12期。

[7] 汤晓阳:《新农保基金的管理和运作问题探讨》,载《四川大学学报(哲学社会科学版)》2010年第5期。

[8] 薛惠元:《新农保个人筹资能力可持续分析》,载《西南民族大学学报(人文社会科学版)》2012年第2期。

[9] 邓大松、薛惠元:《新型农村社会养老保险制度推行中的难点分析——兼析个人、集体和政府的筹资能力》,载《经济体制改革》2010年第1期。

[10] 薛惠元:《新型农村社会养老保险操作风险评估及处理》,载《华中农业大学学报(社会科学版)》2012年第1期。

第十章:

[1] 王翠琴、薛惠元:《新型农村社会养老保险与相关制度衔接问题初探》,载《经济体制改革》2011年第4期。

[2] 邓大松、薛惠元：《被征地农民宜参加新农保——以湖北省为例的分析与探讨》，载《中国社会保障》2011 年第 3 期。

[3] 邓大松、刘昌平：《中国企业年金制度研究（修订版）》，人民出版社 2005 年版。

[4] 刘昌平：《社会养老保险制度城乡统筹之路探索》，载《社会保障研究》2009 年第 12 期。

[5] 张冬敏：《新型农村社会养老保险制度的统筹层次研究》，载《经济体制改革》2011 年第 4 期。

[6] 朱俊生：《新农保的发展趋势》，载《中国社会保障》2012 年第 11 期。

[7] 邓大松、刘昌平等著：《改革开放 30 年中国社会保障制度改革回顾、评估与展望》，中国社会科学出版社 2009 年版。

[8] 邹丽丽：《基本养老保险统筹层次研究》，辽宁大学博士学位论文，2009 年 5 月。

[9] 白维军、童星：《"稳定省级统筹，促进全国调剂"：我国养老保险统筹层次及模式的现实选择》，载《社会科学》2011 年第 5 期。

[10] 雒庆举：《新农保发展前景研究》，载《金融与经济》2010 年第 5 期。

[11] 郭小聪、刘述良：《中国基本公共服务均等化：困境与出路》，载《中山大学学报（社会科学版）》2010 年第 5 期。

[12] 薛惠元：《基本公共服务均等化视角下的城乡养老保险制度比较分析》，载《农村金融研究》2013 年第 4 期。

[13] 陈正光：《我国基本养老保障城乡统筹发展问题研究》，合肥工业大学博士学位论文，2012 年 6 月。

[14] 宋葛龙：《中国统筹城乡发展改革路径研究》，辽宁大学博士学位论文，2012 年 6 月。

[15] 管永昊、洪亮：《基本公共服务均等化：国内研究现状、评价与展望》，载《江淮论坛》2008 年第 4 期。

[16] 王章华：《中国新型农村社会养老保险制度研究》，华东师范大学博士学位论文，2011 年 4 月。

[17] 叶璐、薛惠元：《企业职工基本养老保险待遇调整的公平性探讨》，载《当代经济管理》2013 年第 5 期。

教育部哲学社會科学研究重大課題攻關項目

成果出版列表

书　名	首席专家
《马克思主义基础理论若干重大问题研究》	陈先达
《马克思主义理论学科体系建构与建设研究》	张雷声
《马克思主义整体性研究》	逄锦聚
《改革开放以来马克思主义在中国的发展》	顾钰民
《新时期　新探索　新征程 ——当代资本主义国家共产党的理论与实践研究》	聂运麟
《当代中国人精神生活研究》	童世骏
《弘扬与培育民族精神研究》	杨叔子
《当代科学哲学的发展趋势》	郭贵春
《服务型政府建设规律研究》	朱光磊
《地方政府改革与深化行政管理体制改革研究》	沈荣华
《面向知识表示与推理的自然语言逻辑》	鞠实儿
《当代宗教冲突与对话研究》	张志刚
《马克思主义文艺理论中国化研究》	朱立元
《历史题材文学创作重大问题研究》	童庆炳
《现代中西高校公共艺术教育比较研究》	曾繁仁
《西方文论中国化与中国文论建设》	王一川
《楚地出土戰國簡册［十四種］》	陳　偉
《近代中国的知识与制度转型》	桑　兵
《中国抗战在世界反法西斯战争中的历史地位》	胡德坤
《京津冀都市圈的崛起与中国经济发展》	周立群
《金融市场全球化下的中国监管体系研究》	曹凤岐
《中国市场经济发展研究》	刘　伟
《全球经济调整中的中国经济增长与宏观调控体系研究》	黄　达
《中国特大都市圈与世界制造业中心研究》	李廉水
《中国产业竞争力研究》	赵彦云
《东北老工业基地资源型城市发展可持续产业问题研究》	宋冬林
《转型时期消费需求升级与产业发展研究》	臧旭恒
《中国金融国际化中的风险防范与金融安全研究》	刘锡良
《中国民营经济制度创新与发展》	李维安
《中国现代服务经济理论与发展战略研究》	陈　宪
《中国转型期的社会风险及公共危机管理研究》	丁烈云
《人文社会科学研究成果评价体系研究》	刘大椿
《中国工业化、城镇化进程中的农村土地问题研究》	曲福田
《东北老工业基地改造与振兴研究》	程　伟
《全面建设小康社会进程中的我国就业发展战略研究》	曾湘泉

书　名	首席专家
《自主创新战略与国际竞争力研究》	吴贵生
《转轨经济中的反行政性垄断与促进竞争政策研究》	于良春
《面向公共服务的电子政务管理体系研究》	孙宝文
《产权理论比较与中国产权制度变革》	黄少安
《中国企业集团成长与重组研究》	蓝海林
《我国资源、环境、人口与经济承载能力研究》	邱　东
《“病有所医”——目标、路径与战略选择》	高建民
《税收对国民收入分配调控作用研究》	郭庆旺
《多党合作与中国共产党执政能力建设研究》	周淑真
《规范收入分配秩序研究》	杨灿明
《中国加入区域经济一体化研究》	黄卫平
《金融体制改革和货币问题研究》	王广谦
《人民币均衡汇率问题研究》	姜波克
《我国土地制度与社会经济协调发展研究》	黄祖辉
《南水北调工程与中部地区经济社会可持续发展研究》	杨云彦
《产业集聚与区域经济协调发展研究》	王　珺
《我国民法典体系问题研究》	王利明
《中国司法制度的基础理论问题研究》	陈光中
《多元化纠纷解决机制与和谐社会的构建》	范　愉
《中国和平发展的重大前沿国际法律问题研究》	曾令良
《中国法制现代化的理论与实践》	徐显明
《农村土地问题立法研究》	陈小君
《知识产权制度变革与发展研究》	吴汉东
《中国能源安全若干法律与政策问题研究》	黄　进
《城乡统筹视角下我国城乡双向商贸流通体系研究》	任保平
《产权强度、土地流转与农民权益保护》	罗必良
《矿产资源有偿使用制度与生态补偿机制》	李国平
《巨灾风险管理制度创新研究》	卓　志
《中国与全球油气资源重点区域合作研究》	王　震
《可持续发展的中国新型农村社会养老保险制度研究》	邓大松
《生活质量的指标构建与现状评价》	周长城
《中国公民人文素质研究》	石亚军
《城市化进程中的重大社会问题及其对策研究》	李　强
《中国农村与农民问题前沿研究》	徐　勇
《西部开发中的人口流动与族际交往研究》	马　戎
《现代农业发展战略研究》	周应恒
《综合交通运输体系研究——认知与建构》	荣朝和
《中国独生子女问题研究》	风笑天
《我国粮食安全保障体系研究》	胡小平

书　名	首席专家
《城市新移民问题及其对策研究》	周大鸣
《新农村建设与城镇化推进中农村教育布局调整研究》	史宁中
《农村公共产品供给与农村和谐社会建设》	王国华
《中国边疆治理研究》	周　平
《边疆多民族地区构建社会主义和谐社会研究》	张先亮
《新疆民族文化、民族心理与社会长治久安》	高静文
《中国大众媒介的传播效果与公信力研究》	喻国明
《媒介素养：理念、认知、参与》	陆　晔
《创新型国家的知识信息服务体系研究》	胡昌平
《数字信息资源规划、管理与利用研究》	马费成
《新闻传媒发展与建构和谐社会关系研究》	罗以澄
《数字传播技术与媒体产业发展研究》	黄升民
《互联网等新媒体对社会舆论影响与利用研究》	谢新洲
《网络舆论监测与安全研究》	黄永林
《中国文化产业发展战略论》	胡惠林
《教育投入、资源配置与人力资本收益》	闵维方
《创新人才与教育创新研究》	林崇德
《中国农村教育发展指标体系研究》	袁桂林
《高校思想政治理论课程建设研究》	顾海良
《网络思想政治教育研究》	张再兴
《高校招生考试制度改革研究》	刘海峰
《基础教育改革与中国教育学理论重建研究》	叶　澜
《公共财政框架下公共教育财政制度研究》	王善迈
《农民工子女问题研究》	袁振国
《当代大学生诚信制度建设及加强大学生思想政治工作研究》	黄蓉生
《从失衡走向平衡：素质教育课程评价体系研究》	钟启泉　崔允漷
《高校思想政治理论课教育教学质量监测体系研究》	张耀灿
《处境不利儿童的心理发展现状与教育对策研究》	申继亮
《学习过程与机制研究》	莫　雷
《青少年心理健康素质调查研究》	沈德立
《灾后中小学生心理疏导研究》	林崇德
《WTO 主要成员贸易政策体系与对策研究》	张汉林
《中国和平发展的国际环境分析》	叶自成
《冷战时期美国重大外交政策案例研究》	沈志华
*《中国政治文明与宪法建设》	谢庆奎
*《非传统安全合作与中俄关系》	冯绍雷
*《中国的中亚区域经济与能源合作战略研究》	安尼瓦尔·阿木提
……	

*为即将出版图书